Rudolf Bahro Die Alternative

RUDOLF BAHRO

Die Alternative

Zur Kritik des real existierenden Sozialismus

Verlag Tribüne Berlin

Bahro, Rudolf: Die Alternative : Zur Kritik des real existierenden Sozialismus. – Berlin : Verlag Tribüne, 1990.
– 559 S. : 2 Abb. ; 1 Tab.

ISBN 3-7303-0577-8

1. Auflage 1990
Verlag Tribüne Berlin
mit freundlicher Genehmigung des Bund-Verlages, Köln

Lektorat: Gunther Heyder
Satz: Edgar Krausch, Nieder-Roden

Printed in the German Democratic Republic
118/90 – Bestell-Nr.: 686 868 1 – LSV 0135
02950

Inhalt

Einleitung

Die kommunistische Bewegung trat an mit dem Versprechen, die Grundprobleme der modernen Menschheit zu lösen, die Antagonismen der menschlichen Existenz zu überwinden. Die Länder, die sich selbst sozialistisch nennen, bekennen sich offiziell unverwandt zu diesem Programm. Aber welche Perspektiven tun sich den Menschen auf, wenn sie in der gegenwärtigen Situation ihre Blicke auf die Praxis unseres gesellschaftlichen Lebens richten? Ist in irgendeiner Weise abzusehen, wie die neue Ordnung ihre Überlegenheit durch eine effektivere Organisation und Ökonomie der Arbeit zur Geltung bringen will? Hat sie den versprochenen Durchbruch zur Humanisierung des menschlichen Zusammenlebens erreicht und schreitet sie – soweit er nicht vollendet ist – täglich darin fort? Was war das für ein besseres Leben, das wir schaffen wollten? War das nur jener mittelmäßige, in sich selbst perspektivlose Wohlstand, mit dem wir dem Spätkapitalismus so erfolglos den Rang abzulaufen suchen, seinen Vorsprung auf einem Wege, der nach all unserer überlieferten Überzeugung in den Abgrund führt? Wir wollten eine andere, höhere Zivilisation schaffen! Jene neue Zivilisation, die heute notwendiger denn je zuvor ist und deren Entwurf nichts mit der

Illusion einer widerspruchsfreien »vollkommenen Gesellschaft« zu tun hat.
Einstweilen hat sich herausgestellt, wir bauen die alte Zivilisation nach, wir setzen in einem tiefsten, nicht politischen, sondern kulturellen Sinne einigermaßen zwanghaft, d. h. unter sehr realen Zwängen, »den kapitalistischen Weg« fort. Aus unserer Revolution ging ein Überbau hervor, der nur dazu gut zu sein scheint, dies so unentrinnbar systematisch und bürokratisch geordnet wie möglich zu tun. Wie eigentlich alle Beteiligten wissen, hat die Herrschaft des Menschen über den Menschen nur eine Oberflächenschicht verloren. Die Entfremdung, die Subalternität der arbeitenden Massen dauert auf neuer Stufe an. Völlig verstrickt in die alte Logik internationaler Großmachtpolitik und -diplomatie, verbürgt die neue Ordnung nicht einmal den Frieden – nicht zu verwechseln mit dem »Gleichgewicht der Abschreckung«, an dessen erweiterter Reproduktion sie aktiven Anteil nimmt. Sieht man auf das Verhältnis zwischen den Hauptmächten des real existierenden Sozialismus, so zeichnen sich apokalyptische Konturen ab. In der Sowjetunion scheint die liberale intellektuelle Opposition zumindest darin mit der Regierung einig, daß die strategische Hauptaufgabe des Landes in der industriellen und militärischen Aufrüstung Sibiriens besteht. Und China gräbt sich ein, es baut eine neue Große Mauer gegen den Norden, aber diesmal unter der Erde und allerorten.
Das »sozialistische Weltsystem« und die kommunistische Weltbewegung sind von grundlegenden inneren Widersprüchen zerrissen, die hauptsächlich in der unbewältigten Geschichte der Sowjetunion wurzeln, jedenfalls von dorther angepackt werden müßten. Leider gehören die regierenden kommunistischen Parteien Osteuropas heute zu den Mächten der Beharrung, zu den hartnäckigsten Verfechtern des Status quo. Für die Periode nach dem Untergang des Kolonialismus, der jetzt in Südafrika seine letzten Stunden erlebt, haben sie in

ihrer gegenwärtigen Verfassung überhaupt keine Politik. In großen Teilen der vom Kolonialismus befreiten Südhalbkugel der Erde reift eine Hungerkatastrophe heran, deren Folgen allen bisherigen Klassenkampf und Krieg in den Schatten stellen können. Diese Herausforderung können die Völker der industriell entwickelten Länder nicht mit Führungen bestehen, die aus Gründen der Machterhaltung in jedem Fünfjahrplan besseres Brot und bessere Spiele versprechen müssen. Es geht nicht um eine neue Predigt der Armut, wohl aber des Maßes und – viel wichtiger – des wahren Horizonts weiterer menschlicher Selbstentfaltung auf diesem Planeten. Wer soll diese Orientierung repräsentieren, wenn nicht die kommunistische Bewegung im weitesten Sinne? Der »sterbende Kapitalismus« erweist sich auf seine nach wie vor barbarische Weise immer noch als Entwicklungsform der Produktivkräfte, investiert seinen Überschuß in die endlose Vermehrung naturwissenschaftlich gezüchteter Vernichtungswaffen, um die Völker der agrarischen Länder niederzuhalten und der ganzen übrigen Welt so viel wie möglich von seinem Willen aufzuzwingen. Indem er das Gesetz des technischen Fortschritts diktiert, treibt er die weniger entwickelten Länder einschließlich der Sowjetunion nicht nur dazu, einen verhältnismäßig größeren Anteil ihres Nationalprodukts für die Rüstung aufzuwenden, sondern hält sie im Sog der darauf beruhenden Zivilisation. So wie das sterbende Rom das Leben in den Provinzen rund um das Mittelmeer vergiftete, breitet sich noch immer der Einfluß der spätbürgerlichen Lebensweise aus, mit deren Fortsetzung die Existenz der Menschheit unhaltbar wird.

Die Kommunisten der kapitalistischen Länder sind gegenwärtig dabei, ihre Aufgabe in diesem welthistorischen Kontext neu zu überdenken. Sie bereiten – am deutlichsten ist das in Italien, Spanien, Japan – eine neue Offensive vor, um die Mehrheit ihrer Völker für den großen Konsens über die notwendigen Umgestaltungen der überlieferten Zivilisation zu

gewinnen. Im offiziellen osteuropäischen Kommunismus dagegen gibt es, nach dem bedruckten Papier und dem Schwall von den Rednertribünen zu urteilen, überhaupt kein den Massen zugewandtes politisch-theoretisches Denken. Die jüngste, die Leninsche Synthese des revolutionären Gedankens, ist nun über ein halbes Jahrhundert alt. Insgesamt haben sich seit Lenins Tod Veränderungen vollzogen, die mehr umfassen und tiefer einschneiden als seinerzeit zwischen Marx und Lenin. Was wäre vom marxistischen Standpunkt selbstverständlicher als die Tatsache, daß die von Lenins Werk ausgehende praktische Veränderung der Welt den Rahmen seiner Theorie überschreitet und in manchen Punkten geradezu sprengt? Was könnte seine geschichtsprägende Schöpferkraft stärker unterstreichen als dieses Resultat, das so charakteristisch ist für den Nachruhm aller großen Verwandler der Welt?
Insbesondere hat sich der Aufstieg der Sowjetunion auf andere Weise und mit anderem Ergebnis vollzogen, als Lenin vorausgesehen hatte. Der Fortschritt schlug noch einmal die Bahn antagonistischer Konflikte ein und forderte Millionen unschuldiger Opfer. Heute erkennen die Völker der Sowjetunion und der osteuropäischen Länder mehr und mehr, daß das neue System seinen erklärten Prinzipien wenig entspricht, seine eigentlichen Ziele verfehlt, keine Grenzen mehr überschreitet. Die ideelle Substanz ist ausgehöhlt. In der Konsequenz zeichnet sich überall, zuletzt auch in der Sowjetunion selbst, jener für die bestehende Machtstruktur katastrophale ideologische Bankrott ab, der 1968 in der ČSSR sichtbar wurde. Die polnischen Ereignisse seit Dezember 1970 dürften nur noch den I-Punkt auf die Erkenntnis gesetzt haben, daß der schwelenden Krise unseres Systems nicht bloß temporäre Ursachen, sondern tiefe sozialökonomische Widersprüche zugrunde liegen, die im Wesen der Produktionsverhältnisse wurzeln. Politisch gesehen waren in Ulbricht, Rakosi, Novotny, Gomulka usw. die eigentlichen Organisatoren der Konterre-

volution (mit und ohne Anführungszeichen) immer zuvor an der Macht.
Jedenfalls trägt die Krise einen allgemeinen Charakter. Der übernationale Charakter der Kräfte, die in der ČSSR durchgebrochen waren, ist von niemandem unmißverständlicher anerkannt worden als von den Führern des Warschauer Pakts selbst durch ihre seit Anfang 1968 ununterbrochene Intervention. Der Inhalt der Umgestaltung in der ČSSR brachte nichts anderes an den Tag als die wirkliche Gesellschaftsstruktur, die aus den osteuropäischen Revolutionen und zuvor aus der Oktoberrevolution hervorgegangen ist. Und das Tempo der Umgestaltungen, zuvörderst die rasche Gestaltveränderung der Kommunistischen Partei selbst, bewies, wie dringlich diese neue Struktur, zumindest in den industriell entwickeltsten Ländern, darauf wartet, den Panzer abzuwerfen, der sie im Larvenstadium geschützt hat, jetzt aber zu ersticken droht. Das 1968 entfesselte soziale Potential, das man mit Gewalt wieder in die überkommene Zwangsjacke gesteckt hat, bleibt da und wird – zunächst durch passive Resistenz – weiter gegen den inadäquaten Überbau rebellieren, bis eines Tages auch in der Sowjetunion der Anachronismus dieses Systems historisch vollendet ist. Dann wird der halben Reformation Chruschtschows auch dort eine gründlichere Volksreformation folgen, die die herrschenden politischen Strukturen nicht nur neu adaptiert, sondern in ihrer sozialen Substanz verändert.
Die Krise, die die ganze Entwicklung seit 1917 der unvermeidlichen historischen Überprüfung unterwirft, ist natürlich ein Prozeß, der in den verschiedenen Ländern mit verschiedenem Tempo voranschreitet und nicht in allen Sphären des gesellschaftlichen Lebens stets die gleiche Intensität erlangt. Es wird weiterhin Vorstöße und Rückschläge, es wird auch Zeitabschnitte relativer Stabilisierung geben, wie zum Beispiel die erste Hälfte der siebziger Jahre. Doch sie hat alle Länder des sowjetisch geführten Blocks ergriffen, sie betrifft alle Gebiete des Lebens und sie beruht letztlich auf der Zuspit-

zung des allen Marxisten in seiner Bedeutung geläufigen Widerspruchs zwischen den modernen Produktivkräften und den zum Hemmnis für sie gewordenen Produktionsverhältnissen. Die Abschaffung des Privateigentums an den Produktionsmitteln hat eben zunächst keineswegs ihre Verwandlung in Volkseigentum bedeutet. Vielmehr steht die ganze Gesellschaft eigentumslos ihrer Staatsmaschine gegenüber. Die monopolistische Verfügung über den Produktionsapparat, über den Löwenanteil des Mehrprodukts, über die Proportionen des Reproduktionsprozesses, über Verteilung und Konsumtion hat zu einem bürokratischen Mechanismus geführt, der dazu neigt, alle subjektive Initiative abzutöten oder zu privatisieren. Die veraltete politische Organisation der neuen Gesellschaft, die tief in den ökonomischen Prozeß einschneidet, bricht ihren sozialen Triebkräften die Spitze.

Das Zentrum der Krise, die dort nur noch nicht den gleichen Reifegrad erreicht hat wie etwa in der DDR und ČSSR, ist die Sowjetunion selbst, obwohl sich zunächst an der Peripherie die Erde hebt. Alles was die sowjetische Führung unternimmt, um auf dem Boden der bestehenden Zustände deren Konsequenzen zu entgehen, kann ihre Zuspitzung nicht aufhalten. Hat doch auch der 21. August die geistige Polarisierung in den übrigen Ländern des Blocks beschleunigt. Gerade der allgemeine, umfassende und fundamentale Charakter der Krise, gerade der Umstand, daß ihr Herd in der Sowjetunion liegt, läßt die Perspektiven der Erneuerungsbewegung und ihre Aufgaben in einem ganz anderen, hoffnungsvolleren Lichte erscheinen. Die Diskussionen der sowjetischen Ökonomen und Soziologen kreisen ohnehin schon immer enger um die entscheidenden Punkte, und nicht zufällig leben unter der Oberfläche die Argumente der frühen zwanziger Jahre wieder auf. Die Sowjetunion *muß* sich reformieren, um in ihrer inneren Entwicklung mit den Ansprüchen der Massen Schritt zu halten und ihre internationale Position zu wahren. Die überlebten Kräfte werden daran gehindert werden, ihre be-

sonderen Kasteninteressen vornanzustellen. Zunächst gilt es, den Spielraum für die öffentliche Diskussion über die »brennenden Fragen unserer Bewegung« zu erobern.
Für die marxistische, kommunistische Minderheit in den herrschenden Parteien unserer Länder, für alle, die mit einem Gefühl der Verantwortung an den morgigen Tag denken, bedeutet die verhältnismäßig langfristige Grundsituation, in der sie sich befinden, nicht nur eine Geduldprobe, sondern eine echte geistige Herausforderung. Hat nicht die Geschichte der Sowjetunion, Chinas, Jugoslawiens, der anderen revolutionierten Länder einen ungeheuren und dramatischen Stoff aufgehäuft – vom Kronstädter Aufstand bis zum Aufstand an der polnischen Küste, von der Spaltung der bolschewistischen Avantgarde nach Lenins Tod bis zu den Kämpfen um die Volkskommunen und um die »Große Proletarische Kulturrevolution« in China, von Jugoslawiens Aufbruch in den »Selbstverwaltungssozialismus« bis zu dem halbherzigen Umschwung in der Sowjetunion nach Stalins Tod?! Was verbirgt sich hinter diesen Vorgängen an allgemeinerer Entwicklungsgesetzmäßigkeit? An welchen Widersprüchen arbeiten sich die Völker unserer Länder ab? Woher rühren die vielen Analogien zu den Abläufen in denjenigen Entwicklungsländern, die den nichtkapitalistischen Weg gehen oder strukturell dahin tendieren? Was bedeuten die Niederlagen der westeuropäischen revolutionären Bewegung von 1918 in Deutschland bis 1968 in Frankreich? Es muß in alledem einen Zusammenhang geben, der die aktuelle Szene erhellt!
Man kann sich nicht die Aufgabe stellen, alle diese Probleme in einem einzigen Wurf *detailliert* aufzurollen, obwohl es zu einigen von ihnen eine Unmenge Literatur gibt, die unserer Öffentlichkeit bewußt vorenthalten bleibt und daher auch nicht kritisch aufgearbeitet wird. Aber man kann sich, auch ohne irgendwelche monographischen Ansprüche, eine Einstellung zu diesem ganzen Komplex erarbeiten. Und man kann sich vornehmen, das vorläufige Ergebnis, zu dem man

gelangt, in einem Entwurf von der Art der Marxschen Ökonomisch-Philosophischen Manuskripte niederzuschreiben. Marx hat seiner Vorarbeit zum »Kapital« vom Jahre 1859 den Titel »Zur Kritik der Politischen Ökonomie« gegeben. Wenn ich mich im Untertitel »Zur Kritik des real existierenden Sozialismus« an dieses große Vorbild anlehne, so bleibe ich mir vollauf der Tatsache bewußt, wie weit meine Kritik des real existierenden Sozialismus noch von jenem Grad der Ausarbeitung und Kohärenz entfernt ist, die Marx erst zwanzig Jahre nach seinen Ökonomisch-Philosophischen Manuskripten erreichte. Aber ich habe mir das gleiche Ziel gesetzt: die Analyse einer Gesellschaftsformation vom revolutionären Standpunkt. Man wird sich erinnern, daß »Kritik« bei Marx vornehmlich wissenschaftliche Analyse mit der Absicht praktischer Weltveränderung hieß. Je tiefer er in das Wesen der untersuchten Verhältnisse eindrang, um so mehr konnte er auf Denunziation und Invektiven verzichten und die Propaganda seiner Ideen der Sprache der von ihm aufgedeckten Tatsachen und Zusammenhänge überlassen. In diesem Sinne habe ich mich in den verschiedenen Stadien der Arbeit an meinem Thema immer stärker darum bemüht, den Ausdruck der Empörung über den bestehenden Zustand auf seinen rationellen Kern zurückzuführen und allemal zuerst in seiner immanenten Logik zu begreifen, was jedem bloß idealischen Bewußtsein so provozierend als irrational ins Auge springen muß. Alles bloße Ressentiment gegenüber den bestehenden Verhältnissen muß möglichst vermieden werden. Die Stunde der Theorie und der Geschichte muß beginnen. Die Stunde der Politik wird früher oder später folgen.
Der I. Teil des Buches befaßt sich mit dem Phänomen des nichtkapitalistischen Weges zur Industriegesellschaft.
Unser real existierender Sozialismus ist eine prinzipiell andere Ordnung als die in der sozialistischen Theorie von Marx entworfene. Man kann diese Praxis mit jener Theorie vergleichen, aber man darf sie nicht an ihr messen. Sie muß aus ihrer

eigenen Gesetzmäßigkeit erklärt werden. Alle Deformationstheorien von Chruschtschow bis Garaudy lenken nur von dieser Aufgabe ab. Die Analyse führt zu einem allgemeinen Begriff des »nichtkapitalistischen Weges«, der die meisten nominell sozialistischen Länder einschließt, und auf die Suche nach dem Ursprung des nichtkapitalistischen Weges in der Hinterlassenschaft der sogenannten asiatischen Produktionsweise. Darauf basiert die nachfolgende Auseinandersetzung mit dem Fortschritt Rußlands von der agrarischen zur industriellen Despotie und mit dem Schicksal der bolschewistischen Partei in diesem Prozeß. Man muß versuchen, dem historischen Charakter der stalinistischen Herrschaftsstruktur gerecht zu werden. Die politische Geschichte der Sowjetunion handelt nicht vom Versagen, sondern von der Transformation des »subjektiven Faktors« durch die Aufgabe der Industrialisierung Rußlands, der er sich unterziehen mußte. Heute verdeutlichen die neuen Aufgaben – und nicht irgendwelche politisch-moralischen Prinzipien – den Anachronismus der alten Partei.

Im II. Teil wird die Struktur des real existierenden Sozialismus systematisch behandelt (nach der historischen Behandlung im I. Teil): seine bürokratisch-zentralistische Arbeitsorganisation, sein Charakter als geschichtete Gesellschaft, die ausgeprägte Ohnmacht der unmittelbaren Produzenten, die relative Schwäche seiner Produktivitätsantriebe, seine politisch-ideologische Organisation als quasi-theokratischer Staat. Das Wesen des real existierenden Sozialismus wird verstanden als Vergesellschaftung in der entfremdeten Form der universalen Verstaatlichung, die auf der noch nicht zu ihrem Umschlagspunkt vorgetriebenen alten Arbeitsteilung beruht.

Der Schlußteil wendet sich der Alternative zu, die im Schoße des real existierenden Sozialismus und in den industriell entwickelten Ländern überhaupt heranreift. Sie trägt den Charakter jener umfassenden Kulturrevolution, jener Umwälzung der ganzen bisherigen Arbeitsteilung, Lebensweise und Mentalität, die Marx und Engels vorausgesehen haben. Die allgemeine Emanzipation des Menschen wird immer dringlicher, aber die Bedingungen dafür müssen neu studiert, ihre Inhalte zeitgemäß definiert werden. Die soziale Dialektik ihrer nächsten Etappe wird durch das Ringen um den Abbau der Herrschaftsstrukturen in der Arbeit und damit im Staat gekennzeichnet sein, aber unter Umständen, da die Schichtung der Gesellschaft nach intellektueller Kompetenz noch dominieren wird. Daher setzt die Kulturrevolution eine wahrhaft kommunistische Partei, einen neuen Bund der Kommunisten voraus. Die Kommunisten müssen sich von der Staatsmaschine distanzieren und zuvor der Herrschaft des Apparats in ihrer eigenen Organisation ein Ende machen. Sie müssen neu die alte Losung des Manifests auf ihre Fahne schreiben, wonach »die freie Entwicklung eines jeden die Bedingung für die freie Entwicklung aller ist« und sich mehr denn je bewußt sein, daß dieses Programm den Rahmen jeglicher bloß nationaler oder kontinentaler Fragestellungen sprengt. Die reale Gleichheit alles dessen, was Menschenantlitz trägt, wird zu einer Frage der praktischen Politik auf Tod und Leben. Die Welt verändert sich in einem ebenso ermutigenden wie bestürzenden Tempo – bestürzend deshalb, weil der Gesamtprozeß noch immer spontan auf Situationen zutreibt, die niemand gewollt hat. Der Friede kann nur gewonnen, der weitere Aufstieg des Menschen als Gattung und als Individuum nur gesichert werden, wenn die Unterschiede in den Entwicklungschancen fallen, in jedem Lande und in der ganzen Welt.

I. Teil

Das Phänomen des nichtkapitalistischen Weges zur Industriegesellschaft

1

Die Aufhebung des kapitalistischen Privateigentums und die Praxis des real existierenden Sozialismus

Ein paar Jahre lang beruhte die offizielle Parteipolitik in der DDR auf der Idee, daß der Sozialismus keine kurzfristige Übergangsperiode, »sondern eine relativ selbständige sozialökonomische Formation in der historischen Epoche des Übergangs vom Kapitalismus zum Kommunismus im Weltmaßstab« sei. Sie wurde nicht wirklich theoretisch begründet, obwohl man sie in einem dicken Buch ausbreitete. Sie war von vornherein feige formuliert. Auch sollte sie ganz offensichtlich apologetischen Zwecken der bürokratischen Wirtschaftslenkung dienen. Deshalb hat sie seinerzeit außer einigen Ideologen keinen Hund hinter dem Ofen hervorgelockt und fand nicht einmal die gebührende Aufmerksamkeit der gegnerischen Auguren. Dennoch war diese Idee der fruchtbarste soziologische Denkansatz, der seit dem Verstummen der theoretischen Diskussion in der Sowjetunion der 20er Jahre in ihrem Einflußbereich laut geworden ist.
Die Initiatoren dieser Idee, im Marxismus bewanderte Leute, dürften sich annähernd über die Tragweite ihres Vorstoßes im klaren gewesen sein, ebenso über die unvermeidliche Halbheit, ja Verkehrtheit ihrer öffentlichen Darlegung. Aus dem

Institut für Gesellschaftswissenschaften beim ZK konnte man damals ohne Umschweife hören, die in Marxens Kritik des Gothaer Programms niedergelegte Auffassung vom Sozialismus müsse als veraltet angesehen werden. Aber einen fundamentaleren Begriff als den der ökonomischen Gesellschaftsformation kennt der Marxismus bis heute nicht. Wenn Sozialismus und Kommunismus – nach der neuen Theorie – verschiedene Formationen sind, was ist dann der Sozialismus im Unterschied zum Kommunismus? Ist er dann noch »werdender Kommunismus«? Wenn er es nicht ist, wie kann dann die Arbeiterklasse noch unmittelbar an ihm interessiert sein? Wird er nicht auf eine neue große Revolution hinauslaufen? Der Schreck über solche fürchterlichen Möglichkeiten ist in das Wörtchen »relativ« (»*relativ* selbständige Gesellschaftsformation«) gefahren, das man beliebig dehnen, drehen und wenden kann.
Kurz vor dem VIII. Parteitag wurde dieses neueste Wort der sozialistischen Wissenschaft dann aus mehr als einem Grunde stillschweigend aus dem Verkehr gezogen, und inzwischen gilt es auch ausdrücklich als falsch. Die Kritik des Gothaer Programms ist wieder richtig. Nun steckte aber in der »relativ selbständigen Gesellschaftsformation« einiger Anspruch und vor allem einige reale Erfahrung. Früher oder später stößt jede neue Generation von Marxisten und Sozialisten auf – je nach Temperament und Haltung der Individuen – den Unterschied, den Gegensatz, den Riß, die Kluft, den Abgrund zwischen der Vision der Klassiker und der Wirklichkeit der neuen Gesellschaft. Die Existenz zumindest eines Unterschiedes ist so evident, daß man sich sogar in den offiziellen Dokumenten auf die defensive Formel vom »real existierenden Sozialismus« zurückgezogen hat. Dieses widerwillig reflektierte Schlagwort ist symptomatisch dafür, wie unseren herrschenden Parteien die marxistische Legitimation ihrer Praxis unter den Fingern zerrinnt. Daher ist es nur zu verständlich, daß die beweglicheren Leute der jüngeren Genera-

tion mit ihrer neuen Theorie die Flucht nach vorn antreten wollten, schon aus dem Bedürfnis nach Rationalität. Aber wie dem auch sei, selbst in der konservativen Formel ist das Eingeständnis einer Differenz zwischen der marxistischen Idee und der Wirklichkeit des Sozialismus bis in die offizielle Theorie vorgedrungen, und es geht um die Frage, welchen mehr oder weniger prinzipiellen Charakter sie besitzt.

Vom methodologischen Ansatz her machen es die meisten marxistischen Kritiker unserer Orthodoxie gar nicht schwer. Sie verharren im Rahmen der Kategorien Ideal und Wirklichkeit, so daß man die Diskussion leicht auf einen unentscheidbaren Streit um »unvermeidlich noch unvollkommene« oder »schlechte« Realisierung des Ideals abschieben kann. Die »Idealisten«, die unentwegt von Deformationen reden, die Abweichung von irgendwelchen Prinzipien denunzieren und die Einhaltung oder Wiederherstellung dieser oder jener Normen fordern, erzielen zwar zeitweilige demagogische Erfolge, werden aber weder theoretisch noch praktisch-politisch mit dem Fundament fertig, auf dem ihre Gegner stehen: mit der »abweichenden« Wirklichkeit. Erst kürzlich hat Svetozar Stojanovic mit seinem Buch »Zwischen Ideal und Wirklichkeit« bewiesen, daß man von dieser Position aus, selbst wenn man so unbehindert arbeiten kann wie in Jugoslawien, nicht auf dem realen Kampfboden Fuß faßt, den die Revolution, so wie sie eben war, geschaffen hat. Er beschreibt das Dilemma von »Etatismus« und »Anarcholiberalismus«, zeigt des letzteren sozialökonomische Verwurzelung und appelliert im nächsten Augenblick, eben diese herrschenden Zustände mögen mehr demokratisch-sozialistische Persönlichkeiten hervorbringen. Das verrät nicht gerade eine marxistische, materialistische Denkweise. Stojanovic macht es den klügeren Verteidigern des Status quo viel zu leicht. Er und die anderen Deformationstheoretiker halten es letztlich mit der berühmten Devise, wenn die Wirklichkeit von der Idee abweicht, dann sei dies um so schlimmer – für die Wirklichkeit.

Nein, das Problem reduziert sich bei weitem nicht auf eine Differenz zwischen Ideal und Wirklichkeit des Sozialismus. Derartige Feststellungen wiederholen nur, was dem System seit dem ersten Auftreten der bolschewistischen Arbeiteropposition vor dem Kronstädter Aufstand von 1921 unzählige Male vorgeworfen wurde, und nirgends gründlicher als in Trotzkis nun schon altem Buch vom »verratenen Sozialismus«. Irgendwie fallen sie alle auf die These vom Personenkult, von den subjektiven Ursachen herein, die gewiß im Spiele waren, aber nichts erklären. Leider läßt sich auch ein Großteil der sowjetischen Opposition immer noch von der persönlichen Bosheit und Niedertracht des großen Diktators beschäftigen, statt die Sozialstruktur zu untersuchen, deren Entstehung er präsidierte und der die Oktoberrevolution nur als der große Kehraus vorherging. Es ist noch verständlich, daß Trotzki nie die Frage stellte, ob sein Gegenspieler nicht gerade deshalb an die Spitze gelangte, weil er die historisch notwendigen Leidenschaften besaß, um den Machtapparat für die terroristische Umgestaltung von oben zu schaffen, die Rußland damals brauchte. Heute kommt man den objektiven Ergebnissen der Stalinära und ihren überholten politischen Reststrukturen in keiner Weise bei, wenn man auf Dostojewskische Manier in der moralischen Atmosphäre der Diktatur schnuppert.

Trotzki selbst wurde kurz vor seiner Ermordung noch von einigen seiner Anhänger mit dem damals neuen Gedanken konfrontiert, die russische Revolution führe objektiv ebenso wenig zum Sozialismus, wie die französische zu einem Zustande allgemeiner Freiheit, Gleichheit und Brüderlichkeit geführt habe. Es gehe also nicht um ein Problem unzulänglicher Verwirklichung, sondern um eine neue antagonistische Gesellschaftsordnung jenseits des Kapitalismus. Trotzki, den diese Verdunkelung seiner Perspektive konsternierte, brachte immerhin den Mut auf, ihr als Möglichkeit ins Auge zu sehen, und er kam zu dem Schluß, daß der Platz der Kommunisten dann an der Seite der erneut unterdrückten Massen sein müßte. Wenn es auch nur die geringste Wahrscheinlichkeit gibt, daß der Gedanke einer neuen Herrschaft über die Menschen zutreffen könnte, dann muß die Auseinandersetzung wesentlich tiefer eindringen, als sich die Deformationstheorie träumen läßt. Denn dann »verleumdet« sie die neue Ordnung nicht nur, sie beschönigt sie auch und nährt schädliche Illusionen. Was hat Marx von politischen Denkern gehalten, die den französischen Kapitalismus unter der Julimonarchie und später als Entstellung der nie in Kraft gesetzten Verfassung von 1793 kritisierten? Wo hat der Sozialismus, der da deformiert worden sein soll, je existiert?

Er hat existiert in den Büchern der Sozialisten. Der Historiker Gitermann, der eine ausgezeichnete Geschichte Rußlands geschrieben hat, um die Voraussetzungen des Oktober zu erhellen, war daher exakt, als er im Titel einer anderen Arbeit von der historischen Tragik der sozialistischen *Idee* sprach. Freilich wurde diese Idee zum Schicksal der Revolutionäre, die sie in Rußland trugen. Ihre Perversion in eine neue Herrschaftsideologie, in den Katechismus einer modernen Staatskirche, gipfelte konsequenterweise in der Vernichtung der alten bolschewistischen Avantgarde durch den Stalinschen Machtapparat. Der Gang der Geschichte in der Sowjetunion bedeutete eine intellektuell-moralische Tragödie für das Bewußtsein aller menschlich ernstzunehmenden Kommunisten. Im Jahre 1900 hoffte Lenin, mit der nahenden Volksrevolution »jede Bestialität vom russischen Boden fortzufegen«. Statt dessen sollte der ungeheure Fortschritt der Sowjetunion unter Stalin auf die furchtbarste Weise dem von Marx beschworenen scheußlichen heidnischen Götzen gleichen, der den Nektar nur aus den Schädeln Erschlagener trinken wollte.

Die sowjetische Tragödie muß begriffen werden. Sie beruht darauf, daß die russische sozialistische Bewegung des Jahrhundertanfangs objektiv eine andere Aufgabe zu erfüllen vorfand als die, zu der sie sich berufen glaubte. Solange es nur die eine Sowjetunion gab (mit oder ohne westliche Peripherie), durfte man den bitteren »Umweg« der sozialistischen Idee über Rußland noch als einen europäischen Zufall höherer Art betrachten. Seit es auch die Volksrepublik China gibt, aber noch immer keine proletarische Revolution im Westen, ist die Erkenntnis angezeigt, daß die ganze Perspektive, unter der wir bisher den Übergang zum Kommunismus gesehen haben, der Korrektur bedarf, und gewiß nicht allein im Hinblick auf den Zeitfaktor. Die Ablösung des Privateigentums an den Produktionsmitteln und die allgemeine Emanzipation des Menschen fallen um eine ganze Epoche auseinander. Die Geschichte hat uns die Aufgabe gestellt, zu begreifen, was für eine Gesellschaft der real existierende Sozialismus ist.

Man könnte natürlich fragen, ob es angesichts einer solchen Aufgabenstellung überhaupt einen Sinn hat, ein übriges Mal auszuführen, was Marx unter Sozialismus verstand. Denn vom Standpunkt einer materialistischen Geschichtsauffassung sind irgendwelche Nachweise, daß diese oder jene Praktiken oder gar die ganze Praxis von dem Marxschen Entwurf abweichen, an und für sich keine Argumente gegen die bestehenden Verhältnisse. Die politisch-historische Konzeption, die in der Argumentationsmethode »Was Marx wirklich sagte« zum Ausdruck kommt, ist völlig unfruchtbar, wird immer zu leicht angreifbaren Verzerrungen in der Darstellung der »Lehre« führen und den Kampf so auf die Ebene scholastischer Zitatenschlachten verlegen. Wenn ich, besonders in den ersten drei Kapiteln, mehrfach recht ausführlich Marx, Engels und auch Lenin zitiere, dann nicht zu diesem dogmatischen Zweck. Es geht um etwas ganz anderes.

Erstens gehört die Theorie von Marx zu den *objektiven* (in einer realen Bewegung objektivierten) Voraussetzungen, die in die Revolutionen seit 1917 eingegangen sind. Wenn die folgenden Ausführungen immer wieder den Akzent auf *historische* (also zu erklärende statt zu bekrittelnde) Differenzen zwischen Marx und Lenin, Lenin und unserer gegenwärtigen

Praxis legen, dann verfolgen sie *nicht* den Zweck, die grundlegende Kontinuität zu leugnen. Die Marxdarstellung richtet sich in diesem ersten Kapitel gegen das zentrale Vorurteil, das jede marxistische Analyse unserer Verhältnisse blockiert und die permanente psychologische Entwertung der für den Fortschritt *notwendigen* sozialistischen Ideale sanktioniert: weil wir von Marx kommen, hält alle Welt unsere Länder für sozialistisch, gar kommunistisch, obwohl sie es prinzipiell *noch nicht* sind. Es ist nicht einmal gerechtfertigt, sie – in Analogie zu der ersten Phase der kapitalistischen Ära – als »frühsozialistisch« zu bezeichnen. Im Frühkapitalismus sind bereits die grundlegenden Bestimmungen des späteren vollentwickelten kapitalistischen Formationscharakters gegeben, während bei uns die Vergesellschaftung als entscheidendes Formationsmerkmal des Sozialismus noch vollständig etatistisch verlarvt ist. Am genauesten ist ihre Charakterisierung als *protosozialistisch,* d. h. wir haben Sozialismus im Larvenstadium. Wenn ich statt dieses ungewohnten Fremdworts meist den eingebürgerten Ausdruck »real existierender Sozialismus« gebrauche und dabei auf die lästigen Anführungszeichen verzichte, so bleibt stets diese Bedeutung mitgedacht. Auf eine solche Distanz zur unkritischen Anwendung des Sozialismusbegriffs müssen gerade diejenigen den größten Wert legen, die von der Realität einer wirklich sozialistisch-kommunistischen Perspektive im Marxschen Sinne überzeugt sind.

Letzten Endes handelt es sich also nach meiner Auffassung – und das ist der *zweite* Grund, Marx ausführlich zu zitieren – um »Abweichungen« der Geschichte *innerhalb* der welthistorischen Entwicklung, an deren Anfang Marx steht. Hier lasse ich mich von einer Idee Antonio Gramscis leiten: Mit Marx beginnt, geistig gesehen, ein geschichtliches Zeitalter, das sich wahrscheinlich über Jahrhunderte erstrecken wird, bis der »Staat« der »geregelten Gesellschaft« Platz macht (Philosophie der Praxis, Frankfurt 1967/181). Gramsci erinnert an Rosa Luxemburgs Überlegung, daß uns mancher Gedanke

Marxens überholt erscheint, weil die praktischen Bedürfnisse unserer Bewegung noch nicht für die Verwertung der Marxschen Gedanken ausreichen. Natürlich konnte es nicht ausbleiben, daß manche Einzelheiten und bestimmte Voraussetzungen der Marxschen Lehre tatsächlich überholt wurden. Aber die *Spannweite* seiner Theorie und Methode ist so groß, daß sie *heute* die Universitäten der spätbürgerlichen Gesellschaft erobert!

Wenn man, wie es üblich ist, in der Kritik des Gothaer Programms nachschlägt, was Marx unter Sozialismus verstand, findet man dort summarisch und ohne die Absicht der Vollständigkeit seine *Besonderheiten* entwickelt. Auf das *allgemeine* Wesen des Sozialismus verweist Marx mit der Bemerkung, daß er die erste Phase des Kommunismus sei, also eben keine abgegrenzte, selbständige Formation mit eigenen Gesetzmäßigkeiten. Da nun, entgegen allem Anschein, nur wenig bekannt ist, wie Marx den Kommunismus auffaßte, ist auch sein Sozialismusbegriff alles andere als Gemeingut. Im Anschluß an seine Darlegungen über die *Verteilungs*prinzipien im Sozialismus und im Kommunismus ärgert sich Marx darüber, daß ihn die Verfasser des Programmentwurfs dazu gezwungen haben, so eingehend gerade hierauf Bezug zu nehmen, weil die Verteilung der Konsumtionsmittel ja nur die eigentlich interessanten *Aneignungsverhältnisse* der sachlichen Produktionsbedingungen widerspiegle. Ohne Klarheit darüber, wie sich diese Voraussetzungen im Kommunismus gestalten könnten, wird der »gesunde Menschenverstand« den Marxschen Verteilungsformeln immer die jetzt bestehenden Verhältnisse (mit technischen Verbesserungen) unterschieben, und dann verwandelt sich das Bedürfnisprinzip natürlich in eine Utopie, während das Leistungsprinzip als prophetische Rechtfertigung und Idealisierung unserer jeweiligen Lohnpolitik erscheint.

Man versteht den wissenschaftlichen Kommunismus von Marx am besten, wenn man sich vergegenwärtigt, wie er dazu gekommen ist. Ohne Rücksicht auf die Dogmatiker beider Seiten, die dort den jungen gegen den alten und hier den alten gegen den jungen Marx ausspielen, darf man dabei die Kontinuität von Marxens Theorie *und* Charakter voraussetzen und davon überzeugt sein, daß er seine Politische Ökonomie im Dienste eines von Jugend auf festgehaltenen und immer konkreter entwickelten Ideals von der allgemeinen Emanzipation des Menschen schuf. Sein kategorischer Imperativ, alle Verhältnisse umzuwerfen, in denen der Mensch ein erniedrigtes, ein geknechtetes, ein verlassenes, ein verächtliches Wesen ist, steht vor und über jeder wissenschaftlichen Begründung seiner Realisierbarkeit. Er war das energische Motiv, das ihn vom liberalen Humanismus über die revolutionäre Demokratie zum Kommunismus führte und ihn schließlich dazu veranlaßte, in der ökonomischen Anatomie des Kapitalismus die theoretische Begründung für die kommunistische Bewegung zu suchen.

Allerdings verlor der Humanismus von Marx auf diesem Wege seine vorige *Unmittelbarkeit.* Die Utopisten vor ihm waren alle mehr oder weniger direkt von der – übrigens in der Tat vorhandenen – allgemeinen Gattungsnatur des Menschen ausgegangen, hatten realistisch gezeigt, wie ihr die vorgefundene Gesellschaft ins Gesicht schlägt und dann – gewissermaßen im zweiten Teil ihrer Theorien – einen Zustand konstruiert, der der menschlichen Natur gerecht wäre. Aber sie konnten niemals sagen, wie diese »naturgemäße« Gesellschaft aus der bestehenden hervorgehen sollte. Das war gerade die Schranke, vor der Marx bei seinem Übergang zum Kommunismus einen Augenblick stockte, und wo ihm Engels mit seinen in England gewonnenen konkreten Einblicken in die Dialektik der bürgerlichen Gesellschaft und in die revolutionäre Rolle des Proletariats zum ersten Mal zu Hilfe kam. Je mehr er sich nun in die politischen Kämpfe und ökonomischen Widersprüche der bürgerlichen Gesellschaft vertiefte, desto klarer erkannte Marx, daß es überhaupt nicht darauf ankam, das Modell einer neuen Gesellschaft auszuklügeln, sondern, wie er gemeinsam mit Engels sagte, die wirkliche Bewegung aufzudecken und zu fördern, die den bestehenden Zustand aufhebt. Diese wirkliche Bewegung hatte in der Arbeiterklasse ihren Vorkämpfer, ihr »negatives«, revolutionäres Element, aber ihr Inhalt war der *gesamte* Entwicklungsprozeß der bürgerlichen Gesellschaft, der auf die Aufhebung des Privateigentums abzielte. Marx und Engels haben sich nie mit Definitionen für Lehrbücher abgegeben. Aber wenn man sie gezwungen hätte, ihren Kommunismus zu definieren, dann hätten sie nichts anderes sagen können als: *Der Kommunismus ist die Aufhebung des kapitalistischen Privateigentums* (MEW 4/475).

Aber darunter verstanden sie nicht bloß den Akt seiner Abschaffung, z. B. durch Verwandlung des Staats in den allgemeinen Kapitalisten, sondern vor allem den sozialökonomischen Prozeß der positiven Aneignung des erarbeiteten gesellschaftlichen Reichtums durch die frei assoziierten Produzenten. In dieser Auffassung liegt die ganze Stärke ihres wissenschaftlichen Sozialismus-Kommunismus ebenso wie – das wollen wir hier vorwegnehmen – das heutige Versagen nicht nur der offiziellen, sondern aller orthodoxen Marxisten, die nicht begreifen wollen, daß die Geschichte zunächst eine andere Aufgabe als diese von Marx formulierte in Angriff nehmen mußte. Vielleicht sollte man zunächst noch einmal betonen, daß Marx nicht in den Errungenschaften des Privateigentums schlechthin, sondern in den Errungenschaften des *kapitalistischen* Privateigentums, die einen ungeheuren Komplex objektiver und subjektiver Faktoren umfassen, die Voraussetzungen des Sozialismus und Kommunismus sah. Der *»nichtkapitalistische Weg«*, der *seit 1917* die Menschheit in Atem hält, wirft völlig andere als die von Marx analysierten Probleme auf und *kann nicht unmittelbar* dieselbe Perspektive haben, weil er die *Voraussetzungen des Kommunismus* auf eine ganz andere Weise erzeugt. Die Aufhebung des kapitalistischen Privateigentums konnte für Rußland nur eine geringe *positive* Bedeutung haben, *weil es nur wenig kapitalistisches Privateigentum gab,* das weit davon entfernt war, das ganze nationale Leben durchdrungen zu haben. *Orthodox* hatten ja Rosa Luxemburg und selbst Kautsky, hatte der ganze Menschewismus mit der Kritik am Leninismus recht, der sich objektiv in den Dienst einer ganz anderen, ganz neuen, weltgeschichtlich überaus notwendigen Aufgabe stellte, die im Marxismus nur indirekt theoretisch vorbereitet ist.

Marxens Auffassung vom Kommunismus datiert von den Ökonomisch-Philosophischen Manuskripten des Jahres 1844. Ihr ökonomischer Aspekt wurde in den Vorarbeiten zum Kapital bis gegen Ende der fünfziger Jahre, ihr politischer Aspekt in der Analyse der Pariser Kommune von 1871 präzisiert. Im Kern blieb sie von 1844 bis zu der berühmten Stelle über das »Reich der Freiheit« im dritten Bande des Kapital, den Engels lange nach Marxens Tod herausgab, stets die gleiche. Wenn Marx, der ja von Hegel kommt, das kapitalistische Privateigentum *aufheben* will, so ist darin von vornherein seine *positive* Einstellung zur historischen Rolle des Kapitalismus, seine auch am Anfang des Kommunistischen Manifests ganz bewußt betonte Anerkennung für die revolutionäre Praxis der Bourgeoisie ausgesprochen. Anders als die rohen Kommunisten, wie er sie nennt, will er nicht die Armut, nicht die idyllische naturwüchsige Beschränktheit verallgemeinern und dieses Ergebnis durch einen egalitären Despotismus sichern, sondern den Reichtum in seiner potentiellen Eigenschaft als Fonds für die universelle Entwicklung aller Mitglieder der Gesellschaft.

»Aufheben«, nach Hegel eine philosophische Grundbestimmung, die schlechthin allenthalben wiederkehrt und in ihrer äußersten Verkürzung sogar den Begriff der »Negation der Negation« einschließt, heißt ja nur in seiner inhaltsärmsten Bedeutung »ein Ende machen«, beseitigen, negieren: in unserem Fall den Errungenschaften der bürgerlichen Zivilisation die kapitalistische Form abstreifen. Gewiß, schon dies verlangte nicht weniger als politische Revolution, Errichtung der »Diktatur des Proletariats«. Aber es war keine Überraschung, daß die Bolschewiki ihren Oktober *nachher* oft als ein Kinderspiel hinzustellen pflegten, ein Kinderspiel nämlich im Verhältnis zu den bevorstehenden positiven Aufgaben des materiellen Aufbaus, für den die Bourgeoisie in Rußland noch kaum vorgearbeitet hatte. In seiner zweiten, viel konkreteren Bedeutung heißt »Aufheben« Aufbewahren, dies aber in einem neuen, höheren Gesamtzusammenhang, so daß »Aufheben« schließlich eben auch Auf-eine-höhere-Stufe-heben heißt. Was war in diesem komplexen Sinne am kapitalistischen Privateigentum aufzuheben, was hatte es vollbracht, gemessen an allen früheren Gesellschaftsformationen? Und wie sollte dies Errungene durch die Revolution seine neue, höhere Bestimmung erweisen? Wie kommt es überhaupt zur Produktion von *Reichtum?*

In der orientalischen Despotie, in der antiken Sklaverei, im europäischen Feudalismus war das Mehrprodukt aus den Produzenten herausgeholt worden für den unmittelbaren Genuß der Ausbeuter oder für ihren Macht und Einfluß sichernden Schatz. Die Arbeitenden, die noch nicht von ihren Arbeitsmitteln und -bedingungen getrennt waren, konnten, abgesehen von Naturkatastrophen und Kriegen, ihres Lebensnotwendigen sicher sein und erzeugten ein Mehrprodukt nur proportional zu dem außerökonomischen Druck, den die Herrschenden ohne Gefahr für ihre Herrschaft ausüben konnten. Unter diesen Umständen steigt das Mehrprodukt sehr langsam, und vor allem wirkt – wie noch heute in vielen Ländern der »Dritten Welt« – die Tendenz, jede Produktivitätssteigerung, jedes Mehr an Lebensmitteln in Bevölkerungswachstum umzusetzen. Das Kapital aber jagt nicht nach mehr Gebrauchswert, nach Mehrprodukt schlechthin, es jagt nach Mehr*wert.* Marx zeigte, daß der Kapitalist bei Strafe seines Bankrotts gezwungen ist, notfalls selbst unter Einschränkung seines Genusses, sein Kapital zu vermehren, um in der Konkurrenz bestehen zu können. Der Lohnarbeiter andererseits kann nur dadurch zu seinem Lebensnotwendigen kommen, daß er soviel Mehrwert schafft, wie der jeweils durchgesetzte »Normalarbeitstag« bei gegebener Produktivität ermöglicht. Er ist ja, da ihn die ursprüngliche Akkumulation ohne alle Produktionsmittel dastehn läßt, sonst zum Hungertod verurteilt. So zwingt das Kapital seine Arbeiter, diesen neuen Typ von Ausgebeuteten, zu Mehrarbeit in *schrankenlosem* Maße, denn die Produktivität wächst ja unter diesem System viel schneller als der Arbeitslohn, der am Existenzminimum klebt.

Nun schreibt Marx: »Die große geschichtliche Seite des Kapitals ist diese *Surplusarbeit* . . . zu *schaffen,* und seine historische Bestimmung ist erfüllt, sobald einerseits die Bedürfnisse soweit entwickelt sind, daß die Surplusarbeit über das Notwendige hinaus selbst allgemeines Bedürfnis ist, aus den individuellen Bedürfnissen selbst hervorgeht, – andererseits die allgemeine Arbeitsamkeit durch die strenge Disziplin des Kapitals, wodurch die sich folgenden Geschlechter hindurchgegangen sind, entwickelt ist als allgemeiner Besitz des neuen Geschlechts« (Grundrisse, Berlin 1953/231). Mit anderen Worten: da Arbeit über das unmittelbar Notwendige hinaus nicht in der »Natur« des Menschen liegt, bedurfte es *generationenlangen kapitalistischen* Arbeitszwangs, um den *Produzententypus* zu erzeugen, die *menschliche* Produktivkraft herzustellen, die einen Kommunismus des Reichtums überhaupt erst ermöglicht. Die bürgerliche Gesellschaft konnte sich ihre von Marx ebenfalls als aufhebenswert angesehenen politischen Errungenschaften, ihre bürgerliche Freiheit und Demokratie, gerade deshalb leisten, weil die Arbeitsdisziplin *ökonomisch* erzwungen war.

Dagegen ist von Marx her schlechterdings nicht zu erklären, wie sich ein vorkapitalistisches Land ohne Lohnarbeit *und* ohne außerökonomischen Arbeitszwang industrialisieren kann. Eines von beiden muß sein (Grundrisse, Berlin

1953/232). Die Aufhebung des kapitalistischen Privateigentums bedeutet dort eine Entscheidung für den Terror (oder für eine unendliche Entwicklungsqual, wenn keine stabile Diktatur zustandekommt), und das eigentliche Problem besteht dann in dessen produktiver Funktion. »Moralisch« tritt diese Diktatur in die Rechte, die Marx Ricardo einräumte, als er schrieb: »Was ihm vorgeworfen wird, daß er, um die ›Menschen‹ unbekümmert, bei Betrachtung der kapitalistischen Produktion nur die Entwicklung der Produktivkräfte im Auge hat – mit welchen Opfern an Menschen und Kapital*werten* immer erkauft –, ist gerade das Bedeutende an ihm. Die Entwicklung der Produktivkräfte der gesellschaftlichen Arbeit ist die historische Aufgabe und Berechtigung des Kapitals« (MEW 25/269).

Die Produktivität der revolutionären Diktatur kann nur an der Erzeugung der modernen Produktivkräfte gemessen werden, wobei diese modernen Produktivkräfte in erster Linie nicht eine Technik, sondern einen arbeitswilligen und disziplinierten Menschen voraussetzen. China hat zum Beispiel das Glück, daß seine Bevölkerung auch in ihrer früheren asiatischen Produktionsweise zu einer arbeitsintensiven Landwirtschaft gezwungen war, die andererseits keine Leibeigenschaft zuließ: eine überaus günstige Bedingung für seinen nichtkapitalistischen Weg zum Sozialismus, was die überkommene *Arbeitshaltung* betrifft.

Natürlich dachte Marx nicht daran, die Entwicklung der menschlichen Produktivkraft an der bloßen Quantität des aufgehäuften Reichtums zu messen. Es galt ihm, ein ganzes System der Produktion, eine ganze Produktionsweise aufzuheben. In diesem Sinne stellte er drei positive »Haupttatsachen der kapitalistischen Produktion« heraus:

1. »Konzentration der Produktionsmittel in wenigen Händen, wodurch sie aufhören, als Eigentum der unmittelbaren Arbeiter zu erscheinen, und sich dagegen in gesellschaftliche Potenzen der Produktion verwandeln« (MEW 25/276). In der

Gestalt der Aktiengesellschaft und des Monopols sah er die allerunmittelbarste Vorbereitung des Sozialismus.
2. Organisation der Arbeit selbst, als gesellschaftlicher: durch Kooperation, Teilung der Arbeit (innerhalb der Fabrik) und Verbindung der Arbeit mit der Naturwissenschaft.
Nach beiden Seiten hebt die kapitalistische Produktionsweise die Privatarbeit auf, wenn auch in gegensätzlichen Formen.
3. Herstellung des Weltmarkts (MEW 25/277).
Alles das zusammen läßt sich auf den Generalnenner *Vergesellschaftung* der Produktivkräfte bringen, und das, obwohl noch unvollendet, im Weltmaßstab (insofern schloß Marx den Kolonialismus notwendig in seine positive Bewertung des Kapitalismus ein). Aufhebung des Privateigentums umschließt nun vor diesem Hintergrund für Marx die folgenden systematisch miteinander zusammenhängenden Prozesse:
1. Die unmittelbare Vergesellschaftung der Produktionsmittel und Produktionsbedingungen, d. h. der bisher im Kapital konzentrierten vergangenen, vergegenständlichten Arbeit. Die Enteignung der Kapitalisten entkleidet diesen ganzen Reichtum sofort seiner Wertform, reduziert ihn auf Gebrauchswert. Sie ist also identisch mit der Aufhebung der Warenproduktion und des Geldes, in denen die Entfremdung des Produzenten von den Produkten seiner Tätigkeit konzentrierten Ausdruck fand. (Wenn die Arbeiter dies vollbringen, versteht sich das Verschwinden der Lohnarbeit von selbst; die Arbeitskraft verliert ihre Warenform im Akt der Besitzergreifung an den Produktionsmitteln. Solange noch das Leistungsprinzip gilt, mögen Scheine die Menge der geleisteten Arbeit belegen, aber sie sind kein Geld: sie zirkulieren nicht. Alle Ökonomie löst sich dann auf in Ökonomie der Zeit, diese aber bezogen auf das einzige Ziel der kommunistischen Produktion: den allseitig entfalteten, freien Menschen, der in selbstverständlichem, anreizendem Verbund mit seinesgleichen auf eine aktive, produktive Weise seine Bedürfnisse befriedigt, seine Existenz genießt.)

2. Die Aufhebung der alten Arbeitsteilung, d. h. der knechtenden Unterordnung der Individuen unter beschränkte Teilarbeiten. Hier gilt es zweierlei: Zum einen die Überwindung der überlieferten und in der ganzen Struktur der bisherigen Produktivkräfte und Produktionsverhältnisse verankerten *sozialen* Gegensätze (Ungleichheiten) von Mann und Frau, Stadt und Land, körperlicher und geistiger Arbeit. Zum andern Überwindung der technischen Arbeitsteilung *innerhalb* der Fabrik, innerhalb der notwendigen Arbeitsverrichtungen durch die Aufhebung der modernen Naturwissenschaft in der mittels wissenschaftlicher Arbeit geregelten Produktion. (Hier ging Marx davon aus, daß die Integration der Wissenschaften auch für das Individuum ihre Spezialisierung übergreift, so daß die Zuwendung zu je bestimmten, für sich selbstverständlich speziellen Verrichtungen das universelle Arbeitsvermögen nicht ausschließt, sondern vielmehr voraussetzt. Die Verminderung des notwendigen Zeitaufwands für die materielle Reproduktion ging ebenso in diese Vorstellung ein wie der bis heute jeden qualifizierten sozialistischen Philister empörende Gedanke, daß sich in den unvermeidlichen Rest an schweren, schmutzigen, niedrigen, schematischen Tätigkeiten *alle* zu teilen hätten.)

3. Die Aneignung der Produktionsmittel durch die assoziierten Produzenten vernichtet den schärfsten, den politischen Ausdruck der alten Arbeitsteilung und Klassenherrschaft, die Staats*maschine,* den Staats*apparat,* und hebt die vom Staat usurpierten notwendigen gesellschaftlichen Funktionen jenseits aller Herrschaft über Menschen auf in der unpolitischen Verwaltung von Sachen, die nicht eingesetzten Beamten, sondern gewählten, jederzeit verantwortlichen und effektiv absetzbaren Delegierten obliegt.

4. Der kapitalistische Weltmarkt schließlich wird durch Vermittlung der siegreichen Proletarier in den fortgeschrittensten Ländern aufgehoben in die übernationale Vereinigung der Menschheit, die solidarisch und brüderlich (was zunächst

Hilfe für die historisch zurückgebliebenen Völker einschließt) die Hilfsquellen des Erdballs nutzt, um den Planeten verbessert an die nachfolgenden Generationen weiterzugeben.
Das ist der Kommunismus von Marx. Menschen, die das Ganze dieser vier Ziele verfolgen, oder seien wir bescheidener: die wenigstens an der Überzeugung von ihrer Notwendigkeit und Realisierbarkeit festhalten, können sich im Marxschen Sinne Kommunisten nennen. In den meisten Ländern des »real existierenden Sozialismus« kann man sie mit der Laterne suchen, und gerade unter den ausgebildeten Ideologen findet man privat meist nur ein ironisches Lächeln für solche »Illusionen« wie die von einer Aufhebung der Arbeitsteilung, von einem Ende der Herrschaftsverhältnisse und des Staats. Wir hätten »ganz andere Probleme«, und man kritisiert höchstens die Kümmerlichkeit der Rezepte, nach denen die Bürokratie »reformiert«.
Der Kommunismus von Marx enthält tatsächlich utopische Elemente. Marx hat prinzipiell und unentwegt die Reife der Voraussetzungen für den Kommunismus überschätzt und unvermeidliche Zwischenstufen übersehen. Er sah nicht voraus, daß sich der allgemeinen Emanzipation des Menschen in dem weltweit geschürzten gordischen Knoten von Bürokratisierung und Entwicklungsungleichheit eine neue Herausforderung in den Weg stellen würde, die nun natürlich durch die immer noch nicht aufgehobenen Residuen des kapitalistischen Privateigentums zusätzlich verschärft wird. Aber damit ist nur gesagt, daß es nicht mehr ausreicht, im traditionellen Sinne »Marxist« zu sein. Vielmehr müssen wir das Erbe Marxens, die entwickeltste Theorie und Methode der Gesellschaftswissenschaft, die auf uns gekommen ist, ihrerseits aufheben in den Kommunismus der Gegenwart.
Unerläßliche Voraussetzung hierzu ist aber das Herausarbeiten der prinzipiellen Differenz zwischen dem Entwurf von Marx und dem real existierenden Sozialismus. Ihr Zentrum betrifft die materiellen Bedingungen des Kommunismus, den

Charakter der Arbeit und die Folgen der Arbeitsteilung. Ich will mich in diesem 1. Kapitel zunächst dem vordergründigsten Aspekt dieser Differenz zuwenden, dem Widerschein der materiellen Strukturen in der Sphäre des Staates. Sobald die Enteignung der Kapitalisten vollzogen und gegen ihre Restaurationsversuche gesichert ist, stehen die Produzenten vor der positiven Aufgabe, nun gemeinschaftlich über den ganzen Produktionsprozeß und demzufolge auch über die Verteilung der Ergebnisse zu verfügen. Diese Aufgabe hatte für Marx *nichts* mit der Frage der Diktatur (als – gewissermaßen – »Außenpolitik« der Arbeiter gegen die Bourgeoisie) zu tun. Aber gerade sie erwies sich inzwischen als *das* große ungelöste Problem der industrialisierten Länder. Es können sich heute nur wenige Menschen überhaupt vorstellen, wie die Gesellschaft ihre Staatsmaschine loswerden sollte. Und dies, obwohl es sich längst praktisch als kolossaler Unterschied erwiesen hat, ob die assoziierten Werktätigen selbst ihren Reproduktionsprozeß kontrollieren oder ob (angeblich? tatsächlich?) »in ihrem Interesse« darüber verfügt wird. Der Koloß, der sich in unserem real existierenden Sozialismus Partei-und-Regierung nennt, »vertritt« die gemeinte freie Assoziation ebenso wie in allen früheren Zivilisationen der Staat die Gesellschaft vertrat.

Es gibt zwischen dem Kommunismus von Marx und dem real existierenden Sozialismus im sowjetischen Block in keinem Punkte einen schon theoretisch derart ins Auge fallenden Gegensatz wie im Hinblick auf den Charakter des Staates. Indem ich noch einmal vorausschicke, daß es sich um eine Feststellung, nicht um eine Anklage handelt, werde ich zeigen, daß in unseren Ländern eine Staatsmaschine herrscht, wie sie Marx in der Revolution zerbrechen wollte, um sie in keiner Form und unter keinem Vorwand wieder auferstehen zu lassen. Für Marx, den Dialektiker, verstand es sich von selbst, daß die *Form* der Maschine, mit der die Bourgeoisie ihre Herrschaft ausübt, untrennbar von ihrem *Inhalt* ist, so daß es sich nie und nimmer darum handeln konnte, die alten Beamtenschwärme auseinanderzujagen, die Kommandostellen umzutaufen und mit neuen Kadern zu versehen. Nein, schon in der Deutschen Ideologie (MEW 3/77) hatte es geheißen, die Proletarier »befinden sich ... im direkten Gegensatz zu der Form, in der die Individuen der Gesellschaft sich bisher einen Gesamtausdruck gaben, zum Staat, und müssen den Staat stürzen, um ihre Persönlichkeit durchzusetzen«. Denn der Herrschafts- und Unterdrückungszweck durchdrang die ganze Konstruktion der Maschine, aus der man unmöglich ein Instrument der Emanzipation machen konnte. Deshalb mußte an ihre Stelle *sofort* die Kommune treten, wenn man will: der Kommunestaat. Sofort, nicht etwa erst im vollendeten Kommunismus! Alles, was wir über den Kommunestaat bei Marx und Engels lesen können, betrifft den *Übergang zum Sozialismus,* zur ersten Phase des Kommunismus. Denn, nach Engels' abschließender Äußerung von 1891: »Seht euch die Pariser Kommune an. Das war die Diktatur des Proletariats« (MEW 17/625). So, wie die folgenden, notwendig ausführlichen Zitate belegen werden, sollte die neue Gesellschaft *beginnen.*

Marx leitete seine Charakteristik dieser endlich gefundenen »politischen Form für die soziale Emanzipation« im ersten Entwurf zum »Bürgerkrieg in Frankreich« ein mit der Beschreibung ihres Gegenteils, der zentralisierten Staatsmaschinerie, »die mit ihren allgegenwärtigen und verwickelten militärischen, bürokratischen, geistlichen und gerichtlichen Organen die lebenskräftige bürgerliche Gesellschaft wie eine Boa constrictor umklammert« (MEW 17/538). Sie begann ihren Weg, als der Absolutismus namens der erst entstehenden bürgerlichen Gesellschaft »an die Stelle der buntscheckigen (parteigefärbten) Anarchie sich befehdender mittelalterlicher Mächte den geregelten Plan einer Staatsmacht mit einer systematischen und hierarchischen Teilung der Arbeit« setzte (MEW 17/539). Die bürgerliche Revolution in Frankreich sah sich »gezwungen, das zu entwickeln, was die absolute Monarchie begonnen hatte, die Zentralisation und Organisation der Staatsmacht, die Zahl ihrer Werkzeuge, ihre Unabhängigkeit und ihre übernatürliche Gewalt über die wirkliche Gesellschaft auszudehnen, eine Gewalt, die faktisch den Platz des mittelalterlichen übernatürlichen Himmels mit seinen Heiligen einnahm. Jedes geringfügige Einzelinteresse, das aus den Beziehungen der sozialen Gruppen hervorging, wurde von der Gesellschaft selbst getrennt ... und ihr in der Form des Staatsinteresses, das von Staatspriestern mit genau bestimmten hierarchischen Funktionen verwaltet wird, entgegengesetzt« (MEW 17/539). Napoleon, die Restauration, die Julimonarchie setzten dieses Werk nur fort, vervollkommneten die Staatsmaschine »statt diesen ertötenden Alp abzuwerfen«, fügten »der direkten ökonomischen Ausbeutung eine zweite Ausbeutung des Volkes« hinzu (MEW 17/539 f.). Das Zweite Kaiserreich, das die Kommune ablöste, war die prostituierteste Form einer Regierungsgewalt gewesen, die sich anmaßt, »Herr statt Diener der Gesellschaft zu sein« (MEW 17/542).

»Aber diese eine Form der Klassenherrschaft war nur zusammengebrochen, um die vollziehende Gewalt, die staatliche Regierungsmaschine, zum großen und einzigen Angriffsobjekt der Revolution zu machen« (MEW 17/543). Die Kommune »beginnt die *Befreiung der Arbeit* – ihr großes Ziel –, indem sie einerseits die unproduktive und schädliche Tätigkeit der Staatsparasiten abschafft, die Ursachen beseitigt, denen ein riesiger Anteil des Nationalprodukts für die Sättigung des Staatsungeheuers zum Opfer gebracht wird, und indem sie andererseits die tatsächliche örtliche und nationale Verwaltungsarbeit für Arbeiterlohn durchführt. Sie beginnt daher mit einer unermeßlichen Einsparung, mit ökonomischer Reform ebenso wie mit politischer Umgestaltung« (MEW 17/546). »Die Kommune war eine Revolution gegen den *Staat* selbst, gegen diese übernatürliche Fehlgeburt der Gesellschaft«, gegen »diese abscheuliche Maschine der Klassenherrschaft«

(MEW 17/541). Marx wies anläßlich Comtes darauf hin, daß die Arbeiter nichts zu tun haben mit Proklamatoren »der Hierarchie in allen Sphären der menschlichen Tätigkeit, sogar in der Sphäre der Wissenschaft« (MEW 17/555). Und er sagte über Mazzini: »Für ihn sei der Staat, den er in seiner Vorstellung geschaffen, alles, die Gesellschaft aber, die eine Realität ist, nichts. Je eher sich das Volk von einem solchen Mann lossage, desto besser« (MEW 17/639). Dabei war der Staat, den Mazzini wollte, die Republik!

Marx pries die Kommune für die »Beseitigung der Täuschung, daß Verwaltung und politische Leitung Geheimnisse wären, transzendente Funktionen, die nur den Händen einer ausgebildeten Kaste – Staatsparasiten, hochbezahlten Sykophanten und Sinekuristen in den höheren Stellungen anvertraut werden könnten, die die Gebildeten der Massen aufsaugen und sie in den unteren Stellen der Hierarchie gegen sie selbst kehren« (MEW 17/544). Und um gewiß nicht mißverstanden zu werden, etwa von seinen bedientenhaften, staatsfrommen Deutschen, fuhr Marx fort: »Beseitigung der Staatshierarchie überhaupt und Ersetzung der hochfahrenden Beherrscher des Volkes durch jederzeit absetzbare Diener, der Scheinverantwortlichkeit durch wirkliche Verantwortlichkeit, da sie dauernd unter öffentlicher Kontrolle arbeiten« (MEW 17/544). Die Arbeiterklasse müsse sich, erläuterte hierzu Engels, angesichts der Tatsache, daß die Staatsorgane bisher immer ihre Sonderinteressen zur Geltung gebracht hätten, »gegen ihre eigenen Abgeordneten und Beamten« sichern. Dazu habe sie in der Kommune »zwei unfehlbare Mittel« angewandt: »Erstens besetzte sie alle Stellen, verwaltende, richtende, lehrende, durch Wahl nach allgemeinem Stimmrecht der Beteiligten, und zwar auf jederzeitigen Widerruf durch dieselben Beteiligten. Und zweitens zahlte sie für alle Dienste, hohe wie niedrige, nur den Lohn, den andere Arbeiter empfingen . . . Damit war der Stellenjägerei und dem Strebertum ein sichrer Riegel vorgeschoben« (MEW 17/623 f.). So konnte es nicht ausblei-

ben, daß die Kommune tat, was nie eine Hierarchie, nie eine Bürokratie tun wird: »Sie veröffentlichte alle Reden und Handlungen, sie weihte das Publikum ein in alle ihre Unvollkommenheiten« (MEW 17/348).
Marx erklärte ausdrücklich, es würde keine Funktionäre, »keine Routiniers« des bekannten Typus geben: Es »konnte nichts dem Geist der Kommune fremder sein, als das allgemeine Stimmrecht durch hierarchische Investitur zu ersetzen« (MEW 17/340). »Das allgemeine Stimmrecht . . . wird seinem wirklichen Zweck angepaßt: durch die Gemeinden ihre eigenen Beamten für Verwaltung und Gesetzgebung zu wählen« (MEW 17/544). Und so bis hinauf zur nationalen Ebene, wo die Vertretung auch eine gewählte, zugleich beschließende und ausführende Körperschaft sein würde. Die Nation sollte nichts sein als der Zusammenschluß der Kommunen. »Ganz Frankreich würde sich zu selbsttätigen und sich selbst regierenden Kommunen organisieren . . ., die (zentralen) Staatsfunktionen würden auf einige wenige Funktionen für allgemeine nationale Zwecke reduziert« (MEW 17/545). Und auch die wenigen öffentlichen Funktionen, die zur Zentralregierung gehören würden, sollten durch »kommunale Beamte und daher unter Kontrolle der Kommune ausgeführt werden« (MEW 17/596). Wir wollen hier, angesichts unserer verhärteten Erfahrung mit dem Ersatz der Assoziation durch ihre regierende Stellvertretung, einfügen, daß »die Kommune« wirklich die Kommune, d. h. das öffentliche Gemeinwesen ist, und nicht etwa bloß ein Ausschuß, ein gewählter (oder scheinbar gewählter) Rat. Dieses System ist die radikale Abschaffung der Bürokratie, selbstredend auch des stehenden Heeres, der zentralisierten Polizei. Die Kommune ist also wirklich »die Rücknahme der Staatsgewalt durch die Gesellschaft als ihre eigne lebendige Macht . . ., die Rücknahme der Staatsgewalt durch die Volksmassen selbst . . .« (MEW 17/543).
Allerdings, sie ähnelt auf diese Weise sehr den Zuständen, die bei uns als Anarchie verschrien werden. Wird denn das alles

nicht zu einem großen Chaos führen? Marx sagte: »Die Einheit der Nation sollte nicht gebrochen, sondern im Gegenteil organisiert werden durch die Kommunalverfassung; sie sollte Wirklichkeit werden durch die Vernichtung jener Staatsmacht, welche sich für die Verkörperung dieser Einheit ausgab, aber unabhängig und überlegen sein wollte gegenüber der Nation . . .« (MEW 17/340). Engels wies darauf hin, daß die Blanquisten in der Praxis der Kommune ihre ursprüngliche Konzeption einer diktatorischen revolutionären Zentralgewalt preisgaben: »Großgezogen in der Schule der Verschwörung, zusammengehalten durch die ihr entsprechende straffe Disziplin, gingen sie von der Ansicht aus, daß eine verhältnismäßig kleine Zahl wohlorganisierter Männer imstande sei, in einem gegebenen günstigen Moment das Staatsruder nicht nur zu ergreifen, sondern auch durch Entfaltung großer, rücksichtsloser Energie so lange zu behaupten, bis es ihr gelungen, die Masse des Volks in die Revolution hineinzureißen und um die führende kleine Schar zu gruppieren. Dazu gehörte vor allen Dingen strengste, diktatorische Zentralisation aller Gewalt in der Hand der neuen revolutionären Regierung. Und was tat die Kommune, die der Mehrheit nach aus eben diesen Blanquisten bestand? In allen ihren Proklamationen an die Franzosen der Provinz forderte sie diese auf zu einer freien Föderation aller französischen Kommunen mit Paris, zu einer nationalen Organisation, die zum erstenmal wirklich durch die Nation selbst geschaffen werden sollte« (MEW 17/623).

Ebenso wie sich der Bau des gesellschaftlichen Lebens auf die Kommunen gründen sollte, so würde sich der Prozeß der nationalen Produktion auf die von Arbeiterräten geleiteten Produktivgenossenschaften stützen. Engels hob hervor, »daß bei weitem das wichtigste Dekret der Kommune eine Organisation der großen Industrie und sogar der Manufaktur anordnete, die nicht nur auf der Assoziation der Arbeiter in jeder Fabrik beruhen, sondern auch alle diese Genossenschaften zu einem großen Verband vereinigen sollte« (MEW 17/623). »Aber dies ist der Kommunismus, der unmögliche Kommunismus! . . . wenn die Gesamtheit der Genossenschaften die nationale Produktion nach einem gemeinsamen Plan regelt . . .« (MEW 17/343).

Das Programm der Kommune im Rücken, verspottete Engels die »abergläubische Verehrung des Staats« besonders in Deutschland, »die sich um so leichter einstellt, als man sich von Kindesbeinen daran gewöhnt hat, sich einzubilden, die der ganzen Gesellschaft gemeinsamen Geschäfte und Interessen könnten nicht anders besorgt werden, als wie sie bisher besorgt worden sind, nämlich durch den Staat und seine wohlbestallten Behörden«. Der Staat überhaupt ist »im besten Fall ein Übel, das dem im Kampf um die Klassenherrschaft siegreichen Proletariat vererbt wird und dessen schlimmste Seiten es ebensowenig wie die Kommune umhin können wird, sofort möglichst zu beschneiden, bis ein in neuen, freien Gesellschaftszuständen herangewachsenes Geschlecht imstande sein wird, den ganzen Staatsplunder von sich abzutun« (MEW 17/625). An eine »wirtschaftlich-organisatorische« und gar an eine »kulturell-erzieherische« Funktion Leviathans haben Marx und Engels also nicht gedacht. Sie waren vielmehr der Meinung, »die Prinzipien der Kommune seien ewig und könnten nicht zerstört werden; sie werden sich immer wieder und wieder durchsetzen, bis die Arbeiterklasse befreit ist« (MEW 17/637). Denken wir nun an den real existierenden Sozialismus mit seiner weit über das Spektrum der finanziellen Einkünfte hinausreichenden Kultivierung der sozialen Ungleichheiten; mit der Fortdauer von Lohnarbeit, Warenproduktion und Geld; mit seiner Rationalisierung der alten Arbeitsteilung; mit seiner quasikirchlichen Familien- und Sexualpolitik; mit seinen hauptamtlichen Funktionärskadern, seiner stehenden Armee und Polizei, die alle nur nach oben verantwortlich sind; mit seinen offiziellen Korporationen zur Einordnung und Bevormundung der Bevölkerung; mit seiner Verdopplung der unförmigen Staatsmaschine in einen Staats- *und* Parteiapparat; mit seiner Isolierung in den Staatsgrenzen – so ist seine Unvereinbarkeit mit den Auffassungen von Marx und Engels evident.

Um es noch einmal zu sagen: die Apologetik dieser Zustände hat recht, soweit sie sie auf die verschiedensten historischen Notwendigkeiten und Zufälligkeiten, objektiven und subjektiven Faktoren zurückführt. Sie sind von niemandes Willkür erzeugt und bedürfen daher insgesamt gesehen weder der Rechtfertigung noch der Entschuldigung, sondern der wahrhaftigen Beschreibung und Analyse. Der polemische Ton solcher *Kritik* im strengen Sinne des Wortes ist nur durch die Heuchelei bedingt, mit der man diese Verhältnisse als *Sozialismus* und damit, wie gehabt, unterschwellig wieder als ewig und natürlich ausgibt. Unsere offiziellen Ideologen wollen und können schlechterdings nicht einmal sagen, worin sich ein ferner Kommunismus prinzipiell von unseren bestehenden Zuständen unterscheiden soll. Sie kennen nur eine einzige Perspektive, und das ist die unaufhörlich »wachsende Rolle« ihrer Partei- und Staatsmaschine. Es waltet eine eigene Dialektik in ihrer Argumentation, wonach gerade darin der Fortschritt zum Kommunismus bestünde. Um ihnen ideologisch den Weg abzuschneiden, muß man jedem Versuch, die bestehende Ordnung in die Marx-Engelsschen Kategorien für die Aufhebung des Privateigentums, für den Kommunismus einzupassen, grundsätzlich entgegentreten.

Gerade wenn man mit Marx vergleicht, provoziert dieser unser real existierender Sozialismus den Ausruf des katholischen Ketzers und Humanisten Teilhard de Chardin, es sei »der Kristall statt der Zelle. Der Termitenbau statt der Brüderlichkeit. Statt des erhofften jähen Erwachens des Bewußtseins die Mechanisierung, die«, wie es scheint, »unvermeidlich aus der Totalisierung hervorgeht« (Der Mensch im Kosmos/ 296). Freilich ist Teilhards Perspektive auf den Weg des Menschen etwas zu allgemein, fürs Konkret-Historische zu

global beschreibend, um den Realprozeß begreifen zu können, der einen solchen *Eindruck* hervorrufen kann. Er verabsolutiert eine Tendenz, die keineswegs allein den Kampfplatz beherrscht, zu einem Vorurteil, das er mit Leuten bis hinüber zu dem unwahrscheinlichen Salvador de Madariaga teilt. Aber Teilhard selber ist alles andere als ein professioneller Antikommunist, und der Zweck seiner Aussage ist kein Kreuzzug, sondern ein Anruf. Und vor allem: er spricht das aus, was bis tief in die werktätigen Massen der westlichen Industrieländer hinein die instinktive Abneigung gegen unser System erzeugt, ohne die die antikommunistische Manipulation viel von ihrer Durchschlagskraft verlöre. *Wie* unberechtigt ist denn der Verdacht, dieses unser System verspräche ihnen keinen wirklichen Fortschritt zur Freiheit, sondern nur eine andere Abhängigkeit als die vom Kapital? Gibt es nicht Dimensionen der menschlichen Existenz, in denen die neue Abhängigkeit für sie gravierender als die alte wäre, eben weil hier die Errungenschaften der bürgerlichen Epoche *nicht aufgehoben* werden? Teilhard de Chardin fuhr an der zitierten Stelle ahnungsvoll und im Grunde sehr verstehend fort: »Ist das moderne Totalitätsprinzip nicht eben deshalb so ungeheuerlich, weil es vermutlich das Zerrbild eines wundervollen Gedankens ist und der Wahrheit ganz nahe kommt?« Wo an die Rücknahme des Staates durch die Gesellschaft gedacht war, stehen wir vor einem verzweifelten Bemühen um die Eingliederung der ganzen lebendigen Gesellschaft in die kristalline Struktur des Staates. Verstaatlichung statt Vergesellschaftung, und das heißt: *Vergesellschaftung in total entfremdeter Form.*
Allerdings setzt diese Kennzeichnung, die unser System *im Rahmen* des Marx-Engelsschen Denkansatzes unweigerlich trifft, unausgesprochen die historische Realität und Fruchtbarkeit eben jenes Vergesellschaftungsbegriffs und jener Kommune-Idee voraus – sonst bleibt sie dogmatisch und kontemplativ. In Frankreich waren ja die Kommune-Ansätze, soweit sie auf Ökonomik und Politik im nationalen Maßstab

abzielten, infolge des Versailler Sieges nicht praktisch zum Zuge gekommen. In Rußland mußte die Revolution, um ihr Leben zu retten, über den Sowjetdemokratismus hinwegschreiten. (Es ist übrigens wahrscheinlich, daß auch Paris, wenn eine blanquistisch-»bolschewistische« Diktatur auf breiterer Ebene vorbereitet gewesen wäre, wesentlich länger standgehalten hätte.) Nur in Jugoslawien ist das Rätesystem auf genossenschaftlicher Grundlage Bestandteil einer Praxis. Jedoch wurde gerade dort zuerst das andere Prinzip in kritischer Verallgemeinerung ausgesprochen, das den »ewigen Prinzipien der Kommune« objektiv entgegentritt: der »Etatismus«, das Prinzip der bürokratisch-zentralistischen Diktatur. Und so weit sieht Stojanovic sicher richtig, daß es nur allzuoft der »Anarcholiberalismus« statt des Kommunismus ist, der aus den Betriebskollektiven heraus gegen den »Etatismus« in die Schranken tritt, der also die wirkliche innere Sozialstruktur dieser Genossenschaften zum Ausdruck bringt. Der Nationalismus scheint dort nur die Summierung und Integration dieser Tendenz auf höherer Ebene zu sein.

Während so der Bund der Kommunisten in Jugoslawien noch immer mutig und geduldig auf seinem schmalen Grat wandert, triumphiert jedoch in den beiden europäischen Blocks der Staatsmonopolismus. Gerade dies ist die Richtung, in der sie sich bei aller Gegensätzlichkeit der Herkunft und Gestaltung zu parallelisieren scheinen.

Im Westen einerseits hebt sich das Privateigentum derart in die regulativen staatsmonopolistischen Strukturen auf, daß nun schon die zweite Welle der organisierten Arbeiterbewegung den »Marsch durch die Institutionen« antritt und sich dabei mit der ersten wiedertrifft. Es scheint immer unmöglicher zu werden, die Staatsmaschine einfach zu zerbrechen, und zwar nicht aus Gründen ihrer Armierung. In den Ländern des real existierenden Sozialismus andererseits hat die Staatsmaschine eine entscheidende Periode lang eine vorwiegend schöpferische Rolle gespielt. Die Stalinsche Apparatur *hat*

»wirtschaftlich organisiert« und sie *hat* »kulturell erzogen«, beides in größtem Maßstab.

Für den modernen Marxismus ist nun die Einsicht von größter Bedeutung, daß und warum eine solche Perspektive aus der Theorie von Marx und Engels nicht hervorgeht, obwohl sie praktisch immer wieder damit konfrontiert wurden und als Organisatoren der Arbeiterbewegung objektiv an ihr teilhatten. Wir stoßen hier auf eine von Marx selbst dokumentierte eindrucksvolle Ironie der Geschichte. Demselben Marx, der eben die Prinzipien der Kommune verallgemeinert und die »vielen Mißverständnisse«, selbst sie hätte zu einer »neuen Form der Klassenherrschaft führen« können, ausdrücklich zurückgewiesen hatte (MEW 17/433), trat Bakunin 1873 in seinem Buch »Staatlichkeit und Anarchie« mit der massiven Anschuldigung gegenüber, er, Marx, sei gerade der inkarnierte Prophet des Staatssozialismus. Bakunin ignorierte den »Bürgerkrieg in Frankreich«. Er reflektierte hauptsächlich seine Erfahrungen mit Marx aus dem gescheiterten Kampf um die Machtergreifung des Anarchismus in der Ersten Internationale und seinen Eindruck von der deutschen Sozialdemokratie, die er inklusive aller ihrer Fehler mit Marx und Engels identifizierte. Marx exzerpierte ihn jedoch so ausführlich, daß das Manuskript jetzt über 40 Seiten Kleindruck in der Marx-Engels-Werkausgabe einnimmt, und dies, obwohl er ihn aus der eben erst angeeigneten russischen Sprache übersetzen mußte. Mit dem anarchistischen *Programm* Bakunins war er um diese Zeit natürlich in jeder Hinsicht fertig, zumal es sich eigentlich auf den Gedanken reduzierte, daß die revolutionäre Bewegung, die den egalitären und herrschaftslosen Idealzustand der Gesellschaft verwirklichen soll, mitten in der Klassengesellschaft schon so funktionieren soll, als wäre er erreicht, also auf den uralten Gemeinplatz der absoluten, metaphysischen Identität von Ziel und Mitteln. Nun, im Jahre 1873, stellte sich heraus, daß er mit der anarchistischen *Kritik* am Marxismus noch nicht abgeschlossen hatte. Und so können wir heute mit ungläubigem Erstaunen in Marxens eigenem Exzerpt nachlesen, was Bakunin auf dem Grunde der marxistischen Theorie und Praxis gesehen haben wollte (MEW 18/603, 625, 628, 635 ff.).

Bakunin hatte dort gesehen »einen Despotismus der *regierenden Minderheit,* um so viel gefährlicher, als sie erscheint als Ausdruck des sogenannten Volkswillens«. »Aber diese Minderheit, sagen die Marxisten«, (Marx fragt dazwischen: Wo?) »wird aus Arbeitern bestehn. Ja, mit Erlaubnis, aus gewesenen Arbeitern, aber die, sobald sie nur Repräsentanten oder Regierer des Volks geworden sind, *aufhören Arbeiter zu sein* und sehn werden auf die ganze gemeine Arbeiterwelt von der Höhe der Staatlichkeit; sie werden nicht mehr das Volk vertreten, sondern sich und ihre Ansprüche auf die Volksregierung«. Diese »intelligente und deswegen privilegierte Minderheit« werde regieren, »wie wenn sie die wirklichen Interessen des Volks besser begriffe als das Volk selbst«. Man werde den Begriff »wissenschaftlicher Sozialismus« zur Begründung solcher Ansprüche mißbrauchen. Der sogenannte Volksstaat Wilhelm Liebknechts, den er Marx zuschrieb, werde nichts anderes sein »als die sehr despotische Lenkung der Volksmassen durch (eine) neue und sehr wenig zahlreiche Aristokratie wirklicher oder angeblicher Gelehrten.Das Volk ist nicht wissenschaftlich, das bedeutet, es wird ganz und gar befreit werden von der Sorge um die Regierung, es wird ganz und gar eingeschlossen werden im regierten Stall«. »Da die Wissenschaft nicht allen zugänglich ist, werden die Wenigen alles leiten«, so »daß am andern Tag der Revolution (eine) neue gesellschaftliche Organisation gegründet werden muß nicht durch freie Vereinigung volkstümlicher Organisationen, Gemeinden, Amtsbezirke, Gebiete von unten nach oben . . ., sondern durch die diktatorische Gewalt jener gelehrten Minorität«. In Deutschland »unterwerfen sich die deutschen Arbeiter blind ihren Führern, während die Führer, die Organisateure der sozialdemokratischen deutschen Partei, sie weder zur

Freiheit noch zur internationalen Brüderschaft führen, sondern unter das Joch des pangermanistischen Staats«, den sie in sich reproduzierten. Was Engels 1895 nicht ahnte, das stellte sich Bakunin 1873 fast leibhaftig vor: den »Aufbruch« der deutschen Sozialdemokratie im Jahre 1914.

Marx brach angesichts der Bakuninschen »Regierung der Gelehrten« in den Ruf aus: »quelle rêverie!« – »welche Phantasterei!« Er tat das, obwohl Bakunin gerade in diesem Punkt noch etwas konkreter phantasierte: Sie, die Marxisten, gründen, nachdem das Volk alle Macht in ihre Hände gegeben hat, »eine einzige Staatsbank, konzentrierend in ihren Händen alle kommerziell-industrielle, ländliche und selbst wissenschaftliche Produktion, und sie teilen die Masse des Volks in zwei Armeen: industrielle und agrikole unter dem unmittelbaren Kommando von Staatsingenieuren, die einen neuen privilegierten wissenschaftlich-politischen Stand bilden«. Dieser letzte Ausdruck ist von frappierender Genauigkeit. Man mußte wahrscheinlich Anarchist *und* Russe sein, um hinter der Autorität Marxens und seiner Lehre im Jahre 1873 den Schatten Stalins zu gewahren. Marx sah den Schatten nicht, konnte und wollte ihn nicht sehen.

Nun sind die Elemente, aus denen Bakunin konstruierte, natürlich im Marxismus enthalten, oder besser gesagt, reflektiert, da es sich ja um Realitäten handelt, an denen Marx keineswegs vorbeiging. Der Widerspruch von Kopf- und Handarbeit mußte sich als Widerspruch von Wissenschaft und Arbeiterklasse äußern. Das berücksichtigte ja gerade die Marxsche Forderung nach Vereinigung von Philosophie und Proletariat, die am Anfang der ganzen marxistischen Parteikonzeption steht und in ihrer Intention bis heute nicht überholt ist. Da der Kampf um die Emanzipation nur unter den real gegebenen Bedingungen aufgenommen werden kann, und da diese Bedingungen nun einmal grundlegend gekennzeichnet sind durch eine Arbeitsteilung, die die Masse der Produzenten von der intellektuellen Kultur ausschließt, muß die Partei der Emanzipation den Widerspruch von revolutionärer Intelligenz und Arbeiterklasse enthalten. Die ganze systematische Mühe, mit der man bei uns den Zitatenschatz über Partei und Klasse, Bewußtheit und Spontaneität hin und her wendet, um hier eine prästabilierte Harmonie zu beweisen, ist völlig irrelevant. In Wirklichkeit zeigt man bestenfalls, daß Marx und Lenin die *Aufgabe* richtig gestellt haben. Aber der eigentliche Zweck, für den da jongliert wird, besteht ja nicht darin, Lenin gegen irgendwelche Fehlinterpretationen in Schutz zu nehmen, sondern mit dem geduldigen Papier den Riß zuzudecken, der die neue Gesellschaft in Beherrscher und Beherrschte teilt. Was Marx nicht voraussah, war die inzwischen notorische Tatsache, daß sich die Vereinigung von Philosophie und Proletariat, von Sozialismus (als Wissenschaft) und Arbeiterbewegung nach der Revolution ebenso entpuppen würde wie seinerzeit der dritte Stand, aus dem heraus die Bourgeoisie zur Macht kam. Gegen die »unwissenschaftliche« Einsicht des Volkes in den Herrschaftscharakter der neuen Ordnung haben von vornherein keine alten Zitate geholfen.

Aber was hat Marx daran gehindert, sich ernsthaft mit der Möglichkeit einer solchen Entwicklung auseinanderzusetzen? Warum war ihm auch der bürgerliche Einwurf, der Kommunismus würde das despotische Fabriksystem aus dem Einzelbetrieb auf den Maßstab der ganzen Gesellschaft übertragen, nur der ironischen Abfertigung wert? (Marx und Engels hatten doch beide die technologische Unvermeidlichkeit einer dem Wesen nach autoritären Direktion im zeitgenössischen Produktionsprozeß und auch darüber hinaus akzeptiert!) Ich will hier nicht auf Psychologisches eingehen, eher auf ihre hegelianische Tradition, vor allem aber auf die welthistorische Dominanz Europas im XIX. Jahrhundert. Die hegelianische Tradition und ein wohl kaum vermeidbarer Europazentrismus dürften dafür verantwortlich sein, daß Marx seine Aufmerksamkeit zu einseitig auf das kapitalistische Privateigentum

konzentrierte und den gesamten vergangenen und künftigen historischen Prozeß durch dieses vermittelt sah.
Hinsichtlich des modernen Staatsproblems war Marx zunächst von vornherein vorbelastet durch den entscheidenden Akt seiner Ablösung von Hegel. Der Bruch hatte eben darin bestanden, die Hegelsche Relation von Staat und Gesellschaft, in der ja der Staat deren höheres, »wirkliches«, vernünftiges Dasein war, erst einmal umzukehren und zu zeigen, daß der Staat nur politischer Ausdruck des realen Gesellschaftslebens mit seinen einander widerstrebenden Interessentendenzen war. Im nächsten Schritt enthüllte er dann von der Ökonomie, von den Produktionsverhältnissen her die reale Struktur und Dynamik der bürgerlichen Gesellschaft. Hatte der preußische Spätabsolutismus wenigstens noch den Schein einer Unabhängigkeit des Staates von der Gesellschaft bestätigt, so reduzierte sich der bürgerliche Staat in den auf 1789 folgenden Klassenkämpfen in Frankreich immer offenbarer auf das nackte Zwangsinstrument zur Ergänzung der primär ökonomisch funktionierenden kapitalistischen Ausbeutung. Er mußte, wie ich vorhin schon darstellte, mit ihr stehen und fallen. Eine Funktion als Organisator der Produktion hatte der nachrevolutionäre bürgerliche Staat nie bewiesen, und die bloße Vorstellung einer solchen stand in vollem Gegensatz zum Wesen des Konkurrenzkapitalismus, dessen ganze Produktionsweise auf der Initiative von Privatkapitalisten basierte. Überall dort, wo dieses System infolge seiner eigenen spontanen Konsequenzen über sich selbst hinausdrängte, setzte Marx die Perspektive der sozialistischen Vergesellschaftung ein. Diese theoretische Konstellation bewies ein solches Beharrungsvermögen, daß sich viele marxistische Beobachter des heutigen Staatsmonopolismus im Westen immer noch mit dem Hinweis zufrieden geben, alles, was seit dem Übergang zum Monopol geschehen ist, stelle nur die immer perfektere Vorbereitung dieser Vergesellschaftung dar. Im Prinzip kann man es sich auf diese Weise ersparen,

alle diese Erscheinungen in ihrem Eigengewicht zu studieren. Sie *sind* ja alle längst erklärt, mit dem kleinen Schönheitsfehler, daß die theoretisch hundertmal bewiesenen Folgerungen nicht eintreten. Der Vorwurf, der hierin liegt, betrifft selbstverständlich nicht Marx, sondern das Denken der nachleninschen Epoche.

Nun zu dem anderen Element der Hegelschen Tradition, an das Marx, im Unterschied zum eben behandelten, wesentlich positiv anknüpfte. Es ist die methodische Hypothese von der Einheit des Logischen und Historischen, die sich Marx selbstverständlich unter den notwendigen kritischen Überlegungen aneignete, die jedoch in vieler Hinsicht unabhängig von dieser allgemeinen Distanzierung ihre Konsequenzen entfaltete. Vordergründig ist sie überall dort im Spiele, wo Marx genial erfaßte historische Tendenzen sofort mit apodiktischem Schwung ad finitum demonstriert, weil sich historisch alsbald vollenden muß, was logisch vollendet erscheint. Was dabei an Vernachlässigung des quantitativen Moments unterlief, summierte sich, wie der späte Engels erkennen mußte, dann doch zu einer qualitativen Fehleinschätzung einerseits der Reife der Produktivkräfte für einen siegreichen proletarischen Umsturz und andererseits der Ausdehnungsfähigkeit der kapitalistischen Produktionsverhältnisse überhaupt. Wir erweisen der ökonomischen Theorie von Marx einen kaum zu überbietenden Bärendienst, wenn wir keine »revisionistischen« Konsequenzen aus der erschreckenden Produktivität des »Spätkapitalismus« in den USA, in Japan und Westeuropa ziehen. Marx wäre der erste gewesen, der sich revidiert hätte, um die revolutionäre Praxis besser zu begründen.

Eine noch wesentlichere Folge, die mit dem methodologischen Prinzip der Einheit des Logischen und Historischen zusammenhängt, ist die *Überschätzung bzw. Verabsolutierung* der gewiß gewaltigen Rolle des kapitalistischen Privateigentums. Was ich damit meine, läßt sich am besten an der Einengung ablesen, die der Entfremdungsbegriff im Laufe der wissenschaftlichen Entwicklung von Marx erfuhr. In der Deutschen Ideologie von 1845/46 erscheint die Entfremdung, »dieses Sichfestsetzen der sozialen Tätigkeit, diese Konsolidation unseres eignen Produkts zu einer sachlichen Gewalt über uns, die unsrer Kontrolle entwächst, unsre Erwartungen durchkreuzt, unsre Berechnungen zunichte macht« noch als »eines der Hauptmomente in der bisherigen geschichtlichen Entwicklung« *überhaupt* (MEW 3/33). Es wäre völlig absurd, z. B. die Pyramiden, in die eine der ältesten Pharaonen-Dynastien nahezu die gesamte Mehrarbeit mehrerer Generationen ägyptischer Bevölkerung investierte, um ihre Herrschaftsprivilegien in das Totenreich zu verlängern, aus dem Begriff der Entfremdung auszunehmen. Marx und Engels fahren auch an der zitierten Stelle unmittelbar fort, »eben aus diesem Widerspruch des besonderen und gemeinschaftlichen Interesses nimmt das gemeinschaftliche Interesse als *Staat* eine selbständige Gestaltung, getrennt von den wirklichen Einzel- und Gesamtinteressen, an ... als illusorische Gemeinschaftlichkeit« (MEW 3/33). Historisch gesehen ist der Staat nächst der Religion das umfassendste Entfremdungsphänomen, nämlich dasjenige mit der größeren zeitlichen Ausdehnung. Die Pyramiden beruhen ja nicht auf Ausbeutung *vermittels Privateigentum,* und die Monumente des Stalinismus, mit dem Mausoleum angefangen, in dem man Lenin wie einen Pharao mumifizierte, ebensowenig. Wenn nun in Marx' »Kapital« der Entfremdungsbegriff nur noch im Zusammenhang mit dem Verhältnis des Kapitals zur Lohnarbeit benutzt wird, so bedeutet dies, wie die ganze Kommune-Diskussion zeigte, nur die Ausklammerung des Staatsproblems bei der Kritik der Politischen *Ökonomie.* Vor allem ging Marx generell von der Vorstellung aus, daß das kapitalistische Privateigentum, also die kapitalistische Entfremdung, *alle* frühere Entfremdung aufgehoben in sich enthält. In den »Grundrissen zur Kritik der Politischen Ökonomie« nannte er das Kapitalverhältnis ausdrücklich die *»äußerste Form der Entfremdung«* und interpretierte sie als notwendigen Durchgangspunkt, der in sich bereits die Auflösung aller bornierten, d. h. vorkapitalistischen Verhältnisse enthält (Grundrisse/414 f.).

In dem berühmten Abschnitt über »Formen, die der kapitalistischen Produktion vorhergehn« (Grundrisse/375 ff.), analysierte er die ganze Entwicklung von der Auflösung des primitiven Gemeineigentums bis an die Schwelle der ursprünglichen Akkumulation eben auf dieses Ergebnis hin, d. h. er zeigte die logisch-historische Stufenfolge in dem Prozeß der Trennung der Produzenten von allen ihren sachlichen Produktionsbedingungen. Und er führte dabei die implizite Voraussetzung mit, daß die je höhere Stufe, wenn sie auch nicht immer konkret aus der niedrigeren hervorgegangen scheint, doch die Resultate der vorigen immer mit enthalte. In dieser Sicht muß nun die Aufhebung des kapitalistischen Privateigentums, dieser Quintessenz allen bisherigen Fortschritts und aller bisherigen Entfremdung, in *einem einheitlichen Prozeß alle* alten historischen Widersprüche *mit* lösen. Nur unter dieser Voraussetzung gilt ja die frühe These aus den Ökonomisch-Philosophischen Manuskripten, der Kommunismus sei die »vollständige, bewußt und innerhalb des ganzen Reichtums der bisherigen Entwicklung gewordene Rückkehr des Menschen für sich«, sei »das aufgelöste Rätsel der Geschichte« (Kleine ökonomische Schriften, Berlin 1955/127).

Nun ist festzustellen, daß eine solche Konzeption natürlich nur *formal* in der Hegelschen Tradition begründet liegt, zumal man ja keineswegs nur als Ex-Hegelianer der Verführung der Abstraktion zur Verabsolutierung ausgesetzt ist. Denn *was* hier verabsolutiert wird, das ist in Wirklichkeit die historische Rolle *Europas,* besonders im XIX. Jahrhundert. Mit der Reife der europäischen Produktivkräfte hat Marx auch die extensive Ausdehnung und die intensive Funktion des kapitalistischen Weltmarkts überschätzt. Und daraus folgte, ebenso wie aus den theoretischen Überlegungen über die Knotenlinie aufeinanderfolgender Produktionsverhältnisse, die gar nicht mehr besonders zu betonende kapitalistische Perspektive der ganzen übrigen Welt, sofern ihr nicht die proletarische Revolution der fortgeschrittensten europäischen Länder zuvorkam.

In Wirklichkeit waren nicht einmal hier in Europa die historisch ältesten Schichten der Unterdrückung und sozialen Ungleichheit so total durch die höheren Formationen aufgehoben, wie das die logische Entwicklung unterstellte. Der Gedanke der Aufhebung des Privateigentums wird überlastet, wenn wir die Überwindung von Verhältnissen in ihn einschließen, die letztlich nicht auf dem Privateigentum beruhen und niemals völlig in ihm aufgingen, auch in Europa nicht.

Es geht um die folgenden drei historischen »Rückstände«, die ursprünglich und bis heute charakteristisch sind für Gesellschaften, in denen es nicht zum Privateigentum als *herrschendem Produktionsverhältnis* kam:

– Die Ausbeutung und Unterdrückung der Frau in der ganzen damit zusammenhängenden patriarchalischen Familienstruktur, also die Herrschaft des Mannes, des Hausherrn (in der patriarchalischen Gentilgesellschaft und in den vorkapitalistischen Verhältnissen meist auch noch über andere Abhängige).

– Die Herrschaft der Stadt (zeitweilig der Pfalz und Burg) über das Land, das sie mit der Mehrarbeit seiner Bevölkerung ernähren und luxurieren mußte.

– Die Ausbeutung und Unterdrückung der Handarbeiter (derer, die vorwiegend körperliche, schematische, *ausführende* Arbeit zu leisten haben) durch die Kopfarbeiter (die vorwiegend geistige, schöpferische, planend-leitende Tätigkeit ausüben).

In diesen drei Erscheinungen, die vom Marxismus stets auch als ökonomische Verhältnisse aufgefaßt wurden, waren bereits die grundlegenden Elemente der gesellschaftlichen *Arbeitsteilung* und des *Staats* gegeben, und zwar eine ganze Epoche bevor das Privateigentum an Produktionsmitteln bzw.

Arbeitsbedingungen historisch auf den Plan trat. Beseitigung des Privateigentums einerseits, Überwindung der Arbeitsteilung und des Staats andererseits können nun auch jenseits des Kapitalismus um eine ganze Epoche auseinanderfallen. So ist es jedenfalls in den Ländern des real existierenden Sozialismus.

Für ein Aktionsprogramm der progressiven Kräfte stellen sich hier daher, sobald die materiellen Voraussetzungen des Sozialismus annähernd geschaffen sind, die folgenden zwei Fragen:

1. Was muß geschehen, um die gemeinsamen Grundlagen *aller* patriarchalischen Herrschaftskultur an ihrer materiellen und ökonomischen Basis zu liquidieren?
2. Wie können sich Gesellschaften, deren industrielle Zivilisation nicht oder nur teilweise auf der Aufhebung des kapitalistischen Privateigentums beruht, die positiven kulturellen und institutionellen Errungenschaften der bürgerlichen Epoche aneignen?

Die erste Frage betrifft primär die notwendigen Veränderungen in der sozialen Struktur des Arbeits- und Erkenntnisprozesses. Die zweite betrifft insbesondere die ungehemmte Entfaltung der menschlichen Subjektivität und die Institutionalisierung der noch für eine lange Zeit unabdingbaren politischen Demokratie in der vom Privateigentum befreiten Gesellschaft.

Um sie aber beantworten zu können, genügt es nicht, sich nur die Unanwendbarkeit der kommunistischen Kategorien auf unsere bestehenden Zustände klarzumachen, so notwendig diese negative Tätigkeit auch ist. Vielmehr gilt es, den neuen Kampfboden, auf dem wir uns vorfinden, von seinem eigenen Werden, von seinen eigenen Gesetzen her zu verstehen. Wenn der real existierende Sozialismus nicht die Aufhebung des kapitalistischen Privateigentums ist – was stellt er dann nach seinem inneren Wesen dar? Wir müssen uns allerdings darüber klar sein, daß wir mit der Untersuchung dieses epochalen

Problems nicht in Ländern wie der DDR oder der ČSSR beginnen können, die gerade deshalb untypisch sind, weil sie bereits kapitalistisch industrialisiert waren. Der Schlüssel liegt in Asien, zum Teil in einer Vergangenheit, die weit hinter unsere eigene europäische zurückreicht. Und dann natürlich in Rußlands Vergangenheit und sowjetischer Gegenwart.

2

Der Ursprung des nichtkapitalistischen Weges

Zwischen 1905 und 1923 hat es sich entschieden und seit 1945 ist es offensichtlich geworden, daß der Menschheitsfortschritt im XX. Jahrhundert andere Wege geht, als Marx und Engels voraussehen konnten. Sie hatten diejenige Gesellschaftsformation analysiert, zu der der *europäische* Teil der Menschheit (Nordamerika eingerechnet) auf seinem spezifischen Weg über antike Sklaverei und germanischen Feudalismus gelangt war, und den Schluß gezogen, daß die von ihnen aufgedeckten *inneren* Antagonismen des Kapitalismus *unmittelbar* zu dessen Sprengung durch eine proletarische Revolution führen würden. Die Reaktionen und Entwicklungen, mit denen die Völker Asiens (das uns hier auch für Afrika und, bedingter, für Lateinamerika stehen kann) auf die europäische Welteroberung für den kapitalistischen Markt antworteten, interessierten sie hauptsächlich im Hinblick auf die Zuspitzung der innerkapitalistischen Widersprüche, auf die Verbesserung der Kampfbedingungen für das europäische Proletariat. Es war Lenin, der im Zusammenhang mit den antikolonialen Bewegungen und Revolutionen in Persien, der Türkei, China, Indien, die auf die russische Revolution von 1905 folgten, als erster die sich ankündigende Verlagerung des revolutionären Sturmzentrums nach dem »Osten« erkannte und die herannahende nächste russische Revolution auch unter diesem Gesichtspunkt zu sehen begann. Lenin gelangte am Ende seines Lebens zu einer Verallgemeinerung dieser neuen Situation, die bis heute noch nicht Allgemeingut der europäischen, auch nicht der sowjetischen Marxisten geworden ist.

Worum es sich letztlich handelt, ist die Tatsache, daß der Fortschritt in unserer Epoche weniger direkt von den *inneren*, mehr von den aus ihnen folgenden *äußeren* Widersprüchen des Imperialismus ausgeht. Schon die Oktoberrevolution war nicht, oder war und ist jedenfalls *weit mehr* als der (aus beschränkter europäischer Erwartungsperspektive »deformierte«) Stellvertreter der ausgebliebenen proletarischen Erhebung im Westen. Sie war und ist vor allem die erste *antiimperialistische Revolution in einem* trotz begonnener eigener kapitalistischer Entwicklung noch *überwiegend vorkapitalistischen Land,* mit halb feudaler, halb »asiatischer« sozialökonomischer Struktur. Ihre Aufgabe war noch nicht der Sozialismus, so aufrichtig die Bolschewiki daran glaubten, sondern die schnelle industrielle Entwicklung Rußlands auf einem nichtkapitalistischen Weg. Erst jetzt, wo diese Aufgabe weitgehend gelöst ist, steht in der Sowjetunion der Kampf um den Sozialismus auf der Tagesordnung. Und nun ist es nicht nur für uns in den europäischen nichtkapitalistischen Ländern, sondern im Hinblick auf den morgigen Tag für die meisten Völker der Erde von ungeheurem Interesse, wie sich dieser Übergang vollziehen wird. Man möchte sich vorurteilslos darüber klar werden, welchen Charakter die Produktionsverhältnisse in der Sowjetunion wirklich tragen, welche Konsequenzen sich in ihrer gegebenen sozialen und nationalen Struktur vorbereiten. Ebenso wichtig ist natürlich China. In den europäischen Ländern, die mit der Sowjetunion verbunden sind, interessiert – wegen des größeren Ablauftempos – vor allem die *politische* Entwicklung als Ausdruck der gleichen sozialen Widersprü-

che, die auch die originale Sowjetgesellschaft kennzeichnen. Aber zu alledem später.
Die Verlagerung der Hauptkampflinie von den inneren auf die äußeren Widersprüche des Imperialismus, die sich in der gewiß zweifelhaften, aber höchst bedeutsamen Losung »Weltdorf gegen Weltstadt« widerspiegelt, ist von erstrangiger Bedeutung für die Bestimmung aller übrigen Positionen in den revolutionären Programmen der Gegenwart. Man muß sich darüber klar sein, daß sie nach der klassischen marxistischen Tradition nicht zu erwarten war. Sie hat neben praktischen auch theoretische Konsequenzen bis in die marxistische Geschichtsauffassung hinein. Zusammenhang und Abfolge der ökonomischen Formationen und insbesondere unsere gegenwärtige Übergangsperiode im Weltmaßstab werden in einem veränderten Licht erscheinen, wenn wir sie nicht nur unter dem gewohnten Gesichtspunkt der Aufhebung des Privateigentums, sondern auch im Hinblick auf das Schicksal der alten Klassengesellschaften Asiens, Afrikas und des vorkolumbianischen Amerika zu begreifen suchen. In diesen Ländern hat das Privateigentum an den Produktionsmitteln, das die maßgebliche Triebkraft der historischen Dynamik in Europa war, niemals jene formationsbestimmende Rolle gespielt wie in unserer Antike, unserem Feudalismus und Kapitalismus. Sie sind heute gerade deshalb agrarische »Entwicklungsländer«, in denen die Aufhebung des überlieferten wie des kompradorischen Privateigentums nur die negative Bedingung des Fortschritts ist, nicht wie in reichen Ländern, in denen die positive Aneignung des erarbeiteten Reichtums, der entwickelten Produktivkräfte durch das befreite Volk möglich wird.
Alle diese außereuropäischen Kulturen, die auf der von Marx so genannten asiatischen Produktionsweise basieren und die zum großen Teil viel älter sind als unsere, stagnierten in einer Bewegung, die ihr Symbol in dem auf der Stelle sich drehenden Rad der buddhistischen Lehre gefunden hat, als der europäische Kapitalismus-Kolonialismus aufgrund seiner in-

dustriellen Revolution ihren inneren Zusammenhang zu sprengen begann. Unter ihren verrotteten orientalischen Despotien konnten die betroffenen Völker weder dem Kattun noch den Kanonen durchschlagenden Widerstand entgegensetzen. Und wenn doch wenigstens den Kanonen, dann wie die Türken und vor allem die Russen durch aktive Assimilation der »europäischen Errungenschaften« auf dem Gebiet des Militärwesens, die die kapitalistische Durchdringung um so sicherer nach sich zog.

Es war nur realistisch, wenn Marx z. B. 1853 in bezug auf Indien (siehe die beiden Aufsätze in MEW 9/127 ff. und 220 ff.) zu dem Schluß gelangte, der britischen Herrschaft käme dort objektiv die Aufgabe zu, die materiellen Grundlagen einer westlichen, d. h. kapitalistischen Gesellschaftsordnung zu schaffen. Die Frage war gar nicht, »ob die Engländer ein Recht hatten, Indien zu erobern, sondern ob ein von den Türken, den Persern, den Russen erobertes Indien dem von den Briten eroberten vorzuziehen wäre«. Denn während es keinem Zweifel unterlag, »daß das von den Briten über Hindustan gebrachte Elend wesentlich anders geartet und unendlich qualvoller ist als alles, was Hindustan vorher zu erdulden hatte«, hatte doch England »die größte und, die Wahrheit zu sagen, einzige *soziale* Revolution« hervorgerufen, »die Asien je gesehen«. Und die Frage war, »ob die Menschheit ihre Bestimmung erfüllen kann ohne radikale Revolutionierung der sozialen Verhältnisse in Asien«. Weil nun aber die Geschichte der britischen Herrschaft in Indien kaum etwas verzeichnete, was über die Zerstörung der überlieferten Sozialstruktur hinausging, würden die Inder »die Früchte der neuen Gesellschaftselemente . . . nicht eher ernten, bis in Großbritannien selbst die heute herrschenden Klassen durch das Industrieproletariat verdrängt oder die Inder selbst stark genug geworden sind, um das englische Joch ein für allemal abzuwerfen«.

Diese zuletzt erwähnte Alternative ist jedoch verständlicher-

weise nicht charakteristisch für die damalige Perspektive von Marx, und der Ausgang des indischen Aufstandes wenige Jahre später gab ihm darin recht. Es hatte auch keine weiteren Konsequenzen, daß Engels die Chancen der mit geeigneteren Methoden kämpfenden Taiping-Rebellen in China günstiger beurteilte. Die beiden Freunde hielten an der Verallgemeinerung fest, mit der der abschließende der beiden Indienaufsätze Marxens endet: »Erst wenn eine große soziale Revolution die Ergebnisse der bürgerlichen Epoche, den Weltmarkt und die modernen Produktivkräfte, gemeistert und sie der gemeinsamen Kontrolle der am weitesten fortgeschrittenen Völker (!) unterworfen hat, erst dann wird der menschliche Fortschritt nicht mehr jenem scheußlichen heidnischen Götzen gleichen, der den Nektar nur aus den Schädeln Erschlagener trinken wollte«. Für Rußland z. B. sah Marx 1881 im Falle einer solchen Revolution im Westen sogar die Möglichkeit einer umfassenden sozialen Reorganisation nach dem Prinzip der heutigen chinesischen Volkskommunen (MEW 19/384 ff.). Die überkommenen Dorfgemeinschaften sollten sich gebietsweise zusammenschließen und in diesem größeren Rahmen die industriellen Errungenschaften eines nunmehr sozialistischen Westens übernehmen und anwenden.
Dieselbe Grundeinstellung spricht noch aus Engels' letzten Äußerungen über die Aussichten der russischen Revolution aus dem Jahre 1894: »Dagegen ist es nicht nur möglich, sondern gewiß, daß, nach dem Sieg des Proletariats und nach Überführung der Produktionsmittel in Gemeinbesitz bei den westeuropäischen Völkern, den Ländern, die der kapitalistischen Produktion eben erst verfallen und noch Gentileinrichtungen oder Reste davon gerettet haben, in diesen Resten von Gemeinbesitz und in den entsprechenden Volksgewohnheiten ein mächtiges Mittel gegeben ist, ihren Entwicklungsprozeß zur sozialistischen Gesellschaft bedeutend abzukürzen ... Aber dazu ist das Beispiel und der aktive Beistand des bisher kapitalistischen Westens eine unumgängliche Bedingung ...

Und dies gilt von allen Ländern vorkapitalistischer Stufe, nicht nur von Rußland. In Rußland aber wird es verhältnismäßig am leichtesten sein, weil hier ein Teil der einheimischen Bevölkerung sich bereits die intellektuellen Resultate der kapitalistischen Entwicklung angeeignet hat . . .« (MEW 22/428 f.). Der Sturz des Zaren-Despotismus werde »auch der Arbeiterbewegung des Westens einen neuen Anstoß und neue, bessere Kampfbedingungen geben und damit den Sieg des modernen industriellen Proletariats beschleunigen, ohne den das heutige Rußland weder aus der Gemeinde noch aus dem Kapitalismus heraus zu einer sozialistischen Umgestaltung kommen kann« (MEW 22/435).

Die Geschichte hat diese ursprüngliche marxistische Prognose einschneidend korrigiert. Während sich die kapitalistische Ordnung nun schon in einer dritten Phase in ihren inneren Widersprüchen *bewegt,* statt so an ihnen zugrunde zu gehen, wie es ihr Marx für die erste und Lenin endgültig für die zweite Phase vorausgesagt hatte, sind viele Völker der vorkapitalistischen Länder auf ihren eigenen Weg zum Sozialismus aufgebrochen. Die proletarische Revolution im Westen hat es nicht gegeben; und ihr Eintreten in der bisher erwarteten Form wird immer unwahrscheinlicher. Die russische Revolution war von ganz anderem Typ. Wesen und Charakter einer Revolution werden nur bedingt durch das Programm und den Heroismus der Avantgarde bestimmt, die ihre erste Etappe bestreitet. Die Sowjets von 1905 und 1917 haben die Pariser Kommune fortgesetzt, doch nach ihnen reißt diese Kontinuität ab. Heute müßte gerade das Festhalten an der Hoffnung auf einen klassischen sozialistischen Umsturz im Westen zu einem sonst kaum begründeten Pessimismus führen. Die Revolutionen in Rußland und China, auf dem Balkan und in Kuba haben wahrscheinlich nicht weniger, sondern mehr zum allgemeinen Fortschritt beigetragen, als die erhofften proletarischen Revolutionen im Westen vermocht hätten.

Dabei ist der Marxismus auf einer Linie, die sich durch die

Namen Lenins, Mao Tse-tungs, Nkrumahs und Castros kennzeichnen läßt, über Rußland nach Asien, Afrika und Lateinamerika gewandert. Er repräsentiert heute unvergleichlich mehr und Vielfältigeres als in der Ära von Marx, und zwar auch in seiner Bedeutung für Europa. Es geht nicht um seine »Reinheit«, sondern um seinen einfach nicht monopolisierbaren Gebrauch als Werkzeug zum Studium und zur Veränderung der sozialen Wirklichkeiten (deren Mehrzahl betont werden muß, damit man die Differenzierung des marxistischen Denkens *positiv* begreifen kann). Der historische Materialismus selbst verbietet es, die Verhältnisse in der Sowjetunion, in Volkschina usw. daran zu messen, ob sie den »authentischen Marxismus« realisieren, wie er andererseits auch erklären kann, warum sich die offiziellen Vertreter der verschiedenen Richtungen um den Alleinbesitz der Wahrheit streiten. Nicht der Buchstabe der Theorie, der historische Prozeß ist authentisch. Stellt doch schon der Leninismus in seiner Theorie und erst recht in seiner Praxis eine beträchtliche »Revision« der orthodoxen Lehre dar, die das große Verdienst des Begründers der Sowjetunion ist.

Lenins Blick für die revolutionären Möglichkeiten der asiatischen Völker war zunächst schon von vornherein durch die erlebte Einsicht in den halbasiatischen Charakter der russischen Verhältnisse geschärft. Wie auch später betonte er schon im Jahre 1900, als die russische reaktionäre und liberale Presse die zaristische Beteiligung an der imperialistischen Polizeiaktion gegen den sogenannten Boxeraufstand in China mit einer Hetzkampagne gegen die barbarischen, kultur- und zivilisationsfeindlichen Chinesen begleitete, die Verwandtschaft der sozialen Probleme, vor denen die Völker Rußlands und Chinas standen: »Das chinesische Volk leidet unter denselben Übeln, unter denen das russische Volk schmachtet – unter einer asiatischen Regierung, die aus den hungernden Bauern Steuern herauspreßt und jedes Streben nach Freiheit mit Waffengewalt unterdrückt –, unter dem Joch des Kapitals, das seinen Weg auch ins Reich der Mitte gefunden hat« (LW 4/375). Das Wort »asiatisch« umschreibt hier eine spezifische Form von Herrschaftsverhältnissen. In diesem Sinne sagte Lenin andernorts: »Rußland ist in sehr vielen und sehr wesentlichen Beziehungen zweifellos ein asiatischer Staat, und dabei ein ganz besonders barbarischer, mittelalterlicher, schändlich rückständiger asiatischer Staat« (LW 18/153). Vor dem Hintergrund dieser historischen Verwandtschaft beobachtete er, wie auf die russische Revolution von 1905 ganz ähnliche Ereignisse in der Türkei, in Persien und vor allem 1911 in China folgten, wie es zugleich in Indien und Indonesien zu gären begann. Es unterliegt keinem Zweifel, schloß er schon 1908, daß die kolonialistische Raub- und Unterdrükkungspolitik der Europäer die asiatischen Völker für einen siegreichen Kampf gegen die Unterdrücker stählen wird. Die russische Revolution besitzt in Europa (das moderne Proletariat) *und* in Asien einen großen internationalen Verbündeten (LW 15/176 ff.). 1913 gab er einem Aufsatz die bezeichnende Überschrift »Das rückständige Europa und das fortgeschrittene Asien« (LW 19/82 f.). Er schrieb: »Das Erwachen Asiens und der Beginn des Kampfes des fortgeschrittenen Proletariats Europas um die Macht kennzeichnen die neue Ära der Weltgeschichte, die Anfang des 20. Jahrhunderts angebrochen ist« (LW 19/69). Mag die Erwähnung Asiens an erster Stelle ein Zufall sein, sie ist doch charakteristisch für die beginnende Akzentverschiebung. In einer Betrachtung über die historischen Schicksale des Marxismus aus dem gleichen Jahr 1913 betonte er mit Bezug auf den »neuen Herd heftigster Weltstürme« in Asien ebenfalls: »Wir leben heute gerade in der Epoche dieser Stürme und ihrer ›Rückwirkung‹ auf Europa . . . Manche Leute, die den Bedingungen der Vorbereitung und Entwicklung des Massenkampfes keine Aufmerksamkeit schenkten, wurden durch den langen Aufschub des entscheidenden Kampfes gegen den Kapitalismus in Europa zur Verzweiflung und zum Anarchismus getrieben . . . Nicht

Verzweiflung, sondern Zuversicht müssen wir aus der Tatsache schöpfen, daß Asien mit seinen 800 Millionen in den Kampf um dieselben Ideale einbezogen wurde, um die in Europa gekämpft wird . . . Nach Asien begann sich auch Europa zu rühren . . .« (LW 18/578 f.).

Charakteristisch für die Leninsche Position ist der Hinweis darauf, daß die philosophischen und politischen Losungen des antiimperialistischen Befreiungskampfes von den Idealen der europäischen bürgerlichen und proletarischen Revolution abstammen. Deshalb bedeutet die neue Rolle Asiens nicht etwa, daß »das Licht nun aus dem mystischen, religiösen Osten leuchtet«. »Nein, gerade umgekehrt. Das heißt, daß der Osten endgültig den Weg des Westens betreten hat« (LW 18/154), den auch Rußland eingeschlagen hatte. Zumindest theoretisch hielt ja Lenin bis zuletzt an der Überzeugung fest, »daß die soziale Revolution in Westeuropa zusehends heranreift« (LW 31/140). Aber nach 1917, in der Zeit des leidenschaftlichen bolschewistischen Wartens auf den Ausbruch der Revolution im Westen, besonders in Deutschland, die dem russischen Oktober Entlastung bringen und seine Zukunft sichern sollte, trat dann mehr und mehr eine andere Orientierung in den Vordergrund.

Im November 1919 entwickelte Lenin vor den Vertretern der kommunistischen Organisationen aus den östlichen Ländern den Gedanken: Da die Imperialisten nicht zulassen werden, daß die europäischen Revolutionen rasch und leicht vonstatten gehen, und da die alten sozialdemokratischen Paktierer ihnen dabei zur Seite stehen werden, »wird die sozialistische Revolution nicht nur und nicht hauptsächlich ein Kampf der revolutionären Proletarier eines jeden Landes gegen die eigene Bourgeoisie sein, nein, sie wird ein Kampf aller vom Imperialismus unterdrückten Kolonien und Länder, aller abhängigen Länder gegen den internationalen Imperialismus sein«. Das Programm der KPR gehe von der Vereinigung des Bürgerkriegs in den fortgeschrittenen Ländern mit den natio-

nalen Befreiungskriegen aus. »Selbstverständlich kann den endgültigen Sieg nur das Proletariat aller fortgeschrittenen Länder der Welt erringen, und wir Russen beginnen das Werk, das vom englischen, französischen oder deutschen Proletariat gefestigt werden wird. Wir sehen aber«, – dies ist eine ganz neue Formulierung: – »daß sie ohne die Hilfe der werktätigen Massen aller unterdrückten Kolonialvölker, und in erster Reihe der Völker des Ostens, nicht siegen werden. Wir müssen uns Rechenschaft darüber ablegen, daß die Avantgarde allein den Übergang zum Kommunismus nicht vollziehen kann«. Lenin fordert, »die echte kommunistische Lehre, die ja für die Kommunisten der fortgeschrittenen Länder bestimmt ist, in die Sprache eines jeden Volkes zu übersetzen«. Die Sowjetrepublik habe die Aufgabe, »alle aus dem Schlummer erwachenden Völker des Ostens um sich zu scharen und gemeinsam mit ihnen den Kampf gegen den Weltimperialismus zu führen« (LW 30/144 ff.).
Im März 1923, als er seinen letzten, vermächtnishaften Aufsatz »Lieber weniger, aber besser« schrieb, ging Lenin noch einen entscheidenden Schritt weiter. »Wird es gelingen«, so fragte er, »angesichts unserer klein- und zwergbäuerlichen Produktion, angesichts der Zerrüttung unserer Wirtschaft so lange durchzuhalten, bis die westeuropäischen kapitalistischen Länder ihre Entwicklung zum Sozialismus vollenden werden?« Nach einem Blick auf die Widersprüche zwischen den reichen imperialistischen Staaten kam er zu dem Schluß, der Ausgang des Kampfes hinge »in letzter Instanz davon ab, daß Rußland, Indien, China usw. die gigantische Mehrheit der Erdbevölkerung stellen«, die durch den Kapitalismus selbst für den Kampf geschult und erzogen wird. Dann gab er zu erkennen, worin er zuletzt den beherrschenden Grundwiderspruch und die zentrale Aufgabe der mit dem Oktober eingeleiteten Epoche sah: »*Damit unsere Existenz gesichert ist bis zum nächsten kriegerischen Zusammenstoß zwischen dem konterrevolutionären imperialistischen Westen und dem revolutio-*

nären und nationalistischen Osten, zwischen den zivilisiertesten Staaten der Welt und den orientalisch zurückgebliebenen Staaten, die jedoch die Mehrheit ausmachen – muß es dieser Mehrheit gelingen, sich zu zivilisieren. Uns mangelt es ebenfalls an Zivilisation, um unmittelbar zum Sozialismus überzugehen, obwohl wir die politischen Voraussetzungen dafür haben« (LW 33/487 f.). Zwei Monate früher hatte er geschrieben: »Wenn zur Schaffung des Sozialismus ein bestimmtes Kulturniveau notwendig ist . . ., warum sollten wir also nicht damit anfangen, auf revolutionärem Wege die Voraussetzungen für dieses bestimmte Niveau zu erringen, und *dann*, schon auf der Grundlage der Arbeiter- und Bauernmacht und der Sowjetordnung, vorwärtsschreiten und die anderen Völker einholen« (LW 33/464). So leitete er aus der Zwangslage, in die die russische Revolution durch ihr Alleinbleiben geriet, den positiven Grundtext der nachfolgenden Geschichte ab. Den Helden der damals Zweiten Internationale, die die Bolschewiki wegen dieses Verstoßes gegen die »marxistische Orthodoxie« verbellten, und ihren heutigen Nachahmern schrieb er bei dieser Gelegenheit prophylaktisch ins Stammbuch: »Unseren europäischen Spießbürgern fällt es im Traum nicht ein, daß die weiteren Revolutionen in den Ländern des Ostens, die unermeßlich reicher an Bevölkerung sind und sich durch unermeßlich größere Mannigfaltigkeit der sozialen Verhältnisse auszeichnen, ihnen zweifellos noch mehr Eigentümlichkeiten als die russische Revolution auftischen werden« (LW 33/466). Was für seltsame Leninisten sind das, die sich heute als Schulmeister der von einem guten Viertel der Menschheit getragenen chinesischen Revolution aufspielen . . . Marx hatte die Frage, wie sich die außereuropäischen Völker die Errungenschaften der Epoche des Privateigentums, also den europäischen Reichtum mit seinen industriellen Voraussetzungen, aneignen sollen, nur gestreift. Höchstwahrscheinlich hat er die ungeheure Größe der materiellen Lücke und auch die Tragweite des Unterschieds zwischen den subjektiven Faktoren, den historischen Menschentypen Europas und der kolonialisierten Erdteile, noch nicht in seine Überlegungen einbezogen. Das eigentliche Drama der Gegenwart, das wir mit dem Abstraktum »Entwicklung« bezeichnen, wäre ja um nichts geringer gewesen, wenn sich die Hoffnungen der europäischen Sozialisten erfüllt hätten – eher im Gegenteil! Den unerwarteten, unvorhergesehenen Durchbruch einer historischen Notwendigkeit haben Hegel und Marx gern als »List der Vernunft« glossiert. Sollte in dem Ereignis, daß die Massen der »Dritten Welt« dem Aufbruch Europas zuvorgekommen sind, nicht eine solche List der Vernunft am Werke sein?

Die Völker der zurückgebliebenen Länder leben heute im Wettlauf mit einer Katastrophe, die noch weit mehr Opfer fordern kann als der eiserne Strom der russischen Revolution – und vor allem sinnlosere Opfer. Revolutionen wie die russische und die chinesische sind die Bedingung für den Sieg über den Hunger. Einer der frühesten Gedanken des Marxismus, daß die »stürzenden«, die bisher unterdrückten Klassen die Revolution als ihre eigene Aktion brauchen, um »sich den ganzen alten Dreck vom Halse zu schaffen und zu einer neuen Begründung der Gesellschaft befähigt zu werden« (MEW 3/70), gilt erst recht für die doppelt niedergehaltenen Völker, die der Kapitalismus auf niedrigerer Stufe der gesellschaftlichen Entwicklung antraf. Sie brauchen nicht Brot aus Kanada, sondern Brot aus Asien, aus Afrika, und dafür brauchen sie eine neue Lebensform, ähnlich nichtkapitalistisch wie die in der Sowjetunion und die in China. Wie anders sollen die Kolonisierten ihren Unterlegenheitskomplex überwinden, massenhaft das für den Aufstieg erforderliche neue Bewußtsein und Selbstbewußtsein finden – wie anders als durch ihre eigene Befreiungsrevolution? Die äußeren Bedingungen dafür können durch existierende sozialistische Mächte begünstigt sein, aber die Menschenmassen der südlichen Hemisphäre können jedenfalls nicht befreit *werden.*

Zum materiellen Aufbau vor allem bedarf es anfangs einer starken und – um die Niederringung des überlieferten Stumpfsinns überhaupt zu ermöglichen – oft in vieler Beziehung despotischen Staatsmacht, die nur aus einer Revolution heraus ihre Legitimation und Autorität beziehen und dem Knochenfraß der für die alte »asiatische Produktionsweise« charakteristischen Korruption Einhalt gebieten kann. Diese Staatsmacht *muß* über jedem »Entwicklungshelfer« stehen, der dort hinkommt, um sein technisches Wissen zu vermitteln und der dabei ständig dazu neigen wird, in kolonialistische Manieren zu verfallen. Es sind nur wenige wie Doktor Bethune. Deshalb muß die Befreiungsstaatsmacht da sein, bevor irgendwelche europäischen Ratgeber eine »Communauté« verkünden. Sie muß gegenüber diesen Ratgebern dieselbe Stellung einnehmen wie die junge Sowjetmacht zu den bürgerlichen Spezialisten. Und wenn solche Ratgeber heute bereits aus der Sowjetunion kommen, und natürlich auch aus anderen mit ihr verbundenen Ländern, so müssen auch sie sich diese Einordnung gefallen lassen, bis sie die Probe auf ihre internationalistische Solidarität und Brüderlichkeit bestanden haben. Denn die Geschichte der Befreiungsbewegung seit dem II. Weltkrieg hat unwiderleglich bewiesen, daß das Tempo und der Effekt der Emanzipation für die Massen von der Durchsetzung gerade dieser Konstellation abhängen.
Stellen wir uns vor, was die noch unter vorkapitalistischen Verhältnissen verharrenden und kolonial ausgebeuteten Völker gewonnen hätten, wenn das westeuropäische Proletariat um die Jahrhundertwende den Befreiungsrevolutionen außerhalb Europas zuvorgekommen wäre. Dürfen wir annehmen, daß sich der Geist einer Menschheitssolidarität, die Praxis einer Gleichheit alles dessen, was Menschenantlitz trägt, sogleich vorbehaltlos durchgesetzt hätten? Die Arbeiterklassen Europas partizipierten objektiv am Kolonialismus, und das blieb nicht ohne ideologische Folgen. Auf dem Stuttgarter Sozialistenkongreß von 1907 wurde ein Satz im Resolutions-

entwurf, daß der Kongreß nicht prinzipiell jede Kolonialpolitik verwerfe, da sie unter sozialistischem Regime zivilisatorisch wirken könne, nur mit knapper Mehrheit abgelehnt. Lenin berichtete, in der Kongreßkommission zur Kolonialfrage sei versucht worden, »ein Verbot der Einwanderung von Arbeitern aus rückständigen Ländern (Kulis aus China usw.) durchzubringen«. Er konstatierte: »Das ist derselbe Geist des Aristokratismus unter den Proletariern einiger ›zivilisierter‹ Länder, die aus ihrer privilegierten Lage gewisse Vorteile ziehen und daher geneigt sind, die Forderungen internationaler Klassensolidarität zu vergessen« (LW 13/66 ff.).

Die unmittelbaren, tradeunionistischen Interessen der westlichen Arbeiterklassen, die ihrerseits einen beträchtlichen materiellen und kulturellen Nachholbedarf entwickelt hätten und überdies außenpolitisch nicht so zur Solidarität gezwungen gewesen wären wie die arme Sowjetrepublik, hätten nur bei äußerster revolutionärer Bewußtheit und Selbstlosigkeit im Zaum gehalten werden können. Aber die sozialdemokratischen Partei- und Gewerkschaftsbürokratien tendierten eher dazu, kolonialistische Vorbehalte zu kultivieren. Für die geschärften Sinne des heutigen Lesers war selbst die Haltung Friedrich Engels' nicht völlig frei von »fachmännischer« europäischer Überheblichkeit, wie sich z. B. in manchem seiner Kommentare zum indischen Aufstand von 1857-59 kundtat. Nicht wenige Autoritäten der westlichen Arbeiterbewegung hätten erst einmal versucht, die »Wilden« und »Halbzivilisierten« Mores zu lehren und sich nach den ersten Mißerfolgen ihres Bestrebens, in Asien und Afrika ein protestantisches Arbeitsethos zu verbreiten, ärgerlich zurückgezogen wie der rechtschaffene Vormund von seinem undankbaren Mündel. Jedenfalls waren die Arbeiterbürokratien allesamt zu einem Erziehungskolonialismus geneigt. Und es ist kaum etwas wahrscheinlicher, als daß die betroffenen Völker gezwungen gewesen wären, sich – wenn auch unter etwas günstigeren Bedingungen als zuvor und mit einer europäischen linkssozia-

listischen Minderheit zur Seite – gegen solche hypothetischen sozialistischen Regierungen zu wenden.
Vor allem aber müssen wir noch einmal wiederholen, daß diese Völker *die eigene Erhebung* unbedingt für ihre Neuformierung brauchen. Sie müssen sich anfangs kulturell von Europa distanzieren, während sie seine technischen Errungenschaften assimilieren. Denn der europäische Zivilisationsexport ist seinem Wesen nach kolonialistisch, auch wenn ihn eine Arbeiterregierung betreibt. Weder Rußland noch China hätten ihre Entwicklungsprobleme in einem solchen Tempo, mit einer solchen Entfesselung der menschlichen Produktivkräfte in Angriff genommen, wenn sie nicht dazu gezwungen gewesen wären, sie in der revolutionären Selbstbehauptung gegen eine feindliche Umwelt zu lösen.
Wenn eine sozialistisch-kommunistische Ordnung, wie wir inzwischen erkennen müssen, nicht auf bloß provinziell gegebene materielle Voraussetzungen gegründet werden kann, dann ist das Schließen der Zivilisationslücke, von der Lenin gesprochen hat, durch die revolutionären Völker selbst, die sich im Kampf die notwendige Arbeitsdisziplin schaffen, die welthistorische Hauptaufgabe bei der Vorbereitung des Sozialismus. *Mit den Revolutionen in Rußland und China, mit dem revolutionären Prozeß in Lateinamerika, in Afrika und Indien schlägt die Menschheit den kürzesten Weg zum Sozialismus ein.* Dort, im »Osten«, sind die eigentlichen Verdammten dieser Erde aufgewacht. Die Rolle der Arbeiterklasse, die der entscheidende Stoßtrupp der russischen Revolution war und die selbstverständlich auch in Westeuropa eine Aufgabe hat, muß in diesem Kontext neu gesehen werden. Ohnehin hätte ihre Revolution auch in Europa nicht unmittelbar zu dem Sozialismus geführt, den Marx erhoffte, sondern viel wahrscheinlicher zu der uns so vertrauten Erscheinungsform, die Bakunin in Ansehung einerseits der preußisch-deutschen Sozialdemokratie, andererseits des Führungsstils in der Internationale fürchtete. Immer wieder wird unser bürokratischer Zentralismus

mit der Rückständigkeit Rußlands erklärt, die indessen nur gewisse Auswüchse zu verantworten hat. Sofern die hierarchischen Funktionärsapparate der Arbeiterorganisationen potentielle Staatsmaschinen sind, bereitet sich in ihnen nicht eine neue Pariser Kommune, sondern ein vom Kapitalismus gereinigter Staatsmonopolismus vor.

Wir werden die staatsmonopolistische Tendenz, die in der ganzen Welt den Gegenstand des Emanzipationskampfes in der bevorstehenden Epoche ausmachen wird, besser einordnen können, wenn wir diese moderne Übergangsperiode zur klassenlosen Gesellschaft mit der alten ökonomischen Despotie vergleichen, die nämlich die vorherrschende Grundform des Eintritts in die Klassengesellschaft war. Auch deshalb haben die Geschichte und die gegenwärtigen Entwicklungstendenzen des »Ostens« ein aktuelles Interesse für uns. Wir werden sehen, daß der Charakter der Epoche, wie er sich in dem »Zusammenstoß zwischen dem konterrevolutionären imperialistischen Westen und dem revolutionären und nationalistischen Osten« entfaltet, die aktuelle Konsequenz aus der ganzen bisherigen Weltgeschichte ist. Dabei bedarf es in den wesentlichen Punkten nur der weiteren Entwicklung aus den Voraussetzungen, die in der materialistischen Zusammenschau der historischen Evolution bei Marx und Engels bereits gegeben sind.

In dem kleinen Katechismus, den unsere Propagandisten im Grundstudium und anderswo vermitteln, ist allerdings von dem Reichtum dieses Geschichtsbildes kaum mehr als die Idee von der gesetzmäßigen Abfolge der fünf Formationen Urkommunismus, Sklaverei, Feudalismus, Kapitalismus, Sozialismus-Kommunismus und vielleicht noch die Auffassung des Gesamtverlaufs nach dem dialektischen Prinzip der »Aufhebung«, der »Negation der Negation« übriggeblieben. Insbesondere unterstellt man den Klassikern ganz unzutreffend einen Dogmatismus, nach dem im Grunde genommen jeder Gesellschaftskörper alle diese Formationen durchlaufen müßte. Als eine Art Ausnahmeregelung mußte daher die geradezu antihistorische Metapher vom »Überspringen« ganzer Gesellschaftsformationen durch diese oder jene Völker erfunden werden. Sie ist nicht einmal für die Völker Sowjetasiens, bei denen sie am ehesten einleuchten könnte, eine theoretische Auskunft. (Einem Historiker, der mit den Fakten vertraut ist, muß schon jedes wirkliche Verständnis für geschichtliches Werden abgehen, wenn er es fertigbringt, zu erklären, die Germanen hätten, indem sie »gleich« zum Feudalismus gelangten, »die Sklaverei übersprungen«, auf die nichts in ihrer formativen Periode hinweist. – Die wie bei allen alten Völkern auch bei den Germanen vorkommende patriarchalische Haussklaverei hat sich ja im ganzen alten Orient nicht als Vorstufe antiker Sklavenanwendung in der Hauptproduktion erwiesen.)

Bis vor kurzem durfte man bei uns gar nicht nach einem wirklichen Begriff derjenigen Gesellschaftsordnung fragen, die die seit dem Ausgang des Mittelalters ausschwärmenden europäischen Kolonialisten in fast allen außereuropäischen Ländern vorfanden (sofern es nicht noch stammesmäßige waren), ob nun in Mexiko, Mittelamerika und Peru, ob in Indien und China, ob in Afrika oder im Nahen Osten. Wo es sich in Wirklichkeit um verschiedene, bis auf Amerika und Afrika um Stagnations- und Verfallsstadien der von Marx ökonomisch als asiatische Produktionsweise, politisch als orientalische Despotie bezeichneten ältesten Formation der Klassengesellschaft handelte, hatte man eine Menge allerdings mit »Besonderheiten« versehener Sklavereien und Feudalismen entdeckt, weil Stalin den Begriff der asiatischen Produktionsweise verpönt hatte. Während Marx von den Engländern die *einzige soziale* Revolution in Asien vollbracht sah, muß es nach den heutigen Lehrbüchern z. B. in China und Indien irgendwann in der ersten bzw. zweiten Hälfte des 1. Jahrtausends u. Z. eine Umwälzung von der »patriarchalischen Sklavenhaltergesellschaft« (ein um so unsinnigerer Ausdruck, als seine Benutzer zugeben, daß die Sklaverei in ihr nie ein charakteristisches Produktionsverhältnis war) zum Feudalismus gegeben haben. Als Beweis dienen einige rein deskriptiv feststellbare Merkmalgemeinsamkeiten mit dem europäischen Feudalismus, die nichts über die interne Logik der asiatischen Formation aussagen. Bei Marx, der sich zu einer organismischen Entwicklungsauffassung historischer Gesellschaftskörper bekannte (MEW 23/26 f.) und der seinen Feudalismusbegriff aus der von den Germanen ausgehenden europäischen Entwicklung abgeleitet hatte, ist der Feudalismus *entscheidend* dadurch charakterisiert, daß er *immanent* die Bedingungen seiner revolutionären Ablösung durch den Kapitalismus erzeugt. Was sind das dann für »feudale Produktionsverhältnisse«, welche sich – nicht nur in Ostasien, sondern selbst in der Türkei – bis in Marx' Zeiten »mit der Unwandelbarkeit von Naturverhältnissen reproduzieren«? (MEW 23/155).

Es ist überhaupt die Frage, *wie allgemein* Marxens These aus dem Vorwort zur Kritik der Politischen Ökonomie gilt, wonach Gesellschaftsformationen aus ihren inneren Widersprüchen heraus auf dem Wege sozialer Revolution die nächsthöhere erzeugen. Unter den »progressiven Epochen ökonomischer Gesellschaftsformation« nennt Marx dort die asiatische an erster Stelle. Dabei hatte er in den Grundrissen zur Kritik der Politischen Ökonomie gerade gezeigt, daß und warum sie nie und nirgends aus sich selbst heraus zu einer höheren Produktionsweise geführt hatte. Selbst in der antiken Sklaverei machten sich die tödlichen Antagonismen zwischen Produktivkräften und Produktionsverhältnissen nur auf eine destruktive Weise bemerkbar. Der Untergang Westroms sah keine revolutionäre Klasse. Vom Feudalismus rückwärts gelesen, erscheinen zwar der Kolonat und verschiedene andere Abhängigkeitsverhältnisse jenseits der unhaltbar gewordenen Latifundiensklaverei als Keime einer neuen Ordnung. Aber war Engels nicht der Meinung, daß es der Germanen, einer – wenn auch unter dem Einfluß Roms zur Beschleunigung ihrer klassengesellschaftlichen Formierung getriebenen – äußeren Kraft bedurfte, um der römischen Agonie einen positiven Sinn zu geben? ». . . nicht ihre spezifischen nationalen Eigenschaften waren es, die Europa verjüngt haben«, schrieb er, »sondern einfach – ihre Barbarei, ihre Gentilverfassung . . . In der Tat sind nur Barbaren fähig, eine an verendender Zivilisation laborierende Welt zu verjüngen. Und die oberste Stufe der Barbarei . . . war gerade die günstigste für diesen Prozeß. Das erklärt alles« (MEW 21/150 f.).

Die Massen der »Dritten Welt« sind in ihrer überwältigenden Mehrzahl keine frischen Barbaren mehr (die Morgan-Engelssche Bezeichnung ist ohnehin überholt), aber da sie in ihren veralteten und vom Kapitalismus dekomponierten Zivilisationen nicht mehr leben, ja überleben können, jedenfalls noch *unter* ihre überlieferten Existenzbedingungen gedrückt werden, sind sie zum militanten Aufbruch gezwungen. Und sie können darin soviel Freiheit von ihren alten und neuen Fesseln gewinnen, daß sie zur Begründung einer eigenständigen neuen Zivilisation befähigt werden.

In seiner Konzentration auf die Verallgemeinerung *der* historischen Entwicklungsgesetze, die das moderne Europa seit der beginnenden Emanzipation der Städte im hohen Mittelalter auszeichnen, hat Marx offenbar einen anderen, im Zusammenhang mit Darwin durchaus naheliegenden Gesichtspunkt weniger beachtet: In der Entwicklung der Gattung Mensch lösen die historischen Gesetze, die Marx entdeckte, die biologischen Evolutionsgesetze ab, genauer gesagt, die ersteren, als höhere, heben die letzteren in der bekannten Weise in sich auf.

Aber die Klassiker waren selbst der allgemeinen Überzeugung, daß dies ein langwieriger und jedenfalls im Kapitalismus noch unabgeschlossener Prozeß war. Wie das seit dem vorigen Jahrhundert gewaltig angewachsene Material der alten Geschichte und der Ethnographie zeigt, setzt sich bis in die frühen Klassengesellschaften hinein – natürlich in modifizierter Form – diejenige Methode der Sukzession fort, die für die Entwicklung der Arten charakteristisch ist. In der Evolution der Arten finden wir die zu einem Zeitpunkt *t* fortgeschrittenste Form niemals hervorgegangen aus der zum Zeitpunkt *t-1* am weitesten gelangten. Es ist stets einer der noch nicht zu einer sehr bestimmten und damit beschränkten Struktur entfalteten und spezialisierten, einer der noch »unformierten« Zweige, der die nächsthöhere Stufe erreicht. Wir stammen *nicht* vom Neandertaler ab, obgleich er ein Glied in der Kette ist, die auf uns hinweist. *Aufeinander*folge ist hier nicht *Auseinander*folge. Mit den ersten drei Formationen der Klassengesellschaften (asiatischer, antiker und feudaler) verhält es sich ebenso.

In seinen konkreten Darstellungen in den Grundrissen (375 ff.) bestätigt Marx auch diese Ansicht. Er untersucht die Grundeigentumsverhältnisse im alten Orient, bei den Griechen und Römern sowie bei den Germanen als Prädispositionen der »asiatischen Produktionsweise«, der antiken Sklaverei und des Feudalismus und geht davon aus, daß sie logisch wie historisch *aufeinander* folgen. Aber er behauptet nirgends, daß z. B. die Germanen real die früheren Formen durchlaufen hätten. Vielleicht gibt es einen gemeinsamen Ausgangspunkt, einen primitiveren Gesellschaftszustand, der sich zu diesen verschiedenen Gestaltungen differenzierte je nach den Umweltbedingungen, die die verschiedenen Gemeinschaften vorfanden. Aber jede der drei »naturwüchsigen« Formationen geht *unmittelbar* aus der Urgesellschaft hervor, allerdings die Sklaverei nicht früher als die asiatische Produktionsweise und der Feudalismus nicht früher als die Sklaverei. Jedenfalls schrieb Marx 1853, das schottische Clanwesen, das der patriarchalischen Endphase der Urgesellschaft zugehört, stehe »eine ganze Stufe« – also nicht zwei oder drei Stufen – tiefer als der Feudalismus (MEW 8/501). Die höher entwickelten Formationen knüpfen einerseits an den von den früheren akkumulierten Stand der Produktionstechnik und -organisa-

tion, gewiß auch an manche institutionelle Erfahrungen an, und sie setzen andererseits voraus, daß die früheren ihren Zenit bereits überschritten haben, sich im Stadium der Stagnation oder des Niedergangs befinden.
Die weitaus meisten der bis ins Mittelalter, in Afrika sogar bis in die Neuzeit aus der Urgesellschaft aufbrechenden Völker »wählten« irgendeine Variante der asiatischen Produktionsweise, weil sie ihnen objektiv den größtmöglichen, in der Regel wahrscheinlich den einzigmöglichen Fortschritt bringen konnte. Ehe ich näher auf diese Produktionsweise eingehe, die man nach dem heutigen Stand der Erkenntnisse am besten als Ökonomische Despotie bezeichnet, will ich nur sagen, daß sie bei den ursprünglichen Begründern der alten Zivilisationen direkt aus dem Kampf mit der Natur um ein reicheres Agrarprodukt hervorging, das den dafür in Frage kommenden Landschaften nur durch große Kooperation im gesellschaftlichen, d. h. staatlichen Maßstab abgerungen werden konnte. Später kommende Stämme, die dann solche zivilisierten Völker eroberten, wurden primär gerade dadurch an die vorgefundene Produktionsweise assimiliert, daß sie über die Notwendigkeit der großen Kooperation bei der kollektiven militärischen Unterdrückung der zahlenmäßig größeren Vorbevölkerung in die überlieferte despotische Tradition hineinwuchsen. Sklaverei und Feudalismus entstanden erstens nur unter Naturbedingungen, die nicht zur großen Kooperation in der Landwirtschaft zwangen, weil sie auf ausreichendem Regenfall statt auf Bewässerung beruhte. Zweitens entfalteten sich die Griechen und Römer, noch mehr dann die Germanen auf Territorien, die zuvor nicht durchgreifend von älteren Zivilisationen geprägt worden waren. Die Spartaner brachten es gerade deshalb nicht zur antiken Sklaverei, sondern nur zu einer Variante der asiatischen Produktionsweise, weil sie sich auf die kollektive Unterdrückung einer anderen Völkerschaft spezialisierten. Die alten Ökonomischen Despotien sind generell dadurch charakterisiert, daß die gentilen Strukturen in

ihnen nicht aufgelöst und aufgehoben, sondern konserviert und überlagert werden.
Kurzum, man darf aphoristisch zugespitzt sagen: Originäre Sklaverei hat es nur dort gegeben, wo vorher keine Ökonomische Despotie geherrscht hat. Originären Feudalismus hat es nur dort gegeben, wo vorher weder Sklaverei noch Ökonomische Despotie durchgreifend wirksam waren. Freilich wurde mit dem Fortschreiten von Formation zu Formation der historische Zusammenhang dichter, wobei die viel langsamere Entwicklung in Altamerika und im subsaharischen Afrika zeigt, wie maßgeblich hieran die geographische Völkerkonzentration um die nahöstliche Mitte der Alten Welt beteiligt war.
Erst mit dem europäischen und – nicht ganz so eindeutig – japanischen Feudalismus ist diejenige »naturwüchsige« Formation gefunden, die nicht die prinzipielle Schranke der beiden vorigen in sich trägt, deren Krise nicht mit einer endlosen Stagnation als Kette unfruchtbarer innerer Zusammenbrüche und Wiedererholungen droht. Originären Kapitalismus aber hat es nun gerade nur dort gegeben, wo sich vorher *dieser* Feudalismus mit seiner immanenten Transformationstendenz entfaltet hatte. Feudalismus-Kapitalismus ist im Grunde *eine* Entwicklung, die dialektische Entfaltung und die Ausbreitung *einer* (bzw. im Hinblick auf Japan *zweier*) der menschlichen Zivilisationen.
Während nun diese sogenannte abendländische Zivilisation die Kernterritorien der antiken Sklaverei mehr oder weniger einbezogen hat, stand ihr auf dem Höhepunkt ihrer kapitalistischen Phase die ganze Hinterlassenschaft der ältesten zivilisierten Produktionsweise als äußere Beute gegenüber. Die Menschen dieser Länder sind bis auf den heutigen Tag davon betroffen, daß ihre fernen Vorfahren die ersten waren, die eine hohe Kultur schufen und sich dabei einer Sozialstruktur unterwerfen mußten, die aus sich selbst heraus keine sprengende Dynamik erzeugte. Doch ist es klar, daß wir ohne die

Arbeit des alten Sumer, Ägypten, Indien, Kreta usw. nicht dieses Griechenland und Rom, nicht unseren Feudalismus und keine englische industrielle Revolution gehabt hätten. Spontane Solidarität den Fernstehenden gegenüber liegt nicht in der menschlichen Natur. Sie setzt ein Wissen um die historisch gewordene Abhängigkeit und Gemeinsamkeit unseres zukünftigen Schicksals voraus. Auch in den Ländern des sowjetischen Blocks sind die historischen Schulbücher völlig disproportioniert, indem sie auf die letzten paar hundert Jahre europäischer Geschichte hin anschwellen. Die fortschrittlichen Bewegungen in Europa und Nordamerika müssen insbesondere versuchen, die spezifischen Formen und Probleme der Emanzipation zu verstehen, die sich aus dem »asiatischen« Erbe der übrigen Menschheit ergeben.
Das aber wird ihnen um so leichter fallen, je gründlicher sie begreifen, daß sich die weitere Emanzipation ihrer eigenen Gesellschaften jenseits des Kapitalismus an der Schranke *staatsmonopolistischer* Strukturen bricht. Denn in ihrer klassischen Hochform als Ökonomische Despotie im alten Ägypten, Mesopotamien, Indien, China, Peru weist die asiatische Produktionsweise, die Formation des Übergangs zur frühen Klassengesellschaft, eine aufschlußreiche Strukturverwandtschaft zu unserer Epoche des Ausgangs der Klassengesellschaft auf. Marx hat sich im Jahre 1881 abschließend noch einmal dahingehend geäußert, daß der Weg zum Kommunismus als dialektischer Rückkehrprozeß zu Verhältnissen verstanden werden kann, die den archaischen auf höherer Stufe gleichen.
Das einstmals »vorwärts« und nun »rückwärts« zu durchschreitende Übergangsstadium zwischen Kommunismus und entwickelter Klassengesellschaft ist beide Male gekennzeichnet durch eine spezifische, unmittelbar aus der gesellschaftlichen Arbeitsteilung und Kooperation erwachsende Funktion des Staates. Verstaatlichte, nicht mehr gemeinschaftliche bzw. noch nicht vergesellschaftete Produktivkräfte machen das Charakte-

ristische dieser beiden Epochen aus. Wir werden die wirklichen Widersprüche, die uns jenseits des Kapitalismus begegnen, besser verstehen, wenn wir uns jene alte »asiatische Produktionsweise«, jene alte Ökonomische Despotie näher vergegenwärtigen.

Selbstverständlich wäre es sinnlos, die heutige Epoche und ihre Perspektiven aus solcher strukturellen Analogie *erklären* zu wollen. Die moderne staatsmonopolistische Struktur bewegt sich nicht nur in entgegengesetzter Richtung, sondern vor allem auch mit einer unaufhaltsam über sich hinausdrängenden Dynamik. Der Vergleich soll uns nur den Blick für ihre Probleme schärfen, zugleich allerdings den Eindruck bestärken, daß eine Gesellschaft, die derart der Pyramide staatlicher Arbeitsleitung unterworfen ist wie die unsere, unmöglich schon als sozialistisch, als frei von Ausbeutung und Unterdrückung des Menschen durch den Menschen angesehen werden kann.

Genau genommen bezeichnet der Ausdruck »asiatische Produktionsweise« keine fertige Formation, sondern das *Verbindungsglied* zwischen der patriarchalischen Endphase der Urgesellschaft und den Klassengesellschaften Asiens, das in einem bestimmten Typus der archaischen Ackerbaugemeinde existiert. Wo sich Marx in den »Grundrissen« mit »Formen, die der kapitalistischen Produktion vorhergehen« auseinandersetzt, spricht er im selben Sinne auch von »antiken« und »germanischen«, überdies noch von »slawischen und rumänischen« Formen. Was ihn an dieser Stelle interessiert, sind nicht die voll ausgeprägten Formationen, sondern die verschiedenen naturwüchsigen Formen der Aneignung von Grund und Boden, die dann *im Übergang* zur Klassengesellschaft die Differenz der drei vorkapitalistischen Formationen begründen. Später hat Marx die asiatische Klassengesellschaft anscheinend *insofern* noch der primären, archaischen Formation zugerechnet, als in ihr das ursprüngliche Gemeineigentum der Dorfgemeinschaften nicht in Privateigentum aufgelöst, sondern de facto *verstaatlicht* wurde, so daß die Masse der Produzenten dort unmittelbar mit ihren Arbeitsbedingungen vereinigt blieb. Aber in allen alten Hochkulturen der Menschheit, die in den vorantiken Jahrtausenden an Euphrat und Tigris, am Nil, am Indus, am Huangho, in Kleinasien, auf Kreta, in Südarabien, am Ganges emporstiegen, standen sich die Menschen unzweifelhaft als Ausbeuter und Ausgebeutete, Herrschende und Unterdrückte gegenüber.

Wie kam diese naturwüchsigste Klassengesellschaft ohne privates Grundeigentum zustande?

Als die nacheiszeitliche Austrocknung den afrasischen Wüstengürtel entstehen ließ, traf diese allmähliche Verschlechterung der Lebensbedingungen die in den betroffenen Räumen verstreuten Menschengruppen auf den verschiedensten urgemeinschaftlichen Entwicklungsstufen an. Rings um den vorderasiatischen »fruchtbaren Halbmond« waren besonders viele Völkerschaften von der agrarischen Umwälzung des Neolithikums erfaßt worden und zum Ackerbau übergegangen. Der wachsenden Produktivität ihrer Arbeit stand die wachsende relative Bevölkerungskonzentration gegenüber. Außerdem wirkte die Dezimierung der Flora, die die Menschen und ihre Viehherden betrieben, mit der ungünstigen Klimatendenz zusammen. Der Kampf um die Existenzbedingungen gewann an Schärfe. Die überaus fruchtbaren Lößkorridore der großen Ströme waren bisher unbesiedelt geblieben, obwohl sie drei Ernten im Jahr ermöglichen sollten. Die Sintflutsage mag das Wagnis erhellen, das im 6. Jahrtausend v. u. Z. die ersten Gemeinschaften unternahmen, als sie, zunächst sporadisch, jahreszeitenweise, von den Überschwemmungsgebieten Besitz ergriffen.

Seit dem 4. Jahrtausend wurden im heutigen Südirak, am Unterlauf der beiden Ströme, Menschen seßhaft. Das war nur möglich, indem sie die Sümpfe entwässerten und die Kontrolle über die Fluten errangen. Eine Kulturarbeit von solchem Umfang hatten die späteren Griechen, Römer, Germanen am

Anfang ihrer Zivilisationen nicht zu vollbringen. Mit diesen Strömen konnten weder einzelne Sippen und Familien noch einzelne Dorfgemeinschaften in isolierter Produktion fertig werden. Die Aufgabe selbst zwang zur periodischen Zusammenfassung mehrerer Gemeinwesen, einer Masse von einfachen Arbeitskräften in der Form der *Großen Kooperation,* die mehr als bloße Summation der individuellen Leistungen bedeutete und deren Ergebnisse sich jedem partikularen Zugriff entzogen, also nur im ganzen angeeignet werden konnten. So blieb das Land, ob es nun innerhalb der Dörfer kollektiv oder familiär bewirtschaftet wurde, von diesen entscheidenden »Produktionsvorbereitungen« her fast überall, wo diese Formation jemals entstand, Gemeineigentum. Genauer gesagt: Es konnte nicht Privateigentum werden. Das ist nicht dasselbe.

Childe stellt fest, daß die Lebensbedingungen der Menschen unter diesen Umständen außergewöhnliche Machtmittel in die Hände der Gesellschaft legen, um ihre Mitglieder zu disziplinieren. »Der Regen fällt in gleicher Weise auf Gerechte und Ungerechte, aber die Berieselungsgewässer tränken die Felder durch Kanäle, die von der Gemeinde gegraben worden sind« (Der Mensch schafft sich selbst, Dresden 1959/112). Schon unter den Bedingungen der Landwirtschaft in Regenfallgebieten hatten die Stammesmagier eine zentrale Aufsicht über den Jahreslauf des Lebens und der Arbeit ausgeübt. Jetzt mußten die gesellschaftlichen Amtsträger schnell eine ungleich größere Autorität gewinnen. Früher nur illusorische Vermittler der produktiven Tätigkeit (so notwendig diese Vermittlung war und blieb), wurden sie nun zu realen Organisatoren der Produktion. Der Stammgott verlangte den Priestern jetzt nicht mehr bloß regulative Wirksamkeit ab, sondern er offenbarte ihnen die Pläne für Kanäle, Dämme und alsbald auch für Tempel, die zugleich die Rolle von Vorratshäusern spielten. Alle diese öffentlichen Arbeiten mußten vorbereitet und organisiert, die Arbeitskräfte mußten eingeteilt, geleitet, und – da der Mensch nicht »von Natur« fleißig ist – auch angetrieben werden. Richtige Pläne setzten ein Studium des Flusses, seines Verhaltens zu den verschiedenen Jahreszeiten voraus, also einen Schritt über die intuitive Magie hinaus zu systematischer Beobachtung. Die Opfertribute, die der Gott erhielt, wuchsen mit der Erzeugung, und das war auch notwendig, um einen Teil der Menschen längere Zeit zentralisiert einsetzen zu können. Außerdem brauchte man einen Vorrat zur Versicherung gegen Katastrophen, wie sie der Fluß bereiten konnte. Eine solche Lagerwirtschaft erforderte Buchhaltung, Rechenkunst, Schrift, und sie wurden erfunden.

Einen Magier, Medizinmann, Schamanen, für den ein Mehrprodukt miterzeugt wurde, hatte es schon Jahrtausende gegeben. Jetzt aber erzeugte der Umfang der intellektuellen Aufgaben eine Priester*korporation,* die hierarchisch im Tempel organisiert war, die Pläne des Gottes für sein Volk entwickelte und seinen Reichtum verwaltete. Die Arbeitsteilung zwischen Ackerbau und Handwerk war dieser neuen Teilung schon vorausgegangen. Sie hatte den Austausch in die Gemeinwesen hineingetragen, doch ihre urkommunistische Struktur nicht direkt gebrochen. Mit der Priesterkaste wuchs nun unmittelbar aus den Bedürfnissen des Produktions- und Reproduktionsprozesses selbst, hier also nicht vermittelt über Warenproduktion und Privateigentum, sondern über die Große Kooperation und ihre Direktion, die erste herrschende Ausbeuterklasse der Geschichte empor. Sie eignete sich unter der Fiktion des Gottes das Mehrprodukt an, das von den Handarbeitern, die sie anleitete, geschaffen wurde. Sie brachte mit der Verfügungsgewalt über den disponiblen Reichtum und über den disponiblen Teil der lebendigen Arbeit die erweiterte Reproduktion und also das fernere Schicksal der Mehrheit unter ihre Bestimmung und Kontrolle. Es handelt sich dabei exakt um *einen* der beiden Wege zur *Klassen*bildung, von denen Engels im Anti-Dühring spricht (MEW 20/166 f.).

Marx nennt es für Ägypten »die Herrschaft der Priesterkaste als Leiterin der Agrikultur« (MEW 23/537). »Die Teilung der Arbeit«, heißt es in der »Deutschen Ideologie« (MEW 3/31), »wird erst wirklich Teilung von dem Augenblicke an, wo eine Teilung der materiellen und geistigen Arbeit eintritt.« In der Tat! Denn sie ist identisch mit dem frühesten Klassengegensatz, der seinen reinen, ungestörten Ausdruck zunächst immer in der Gestalt der Theokratie fand, nicht nur in Mesopotamien und Ägypten.

In dem Maße allerdings, wie die um den Tempel emporwachsenden Städte mit ihrer Kulturarbeit aufeinander zu rückten, wie ihr wachsender Reichtum die Begehrlichkeit benachbarter Herrschaften oder barbarischer Stämme reizte, nahm die Bedeutung des Kriegsführers und der militärischen Organisation zu. Andererseits verursachten die internen Angelegenheiten der Tempel einen immer differenzierteren Aufwand. Es kam zu einer Trennung der ideologischen und administrativen Aufgaben, wenn auch den Priestern meist die Bewirtschaftung derjenigen Ländereien blieb, die inzwischen unmittelbar dem Gott gehörten. Das Königtum stieg auf. Zuerst in Ägypten, dann auch in Mesopotamien drängte die Notwendigkeit, die Stromsysteme im Ganzen zu kontrollieren, zum Territorialstaat. Nun trat der Großkönig, der Kaiser, der »orientalische Despot« im vollen Sinne des Wortes auf den Plan. Oft nahm er auch die Funktion des Oberpriesters wahr, erhob sich zum Stellvertreter, wenn nicht zur Inkarnation des Gottes, oder zu seinem Sohn. In seiner Person, und regierungsklug im Idealfall *nur* in seiner Person, trafen die beiden Zweige zusammen, aus denen sich jetzt die herrschende Klasse zusammensetzte: die Hierarchien der Priester und der Beamten, d. h. der Ideologen und der zivilen bzw. militärischen Bürokraten.

Engels stellt fest, daß dieser »politischen Herrschaft überall eine gesellschaftliche Amtstätigkeit zugrundelag . . . Wie viele Despotien auch über Persien und Indien auf- oder untergegangen sind, jede wußte ganz genau, daß sie vor allem die

Gesamtunternehmerin der Berieselung der Flußtäler war, ohne die dort kein Ackerbau möglich« (MEW 20/167). Schlechte Regierung bedeutet unter solchen Umständen schlechte Ernten, rapide Verelendung der Bevölkerung. Aber die Ökonomische Despotie verfolgt wie jede Klassenherrschaft natürlich nicht die Volkswohlfahrt als letzten Zweck. »Die Regierung im Orient«, meint daher Engels, »hatte immer nur drei Departments: Finanzen (Plünderung des Inlands), Krieg (Plünderung des Inlands und des Auslands) und travaux publics, Sorge für die Reproduktion« (MEW 28/259). Die öffentlichen Arbeiten stehen hier nicht umsonst an letzter Stelle, obgleich es in allen alten Despotien, besonders in ihren Anfängen, Kaiser gegeben hat, die als progressive »Verwandler der Welt« auftraten und ihr Großes Haus (wie ja der Name Pharao zu übersetzen ist) in der bestimmten Ordnung hielten.

Die Theokratie war zwar der ursprünglichste, aus der inneren Struktur des sich zivilisierenden Gemeinwesens selbst hervorgehende Weg zur Orientalischen Despotie, sie war jedoch von vornherein nicht der einzige. Für jene Stämme, die ihre formative Periode nicht als seßhafte Bodenbauer, sondern bei dem Abenteuer der kriegerischen Wanderung durchmachten, brachte die Lebensweise eher einen Kriegskönig als eine Priesterschaft an die Spitze, wobei dieser Kriegskönig im günstigen Falle zugleich die sakrale Spitze bildete. Wenn dann die Landnahme solcher Stämme mit Eroberung und Unterwerfung einer anderen Bevölkerung verbunden war, wuchs der Gentiladel in eine Staatsbürokratie hinüber, wobei natürlich zugleich fast immer eine Ergänzung der neuen herrschenden Klasse aus anderen Gruppen erfolgte.

So entstand z. B. im 2. Jahrtausend v. u. Z. das kleinasiatische Reich der Hethiter, das – gewiß nicht zufällig – in seiner ersten Phase einige frühfeudale Tendenzen zeigt, wie umgekehrt bei vielen germanischen Staatsgründungen im Mittelmeerraum, z. B. bei den Wandalen unter Geiserich, starke

Züge der Despotie hervortraten. Insbesondere die Organisation der herrschenden Spitze, des Hofes im alten Hethiterreich, weist frappierende Ähnlichkeiten mit dem merowingischen und karolingischen Frankenreich auf. Die maßgebende Differenz lag nicht »oben«, sondern »unten«: anders als die Hethiter, die sich im späteren Großreich auf die Ausbeutung nordmesopotamischer und syrischer Gebiete orientierten, wo die Bevölkerung in der asiatischen Weise reproduzierte, hatten es die Franken mit einer Bevölkerung zu tun, die teils von der Auflösung der Sklaverei her, teils aus germanischer Tradition zu familienweiser Produktion übergegangen war. Das Hethiterreich zeigt übrigens auch, daß nicht nur die Bewässerung, sondern jede Form der Großen Kooperation eine Despotie begründen kann, sei es etwa die Kooperation des umfassenden Eroberungskriegs wie noch bei den Mongolen, sei es die Kooperation bei der Unterdrückung einer Bevölkerung. Allerdings war die Despotie um so beständiger, je mehr sie durch direkt ökonomische Notwendigkeit begründet war.

Ein Fall, der sich wegen seiner klassischen Klarheit und Durchsichtigkeit besonders für die Demonstration eignet, ist die Ökonomische Despotie der Inkas, die mit der Unterwerfung eines bereits kultivierten Volkes durch ein fremdes Gentiladelsgeschlecht im peruanischen Hochland begann und mit einem fast die ganze mittlere und nördliche Andenregion samt Küstenstreifen umfassenden Großreich endete. Dieses Großreich war weit realer als etwa das karolingische Imperium in seinen besten Zeiten. Die Kontrolle war durch strategische Straßen in alle Landesteile gesichert, die auch die materielle Basis eines überaus raschen Nachrichtendienstes waren. In den neu eroberten Gebieten wurden Bevölkerungseinheiten gegen andere aus den Kerngebieten des Reiches ausgetauscht. Die Sprache des Königsclans, der sich durch das Privileg der Vielweiberei zu einem genügend zahlreichen Hochadel ausgewachsen hatte, wurde als Verkehrsidiom durchgesetzt. »Ge-

schenke« begründeten den Luxus der goldstrahlenden Hauptstadt, und ein Abglanz davon fand sich auch in den Zentren der Provinzen wieder.
Allein diese Tribute – mochten sie vielleicht auch einst der Grundstock der Kaiserherrlichkeit gewesen sein, und später noch den ersten Rückfluß aus jeder neuen Unterwerfung darstellen – waren nur der Ausweis der Macht, nicht ihr Fundament. Dies Fundament war die uneingeschränkte Verfügung des Inkas, in dem auch hier die Pyramiden der weltlichen und kirchlichen Hierarchien zusammenliefen, *über die gesamte Mehrarbeit der Bevölkerung,* die über zwei Drittel der überhaupt verausgabten Arbeit darstellte. Die ökonomische Grundlage, deren höchst bedeutende Ausdehnung die Inka-Herrschaft geschichtlich rechtfertigt, war eine hochentwickelte, mit diffiziler Bewässerung aus den Gletscherabflüssen kombinierte Terrassenkultur des Maises, dieser Königin der indianischen Kulturpflanzen, die auch im Mittelpunkt der den agrarischen Jahreszyklus verbürgenden staatlichen Magie stand. Der »Sohn der Sonne« und seine höchsten Würdenträger beteiligten sich jedes Jahr einmal an der Landarbeit, indem sie symbolisch ihre goldenen Grabstöcke ansetzten. (Auch die Pharaonen pflegten ja den »ersten Spatenstich« für ihre Staatsbauten zu tun.) Für die mehr als zehn Millionen Bauern des Landes war jeder Arbeitsgang reglementiert und religiös sanktioniert. Wie funktionierte nun die große Ausbeutung?
Wie in fast allen Ökonomischen Despotien verfügte über alles Land der Herrscher. Marx hat dies »Königseigentum« am Boden als die formationsspezifische Art der Negation des ursprünglichen Gemeineigentums im Orient hervorgehoben. Die ursprüngliche »asiatische Form« der Aneignung durch die Dorfgemeinschaft blieb für den unmittelbaren Produktionsprozeß meist erhalten. Aber die wirkliche Umkehrung der Machtverhältnisse, der Verfügungsgewalt ist überall daran zu erkennen, daß der Vorsteher der Dorfgemeinschaft, selbst

wenn er noch von unten gewählt wird, nun den untersten Rang der offiziellen Bürokratie einnimmt und primär nach oben haftbar ist, haftbar je nach Regelung für das Steueraufkommen und/oder für die periodische Rekrutierung der Arbeitskommandos, des Militäraufgebots usw. Die freien Mitglieder der alten Dorfgemeinschaft (in deren Schoß es allerdings auch längst Unterdrückung der Frauen, der Jugend, der häuslichen Sklaven gegeben hatte) einschließlich der Ältesten waren zu »Gemeinfreien« geworden, die man ebensogut als Staatssklaven ansehen kann. Jedenfalls sprach Marx von »der allgemeinen Sklaverei des Orients«. Wie äußert sich dieser generelle Zug bei den Inkas, die übrigens eine allerunterste Kaste von Haussklaven für die niedrigsten Arbeiten kannten?

In dem Andenreich war der Boden von Staats wegen dreigeteilt: Das erste Dritteil gehörte direkt dem Inka, war also regierungsunmittelbar. Das zweite Dritteil war dem Tempel, dem Gott zugewiesen, unterstand so ebenfalls unmittelbar der Herrschaft. Das letzte, kleinste Dritteil blieb den Ayllus, den Dorfgemeinschaften, zur Selbstversorgung mit Nahrungsmitteln zugeteilt. In den Dörfern kamen noch immer die Ältesten zusammen, die ihrerseits im Kontakt mit den einfachen Mitgliedern standen, so daß alle das Empfinden haben konnten, gehört zu werden, zugestimmt zu haben. Auch die Häuptlinge von ehedem waren nicht verschwunden. Aber sie bildeten nun eine Art niederen Beamtenadel. Sie entgingen durch ihre Funktion, die Arbeitskräfte für die Staats- und Gottesfelder sowie für die zahlreichen öffentlichen Arbeiten auszuheben und die einfache Reproduktion ihrer Verbände zu regeln, ebenfalls der körperlichen Arbeit, bildeten so die unterste Schicht der herrschenden Klasse. Im Inka repräsentiert, eignete sich diese das Mehrprodukt also in der Form der Arbeitsrente an, auf eine Weise, in der Ausbeutung, Herrschaft und Verfügung über nahezu den gesamten Reproduktionsprozeß unmittelbar zusammenfallen.

Gleichzeitig wurde auch das Herrschaftswissen monopolisiert, die Geheimhaltung der funktionswichtigen Informationen gesichert. Im alten Mesopotamien hatte man schon die bürokratischen Lehrlinge, die angehenden Schreiber »eingeweiht«. Die Priesterschaft, als Spitze der Schriftgelehrten, wehrte erfolgreich jede den Zugang erleichternde Vereinfachung der komplizierten Zeichenschrift ab. Die indischen Brahmanen verfolgten als eine der schwersten Sünden das Verbreiten des Veda, des »Wissens«, unter Unberechtigten. Ein Inka brachte diese Haltung auf die klassische Formel: »Man soll nicht die kleinen Leute lehren, was nur die Großen wissen dürfen.« Nun war die Inka-Herrschaft, die zur Zeit der spanischen Invasion offenbar gerade erst im Begriffe stand, den Zenit ihrer ökonomischen und kulturellen Leistungsfähigkeit zu überschreiten, mehr als nur ein System der Auspressung von Mehrarbeit. So offenbar die Privilegien, der direkte und indirekte Parasitismus der Herrschaft waren, ging darin doch nur ein freilich nicht zu unterschätzender Bruchteil des Mehrprodukts auf. Immer noch der alten Rolle des Gentil-Vaters verpflichtet, begriff der Inka, als der Große Patriarch, der er nun war, die Fürsorge für seine Untertanen als ureigenstes Herrschaftsinteresse. Er regierte weise und gerecht, nicht etwa »tyrannisch« – und das hieß: »Es gab nichts, was der Wille des Inka nicht hätte ändern können – aber dieser Wille gab nicht dem einen das, was dem andern zukam.« Und von der alten Dorfgemeinschaft hatte er die Verantwortung geerbt, kein Individuum in materielle Not geraten zu lassen. Die Naturalien (Lebensmittel, Wolle usw.), die aufgrund der Fronarbeit in den öffentlichen Speichern konzentriert waren, wurden nach festen Prinzipien, die die Anspruchsgleichheit der Gemeinfreien anerkannten, unter die Bevölkerung verteilt. Es gab »Felder für die Witwen und Waisen«. Die Arbeitspflicht wurde so gehandhabt, daß das Dritteil der Ayllus ordentlich bestellt werden konnte. Es kam kaum je eine Herrschaft dem ihr möglichen Optimum so nahe.

Dafür durften sich selbst die Höchsten dem Inka nur mit einer Bürde auf dem Haupte nahen. Ein Franzose sagt, »außer ihm und seiner Familie gibt es keine Menschen; denn die anderen Menschen sind zu Teilen der Wirtschaftsmaschine geworden und zu Nummern innerhalb der Verwaltungsstatistik.« Die Familien und Stadtbevölkerungen wurden in Gruppen zu Zehn, Hundert und Tausend registriert, die jede ihren Vorsteher hatten. Die Pflicht zu Gehorsam und Unterwerfung war so total, wie die potentielle Zwangsanwendung für den Fall abweichenden Verhaltens allgegenwärtig war. Jede Handlung, die gegen Regeln und Gesetze des verstaatlichten Gemeinschaftslebens verstieß, war zugleich Verbrechen gegen den Staat und Sünde gegen den Gott und wurde quasi als Rebellion geahndet, meist sogar mit dem Tode. Adlige freilich sühnten mit Amtsenthebung. Das Schwerste, was sie treffen konnte, war also Entzug der Teilhabe an der Herrschaft. Es fehlte nicht an einem inneren Spionagewesen.
Das Gesamtergebnis war die historische Disqualifizierung der unmittelbaren Produzenten, die in wenigen Generationen zu stumpfer Unmündigkeit und Initiativlosigkeit herabsanken, zu einem Zustand, wie er dem freien Mitglied einer archaischen Dorfgemeinschaft niemals eigen gewesen war. Ihrer Führung einmal verlustig gegangen, standen sie den spanischen Konquistadoren dann ebenso hilflos gegenüber wie die indischen Bauern allen ihren Eroberern.
Es lohnte sich auch deshalb, etwas näher auf die Ökonomische Despotie der Inkas einzugehen (übrigens in Anlehnung an einen Überblick von Eva Lips), weil dieses System wiederholt als sozialistisch oder kommunistisch, z. B. als »religiöser Staatskommunismus« hingestellt worden ist. Dies ist insofern nicht völlig unsinnig, als es sich hier einerseits tatsächlich um eine Überlagerung archaischer Verhältnisse und andererseits um die reale Urheimat so manches utopischen »Sonnenstaates« handelt. Auch sollten einer derartigen Kennzeichnung diejenigen nicht widersprechen, die die Aufgabe des Sozialis-

mus, hauptsächlich darin sehen, einen perfekteren Wohlstandsstaat als der Kapitalismus herzustellen und aus naheliegenden Motiven die Frage nach der politischen Struktur der *Verfügungsgewalt* über unseren gesellschaftlichen Reichtum verteufeln. Die wirklichen Parallelen zu unserer Sozialstruktur, die schwer zu leugnen sein dürften, reichen genau so weit, wie diese, obwohl jenseits des Kapitalismus, doch noch nicht sozialistisch ist.

Es war ein moderner Peruaner, Funktionär des damals noch neuen und progressiven Militärregimes, Carlos Delgado, der vor ein paar Jahren den allgemeinen Schluß formulierte, die gesamte geschichtliche Erfahrung zeige, »daß aufgeklärte Minderheiten stets repressive Bürokratien geschaffen haben. Im Namen des einen oder des anderen Mythos, dieses oder jenes Ideals, unterschieden sich solche Bürokratien – wegen ihres Absolutismus, ihrer fanatischen Intoleranz und ihres unersättlichen Machthungers – schließlich nicht mehr von irgendeiner herrschenden Oligarchie der Vergangenheit« (Belgrader »Internationale Politik« *23,* 528, 4. 4. 72/22). Delgado resümiert hier insbesondere die Erfahrung so vieler lateinamerikanischer Revolutionen. Frantz Fanon hat auf genau dieselbe Weise den Verfall afrikanischer Befreiungsbewegungen nach ihrem Sieg als Prozeß oligarchischer Bürokratisierung beschrieben. Aber die Erscheinung ist nicht neu, sondern alt, sie reicht hinter die aufgrund ihres *Privateigentums* herrschenden Oligarchien der Vergangenheit zurück. Wenn die Klassen, die mit dem Privateigentum verbunden waren, vernichtet oder entmachtet sind, tritt das ältere Element der Arbeitsteilung nach Hand- und Kopfarbeitern wieder als autonomer Faktor der Klassenbildung hervor, und zwar solange, wie diese Arbeitsteilung überhaupt reproduziert wird. Wie in der Frühzeit geht aus dem »Wissen« die Macht hervor, nicht nur gegenüber der Natur, sondern auch innerhalb der Gesellschaft. Warum sich das »Wissen«, wo es *herrscht,* stets als bürokratische Hierarchie mit der Tendenz

zur despotischen Spitze organisiert, bedarf späterer Erklärung. Zunächst wollen wir uns restlos darüber klar werden, *daß* die Herrschaft von Geistesarbeitern eine der ältesten und noch längst nicht abgetanen historischen Realitäten ist.
Childe zitiert aus einer ganzen Anzahl verwandter ägyptischer Urkunden, die aus der Zeit des Neuen Reiches stammen, also mehr als 3000 Jahre zurückliegen, die folgende Ermahnung eines Vaters an seinen Sohn: »Laß dir das Schreiben angelegen sein, auf daß du dich vor harter Arbeit jeder Art bewahrest und ein hoher Beamter von großem Ansehen werdest. Der Schriftgelehrte ist von Handarbeiten erlöst; er ist es, der befiehlt . . . Hältst du nicht des Schreibkundigen Palette in deinen Händen? Das ist es, was den Unterschied ausmacht zwischen dir und dem Manne, der ein Ruder handhabt« (Der Mensch schafft sich selbst/189). Schreiben ist der Grundstock des Aufstiegs und der Zugehörigkeit zur herrschenden Klasse der Könige, Priester und Beamten, die sich natürlich je später um so mehr aus sich selbst heraus fortsetzt. Beamter und Gelehrter waren besonders in Ägypten und China ein und dasselbe. Die Klasse der chinesischen Staatsbürokraten, der kaiserlichen Beamten, konnte geradezu als »Literaten« benannt werden. Platos »Philosophenherrschaft« war ja auch nichts anderes als die idealisierte Rezeption des altägyptischen politischen Überbaus, nur mit einer spartanischen »Wächter«-Oligarchie statt mit dem Pharao an der Spitze.
Die Tatsache, daß das gesamtgesellschaftliche Interesse, aus dem heraus sich diese Führerschaft entwickelte, von vornherein im unlösbaren Konflikt mit ihren Sonderinteressen lag, fand ihren Ausdruck in der Geburt der ersten reflektierten Ideologie, einer Ethik des rechtschaffenen Beamten, der sich seiner Verantwortung bewußt bleibt und in der Ausnutzung seiner Privilegien maßhält. Im 25. Jahrhundert v. u. Z. schrieb der Ägypter Pta-Hotep für seinen Sohn, der es wie er selbst zum höchsten Beamten des Reiches bringen sollte, eine Weisheitslehre zusammen, die vielleicht die erste Liste erwünschter

»Führungseigenschaften«, den ersten Katalog der bürokratischen Tugenden darstellt. Als erste Pflicht des Menschen bezeichnete Pta-Hotep seine Einfügung in die Gesellschaft, die also zum Problem geworden sein mußte. Dann empfahl der aufgeklärte Mann unter dem Hinweis auf ihre irdische Zweckmäßigkeit, nicht auf irgendwelche religiösen Motive, die folgenden Prinzipien: Bescheidenheit vor allem, gemischt mit Freigebigkeit, Ehrlichkeit und Wahrheitsliebe, Ehrfurcht und Gehorsam gegenüber den Eltern, Selbstbeherrschung, Maßhalten in allen Dingen, Anstand im Umgang mit Vorgesetzten wie mit Untergebenen. Schließlich ermahnte er seinen Sohn: »Sei nicht stolz darauf, daß du ein Gelehrter bist – nimm Rat vom Ungebildeten wie vom Gebildeten« (Synchronoptische Weltgeschichte). Die letzte Maxime ist entscheidend für die Stabilität der bürokratischen Herrschaft. Wenn der Kontakt mit den Unteren abreißt, ist die Stunde der Rebellion nicht mehr fern.

Wie sehr diese Ethik die neuen Verhältnisse der Herrschaft als Tatsache voraussetzt und bejaht, wird überaus deutlich, wenn wir ihre guten Lehren in der Verachtung wiedererkennen, die ihnen die chinesischen Dauisten zollten. Als die ältere, naturwüchsige Form der Ökonomischen Despotie in China in einem jahrhundertelangen Kampf zusammenbrach, wurden ihre Widersprüche den Intellektuellen in der Form einer vielgestaltigen philosophischen Bewegung bewußt. Während sich die meisten Denker um die Konzeption einer *besseren Herrschaft* bemühten, wiesen die Dauisten den Enterbten der einstigen archaischen Gemeinschaft den Weg dorthin zurück. Von dieser Position aus aber sahen sie mit äußerster Schärfe das Wesen des Umbruchs, der sich seit dem Ausgang der Urgemeinschaft vollzogen hatte. In Lau-dses Dau-De-dsching, dem Buch von der rechten Art, das Gemeinschaftsleben im Einklang mit der Natur wachsen zu lassen, lesen wir (in der neuen Übersetzung von Ernst Schwarz für Reclam):

»verloren ging das große Dau –
güte und rechtschaffenheit entstand
hervortrat die klugheit –
die große heuchelei entstand
zerrissen war die sippe –
der familiensinn entstand
in wirrnissen zerfiel der staat –
der treue minister entstand«

»gnade und ungnade – angst machen sie beide ...
gnade gilt dem tieferstehenden
ängstlich empfängt er sie
mit angst verliert er sie«

Lau-dse, der in den neuen Weisen mit ihrer Heiligkeit, Klugheit, Rechtschaffenheit, Güte, mit ihrem Geschick und ihrer Gewinnsucht die Wurzel der großen Verwirrung sah, die in der Zeit der Kämpfenden Reiche über China gekommen war, stellte ihnen das Ideal des Stammesweisen von ehedem entgegen, der »geschehen läßt« statt »geschehen zu machen«, der »wissend« ist statt »gelehrt«, und der dem weiblichen, mutterrechtlichen Element noch nahesteht. Sein Weiser

»läßt die dinge wachsen und besitzt sie nicht
tut und verlangt nichts für sich
behüter, nicht beherrscher
das sei genannt Süen De – das tiefste De«
»so ist der weise:
... nimmt nicht für sich, was er vollbracht
und will nicht gepriesen sein«.
»hält der weise den vertrag in händen
so preßt er damit nicht die menschen
wer De besitzt, wahrt den vertrag
wer keins besitzt, fordert fron«.

»Immer weitherzig den Dingen gegenüber, in nichts beengend den Menschen«, so sollte nach dem Dauisten Dschuangdse

der Weise sein. Er ist das Gegenbild des gelehrten Bürokraten und entlarvt ihn bis in seine aufklärerische Idealisierung hinein als eine Figur der Herrschaft.
Daß aber die ganze Auseinandersetzung um die Gestalt des »Weisen«, um das rechte und zweckmäßige Verhalten von Gebildeten, von Qualifizierten geht, die das gesellschaftliche Leben der Menschen im Staat zu regeln haben, kennzeichnet die Herkunft dieser herrschenden Klasse aus der Arbeitsteilung und Kooperation selbst, unvermittelt über das Privateigentum. Natürlich hat das Privateigentum, gerade in China auch das am Boden, mit der Zeit eine wachsende Rolle in den meisten Ökonomischen Despotien gespielt. Jedoch hat es sich nie den Staat unterworfen und von seinen elementaren Interessen aus umgemodelt. Das chinesische Kaisertum konnte die großen Grundeigentümer alle paar hundert Jahre durch eine Agrarreform enteignen (noch die russische Reform von 1861 wäre in einem echten Feudalreich unmöglich gewesen). Die Beamtenprivilegien und -mißbräuche waren in den alten Ökonomischen Despotien der solideste Weg zum Wohlstand, zum Eigentum. Auch in den afrikanischen Ländern, die heute den nichtkapitalistischen Weg gehen, stoßen »die energischen Maßnahmen zur Erziehung und Umerziehung der Beamten ... auf ernsthaften Widerstand, bedingt durch die zählebigen Ansichten vom Staatsdienst als Quelle persönlicher Bereicherung« (Probleme des Friedens und des Sozialismus *15* 1972, 7/963). Gerade darum handelt es sich auch, wenn Frantz Fanon die nach der Befreiungsrevolution einsetzende Verwandlung der einheimischen afrikanischen Intelligenz, gerade auch der eben noch national-revolutionären, in »bürokratische Bourgeoisie« beschreibt.
Übrigens stand die Beamtenkarriere im alten China jedem Bürger offen, der es intellektuell und ökonomisch fertigbrachte, sich auf die regulären Staatsprüfungen in offizieller Ideologie und Verwaltungslehre vorzubereiten, also »Gelehrter« zu werden. Daher war zu verschiedenen Zeiten ein ins Gewicht

fallender Prozentsatz der Beamtenschaft frisch emporgekommen. Das bedeutete einen Gewinn an Stabilität für die Macht: »Ganz wie der Umstand, daß die katholische Kirche im Mittelalter ihre Hierarchie ohne Ansehn von Stand, Geburt, Vermögen aus den besten Köpfen im Volke bildete, ein Hauptbefestigungsmittel der Pfaffenherrschaft und der Unterdrückung der Laien war. Je mehr eine herrschende Klasse fähig ist, die bedeutendsten Männer der beherrschten Klassen in sich aufzunehmen, desto solider und gefährlicher ist ihre Herrschaft« (MEW 25/614).

Marx, der die eben zitierte Beobachtung festhielt, hatte sich jedoch nie näher mit der durch die Reproduktion der christlichen Kirchenhierarchie nicht aufgeworfenen Frage beschäftigt, ob »Philosophen« (wie nach Platos »Staat«), »Gelehrte«, Bürokraten *selbständig* herrschen können, obwohl er den Fakt für die ägyptische Priesterherrschaft anerkannte. Angesichts der völlig vom Privateigentum geprägten bürgerlichen Gesellschaft maß er dieser archaischen Konstellation keine moderne theoretische Bedeutung bei. Außerdem hatte er die asiatische Produktionsweise vorwiegend unter dem Gesichtspunkt studiert, daß sie nicht zum Privateigentum führt, und die politische Struktur, die sich unter solchen Umständen ergibt, nur in der Institution des Despoten allein, als des de-facto-Eigentümers am Boden, gestreift. Indessen ist der Despot ja nur die repräsentative und administrative Spitze einer herrschenden Klasse, die über die Kirchen- und Staatsbürokratie abwärts bis zu den Steuereintreibern und Dorfältesten sowie zu den Vorstehern der staatsobligatorischen Kaufleute- und Handwerker-Korporationen reichte. Es handelte sich um eine als ideologischer und administrativer Staatsapparat organisierte *herrschende Klasse.* In jener Ära deckte sich die Spaltung der Gesellschaft in Beherrscher und Beherrschte keineswegs mit der in Reiche und Arme. Reiche, die nichts weiter waren als reich, befanden sich fast immer in einer so zweischneidigen Lage wie später die jüdischen Finanziers im frühkapitalistischen Europa. Dienten sie aber, um Einfluß zu haben, als hohe Beamte, dann traten die dafür charakteristischen Gefahren des jähen Absturzes in Verbannung, Kerker oder Tod in den Vordergrund . . . Aber wie dem auch sei, wir sahen bereits, daß Marx die Herrschaft der Kopfarbeit über die Handarbeit zwar stets als wesentliches Moment der Klassengesellschaft betrachtete, aber in der Kontroverse mit Bakunin die Möglichkeit, daß ihr eine selbständige Bedeutung zukommen könnte, zumindest für die Epoche jenseits des Kapitalismus abwies.

Wir wollen nun sehen, wie sich diese ganze Problematik in der Praxis der siegreichen russischen Revolution konkret entfaltete, und dabei an den Gedankengängen des späten Lenin demonstrieren. Denn bereits *vor* Stalin, in den ersten Jahren nach dem Bürgerkrieg, zeichnete sich die neue Gesellschaftsstruktur in allen Grundlinien ab, wie sie bis heute existiert. Der Stalinismus im engeren Sinne, als Periode des massenhaft angewandten physischen Terrors, verdeckt diese Struktur eher, als daß er sie erhellt; es verhielt sich ja mit Cromwell und Napoleon ganz ähnlich. Wenn wir uns also Lenins Ringen mit den neuen Verhältnissen vor Augen führen, lenken wir nicht etwa von irgendwelchen »schlimmen Dingen« ab, sondern versuchen, mitten ins Zentrum der sowjetischen Verhältnisse vorzustoßen.

3

Von der agrarischen zur industriellen Despotie

Der Kapitalismus ist kosmopolitisch und tendiert daher auf die Dauer zu einem Abbau der nationalen Tradition. Eine antiimperialistische Volksrevolution kann nur im höchsten Grade national sein, auch und gerade dann, wenn die an ihr beteiligte Arbeiterklasse internationalistisch votiert. Als die Bolschewiki die Macht ergriffen, waren sie sich darüber klar, daß sie mehr als nur Interessenvertreter der Arbeiterklasse waren, daß sie die Aufgabe übernommen hatten, *die Probleme des ganzen russischen Volkes zu lösen, aus dem alten Rußland das neue zu schaffen.* Also mußten sie durch dieses alte Rußland »hindurch«, mußten sie es Schritt für Schritt umarbeiten und dabei das vorgefundene Material benutzen. Die ganze Geschichte eines Volkes, die Herrschaftsstruktur, unter der es zuerst Staat wurde, die Produktionsweise, die seinen Arbeitsprozeß bestimmte – alles das schlägt sich in seinem Nationalcharakter nieder. So wie die kommunistische Bewegung im Westen nur aufheben kann, was da ist – dort eben das kapitalistische Privateigentum, mußte auch die revolutionäre Bewegung in Rußland ihr Erbe annehmen. Die »Aufhebung« ist nicht nur eine Forderung. Je rückständiger ein Land ist, das den nichtkapitalistischen Weg einschlägt, desto mehr tritt ihr

Charakter als unentrinnbares Schicksal hervor. Es wird nicht primär durch den Willen der Avantgarde entschieden, was verschwinden wird und wie schnell, was aufbewahrt und was auf eine höhere Stufe gehoben werden soll.
Die Bolschewiki hatten kaum zu wählen. Daher spricht es absolut nicht gegen sie, wenn wir heute sehen, daß das gesellschaftliche Leben Rußlands, der ganzen Sowjetunion, noch mehr als einmal umgewälzt werden wird, ehe das Leben dort annähernd sozialistische Qualität annimmt. Grundsätzlich hat der Fortgang der russischen Revolution den Optimismus Lenins nicht widerlegt, schon gar nicht, wenn man daran denkt, wie weit die Länder des spätkapitalistischen Westens von einer harmonischen Lebensform entfernt sind. Allerdings kann die Sowjetunion überholt werden von dem später begonnenen Versuch, aus dem alten China das neue zu schaffen. Die Rüstung, die der sowjetischen Gesellschaft in den ersten drei Jahrzehnten ihrer Existenz aufgezwungen wurde, glich nach innen schon früh jenem mittelalterlichen Folterinstrument, der Eisernen Jungfrau. Sie hemmt nicht nur das normale Wachstum des mächtigen Gesellschaftskörpers, sondern verwundet ihm unausgesetzt mit seinen nur notdürftig abgestumpften Stacheln das eigene Fleisch.
Doch es gibt keine sinnvolle und bewußte Lösung des sowjetischen Problems, das die Sozialisten in der ganzen Welt mit angeht, ohne tiefes Verständnis für den Entstehungsprozeß des neuen Rußlands, für den Mut und die Willenskraft, für die positive schöpferische Leistung des Leninschen Bolschewismus. Dazu gehört allerdings, wie hier nur angedeutet werden kann, auch ein Minimum an Bekanntschaft mit der russischen Geschichte, die – seit dem Untergang der in ihrer Epoche glänzenden Kiewer Rus – mit dem ständigen Krieg der Fürsten, mit der Herrschaft der Mongolen, mit dem Despotismus der Moskauer Zaren, die ihre Laufbahn als Steuereintreiber der Horde begannen, nie unter einem glücklichen Stern stand. Der ursprünglichste Antrieb Lenins und seiner Genossen ging

ebenso wie bei den drei Generationen russischer Revolutionäre vor ihnen von der moralischen Verantwortung aus, die Geschicke des Volkes zum Besseren zu wenden. Ich glaube, jenes naive Plakat aus der Revolutionszeit, auf dem ein halb bäuerlicher, halb proletarischer Lenin mit dem Birkenbesen den Erdball von dem Ungeziefer der Monarchen, Gutsbesitzer und Kapitalisten reinigt, drückt wahrheitsgemäß die tiefste Schicht der politischen Motivation aus, von der die führenden Bolschewiki erfüllt waren. Es ist manches über die objektiven Widersprüche zu sagen, die sie nicht so ans Ziel gelangen ließen, wie sie es emotional und theoretisch begründet erhofften. Aber man mag sich auch ihrer Biographien und ihrer Gesichter erinnern, von Lenin bis Stalin – leider haben zu viele von uns die meisten nie abgebildet gesehen –, um sich zu überzeugen, daß Rußland viel von seinen besten Menschen aufgeboten hatte und daß nur schwer eine Elite denkbar ist, die ihre Aufgabe besser hätte lösen können als diese.
Ehe wir im vorliegenden Kapitel verfolgen, wie Lenin um die sozialistische Perspektive der Revolution in ihren lebensnotwendigen Kompromissen rang, müssen wir uns noch auf den zunächst erstaunlichen Umstand einstellen, daß der Führer der russischen Revolution ursprünglich keine ganz präzise Vorstellung vom Charakter der mächtigen vorkapitalistischen Formation der russischen Gesellschaft hatte. Wenn über seinen letzten Lebensjahren ein subjektiv-tragischer Schatten liegt, so hängt dies gerade damit zusammen, daß er sich, überdies durch seine Krankheit abgedrängt, zum Spielball von *Symptomen* werden sah, die er, um mit seiner Kategorie aus dem Philosophischen Nachlaß zu reden, nicht bis in ihr »Wesen zweiter Ordnung« durchschaute. Diese partielle Hilflosigkeit betraf ja nicht Lenin allein. Nach seinem Tode begleitete ein Großteil der Alten Garde den Aufstieg Stalins mit endlosen Diskussionen über einen drohenden »Thermidor«, über eine von Stalin drohende *bürgerliche* Konterrevolution. Noch in dem späten Entsetzen Bucharins über den »neuen Dschin-

gis Khan« haben die Bolschewiki das wahre Wesen des Stalinismus erst erahnt. Was sie schockierte, war nicht nur das spezifisch Irrationale des despotischen Terrors, sondern die Irrationalität der Erscheinung als ganzer, die aus der proletarischen Revolution, für die sie gelebt hatten, unmöglich hervorgehen konnte. Sie wußten nicht mehr, woran sie beteiligt waren. Und doch war ihr Dilemma in der leninistischen Tradition verwurzelt, auf die sich Stalin nur höchst selten ganz zu Unrecht berief.

Es würde eine eigene, übrigens sehr notwendige Monographie erfordern, den spezifischen Zusammenhang der Leninschen Revolutionstheorie für Rußland, d. h. die in ihr vollzogene Verarbeitung der russischen Geschichte, Ökonomik und Klassenstruktur, unter dem Gesichtspunkt der nachrevolutionären Erfahrung neu darzustellen. Wie es scheint, hat Lenin den kapitalistischen Entwicklungs*grad* Rußlands zu Anfang des XX. Jahrhunderts ähnlich überschätzt, wie das Marx und Engels Mitte des XIX. für Westeuropa getan hatten. Insbesondere müßte man untersuchen, ob er nicht aus dem Vordringen der Warenproduktion und der Lohnarbeit auf dem russischen Dorf überhaupt verfrüht auf eine *kapitalistische,* d. h. um des Mehr*werts* willen produzierende *Klasse* innerhalb der Bauernschaft geschlossen hat. Jedenfalls hat Lenin, indem er sich auf die neue, kapitalistische Formation der russischen Gesellschaft konzentrierte, ihre alte, vorkapitalistische Formation nicht in ihrer ganzen Spezifik erkannt. Er ging in seiner »Entwicklung des Kapitalismus in Rußland« sehr detailliert auf die Keime der neuen Formation in den vorkapitalistischen Verhältnissen ein, aber er behandelte sie unter der grundlegenden Voraussetzung, daß Rußland, nur eben mit Verspätung, den von Marx analysierten westeuropäischen Weg »aus dem Mittelalter in die Neuzeit« einschlägt. Unter dieser Voraussetzung sah er zwar viele einzelne Besonderheiten, aber nicht *die* grundsätzliche Besonderheit Rußlands.

Ich zitierte bereits eine der zahlreichen Leninschen Feststellungen über die asiatischen Züge der russischen Verhältnisse. Doch da er – explizit in seiner Vorlesung über den Staat aus dem Jahre 1919 – für das Mittelalter von Westeuropa bis nach Asien ein und dieselbe Gesellschaftsformation unterstellte, die er Leibeigenschaftsordnung nannte, konnte sich der Ausdruck »asiatisch« bei ihm – anders als bei Marx und Engels – nicht auf die sozialökonomische *Grundstruktur,* sondern nur auf gewisse Überbauerscheinungen in Staat und Lebensweise der russischen Gesellschaft beziehen, deren fundamentale Verankerung ihm deshalb entging. Der beste Beweis, daß es sich so verhält, ist die echte Überraschung Lenins und vieler anderer Kommunisten über die Wiedergeburt des alten Bürokratismus innerhalb der Sowjetinstitutionen gleich nach der Revolution.

Anders als Marx und Engels hatte Lenin keinen allgemeinen theoretischen Begriff von der alten »asiatischen Produktionsweise« als einer ökonomischen Gesellschaftsformation. Bei seiner unbegrenzten Achtung vor Marx und Engels ist es höchst unwahrscheinlich, daß er ihre Konzeption hierüber wohl gekannt, aber stillschweigend verworfen haben sollte. Denn er setzt sich nirgends damit auseinander. In der Vorlesung über den Staat, die ich schon erwähnte (LW 29/460 ff.), stützt er sich ausdrücklich nur auf Engels' »Ursprung der Familie«, wo dieser das Problem der asiatischen Produktionsweise ausklammert. Natürlich kannte Lenin die Stelle im Vorwort zur Kritik der Politischen Ökonomie, wo Marx sie ohne Kommentar als erste von vier Formationen der Klassengesellschaft nennt, konnte sich jedoch nicht mit der zugehörigen Theorie bekanntmachen, die ja in den damals unzugänglichen »Grundrissen zur Kritik der Politischen Ökonomie« entwickelt war, im »Kapital« aber nur verstreut vorkommt. Ebensowenig konnte Lenin die ausführlichen Entwürfe Marxens zu dem kurzen Brief an Vera Sassulitsch vom Jahre 1881 kennen, in denen Marx das Fundamentale der alten russischen Produktionsweise analog zu der indischen sah und das typische Ergänzungsverhältnis zwischen der zersplitterten patriarchalischen Bauernschaft, die in ihren Dorfgemeinschaften noch den Boden umverteilte, ihn also kollektiv besaß, und der zentralen Despotie betonte. Lenin ging in seiner ersten großen Schrift gegen die Volkstümler so weit, das weitverzweigte System der bürokratischen Zarendespotie zur bloßen Agentur, wenn nicht schon der Bourgeoisie, so doch jedenfalls des Kompromisses zwischen Gutsbesitzern und Kapitalisten herabzuqualifizieren, als wäre diese Despotie – bloß ein westeuropäischer Absolutismus.

Die zaristische Staatsmaschine war in den vorkapitalistischen Zeiten immer *mehr* gewesen als das Exekutivorgan des Adels, *mehr* als ein »Leibeigenschaftsstaat«. Und sie hatte neben der von Lenin an sich natürlich richtig gesehenen modernen Funktion bis an ihr Lebensende eine *selbständige sozialökonomische Beziehung* zu ihrer bäuerlichen historischen Basis, wie sie auch *neben* dem Leibeigenschaftsverhältnis bestanden hatte (das den Zaren voraussetzte!). Eben deswegen und in diesem Sinne nannten Marx und Engels das alte Rußland halbasiatisch. Die feudale Gutswirtschaft mit Leibeigenen umfaßte erstens nur einen Teil der Bauernschaft. Es gab daneben immer Staatsbauern, die nicht im feudalen Verhältnis zum Zaren standen. Und beide Kategorien wurden über Kopfsteuern typisch »orientalischen« Charakters mittels der bis zum Dorfältesten hinabreichenden bürokratischen Pyramide vom Staat ausgebeutet. Zweitens ergab die naturale Gutswirtschaft ebensowenig wie die auf lokale Mikromärkte beschränkte bäuerliche Wirtschaft einen organischen gesamtgesellschaftlichen Zusammenhang, zumal die Städte fast durchweg bloß Verwaltungs- und Garnisonsorte, bürokratische Stützpunkte ohne Bürgertum waren.

Die großen Zaren, Iwan Grosny, Peter der Erste, waren die effektivsten Despoten. Ob nun Peter seine Hauptstadt bauen ließ oder – wie man bei dem sowjetischen proletarischen Schriftsteller Andrej Platonow sinnfällig nachlesen kann – die

Schleusen von Epifan, stets rekrutierte er die Arbeitskräfte durch willkürliche Zwangsaushebung der Bauern, so wie jeder unternehmende Despot seit den Pharaonen. Er konnte gar nicht anders vorgehen. Und sobald einer der Zaren wirklich die Möglichkeiten ausnutzte, die ihm seine objektive Funktion bot, erwiesen sich die Adligen, selbst die »aus Ruriks Geschlecht«, als seine zugleich widerwilligsten und prominentesten Sklaven. Es war Regel, sie väterlich zu züchtigen. Seit Iwan Grosny, der den schon von seinen Vorgängern gebrochenen Hochadel weitgehend ausrottete, haben die Zaren mehrfach neue Schichten bürokratischen Adels aus den Cliquen ihrer Emporkömmlinge geschaffen und Gutsbesitzer aus ihnen gemacht. Sie erwarben erst allmählich – wie übrigens auch in Indien – ihre zugleich feudale Qualität, ohne jemals von der despotischen Nabelschnur loszukommen. Wer nicht unter seinen Bauern veröden, wer sich irgendeine Bedeutung geben wollte, mußte stets die latente Grundlage seiner Gutsbesitzerrolle aktualisieren und in den Zarendienst treten.

So lagen zu Anfang unseres Jahrhunderts in der russischen Gesellschaft drei Formationen übereinander:

Zuunterst die asiatische – Zarenbürokratie samt orthodoxer Staatskirche und Bauernschaft.

Darüber die seit der Aufhebung der Leibeigenschaft erst halb liquidierte feudale, die sich aber in der Vergangenheit nie völlig aus der älteren ersten herausgearbeitet hatte – Ex-Gutsherren und Ex-Leibeigene im Kampf um den Boden.

Schließlich zuoberst, in wenigen Städten konzentriert, die moderne kapitalistische – industrielle Bourgeoisie und Lohnarbeiter. (Auf dem Dorf trat der Gegensatz zwischen Kapital und Lohnarbeit noch nicht dominierend hervor, hatte nur in selteneren Fällen seine patriarchalische Hülle abgestreift).

Im Verhältnis der beiden vorkapitalistischen Formationen liegen die Gründe, die Engels dazu veranlaßten, Rußland als »seinem Wesen und seiner Lebensart, seinen Traditionen und Einrichtungen nach . . . halbasiatisch« zu nennen (MEW

9/23). Selbstverständlich war das alles – soweit es nämlich die Zarenseite des »asiatischen« Grundverhältnisses betraf – zu Anfang dieses Jahrhunderts auf den Tod unterhöhlt und europäisch übertüncht. Aber was mußte übrigbleiben, wenn man die Kapitalisten und auch die gestern noch halb bürokratischen, halb feudalen Gutsbesitzer, die sich kaum erst zu Junkern gemausert hatten, davonjagte? Übrigbleiben mußte – wenn auch inzwischen sozial destruiert, aber noch längst nicht neu formiert – die bäuerliche Basis der Zarendespotie samt ihrer »kleinbürgerlichen« Anlagerung in den nichtindustriellen Provinzstädten (der traditionelle russische Meschtschanin war kein potentieller Bourgeois), samt »dem zahllosen Heer von Beamten, das Rußland überflutet und aussteiht und hier einen wirklichen Stand (!) bildet« (Engels, MEW 18/559). *Das* steckte mit in der »kleinbürgerlichen Elementargewalt«, die den Bolschewiki nach dem Sieg gegenübertrat: 100 Millionen Bauern und 15 Millionen Kleinbürger ihrer proletarischen Basis von 5 oder 6 Millionen. Was Lenin nun, im Jahre 1921, über Bauernrußland schrieb, trug einen anderen Akzent als in der »Entwicklung des Kapitalismus in Rußland«:

»Man sehe sich die Karte der RSFSR an. Nördlich von Wologda, südöstlich von Rostow am Don und von Saratow, südlich von Orenburg und Omsk, nördlich von Tomsk ziehen sich unermeßliche Landstriche hin, auf denen Dutzende riesengroßer Kulturstaaten Platz fänden. Und in allen diesen Landstrichen herrschen patriarchalische Zustände, Halbbarbarei und ausgesprochene Barbarei. Und in den entlegenen ländlichen Gegenden des übrigen Rußlands? Überall dort, wo Dutzende Werst von Feldwegen – richtiger: Dutzende Werst von Wegelosigkeit – das Dorf von der Eisenbahn, das heißt von der materiellen Verbindung mit der Kultur, mit dem Kapitalismus, mit der Großindustrie, mit der großen Stadt trennen? Überwiegen nicht in allen diesen Gegenden ebenfalls patriarchalische Zustände, Oblomowtum, Halbbarbarei?« (LW 32/363). Über diese Zustände hatte Engels 1875 geschrieben: »Eine solche vollständige Isolierung der einzelnen Gemeinden voneinander, die im ganzen Lande zwar gleiche, aber das grade Gegenteil von gemeinsamen Interessen schafft, ist die naturwüchsige Grundlage für den *orientalischen Despotismus;* und von Indien bis Rußland hat diese Gesellschaftsform, wo sie vorherrschte, ihn stets produziert, stets in ihm ihre Ergänzung gefunden. Nicht bloß der russische Staat im allgemeinen, sondern sogar seine spezifische Form, der Zarendespotismus ... ist notwendiges und logisches Produkt der russischen Gesellschaftszustände« (MEW 18/563 f.). Mußte nicht der ungeheure Block der erst in kapitalistische Gärung übergehenden ältesten russischen Ökonomik auch einen institutionellen Tribut von den Bolschewiki erzwingen? Mußte er ihnen nicht, wenigstens vorübergehend, die Ersetzung der zaristischen durch eine neue, wie Lenin später tatsächlich sagte, nur »ganz leicht mit Sowjetöl gesalbte« Bürokratie abfordern, um das Riesenreich, das ja überdies durch Krieg und Bürgerkrieg verwüstet, ausgehungert und desorganisiert war, unter der neuen Macht lebensfähig zu erhalten? Gegen den entstehenden Sowjetbürokratismus, den er zwangsläufig mit begründen half, sollte Lenin seinen letzten großen Kampf führen, und den einzigen völlig erfolglosen seines Lebens, weil er selbst auf dem Boden dessen stand, was er aus den Angeln heben wollte. Die bolschewistische Machtergreifung in Rußland konnte zu keiner anderen als der jetzt gegebenen *Gesellschaftsstruktur* führen, und je mehr man, was hier zu weit führen würde, die Stationen der sowjetischen Geschichte durchdenkt, desto schwerer wird es einem, selbst vor den furchtbarsten Extremen eine Grenze zu ziehen und zu sagen, jenseits begänne das absolut Vermeidbare.

Gehen wir, was die Grundsituation betrifft, die infolge der Produktivität des »Spätkapitalismus« *bis heute* anhält, noch einmal von der Marx-Engelsschen Auffassung über die Voraussetzungen des Sozialismus aus, und vergessen wir dabei

nicht, daß hinter einer jeweils manifesten Technik (die ja zerstörbar ist) die historisch geschulte Produktivkraft Mensch als allein ausschlaggebende Größe steht. Der Volkstümler Tkatschow hatte Engels vorgehalten, die soziale Revolution werde in Rußland viel leichter als im Westen sein, weil es dort erst im Keime die Macht des Kapitals gäbe, so daß die arbeitenden Menschen nur mit der politischen Macht, also mit der Zarendespotie, zu kämpfen haben würden. Engels antwortete, zur Vernichtung aller Klassenunterschiede gehöre »nicht nur ein Proletariat, das diese Umwälzung durchführt, sondern auch eine Bourgeoisie, in deren Händen sich die gesellschaftlichen Produktivkräfte soweit entwickelt haben, daß sie die endgültige Vernichtung der Klassenunterschiede gestatten ... Erst auf einem gewissen, für unsere Zeitverhältnisse sogar sehr hohen Entwicklungsgrad der gesellschaftlichen Produktivkräfte wird es möglich, die Produktion so hoch zu steigern, daß die Abschaffung der Klassenunterschiede ein wirklicher Fortschritt (!), daß sie von Dauer sein kann, ohne einen Stillstand oder gar Rückgang in der gesellschaftlichen Produktionsweise herbeizuführen« (MEW 18/556 f.).
Daß in diesem Sinne Rußland nicht reif für den Sozialismus sei, sollte dann seit der Revolution von 1905 der ständige Tenor der Menschewiki sein. Nicht nur Plechanow, sondern selbst Gorki in der »halbmenschewistischen« Nowaja shisn warf Lenin vor, er setze die hoffnungsvolle politische Existenz der russischen Arbeiterklasse vorzeitig für ein ehrgeiziges Abenteuer aufs Spiel, das nur in einer sozialen Katastrophe, nämlich in der Aufreibung des Proletariats an einer übermächtigen Aufgabe, enden könne. Es würde von Bauernrußland verschlungen werden. Wie die Haltung Sinowjews und Kamenews vor dem Oktoberaufstand zeigte, reichte diese Befürchtung bis in die bolschewistische Partei hinein. Schließlich war Sinowjew Lenins vertrautester Gefährte aus der eben zu Ende gegangenen Emigrationszeit. Lenin kannte natürlich den, wie er sagte, *unstrittigen* Satz, daß die Entwicklung der

Produktivkräfte in Rußland noch nicht die für den Sozialismus erforderliche Höhe erreicht habe, genausogut wie alle seine Opponenten. Ehe wir auf seine Gegen*argumente* kommen, wollen wir jenen Aspekt seiner Haltung hervorheben, der am Anfang und Ende aller seiner Argumente stand, und den alle Opportunisten, zuletzt wieder 1968 in Frankreich, als »voluntaristisch« verwerfen müssen, um nicht schamrot zu werden.

Gerade im Hinblick auf die entscheidende strategische Frage der Machtergreifung in diesem Rußland, in dem die neue Staatsmacht zunächst das einzige Unterpfand einer *ferneren* sozialistischen Perspektive sein würde, sagte Lenin lapidar: »Wer vor Beginn eines großen Kampfes die Niederlage fürchtet, der kann sich nur zur Verhöhnung der Arbeiter Sozialist nennen« (LW 33/4). Und wie um den »verantwortungsvollen Politikern«, die »nichts aufs Spiel setzen dürfen«, die letzte Ausflucht abzuschneiden, schrieb er ein Jahr vor seinem Tode anläßlich der Aufzeichnungen des Linksmenschewiken Suchanow: »Wie ich mich erinnere, hat Napoleon geschrieben: ›On s'engage et puis . . . on voit‹. In freier Übersetzung bedeutet das etwa: Zuerst stürzt man sich ins Gefecht, das weitere wird sich finden. Auch wir haben uns im Oktober 1917 zuerst ins Gefecht gestürzt und dann solche Einzelheiten (vom Standpunkt der Weltgeschichte aus sind das zweifellos Einzelheiten) zu sehen bekommen wie den Brester Frieden oder die NÖP usw. Gegenwärtig kann schon kein Zweifel mehr darüber bestehen, daß wir im wesentlichen den Sieg davongetragen haben« (LW 33/466). »Gegenwärtig«, 1923 – aber 1917? Lenin fuhr fort: »Unseren Suchanows, von den rechts von ihnen stehenden Sozialdemokraten ganz zu schweigen, fällt es im Traum nicht ein, daß Revolutionen überhaupt nicht anders gemacht werden können« (LW 33/466).

Fest steht, daß die Bolschewiki *mit* dem Willen der Massen zur Macht gelangt sind. Und Lenin rechtfertigte die Tat der Bolschewiki in seinem letzten Jahr mit merkwürdig zurückhaltenden, fast defensiven, dadurch um so eindrucksvolleren

Worten. Er verwies auf Europa, auf seinen Ausbruch in die Barbarei des eben zurückliegenden Weltkriegs, und er fragte: »Könnte nicht ein Volk, das auf eine revolutionäre Situation gestoßen ist, eine Situation, wie sie sich im ersten imperialistischen Kriege ergeben hat, könnte nicht dieses Volk, infolge der Aussichtslosigkeit seiner Lage, sich in einen Kampf stürzen, der ihm wenigstens irgendwelche Aussichten eröffnete, sich nicht ganz gewöhnliche Bedingungen für eine Weiterentwicklung der Zivilisation zu erringen? ... die Möglichkeit eines anderen Übergangs ..., um die grundlegenden Voraussetzungen der Zivilisation zu schaffen, als in allen übrigen westeuropäischen Staaten?« (LW 33/464). Und zugleich verwies Lenin auf jene Konstellation, aus der die umfassendste Rechtfertigung der bolschewistischen Tat erwachsen sollte, auf den Umstand, daß Rußland an der Grenze zwischen Europa und den »teilweise bereits begonnenen Revolutionen des Ostens in Verhältnisse versetzt« war, »unter denen wir gerade jene Verbindung eines ›Bauernkriegs‹ mit der Arbeiterbewegung verwirklichen konnten«, an die Marx bereits einmal für Preußen gedacht hatte (LW 33/464). Im übrigen hat Lenin, quasi in Paraphrase zu Engels' Polemik gegen Tkatschow, nach dem Oktober viele Male bestätigt, daß es in Rußland leichter als im Westen war, die Macht zu ergreifen, aber viel schwerer, sie zu behaupten, fast unendlich schwerer, ihr die letztlich adäquate ökonomische Basis zu schaffen. *Wie* er die Lösung dieser Aufgabe sah und *welche Konsequenzen unvermeidlich waren,* wenn die Bolschewiki nicht auf halbem Wege kehrtmachen, wenn sie den *anderen, nichtkapitalistischen* Weg der Zivilisierung Rußlands durchstehen wollten – das ist eine Frage von sehr aktuellem Interesse für die unerläßliche »Vergangenheitsbewältigung« in der kommunistischen Bewegung unserer Tage.

Der wichtigste Gesichtspunkt ist hier der folgende: Aus dem Kräfteverhältnis der Klassen und aus der ganzen überlieferten Ökonomik in Rußland *mußte* sich bei Lenin von vornherein eine *andere Einstellung zur Rolle des Staates in der Übergangsperiode* ergeben als bei Marx. In der entwickelten kapitalistischen Gesellschaft, die Marx unterstellte, sollte die Diktatur des Proletariats nur den politisch-militärischen Widerstand der Bourgeoisie zu brechen haben, einer Bourgeoisie, die als Klasse isoliert sein mußte, da sie bereits ökonomisch überflüssig war. In Wirklichkeit hätte die Arbeitermacht auch in Frankreich, sobald sie über ihren Existenzkampf in Paris hinausgelangt wäre, vor der Notwendigkeit eines zentral organisierten Kampfes um die ökonomische Umgestaltung im Sektor der ländlichen und städtischen Kleinproduktion gestanden. Und der bloße ideologische Einfluß der in den Provinzzentren konzentrierten Arbeiter auf die viel stärker als die russische in ihrer Tradition verankerte bäuerliche Parzellenwirtschaft hätte gleichfalls der Ergänzung durch einen systematischen Umerziehungsdruck bedurft. Durch das Beispiel und selbst durch das Angebot einer zur Vereinigung drängenden Technik seitens der Industrie lassen sich alte Produktionsverhältnisse noch nicht auflösen.

In Rußland war die Umgestaltung der überwiegenden patriarchalischen und kleinbürgerlichen Wirtschaftsweise und Kultur, zunächst aber ihre »äußerliche« Unterordnung unter die proletarische Hegemonie die Existenzbedingung des Arbeiterstaates, mußte also zur ausschlaggebenden Funktion der Diktatur werden. Das war eine gigantische politisch-*organisatorische* Aufgabe, die Aufgabe, *»die Einheit der Nation zu organisieren«*, wie sie Marx angesichts der Kommune formuliert hatte, damals jedoch unter der Voraussetzung, daß damit nur die adäquate Form für den im wesentlichen durch den allumfassenden nationalen Markt bereits gegebenen ökonomischen Zusammenhang zu finden sei. Wir können hier dahingestellt sein lassen, wie weit sich in Frankreich der Zusammenschluß der vorhandenen Fabrikbelegschaften (immerhin waren sie geographisch ausgewogener verteilt!) und der Gemeinden von unten nach oben als Weg zur Vollendung der

sozialistischen Nation im ökonomischen Prozeß bewährt hätte. In Rußland war der nationale Markt in seinem Volumen und in seiner Warenstruktur, in seiner territorialen Ausdehnung, in seiner materiellen Basis (Verkehrswesen) noch weit davon entfernt, die Einheit der Nation zu stiften. Insbesondere war der ökonomische Zusammenschluß mit der städtischen Großindustrie für den überwiegenden Teil der Landbevölkerung noch keine unentrinnbare Reproduktionsbedingung. Sieht man von der Textilindustrie ab, kam sie noch weitgehend mit dem provinziellen und dörflichen Handwerk aus. Unter diesen Umständen wäre ein von unten nach oben funktionierendes Fabrikrätesystem in der auf wenige Lokalitäten konzentrierten Großindustrie zwangsläufig auf einen besonderen korporativen Zusammenschluß *gegenüber* der Mehrheit der Nation hinausgelaufen. Lenin gebrauchte später nicht zufällig den Ausdruck »Bündnis der Arbeiter und Bauern unter Führung der proletarischen Staatsmacht« (LW 33/3), *die notwendig über den besonderen Interessen auch der Arbeiter stehen mußte.* (Dies mußte ein Räteregime *innerhalb* der Fabriken nicht von vornherein ausschließen. Wenn sich gleich nach dem Oktober erwies, daß es bei der gegebenen ökonomischen und kulturellen Situation der Arbeitermassen angesichts der Sabotage der Spezialisten für Leitung, Ökonomie und Technik zum Verzehr der Fonds, also der industriellen Substanz tendierte, so handelt es sich hier um ein spezifisches Moment von leider sehr weitreichender Prägekraft. Jugoslawien beweist, daß eine Kombination von zentraler Staatsmacht und Fabrikräten, wenn schon nicht optimal, so doch jedenfalls *möglich* ist.)
Inzwischen hat sich überall, wo gestützt auf die Arbeiter und Bauern eine neue Gesellschaftsordnung entstand, herausgestellt, daß der Aufbau einer neuen Staatsmaschine unumgänglich ist. Lenin, der dies für Rußland frühzeitig erkannte, gab dem Marxismus in dieser Frage eine orthodox betrachtet unvorhergesehene Wendung, und das konnte nicht anders

sein. Seine Entscheidung war bereits mit der ganzen Arbeit gefallen, die er geleistet hatte, um die bolschewistische Partei neuen Typus zu schaffen. Sie wurde im Westen deshalb nicht verstanden, auch nicht von den Linken wie Rosa Luxemburg, *weil* sie in nuce schon den neuen Staatstyp vorstellte, wie ihn Rußland für seine Erneuerung unter der »Hegemonie des Proletariats« brauchte. Hinter Lenins (formell zu Unrecht auf Marx und Engels zurückgeführter) Auffassung über das Verhältnis von Staat und Wirtschaft, Staat und Arbeitsorganisation, Staat und Verteilung im Sozialismus stand letztlich jene Minimumbedingung für die Hegemonie des Proletariats, die er nach der Revolution auf den einfachen Nenner brachte, die Bolschewiki müßten in der Lage sein, »Rußland zu verwalten« (LW 32/141).

Das Buch »Staat und Revolution«, das Lenins direkte theoretische Vorbereitung auf die Machtübernahme darstellt, wird von Illusionisten, die sich polemisch an die traditionellen Elemente der darin entwickelten Position halten, gern gegen die späteren Entwicklungen zitiert. Aber in der entscheidenden Frage konzipiert es die Sowjetmacht genauso, wie sie dann geschaffen wurde. Diese »entscheidende Frage« sah Lenin im Sommer 1917 darin, »ob die alte Staatsmaschinerie . . . aufrechterhalten bleibt oder ob sie *zerstört* und durch eine *neue* ersetzt wird«, ob die Revolution »mit Hilfe einer neuen Maschine kommandiert und regiert« (LW 25/501). Insofern er noch überzeugt war, man würde ohne Bürokratie auskommen, erscheint zwar diese neue Staatsmaschine einfach als »eine nach dem Typ der Kommune gebildete Organisation der bewaffneten Arbeiter« (LW 25/499). Aber es ist auch von einem »aus bewaffneten Arbeitern bestehenden Apparat« die Rede, und vom Ersatz der Ministerien »durch Kommissionen von Fachleuten bei den Sowjets der Arbeiter- und Soldatendeputierten« (LW 25/501). Diesen Sowjets sollte »die ganze ungeteilte Macht« gehören. Doch wie konnten diese Kommissionen, die späteren Volkskommissariate, in dieser untergeordneten Stellung zu den Sowjets verharren, wenn Lenin dem Staat der Übergangsperiode die folgende Funktion zuwies, die ihn in Gegensatz zu vielen in den Sowjets repräsentierten *unmittelbaren* Volksinteressen bringen mußte? Ich zitiere: »Bis die ›höhere‹ Phase des Kommunismus eingetreten sein wird, fordern die Sozialisten die *strengste* Kontrolle seitens der Gesellschaft und *seitens des Staates* über das Maß der Arbeit und der Konsumtion . . .« »Das bürgerliche Recht« (das Marx im Zusammenhang mit dem Leistungsprinzip konstatiert hatte) »setzt natürlich in bezug auf die Verteilung der *Konsumtions*mittel unvermeidlich auch den *bürgerlichen Staat* voraus, denn Recht ist nichts ohne einen Apparat, der imstande wäre, die Einhaltung der Rechtsnormen zu *erzwingen*. So ergibt sich, daß im Kommunismus nicht nur das bürgerliche Recht eine gewisse Zeit fortbesteht, sondern sogar auch der bürgerliche Staat – ohne Bourgeoisie!« (LW 25/484 f.). Hier ist ganz unverkennbar von Zwang die Rede, der sich nicht gegen die früheren herrschenden Klassen richtet, der seine Adressaten nur unter den »zurückgebliebenen Elementen« der Arbeiterklasse und des Volkes selbst haben kann. Lenin überträgt hier diejenigen Funktionen dem Staat, die bei Marx die »freie Assoziation« regeln sollte. Diese »freie Assoziation« kommt bei Lenin zumindest für die erste Phase des Kommunismus überhaupt nicht vor, ja er spricht ausdrücklich von der »Umwandlung *aller* Bürger in Arbeiter und Angestellte *eines* großen Syndikats, nämlich des ganzen Staates, und der völligen Unterordnung der gesamten Arbeit dieses ganzen Syndikats unter den wahrhaft demokratischen Staat, *den Staat der Sowjets der Arbeiter- und Soldatendeputierten*«. »Es handelt sich nur darum, daß sie alle gleichermaßen arbeiten, das Maß der Arbeit richtig einhalten und gleichermaßen Lohn bekommen« (LW 25/484). Und als wollte Lenin ausdrücklich den von Marx abgefertigten Bourgeois recht geben, fügte er unter Hinweis, dies sei natürlich nicht das Endziel, hinzu: »Die gesamte Gesellschaft wird ein Büro und eine

Fabrik mit gleicher Arbeit und gleichem Lohn« (LW 33/488). Schließlich die Verallgemeinerung, schon kurz vor »Staat und Revolution« formuliert: »Der Sozialismus ist nichts anderes als staatskapitalistisches Monopol, das *zum Nutzen des ganzen Volkes angewandt wird* und dadurch *aufgehört hat,* kapitalistisches Monopol zu sein« (LW 25/369).

Das sind die Fundamente, auf denen unser System bis heute beruht. Wir brauchen uns hier nicht bei dem Akzent Staats*kapitalismus* aufzuhalten. In einem spezielleren Sinne hat Lenin die Kategorie auf echte kapitalistische Elemente angewandt, die in verschiedener Weise als Konzessionäre an den proletarischen Staat gebunden wurden. Auf den Sozialismus als Ganzen bezogen, wie er hier konzipiert wurde, bedeutet »Staatskapitalismus« nichts als staatliche Verfügung über alle gesellschaftlichen Fonds und Produkte, die ihres eigentlichen Kapitalcharakters durch die Revolution entkleidet wurden. Trotz gelegentlicher Experimente ist in den Ländern des real existierenden Sozialismus nie um irgendeines Staats*profits* willen produziert worden. Es ging nie primär um Mehrwert, sondern um Mehrprodukt. Der Staatsplan schrieb primär Mengen von Gebrauchsgütern vor, und die Konkurrenz der Wirtschaftsfunktionäre um den bürokratischen Aufstieg wurde in Produktionsstückzahlen und Tonnen ausgetragen. Kollektiver *Bourgeois* ist der Staat bei uns nur sekundär, in seiner Eigenschaft als *Arbeitgeber* der Gesellschaft. Als Trotzki annahm, irgendwann würden sich die verantwortlichen Funktionäre gar *privat* die Fabriken aneignen, dokumentierte er nur den Anachronismus des Schemas, mit dem er die Stalinperiode begreifen wollte.

So ungewohnt es auf den ersten Blick erscheinen mag: die Ausbeutung ist bei uns ein *politisches* Phänomen, ein Phänomen der politischen Machtverteilung. Noch in »Staat und Revolution« konnte und wollte das Lenin natürlich genausowenig wahrhaben wie vor ihm Marx in seinem Streit mit Bakunin. Die neuen Staatsfunktionen, so versicherte er, würden keinerlei Vorgesetztenrechte und -allüren, keinen Schimmer eines Vorrechts einräumen. Die gesellschaftliche Kontrolle werde nicht von einem Beamtenstaat durchgeführt werden (LW 25/433 und 484). Das waren keine Vorwände; Lenin hat nach der Revolution gegen »kommissarisierte« Kommunisten, gegen »kommunistische Würdenträger« gekämpft. Nur verstand er die bürokratischen Auswüchse des Arbeiterstaates, denen er sofort ins Auge sah, als einen unvermeidlichen Tribut an die alte Gesellschaft, etwa in dem Sinne, wie es der bereits erwähnte Schriftsteller Platonow in seiner Satire »Grad gradow« (»Die Stadt Gradow«) gestaltet hat. Lenin hob vor allem immer wieder hervor, der neue sowjetische Bürokratismus sei der Überbau über der *alten* bäuerlichen Zersplitterung, die in der Tat die eine, die negative Wurzel darstellte. Sie zwang dem Staat binnen wenigen Jahren zentrale Institutionen mit Zehntausenden Beamten auf, die in ihrer Mehrzahl aus dem überlieferten bürokratischen Stand rekrutiert werden mußten.

Aber verwahrte sich Lenin zu Recht dagegen, den Bürokratismus auch aus der Anlage der neuen Staatsmacht selbst abzuleiten? Im April 1918 schrieb er: »Je entschlossener wir jetzt für eine rücksichtslos starke Macht, für die Diktatur einzelner Personen *für bestimmte Arbeitsprozesse,* in bestimmten Momenten *rein exekutiver* Funktionen eintreten müssen, desto mannigfaltiger müssen die Formen und Methoden der Kontrolle von unten sein, um jede kleinste Möglichkeit, die Sowjetmacht zu entstellen, zu paralysieren, um das Unkraut des Bürokratismus immer wieder und unermüdlich auszureißen« (LW 27/266). Doch wenn, wie Marx gezeigt hatte, der Arbeitsprozeß innerhalb der Fabrik despotisch geleitet wird, wenn Engels und Lenin dies auch über den Kapitalismus hinaus als objektive Gegebenheit nahmen, und wenn dann dieses Fabriksystem auf den Arbeitsprozeß der ganzen Gesellschaft angewandt wird, so ist ein Gleichgewicht zwischen »oben« und »unten« gar nicht möglich. Allein schon die

Einführung eines Begriffes »unten« weist auf Verhältnisse der Herrschaft hin. Lenins Entwurf vom Sozialismus als Staatsmonopol zum Nutzen des ganzen Volkes ist zwar eine Reaktion auf die russische Gesellschaft, aber er muß *auch ohne* die spezifische russische Rückständigkeit zu einer Sozialstruktur führen, die durch gehorsame Unterordnung der Produzenten unter eine *politische* Pyramide der gesellschaftlichen Arbeitsleitung charakterisiert wird. An die Stelle der Massenkontrolle von unten trat daher früh das Studium der Massen*stimmung* von oben. Der Apparat mußte »das Ohr an der Masse haben«, weil er sonst erst durch ihren Aufstand korrigiert werden konnte, wie zuletzt 1970 in Polen.

Diese *allgemeine* Problematik des Staatsmonopolismus wollen wir jedoch jetzt noch zurückstellen. Sie betrifft alle sozialistischen Bewegungen der Gegenwart. Ähnlich wie in der bürgerlichen Republik erst das eigentliche Wesen des Kapitalismus »rein« hervortrat, wäre das Wesen des »sozialistischen« Staatsmonopolismus, sein harter Kern, erst aufgrund der angestrebten demokratischen Revolution in der Tschechoslowakei von 1968, in seinem noch nicht auflösbaren Bestand zutage getreten. Es war kein Zufall, daß der führende Wirtschaftstheoretiker der Reform, Ota Šik, *keine* wirklichen Arbeiterräte wollte, sondern das Regime der Direktoren, bloß attachiert von Räten . . . Aber da wir im Augenblick noch unter der absolutistischen Form leben, die sich unter dem Einfluß der russischen Verhältnisse unmittelbar nach der Oktoberrevolution gezeigt und nach dem Bürgerkrieg konsolidiert hat, müssen wir das Allgemeine noch im russischen Besonderen weiterverfolgen.

Was Lenin begründete und Stalin ausführte, war ja nicht der Überbau einer einigermaßen entwickelten Industrie, um den jetzt der politische Kampf zwischen »Konservativen« und »Progressiven« geht, sondern der Überbau der Industriali*sierung*, das Werkzeug zur Schaffung der fehlenden ökonomischen Grundlagen für den Sozialismus, wie immer man diesen selbst verstehen wollte. *Die entscheidende objektive Tatsache, die Lenins Korrektur an Marxens Sozialismusbegriff und Staatsauffassung widerspiegelte, war das Fehlen einer bürgerlichen Kultur der Produktivkräfte,* das Fehlen der kapitalistischen Arbeitsgewohnheit, -disziplin und -qualifikation im weitesten Sinne. Im Mai 1918, als die vergleichsweise kleine russische Großindustrie *noch nicht* stillstand wie nach dem Bürgerkrieg, entwickelte Lenin gegen die »linken Kommunisten« den folgenden Gedankengang: »Sozialismus ist undenkbar ohne großkapitalistische Technik, die nach dem letzten Wort modernster Wissenschaft aufgebaut ist, ohne planmäßige staatliche Organisation, die Dutzende Millionen Menschen zur strengsten Einhaltung einer einheitlichen Norm in der Erzeugung und Verteilung der Produkte anhält« – wie es damals Deutschland und in der Stalinära dann Amerika repräsentierte. »Sozialismus ist außerdem (!) undenkbar ohne die Herrschaft des Proletariats im Staate ... Und die Geschichte ... nahm einen so eigenartigen Verlauf, daß sie im Jahre 1918 zwei getrennte Hälften des Sozialismus *gebar,* eine neben der anderen, wie zwei künftige Küken unter der einen Schale des internationalen Imperialismus. Deutschland und Rußland verkörpern 1918 am anschaulichsten die materielle Verwirklichung einerseits der ökonomischen, produktionstechnischen, sozialwirtschaftlichen Bedingungen und andererseits der politischen Bedingungen für den Sozialismus« (LW 27/332). Damals fand sich keiner der Bolschewiki mit der Aussicht ab, man würde mit dieser einen »Hälfte« allein bleiben, die man dann vom historisch-materialistischen Standpunkt kaum ferner als »Bedingung des Sozialismus« hätte ansehen können. Aber für die Zeit des tätigen »Wartens« auf die Revolution im Westen formulierte Lenin schon jenes Programm, das sich als der welthistorische Auftrag Stalins erweisen sollte: »Solange in Deutschland die Revolution noch mit ihrer ›Geburt‹ säumt, ist es unsere Aufgabe, vom Staatskapitalismus der Deutschen zu lernen, ihn *mit aller Kraft* zu übernehmen, keine *diktatori-*

schen Methoden zu scheuen, um diese Übernahme stärker zu beschleunigen, als Peter (!) die Übernahme der westlichen Kultur durch das barbarische Rußland beschleunigte, ohne dabei vor barbarischen Methoden des Kampfes gegen die Barbarei zurückzuschrecken« (LW 27/333). 1921 fügte er hinzu: »Solange es in anderen Ländern keine Revolution gibt, werden wir Jahrzehnte (!) brauchen, um uns herauszuwinden . . .« (LW 32/227).

Zumindest für die überwältigende Mehrheit der damaligen russischen Bevölkerung, für die Bauernschaft, bedeutete das die Aussicht auf jahrzehntelange Revolution von oben, im »Interesse« einer ungeborenen dritten oder vierten Generation. Es bedeutete, daß ihr die Leiden der ursprünglichen Akkumulation des Kapitals doch nicht erspart bleiben sollten. In der »zweiten Revolution«, der Kollektivierung, waren die bäuerlichen Massen Objekt des Fortschritts. Selbst die Dorfarmut war nur mitgerissen von einer Gewaltmaschine, vor der Peter neidisch erblaßt wäre. Die gewaltsame Kollektivierung hat das russische Dorf so niedergedrückt, daß die riesige Sowjetunion noch immer nicht ohne amerikanisches Getreide auskommt. Als Lenin gestorben war, nahm Gorki in seinem großen Nekrolog in einem auf die Bauernschaft bezüglichen Zusammenhang das zweiseitige Drama zwischen ihr und den Bolschewiki vorweg. Er schrieb: »Alles Ungewöhnliche hindert die Leute, so zu leben, wie sie wollen. Sie sehnen sich – falls sie dies tun – überhaupt nicht nach einer grundlegenden Änderung ihrer sozialen Gewohnheiten, sondern nur nach einer Ausdehnung derselben. Der Grundton alles Stöhnens und Jammerns der Mehrheit ist: ›Hindert uns nicht, so zu leben, wie wir es gewohnt sind!‹ Wladimir Iljitsch Lenin war ein Mensch, der wie kein anderer vor ihm verstand, die Leute zu hindern, ihr gewohntes Leben zu führen« (Lenin und Gorki, Berlin und Weimar 1964/53 f.). Die Summe des individuell empfundenen Unglücks wächst, wenn der Gang der Geschichte beschleunigt wird.

Die Bolschewiki haben den furchtbaren Zusammenstoß mit der Mehrheit der Bauernschaft nicht gewollt. Gerade *weil* sie ihn unbedingt vermeiden wollten, hat sich ja Mitte der zwanziger Jahre zunächst die bucharinistische »Rechte« stimmungsmäßig gegen die trotzkistische »Linke« durchgesetzt, die praktisch sofort nach dem Bürgerkrieg die industrielle Akkumulation auf Kosten der reicheren Bauern forcieren wollte. Da die Bauernschaft später in um die »verlorenen fünf Jahre« verkürzter Zeit viel rigoroser bezahlen mußte – und unter ungeheuren materiellen und politischen Verlusten für die ganze Gesellschaft –, läßt sich nachträglich leicht feststellen, die linke Opposition habe »recht gehabt«. Aber warum konnte sie die Partei nicht überzeugen – zu einem Zeitpunkt, da die politische Meinungsbildung zwar schon vom Gewicht des Apparats deformiert, jedoch noch keineswegs von der Geheimpolizei beherrscht wurde? Warum trat sogar Lenin, der den GOELRO-Plan inspiriert hatte, zunächst gegen die Forderung nach einem gesamtstaatlichen Industrialisierungsplan und gegen entsprechende größere Rechte für Gosplan auf? Nachdem die NÖP gerade erst die *formellen* Bedingungen für die Minimalbefriedigung der Bauernschaft geschaffen hatte, mußte die Rekonstruktion der Vorkriegsindustrie, und vor allem natürlich der *verarbeitenden* (Werkzeuge, Landmaschinen, Textilien usw.), erst die *materielle* Deckung für die von den Bauern erwirtschafteten Mittel ermöglichen. Darauf konzentrierte man sich zunächst, zumal die relative Stabilität der inneren politischen Szene davon abhing. So konnte Stalin dem Zentralkomitee noch 1926 erklären, der vorgesehene Dnjepr-Staudamm werde der UdSSR so viel nützen wie ein Grammophon einem Bauern ohne Kuh.
Ende der zwanziger Jahre zeigte sich dann, daß die Dynamik der von der Revolution entfesselten bäuerlichen Warenproduktion die industrielle Entwicklung überholt hatte. Unzufrieden mit den steigenden Preisen für die mangelnden Industriegüter gingen die Kulaken zur Erpressung der Sowjetmacht

über, indem sie das Getreide für die Versorgung der Städte zurückhielten. Die nun folgende unvorbereitete Wendung zur Kollektivierung der Landwirtschaft ohne industriellen Vorlauf und zu der deshalb zwangsläufig überzogenen Akkumulationsrate der ersten Fünfjahrespläne war die *Antwort* auf die von den Kulaken an der Spitze der Bauernschaft aufgeworfene Überlebensfrage der nichtkapitalistischen Ordnung. Angesichts dieser Entwicklung, zu der die Bolschewiki *getrieben* wurden, kann die »rein ökonomisch« plausible Kritik daran, daß der Gesamtprozeß der Industrialisierung weit entfernt von einem denkbaren Optimum verlief, nur akademischen Charakter tragen. Ohne den Zwangsapparat, den die Bolschewiki in Bewegung setzten, wäre Rußland heute noch ein Bauernland, höchstwahrscheinlich auf kapitalistischem Wege. Und man darf eben nicht vergessen, daß die politische Schwäche der Opposition und damit der von ihr repräsentierten hypothetischen Alternative selbst zu den Sekundärerscheinungen der gegebenen Situation gehörte. Die Historiker, insbesondere die sowjetischen, mögen feststellen, wie weit Modifikationen möglich gewesen wären, die das Ausmaß der Opfer und Verluste sowie die Intensität der nachfolgenden Depression in der Landwirtschaft vermindert hätten. Jedenfalls war der Zusammenstoß als solcher unvermeidlich, um so mehr, als inzwischen historisch erwiesen ist, daß auch ein ausreichendes Angebot an moderner Landmaschinerie die Bauern keineswegs automatisch zur Hinnahme der Kollektivierung bewegt. In Sowjetrußland waren die Bauern die stärkste Klasse der Bevölkerung und bis 1928 der eigentliche Nutznießer der sozialen Umwälzung. Sie mußten der Gegenstand einer zweiten Revolution werden.

Und wie stand es um die russische Arbeiterklasse, um die proletarische Basis der Diktatur? Diese Frage wurde noch viel früher akut, in der leidenschaftlichen Gewerkschaftsdiskussion von 1920/21 kurz vor dem Kronstädter Aufstand. Die Fabrikarbeit, die Fabrikdisziplin ändert dadurch, daß die Ar-

beiterpartei zur Macht kommt, ihren entfremdeten Charakter nur spirituell: die politische Revolution kann kein neues Leben für den Arbeiter als Menschen produzieren. In einem rückständigen Land ist die Generation, die die Fabriken in Besitz nimmt, eine ganze Epoche selbst von den nur materiellen Früchten ihrer Tat entfernt. Daher wird nur diejenige Schicht der Arbeiterklasse, die sich über die korporativen Interessen hinaus zu politischer Bewußtheit zu erheben vermag, mehr als vorübergehend ihre Arbeitseinstellung ändern. In Wirklichkeit entgeht aber gerade dieses Element der weiteren Fabrikarbeit, weil es an anderer, persönlichkeitsbegünstigender Stelle für den neuen Gesellschafts- und Staatsaufbau gebraucht wird. In der Stunde der Revolution zeigt sich, daß die alte Gesellschaft nur einer Minderheit der unterdrückten Klasse die psychische Energie für einen aktiven Aufschwung gelassen hat. Die meisten brachten zwar die Kraft für die kollektive Aktion der Machteroberung unter erprobten Führern auf, sehr viele für ihre Aufopferung im Bürgerkrieg. Eine Leitungsfunktion, eine Kommandostellung verlangt einen Grad an Selbstbewußtsein und Artikulationsvermögen, der unter den Ausgebeuteten ein individueller Glücksfall ist. Darin liegt ja der Grund, daß die Arbeiterklasse, anders als die Bourgeoisie, ohne *organisiertes* »Hirn«, ohne intellektuellen Vortrupp, der die geeignetsten Proletarier geistig und emotional ihrem durchschnittlichen Milieu entreißt, nicht siegen kann. Was geschieht nun mit und in der Arbeiterklasse nach dem Sieg?
Eine Revolution weckt in den Herzen der Beteiligten immer die grenzenlose Hoffnung auf eine große und glückliche Veränderung aller Lebensverhältnisse, in die sie gestellt sind. Hölderlin sagt im Hyperion, was nicht alle Menschen auszusprechen vermögen, was aber fast alle fühlen, wenn die Bewegung, der sie angehören, kulminiert: »An der Fahne allein soll niemand unser künftig Volk erkennen; es muß sich alles verjüngen, es muß von Grund aus anders sein, voll Ernst die

Lust und heiter alle Arbeit! . . . und auch kein Augenblick darf *einmal* noch uns mahnen an die platte Vergangenheit.«
Dies ist eine psychologische Wahrheit. Und die massenhafte Enttäuschung und Ernüchterung darüber, wie wenig sich alltäglich geändert hat, folgt dann vor allem für diejenigen auf dem Fuße, die nicht die Voraussetzungen dafür mitbringen, die komprimierte Perspektive in einer aktiven Rolle bei der langfristigen Umgestaltung der Gesellschaft umzusetzen. Für die vielen Menschen, die durch die Revolution nicht zu – in einem gewissen, subjektiven Sinne – freier Tätigkeit gelangt sind, hat sie das Leben nicht wesentlich verändert. Es wechseln nur die Umstände, die Kulissen schneller, für manche eben zu schnell.
Viele Arbeiter begegneten dem neuen Kommando, das überdies nicht immer frei von dem »kommunistischen Hochmut« der Avancierten war, den Lenin zu den Hauptfeinden der Bewegung zählte, mit Reserve, bald mit Mißtrauen oder sogar mit Rebellion unter dem Einfluß der von den Bolschewiki abgedrängten menschewistisch-sozialrevolutionären und anarchistischen Strömungen. Die Bolschewiki mußten mit Hilfe der Gewerkschaften Disziplinargerichte gegen Bummelantentum und Produktionsdiebstähle einrichten und versuchen, gegen die starke gleichmacherische Tendenz ein Prämiensystem durchzusetzen.
Da infolge des Bürgerkrieges Lebensmittelversorgung, Brennstoffzufuhr und Transportproblem einen einzigen Teufelskreis bildeten, lag die Großindustrie danieder. Die Fabrikarbeiter und ihre Familien hungerten. Sie konnten, wenn überhaupt, oft nur Kleinproduktion wie die legendären Feuerzeuge herstellen und waren gezwungen, einen Teil davon natural auf dem schwarzen Markt umzusetzen, um sich am Leben zu erhalten.
Mit der neuen Wirtschaftspolitik von 1921, die die ökonomische Verbindung mit der widerspenstigen Bauernschaft sichern sollte, verschärfte sich die ideologische Spannung in der

Arbeiterklasse noch mehr, weil sie, angeblich politisch herrschend, zugleich in der Konsumtion die Rolle des Aschenputtels spielen mußte. Alle frühen Parteioppositionen, von den »linken Kommunisten« über die »Arbeiteropposition« bis zu den »Demokratischen Zentralisten« drückten in dieser oder jener Weise die Enttäuschung der Arbeiterschichten aus, die sich um ihr Erstgeburtsrecht betrogen sahen, eine Enttäuschung, die sich keineswegs auf das spezielle Versorgungsproblem konzentrierte, sondern letztlich mit der erneut subalternen Rolle der Arbeitermehrheit in der Gesellschaft zusammenhing.

Das verkennt z. B. Ernest Mandel (Marxistische Wirtschaftstheorie, Frankfurt 1968/660 ff.), wenn er die wachsende Entfremdung zwischen Arbeiterklasse und Partei primär auf die Politik des oktroyierten Konsumverzichts, also auf die unzulängliche Lösung eines »Grundwiderspruchs zwischen nichtkapitalistischer (dieses Wort verdeckt die durchgehende Ungenauigkeit Mandels, die sowjetischen Verhältnisse für nachkapitalistisch zu halten!) Produktionsweise und bürgerlichen Verteilungsverhältnissen« zurückführt. Schon in der Situation nach dem Bürgerkrieg, als von einer überhöhten Akkumulationsrate noch gar nicht die Rede sein konnte, entglitten den Bolschewiki die politischen Voraussetzungen, um sich in einer demokratischen Diskussion mit der Arbeitermehrheit über das notwendige Maß der Opfer zu einigen. Die seit Ende der zwanziger Jahre einsetzende Majorisierung der »alten« Arbeiterklasse durch Millionen von Menschen, die mit der Umgestaltung der Landwirtschaft in die Industrie geworfen wurden, läßt dann die Idee einer Massenabstimmung über die Verteilung des Mehrprodukts für den konkreten sowjetischen Fall ganz illusorisch erscheinen. Die jugoslawische Praxis, die nach dem II. Weltkrieg unter dem indirekten Schutz der Sowjetunion möglich war, hat andererseits durchaus nicht den Beweis erbracht, daß die sozialistische Demokratie »an und für sich« in dem Mandelschen Sinne ökonomisch effektiver ist. Für die Sowjetunion der zwanziger und dreißiger Jahre muß man eher das Gegenteil befürchten.

Als die vereinigte linke Opposition 1926 zum Sturm gegen die Stalin-Bucharinsche Mehrheit der Parteiführung rüstete, wandte sich das Politbüro der Italienischen Kommunistischen Partei mit einem mahnenden Brief an das ZK der KPR, in Wirklichkeit hauptsächlich an Trotzki, Sinowjew und Kamenew, in dem es das Problem der Arbeiterklasse in Sowjetrußland auf folgenden Nenner brachte:

»Genossen, noch nie in der Geschichte ist es vorgekommen, daß eine herrschende Klasse in ihrer Gesamtheit einen niedrigeren Lebensstandard hatte als bestimmte Elemente der beherrschten und unterworfenen Klasse. Dieser unerhörte Widerspruch ist ein Los, das die Geschichte dem Proletariat vorbehalten hat; in diesem Widerspruch liegen die Hauptgefahren für die Diktatur des Proletariats, vor allem in den Ländern, wo der Kapitalismus noch keinen großen Aufschwung genommen hat und wo es ihm noch nicht gelungen ist, die Produktivkräfte zu vereinheitlichen. Aus diesem Widerspruch . . . entstehen der korporative Geist und die Schichten der Arbeiteraristokratie. Und doch kann das Proletariat nicht herrschende Klasse werden, wenn es nicht mit der Aufgabe seiner korporativen Interessen diesen Widerspruch aufhebt, es kann seine Hegemonie und seine Diktatur nicht aufrechterhalten, wenn es seine unmittelbaren Interessen nicht den allgemeinen Interessen opfert. Es ist sicher leicht, auf diesem Gebiet Demagogie zu betreiben, und es ist leicht, auf den negativen Seiten des Widerspruchs zu beharren: ›Bist du, schlechtgenährter und schlechtgekleideter Arbeiter, der Herr oder ist es der pelzgekleidete NEP-Mann, dem alle Güter dieser Erde zur Verfügung stehen?‹ . . . Auf diesem Gebiet ist Demagogie leicht, und es ist schwierig, sich ihrer zu enthalten, wenn die Frage in Begriffen des Korporativgeistes gestellt wird und nicht in denen des Leninismus, das heißt der Lehre von der Hegemonie des Proletariats, das sich historisch

in der und der bestimmten Position befindet« (Gramsci, Philosophie der Praxis, Frankfurt 1967/124 f.).
Das ist eine schlagende, im Rahmen der leninistischen Überlieferung unwiderlegbare Argumentation. Wie aber, wenn sich die Arbeiterklasse »uneinsichtig« zeigt, wenn der Streit der Führer nur widerspiegelt, daß das Band zwischen Avantgarde und Klasse bereits zum Zerreißen gespannt ist? Wie, wenn die Arbeiterklasse als Ganze nicht diese »heilige Schar« ist, wenn sie sich nicht auf ein Leben für die diesseitige Transzendenz festlegen läßt? Das italienische Politbüro sagt, dann kann ihre Diktatur nicht bestehen. Oder man muß versuchen, sie zur Aufgabe ihrer korporativen Interessen zu *zwingen,* und zu diesem Zweck die Diktatur des Proletariats innerhalb des Proletariats reproduzieren. Um konkret zu bleiben, muß man sich ja vor Augen halten, daß die bevorstehende Industrialisierung eine Vervielfachung der Arbeiter*zahl* durch Millionen unaufgeklärter Dörfler bringen mußte und deren kurzfristige Vergewaltigung zur ungewohnten industriellen Disziplin auf die Tagesordnung setzen würde. Wie sollte sich unter solchen Umständen der Korporativgeist niederhalten lassen (wenn nicht durch politische Atomisierung der neuen Arbeitermassen)? Wie sollte sich das Verhältnis zwischen Avantgarde und Proletariat gestalten?
Theoretisch ist der Mechanismus der Diktatur des Proletariats, wie ihn Lenin insbesondere im April-Mai 1920 für die westeuropäischen Kommunisten beschrieb (LW 31/31 ff.), völlig klar. Lenin spricht dort über das Transmissionssystem von der Partei zu den Massen. Es ist heute Mode, sich über den »Mechanizismus« der Leninschen Auffassung aufzuregen. Sobald man näher hinsieht, erweist sich das als unsinnig, auch wenn an anderer Stelle die Gewerkschaften sogar als »Zahnrad« figurieren. Lenin spricht in einem Bild, um sich verständlich zu machen. Seine Auffassung von der Rolle der Gewerkschaften schließt ein zweites »Zahnrad« mit entgegengesetztem Drehmoment, nämlich den Schutz der Arbeiter

gegen ihren Staat als Apparat, ein. In dieser Funktion ist den korporativen Interessen des Proletariats Raum gegeben. Im Gewerkschaftsbeschluß des XI. Parteitags von 1922 wird ausdrücklich auch ein gewisser »Interessengegensatz zwischen den Arbeitermassen und den leitenden Direktoren der Staatsbetriebe oder deren übergeordneten Behörden« hinsichtlich der Arbeits- und Lebensbedingungen konstatiert. Dieser Interessengegensatz wird auf die Kommerzialisierung des Reproduktionsprozesses, auf die Einführung der wirtschaftlichen Rechnungsführung bei »Konzentration der gesamten Machtfülle in den Händen der Betriebsleitungen« zurückgeführt (LW 33/170 ff.). Die Gewerkschaften sollen den Kampf um die Steigerung der Produktivkräfte geschickt mit der Verteidigung der Arbeiterinteressen gegen bürokratische Übergriffe vereinigen. 1920 erklärte Lenin das Funktionieren der proletarischen Diktatur auf die folgende ebenso durchsichtige wie einleuchtende Weise: »Faktisch bestehen alle leitenden Körperschaften der weitaus meisten Verbände und in erster Linie natürlich der Zentrale oder des Büros aller Gewerkschaften ganz Rußlands . . . aus Kommunisten und führen alle Direktiven der Partei durch. Im großen und ganzen haben wir also einen der Form nach nicht kommunistischen, elastischen und verhältnismäßig umfassenden, überaus mächtigen proletarischen Apparat, durch den die Partei mit der *Klasse* und der *Masse* eng verbunden ist und durch den, unter Führung der Partei, die *Diktatur der Klasse* verwirklicht wird« (LW 31/33). Da die Arbeiterklasse gar nicht homogen sein kann und da sie nicht als »ein Sack Kartoffeln« regieren kann, versteht sich die Notwendigkeit einer solchen *Organisation* ihres politischen Lebens als herrschende Klasse. Übrigens hat die alte deutsche Sozialdemokratie ihren Einfluß nicht wesentlich anders organisiert. Die Leninsche *Konzeption* hat unter der Voraussetzung, daß man die Herrschaft der Arbeiterklasse unter den gegebenen Bedingungen überhaupt als Realität bejaht, nicht die geringste Lücke.

Wenn man allerdings *heute* unter Berufung auf diese Konzeption unsere Staatsmaschine verteidigt, dann bedient man sich eines Taschenspielertricks. Man suggeriert als Selbstverständlichkeit, daß *unser* System nach dieser Leninschen Konzeption funktioniert, um seine fundamentale Blöße damit zuzudecken. Soweit es zutrifft, daß der Apparat die Partei *politisch* (nicht bloß im mechanischen administrativen Kontakt) mit der Klasse und mit der Masse *verbindet – soweit* haben wir die »Diktatur der Klasse«. Und soweit es nicht zutrifft, haben wir die »Diktatur *über* das Volk und *über* die Arbeiterklasse«. Und wodurch wird diese Proportion, die natürlich immer ein qualitativ bestimmtes Verhältnis zur Folge hat, nicht ein ausflüchtiges »teils-teils«, entschieden? Um den Stier bei den Hörnern zu packen: Wodurch wird sie *negativ* entschieden? Durch den Auszug, den Rückzug der Arbeitermehrheit aus dem »Apparat«, der dadurch erst Apparat im üblichen Sinne wird. Von dem Leninschen lebendigen Mechanismus bleibt dann das bürokratische Gerippe zurück. Das proletarische Element verschwindet auch aus dem Umgangsstil. Der Karrierebeamte, sei's auch proletarischer Herkunft, setzt sich durch, nicht in Monaten, aber in Jahren. Die Arbeiterklasse *wird* regiert.
Im Frühsommer 1920 hatte Lenin den westeuropäischen Kommunisten seine Konzeption noch als gesicherte Erfahrung dargestellt, nach der man »jeden Bolschewiken« fragen konnte. Im Dezember 1920 aber brach in Sowjetrußland eine Gewerkschaftsdiskussion aus, die den passiven Widerstand der Arbeitermassen zur Voraussetzung hatte. Trotzki löste sie aus, indem er diesen Tatbestand verkannte und deshalb den politisch und administrativ schlecht funktionierenden Gewerkschaftsapparat »durchrütteln«, d. h. von oben mit geeigneteren Kadern besetzen wollte. Aber auch Lenin wollte zunächst nicht wahrhaben, daß es sich bei der anlaufenden Diskussion um mehr als um ein überflüssiges Gezänk der Parteiintellektuellen handelte. Doch bald erwies sich die Ge-

werkschaftsdiskussion als das innerparteiliche Symptom der Arbeiterreaktionen auf die Krise, die dem Bürgerkrieg folgte. Es war die Periode um den Aufstand in Kronstadt, und auf dem folgenden X. Parteitag mußte um die Einheit der Avantgarde gerungen werden. In dieser Diskussion ergab sich einfach aus der polemischen Konstellation eine gewisse Akzentverschiebung in der Leninschen Darstellung des Verhältnisses zwischen Partei und Arbeiterklasse, d. h. er war gezwungen, den negativen Aspekt, die Unterscheidung zwischen Avantgarde und Klasse zu betonen, weil der Demokratismus von unten gefährlich zu werden begann, feindliche Einflüsse trug.

Zunächst stellte Lenin nüchtern fest, die Diktatur des Proletariats könne »nicht durch eine die Industriearbeiter in ihrer Gesamtheit erfassende Organisation verwirklicht« werden. Arbeitsteilung also in der Machtausübung, zum ersten Mal liegt hierauf der *Akzent.* »Es ergibt sich, daß die Partei sozusagen die Avantgarde des Proletariats in sich aufsaugt und diese Avantgarde die Diktatur des Proletariats verwirklicht« (LW 32/2 f.). Denn: »Weiß ewa jeder Arbeiter, wie der Staat zu regieren ist?« (LW 32/47). Die zentrale Staatsverwaltung – »das ist eine Riesenmaschinerie«! (LW 32/52). »Wir haben keine andere Stütze als die Millionen Proletarier, die unaufgeklärt, meistenteils unwissend, unentwickelt, ungebildet sind, die aber als Proletarier ihrer Partei folgen« (LW 32/43). Ihr Platz ist in den Gewerkschaften als *Schulen* des Kommunismus und der Verwaltung. »Wenn sie diese Jahre in der Schule zubringen, so werden sie es lernen, aber das geht langsam vor sich. Wir haben nicht einmal das Analphabetentum liquidiert« (LW 32/48). »Um zu regieren braucht man eine Armee von gestählten Revolutionären«, eben die »Bolschewiki, die eine zwanzigjährige Parteischule durchgemacht haben« (LW 32/48). Um die ganze Klasse *später* unmittelbar an die Staats- und Wirtschaftsverwaltung heranlassen zu können, »dazu bedarf es der Erziehung« (LW 32/51).

Die eigentliche Schwierigkeit lag jedoch weniger in der fachlichen als in der politischen Qualifikation, jedenfalls in dem hier interessierenden Zusammenhang. Wenn das Spektrum der politischen Einstellungen in der Arbeiterklasse an einer bestimmten Stelle reißt, dann entsteht eine Konfrontation statt kontinuierlicher Beeinflussung. Will man den Riß dennoch überwinden, ohne den grundlegenden Kurs zu ändern (was gar nicht möglich gewesen wäre), dann fällt, zumindest in der Praxis, die *politische* Kontrolle, die *politische* Rückkopplung von unten nach oben als *aktive* Funktion weg. Dann realisiert sich die Diktatur des Proletariats – formal noch ebenso beschreibbar, wie im Mai 1920 geschehen – als ein abgestuftes Verhältnis von Erziehern und Erzogenen, indem die Gewerkschaften als Transmission zur Arbeiterklasse fungieren, während die Arbeiter ihrerseits die Bauernschaft, den absoluten »Laienstand«, in die Lehre nehmen. Sehr schnell entfällt, »daß der Erzieher selbst erzogen werden muß«, und die Gesellschaft sondiert sich »in zwei Teile – von denen der eine über ihr erhaben ist«, wie Marx in den Feuerbachthesen gesagt hatte.
Es blieb zwar Platz für die Kontrolle der Werktätigen über *einzelne* untere Funktionäre, aber nicht über deren Korporation, über die Partei. Die Partei konnte sich nur selbst erziehen und kontrollieren. Lenin beschrieb sie nun in der Polemik positiv so ähnlich, wie sie Bakunin gegen Marx negativ vorausgesehen hatte: als einen Orden von modernen »Wissern«: »Über zwanzig Jahre haben wir den Arbeitern durch Taten und nicht durch Worte bewiesen, daß die Partei etwas Besonderes ist, daß sie politisch bewußte, zur Selbstaufopferung bereite Menschen erfordert, daß sie zwar Fehler macht, sie aber korrigiert, daß sie leitet und Menschen auswählt, die wissen, welcher Weg uns noch bevorsteht, welche Hindernisse wir noch zu überwinden haben« (LW 32/47). Das erinnert unzweifelhaft an die Selbstdarstellung bewährter Priesterschaften aus der Frühzeit, hier beginnt die spätere Parteimeta-

physik und -mystik. Aber das ist keine Phantasterei, wie Marx ausgerufen hatte, sondern der Ausdruck der neuen Gesellschaftsformation in statu nascendi.

Besonders entschieden wies Lenin alle Angriffe auf die Politik der Ernennungen, der Einsetzung wichtiger Partei-, Staats- und Gewerkschaftsfunktionäre von oben, ab. Darauf verzichten, hieße die führende Rolle der Partei aufgeben, sagte er, und dies wiederum würde den Untergang der Sowjetmacht bedeuten. Wenn das zutrifft, und es spricht alles dafür, daß er recht hatte, war also genau jene hierarchische Investitur angebracht, die Marx als unvereinbar mit dem Geist der Kommune behandelt hatte. Unter diesen Umständen konnten auch innerhalb der Partei nicht alle gleich sein, zumal ja die »zwanzigjährige Schule« nur eine Minderheit, die »Alte Garde« der Parteimitglieder, durchlaufen hatte. Nach dem Sieg der Partei, die nun als einzige herrschte, biederten sich natürlich immer wieder karrieristische Elemente an, die es hinauszureinigen galt.

Vor allem aber stufte sich die Alte Garde selbst hierarchisch: nach der Höhe der Funktionen im Apparat, die je länger desto mehr mit dem Maß des Gehorsams nicht gegenüber der Doktrin, sondern gegenüber der Linie der herrschenden Fraktion korrelierte. Denn daß die Staatsmaschine nach *einem* Kommando funktionierte und nach außen, nach unten geschlossen auftrat, war viel wichtiger als die Frage, nach *welchem* Kommando. Da die politischen Interessenvertretungen der kleinbürgerlichen Schichten ausgeschaltet bleiben mußten zugunsten des Interessenausgleichs durch die proletarische Diktatur von oben, durfte auf die Dauer auch keine indirekte Vertretung der anderen Strömungen durch Parteifraktionen zugelassen werden. Sie wurden denn auch im Ergebnis der Gewerkschaftsdiskussion verboten. Isaac Deutscher hat in seinen Werken über Stalin, Trotzki und die »unvollendete Revolution« überzeugend gezeigt, wie das Fraktionsverbot die Selbstkontrolle der Partei reduziert und das innere Leben allmählich getötet hat. Von nun an haben Oppositionen unrecht, indem sie auftreten. Wer etwas ändern will, muß aufs Ganze gehen: muß versuchen, die Herrschaft über die Partei zu erobern. Es entsteht zwangsläufig ein Mechanismus der Machtkämpfe, wie er in orientalischen Despotien üblich war.

Nach dem Bürgerkrieg stellte sich heraus, daß die 6 Millionen Gewerkschafter, von denen eben noch die Rede gewesen war, keineswegs die Existenz einer aktions- und herrschaftsfähigen Arbeiterklasse bedeuteten. Lenin selbst wählte für den Ausfall dieses entscheidenden »Zahnrads« für die Transmission zu den Bauern so zugespitzte Formulierungen, daß ihm Opponenten vorhielten, er übe nach seinen eigenen Worten die Diktatur einer nicht existierenden Klasse aus. Lenin stellte die Lage tatsächlich so dar, daß die Partei zum Stellvertreter, zum Platzhalter der Arbeiterklasse geworden war. In der Periode, als sich der Machtapparat für die positive Aufgabe der Revolution formierte, als er seine für Jahrzehnte konsistente Grundgestalt ausprägte, konnte man die große Mehrzahl der Arbeiter gar nicht mitreden lassen, weil sie durch das Daniederliegen der Großindustrie deklassiert, »aus dem Klassengeleise geworfen« war. »Die Fabriken und Werke stehen still – das Proletariat ist geschwächt, zersplittert, entkräftet« (LW 33/3). »Soweit die kapitalistische Großindustrie zerstört ist, soweit die Fabriken und Werke stillgelegt sind, ist das Proletariat verschwunden« (LW 33/46). Mehr noch: »Wenn man von ›Arbeitern‹ spricht, so meint man sehr häufig, das bedeute Fabrikproletariat. Das bedeutet es durchaus nicht. Seit dem Krieg sind bei uns Leute in die Fabriken und Werke gegangen, die gar keine Proletarier sind, die vielmehr hineingingen, um sich vor dem Krieg zu drücken; und sind heute (1921) die gesellschaftlichen und ökonomischen Verhältnisse etwa derart, daß echte Proletarier in die Fabriken und Werke gehen?« (LW 33/286). Außerdem war seit dem Oktober ein Aufgebot bewußter Elemente nach dem andern für die militärischen

und politischen Schwerpunktaufgaben und für den neuen Apparat herausgezogen worden. Also kalkulierte die Bourgeoisie »ganz richtig, daß die *wirklichen* ›Kräfte der Arbeiterklasse‹ gegenwärtig aus der machtvollen Avantgarde dieser Klasse (der Kommunistischen Partei Rußlands . . .) bestehen plus Elementen, die durch Deklassierung am meisten geschwächt sind und den menschewistischen und anarchistischen Schwankungen am stärksten unterliegen« (LW 33/7).
Das heißt, die Sowjetmacht, die Diktatur des Proletariats beruhte bereits auf der Herrschaft der Kommunistischen Partei allein. Lenin fuhr fort: »Unter der Losung ›Mehr Vertrauen in die Kraft der Arbeiterklasse‹ wird gegenwärtig in *Wirklichkeit* eine Stärkung der menschewistischen und anarchistischen Einflüsse betrieben: Kronstadt hat das im Frühjahr 1921 mit aller Anschaulichkeit gezeigt und bewiesen« (LW 33/7). Die Avantgarde hatte nur noch die »historischen«, die Zukunftsinteressen der Arbeiterklasse hinter sich, ihre unmittelbaren Interessen nicht mehr. Von nun an galt nicht mehr die Frage, ob die Arbeiterklasse der Partei, ihren Führern vertraut, sondern ob die Partei der Arbeiterklasse vertrauen kann. Von Zeit zu Zeit wird das versichert. Nicht die Arbeiter danken ihren Führern, sondern die Führer danken den Arbeitern für ihre Leistungen, und das scheint seine Ordnung zu haben. Paternalismus wurde der Grundzug der Beziehungen zwischen Parteiapparat und Arbeiterklasse. Bei dieser langfristig wirksamen Konstellation konnte ein vorhandener und für die weitere Entfaltung der subjektiven Produktivkräfte sowie für die Einschränkung der unproduktiven Konsumtion unter Umständen bedeutsamer Spielraum nur mit dem von der *inner*parteilichen Entwicklung abhängigen Maß an »pädagogischer« Qualifikation und Aufgeklärtheit des »Erziehers« verbunden sein. Hier hat die Paralysierung und Dezimierung der bewußtesten Elemente durch den Stalinschen Apparat verheerend eingewirkt, indem sie die Ausnutzung dieses Spielraums unmöglich machte und freie Bahn für die stupide-

sten, politisch und moralisch ungebildetsten Bürokraten schuf.
Das Dilemma des Leninismus, über dem nach Lenins Tod die Einheit des alten Parteikerns zerbrach, kommt am deutlichsten darin zum Ausdruck, daß Lenins Heilmittel *gegen* den Bürokratismus, die Rekrutierung neuer, unverbrauchter Kader aus der Arbeiterklasse, ihre *Rekrutierung für den längst mit den Massen konfrontierten Apparat* war. Immer wenn die Opposition von Bürokratismus sprach und damit mehr oder weniger bewußt stets auf die Rolle des Parteiapparats selbst zielte, nicht primär auf die bürokratischen Auswüchse im Sowjetapparat, antwortete Lenin mit der Gegenfrage: wo sind die zuverlässigen und gebildeten Arbeiterkader, die ihr vorbereitet habt, damit wir *unsere* Leute an die Plätze stellen können, an denen wir jetzt fremde Elemente beschäftigen müssen? Lenin konnte auch nicht anders argumentieren, hatte er doch bereits erkannt, daß der Kampf gegen den Bürokratismus, also sein Vorhandensein, ebensolange dauern würde wie die Schaffung der materiellen Basis des Sozialismus. Freilich sah er nicht voraus, daß die Erziehungsarbeit unter den Massen immer nur den Erfolg haben würde, ihre energischsten und in der gewünschten Richtung aufgeklärtesten Elemente nach oben abzuziehen und die massenhafte Unmündigkeit und Regierungsunfähigkeit zu reproduzieren.
Auf der Suche nach den Ursachen des Bürokratismus ging Lenin vom Standpunkt unserer heutigen Erfahrungen offensichtlich in die Irre. Auf dem XI. Parteitag schilderte er einen Fall, in dem der Ankauf von französischen Fleischkonserven gegen das wenig wertvolle Papiergeld der Sowjets, also ein ausgesprochen günstiges Geschäft, nicht ohne Kamenew zustande gekommen wäre, der Lenin während seiner Krankheit im Rat der Volkskommissare vertrat. ». . . wie könnten denn russische Staatsbürger ohne das Politbüro des ZK der KPR eine solche Frage entscheiden! . . . Diese Vorstellung gehört selbstverständlich ins Reich des Übernatürlichen«. »Aus dem

Untersuchungsmaterial ersehe ich, daß der eine verantwortliche Kommunist zu dem anderen verantwortlichen Kommunisten gesagt hat: ›Künftig werde ich mit Ihnen ohne einen Notar überhaupt nicht sprechen.‹ Aber außerdem ging aus dem Untersuchungsmaterial hervor, ›daß der Schuldige nicht gefunden worden ist‹ . . . es gibt keine Schuldigen, dafür aber Wirrwarr, Durcheinander und Unverstand«. Es gibt natürlich Saboteure, »aber kann man gegen sie kämpfen, wenn die Lage so ist, wie ich sie geschildert habe? Das ist schädlicher als jede Sabotage« (LW 33/280 ff.). Worin aber sah Lenin die Ursache? »Alle Institutionen waren zur Stelle. Woran mangelte es? An Kultur bei 99% der Mitarbeiter der Moskauer Konsumgenossenschaft . . .« »Jeder beliebige Kommis, der die Schule eines kapitalistischen Großunternehmens durchgemacht hat, versteht so etwas zu machen . . .« »Was not tut, ist ein kultiviertes Herangehen an die einfachsten Staatsangelegenheiten«.

Inzwischen haben spätestens die DDR und die ČSSR bewiesen, daß jeder beliebige Kommis in unserem System verlernen kann, so etwas zu machen. Was Lenin damals fälschlicherweise unmittelbar auf den russischen Kulturmangel zurückführte, das waren die Anfänge dessen, was vor einigen Jahren Andras Hegedüs, ein ehemaliger ungarischer Ministerpräsident, als »System der organisierten Verantwortungslosigkeit« beschrieben hat. Die Ungarn kennen es lange. Unter Maria Theresia galt in der Armee der Donaumonarchie der Wahlspruch: »Es ist besser, nichts zu tun, als etwas Falsches«. Diese Mentalität herrscht in jeder Bürokratie und Hierarchie, in der die Glieder nur nach oben verantwortlich und abhängig sind und vom Prinzip her keine Kompetenzen zu horizontaler Kooperation haben.

Lenin erkannte natürlich sofort die Tendenz auch der neuen Kader, zu verbürokratisieren, die also offenbar doch mit dem Wesen der Institutionen selbst zusammenhängen mußte. Warum sonst wollte er wenigstens diejenigen, die sich direkt unter den Massen mit politisch-kultureller Aufklärung befassen sollten, aus dem Apparat heraushalten? »Gehören Sie einer Institution an, so verbürokratisieren Sie . . .« (LW 33/57). In heiklen Fragen achten unsere Propagandisten heute viel mehr auf die Mienen ihrer Vorgesetzten als auf die Reaktion ihrer Zuhörer, die sie überzeugen sollen.

Doch unter den gegebenen Umständen war Lenin auch seinerseits auf bürokratische Heilmittel angewiesen. Sein Kampf gegen den Bürokratismus und gegen solche Folgeerscheinungen wie Korruption etc. gipfelte in der Sorge um eine Institution, die auch nur Teil des Apparats war: um die Arbeiter- und Bauerninspektion als *Behörde.* Obwohl er eine Enttäuschung mit ihr erlebte, widmete er seinen letzten großen Aufsatz dem Programm und der Begründung ihrer Reorganisation. Da sie zwei Hauptaufgaben haben sollte: Spitzbuben aus den Ämtern herauszufischen und die Verwaltungsarbeit nach westlichem Vorbild zu rationalisieren, wollte er hier »die besten Elemente, die es in Rußland gibt« konzentrieren. Und er entwarf das Musterbild dieser Funktionäre, die revolutionäre Unbestechlichkeit und Sachkenntnis in sich vereinen sollten.

Jedoch mußte er bei seinem Vorschlag bereits mit dem geringschätzigen Spott der Partei- und Sowjetbürokraten rechnen, die in diesem Falle gegen ihn recht behalten sollten. An der Spitze des Volkskommissariats für die Arbeiter- und Bauerninspektion hatte übrigens bis April 1922 Stalin gestanden; es war Stalins Apparat, den Lenin auseinandernehmen und neu zusammensetzen wollte. Aber die ABI war und blieb nicht deshalb ein Fiasko, weil hier der Teufel zufällig mit Beelzebub hatte ausgetrieben werden sollen, sondern weil man den Apparat nicht mit dem Apparat kurieren *kann.* Lenin war nicht der erste, der auf eine solche Institution verfiel. 1722, drei Jahre vor seinem Tode, hatte Peter I. eine »Prokuratura« eingerichtet, um die Funktionen des gesamten Verwaltungsapparats zu überwachen.

Schon der humanste und aufgeklärteste Despot der indischen Geschichte, der große Maurya-Kaiser Aschoka, hatte zweieinhalb Jahrhunderte v. u. Z. auch seine »ABI«, seine »Bevollmächtigten für Gerechtigkeit«, die die Moral und Zuverlässigkeit der ausgedehnten Beamtenschaft kontrollieren und das Volk gegen ihre Übergriffe schützen sollten . . . Jede behördliche Arbeiter- und Bauerninspektion ist das Eingeständnis für die Abwesenheit jener Volkskontrolle, die die Kommune herstellen sollte, der Ausweis für eine von den Werktätigen isolierte Staatsmaschine.

Wenn man nur die *politische* Entwicklung verfolgt, die sich innerhalb der Leninschen Partei nach ihrer Machtübernahme vollzog, tritt der eigentliche Sinn der Ereignisse nicht genügend hervor. Die historische Funktion der bolschewistischen »Partei neuen Typus« bestand darin, den Apparat für den produktiven Umsturz der überlieferten russischen Gesellschaftsstruktur, für die gewaltsame Industrialisierung vorzubereiten und aus sich zu erzeugen. Stalins »Umgestaltung der Natur«, die Kolonisierung des Nordens und Sibiriens wäre ebensowenig wie der Bau der chinesischen Mauer ohne Zwangsarbeit größten Stils möglich gewesen. Darum ist Iwan Denissowitsch rekrutiert worden. Alle die Parteikämpfe der zwanziger Jahre zwischen »Linken« und »Rechten« waren nichts als die Geburtswehen der Despotie. Die Kämpfer erkannten zu spät, daß es gar nicht um »links« oder »rechts« gegangen war und daß ihre Auftritte eins unfehlbar zur Folge hatten: eine Stärkung des Apparats. Was negativ als Vernichtung der innerparteilichen Demokratie erschien, war die Kehrseite jenes Prozesses, in dem die eindeutigen hierarchischen Unterordnungsverhältnisse für die eigentliche, ökonomische Revolution von oben geschaffen und fixiert wurden. Als das gehorsame, gefügige Werkzeug fertig war, gab es die Partei als kommunistische nicht mehr, auch nicht die Leninsche. Es gab eine politische Administration, flankiert von Organen des Terrors. Was vom Kommunismus blieb, waren die individuellen Gewissenskonflikte der in ihrer Organisation zerstreuten Genossen.

Nach Platos Erfahrung ist die Existenz des politischen Menschen tragisch, wenn er »den Staat nicht gefunden hat, der zu ihm paßt«. Dies wurde zum Erlebnis Trotzkis, Sinowjews, Bucharins und der vielen andern alten Revolutionäre, die *in sich* einen anderen Staat vorweggenommen hatten als den, der das Resultat ihres Wirkens war. Sie waren, besonders Trotzki, bewundernswert unfähig, in ihr entfremdetes Produkt hineinzuschlüpfen. Sie haben die Macht verloren, weil *sie* nicht zu dem Staat paßten, der im Werden war. Stalin hat sie gewonnen, weil er dazu paßte. Nicht nur wegen der ständigen Bedrohung, nein, wegen der positiven Aufgabe, die Massen in die Industrialisierung hineinzutreiben, die sie nicht unmittelbar wollen konnten, mußte die Sowjetunion *eine* eiserne »petrinische« Führung haben. Hätte ein subjektiv begabterer Mensch als Stalin sich diesem Zweck anzupassen vermocht, so hätten die *ideologischen* Auskunftsmittel im Rahmen der alten Parteitradition weiter gereicht, und das Äußerste des Terrors wäre vermieden worden, der Cäsarenwahn erspart geblieben. Aber kaum mehr. Das Auseinanderklaffen von materiellem Fortschritt und sozialpolitischer Emanzipation, wie es Dostojewskis Legende vom Großinquisitor vorweggenommen hatte, war unvermeidlich. Die sprunghafte technisch-kulturelle Qualifizierung der Massen mußte erst die Voraussetzungen für sozialistische Produktionsverhältnisse schaffen.

Man darf nur nicht verkennen, daß dies eine Rechtfertigung jener Art ist, wie sie Marx auch der revolutionären Tätigkeit der Bourgeoisie zuteil werden ließ. Sie gilt einer antagonistischen Realität, in der »die höhere Entwicklung der Individualität nur durch einen historischen Prozeß erkauft wird, worin die Individuen geopfert werden« (MEW 26. 2/111). Und sie zwingt uns keineswegs dazu, den souveränen Zynismus aus Goethes Westöstlichem Diwan nachzubeten, der da lautet:

»Sollte diese Qual uns quälen,
da sie unsre Lust vermehrt?
Hat nicht Myriaden Seelen
Timurs Herrschaft aufgezehrt?«

Dies um so weniger, als natürlich die konkrete Form des industriellen Aufstiegs nicht fatalistisch interpretiert werden darf. Insbesondere mag man an der Größe der Folgen – wie immer man sie beurteilen mag –, die das Überleben Mao Tse-tungs für China hatte, die mögliche Modifikation abschätzen, die ein um wenige Jahre längeres Leben Lenins bewirkt haben könnte.

Die Stalin-Periode hat den Leninismus seiner humanistischen Perspektive beraubt, indem sie ihn, radikal praktizistisch, restlos an die aktuelle Praxis ausverkaufte und aus jeder sowjetischen Not eine allgemeingültige Tugend machte. Lenins Maßnahmen, die mit dem mörderischen Existenzkampf in einer belagerten Festung zusammenhingen, sollten keine irreversiblen Beschränkungen für die Lebens- und Entwicklungsfähigkeit der Partei in neuen, veränderten Situationen sein. *Indem sie alles festschrieb, was Lenin einmal durchgesetzt hatte* (wie das Fraktionsverbot, das die Bildung bloßer Parteiflügel unmöglich machte), *hat die Partei unter Stalin die Erstarrung der ersten, frühen strukturellen Anpassungsform an eine außerordentliche Situation organisiert.* Wie in der biologischen Evolution können derartige Gewaltakte auch in der historischen den betroffenen Organismus in eine Sackgasse führen.

Wenn man den Gedanken an die Kontingenz eines besseren Weges nicht völlig dahingestellt sein lassen will, so gibt es nur hier einen Anknüpfungspunkt für das nachträgliche Reflektieren. Ist ein anderes als das Stalinsche Verfahren denkbar, den absolut notwendigen Parteikonsensus für eine einzige, aber günstigere Praxis der protosozialistischen Industrialisierung durchzusetzen? Lenin hatte für den Fall eines Bruches im

Politbüro über dem Gegensatz Stalin–Trotzki den Untergang der Sowjetmacht vorausgesagt. Da es zu diesem Bruch kam, war nach der Logik der Leninschen Prophezeiung die politische Vernichtung einer der beiden Fraktionen die Bedingung des Überlebens. Hätte es unter der Fortdauer der Leninschen Autorität – *bei einem höheren Niveau der theoretischen Arbeit!* – gelingen können, die Einheit der Partei, d. h. vor allem der Parteiführung in der politisch-administrativen Praxis bei wirklicher Diskussion der jeweiligen Alternativen zu sichern? Denn nur unter dieser Voraussetzung konnte der Parteikern unter dem auf dem X. Parteitag angelegten Panzer genügend lebendig bleiben, um sich später zur rechten Zeit und mit vollem Bewußtsein seiner wieder zu entledigen. In der Konzeption Lenins war der bevorstehende Weg die *Vermittlung* zu dem wenn auch fernen sozialistischen Ziel. *Dieses Bewußtsein* sollte im Parteikern überleben und an die nächste Generation weitergegeben werden. Indem Stalin lange vor der Zeit die sozialistische Verfassung ausrief, während er die Alte Garde erschießen ließ, konstatierte er und vollendete zugleich die Zerstörung dieses Bewußtseins. Von nun an war – die unmittelbare Bewegung alles, das Ziel nichts, jedenfalls in der Alltagspraxis der Partei- und Staatsmaschine. Wenn das kommunistische Ideal – wie sich dann besonders im Kriege zeigte – dennoch kryptisch überlebte, so daß es in den fünfziger Jahren in der Gestalt eines nahezu religiösen Heimwehs nach Lenin hervorbrechen konnte, war das vor allem eine intraindividuelle Realität, eine gesellschaftliche Tatsache ohne gesellschaftliche Form, ohne organisierte Manifestation.
An sich ist die Frage nach einer vergangenen Möglichkeit immer spekulativ und nicht zu beantworten. Sie lohnt sich in diesem Falle dennoch *als Frage,* weil es heute um eine Lebens- und Entwicklungsform der Partei jenseits der stalinistischen Erstarrung geht. Die nachstalinsche Partei hat sich der neuen Lage immer nur äußerlich angepaßt. Lenin hatte drei Phasen des Kommunismus im Auge: die Diktatur des Proletariats (bis

zur Errichtung der Grundlagen des Sozialismus), den Sozialismus und den Kommunismus. Man kann die Kritik am gegenwärtigen Zustand des sowjetischen Staatswesens einfach auf den Nenner bringen, daß es noch nicht einen einzigen wesentlichen Schritt über die Strukturen hinausgelangt ist, die unter den sehr spezifischen Bedingungen der zwanziger Jahre für die erste der drei genannten Phasen geschaffen wurden. Gerade in dieser erstarrten Kontinuität kann die Sowjetunion schwerlich auch nur die Grundlagen des Sozialismus vollenden, schon weil das keine rein technische Aufgabe ist. Die sowjetische Gesellschaft braucht eine erneuerte kommunistische Partei, unter deren Führung sie die in den Jahrzehnten des Industrialisierungsdespotismus erarbeiteten Produktivkräfte für den Aufbruch zu neuen Ufern, in den eigentlichen Sozialismus ausnutzen kann. Wenn sich eine hypothetische Alternative zu Stalin ironischerweise auf einen anderen Personenkult um einen überlebenden Lenin verwiesen sieht, so kann sich eine Alternative zur heutigen Parteipolitik auf einen mächtigen Block progressiver Kräfte und Interessen der industrialisierten protosozialistischen Gesellschaft stützen. Die objektive Basis und der subjektive Faktor für eine neue Politik – beides ist *massenhaft* vorhanden. Und die adäquate geistige und politische Organisation dieser subjektiven Kräfte ist die Aufgabe, an der sich die Partei erneuern muß.

1972-1973

II. Teil

Die Anatomie des real existierenden Sozialismus

4

Resümee der Voraussetzungen

Ehe man eine systematische Darstellung versucht, muß man, um die Voraussetzungen gedrängt vor Augen zu haben, die Hauptgedanken der bisherigen Überlegungen resümieren.

Marx und Engels waren bekanntlich überzeugt, daß bereits der Kapitalismus der freien Konkurrenz im wesentlichen die Produktivkräfte hervorgebracht hatte bzw. hervorbringen würde, in denen die materiellen Bedingungen für die allgemeine Emanzipation, für die freie Entwicklung aller Individuen beschlossen liegen. Nach der Enteignung der Ausbeuter, so rechneten sie, würden die entfesselten Triebkräfte einer von allen bisherigen Antagonismen befreiten Gesellschaft in kurzer Frist dafür sorgen, daß die Springquellen des gemeinsamen Reichtums voll genug fließen, um die kommunistische Organisation auch in den Verteilungsverhältnissen zu vollenden und jedes staatliche Reglement überflüssig zu machen. Wie sehr sie die Reife der Produktivkräfte überschätzten, wird allein durch die Tatsache bestätigt, daß auf dem Boden dieser antagonistischen Formation noch hundert weitere Jahre raschen industriellen Fortschritts folgten und in den letzten Jahrzehnten eine zweite, nunmehr wissenschaftlich-industrielle Revolution ihren Ausgang nimmt.

Die Abrüstung würde wahrscheinlich *jetzt* die *reichsten* kapitalistischen Länder in die Lage versetzen, von der Arbeitsproduktivität her die elementaren Bedingungen der freien Individualität für alle zu gewährleisten, aber auch *nur in ihren eigenen Grenzen.* Und darin zeigt sich der andere, noch schwerer wiegende Aspekt, der dazu zwingt, von der Unreife der Produktivkräfte im XIX. Jahrhundert zu sprechen: Der industrielle Fortschritt ließ die überwältigende Mehrheit der Weltbevölkerung aus. Gegenwärtig könnte das Problem darin bestehen, daß der Industrialismus, global gesehen, so disproportional entwickelt ist. Hat er nicht in einigen Regionen bereits das zuträgliche Maß überschritten und den kapitalismustypischen Parasitismus an der Natur zu einer akuten Krise des Stoffwechsels mit ihr gesteigert? Und arbeitet er nicht, von seinem inneren, antagonistischen Reproduktionsmechanismus bestimmt, erst recht und immer schärfer das Elend der übrigen Welt heraus? Das katastrophale Gefälle der Produktivität und des Lebensstandards garantiert ja auch dafür, daß die historisch privilegierten Nationen nicht abrüsten werden, also gleichfalls an der – ohnehin lokal beschränkten, daher nicht wirklich – allgemeinen Emanzipation gehindert sind.
Die durch Abrüstung frei werdenden Mittel würden außerdem zunächst bloß eine Summe toten Kapitals ergeben, solange die Gesellschaft ihnen nicht strukturell verändert gegenüberträte. Nehmen wir an, die notwendige Quantität der produzierten Güter stünde zur Verfügung! Rechnen wir weiterhin mit der Überwindung der kapitalistischen Produktionsweise. Dann würde erst mit letzter Deutlichkeit hervortreten, daß die Chancengleichheit in den *Verteilungs*verhältnissen der materiellen Güter und Bildungsmöglichkeiten kein hinreichender Hebel ist, um massenhaft freie Individuen zu erzeugen. *Denn die soziale Ungleichheit ist in der Teilung der Arbeit, in den Strukturen der Technologie und Kooperation selbst verankert.* Es waren in der ganzen bisherigen Weltgeschichte immer nur die Träger der allgemeinen Arbeit, d. h. die privile-

gierten Planer und Politiker, Denker, Wissenschaftler und Künstler, frei – weil das reflektierte Selbstbewußtsein, das subjektiv für die Freiheit entscheidend ist, nur im Bezug auf die Totalität der menschlichen Objekte erlangt wird.
Die Herrschaft der vergangenen, vergegenständlichten Arbeit über die lebendige durchdringt den ganzen ungeheuren Produktionsapparat, die Infrastrukturen, den bürokratischen Überbau und die Ideologieproduktion. Es liegt sogar eine gewisse Hoffnung darin, daß die Inhaber der Verfügungsgewalt selbst heute immer weniger zu dem Erlebnis gelangen, daß sich unter ihrem Einfluß etwas zum Kosmos rundet. Unsere maßgebenden Ökonomen sind alle marxistisch gebildet, aber wenn sie z. B. das Gesetz der Ökonomie der Zeit zitieren, denken sie kaum je wie Marx an das Kriterium des allseitig entwickelten Menschen, sondern meist nur an die Auslastung der Arbeitskraft und der Maschinerie, an Produktivität nach Maßgabe des Wertgesetzes. In dem bürokratisch-informationellen Überbau des modernen Produktionsapparates scheint die Trennung von geistiger und körperlicher Arbeit, genauer von planender bzw. kommandierender und ausführender Arbeit massiver als jemals zuvor verankert. Jene Trennung, die der chinesische Philosoph Meng-dse vor nahezu zweieinhalb Jahrtausenden als »universal anerkanntes Prinzip« beschrieb: »Einige arbeiten mit dem Geist und einige mit den Körperkräften. Diejenigen, die mit dem Geiste arbeiten, beherrschen andere, und diejenigen, welche mit ihrer Kraft arbeiten, werden von anderen beherrscht. Die, welche beherrscht werden, tragen andere, und die, welche herrschen, werden von anderen getragen«. Dadurch, daß die »Trage-Arbeit« jetzt schon eine Vielzahl intellektueller Teiloperationen einschließt, wird das universale Prinzip zwar unterhöhlt, aber noch nicht ohne weiteres gebrochen.
Selbst die reichsten Völker haben also, auch wenn sie morgen die kapitalistischen Eierschalen abwerfen, noch einen langen Weg vor sich, um ihren technischen und sozialen Apparat von

innen her, d. h. durch sein Detail hindurch, unter Kontrolle zu nehmen, die Regelungs- und Verwaltungsfunktionen nach und nach ihres immanenten Herrschaftscharakters zu entkleiden. (Die ahnungsvolle Antizipation dieses Ziels gehörte zu den wesentlichsten Inspirationen der französischen Mai-Revolution von 1968. Es versteht sich übrigens, daß der Marxismus in der Motivation dieser Bewegung keine so große Rolle gespielt hätte, wenn Marx das Problem dieser Umarbeitung nicht bewußt gewesen wäre.)

Jedenfalls setzt der Kommunismus reifen Industrialismus voraus. Über die Reife freilich wird nicht allein nach technischen Kriterien, sondern in sozialen Bewegungen entschieden. Insofern muß sogar die Kritik an der Marx-Engelsschen Überschätzung der Produktivkräfte noch relativiert werden. Bei der gegenwärtigen Struktur der industriellen Gesellschaften (beider Formation) werden die Produktivkräfte trotz und wegen ihrer technischen Dynamik niemals reif. Dennoch stehen auch heute noch diejenigen Länder, die zuerst den industriekapitalistischen Weg gingen, materiell dem Sozialismus am nächsten. Nirgends ist die *Einleitung* der Transformation dringender als dort. Aber sie ist auch nirgends schwerer. Und weder die weniger entwickelten noch die unterentwickelten Völker können es sich leisten, darauf zu warten.

Lenin war der erste Marxist, der in dem Erwachen Asiens – als Antwort auf die Zerstörung seiner überkommenen Sozialstruktur durch den modernen Imperialismus – die Perspektive erkannte, daß die Volksmassen der kolonialen und halbkolonialen Länder nicht in der Rolle als passive Objekte der doppelten Ausbeutung und absoluten Verelendung verharren würden. Die russische Revolution zeigte, daß diese Völker durch politisch-militärische Befreiungskämpfe und -revolutionen allein ihrer Paria-Rolle nicht entgehen können. Die eigentliche Aufgabe dieser Revolutionen ist die Neuformierung der vorkapitalistischen Vöker für ihren eigenen Weg der Industrialisierung, der nichtkapitalistisch, d. h. *formatio-*

nell von dem europäischen verschieden sein wird. Während Lenin nicht die Zeit blieb, alle Konsequenzen dieser Entwicklung zu verallgemeinern, sprach er doch sehr deutlich aus, daß die Industrialisierung der Sowjetunion bis zum Einholen der entwickelten kapitalistischen Länder erst die *Voraussetzungen* des Sozialismus schaffen würde. Er hatte nur die mehr revolutionäre als geschichtsmaterialistische Hoffnung, die politische Struktur des Landes, den Charakter der Herrschaftsverhältnisse grundsätzlich, wenn auch nicht ohne zeitweilige Kompromisse und Rückzüge, auf dem Niveau der Antizipation von 1917 halten zu können.

Während die sozialistische Illusion der russischen Revolution historisch erklärlich ist und im höchsten Sinne notwendig war, kann es andererseits nicht mit der marxistischen Denkweise in Einklang gebracht werden, manifeste sozialistische Verhältnisse auf der Grundlage wesentlich schwächerer Produktivität für möglich zu halten, als sie der konkurrierende Kapitalismus bereits hervorgebracht hat. Ich will nicht behaupten, daß der Prozeß der Industrialisierung unter allen Umständen antagonistischen Charakter tragen muß. Aber wenn ihr Tempo eine Frage des Überlebens in der überlegenen imperialistischen Umwelt ist, wenn das nichtkapitalistische Land, anders als China heute, ohne Rückendeckung um seine Autonomie kämpfen muß, gibt es wohl kaum auch nur die Chance, dem zu entgehen. Während sich die Geschichte der Sowjetunion, ebenso Volkschinas, wie überhaupt unsere ganze Gesellschaftsstruktur mit den für sie typischen Krisen und Kollisionen, nicht erklären läßt, solange man sie unter der Voraussetzung des Sozialismus untersucht – ob nun apologetisch oder um zu denunzieren –, lösen sich die Rätsel, wenn man über die Konsequenzen einer Industrialisierung auf nichtkapitalistischem Wege nachdenkt, so leer dieser Terminus auch zuerst anmutet. Länder wie die DDR und die ČSSR müssen dabei – vorerst – hintangesetzt werden, weil die politischen Formen, die sich auf einer anderen Basis entwickelt haben, hier auf ausgesprochen fremdem Terrain angewandt werden, obgleich sie oberflächlich an preußische (mehr als an habsburgische) Traditionen erinnern.

Der Terminus »nichtkapitalistisch« deckt Entwicklungen, die je nach dem traditionellen Milieu, das umzuarbeiten ist, sehr verschiedene Erscheinungsformen zeigen. Andererseits weist der Begriff in seiner Einzahl auf die gemeinsame Grundtendenz hin, die allen diesen Entwicklungen durch die auslösende Herausforderung diktiert wird. Gerade in seiner Negativität bringt er zum Ausdruck, daß es nach wie vor der europäisch-amerikanische, nun auch der japanische *kapitalistische* Industrialismus ist, der der übrigen Welt die Probleme stellt, auch wenn sich das Kräfteverhältnis allmählich gegen ihn kehrt. Die staatliche Repression in den Ländern des real existierenden Sozialismus ist letztlich die Funktion ihrer industriellen Unterentwicklung, genauer: der Aufgabe, diese Unterentwicklung aktiv, durch eine »anorganische« Umstrukturierung (die russische Bauernschaft z. B., anfangs die zahlreichste Klasse der revolutionierten Sowjetunion, hatte einfach keine organische sozialökonomische Neigung zur Kollektivierung) unter Wahrung der nationalen Identität zu überwinden. Dem Druck der materiell überlegenen Zivilisation kann ein Minderheitsregime, das sich eine solche Aufgabe stellt, nicht anders als durch einen nach innen und außen bewehrten »eisernen Vorhang« und durch umfassende Reglementierung gegen jede »Spontaneität« begegnen.

Die industrielle Zivilisation, die das europäische Leben in den letzten zwei Jahrhunderten bis zur Unkenntlichkeit verändert hat, läßt den Völkern keine Alternative: ob sie in ihrer eigenen Evolution schon an die Schwelle des Kapitalismus und der Industrialisierung gelangt waren oder ob sie durch Epochen von ihr entfernt angetroffen wurden – sie müssen durch diesen Schmelztiegel hindurch. Wenn sich die Zukurzgekommenen früherer Zeitalter auf der Suche nach einer menschenwürdigen Lebensweise wieder und wieder der Vergangenheit zuwandten, dem verlorenen Paradies, so ist ähnlichen Illusionen heute ein schnelles, bitteres Ende gewiß. Die »Garantien der Harmonie und Freiheit« können, wenn sie existieren, nur jenseits des Industrialismus, und das heißt natürlich auf der von ihm geschaffenen, sozial bewältigten materiellen Basis, erreicht werden. Und nur diejenigen Nationen, die aus ihrer Geschichte und aus der Größe der Herausforderung die Fähigkeit gewinnen, sich selbst für den Gewaltmarsch in die moderne Ära zu organisieren, haben Aussicht, ihre Identität zu behaupten und den Schatz ihrer kulturellen Tradition in die eine Menschheitskultur einzubringen, die jetzt im Entstehen begriffen ist. Denn ihr überkommenes Leben wird nicht nur durch die direkte Aggression der reichen Länder, sondern durch die Gesamtwirkung ihrer technisch-wissenschaftlichen Zivilisation unbarmherzig gesprengt. Selbst die wirklichen »Segnungen der abendländischen Kultur«, zum Beispiel die Errungenschaften der Hygiene und Medizin, vermehren in den agrarischen Ländern mit ihrem spezifischen Bevölkerungsgesetz zuvörderst den Umfang des Elends, verlängern die Qual des Entwicklungsweges, vertiefen die Gefühle der Verzweiflung.

Um zu begreifen, was seit 1917 gerade in den vitalsten Ländern ursprünglich nicht der »Dritten«, sondern eigentlich der einen vorkapitalistischen Zweiten Welt vorgeht, müssen wir in erster Linie die durch die Weltgeschichte bestätigte zivilisatorische Rolle des Staates verstehen. Marx und Engels hatten sie keineswegs verkannt, aber die Konzentration auf die Auseinandersetzung mit den bürgerlichen Zuständen hat die europäische Arbeiterbewegung auf einen zu spezifischen Begriff des Staates gebracht, der nur seine Herrschaftsfunktion, seine Beziehung zu den Sonderinteressen der ökonomisch herrschenden Klassen ins Blickfeld rückt. In der Geschichte ist diese Funktion, tektonisch gesehen, sekundär. Primär ist der Staat *die* Institution zur Zivilisierung, zur ursprünglichen Formierung der verschiedenen Gesellschaftskörper gewesen. Er

entsteht mit den frühesten Klassengegensätzen, aber er ist nicht bloß deren Ableitung, deren Produkt. Natürlich ist das objektive Allgemeininteresse, dessen Instrument er war, von vornherein durch die Sonderinteressen seiner tragenden Minderheit gebrochen worden. Aber dieser Antagonismus wurde nur dann akut, wenn die Herrschenden ihre allgemeinen Funktionen in ihren besonderen Interessen untergehen ließen und so die Rebellion der Unterdrückten provozierten. Wie weit das Gesamtverhältnis dennoch gerechtfertigt war, läßt sich gerade an dem historischen Abstand ermessen, der heute zwischen den ausgebeuteten Industriearbeitern und Ingenieuren der reichen Länder und – sagen wir – den Gemeinfreien lateinamerikanischer Indianerstämme liegt.
Die antietatistische, antiautoritäre Ideologie vieler Linksintellektuellen im Westen hat – obwohl sie meistens zu unaufgeklärt ist – ihr historisches Recht in den bereits industrialisierten Ländern, in denen die materiellen Bedingungen für das Absterben des Staates heranreifen. Aber diejenigen Völker, die sich gerade erst für die Industrialisierung formieren, können nicht auf dieses Instrument verzichten, und ihr Staat kann, ja darf zunächst gar nicht anders als bürokratisch sein.
Der Staat als Zuchtmeister der Gesellschaft für ihre technische und soziale Modernisierung – dieses grundlegende Muster können wir seit 1917 wiederfinden, wo immer sich vorkapitalistische Länder bzw. ihre maßgebenden Minderheiten für den aktiven Aufbruch ins XX. Jahrhundert formierten. Daß unter diesem Gesichtspunkt die Sowjetunion identisch ist nicht nur mit China, sondern auch mit Burma, Algerien oder Guinea, nicht nur mit Guinea, sondern neuerdings auch mit Peru oder Zaïre, nicht nur mit Zaïre, sondern selbst mit Persien, wo der vorantike Schah seine »weiße Revolution« veranstaltet – unterstreicht nur den fundamentalen Stellenwert des Staates in dem gemeinten Kontext. Und es läßt vor allem darauf schließen, daß die Ursache, die in den verschiedensten historischen Milieus eine solche Gemeinsamkeit er-

zeugt hat, zwar gewiß einen mehr oder weniger günstigen nationalen Nährboden vorfinden mußte, aber in letzter Instanz nicht immanenter, sondern externer Natur ist. Ähnlich wie die fortgeschrittenen Zivilisationen der Alten Welt – Babylonier, Ägypter, Chinesen, Römer – die barbarischen Stämme an ihren Grenzen in Gärung versetzten, in ihre Krisen hineinrissen und zur Staatwerdung zwangen, hat der moderne Kapitalismus und Imperialismus nun die Keime der Auflösung in die stagnierenden Herde der früheren Zivilisationen hineingetragen, ihr soziales Gleichgewicht zerstört und ihre Neuformierung provoziert. Es war der internationale Imperialismus, der den Boden unter den Thronen der Romanows und der Mandschu schwanken machte, der Asien, Afrika und Lateinamerika gegen sich zur Erhebung brachte.

Rußland hatte das Glück – es war zugleich die Ursache der langanhaltenden Selbsttäuschung über den Charakter der Revolution –, daß immerhin eine Klasse der nachrevolutionären Gesellschaft bereits auf dem Boden des modernen Industrialismus stand, wenn es auch größtenteils der des XIX. Jahrhunderts war: Textilfabriken, Waffen, Eisenbahnen, Bergbau und Metallurgie. Die kleine Arbeiterklasse war der Motor der Revolution und das Unterpfand der industriellen Möglichkeiten. In den ganz und gar vorkapitalistischen Ländern weist die traditionelle Sozialstruktur, die traditionelle Konstellation der ökonomischen Interessen nicht eine einzige Klasse oder Gruppe auf, die die Hegemonie in einer Umgestaltung übernehmen könnte. Stammes-, Kasten- und verwandtschaftliche Verhältnisse sorgen im Verein mit den politischen Überlieferungen für eine übermächtige Tendenz zur Korrumpierung jeder fortschrittlichen Richtung. Die in den alten Verhältnissen verwurzelten Autoritäten sind völlig ungeeignet für Initiativen, die zur Vernichtung dieser Verwurzelung führen müßten. Eine Bürokratie, deren Mitglieder vornehmlich durch die Macht über den Umgestaltungsprozeß selbst korrumpierbar sind, sei sie ziviler, sei sie militärischer Natur, ist hier die einzige Alternative. Die Disziplin der Befehlsausführung, die nur mit einem Despotismus irgendwelcher Art effektiv durchgesetzt werden kann, garantiert am ehesten, daß sich in den Handlungen der einzelnen Beamten, die persönlich mit tausend Fäden in den alten Strukturen verwurzelt sind, die progressiven Interessen durchsetzen. Parteikerne, wie sie Lenin und Mao Tse-tung für ihre künftigen Bürokratien zu schmieden verstanden, sind bisher immer noch unerreichte Vorbilder gerade einer nicht nur im Terror verwurzelten Disziplin, die außerordentliche Früchte zeitigte.

Der Einfluß des Industriekapitalismus war es auch, der die Entstehung einer sozialen Rekrutierungsbasis für diese notwendigen Staatsapparate förderte oder bereits vorhandenen Gruppierungen ihre moderne Bedeutung gab. In der Regel hält die Kombination des Imperialismus mit den zu Kompradoren werdenden einheimischen Handels- und Wucherkapitalisten die Entfaltung einer nationalen Industriebourgeoisie so lange auf, daß sie in der Stunde der politischen Umgestaltung, die die ökonomische einleitet, nicht konsolidiert genug ist, um zur repräsentativen hegemonialen Klasse zu werden. Wo die Bourgeoisie doch ihren Einfluß maßgeblich zur Geltung bringen kann, wie z. B. in Indien, bezahlt die Nation mit der Verlangsamung der Industrialisierung und überhaupt der notwendigen Neuformierung. Im typischen Fall ist es eine ganz andere soziale Gruppierung, die sich aus den Ober- und Mittelschichten der alten Gesellschaft allmählich herauslöst, in den industrialisierten Ländern in die Lehre geht, die Agitation für Befreiung und nationale Erneuerung aufnimmt, politisch, ideologisch und militärisch an die Spitze des Befreiungskampfes tritt und schließlich, in veränderter und erweiterter Zusammensetzung, die Staatsmaschine für die »Entwicklung« schafft und ihre Kader stellt: eine nationale und, bei durch Zuspitzung der Krise in ihren Lebensverhältnissen genügend mobilisierten Massen, sozialrevolutionäre »Intelligentsia«.

Ihre Basis ist nicht eine spezifische sozialökonomische Machtstellung – in die sie erst im Prozeß der nachrevolutionären Umgestaltungen hineinwächst –, sondern der Konsensus der Volksmassen, die nicht mehr weiterleben können wie bisher und deshalb auf eine Führung warten. Gerade im Idealfall der Befreiungsrevolution – wenn es nämlich gelingt, die alten Mächte wirksam auszumanövrieren und den Notwendigkeiten der Entwicklung der Produktivkräfte unterzuordnen – ist im Verhältnis der aufgewühlten Massen zu dieser als politisch-militärische Führerschaft organisierten Gruppierung die Grundstruktur der Gesellschaft auf dem nichtkapitalistischen Wege vorweggenommen. Die Intelligentsia wird als bürokratische Beamtenschaft der hoffentlich effektive Vormund und Antreiber der arbeitenden Massen sein, die auf dem langen, beschwerlichen und entbehrungsreichen Weg zu einer eigenen industriellen Basis für ihre Lebenszeit wenig zu erhoffen haben und dies alsbald begreifen werden. Dann sind die Antagonismen, die »Widersprüche im Volke«, an denen sich die umgeschmolzene Gesellschaft abarbeitet, perfekt.

Trägt man alles bisher zu diesem Thema Gesagte zusammen, so lassen sich folgende historische Wurzeln für die Unterwerfung der Sowjetgesellschaft unter eine bürokratische Staatsmaschine angeben:

1. Der Druck der durch die militärische Interventions- und Einkreisungspolitik unterstrichenen technologischen Überlegenheit der imperialistischen Länder. Dies ist der Faktor, der tatsächlich von außen *deformierend* auf die Entwicklung des politischen Überbaus eingewirkt hat und die tiefste Verursachung für die *Exzesse* des stalinistischen Terrors darstellt. Die ständige äußere Bedrohung hat den Druck potenziert, der ohnehin auf dem Prozeß der politischen Selbstverständigung innerhalb der herrschenden Partei lastete und die spezifische Festungsneurose erzeugt, in der man Freund und Feind nicht mehr unterscheiden konnte.

2. Die halbasiatische Vergangenheit Rußlands

– mit der ererbten Zersplitterung der agrarischen Basis,
– mit der äußerst heterogenen nationalen Zusammensetzung des kolonialistischen Vielvölkerstaates,
– mit den bis auf den Despotismus Batu-Khans zurückverfolgbaren politischen Traditionen der zaristischen Selbstherrschaft und
– mit der zum großen Teil noch im primären Patriarchalismus befangenen Psychologie der Massen.

Antonio Gramsci hat den Begriff der Revolution-Restauration geprägt, um auszudrücken, daß es nach dem politischen Sprung stets zu einem Ausgleich mit der Vergangenheit kommen muß, weil die neuen sozialen Mächte nie sofort die Totalität der ökonomischen Verhältnisse und der sie tragenden Produktivkräfte umfassen und so gerade um ihrer Hegemonie willen zum Kompromiß gezwungen sind. Im neuen Rußland war das Kräfteverhältnis besonders ungünstig. Die Vermeidung der politischen Restauration und die Verteidigung des Staates mußten mit bedeutenden Zugeständnissen an die alte Lebensweise und Ideologie erkauft werden. Das Volk – einschließlich der weitgehend neu rekrutierten Arbeiterklasse – wartete auf seine Natschalniki.

3. Die Umbruchsituation selbst. Anfang und Ende auch der ob ihrer pluralistischen ökonomischen Machtstrukturen gerühmten Formationen standen im Zeichen übergreifender Staatsgewalt: das perikleische Athen steht zwischen Solon, Peisistratos und seinen Söhnen, Kleisthenes hier und Alexander dort, das republikanische Rom zwischen den Tarquiniern und dem Cäsarismus samt darauffolgendem Prinzipat und Dominat, der feudale Partikularismus zwischen Karl dem Großen und Ludwig dem XIV., der Kapitalismus der freien Konkurrenz zwischen den Militärdiktaturen Cromwells und Bonapartes und dem staatsmonopolistischen Regime der Gegenwart. Über die Methoden der »ursprünglichen Akkumulation« des Kapitals – ausgerechnet des Kapitals! – sagt Marx: »Alle aber benutzten die Staatsmacht, die konzentrierte und

organisierte Gewalt der Gesellschaft, um den Verwandlungsprozeß der feudalen in die kapitalistische Produktionsweise treibhausmäßig zu fördern und die Übergänge abzukürzen. Die Gewalt ist der Geburtshelfer jeder alten Gesellschaft, die mit einer neuen schwanger geht.« (Dieser Satz wird gewöhnlich im Bezug auf die politische Revolution zitiert). »Sie selbst ist eine ökonomische Potenz« (MEW 23/779). In den ersten Jahren der Sowjetmacht haben die Bolschewiki, voran Preobrashenski, freimütig über die Konsequenzen der »ursprünglichen Akkumulation« moderner Produktivkräfte in Rußland diskutiert . . . Und damit kommen wir zu der vierten, entscheidenden Wurzel für die Präzeptorenrolle der Staatsmacht in der Sowjetunion, deren richtiges Verständnis von höchster Bedeutung für eine realistische Perspektive weiterer Umgestaltungen ist.

4. Die Produktivkräfte, die unter dem Druck der kapitalistischen Umwelt akkumuliert werden mußten, um die Voraussetzungen des Sozialismus zu schaffen, tragen in sich selbst einen antagonistischen Charakter. Wenn – wie Marx feststellt – die Arbeitsmittel »Anzeiger der gesellschaftlichen Verhältnisse« sind, »worin gearbeitet wird« (»Nicht was gemacht wird, sondern wie, mit welchen Arbeitsmitteln gemacht wird, unterscheidet die ökonomischen Epochen« – MEW 23/194), wie können wir dann auf unseren Taylorismus, auf unsere größtenteils im »Kapital« charakterisierte Maschinerie den Kommunismus gründen?! Gegen eine derartige Agitation – längst mehr Heuchelei als geglaubte Illusion – hat selbst ein Mann wie Rostow recht. Ob man die Rolle, die der Stand der Produktivkräfte spielt, verabsolutiert oder nicht – jedenfalls lassen sie sich nicht überspielen. Die Losung, daß die Arbeit eine Sache des Ruhms und der Ehre ist, verdeckt ebensowenig wie das Arbeitsethos des Protestantismus die grundlegende Tatsache, daß die industrielle Arbeit, wie sie bis heute vorherrscht, Zwangscharakter trägt. Das setzt jene Losung in Wirklichkeit gerade voraus. Der Sowjetstaat hat über sein

keineswegs von Marx übernommenes Leistungsprinzip die zweieinige Hauptfunktion der Arbeitsdisziplinierung und des Kampfes gegen das Gleichheitsstreben der Massen erfüllt. Das war die Bedingung des ökonomischen Aufstiegs unter den aus der russischen Vergangenheit überlieferten Umständen.

Positiv bestand der Kern der staatlichen Wirtschaftspolitik in der rigorosen Zentralisierung des gesamten Mehrprodukts der Arbeiter und dann vor allem auch der Bauern; ging es doch darum, auf der schmaleren Basis mehr zu akkumulieren, als die Kapitalisten, die man ja einholen wollte! Das bedeutete von den werktätigen Massen her gesehen Lohnarbeit, Arbeit für die einfache Reproduktion ihrer physischen Produzentenexistenz, in nacktester Gestalt. Der Wettbewerb, die Stachanow-Bewegung konnten unter den gegebenen Voraussetzungen nur auf die Intensivierung der Arbeit, auf den schnelleren Umsatz der Lebensmittel, auf größere Differenzierung innerhalb der unmittelbaren Produzenten orientieren. Zugleich aber – und diese subjektive Seite der Industrialisierung ist die zukunftsträchtigste Errungenschaft jener Blut-und-Eisen-Epoche – mußte die Staatsmacht für die erweiterte Reproduktion nicht nur der Quantität, sondern der Qualität des Gesamtarbeiters sorgen: für eine technische Intelligenz, für eine pädagogische Intelligenz im Maßstab der großen Zahl. Alles in allem war der Sowjetstaat, mit der Partei als Kern, nicht der Stellvertreter einer mit ihrer eigenständigen Machtausübung überforderten Arbeiterklasse, sondern der außerordentliche Stellvertreter (nicht natürlich Platzhalter!) einer Ausbeuterklasse.

Woraus erklärt sich aber *jetzt,* wo in der Sowjetunion die schwerste Arbeit getan ist, wo die materiellen Voraussetzungen des Sozialismus zumindest weit über dasjenige Mindestmaß hinaus gediehen sind, das Lenin einst für notwendig hielt, die hartnäckige Kontinuität des Stalinschen Überbaus?

Vor allem daraus, daß die Maßstäbe der Akkumulation für

den Sozialismus nicht systemimmanent gesetzt, sondern im sogenannten ökonomischen Wettbewerb mit dem Kapitalismus bestimmt werden. Sowohl die Quantität der Bedürfnisse, die von den westlichen Industrien erzeugt und befriedigt werden, als auch ihre insgesamt gesehen hochproblematische Qualität setzt sich in der sowjetischen Planung mehr oder weniger direkt, mehr oder weniger »gebrochen« als »Führungsgröße« durch.

Das Dilemma der sowjetischen Wirtschaftspolitik erinnert sehr an das Märchen vom Wettlauf des Hasen mit dem Igel, in dem der Igel die Spielregeln handhabt. Jedesmal wenn die Sowjetwirtschaft nach einer ihrer Anstrengungen aufatmen möchte, schallt es ihr am Ende der Furche entgegen: »Ich bin schon da!« Die ungeheure Last der Militärausgaben, die nur um den Preis eines ungleich größeren Anteils am Nationaleinkommen in Parität mit denen der NATO gehalten werden können, dürfte hier das ausschlaggebende Handicap sein. Der Rüstungswettlauf ist ja der wirkliche Grundtext des »ökonomischen Wettbewerbs«.

Die entscheidende Frage lautet, wie sich die Sowjetunion sozialökonomisch organisieren soll, um dem westlichen Staatsmonopolismus Paroli bieten zu können. Die modernen technischen Produktivkräfte sind für ein Land, das sie qualitativ gesehen nachschafft, kopiert, schwer ohne die soziale Organisationsform zu haben, in der sie originär auftreten. Die Theoretiker der Arbeiterbewegung von Engels über Plechanow und Kautsky bis zu Lenin und Bucharin waren ohnehin ausdrücklich der Ansicht, der Monopolkapitalismus damaliger Entwicklungsstufe habe gerade die Leitungs- und Organisationsformen der Vergesellschaftung hervorgebracht. Sie müßten nur noch aus den alten Produktionsverhältnissen befreit werden, um ihnen eine ganz neue soziale Funktion zu geben. Der sowjetische Staatsmonopolismus in der Wirtschaft stellt in vieler Beziehung das Konterfei der seinerzeit von den Koryphäen der II. Internationale linear verlängerten staats-

monopolistischen Tendenzen Westeuropas und speziell dann der deutschen Weltkriegswirtschaft dar.
Damals trat die kybernetische Tendenz der Produktivkräfte auch im Monopolkapitalismus noch wenig hervor. Da der real existierende Sozialismus im Zeichen der ursprünglichen Akkumulation nicht die Aufhebung des entwickelten Kapitalismus ist, vermochte er auch die über den Kapitalismus hinausgreifende Forderung, Formen »organismischer« Selbstregulation für den ökonomischen Gesamtprozeß zu finden, nicht zu erfüllen. Vielmehr mußte er unter diesen Umständen auf dem niedrigeren Niveau der mechanischen Steuerung mit der Konstruktion des allgemeinen Zusammenhangs beginnen, um nun daran zu arbeiten, diesen unorganischen Mechanismus durch die Implantation historisch entwickelterer Regulationen zu vervollkommnen. Heute besteht ein Teil des Problems darin, daß eine Regulierungsform, die im Westen nur als vorübergehende und zudem einigermaßen abnorme Phase figurierte, bei der Ungeformtheit der entstehenden Sowjetwirtschaft, die überdies erzwungenermaßen zeitlebens eine Art Kriegswirtschaft war, eine prägende Rolle spielen konnte. Der militärisch-industrielle Komplex in den USA findet in einem militärisch-bürokratischen Komplex in der Sowjetunion sein unfreiwilliges Pendant, das sich in seiner Verbindung mit den Sicherheitsorganen als ungeheurer Bremsklotz des innenpolitischen Fortschritts erweist.
Ursprünglich hatte man im Anschluß an Marx nicht nur die allgemeine Vereinfachung und Entrümpelung der Verwaltung durch die sozialistische Revolution, sondern ganz speziell deren radikale Entlastung durch den Wegfall des Hauptaufwands für die Zirkulationssphäre erhofft. Die Warenproduktion sollte ja wegfallen, und mit ihr das Geld. Die erste Entdeckung der nachrevolutionären Politischen Ökonomie in der Sowjetunion bestand aber in dieser Hinsicht darin, daß man das Geld zumindest in seiner informationellen Bedeutung, nämlich als *Rechengeld*, benötigen würde, um den volks-

wirtschaftlichen Gesamtprozeß planen, steuern und kontrollieren zu können. Am Ende mußte die gesamte »sozialistische« Ökonomik als eine der Warenproduktion anerkannt werden, und man sah sich gezwungen, sozusagen von oben das Wertgesetz wieder in Kraft zu setzen. Die letzte Phase dieses Prozesses, die gegenwärtig durchlaufen wird (nachdem in Jugoslawien sogar die zumindest formell korporativ-kapitalistische Konkurrenz wieder eingeführt wurde), bringt die Anerkennung des Marktes als Regulator der Bedürfnisbefriedigung durch die Produktion. Auch jene Länder, die sich – anders als DDR und ČSSR – wirklich auf dem nichtkapitalistischen Wege industrialisierten, waren auf die Kategorien angewiesen, in denen der kapitalistische Reproduktionsprozeß geronnen war! Unter deren spezifischer Form verbarg sich der informationelle Überbau des industriellen Reproduktionsprozesses überhaupt. Dies »Überhaupt« ist natürlich nicht metaphysisch, sondern historisch zu verstehen. Die Geldzirkulation, die auf dem Wertgesetz beruhende Kostenrechnung usw. stellen in ihrem allgemeinen Wesen die *historisch notwendige, weil bis heute entwickeltste* sekundäre Materialisierung des Informationsaustausches über die ökonomischen Bedürfnisse der Gesellschaft dar.

Es erweist sich aber als ungeheuer schwer, auf dem Wege solcher partiellen »kapitalistischen Restaurationen« über die Prämissen der Ökonomischen Despotie, über die weitgehende *Form*bestimmtheit der Sowjetgesellschaft und -wirtschaft durch »asiatische Restauration« hinauszukommen. Bis zum II. Weltkrieg und wahrscheinlich sogar bis zum Wiederaufbau wurde der starre Zentralismus, in dem sich ein schwerfälliger Verwaltungsschlendrian mehr schlecht als recht mit kühnen ökonomischen Initiativen der Partei- und Staatsspitze vertrug, der Basis offenbar noch weitgehend gerecht, wie die Ergebnisse beweisen. Es ging um extensive Entwicklung, und dabei spielte zum Beispiel das Gleichgewicht zwischen Kopplung nach unten und Rückkopplung nach oben, spielten die horizontalen Kopplungen noch nicht jene ausschlaggebende Rolle, die ihnen in intensiven, auf qualifizierte Bedürfnisbefriedigung gerichteten Volkswirtschaften zukommen. Gegenwärtig drohen dabei schon sinkende Zuwachsraten, von der Hemmung der qualitativen Faktoren und speziell der Arbeitsproduktivität ganz zu schweigen.

Das Verhältnis zwischen Volk und Führung ist institutionell dasselbe wie in den dreißiger Jahren, wo es trotz des Terrors progressiv funktionierte. Aber heute erweist es sich als zunehmend uneffektiv. Hier spielt nun die Trägheit der Institutionen eine verhängnisvolle Rolle, wie sie in den unmittelbaren Lebensinteressen der paar Millionen Menschen verankert ist, die den Stalinschen Apparat schufen bzw. von ihm geformt wurden, ihn bis ins letzte Kolchosdorf repräsentieren. Jedesmal, wenn sich die Widersprüche zuspitzen, neigen sie spontan zur Regression, zu schon nicht einmal mehr erfindungsreichen Variationen immer derselben »Maßnahmen«, Kampagnen und »Strukturveränderungen« in ihrem vergreisten Mechanismus. In seiner gegenwärtigen Gestalt bewegt sich das sowjetische Regierungssystem in einem Teufelskreis, der einerseits aus dem Dilemma des ökonomischen Wettbewerbs, andererseits aus dieser sozialpsychischen Regression der Partei-, Staats- und Wirtschaftsbürokratie besteht. Der Teufelskreis muß natürlich zuerst bei diesem zweiten Element durchbrochen werden. Die Partei, der Sowjetstaat können auf eine gewaltige ökonomische Leistung verweisen – die aber der Geschichte angehört. Die Partei wird ihr Erstgeburtsrecht verlieren, wenn sie nicht in der Lage ist, sich und den Staat gründlich, d. h. sozial statt bürokratisch zu erneuern.

Liegt nun die Lösung in einem sofortigen Abbau der Staatsmaschine schlechthin? Braucht die riesige Sowjetwirtschaft keinen Staatsplan, keine zentrale Verfügung der wichtigsten Investitionen für neue Werke, neue Technik, für die immer dringlichere Infrastruktur mehr? Hat das Staatsprinzip seine zivilisatorische Rolle ausgespielt? Hier darf man nichts vereinfachen. Im Spätkapitalismus bildet sich gerade aufgrund seiner hochentwickelten Produktivkräfte eine *staatliche* Superstruktur über dem ökonomischen Prozeß heraus. Die Monopole werden, ohne daß sich dadurch in ihren Interna gleich etwas ändern muß, *partikular,* weil sich *über ihnen* ein ökonomischer Zusammenhang herstellt, für den sie nicht weit genug sind. Der Staat ist unter diesen Umständen weit *mehr* als »der gemeinsame Ausschuß der Kapitalistenklasse«. Oder weshalb stellen sich nun auch die *kommunistischen* Parteien, wo sie so großen Einfluß besitzen wie in Frankreich und Italien, die Aufgabe, die Staatsmaschine zu erobern statt zu zerschlagen? Sie zu erobern gemeinsam mit den Sozialdemokraten, die sich diese Aufgabe schon 80 Jahre länger stellen? Obwohl der Staat noch immer auch als Instrument der Klassenunterdrükkung fungiert, kann sich die Gesellschaft die Zerschlagung seines *Apparats* nicht mehr leisten, ohne ihren Reproduktionsprozeß zu desorganisieren. Denn diese Maschine agiert als Organisator der dem Kapitalismus entwachsenden Produktivkräfte. Und als Herrschaft über Menschen kann der Staat nicht fallen, kann er nicht reduziert werden auf Verwaltung von Sachen ohne Überwindung der alten Arbeitsteilung. Die staatliche, abstrakt zentralistische Form, in der die Verwaltung von Sachen verlarvt ist, wird nur in dem Maße positiv überflüssig, wie von unten ein System gesellschaftlicher Selbstorganisation in dieses unorganische Gerüst hineinwächst. Auch der Staat muß *aufgehoben* werden. Aber das setzt voraus, daß er statt unter der bürokratischen Kontrolle eines verknöcherten Partei*apparats* unter der ideologischen Vormacht einer organisierten kommunistischen Bewegung arbeitet, die ihn entschieden daran hindert, den Aufbau dieser gesellschaftlichen Selbstverwaltung niederzuhalten.

Gegenwärtig ist der für die Leistungsfähigkeit der Sowjetgesellschaft in ihrer gegebenen Verfassung ganz entscheidende Staatsapparat das Tummelfeld einer soziologisch überalterten Schicht, unter deren Einfluß man dem weit flexibleren internationalen Management des kapitalistischen Staatsmonopolismus keine Alternative entgegensetzen kann. Bei der bestehenden Lage wird aus der gerühmten Koexistenz und der praktizierten Kooperation mit dem Westen nur immer wieder erneut die Rolle der zweiten Geige herauskommen. Und dann wird die Sowjetgesellschaft nie den Terror los, der ihre Produktivkräfte fesselt. Wie lange noch, um nur ein Beispiel zu nennen, will man es nötig haben, Zehntausende hochqualifizierte Menschen in der Zensur als Staatsparasiten zu beschäftigen und zu erniedrigen? Aller aufwendige Aufputz der tradierten Legitimität kann nicht darüber hinwegtäuschen, daß das Land eine Führungsautorität mit von grundauf erneuerter Legitimation braucht, die ihren Kurs in gesicherter demokratischer Kommunikation mit der Gesellschaft der Werktätigen bestimmt und wieder von der Idee einer neuen Zivilisation inspiriert wird. Die konkrete Ausarbeitung dieser Alternative hängt aber von einer genaueren Analyse unserer bestehenden Zusammenhänge ab. Für die neuen Herrschaftsverhältnisse haben Marx und Engels eben noch keine Prognose gehabt. Es ist an uns, ihnen auf den Grund zu gehen, ganz in dem Geiste des frühen Marxschen Vorhabens, die Verhältnisse dadurch zum Tanzen zu bringen, daß man ihnen ihre eigene Melodie vorspielt.

Um das allgemeine Wesen des real existierenden Sozialismus zu erfassen, ist nun im folgenden zu fragen,

- welche Konsequenzen die Planung und Leitung im gesamtgesellschaftlichen Maßstab unter den Bedingungen einer nichtkapitalistischen Industrialisierung hatte,
- welche Sozialstruktur sich unter den entsprechenden Reproduktionsbedingungen herausbilden mußte,
- was daraus für die unmittelbaren Produzenten folgt,
- wie eine Gesellschaft, in der die kapitalistischen Antriebs- und Disziplinierungsmechanismen fehlen, während die industrielle Arbeit ihren individuell unbefriedigenden Charakter bewahrt, ihre ökonomische Leistungsfähigkeit entwickeln kann und

– wie sich aufgrund aller dieser Umstände der politische Überbau, die Partei- und Staatsmaschine, gestalten mußte.

Gerade in ihrem kritischen Realismus wird diese Analyse vielleicht zunächst einen apologetischen Anschein erwecken: alle die charakteristischen Erscheinungsformen der Herrschaft, über die wir uns als naive Kommunisten zuerst hinweggetäuscht und dann empört haben, werden als praktisch unvermeidliche Konsequenzen eines bestimmten historischen Progresses dastehen. Man muß sich daran erinnern, daß Marx mit der Bourgeoisherrschaft ähnlich verfahren ist, indem er jegliche romantische und sentimentale Kapitalismuskritik verwarf. Die Deformationstheorien wurzeln alle in einer romantizistischen Verarbeitung der Geschichte: Wenn die Menschen, speziell die bolschewistischen Parteimenschen, nur intensiver gewollt und weiser gehandelt hätten, wäre statt des real existierenden Sozialismus der Sozialismus da, wäre er zumindest auf anderem, besserem Wege. Man muß keineswegs fatalistische Neigungen haben, um einer solchen Auskunft zu mißtrauen. Sie liefert keinen Schlüssel zur Geschichte und Gegenwart, also auch nicht zur Zukunft unseres Systems.

5

Gesamtgesellschaftliche Organisation auf der Basis der alten Arbeitsteilung

Solange die Arbeit alle oder fast alle Zeit der großen Mehrzahl der Gesellschaftsglieder in Anspruch nimmt, solange teilt sich die Gesellschaft notwendig in Klassen. Denn unter dieser Bedingung war Steigerung der Produktivkräfte, Ausdehnung des Verkehrs, Entwicklung von Staat und Recht, Begründung von Kunst und Wissenschaft nur möglich vermittelst einer gesteigerten Arbeitsteilung, die zu ihrer Grundlage haben mußte die große Arbeitsteilung zwischen den die einfache Handarbeit besorgenden Massen und den die Leitung der Arbeit, den Handel, die Staatsgeschäfte und späterhin die Beschäftigung mit Kunst und Wissenschaft betreibenden wenigen Bevorrechteten. Es mußte einfach eine besondre Klasse bestehn, die, von der wirklichen Arbeit befreit, diese gemeinsamen Geschäfte der Gesellschaft, für die die eigentlichen Produzenten keine Zeit hatten, besorgte; wobei sie denn nie verfehlte, den arbeitenden Massen zu ihrem eigenen Vorteil mehr und mehr Arbeitslast aufzubürden. Aber ursprünglich beruht alle politische Gewalt auf einer ökonomischen gesellschaftlichen Funktion. Das Gesetz der Arbeitsteilung ist es also, was der Klassenteilung zugrunde liegt. Aber das hindert nicht, daß die herrschende Klasse, einmal im Sattel, nie verfehlt hat, die gesellschaftliche Leitung umzuwandeln in Ausbeutung der Massen.

Der vorige Absatz, der nichts als eine Sequenz von Gedanken aus Engels' Anti-Dühring (MEW 20/168 ff. und 262 f.) enthält, spricht offensichtlich von der Grundlage der Klassenherrschaft schlechthin, nicht irgendeiner bestimmten. Schon in der Deutschen Ideologie hatten Marx und Engels geschrieben, daß »mit der Teilung der Arbeit die Möglichkeit, ja die Wirklichkeit gegeben ist, daß die geistige und materielle Tätigkeit – daß der Genuß und die Arbeit, Produktion und Konsumtion, verschiedenen Individuen zufallen, und die Möglichkeit, daß sie nicht in Widerspruch geraten«, – ich unterstreiche – *»nur darin liegt, daß die Teilung der Arbeit wieder aufgehoben wird«* (MEW 3/32).

Ist nun ist in der Sowjetunion, in den anderen Ländern des real existierenden Sozialismus die knechtende Unterordnung der Individuen unter die Teilung der Arbeit aufgehoben? Hat dieser Prozeß wenigstens begonnen? Oder gibt es einen riesigen *besonderen* Apparat, der die Funktionen der ökonomischen und politischen Leitung wahrnimmt? Gibt es die institutionalisierte *besondere* Existenz von Staat und Recht, von Wissenschaft und Kunst? Haben – und erst recht hatten – die wirklich arbeitenden Massen Zeit für Philosophie und Staatsgeschäfte? Haben diese werktätigen Massen ihren sozialen Status (statt bloß in bescheidenem Umfang ihren Lebensstandard) verbessert, oder ist es zu einer erneuten Konzentration von Privilegien verschiedenster Art am entgegengesetzten Pol der Gesellschaft gekommen? Es genügt, diese Fragen zu stellen, um zu konstatieren, daß unsere Völker den Horizont der Klassengesellschaft noch nicht überschritten haben. Jedoch verlaufen die Klassengrenzen, wie wir noch sehen werden, an einer ganz anderen Stelle, als die offizielle Theorie wahrhaben darf.

Allerdings ist die Klassenherrschaft bereits auf ihren elementarsten Ausgangspunkt *zurückgebracht,* auf dem sie sich nun jedoch hartnäckig verteidigt. Ich habe gezeigt, wie die Bolschewiki dazu kamen, ihren Partei-Staats-Apparat als Stellvertreter einer Ausbeuterklasse, als *Arbeitsherrn* der Sowjetgesellschaft zu etablieren. *Gesamtgesellschaftliche Organisation auf der Basis der alten Arbeitsteilung kann nur gesamtstaatliche Organisation, kann nur Vergesellschaftung in dieser entfremdeten Form sein,* zumal in den modernen Massengesellschaften mit ihrem hyperkomplexen Reproduktionsprozeß. Unter Marxisten heißt es eigentlich, Eulen nach Athen zu tragen, wenn man feststellt, daß reales gesellschaftliches Eigentum nicht unter der Herrschaft der alten Arbeitsteilung gedeihen kann. Wenn dennoch das Gegenteil verbreitet wird, so zu dem Zweck, dem »kleinen Mann« – die Russen sagen »Mann im Glied«, »rjadovoj čelovek« –, der es freilich nicht glaubt, weiszumachen, er sei der Herr und Eigentümer des allgemeinen Reichtums. Zweifellos ist in unserer Formation welthistorisch gesehen eine objektive Tendenz zur Überwindung der antagonistischen Struktur wirksam. Unsere Verhältnisse *könnten* ein *Prozeß* sein, in dem die Leitungsfunktionen ihren Klassencharakter verlieren. Aber dann müßten die führenden Elemente der Gesellschaft die ersten sein, die die neuesten Formen der ältesten Widersprüche aufdecken. Indem sie sie verbergen, bestätigen und befestigen sie sich in ihrer Eigenschaft als herrschende Schicht.

Der Reduktionsprozeß, den Marx mit Recht vollzog, um das *besondere* historische Wesen der kapitalistischen Warenproduktion herauszuarbeiten, kommt dem Bestreben entgegen, hinter der spezifischen Dialektik der kapitalistischen Produktionsweise die gemeinsamen Widersprüche *aller* antagonistischen Produktion zu verstecken. Da genügt es denn, heute die Bourgeoisie davonzujagen, um morgen in den hinterlassenen oder mit der unter dem Kapital »fortgeschrittensten Technik« neu erbauten Fabriken von aller Herrschaft, Ausbeutung, Entfremdung freie, der Individualität der Produzenten förderliche Arbeit zu leisten. Wenn dies nicht gleich zur vollen Zufriedenheit in Erscheinung tritt, so liegt es vor allem an den »ideologischen Überbleibseln des Kapitalismus im Bewußtsein unserer Menschen«. Die Maskerade ist so weit gelungen, daß sogar marxistische Kritiker unseres Systems die offenbare Irrealität der Emanzipation auf bloße »Deformationen« zurückführen, die mit allerdings verdächtiger Regelmäßigkeit vom neuen politischen Überbau ausgehen, dennoch aber nicht im sozialökonomischen Wesen der Verhältnisse liegen sollen.

Demgegenüber muß ich noch einmal die Verwurzelung der Entfremdung in der Arbeitsteilung selbst hervorheben. Sie bloß auf den Warenfetischismus zurückzuführen, ist auch realhistorisch falsch. Die abstrakte Arbeit, die im Warenwert *erscheint,* machte weltgeschichtlich nicht so sehr in den Tauschgeschäften am Rande primärer Gemeinwesen, sondern in der alten Ökonomischen Despotie das erste Mal Epoche. In ihren Steuern wie in ihrer Fron ist trotz der Naturalform, die der Bürokratie natürlich im Hinblick auf die Proportionalität nicht gleichgültig war, für den Staat bereits »Arbeit schlechthin« verkörpert. Letzten Endes nahm er stets auch den Ochsen für das Korn, das Tuch für die Stiefel. Eine heute für den Straßenbau ausgehobene Tausendschaft von Bauern konnte nach einer für die Betroffenen unabsehbaren Fügung morgen für etwas ganz anderes eingesetzt werden. Übrigens konstituierte sich wesentlich aus dem Überschuß dieser Despotien, nicht bloß aus den Erzeugnissen privater Kleinproduzenten, mindestens tausend Jahre vor den Griechen der erste konsistente Warenkosmos der Geschichte, der den mittelmeerisch-nahöstlichen Markt füllte. Überall dort, wo sich Arbeitsteilung und Kooperation auf großem Maßstab und also bereits unter Herrschaftsverhältnissen entfaltet haben, verhält sich die zusammenfassende Instanz verallgemeinernd zur Arbeit, läßt sie sich mehr oder weniger von der Kommensurabilität der Produkte und Tätigkeiten leiten, kennt sie »Arbeit

schlechthin«, fragt sie *quantitativ* nach ihr als der Basis der verselbständigten sozialen Macht.
Von da an schon gilt eben auch der Gedanke, »daß, solange also die Spaltung zwischen dem besonderen und gemeinsamen Interesse existiert, solange die Tätigkeit nicht freiwillig, sondern naturwüchsig geteilt ist, die eigne Tat des Menschen ihm zu einer fremden, gegenüberstehenden Macht wird, die ihn unterjocht, statt daß er sie beherrscht« (MEW 3/33). Dieses Fundament der Klassengesellschaft in der Arbeitsteilung liegt allen ihren späteren Formationen in dem Sinne zugrunde, daß es nach Abtragung der moderneren Überlagerungen noch einmal »rein« hervortreten kann, selbstverständlich nicht mehr in der alten, archaischen Gestalt. Gerade die russische Revolution ist geeignet, uns nachdrücklich zu belehren, daß die Zeit der Arbeitsteilung auch die Zeit der Herrschaft des Menschen über den Menschen ist, die sich in einer patriarchalischen Grundstruktur aller maßgebenden sozialen Verhältnisse äußert, von der alten Despotie des Orients bis zu dem rohen, despotischen Kommunismus der Armen, den der junge Marx als im Grunde bereits abgetane Möglichkeit apostrophiert hatte.
Man muß sich am Ursprung des Regierungsproblems klarmachen, worin die menschliche und historische Substanz der Fähigkeit besteht, den gesamtgesellschaftlichen Zusammenhang zu regeln. Wodurch hat schon der Stammesweise in der Schlußphase der Urgesellschaft, wodurch haben die frühen Priester und Propheten Macht über ihr Volk erlangt? Sie monopolisierten allmählich die Handhabung, Auslegung und Rationalisierung der Riten und Mythen, die den Jahreszyklus der Arbeit und des Lebens im Einklang mit den natürlichen Erfordernissen regelten. Sie eigneten sich sukzessiv das gemeinschaftliche Interesse an, das nach Marx nicht nur in der Vorstellung, als »Allgemeines«, sondern zuerst in der Wirklichkeit als gegenseitige Abhängigkeit der Individuen existiert, unter denen die Arbeit geteilt ist (MEW 3/33), das aber der

Formulierung bedarf! Die entwickelte Arbeitsteilung und natürlich auch das Verhältnis zur Natur und zu anderen Gemeinwesen begründen objektiv ein »Allgemeininteresse«, das unter den am Anfang dieses Kapitels erwähnten Bedingungen nur zur besonderen Angelegenheit bestimmter Individuen und Gruppen werden konnte. Insofern ist der Staat noch mehr als die illusorische Gemeinschaftlichkeit: er ist die Korporation, in der die Gesellschaft sich selbst anschaut; er zeigt, daß sie wirklich existiert, nämlich mehr als die Summe ihrer Teile ist. Er reproduziert sie ideell als komplexes System, das aber noch nicht bis unten von Bewußtsein durchdrungen ist. Selbsterkenntnis der Gesellschaft (als des produzierenden Subjekts) muß sich als besonderer Staat äußern, solange die Individuen nicht das Ganze überschauen können, in das sie integriert sind. Kurz, das gemeinsame höhere Interesse wird zum besonderen Interesse der Höheren. Ihre ökonomischen Sonderinteressen treten dann erst hinzu, ergeben sich zum großen Teil überhaupt erst daraus.
Unseren populären Lehrbüchern können wir oft die platt-aufklärerische Idee entnehmen, diese Priester hätten sich zuerst die Verfügungsgewalt über den gemeinsamen Reichtum angeeignet und dann die Herrschaftsreligion, anknüpfend an naive Volksmythologie, sozusagen anschließend als Rechtfertigungsideologie erfunden. In Wirklichkeit war es gerade umgekehrt. Die Verfügungsgewalt erwuchs aus der priesterlichen Magie als einer privilegierten, aber für das fortschreitende Gemeinwesen ausgesprochen *notwendigen* Bewußtseinsarbeit. Um – anachronistisch gedacht, aber im Hinblick auf unsere gegenwärtige Konstellation – diese Priester zu expropriieren, hätte man zuerst die *Magie* vergesellschaften müssen, dann erst – oder vielmehr: *damit!* – den Speicher. Und in der Magie steckte nichts anderes als die Fähigkeit, das ganze Gemeinwesen nach innen zu durchschauen und daher seine Bedürfnisse gegenüber der natürlichen und sozialen Umwelt repräsentieren zu können.

Gegenstand dieser ursprünglichen Aneignung und Ausübung von Macht ist also der aktuelle Lebens- und Arbeitsprozeß des Gemeinwesens in seiner gedachten und tatsächlichen Gesamtheit, der durch die Priesterherrschaft eine Perspektive des kulturellen Fortschritts erhält bzw. ursprünglich erhalten hat. Aus der subjektiven Bewältigung dieser schöpferischen Aufgabe fließen Weisheit und Berufenheit, fließt das mysteriöse »Charisma« geistiger (muß nicht heißen: rationaler) Führerschaft. Die persönliche Autorität des »Wissenden« erscheint dann als individuelle Voraussetzung des Priesteramtes. Aber die *Aneignung* dieses »Wissens« setzt eben objektiv schon die Hierarchie der Arbeitsleitung im weitesten Sinne voraus. Hebräer und Hindus haben besonders genaues Zeugnis von dieser für ihre Kulturen ausschlaggebenden Konstellation hinterlassen. Die »Sendung Mosis« beispielsweise war genau von dieser Art.

Vor einiger Zeit schrieb ein Genetiker: »Wir wissen nicht, ob es ein Nebenprodukt der ästhetischen Anlagen oder der fundamentalen Fähigkeit zur Selbsterkenntnis ist, was bestimmten Personen eine Aura von Weisheit verleiht, die erstaunlicherweise zu ihrer Beherrschung des sich ständig vermehrenden Wissens in keinem Verhältnis zu stehen scheint« (Th. Dobzhansky, Dynamik der menschlichen Evolution, Frankfurt, M. 1965/405). Ästhetische Anlagen und Fähigkeit zur Selbsterkenntnis hängen engstens zusammen, wie insbesondere Christopher Caudwell gezeigt hat (Illusion und Wirklichkeit, Dresden 1966). Und mit dem ständig anwachsenden Wissen sind hier offenbar vor allem die Früchte des modernen Spezialistentums gemeint, in dem die alte Arbeitsteilung ihren letzten Gipfel erreicht. Moderne »Weisheit« steht sehr wohl in einem Bezug zu dieser schlechten Unendlichkeit des Wissens, minimal (nicht optimal) in einem negativen: sie läßt sich nicht davon irritieren und absorbieren. »Weisheit« – und bei der frühen am deutlichsten, weil sie in sich ungeteilt und nichts weiter ist als dies – erscheint als die Individualform, die aus dem privilegierten Verkehr mit den »Göttern«, mit den »höheren«, objektiven Mächten hervorgeht, d. h. aus der Handhabung des allgemeinen, überpartikularen Zusammenhangs komplexer Gemeinwesen in sich selbst.

Diese Erhebung zu einem ersten reflektierten Bewußtsein vom Gesellschaftsganzen hat eine ungeheure progressive Bedeutung gehabt. Die Menschen hatten den Weg bis in die Klassengesellschaft mit ihrem als Naturtatsache gegebenen Bewußtsein gemacht. Nun begann eine Minderheit, die Geschichte mit ihrem *Selbst*bewußtsein zu machen. Mit dieser Leistung begann eine ganz neue Schicht der menschlichen Evolution, der realen »Phänomenologie des Geistes«: die Stufe des »für sich seienden« Menschengeistes, d. h. der welterkennenden und zugleich ihrer Individualität bewußten Persönlichkeit. Der Marxismus, die bisher reifste Frucht der Selbsterkenntnis des gesellschaftlichen Menschen, begann mit der Forderung nach der Verwirklichung des geschichtlichen Selbstbewußtseins in *allen Individuen.* Nichts anderes bedeutet Marxens früher Imperativ, »die Philosophie aufzuheben« in der Aktion der Proletarier.

Das Selbstbewußtsein, die vollentfaltete, universelle Individualität, die persönliche Autorität sind nach aller Einsicht der psychologischen Wissenschaft nur als Funktion eines aktiven Zugangs zur Totalität des Gemeinwesens möglich, durch etwas, was Spinoza, wenn auch spiritualistisch und kontemplativ, ziemlich exakt anzielte, als er die erkennende »intellektuelle Liebe zu Gott« das höchste Glück des Menschen pries. Universalität und Totalität sind natürlich Begriffe der Qualität, nicht der Quantität. Gemeint ist, daß die reale Möglichkeit, an der *Synthesis* des Geschichtsprozesses teilzunehmen, der einzige Weg ist, der subalternen Existenz zu entkommen.

Im gesellschaftlichen Durchschnitt setzt eben die individuelle Fähigkeit zur Teilnahme an der sozialen Synthesis, gar auf der Ebene, wo es gilt, »den Staat zu regieren«, zweierlei voraus:

1. Eine bisher stets durch besonderen, intensiven Ausbildungsgang erworbene Qualifikation, die fast immer nur denjenigen Individuen zuteil wurde, die irgendeine soziale Kandidatur für synthetische, »allgemeine« Arbeit mitbrachten. Bis hier und heute herrscht das Prinzip der »Qualifikation für den Arbeitsplatz«, und wer dort nicht als Kopf, sondern als Hand gebraucht wird, lernt auch eher Bewegungs- als Begriffskoordination. Die Ausbildung zur Köchin schließt Philosophie und Politik höchstens katechetisch ein, obgleich darin im Prinzip bereits ein großer Fortschritt liegen kann, der die berühmte Leninsche Forderung *als Losung* rechtfertigt.
2. Die effektive Gelegenheit, eine Reihe immer höherer synthetischer Funktionen auszufüllen, an der Spitze sozialer Informationshierarchien zu stehen oder zumindest in irgendeiner Form an der Verallgemeinerung zu partizipieren.

Der Erkenntnisprozeß, der den Übergang zur Zivilisation beförderte, konnte nicht auf einmal vollzogen werden – weder subjektiv noch objektiv. Vor allem aber konnte ihn unmöglich die Gemeinschaft als ganze vollziehen. Und wenn wir jetzt – auf der Ebene der Subjekte – die Gesellschaft zerfallen sehen in »Weise« und »Subalterne«, in »Die da oben« und »die kleinen Leute«, so geht das ursprünglich auf diesen Fortschritt der Evolution zurück.

Die Unteren gaben seither den größten Teil ihrer wachen und vor allem ihrer psychologischen Zeit nicht nur schlechthin für Handarbeit oder schematische Arbeit, sondern für Arbeit und Leben in einem *partikularen* Zusammenhang aus. Das alte, lokale Gemeinwesen hatten sie, indem sie es an Ort und Stelle produzierten und reproduzierten, auch gemeinschaftlich erkannt. Zwar existierte es im Regelfalle fort, und sie reproduzierten es wie bisher. Aber anders als bisher leisteten sie darin keine – wie Marx sagt – »unmittelbar gesellschaftliche« Arbeit mehr, die den Bezug auf die Allgemeinheit eingeschlossen hätte. Denn der nunmehr wesentlichste Zusammenhang, den sie mit ihrem Mehrprodukt erzeugen und tragen halfen, entzog sich zugleich mit diesem Mehrprodukt ihren Blicken. Dort, in der fernen Zentrale, wurde nun in abstrakter, abgesonderter, halb religiöser, halb intellektueller Gestalt die »allgemeine Arbeit« geleistet. Nur dort und nur den damit Befaßten konnte der im Staatsgebiet und »international« erzeugte größere Zusammenhang Erkenntnisgegenstand werden. Genau betrachtet, kennzeichnet man den Vorgang der sozialen Differenzierung, der Klassenbildung, der sich um den Gegensatz geistiger und körperlicher Arbeit entspinnt, sehr ungenau, wenn man sagt, die zunächst Zukurzgekommenen, später dann Unterdrückten gingen ihrer »alten Rechte« auf Teilnahme an der allgemeinen Willensbildung verlustig. In ihren dörflichen Siedlungen konnten selbst eroberte Bevölkerungen oft ihre gemeinschaftlichen Traditionen fortsetzen. Nur waren ihre Gemeinschaften als Ganze, ehedem sich selbst genügend in ihrem Charakter als vollständiger sozialer Kosmos, nun zu unkompetenten Teilen eines übergeordneten Ganzen geworden, und zwar zu Teilen, die diesen neuen, größeren Zusammenhang nicht mikrokosmisch wiederholten, sondern eben subalterne Funktionen in ihm wahrnahmen. Es wurden im wesentlichen nicht überkommene alte, sondern vorher nicht dagewesene, neu entstandene Funktionen monopolisiert. Der erste Führer eines Stammesbundes, einer Völkerschaft z. B. gründete seine Macht auf ein Interesse, das vorher gar keinen institutionellen Ausdruck gefunden, ja, das er vielleicht überhaupt erstmalig artikuliert hatte. Die einfachen Stammesmitglieder, die Gemeinfreien der heraufziehenden neuen Zeit der Klassenherrschaft, verloren da anfangs nicht absolut, sondern relativ an gesellschaftlicher Macht. Sie brauchten nur stehenzubleiben, zu verharren, wie sie waren, um subaltern zu werden. Natürlich schrumpften in der Folge mit der Autonomie ihrer Sippen bzw. Dorfgemeinschaften auch die ursprünglichen Funktionen dieser Einheiten, aber dieser Schwund wurde durch die neue Beziehung zur Zentrale, die niemals gänzlich passiv war, kompensiert. Im allgemeinen ist eine unterdrückte Bevölkerung höherer Formation eben deshalb jenen ehemaligen Weggenossen überlegen, die sich seinerzeit vor der Knechtschaft verheißenden Zivilisation zurückziehen konnten.

Das Fortschrittsproblem besteht niemals hauptsächlich darin, günstige Entwicklungsbedingungen zu vernichten, nur weil sie Privilegien sind, sondern sie zu verallgemeinern. Vor den industriell entwickeltsten Zivilisationen der Gegenwart steht die gewaltige Aufgabe, das Privileg der »allgemeinen Arbeit« zu verallgemeinern, die in der alten Arbeitsteilung, in der lebenslangen Unterwerfung unter partikulare Verrichtungen verankerten Existenzbedingungen »kleiner Leute« zu überwinden. Die gegenwärtige Situation, da die vergegenständlichten Produktivkräfte unwiderstehlich nach Wiederherstellung der gesamtgesellschaftlichen Kooperation drängen, während die alte Arbeitsteilung noch triumphiert, muß noch Zustände individueller und kollektiver Ohnmacht erzeugen, von denen die modernen Priesterschaften nur scheinbar ausgenommen sind. Sie wissen relativ weniger als die alten Diener Ammon Rês über den gesamtgesellschaftlichen Zusammenhang, den sie regulieren müssen.

Aber das Heil liegt – wie aus dem ganzen dargestellten Zusammenhang folgt – erst recht nicht einfach bei den Subalternen. Die unmittelbaren Bedürfnisse der subalternen Schichten und Klassen sind immer konservativ, antizipieren in Wirklichkeit nie positiv eine neue Lebensform. Die Bauernaufstände in den orientalischen Despotien endigten notwendig mit der Neueinsetzung eines Despoten. Die Sklaven, wo sie sich erhoben, strebten – wenn nicht auseinander in ihre verschiedenen Heimatländer – danach, sich an die Stelle der Sklavenhalter zu setzen. Die Bauern der Feudalepoche kämpften um ihre *alten* Freiheiten. Das Proletariat kämpft spontan um die Teilhabe an der Lebensweise der Bourgeoisie, wenigstens der nächststehenden kleinen – die Verzweiflung des Frühproletariats rührte daher, daß es, unter sein Existenzminimum gedrückt, keine Hoffnung auf eine solche Perspektive entwickeln konnte. Erst wenn in einer gesamtgesellschaftlichen Krise eine Fraktion der Oberschichten bzw. -klassen oder, effektiver, eine neue »Mittelklasse« die Massen der Unterdrückten für eine Reformation oder Revolution organisiert, ergeben sich neue Perspektiven. Man muß auf den Ursprung der Ungleichheit, der Herrschaft, der Ausbeutung zurückgehen, um diesen Mechanismus des Fortschritts zu begreifen, der aus der *Ganzheit* eines widerspruchsvollen sozialen Systems hervorgeht und nicht einfach von *einem* ihrer Pole erzeugt wird. Die Dialektik des Fortschritts ist in der marxistischen Literatur seit der mechanistischen, dualistischen Behandlung nach Plechanows insgesamt unglücklichem Kategorienschema »Volksmassen – Persönlichkeit« ziemlich verzerrt worden. Neue, höhere Kulturen sind nie ohne die Massen, ohne eine wesentliche Veränderung ihrer Lebenslage geschaffen worden, und, von einem bestimmten Reifegrad der vorhergehenden Krise ab, auch nicht ohne ihre Initiative. Aber in keinem bekannten historischen Fall ging der erste schöpferische Impuls (ideell, organisatorisch) von ihnen aus (die Gewerkschaften antizipieren *keine* neue Kultur). Auch die politische Arbeiterbewegung ist von exbürgerlichen Intellektuellen begründet worden, was keineswegs ausschließt, daß die aktivsten proletarischen Elemente früh eine eigene Rolle in den sozialistischen Parteien spielten und in der Tendenz selbst Intellektuelle wurden. Es kann auch nicht geleugnet werden (es ist aber auch hinreichend betont worden), daß sich die moderne Arbeiterklasse in mancher wichtigen Beziehung von früheren ausgebeuteten Klassen unterscheidet. Dennoch gilt allgemein, daß die werktätigen Massen in der Geschichte vorwiegend die quantitative Akkumulation leisten.

Daher ist die Bildung des neuen historischen Kräfteblocks immer die Formierung eines *strukturierten* Organismus, in dem sich *mehrere* Elemente der alten Gesellschaft zu einer neuen Qualität kombinieren. So war es auch in unserer Revo-

lution. Entscheidend war nicht das »Bündnis« der Elemente, entscheidend war die Führung, die über ihnen stand. Es ist ausgesprochen unwahrscheinlich, daß eine unterdrückte, bisher in ihrem realen Lebensprozeß weitgehend von der erwähnten Synthesis ausgeschlossene Klasse der alten Gesellschaft *allein* den neuen Typus von Gesellschaft konstituiert. Das geschieht auch nirgends. Wenn es dennoch dazu käme, müßte sie sich um so sicherer innerlich sehr grundlegend differenzieren, d. h. zumindest eine neue Schichtung aus sich erzeugen. Wir haben eben eine hochkomplexe Technik und Organisation des Reproduktionsprozesses vor uns, die durch politische Veränderungen allein überhaupt nicht ernstlich berührt wird, in der aber Unter- und Überordnungsverhältnisse der einschneidendsten Art sowie psycho-physische Anforderungsunterschiede äußerster Spannweite materiell inkorporiert sind. Dadurch ist unsere Gesellschaft geschichtet, und natürlich weit über die einfache Dichotomie von körperlicher und geistiger Arbeit hinaus.
Seit jener frühen Zeit, in der sich in einem ersten schamanistischen Priestertum die bewußte Schicht des sozialen Lebens institutionell zu verselbständigen begann, hat sich also in ihr selbst eine vielfältige Differenzierung vollzogen, so daß sich jetzt ein sehr großer Bevölkerungsteil der modernen Industriegesellschaften zumindest formell mit Tätigkeiten befaßt sieht, die den Menschen nicht als physische Naturkraft, sondern direkt in dem spezifischen Organ beanspruchen und entwickeln, das ihn durch seine besondere Organisation in der Natur privilegiert. Der größte Teil der in unserer Gesellschaft geleisteten geistigen Arbeit resultiert aus der *technischen* Arbeitsteilung innerhalb der Produktion und der Informationsverarbeitung. Die durchschnittliche Tätigkeit des Ingenieurs und Ökonomen *erscheint* nicht als Unterfunktion der herrschenden Klasse, sofern damit nichts als die Vermittlung des Produktionsprozesses selbst besorgt wird – so wenig sich diese Aufgabe faktisch separieren läßt!

In ihrem Ursprung ist die geistige Arbeit, die wir heute so vielfältig geteilt vorfinden, gesellschaftliche Leitungstätigkeit. Jedoch bei entwickelter Zivilisation behindert das Begriffspaar körperliche und geistige Arbeit sogar die Analyse, und in der Gegenwart mehr denn je. Die Masse der geistigen Arbeit wurde schon frühzeitig nicht von der eigentlichen Oberschicht bzw. -klasse selbst besorgt. Die niederen Schreib- und Rechenbeamten der orientalischen Priester und Despoten wurden zwar aus dem Mehrprodukt unterhalten, aber ihre Revenue betrug nur einen Bruchteil dessen, was die Spitzen der Hierarchie verbrauchten (sie hatten allerdings die bürokratische Karriere vor sich). In der Antike griff die geistige Arbeit bis in die Klasse der Sklaven hinein. Auch die Arbeitsaufsicht überließen schon die griechischen Sklavenhalter ihren Verwaltern und fanden, es habe damit für sie persönlich nichts Rechtes auf sich. Was sie sich – neben dem Sinnengenuß – hauptsächlich vorbehielten, das waren nach Aristoteles Staatsgeschäfte und Philosophie, eben die Beschäftigungen der sozialen Synthesis.

Es handelt sich also um ein elementares, frühes Verhältnis, so »modernistisch« ich es hier auch formulieren möchte: Die organisatorische Beherrschung arbeitsteiliger Kooperation ist *von Anfang an ein Informationsproblem, das Problem einer Bewußtseinsstruktur,* die als Verhältnis von Personen in Erscheinung tritt. Die Hierarchie der Arbeitsleitung drückt institutionell die Hierarchie der informationellen Kopplungen aus, und dieser ganze Apparat spiegelt letztlich die Gliederung des materiellen Reproduktionsprozesses nach Verarbeitungsstufen, Kombinationsformen und -graden sowie die notwendige innere Arbeitsteilung des Informationsverarbeitungsprozesses wider. Alle an der Kooperation beteiligten Individuen verfügen auch über Bewußtsein als Naturkraft, aber nicht alle nehmen hauptsächlich in dieser Eigenschaft daran teil.

Herrschaft, Ausbeutung und Entfremdung sind Begriffe, deren Realgehalt gerade vor diesem allgemeinen Hintergrund ein und derselbe ist, jedenfalls im Kern. Immer handelt es sich darum, daß mehr oder weniger große Anteile der geteilten und vereinzelten konkreten Arbeit, die von der Masse der Produzenten geleistet wird, im Namen eines besonderen, und darum in einem besonderen Klassensubjekt verkörperten Gemeininteresse zusammengefaßt werden, so daß nun diese konzentrierte vergegenständlichte Arbeit das Mittel wird, die lebendige zu kommandieren – zu dem insgesamt gesehen erreichten Zweck, diesen entfremdeten Reichtum quantitativ und qualitativ zu vermehren. Unabhängig von ihrer konkreten Form und unabhängig von dem Grad des Parasitismus am Pol der sozialen Macht (möge dieser für historische Augenblicke gegen Null gehen!) besteht die Ausbeutung und Unterdrükkung darin, die Produzenten der Entscheidungs- und Verfügungsgewalt über die Bedingungen ihres materiellen Lebens zu berauben, so daß ihre soziale und nicht selten sogar ihre biologische Existenz als Individuen in die Hände einer wesensmäßig unbegreiflichen, väterlichen Schicksalsmacht gelegt ist.

Haben die werktätigen Massen der »sozialistischen« Länder auch nur den geringsten positiven Einfluß auf die Entscheidungen, die ihr materielles und also letztlich ihr gesamtes Geschick betreffen? Auf die Entscheidungen über die Proportion zwischen Akkumulation und Konsumtion, zwischen Kriegs- und Friedensproduktion, zwischen Wohnungsbau und Monumentalbau, zwischen dem Aufwand für Bildung und dem Aufwand für die propagandistische Selbstdarstellung der Macht, zwischen den Kosten für die Befreiung der Frau von der hauswirtschaftlichen Sklaverei und den Kosten für die Sicherheit der »Beauftragten der Gesellschaft«? Natürlich nicht. Sind die betroffenen Völker gefragt worden, ob man Krieg um eine unbewohnte Ussuri-Insel führen und militärisch gegen die sozialistische Erneuerung der Tschechoslowakei intervenieren soll? Erst recht nicht. Es gibt nur die negative, indirekte Kontrolle durch die Gefahr spontaner Massenerhebungen, die, wenn sie eintreten, das totale Versagen der Herrschaft *im Rahmen ihrer eigenen Maßstäbe* signalisieren. Letzten Endes zeigen sie an, daß sich der politische Überbau im Teufelskreis der alten Arbeitsteilung *festgefahren* hat, deren konzentrierten Ausdruck er darstellt.

Zweifellos erhält die Kritik des real existierenden Sozialismus durch die Provokation einer Staatsmacht, die sich in der bestehenden Arbeitsteilung festgesetzt hat, *um sie zu konservieren,* ihren stärksten Anstoß. Um aber konstruktiv zu werden, darf sie sich in diesem ausschlaggebenden Punkt keinesfalls auf die Denunziation beschränken. Bloße politische Veränderungen würden für sich allein überhaupt nichts an den Realitäten bessern, die die jetzige Ordnung erzeugt und ihre Abnutzung hervorgerufen haben. Wir müssen wissen, wie sich die herrschende gesellschaftliche Arbeitsteilung auf dem Niveau des modernen Industrialismus darstellt, das heißt, worin ihr Wesen besteht und wie sie sich reproduziert. Sonst beschränken wir uns am Ende darauf, nur die an sich illusorische Forderung zu wiederholen, jede Köchin solle lernen, den Staat zu regieren, wo sie es doch – *als* Köchin, falls sie dies auch bleiben soll – normalerweise einfach nicht lernen kann.

Denn was heißt es, den Staat zu regieren, wenn er primär (nach seiner archaischen Herkunft) und zuletzt (jenseits des Privateigentums an Produktionsbedingungen) den aktiven Überbau der Arbeitsteilung, die Form ihrer gesamtgesellschaftlichen Organisation, ihr sekundäres, in seiner Substanz *geistiges, informationelles* Modell darstellt? Selbst arbeitsteilig betrieben, spiegelt er in seinen verschiedenen Ebenen und Zweigen die Struktur des gesamten sozialen Reproduktionsprozesses wider. Später wird auch die technische Arbeitsteilung nach Wirtschaftszweigen und innerbetrieblichen Verrichtungen – d. h. das Verhältnis der Spezialisten untereinander, ihrer wechselseitigen horizontalen Disponibilität usw. – zum Problem werden. *Gegenwärtig geht es um die entscheidende vertikale Arbeitsteilung,* um die Tendenz zur Polarisierung des gesellschaftlichen Gesamtarbeiters durch die Verdoppelung des materiellen Reproduktionsprozesses in einen stofflich-energetischen und einen ihm steuernd und regelnd übergeordneten informationellen Prozeß.

Die durch die Kybernetik aufgedeckte Struktur von Informationssystemen zur Regulation komplexer Zusammenhänge bzw. Systeme ist die Hierarchie von Regelkreisen. Das gedachte Ganze des geregelten mehrstufigen Prozesses – und die soziale Kooperation ist seit Beginn der Zivilisation ein mehrstufiges Unternehmen – kommt nur an der Spitze der informationellen Hierarchie zusammen, nur dort existiert formell (informell kann sich natürlich unter gegebenen Umständen mancher orientieren) ein integrales Bewußtsein des jeweiligen Vorgangs. Deshalb muß sich – wie ich hier im Vorgriff auf die Überlegungen im Dritten Teil feststellen möchte – die kommunistische Assoziation nicht allein außerhalb bzw. oberhalb der unmittelbaren Produktion, sie muß sich *insgesamt* an der Spitze der Pyramide konstituieren, die den Stoffwechsel mit der Natur und den sozialen Prozeß informationell vermittelt. Die Menschen der kommunistischen Gesellschaft werden Material bewegen und Informationen verarbeiten, auf welcher Koordinationsebene auch immer, wenn man einen bestimmten Zeitpunkt herausgreift. Worauf es ankommt, ist, daß sie sozial weder unter den Stoffwechsel mit der Natur *noch unter die Informationsverarbeitung subsumiert* sein werden. In dem Maße, wie sich das Eingreifen der lebendigen Arbeit immer mehr auf den informationellen Prozeß konzentriert, rückt diese zweite Subsumtion in den Mittelpunkt der Auseinandersetzung.

Die entscheidende Leitungsfunktion, die mit zunehmender Komplexität des Reproduktionsprozesses immer mehr zum zentralen Element innerhalb all dieser Regelkreise und primär des volkswirtschaftlichen Systems als Ganzem wird, ist die Planung. Wenn der Plan die nationale Wirtschaft oder für den

Anfang wenigstens ihre sogenannten Kommandohöhen dirigiert, dann zeigt er in dieser Rolle die neuen Verhältnisse positiv als nichtkapitalistisch bzw. – falls keine traditionellen Ausbeuterinteressen maßgeblich mitkontrollieren – als protosozialistisch an. Der Plan ist absolut notwendig, sobald sich Entwicklungsrichtung, Wachstumstempo und Proportionalität der Produktion, was den gesamtgesellschaftlichen Maßstab betrifft, nicht mehr empirisch über den Marktmechanismus herstellen. Die Bedürfnisse der Gesellschaft, über die im Kapitalismus die zahlungsfähige Nachfrage informiert, müssen nun in einen planmäßigen Bedarf übersetzt werden, wobei natürlich die begrenzten Mittel zu ihrer Befriedigung mitspielen.

Die eigentliche Planungsaufgabe scheint auf den ersten Blick die Matrizenrechnung zur Sicherung der Proportionalität in der insgesamt zu erzeugenden Masse von Gebrauchswerten (einschließlich Dienstleistungen im weitesten Sinne) zu sein, und in der Tat beansprucht diese Arbeit mit ihren Voraussetzungen in der Primärdatenerfassung (bzw. -erfindung) den Löwenanteil des Planungszeitaufwands auf allen Ebenen der Hierarchie. Es ist ein ungeheures Zahlenspiel, die Erzeugnis- und Leistungsstruktur zwei- bis dreimal jährlich (Planentwurf, Plan, präzisierter Plan, Plankorrekturen) für die zahllosen Positionen, in die sie aufgegliedert und unter die verschiedenen Wirtschaftszweige und -einheiten verteilt ist, »materiell« (d. h. nach Menge, z. B. Stückzahl), finanziell und zeitlich durchzurechnen sowie die Aufwände an Arbeitszeit, Maschinerie und Material dafür zu bilanzieren. Wissenschaftlich, wie sie es beansprucht, ist unsere Planung, wenigstens im Prinzip, genau hinsichtlich ihres methodischen Verfahrens zur Sicherung der Proportionalität. Man kann voraussetzen, daß »loyal«, nämlich mathematisch richtig gerechnet wird, bis in die zweite Stelle hinter dem Komma, in jenem buchhalterischen Geist, der unsere Ökonomie en detail so kleinkariert macht. Mit den modernen Rechenmaschinen stellt die volkswirtschaftliche Gesamtrechnung auch hinsichtlich ihres Kraftaufwands ein prinzipiell lösbares Problem dar, sobald einmal die Phase der Anpassung an die elektronische Datenverarbeitung absolviert ist. Soweit scheint der Annäherung an den Weberschen Idealtypus unvoreingenommener und effektiver bürokratischer Leitungsorganisation, die das geheime Streben der »marxistisch-leninistischen Organisationswissenschaft« seligen Angedenkens war, nichts im Wege zu stehen.

Wo aber hört die Wissenschaftlichkeit der Planung auf? Bei ihren Prämissen, also ehe sie beginnt. Diese Prämissen, ich meine die Prioritäten und Präferenzen, die in die Ausarbeitung eingehen, können gar nicht wissenschaftlich-objektiv bestimmt werden, solange es in einer Gesellschaft antagonistische Interessen gibt, wie sie mit der ungleichmäßigen Verteilung knapper Existenz- und Genußmittel sowie vor allem mit der ungleichmäßigen Verteilung von Bildung und Arbeit als Mitteln zur Selbstentwicklung und zur Aneignung der Kultur gegeben sind. Und der bürokratische Interessenausgleich *von oben,* dessen Hauptinstrument die Planung ist, kann zwar das Überschießen bestimmter partikulärer Interessen dämpfen, das »natürliche« Parallelogramm der Kräfte zeitweilig verzerren – Geltung verschafft sich die reale Differenzierung doch!

Vor allem aber liegt es im Wesen der hierarchischen gesamtstaatlichen Arbeitsorganisation, mit den Ebenen ihres eigenen Apparats einen alles durchdringenden neuen, vertikalen Aufbau von Interessengegensätzen zu schaffen. Er äußert sich nicht nur darin, daß jeder tieferen Ebene die administrativen Kompetenzen stärker beschnitten werden, als für ihr lebendiges Funktionieren gut ist, sondern er hat auch einschneidende ökonomische Konsequenzen. Jede höhere Ebene zieht die Mittel für ihre »Schwerpunktvorhaben« (siehe z. B. die DDR-hauptstädtische Repräsentation auf Kosten aller übrigen Bezirke) und sonstigen Bedürfnisse aus dem allgemeinen Fonds ab, ehe die Bilanzrunden beginnen, und programmiert so den

Rotstift für die Nachgeordneten vor. Die normalen Basiseinheiten, die ungeachtet dessen ihre Jahr um Jahr routinemäßig gesteigerten Pläne erfüllen müssen, haben Mühe, die einfache Werterhaltung zu decken. Eine Vielzahl von Kommunen und Betrieben wird einfach ökonomisch unfähig, elementare Reproduktionsbedürfnisse ihrer Bevölkerung bzw. Belegschaft auf dem normalen Standard zu befriedigen. Verschwendung und Knappheit der materiellen Ressourcen für den Plan gehen Hand in Hand. Im Dienstleistungs- und Versorgungssektor wird teilweise geradezu zivilisatorische Substanz geopfert bzw. wegrationalisiert. Da die Pläne insgesamt stets angespannt sind und die Proportionalität nur notdürftig sichern, erweisen sich die Schwerpunktvorhaben als sichere Mittel, das ökonomische Gleichgewicht des Gesamtprozesses zu stören und damit die Arbeitsbedingungen für die Masse der Werktätigen permanent zu belasten (z. B. mit für die Planerfüllung längst unerläßlichen Überstunden und Sonderschichten). Die Bedingungen der Planerfüllung werden der Basis – von deren auch nicht zur Ökonomisierung beitragendem Gegenspiel mit unaufgedeckten Reserven abgesehen – weit mehr zugeteilt als von ihr selbst beeinflußt. Der Ingenieur insbesondere, in seiner Eigenschaft als Techniker und Technologe, hat kaum Einfluß darauf, wird deshalb mehr auf die bürokratischen Kanäle der Entscheidung als auf die praktische Veränderung gelenkt.

Engels hat das Auftreten von Sonderinteressen, die sich in der Vertikale manifestieren, unmittelbar auf die Leitungs- und Organisationsprobleme unter der alten Arbeitsteilung zurückgeführt. »Die Gesellschaft«, schrieb er an Conrad Schmidt (MEW 37/490), »erzeugt gewisse gemeinsame Funktionen, deren sie nicht entraten kann. Die hierzu ernannten Leute bilden einen neuen Zweig der Teilung der Arbeit . . . Sie erhalten damit besondre Interessen auch gegenüber ihren Mandataren, sie verselbständigen sich ihnen gegenüber . . .« – schon unter primitiven Zuständen. Wieviel mehr muß das folgen, wenn es sich um den riesigen korporativen Verband zur Informationsverarbeitung handelt, der um die nationale Planungsarbeit von heute zusammengeschlossen wird. Nicht die Gesellschaft, die staatliche Bürokratie ist das Subjekt des Plans im real existierenden Sozialismus.

Was für »besondre Interessen auch gegenüber ihren Mandataren« hat die planende Staats- und Wirtschaftsbürokratie, *muß* sie notwendig haben – und zwar gerade dann, wenn man von der Rivalität ihrer verschiedenen Ebenen und Zweige wie auch von der unberechtigten Aneignung bestimmter Vorteile durch die einzelnen Funktionäre absieht? Diese besonderen *Gesamt*interessen der Bürokratie, in der Spitze des Apparats repräsentiert, sind nicht leicht zu erkennen, weil sie jeweils die Kehrseite der objektiven Erfordernisse darstellen, die die Existenz der Bürokratie als Planungssubjekt rechtfertigen. Sie hängen untrennbar mit diesen Erfordernissen zusammen, weil eben die Wahrnehmung der allgemeinen Interessen die besondere Aufgabe der Planung ist. Es sind die *Staats*interessen nach der Seite ihres Unterschieds und Gegensatzes zu den gesellschaftlichen. Sie bestimmen *grundlegend* die Art und Weise, in der die gesellschaftlichen Interessen im Plan in Erscheinung treten und sind deshalb an den einzelnen Entscheidungen nur auszumachen, wenn man nach ihren unausgesprochenen *Prämissen* fragt; der Teufel steckt hier meistens *nicht* im Detail.

Insbesondere in der gesamtvolkswirtschaftlichen Dimension segeln die bürokratischen Interessenformeln leicht unerkannt unter der Flagge des Gemeininteresses. Sehen wir sie uns etwas näher an!

Verlangt die Hebung des Volkswohlstandes etwa nicht auf lange Sicht eine möglichst *hohe Akkumulationsrate,* einen möglichst *großen Zuwachs* zum Nationaleinkommen? Die Akkumulation von Mehrprodukt ist *die* progressive ökonomische Funktion, bisher. Aber zugleich ist der Zuwachs die eigentliche Domäne der zentralen Verfügungsgewalt, das Instrument und der Ausweis ihrer Wirtschafts*politik,* bei der es nicht nur um Ausbalancierung der Proportionalität, sondern auch um den Genuß, den Ausbau und die Sicherung der eigenen Macht nach innen und außen geht. Extrazuwachs läßt sich stets besonders leicht für größere Bequemlichkeit des Regierens und der Regierer verwenden. Die Politik des maximalen Produktionsausstoßes, die unter wechselnden Namen immer weiter fortgesetzt wird, wirkt überdies als Quelle unrationeller Gesamtverausgabung von lebendiger und vergegenständlichter Arbeit.

Ist die *Konzentration der Investitionen* auf Schwerpunktvorhaben nicht wirklich besser als ihre Zersplitterung auf viele kleinere Objekte? Diese Frage kann man schon nicht mehr ohne weiteres beantworten, weil es nicht zuletzt auch darum geht, auf *welche* Objekte konzentriert wird und *welche* Bereiche vernachlässigt werden. Man kann z. B. die PKW-Produktion für den privaten und bürokratischen Bedarf vorantreiben, man kann aber auch das Verkehrswesen und überhaupt die Infrastruktur rekonstruieren. Doch überall, wo der Einsatz zu langsam, nicht sichtlich genug oder überhaupt nicht als Warenproduktion zurückfließt, wird erst ernsthaft investiert, wenn die Disproportionen bereits auffällig geworden sind. Viel Konzentration von Mitteln wird überhaupt erst notwendig, weil zu viele Schwerpunktvorhaben jeweils zu viele neue Schwerpunkte nach sich ziehen. Bei der Realisierung, die sich meist verteuert, während der Effekt hinter den Vorberechnungen zurückbleibt, schneiden die Investitionen häufig noch tiefer in den laufenden Reproduktionsprozeß ein, als ohnehin schon geplant, zumal die Termineinhaltung fast immer zusätzliche Kapazitäten beansprucht, die anderswo abgezogen werden.

Wer würde sich gegen ein reibungsloses, störungsfreies Funktionieren des gesamten Reproduktionsprozesses und gegen seine Voraussetzung, die *absolute Plantreue* der volkswirtschaftlichen Partner, wenden? Es handelt sich nur darum, daß der Plan keine Reserven vorsieht, um Störungen abzufangen. Während es oft zweckmäßig wäre, den Planablauf zugunsten der Rationalisierung zu »stören«, wird vielmehr die Rationalisierung gestört, um den Produktionsplan zu retten. Es ist nicht einmal immer die volkswirtschaftliche Notwendigkeit, oft ist es bloß der bürokratische Formalismus, der dann die wertmäßige Planerfüllung um jeden Preis verlangt, unter Hintansetzung des Sortiments, also der Gebrauchswertstruktur, und der Kosten. Die Plandisziplin wird zum Selbstzweck, als Mittel zur Unterwerfung unter die hierarchische Rangordnung.

Kann man ohne lückenlose, zuverlässige, *termintreue Berichterstattung* von unten nach oben real planen, steuern und kontrollieren? Der Apparat bemüht sich um eine Ethik der Informationsabgabe! Doch angesichts des Interessenkampfes um das Verhältnis zwischen Planauflage und Reserven und um die Investitionen nimmt der zentrale Bedarf an *Kontroll*informationen gegen die Basis ständig zu. Wieviel Arbeit wird vergeudet, weil die Gesellschaft noch antagonistisch funktioniert! Der Informationsfluß, den eine zentrale Institution mit der gesamten Matrix ihrer Strukturelemente in Gang setzt, erreicht an dem nachgeordneten Einzelleiter vorbei meist unmittelbar dessen sämtliche Unterfunktionäre. Die Funktionalorgane an der Basis wissen ihre Auflage längst vom übergeordneten wirtschaftsleitenden Organ, ehe sie sie von der Leitung ihrer eigenen Einheit erfahren können. Mit den Jahren gewinnt dieses Verfahren an nachträglicher Rationalität, weil sich die formell verantwortlichen Leitungen nicht mehr für die Proportionalität ihres eigenen Kräfteeinsatzes verantwortlich zu fühlen brauchen. Die Überdetermination der Basis, die Orientierung der unteren Funktionäre auf bürokratische Disziplin statt auf industriellen und ökonomischen Erfolg bewirkt natürlich das Gegenteil von Intensivierung.

Liegt es schließlich nicht auf der Hand, daß man den *Apparat*, von dem so oder so alles abhängt, angesichts seiner spürbaren

Mängel unablässig qualifizieren, verfeinern, *perfektionieren* muß? Aber dieses Bestreben bringt nicht zuletzt das Interesse der Bürokratie an ihrer Existenz, Erhaltung und Ausdehnung zum Ausdruck und mündet in das unaufhaltsame Wachstum des Apparats, das einen sehr großen Teil des Produktivitätszuwachses auffrißt. Die Binnengesetzlichkeiten des sozialen Lebens im Apparat erlangen immer größeren Einfluß auf die Definition der gesellschaftlichen Interessen; das sogenannte ökonomische Grundgesetz des Sozialismus ist da ein weiter Mantel, unter dem sich viel verstecken läßt. Die »Rolle des Staates« wächst wirklich ganz offenbar: Es gibt kein Gebiet, auf dem der real existierende Sozialismus größere Fortschritte gemacht hätte als in der Breite, Tiefe und Vielfältigkeit des Bürokratisierungsprozesses.

Wie man aus alledem sieht, ist der Subjektivismus die notwendige Begleiterscheinung einer der Form nach wissenschaftlichen Planung, die auf dem diktierten *Interessenausgleich von oben* beruht. Das Zentrum, das jeden authentischen Ausdruck der verschiedenen besonderen Interessen, die sich in der Gesellschaft überkreuzen, verhindert, kann die Integration nur ersatzweise in einem Akt vollziehen, der den realen Interessengruppen äußerlich und nicht ihre eigene Tat ist. Und es kann dabei nur seine eigenen besonderen Interessen zugrunde legen. Es sind also zwei Quellen des Subjektivismus, die sich in den Entscheidungen überdecken: die eigenen Sonderinteressen, von denen das Zentrum ausgeht, und die mangelnde Kenntnis der gesellschaftlichen Bedürfnisse, die es strukturell bedingt nicht in adäquater Form rezipieren kann. (Der letztgenannte Mangel hat seinen Ausdruck in einer Institution gefunden, die den langen Weg der Erkenntnis über den trägen hierarchischen Apparat kompensieren und den kurzen Weg über einen Interessenaustrag im öffentlichen Leben ersparen soll: Partei und Regierung wollen über dieselbe Umfragesoziologie, die sich im Westen als Verstärker der herrschenden Ideologieproduktion erwiesen hat, erfahren, was die Gesellschaft wünscht, wo den unvermeidlichen »kleinen Mann« der Schuh drückt. Im Apparat des Zentralkomitees selbst hat man ein Institut für Meinungsforschung eingerichtet. Handfester läßt sich kaum dokumentieren, daß in Wirklichkeit gar keine Partei funktioniert, sondern bloß ein Apparat über einer verwalteten Mitgliederschaft. Das bescheidenste Minimum an echter kommunistischer Aktivität und demokratischem gesellschaftlichem Leben würde diese in ihrem Ansatz kümmerlichen Forschungen überflüssig machen, samt den Panzerschränken, in denen man ihre Ergebnisse verschwinden läßt.)

Jede protosozialistische Gesellschaft hat zahlreiche Beispiele dafür erlebt, daß ökonomische Entscheidungen – manchmal sogar ohne ausreichende rationale Verhüllung – »subjektivistisch« getroffen wurden (wie seit der Palastrevolution gegen Chruschtschow der offizielle Fachausdruck für die Unterordnung ökonomischer Bedürfnisse der Gesellschaft unter die Sonderinteressen miteinander rivalisierender bürokratischer Gruppierungen lautet). Bis hinunter zur Ebene der einzelnen Industriezweige, ja Betriebe kommt es immer wieder zu Situationen, in denen »Geld keine Rolle mehr spielt«, um einen Fehler auszubügeln oder seine Aufdeckung so lange hinauszuschieben, bis die Verantwortlichkeit schlechterdings nicht mehr lokalisierbar ist, oder um den Termin für irgendein modernes Potemkinsches Dorf zu halten. Die Gesellschaft hat in dieser Beziehung allen Grund zu dem Verdacht, daß das bürokratische »System der organisierten Verantwortungslosigkeit« (eine ausgezeichnete begriffliche Prägung von Andras Hegedüs) sie ebenso teuer zu stehen kommt wie die kapitalistische Anarchie. Der Apparat schaltet und waltet mit dem von den werktätigen Massen erarbeiteten Mehrprodukt in einer Weise, daß man angesichts offenbarer Verschleuderung von Volkseinkommen in den verschiedenen Rängen immer wieder die zynische Rechtfertigung hören kann, man wüßte Fälle, in denen »ganz andere Summen über den Jordan gegan-

gen« sind. Die Verblendung geht manchmal so weit, einen eigenen Stolz darauf zu entwickeln, »daß die sozialistische Wirtschaft trotzdem nicht zusammenbricht«.
Jedoch sind es nur im sensationellen Fall die »subjektivistischen« Extratouren, die offenbaren Mißbräuche der bürokratischen Autorität, die die Verluste verursachen. Ein solches Versagen der Bürokratie wie in Polen Ende 1970 ist die *ständige* Gefahr, die dem System eingeschrieben ist. Der offizielle Kampf gegen den »Subjektivismus« ist gerade deshalb eine ständige Notwendigkeit, einfach eine Frage der Selbsterhaltung an der Macht, und damit durchaus ernstgemeint. Wenn man es allzu oft strapazieren muß, verschleißt das Muster des Sündenbocks, und eines Tages könnte selbst das geduldige Sowjetvolk auf den Gedanken kommen, daß es nicht an seinen Landwirtschaftsministern und an deren Rang im Politbüro liegt, ob die Erträge steigen oder fallen. Es liegt nicht am schlechten Willen der Spitze, sondern an der Untauglichkeit des bürokratischen Prinzips, wenn die Wirtschaft mit wachsendem Umfang und wachsender Differenzierbarkeit der Akkumulation eine Tendenz zur Stagnation aufweist.
Angesichts der Hegelschen Sorge um »Sicherung des Staates und der Regierten gegen den *Mißbrauch* der Gewalt von seiten der Behörden«, bei der der hierarchische Aufbau selbst eines der Korrektive sein sollte, bemerkte Marx sarkastisch: ». . . als wenn nicht die Hierarchie der *Hauptmißbrauch* wäre und die paar persönlichen Sünden der Beamten gar nicht mit ihren *notwendigen* hierarchischen Sünden zu vergleichen wären; die Hierarchie straft den Beamten, insoweit er gegen die Hierarchie sündigt oder eine der Hierarchie überflüssige Sünde begeht; aber sie nimmt ihn in Schutz, sobald die Hierarchie in ihm sündigt; zudem überzeugt sich die Hierarchie schwer von den Sünden ihrer Glieder . . . Wo ist nun der Schutz gegen die ›Hierarchie‹? Das kleinere Übel wird durch das größere allerdings insofern aufgehoben, als es dagegen verschwindet« (MEW 1/255). Der Kampf für eine saubere

Verwaltung wird natürlich trotzdem seine Bedeutung haben, und um so dringlicher sein, je mehr asiatische Tradition ein Land vor der Revolution hatte. Aber in den industriell fortgeschrittenen Ländern, wo es meist auch ein tradiertes, gegen Beamtenkorruption gerichtetes Ethos gibt, muß der allgemeinere Blick von den kleinen Sünden der Glieder ab auf die großen Sünden gelenkt werden, die mit der *Existenz* von außen unkontrollierter Bürokratie gegeben sind.

Insgesamt gesehen kommt man zu dem Schluß, daß der institutionelle Überbau unserer Länder in seiner Konkurrenz mit dem gegnerischen staatsmonopolistischen Establishment *deshalb* ungenügend spezifische sozialökonomische Ziele verfolgt, weil er der protosozialistischen Gesellschaft *korporativ gegenübersteht.* Hier wie dort geht es um »ökonomisches Wachstum«, d. h. um die Vermehrung des verfügbaren Mehrprodukts als Ausweis und Sozialversicherung der eigenen Herrschaftsfähigkeit. Selbstverständlich fällt dabei auf der heutigen Stufenleiter des Industrialismus für die Massen etwas ab, womit sie ihre prolongierte Subalternität *quantitativ kompensieren* können. Der Konsum der materiellen Güter rollt hüben und drüben mit, historisch gesehen, relativ kurzer Phasenverschiebung. Die herrschenden Parteien im real existierenden Sozialismus sind infolge der ursprünglichen Unterentwicklung der meisten zugehörigen Länder gewiß noch immer dort »am sozialistischsten«, wo sie die Produktivkräfte wenigstens quantitativ und günstigstenfalls auch strukturell vorantreiben. Aber das hat keine langfristige Perspektive mehr, und die menschliche Emanzipation bleibt weit hinter den durch die materiell-technischen Mittel gegebenen Möglichkeiten zurück. Es verhält sich eigentlich genau so, wie Marx stets unterstellt hat: daß der Sozialismus als materielle Bewegung nur synchron mit der Aufhebung der alten Arbeitsteilung fortschreiten kann. Er kann nur die Praxis der Produzenten (und Konsumenten), nicht einer von ihnen abgesonderten politischen Führung sein.

6

Gesellschaftsschichten im real existierenden Sozialismus

Klassen sind sowohl real als auch begrifflich das Produkt jener Gesellschaftsformationen, in denen der soziale Zusammenhang in den Händen jeweils typischer Privateigentümer zusammenlief, die die Arbeitsbedingungen unter ihrer Leitung monopolisierten. Gegenwärtig ist diese eigentliche Klassengesellschaft im Weltmaßstab in voller Auflösung begriffen, nicht zuletzt in den klassisch kapitalistischen Ländern. Selbstverständlich existieren dort noch die für den Kapitalismus charakteristischen Klassen, ähnlich wie, sagen wir, in den dreißiger Jahren des vorigen Jahrhunderts in Deutschland noch die Klassen und Stände der Feudalgesellschaft existierten. Deshalb sind die einseitig auf Schichtungsmodelle der Sozialstruktur ausgerichteten Interpretationen der spätkapitalistischen Verhältnisse insofern heuchlerisch, als sie die Fortexistenz des Kapitalverhältnisses bagatellisieren. Aber die Beschreibung der dortigen Wirklichkeit nach den traditionellen Kriterien der Klassenstruktur reicht auch nicht mehr aus.

Diejenigen (neuen) Züge der Sozialstruktur in spätkapitalistischen Industriegesellschaften aber, die sich mit den Stratifikationsmodellen mehr oder weniger aufschlußreich beschreiben

lassen, finden sämtlich in den Ländern des real existierenden Sozialismus ihr sehr verwandtes Gegenstück, und zwar einfach deshalb, weil sie *unmittelbarer* als die traditionellen Klassenmerkmale den Stand der Produktivkräfte ausdrücken. Unsere Sozialstruktur – und daher sind Schichtungsmodelle *bei uns* eine viel angemessenere Beschreibung – ist geradezu die subjektive Daseinsweise der modernen Produktivkräfte. Sie ist Sozialstruktur des gesellschaftlichen Gesamtarbeiters, also bereits jenseits der kapitalistischen. Vergegenwärtigen wir uns die Charaktere der Arbeitsfunktionen, in die sich die Menschen nach wie vor so oder anders teilen müssen, unter dem Gesichtspunkt der *Hierarchie des Wissens,* das zu ihrer Ausführung erforderlich ist, dann ergibt sich etwa folgende Matrix (Tafel 1, S. 193):
Es ist diese Hierarchie der Arbeitsfunktionen bzw. Bewußtheitsebenen, die in der qualifikationsabhängigen Schichtdifferenzierung der protosozialistischen Industriegesellschaft *auf einem bestimmten historischen Niveau der gesellschaftlichen Arbeitsteilung festgeschrieben* ist. Nicht die Differenzierung der Arbeitsfunktionen und ihrer Anforderungen schlechthin, erst die Unterordnung der Individuen erzeugt die soziale Schichtung und das bürokratische Phänomen. Dabei ist die Beziehung zwischen Sozialstruktur und Produktivkräften bei uns zwar unmittelbarer (Komparativ) als im Spätkapitalismus, aber doch nicht unmittelbar. Und dies hängt eben mit dem im vorigen Kapitel behandelten fundamentalen Residuum aller Herrschaftsverhältnisse zusammen, mit der Verselbständigung der »allgemeinen« Arbeit, mit der immer noch nicht überwundenen Existenz einer *besonderen* Agentur des allgemeinen Fortschritts. Die institutionalisierte, durch die gesamte technisch-ökonomische und Bildungspolitik ständig reproduzierte Abgrenzung der verschiedenen Sphären, die dominierende Tendenz zur Festlegung und Beschränkung der Individuen auf je bestimmte Funktionsniveaus erzeugt die Pyramidengestalt, zu der sich der gesellschaftliche Gesamtarbeiter

Funktionsniveaus der gesellschaftlichen Gesamtarbeit	im Stoffwechsel mit der Natur (technische Seite des Reproduktionsprozesses)	in der Organisation der menschlichen Kooperation (soziale Seite des Reproduktionsprozesses)
5. Analyse und Synthese des natürlichen und gesellschaftlichen Ganzen	Wahl der Entwicklungsziele und -wege, Auslösung entsprechender Aktivitäten aufgrund von Werturteilen über die menschlichen Bedürfnisse im gegebenen gesellschaftlichen Ensemble	
4. Schöpferische wissenschaftliche Spezialistenarbeit	Erforschung von Naturprozessen zur Erweiterung der technischen Herrschaft über die Natur	Erforschung von Sozialprozessen zum Entwurf von Strukturveränderungen der Steuerung und Regelung sozialer Kooperation
3. Reproduktive wissenschaftliche Spezialistenarbeit	Steuerung und Regelung technologisch beherrschter Naturkräfte und -prozesse	Steuerung und Regelung der sozialen Kooperation; Erziehung und Ausbildung der menschlichen Anlagen
2. Komplizierte empirische Spezialistenarbeit	Umformung von Naturstoffen; Überwachung von Naturprozessen	Umformung und Vermittlung von Informationen
	mit Einsicht in die Gesetzmäßigkeit und/oder (mit-)verantwortlicher Steuerung für den je besonderen Arbeitsvorgang	
1. Einfache schematische Teil- und Hilfsarbeit	Eingreifen der physischen (psychophysischen) Energie des Menschen als »dressierte Naturkraft«	
	in Produktions-, Transport-, materiellen Dienstleistungsprozessen	in Verwaltung, Rechnungs-, Datenverarbeitungs-, Verbindungswesen

↑

A Hierarchie der Arbeitsfunktionen

B und entsprechenden Bewußtseinsstrukturen

↓

1. Vereinzeltes Erfahrungswissen für die zu isolierten Hilfsfunktionen in den verschiedensten Sphären des allgemeinen Reproduktionsprozesses abgesunkenen elementaren Verrichtungen, aus denen sich einst die integrale (alle höheren Funktionen undifferenziert mit in sich enthaltende) Lebenstätigkeit einfacher Gemeinwesen aufbaute.
2. Systematisiertes, berufsspezifisch verallgemeinertes Erfahrungswissen in Produktion und Verwaltung.
3. Angewandte Einzelwissenschaft in Technologie, Ökonomie, Medizin, Pädagogik, Lenkung und Leitung usw.
4. Einzelwissenschaften von Natur und Gesellschaft als aktive Strukturen abstrakten, systematisierten Gesetzeswissens.
5. Zu geschlossenen Ideologien und Mentalitäten ausgearbeitete Motivation in Gestalt von Philosophie, Kunst, politischer Strategie.

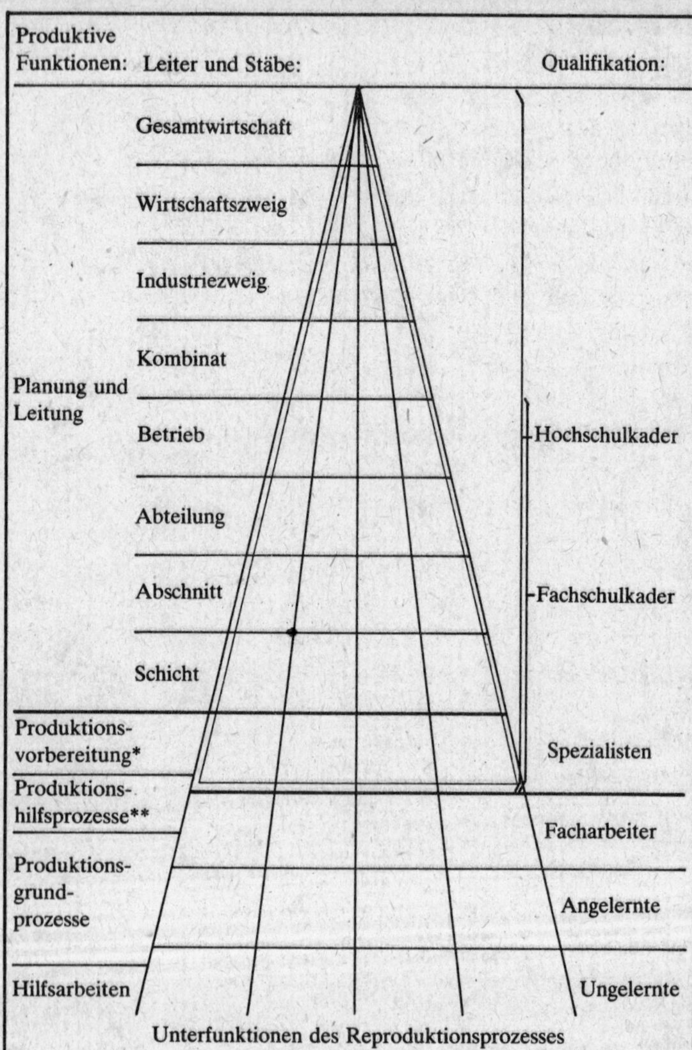

* Forschung und Entwicklung, Konstruktion und Projektierung, technologische und technische Betreuung etc.

** Insbesondere Installation, Versorgung, Wartung und Instandhaltung der Technik

im arbeitsteiligen Produktions- und Leitungsprozeß organisiert.
Es mag genügen, ein äußerst vereinfachtes Modell anzunehmen und dabei einstweilen die Vielfalt der Bereiche des allgemeinen Reproduktionsprozesses zu ignorieren. Das folgende Schema skizziert die Sozialstruktur der protosozialistischen Industriegesellschaft in ihrer Differenzierung nach Bildungsgraden, Leitungsebenen, Funktionen des Reproduktionsprozesses und Zweigen der Arbeitsteilung im Bereich der Wirtschaft (Tafel 2, S. 194):
Abgesehen von zwei hier nicht erfaßten Faktoren, nämlich von dem überlegenen Entwicklungsstand der Technik im Spätkapitalismus einerseits und von dem relativen Überschuß an Qualifikation in unseren Ländern andererseits, deckt sich diese Struktur völlig mit der vom Kapitalismus erzeugten, solange man eben hier den speziellen politischen Überbau und dort das fortexistierende Kapitalverhältnis außer Betracht läßt. Wenn man verbietet, für einen *bestimmten* Erkenntnisprozeß von den konträren Aspekten der beiden Produktionsverhältnisse zu abstrahieren, plädiert man in Wirklichkeit dafür, diese skizzierte Struktur als »naturnotwendig« und »ewig« hinzustellen, während sie in Wirklichkeit *die gemeinsame historische Basis beider Industriegesellschaften und das Unterpfand ihrer endlichen Konvergenz im Sozialismus darstellt.*
Wenden wir uns zunächst dem Verhältnis von Leitung und Ausführung zu, lesen wir dazu eine berühmte und in unserer Apologetik hochbeliebte Stelle aus dem »Kapital« unter dem Gesichtspunkt, daß der spezifischen Rolle des Kapitals eine allgemeinere Notwendigkeit zugrunde lag, die sich auch in einer anderen als der kapitalistischen Form noch geltend machen, also Stellvertreter der Ausbeuter, sagen wir: »Delegierte des Gesamtkapitalisten« auf den Plan rufen kann. Marx schreibt:
»Alle unmittelbar gesellschaftliche oder gemeinschaftliche

Arbeit auf größrem Maßstab bedarf mehr oder minder einer Direktion, welche die Harmonie der individuellen Tätigkeiten vermittelt und die allgemeinen Funktionen vollzieht, die aus der Bewegung des produktiven Gesamtkörpers im Unterschied von der Bewegung seiner selbständigen Organe entspringen ... ein Orchester bedarf des Musikdirektors« (MEW 23/350). Anschließend spricht er über den Doppelcharakter dieser Direktion als notwendiger Arbeitsleitung einerseits, Agentin der Kapitalverwertung andererseits. An anderer Stelle fügt er bei Behandlung desselben Problems ausdrücklich hinzu: »Ganz wie in despotischen Staaten die Arbeit der Oberaufsicht und allseitigen Einmischung der Regierung beides einbegreift: sowohl die Verrichtung der gemeinsamen Geschäfte, die aus der Natur aller Gemeinwesen hervorgehn, wie die spezifischen Funktionen, die aus dem Gegensatz der Regierung zu der Volksmasse entspringen« (MEW 25/397). Ich werde dasjenige Sonderinteresse, das bei uns spezifisch zu der Arbeitsleitung hinzutritt, noch analysieren, unterstelle aber hier bereits, daß daraus (nicht allein daraus) weitgehend analoge Resultate in bezug auf das Verhältnis zwischen Leitern und Geleiteten hervorgehen müssen ... Grundlegend ist zunächst die »möglichst große Selbstverwertung des Kapitals«, d. h. der bei uns in Staatskapitalform auftretenden Fonds, vor allem der Anlagefonds, d. h. der Gebäude und Ausrüstungen. Deshalb fördert man die eingestandenermaßen ungesunde Schichtarbeit genau derjenigen Menschen, die *keine* allgemeine und Leitungsarbeit zu verrichten haben!
Daraus geht auch bei uns ein Verhältnis wechselseitigen Druckes zwischen Management und Ausführenden hervor, das insbesondere die unteren Leitungsorgane, exemplarisch die Meister, aber auch das operative technologische Betreuungspersonal, in eine permanent prekäre Situation zwischen den Grundinteressen bringt. Infolge der Tatsache, daß den Arbeitern Technik und Technologie samt den Erfordernissen des ökonomischen Umgangs mit Material, Maschinerie und

Arbeitszeit in Staatskapitaleigenschaft bzw. -funktion gegenübertreten, wird das *ganze* technisch-ökonomische Personal, *einschließlich* der Spezialisten und selbst der einfachsten Verwaltungsangestellten, mit Mißtrauen und latenter Feindschaft betrachtet. »Die Angestellten arbeiten nicht.« Vordergründig ist diese Reaktion gewiß irrational, aber sie generalisiert richtig, daß dieses gesamte Personal (das ich in Tafel 2 zusätzlich eingerahmt habe) die Macht der vergegenständlichten gegen die ihr unterworfene lebendige Arbeit repräsentiert. Da sich an der Rolle des fixen Kapitals, wie sie Marx beispielsweise in den »Grundrissen« (S. 584 ff.) beschreibt, bei uns nur fiktiv etwas geändert hat, ist insbesondere erklärt, warum zwischen Forscher und Ingenieur einerseits und dem Maschinenarbeiter andererseits die eigentliche Trennungslinie – schärfer als die zwischen Meister und Arbeiter – im Betrieb verläuft. Wie Marx im »Kapital« sagt, »wächst mit dem Umfang der Produktionsmittel, die dem Lohnarbeiter als fremdes Eigentum gegenüberstehn, die Notwendigkeit der Kontrolle über deren sachgemäße Verwendung« (MEW 23/351), und man kann aus der nur zu evidenten Notwendigkeit einer solchen Kontrolle in unseren Betrieben auf die wirklichen Eigentumsverhältnisse zurückschließen: unsere Arbeiter behandeln die Fonds nicht wesentlich anders als die kapitalistischen Lohnarbeiter das vergegenständlichte Kapital. So darf man auch im folgenden Satz »Staat« für »Kapital« einsetzen: »Der Zusammenhang ihrer Funktionen und ihre Einheit als produktiver Gesamtkörper liegen außer ihnen, im Kapital, das sie zusammenbringt und zusammenhält. Der Zusammenhang ihrer Arbeiten tritt ihnen daher ideell als Plan, praktisch als Autorität des Kapitalisten gegenüber, als Macht eines fremden Willens, der ihr Tun seinem Zweck unterwirft« (Ebenda). Die Substitution, die wir hier vornehmen, zielt nicht darauf ab, den Unterschied zwischen Kapitalist und Staat (der letztlich auch mehr und noch etwas anderes ist als »Gesamtkapitalist«) zu negieren oder zu verwischen. Sie soll nur eine gemeinsame

*Grund*struktur *vor aller* Differenzierung betonen; vielleicht wird dies besonders deutlich, wenn man an ein etwas abseitiges, dafür aber gut bekanntes Beispiel erinnert: an das Verhältnis zwischen dem Deichgrafen Hauke Haien und der Mehrheit seiner halbpatriarchalischen friesischen Dorfgemeinschaft, das Theodor Storm in seiner genialen Novelle vom Schimmelreiter gestaltet. Man begegnet dort demselben Muster, das nun, jenseits des Kapitalismus, als immer noch konsistent hervortritt. Die aufs Kapitalismus-Spezifische gerichtete Beschreibung von Marx habe ich als Paradigma für dies Allgemeine benutzt.

In diesem Sinne sei nun die für den weiteren Gedankengang interessierende Pointe zitiert: »Wenn daher die kapitalistische Leitung dem Inhalt nach zwieschlächtig ist, wegen der Zwieschlächtigkeit des zu leitenden Produktionsprozesses selbst, welcher einerseits gesellschaftlicher Arbeitsprozeß zur Herstellung eines Produkts, andrerseits Verwertungsprozeß des Kapitals, so ist sie der Form nach despotisch. Mit der Entwicklung der Kooperation auf größerem Maßstab entwickelt dieser Despotismus seine eigentümlichen Formen. Wie der Kapitalist zunächst entbunden wird von der Handarbeit . . ., so tritt er jetzt die Funktion unmittelbarer und fortwährender Beaufsichtigung der einzelnen Arbeiter und Arbeitergruppen selbst wieder ab an eine besondre Sorte von Lohnarbeitern (ich füge hinzu: die funktionell übrigbleibt, wenn der Kapitalist historisch abtritt! R. B.). Wie eine Armee militärischer, bedarf eine unter dem Kommando desselben Kapitals (erst recht desselben Staates! R. B.) zusammenwirkende Arbeitermasse industrieller Oberoffiziere (Dirigenten, managers) und Unteroffiziere (Arbeitsaufseher, foremen, overlookers, contremaîtres), die während des Arbeitsprozesses im Namen des Kapitals kommandieren. Die Arbeit der Oberaufsicht befestigt sich zu ihrer ausschließlichen Funktion« (MEW 23/351). Marx hat dann im 3. Band des »Kapitals« (MEW 25/395 ff.) diese zunächst innerhalb der Figur des Kapitalisten vor sich gehende Arbeitsteilung im Hinblick auf ihre Verselbständigung zu besonderer Lohnarbeit positiv gewertet: sie macht den Kapitalisten produktiv überflüssig, und das alte Verhältnis löst sich dahin auf, daß statt des Kapitalisten die vereinigten Arbeiter den Dirigenten einstellen und bezahlen.

Wer wollte aber leugnen, daß es nun die Dirigenten sind, die die Arbeiter anstellen? Wer wollte leugnen, daß es die Dirigenten sind, die ihnen als Einzelnen vereinigt gegenübertreten, nämlich hierarchisch vereinigt im Staat? Das Bild von den »Offizieren des Kapitals« erweist sich als nützlich, um die wirkliche Stellung der einfachen Arbeiter und Kooperationsbauern in unserem sozialen System zu bestimmen. Sie sind nach wie vor so »soldatisch organisiert«, wie Marx und Engels schon im Manifest (MEW 4/469) schrieben. Ihr Platz kommt nicht bloß metaphorisch dem von gemeinen Soldaten verschiedener Truppenteile nahe, die sich gleichermaßen dem undurchschaubaren Funktionieren der vielstufigen Rangpyramide vom Unteroffizier bis zum Armeegeneral und Oberbefehlshaber unterworfen sehen. Bezogen auf die *Summe* der unterworfenen Individuen verjüngt sich die Pyramide nach oben. Über dem atomisierten *einzelnen* Individuum aber erscheint sie geradezu in der umgekehrten Form eines Trichters, der sich über ihm von Sphäre zu Sphäre immer mehr verbreitert. Jede höhere Ebene ist ein größerer Himmel. Denn je höher die Ebene, desto größer die Stäbe. Der Einzelne kann gar nicht daran denken, mit dem Staat unmittelbar zu verkehren. Er erreicht, genau so, wie es Kafka symbolisiert hat, immer nur »den niedrigsten Torhüter des Gesetzes«. Die Kleine-Leute-Mentalität ist wesentlich die Widerspiegelung dieses Sachverhalts.

Wie in der Armee die Meuterei, so ist in unserer vorgeblich sozialistischen Gesellschaft die massenhafte Rebellion der einzige Weg für die unmittelbaren Produzenten, nachdrücklich auf die allgemeine Marschrichtung Einfluß zu nehmen. Andernfalls bleibt ihre *Initiative* auf die Durchführung von

Befehlen respektive Beschlüssen beschränkt. Es ist Schuld der Verhältnisse, wenn sie auf unproduktive und regressive Formen des Protests verwiesen sind. Falls es eines Beweises für die Rechtmäßigkeit dieser ganzen Ableitung bedarf, so muß man ihn nicht primär in der Theorie suchen. Den nachhaltigsten Beweis lieferten im Dezember 1970 die Arbeiter der polnischen Küstenstädte, und die neuerliche Wiederholung der Konfrontation, diesmal mit einer flexibleren Führung, hat doppelt unterstrichen, daß man nur mit einer wirklichen Systemveränderung über die zugrundeliegende Konstellation hinausgelangen kann.
Was die Arbeitsteilung innerhalb der industriellen Leitungs- und Planungsfunktion betrifft, muß ich wieder daran erinnern, daß sie zwar im Kapitalismus völlig neu erzeugt worden ist – die frühen industriellen Bourgeois waren vielfach zugleich auch ihre Werkmeister, Buchhalter und Verkaufsagenten –, daß aber formell mit der modernen Wirtschaftsbürokratie vergleichbare Hierarchien von Leitungsfunktionen auch in anderen Produktionsweisen existiert haben, und speziell in der Ökonomischen Despotie auch mit ausgesprochen arbeitsorganisatorischem Zweck. Allerdings war die Aufseherpyramide nie so vielstufig wie heute, und speziell der leitungsfunktionelle Überbau real-sozialistischer Gesamtstaatswirtschaften kennt quantitativ und darum schließlich auch qualitativ in der Vergangenheit nicht seinesgleichen.
Die Systematik der Hierarchie und die Anzahl der Ebenen folgt – je näher zur Basis, desto unabhängiger von den Produktionsverhältnissen und erst recht von der Willkür der leitenden Subjekte – im wesentlichen der Gliederung des Produktionsprozesses selbst. Von der Schicht bis hinauf zum Kombinat ist es meist wirklich die Kombination der Herstellungsprozesse selbst, die sich mit größeren oder geringeren Toleranzen in den Leitungsstrukturen durchsetzt. Schon über die Frage, wie viele unmittelbare Produzenten ein Leiter optimal dirigieren kann, wird durch den Charakter des zu absol-

vierenden Arbeitsprozesses entschieden. Produzierende Einheiten vom Betrieb bis zur Gesamtwirtschaft sind unter dem kybernetischen Aspekt, dem Aspekt der Steuerung und Regelung, der sich seit Beginn der Zivilisation verselbständigt, biologischen Organismen analog, die sich ja auch hierarchisch geregelt anpassen und reproduzieren. Die Hierarchie der Leitungsebenen existiert objektiv als Gliederung des Informationsprozesses, der den Zusammenhang der Teilarbeiten vermittelt.

Gesamtgesellschaftliche oder vielmehr gesamtstaatliche Planung und Leitung einmal gegeben, kann auch die »Autonomie« der sogenannten Teil- bzw. Subsysteme immer nur in einem eng umschriebenen Sinne gegeben sein, der etwas qualitativ anderes meint als in der Autonomieforderung für das Individuum beschlossen liegt. Die Autonomie des industriellen Subsystems ist ein Ermessens-, aber nur bedingt ein Freiheitsspielraum für das menschliche Selbstbewußtsein. Ich will an dieser Stelle offenlassen, ob die humanistische Autonomieforderung für das Individuum eine Utopie verfolgt – jedenfalls intendiert sie seit der alten Gnosis die Hypothese, das menschliche Individuum könne *unmittelbar* mit »Gott«, mit der Gesamtheit korrespondieren, sie erkennen, an ihr partizipieren. Das schloß – zumindest jenseits der mystischen Höhepunkte – nie absolut seine Einordnung, seine Eigenschaft als Glied, als »Subsystem« eines beschränkteren Zusammenhangs aus. Nur handelt es sich um die Wesensverschiedenheit zwischen einem »Reich der Freiheit« und dem Reich der Notwendigkeit, wie es insbesondere in der Produktion gegeben ist.

Die Frage der Emanzipation darf nicht so gestellt werden, als könne man sich die Aufgabe stellen, die Leitungsstruktur der Produktion aufzulösen. Die einzige Möglichkeit besteht darin, die Menschen aus ihrer Unterordnung unter die moderne Verbundmaschinerie herauszuführen und so die »*Verwaltung* von Sachen«, die *Regelung* von Produktionsprozessen von der

Herrschaft über Menschen zu entlasten. (Ich betrachte den Leitungsapparat hier vorerst in seiner Rolle gegenüber den unmittelbar produktiven Funktionen des Produktionsprozesses, nicht hinsichtlich seiner inneren Widersprüche, die das Profil des bürokratischen Managements en detail bestimmen.)

Ursprünglich stand nun der noch undifferenzierten frühkapitalistischen Leitungsfunktion, etwa in der von Marx exemplarisch gemachten Manufaktur-Produktion von Nähnadeln, ein im Prinzip ebenso undifferenzierter, d. h. unqualifizierter Arbeiter gegenüber, der direkt als in wenigen Wochen anlernbar vorausgesetzt wurde, der Typus eines ausgesprochenen Nicht-Fachmannes, konkret-historisch insbesondere die Negation des Handwerkers. Dieser Typus bildet heute die unterste Schicht des Gesamtarbeiters, in der neben einem erschrekkend hohen Frauenanteil auch ein verhältnismäßig hoher Prozentsatz von genetisch oder milieugeschädigten Menschen fixiert ist.

Inzwischen hat sich jedoch innerhalb der produktionsausführenden Funktion eine neue Berufsskala von nie dagewesener Breite und eine eigene Schichtung herausgebildet, die, soweit ich sehe, vierstufig aufgebaut ist und auf seiten des subjektiven Faktors in jener technischen *Spezialistenschicht* gipfelt (s. S. 194), welche dem übrigen Produktionspersonal in der derzeitigen formationellen Struktur noch als Agent der entfremdeten Technik und Technologie gegenübertritt. Ihr am nächsten stehen die außerhalb der Produktionsgrundprozesse tätigen Facharbeitergruppen. Die romantische Kulturkritik, die nicht von dem Heimweh nach der ihren Sinn in sich tragenden Handwerksarbeit loskommt, weiß oft nicht, daß in der modernen Industrie, die u. a. zahllose Formteile erzeugt und verbraucht, eine insgesamt gesehen größere Menschenzahl als je zuvor allein in dem Spezialhandwerk des Werkzeug- und Formenbaus beschäftigt sein dürfte, das als konkrete Arbeit in hohem Grade befriedigend sein kann. Ähnlich ist es im Sondermaschinenbau und in den Versuchsabteilungen. Auch die begabteren Facharbeiter der in jedem Betrieb vorhandenen mechanischen Werkstatt finden von Zeit zu Zeit Gelegenheit zu schöpferischer Hand- und Maschinenarbeit. Diese Arbeiter stehen insbesondere über der Maschinerie wenigstens ihres Arbeitsbereiches, besitzen also zumindest einen gewissen technischen Überblick und genießen darüber hinaus den erheblichen Verhaltensspielraum, der sich aus ihrer nicht unbedingten Ersetzbarkeit ergibt.

Monotonie herrscht vornehmlich in der eigentlichen Grundproduktion, in der Fertigung, Montage, Prüfung, Verpackung und Lagerung der Massenartikel, wo die Arbeitsplätze als solche oft gar nicht den Facharbeiter verlangen und wo auch von vornherein die niedrigsten Lohngruppen vorgesehen sind. Diese Situation ergibt sich gerade daraus, daß die entsprechenden Tätigkeiten automatisierungsreif sind oder werden.

Aber während es sich bis hierher um eine qualitativ seit der Umwälzung vom Neolithikum zur bronzezeitlichen Zivilisation präsente Differenzierung und Spezialisierung handelt, obwohl auf unvergleichlich größerer Stufenleiter, erzeugt der moderne Industrialismus in den *wissenschaftlich*-technischen Spezialisten (das Wort erst einmal im weitesten Sinne genommen) einen völlig neuen Produzententyp. Zwar hat dieser Typ im orientalischen, antiken, mittelalterlichen Baumeister und Ingenieur auch seine Vorläufer, aber nie im Sinne einer relativ autonomen, fest in der allgemeinen Arbeitsteilung verwurzelten sozialen Schicht. Die Zivilisation, die auf der Scheidung der intellektuellen Potenzen vom unmittelbaren Arbeitsprozeß beruht, hat über den Industriekapitalismus dahin geführt, den unmittelbaren Produktionsprozeß zu intellektualisieren, die Handarbeit allmählich aus ihm zurückzuziehen. Die »Verwandlung der Wissenschaft in unmittelbare Produktivkraft« erschöpft sich nicht in der naturwissenschaftlichen Fundierung der Technologie, wie sie sich im Gefolge der ersten industriellen Revolution durch die eher indirekte Zusammenarbeit von Naturforscher und Mechaniker vollzog. Der moderne Ingenieur, besonders der Hochschulingenieur, der beide in sich vereint, ist die exemplarische Schlüsselfigur des reifen Industrialismus. Sein Gegenstand sind die komplexen Maschinensysteme, die wir im Stoffwechselprozeß mit der Natur zwischen uns und unsere Arbeitsgegenstände schieben. Im Taylorismus negativ und in der Automatisierung und elektronischen Datenverarbeitung positiv schafft die Ingenieurarbeit die materiellen Voraussetzungen, die Grundproduktion »auf den *Kopf* zu stellen«.

»Ingenieurarbeit« ist natürlich nur eine generalisierende Metapher für den ganzen Komplex der Produktionsvorbereitung, der von der Grundlagenforschung in verschiedenen Phasen über die Entwicklung, Konstruktion und Projektierung bis zur Installation und reproduktiven Pflege der neuen Technik reicht. Außerdem unterscheidet sich der Spezialistentyp, der in den Leitungsstäben mit Hilfsfunktionen befaßt ist, z. B. im Zusammenhang mit Organisation und Datenverarbeitung, soziologisch und sozialpsychologisch immer weniger vom Techniker im engeren Sinne. Auch die zahlreichen Ökonomen, die nicht an der Konzipierung der maßgebenden wirtschaftspolitischen Entscheidungen ihrer produzierenden Einheit teilhaben, kommen diesem Typus nahe. Ich gehe nur davon aus, daß dem Ingenieur die Schlüsselrolle in der gegenwärtigen Entwicklungsetappe der Produktivkräfte zufällt.

Wenn schon – und insoweit im Spätkapitalismus noch mit Recht – der Begriff der Arbeiterklasse verwandt werden soll, so ist der Ingenieur, der technische und ökonomische Spezialist, ihr privilegierter Repräsentant. Er kann verhältnismäßig leicht ins Management überwechseln, wie auch der Rückzug aus dem »Establishment« in umgekehrter Richtung möglich ist. Das Neue, das seit etwa hundert Jahren Anlauf nimmt, besteht einerseits darin, daß die unteren Leitungsfunktionen tief in den materiellen Produktionsprozeß selbst eingegliedert sind, indem sich administrative mit technischen Anweisungen und Eingriffen verbinden. Andererseits greifen, vermittelt durch die Spezialisten, die unmittelbaren Arbeitsfunktionen aus der Produktionsvorbereitung und -organisation in die administrative Sphäre über und diktieren den leitenden Subjekten Entscheidungen. Das Spezialistentum – dies ist trotz seiner Kontrastellung zu den älteren Schichten des Produktionspersonals unbedingt festzuhalten – stellt in seiner Eigenschaft als lebendige Kopfarbeit keine neue Fraktion der Arbeitsteilung innerhalb der *Leitungstätigkeit,* sondern eine innerhalb der *Produktion* dar. Und das Spezialistentum neigt dazu, die Leitungsfunktionen unter sich zu subsumieren, zumindest seiner Kontrolle zu unterwerfen.

Allerdings bezahlt es einstweilen dafür mit seiner schleichenden Bürokratisierung, zumindest mit seiner Subsumierung unter die innerbürokratischen Kontrollmechanismen. Aus diesem Grund hält es einstweilen oft einen passiven Abstand zum Management und zeigt eine sichtliche Abneigung gegen die Übernahme von Leitungsfunktionen. Außerdem stößt freilich auch die offizielle Indoktrinierung und politische Verpflichtung der »Leitungskader« ab, zumal sie die geeigneten Kandidaten nicht nur in den Geruch des Karrierismus, sondern auch der menschlichen Prinzipienlosigkeit bringt. Die Funktionen sind immer noch fast durchgängig mit der Auflage der Parteimitgliedschaft verknüpft, und es ist andererseits allzu offenbar, daß heute nur noch sehr wenige, dann meist junge Menschen aus einem unberechnenden Bedürfnis zur Partei streben. Doch ist dies eine Erscheinung, die im Unterschied zu der allgemeinen Bürokratisierungstendenz schon durch eine politische Veränderung verschwinden kann.

Die Ingenieurarbeit – diesbezüglich darf es keine Illusion geben – ist selbst noch nicht allgemeine Arbeit, ist unter die extreme Arbeitsteilung innerhalb der Wissenschaft und Technik subsumiert. Und der Spezialist ist im Regelfall durchaus kein Intellektueller im traditionellen Sinne. Er ist nicht selten

ebensoweit vom »Philosophen«, von der Regierungsfähigkeit entfernt wie die Köchin. Aber er hat mit seiner Unterwerfung unter das wissenschaftlich-technische Spezialistentum am ahumanen, »rein objektiv«, d. h. ungesellschaftlich aufgefaßten Gegenstand der Natur und Technik und bei aller Befangenheit im Mechanizismus, Positivismus, Scientismus ein *Abstraktionsvermögen* erworben, das sich auch als Werkzeug der subjektiven, und darüber vermittelt der historischen Reflexion verwenden läßt. Daher steht der Ingenieur der »Philosophie« potentiell weitaus näher als die Köchin, und der soziale Gegensatz zwischen Spezialistentum und dem etablierten allgemeinen politischen und wirtschaftlichen Management dürfte das progressiv bewegende Moment in der *nächsten* Phase des Übergangsprozesses sein.
Selbstverständlich betone ich das Hervortreten des Spezialistentums im gesellschaftlichen Gesamtarbeiter nicht etwa zu dem Zweck, den unmittelbaren Produzenten an der Basis der Pyramide jene bereits vorhandenen Aktivitäten abzusprechen, die ihre spezielle Rolle im Arbeitsprozeß überschreiten. Dank der universellen Naturanlage des menschlichen Gehirns, dank unseres fundamentalen biologischen Vorlaufs vor den sozialen Realisationsmöglichkeiten ist es ja selbst den erklärten Kasten-, Sklaven- und Rassenunterdrückungssystemen nie gelungen, die menschliche Subjektivität auf ihre hauptsächliche Arbeitsfunktion zu reduzieren. Heute mehr denn je existiert auf allen Ebenen teils aktuell, teils potentiell ein *menschlicher Qualifikationsüberschuß,* der unter den bestehenden Produktionsverhältnissen prinzipiell nicht herausgefordert bzw. ausgenutzt werden kann, vielmehr einem ständigen Druck auf seine Reduktion unterliegt. »Plane mit, arbeite mit, regiere mit!« schallt es aus den Lautsprechern, und das meint: Jeder möge an seinem Platz mehr systemkonforme Aktivität zeigen. Sobald jemand die Grenzen der bestehenden Regelungen und Institutionen überschreiten möchte, vernimmt er jedes Mal den wirklichen Regierungstenor: »Schu-

ster, bleibe bei deinem Leisten!« Und dies auf allen Ebenen, beileibe nicht nur des politischen Lebens. Man muß Edward Gierek für die Ehrlichkeit danken, mit der er das Problem unserer Gesellschaften nach der polnischen Dezemberkrise von seinen beiden Enden her zusammenfaßte zu der Losung: »Ihr werdet gut arbeiten, und wir werden gut regieren!« Die bisherige klassengesellschaftliche Arbeitsteilung läuft eben darauf hinaus, daß die überwältigende Mehrheit der Individuen entscheidend durch die früh vorprogrammierte Unterordnung unter eine bestimmte hauptberufliche Tätigkeit geprägt und beschränkt wird, so daß sie dann höchstens passiv an anderen Sphären partizipieren kann. Aber es kommt alles darauf an, ob ein solcher Realismus fatalistisch und damit apologetisch, oder kritisch und damit revolutionär ansetzt. Kritisch und revolutionär kann dieser Realismus nur sein, wenn er die Herrschaft der alten Arbeitsteilung weder als unabänderliches Fatum noch ihre Überwindung als Aufgabe ungeborener Generationen ansieht. Dazu muß erneut ins Bewußtsein gehoben werden, was Marx unter der Aufhebung der alten Arbeitsteilung verstand.

Die unwissenden Kritiker dieser »Marxschen Utopie« führen mit Vorliebe die Inflation hochspezialisierter Verrichtungen auf den verschiedensten Ebenen und Gebieten menschlicher Tätigkeit gegen sie ins Feld. Abgesehen davon, daß die Integrationstendenz in der Wissenschaft auch die *horizontale Disponibilität* – durchaus zugunsten der Individuen – fördert, handelt es sich dem Wesen nach gar nicht darum, diesem oder jenem bestimmten Fachmann Zugang zu so und so vielen weiteren Spezialdisziplinen *seines* Funktionsniveaus zu verschaffen. Nicht zwischen dem Schlosser und dem Laboranten, auch nicht zwischen dem Geologen und dem Physiker greift die Entfremdung gravierend ein. Menschen, die die dialektischen Strukturen der Philosophie, der Kybernetik, der Mathematik und der Kunst in ihr Bewußtsein aufgenommen haben, können sich prinzipiell über jedes noch so komplizierte Problem verständigen, und zwar tiefergreifend, als es für die gleichberechtigte soziale Kommunikation erforderlich wäre, und sie müssen darüber keineswegs unfähig geworden sein, eine beladene Karre zu schieben, ohne sie unterwegs umzukippen. Aber das ist es ja gerade, daß die herrschende Arbeitsteilung die *vertikale Universalität* verhindert! Sie verhindert sie so sehr, daß man beobachten kann, wie z. B. Menschen, deren Jugendentwicklung und Arbeitspraxis Facharbeiter aus ihnen gemacht hat, dann in mittleren Jahren auch mit dem attestierten Abschluß eines qualvollen Fernstudiums nicht wirklich über das ursprüngliche Strukturniveau ihres Bewußtseins hinausgelangen.

Über unserer Gesellschaft prangt in großen Lettern das Prinzip »Jeder nach seinen Fähigkeiten, jedem nach seiner Leistung«, und zugleich verabschiedet man in ihrem Namen einen Plan, der die Proportionen reguliert, in denen die heranwachsenden Mitglieder der Gesellschaft je verschiedene Niveaus von Leistungsfähigkeit und Konsumbefriedigung, überhaupt von menschlicher Realisation erreichen werden. In Orwells Satire von der »Farm der Tiere« wird die Losung an der Scheunenwand, nach der alle Tiere gleich sein sollen, später ergänzt durch den Zusatz: »Aber einige sind gleicher als die anderen«. Man muß das, um auf den realen Kern dieser einschneidenden Korrektur zu kommen, in eine ökonomienähere Sprache übersetzen. Dann lautet der Satz: Es eignen sich alle Individuen die Sozietät (die menschliche Zivilisation und Kultur) an, aber einige sind gesellschaftlicher als die anderen. Die Aneignung der Kultur ist eine Frage der *aktiven, bewußten Teilnahme* an ihren verschiedenen Funktionsniveaus und Ausdrucksbereichen. Und wer seine Energie acht Stunden jedes Tages auf Tätigkeiten konzentrieren muß, die relativ niedrige Grade und isolierte Felder von Bewußtseinskoordination beanspruchen, der wird mit großer Wahrscheinlichkeit von der Mitbestimmung auf breiterer Ebene und höheren Niveaus ausgeschlossen, weil er nicht dazu kommt, sich das erforderliche Differenzierungs- und Abstraktionsvermögen zu erwerben, und dann gehört er fundamental zu den Unterdrückten der gegebenen Gesellschaft.

Die Ausflucht, in der Verteilung der Individuen auf die verschiedenen Sphären spiegele sich im real existierenden Sozialismus nur die natürliche Verteilung der Anlagen und Talente wider, muß entschieden zurückgewiesen werden, weil die Unterschiede der Bildungsfähigkeit größtenteils in der kindlichen, besonders frühkindlichen Sozialisation erzeugt werden, die unter dem Diktat der herrschenden Arbeitsteilung und ihrer geplanten Reproduktion steht. Individuell ist es natürlich möglich, sich über die Schranken einer untergeordneten Teilarbeit zu erheben, was dann meist über kurz oder lang dazu führen wird, eine allgemeinere Arbeit auszuführen: irgendeine wirtschaftliche oder politische Leitungsfunktion, eine wissenschaftliche oder künstlerische Tätigkeit. Dies gilt in demselben Sinne – wenn auch bei quantitativ größerer Chance für den Einzelnen – wie die Aussage, jeder Schuhputzer könne im Kapitalismus ein Rockefeller werden. Auch in bürgerlichen Gesellschaften gibt es – jedenfalls im Vergleich mit der Vergangenheit – keine direkten Einschränkungen des Zugangs zu synthetischen Funktionen und zu ihren Bildungsvoraussetzungen mehr. Übrigens herrschte im alten China seit der Han-Zeit juristische Gleichheit in bezug auf den sozialen Aufstieg durch eine bürokratische Karriere für ziemlich breite Volksschichten. Die Bauern konnten mit der Gentry um die Prüfungsergebnisse konkurrieren. Das Problem ist also wirklich nicht neu. Es handelt sich hier um den subjektiven Aspekt von »Ökonomie der Zeit«, um »Zeit für Entfaltung der menschlichen Wesenskräfte«.

Es sind zwei eng miteinander zusammenhängende Mechanismen, die den Handarbeitern, genauer gesagt all denen, die ihren derzeitigen Normalarbeitstag mit abstrakter Teilarbeit verbringen müssen, den Zugang zur gesellschaftlichen Synthesis verlegen.

Der erste Mechanismus besteht in der Unterentwicklung der Lernmotivation schon bei den Kindern der benachteiligten Schichten. In komplizierten Gesellschaften, wo der Weg der Erkenntnis des allgemeinen Zusammenhangs (nicht bloß der Übernahme einer manipulierten Ansicht darüber) ein Stufenprozeß von der Erscheinung zum Wesen n-ter Ordnung ist, bedarf es der Schulung und Übung des Abstraktions- und Reflexionsvermögens, um die entscheidenden Verhältnisse zu begreifen. In diesem Punkte sind die individuellen Chancen in unserer Gesellschaft im großen und ganzen (unbeschadet geringfügiger Differenzen) *ebenso* ungleich verteilt wie in der spätkapitalistischen. Ich zitiere zur näheren Ausführung eine Arbeit aus der Schule Mitscherlichs, in der folgender Gedankengang entwickelt wird:
»Die Frage, ob schon in der Kindheit jene Verhaltensweisen sich entwickeln, die nach gängiger Definition zu ›Intelligenz‹ rechnen und unmittelbar bedeutsam für die Entwicklung von *Reflexion* sind, hängt von der *Zeitperspektive* ab, die das Kind im häuslichen Milieu internalisiert.« Gemeint ist die Zeitperspektive der Erwachsenen in dem Sinne, ob sie mit einem qualitativen Erwartungshorizont, mit der Hoffnung auf Veränderung (Verbesserung) und Aufstieg (in irgendeinem mehr oder weniger weitgreifenden Sinne) leben, oder ob sie sich mit der Monotonie eines Zeitablaufs abgefunden haben, der ihnen immer nur die Wiederkehr der gleichen Verrichtungen und Vergnügen bringen wird, wo also Zeit nur in sinnleeren Minuten, Stunden und Tagen gemessen wird. In einem solchen Zeitraster »sind weder Revolution noch Hoffnung für das Individuum *denkbar,* kaum Neugier, kein exploratory drive, kein strategisches Denken, also auch keine Entwicklung, und damit sinken die Chancen für das Sichbilden von intelligentem Problemlösungsverhalten und Reflexion. In diesen ›Zeitperspektiven‹ . . . reproduziert sich primär die Arbeitsgestalt: ob monoton mit sehr geringen Freiheitsgraden in der Wahl der Organisation der eigenen Arbeitsabläufe, ohne motivierende

Hoffnung auf Aufstieg, Entwicklung, Veränderung, abhängig, disponiert, Gegenstand der strategischen Entwürfe anderer oder ob eher wechselförmig, mobilisierend, disponierend, mit (partiellen) Organisationsstrategien oder Problemen. Auch das Ausmaß der Fragmentierung der Arbeit dürfte von Einfluß sein. Wie die Beobachtung lehrt, honoriert die Gesellschaft bei Arbeitern und kleineren Angestellten eher die Stabilität (die berühmte ›Treueprämie‹) und gibt für neugierige Erkundungen schon am weiteren Arbeitsort kaum Lustprämien ... Selbst die Deutlichkeit, mit der Intelligenzfunktionen mit wachsendem Lebensalter abgebaut werden, scheint von der Art der Tätigkeit, der Arbeitsgestalt mit abhängig zu sein. Arbeiterkinder wären dann weniger ›intelligent‹ als Kinder der Mittelschicht, insofern sie im Schatten latenter Depression von Vätern (Müttern) aufwachsen, für die schon in zeitigem Lebensalter die Entwicklung sistiert; die um die ›verlängerte Pubertät‹ des Schülers und Studierenden gebracht sind (ganz zu schweigen von den ›wiederholten Pubertäten‹ des begabten Menschen in sehr privilegierter Position), und die im Alter auch noch zeitiger dumm werden: sie wissen ja, daß sie Arbeiter bleiben – ein Wissen, das verinnerlicht ist, der Artikulation nicht mehr bedarf; sie sind für immer ›die da unten‹ ... Wäre dies zutreffend, so erklärten sich die geringere Intelligenz und Reflexionskraft der sozialen Unterschicht aus der gesellschaftlichen *Ohnmacht* der Lohnabhängigen, die sie – mehr oder weniger – zur Hinnahme, zur konsumptiven Haltung, zur Unterdrückung, zur Perspektivelosigkeit zwingt und damit Verzicht auf Intellektualität impliziert« (Brückner, Leithäuser, Kriesel: Psychoanalyse, Frankfurt M. 1968/38 ff.).

Hilft also dieser erste Mechanismus erklären, wie die bestehende Arbeitsteilung schon für subalterne Individuen der nächsten Generation sorgt, so geht es bei dem zweiten Mechanismus um die jeweils aktuelle Blockierung des Durchbruchs zu einer Teilnahme an der gesellschaftlichen Synthesis. Hier können wir uns an Überlegungen des französischen Marxisten Lucien Sève (in seinem Buch »Marxismus und Persönlichkeit«, Berlin 1972) zum Thema »Zeitplan der Persönlichkeit« halten. Sève meint damit, daß die Proportionen, in denen das Individuum seine Zeit für abstrakte (dem psychischen Wachstum verlorene) Lohnarbeit und passive Reproduktion seiner Kräfte und Bedürfnisse einerseits bzw. für produktive und konsumptive Lernprozesse, d. h. für den Erwerb neuer Fähigkeiten andererseits verausgaben kann, sich in allmählich verfestigten Proportionen der psychischen Zuwendung, des psychischen Kraftaufwandes für bestimmte Klassen von Handlungen niederschlagen. Unter diesem Gesichtspunkt differenziert sich *jede* moderne Industriegesellschaft skalar zwischen den Extremen solcher Menschen, die (Parasiten einmal vernachlässigt) ihre gesamte notwendige Arbeit in der Form produktiver Konsumtion, also als schöpferische Tätigkeit leisten können und jenen anderen, denen die notwendige Arbeitszeit schlechthin für die eigene Entwicklung verlorengeht.

Durch die bloße Tatsache, daß bestimmte Teile, Gruppen, Schichten für sich in Anspruch nehmen, hauptamtlich, hauptberuflich ein Leben lang abgesonderte allgemeine und schöpferische Arbeit in Politik, Wissenschaft und Kunst zu leisten, daß sie *die* Arbeit monopolisieren, die durch sich selbst zur Entfaltung der individuellen Wesenskräfte führt – durch diese Tatsache verurteilen sie andere Gruppen und Schichten zu hauptberuflicher Beschränkung, wenn nicht Abstumpfung der Gehirne. Und natürlich projizieren sie diesen Zustand kraft ihres entscheidenden Einflusses auf die Planung der Investitionen, auf die Bildungsinstitutionen, auf die Massenkommunikationsmittel materiell in die Zukunft. So wie sich der Bourgeois keine Zukunft vorstellen konnte, die seine eigene privilegierte Stellung nicht reproduziert in sich enthielt, können sich die meisten unserer Politiker und Funktionäre, ebenso unserer Wissenschaftler und Künstler keine Perspekti-

ve vorstellen, in der sie selbst als Privilegierte nicht mehr vorkämen.
Betrachtet man die mit der Struktur des gesellschaftlichen Gesamtarbeiters korrespondierende Sozialstruktur unserer Gesellschaft als Ganze, so stellt man einerseits auf den ersten Blick den relativ kontinuierlichen »vertikalen« Übergang von einer Schicht zur anderen, von einem materiellen und kulturellen Lebensniveau zum andern fest. Bis auf statistisch nicht durchschlagende Ausnahmen, die übrigens leicht beschnitten werden könnten und in kritischen Situationen u. U. auch beschnitten werden, existiert eine verhältnismäßig gleichmäßige Verteilung der Individuen über die verschiedenen Merkmalsskalen, die man anlegen kann. Es ist auch bedeutungsvoll, daß die Einkommensdifferenzierung, obwohl sie durch den Kumulationseffekt bei bestimmten bessergestellten Kreisen zeitweise zunimmt, nicht die Schärfe der maßgebenderen Abstufung nach Bildungsgraden und Positionen im Reproduktionsprozeß der Gesellschaft erreicht, auch dann nicht, wenn man die Privilegien der arrivierten Würdenträger einrechnet. Es gibt – als Nachwirkung der alten marxistischen Ehrbegriffe – in dieser Frage immer noch unverkennbare Schranken und einen mehr oder weniger bewußten hinhaltenden Widerstand gegen die hemmungslose Ausnutzung von Positionen zu dem niedrigen Zweck der Bereicherung. Die eigentlichen Privilegien sind politischer Natur, das übrige ist mehr oder weniger bloß angeschwemmt.
Insgesamt gesehen beruhen die Probleme unserer Sozialstruktur demnach nicht auf einer systemimmanenten sozialen »Ungerechtigkeit« der *Verteilungs*verhältnisse (soweit eine solche nicht in dem Leistungsprinzip selbst wurzelt). Dennoch weist die Pyramide der Arbeitsteilung und Leitung nicht nur in der politischen Erscheinungsform der radikal ungleichen Machtverteilung eine Bipolarität auf. In der soziologischen Literatur der Sowjetunion wird in letzter Zeit verstärkt die »kulturelle« Komponente in der sozialen Schichtung der Werktätigen her-

vorgehoben, die Komponente der kulturellen Qualifikation im weitesten Sinne. Dabei wird das Kontinuum mit gutem Grund immer wieder unter den Gesichtspunkten des Urbanisierungsgrades, des Bildungsniveaus und der Geschlechterdualität angeschnitten. Gegenüber dem städtischen (in gestern noch agrarischen Ländern ist die Differenz zwischen Industriearbeitern und Bauern natürlich noch immer erheblich), hochqualifizierten und männlichen Element, das statistisch gesehen zur Spitze der Pyramide strebt, tendiert das ländliche, niedrigqualifizierte und weibliche Element zu ihrer Basis. Hier – nämlich in der Aufarbeitung der historisch ältesten Residuen der Klassenspaltung – liegt in unseren Ländern, und jenseits des Kapitalismus auch in den höchstindustrialisierten westlichen die entscheidende Aufgabe der fortschrittlichen Kräfte. Politische Revolution oder Reformation hat nur dann einen Sinn, wenn sie die Bedingungen für die technische und zugleich kulturelle Revolution verbessert, die die Menschen Stufe um Stufe von den Fesseln der alten Arbeitsteilung und des Staats befreit und bis in die Primärzellen der Gesellschaft hinein die Voraussetzungen für die freie Entwicklung aller sichert.

7

Der Unbegriff der Arbeiterklasse jenseits des Kapitalismus

Der Begriff des Gesamtarbeiters, von dem ich im vorigen Kapitel ausging, hat trotz quantitativer Überschneidungen nichts mit dem Begriff der Arbeiterklasse zu tun. Insbesondere die linke Kritik an unseren Zuständen, mit der ich stimmungsmäßig sympathisiere, folgt oft einer dogmatischen Logik, wenn sie die irreführende, ja objektiv reaktionäre, auf eine Wiederholung des durchlaufenen Zyklus zielende Forderung erhebt, nun endlich die authentische Herrschaft der Arbeiterklasse herzustellen. Der Begriff der Arbeiterklasse ist schlechthin ungeeignet, an die wesentlichen Strukturmerkmale unserer Gesellschaft und an das Problem ihrer Perspektive heranzuführen. 1969/70 grassierte in der DDR die These, die Arbeiterklasse sei die körperlich und geistig produktive, leitende und machtausübende Klasse. Nicht zuletzt zu apologetischen Zwecken, zur Verschleierung der sozialen Widersprüche erfunden, bedeutete sie jedenfalls, daß alle »Arbeiter und Angestellten« unserer Bevölkerungsstatistik einschließlich unabgrenzbar »großer Teile der Intelligenz« und natürlich der gesamten Partei-, Staats-, Gewerkschafts- und Wirtschaftsbürokratie in einem einzigen Suppentopf theoretisch unter Luftabschluß gehalten werden sollten. Gegenwärtig liefert man überhaupt keine Definition der »Arbeiterklasse« mehr, weil sie – wie man natürlich nicht eingesteht – objektiv unmöglich ist. Der Begriff der Arbeiterklasse hat bei uns keinen abgrenzbaren und, viel entscheidender, in der praktischen Aktion als Einheit erscheinenden Gegenstand mehr.

Jene »Arbeiter und Angestellten« machten damals schon über 80% der Gesamtbevölkerung aus. Mit dem Fortschritt der übergenossenschaftlichen Kooperation in der Landwirtschaft gleicht sich deren Gesamtarbeiter in seiner soziologischen Struktur gerade von den Produktionsverhältnissen her, die wahrhaftig nicht mehr durch das rudimentäre Eigentumsrecht bestimmt werden, dem industriellen sehr rasch an. In bezug auf die Grundprobleme unserer Sozialstruktur können »Arbeiter« und »Genossenschaftsbauern« bereits identifiziert werden, was die Analyse und Beachtung der Besonderheiten natürlich nicht überflüssig macht. Sie können und müssen einfach deshalb identifiziert werden, weil nicht mehr eine »horizontale« Klassenteilung, sondern eine »vertikale« Schichtenfolge, mit allerdings noch harten Übergängen, charakteristisch für unsere Gesellschaft ist. Das Grundverhältnis besteht nicht zwischen einer Arbeiterklasse und den übrigen Elementen der Sozialstruktur, sondern in ihrer gemeinsamen Gleichheit gegenüber einem dritten Faktor. Zwischen einem Produktionsarbeiter und einem handarbeitenden Genossenschafts- oder vielmehr Kooperationsbauern gibt es im Hinblick auf ihre Stellung im Produktions- und Reproduktionsprozeß kaum mehr als formelle Unterschiede.

In den Kategorien der Klassenstruktur läßt sich unsere nichtkapitalistische Ordnung bestenfalls *nach ihrer Vergangenheit* interpretieren. Unter diesem Gesichtspunkt stellt sie sich als ein Subtraktionsergebnis dar: Summe der Klassen und Schichten der bürgerlichen Gesellschaft minus Bourgeoisie und Junker. Selbst unter Einschluß der Feststellung, daß nach dieser Subtraktion die Valenzen und Gewichtsverhältnisse der verbliebenen Elemente maßgeblich verändert sind, kommt man auf diesem Wege nicht über eine bloße morphologische Beschreibung hinaus, deren Einteilungskriterien aus der alten Gesellschaft stammen. Jenseits des Kapitalismus verliert der Begriff der Arbeiterklasse nicht nur seinen operativen Sinn, sondern er wird dann zur Bemäntelung dieser oder jener neuen Sonderinteressen verfügbar, speziell zur Pseudolegitimation der bürokratischen Stellvertreter-Macht. Es gibt übrigens in den real-sozialistischen Ländern kaum noch einen Theoretiker, der es unternähme, ihn ernsthaft einzugrenzen. Individuen bilden eben nur insofern eine Klasse, als sie in bezug auf ihre Stellung zu den Produktions- und Existenzbedingungen im gemeinsamen Gegensatz zu einer anderen stehen. Klassen sind grundsätzlich korrelative Kategorien, die mit allen anderen und insbesondere natürlich mit den dominierenden Elementen ihrer Formation korrespondieren. Sie können nur aus dem Gesamtgefüge einer Gesellschaft heraus definiert werden. Mit der Bourgeoisie verliert auch das Proletariat seine spezifische sozialökonomische Identität, so daß in der nachrevolutionären Situation ganz andere, interne Strukturkriterien relevant werden müssen. (Deren Aufdeckung wird freilich dadurch hinausgezögert, daß die neuen herrschenden Elemente nun verstärkt die alte Identität in die Konfrontation mit dem äußeren Feind, in Gestalt der verbleibenden bürgerlichen Staaten, hinüberzuretten suchen, wofür es ja durchaus eine objektive Basis gibt.)

Betrachten wir die Tatsachen, nach der Art des indirekten Beweises, zunächst noch vom Standpunkt der traditionellen Begriffe, insbesondere des üblichen Proletariatsbegriffs, der die Industriearbeiter unter Ausschluß der technischen Intelligenz meint.

In den spätkapitalistischen Ländern setzt sich langfristig die sozialreformatorische Tendenz in der Arbeiterbewegung durch. Schon mit der Herausdifferenzierung der »Arbeiteraristokratie«, d. h. mit der Qualifizierung eines großen Teils der Handarbeit auf der Basis der kapitalistischen Industrialisierung und mit dem Anwachsen der auf Differenzierung der Leitungsfunktion basierenden Angestelltenschicht, war die Arbeiterbewegung reformistisch geworden. Ihre Spaltung in divergierende Parteien statt Flügel ist nur unter der Voraussetzung der siegreichen russischen Revolution verstehbar, d. h. sie ist von vornherein kein rein internes Phänomen der hochindustrialisierten kapitalistischen Länder gewesen. Insbesondere die deutsche Arbeiterbewegung ist in den zwanziger Jahren an ihrer Spaltung und an der »Bolschewisierung« der KPD, ihres aktivsten Elements, gescheitert. Rosa Luxemburgs bis zuletzt nicht völlig ausgeräumte Bedenken gegen die Verselbständigung des linken Flügels hatten eben ihren rationellen Kern. In keinem einzigen westlichen Land hat die verselbständigte kommunistische Partei, deren ideologische Intention natürlich durchaus aktuell war, die in sie gesetzten Erwartungen erfüllen können. Eben hat der ererbte Anachronismus der alten Kominternstrategie die Chancen der portugiesischen Revolution entschieden vermindert, indem die PKP dafür sorgte, daß das politische Spektrum des Landes links statt rechts von der Mitte riß und überdies der linke Flügel des Militärs gespalten und seine besten Kräfte verschlissen wurden. Man kann nur hoffen, daß die portugiesische Erfahrung diesem ganzen unglückseligen Typus kommunistischer Strategie endgültig den Totenschein ausstellt. Heute, wo der Impuls der russischen Revolution verbraucht ist, während die alte Basis im Westen auf neuer Stufenleiter persistiert, ist die »Resozialdemokratisierung« der stärksten kommunistischen Parteien, in Italien, Frankreich, Spanien, Finnland usw., ihre Tendenz zur Reunion unübersehbar (obwohl sie keineswegs auf die Positionen der *jetzigen* sozialdemokratischen Führungen hinweist). Jedenfalls kommt die traditionelle Arbeiterbewegung in den spätkapitalistischen Ländern nicht an die Macht. Revolutionäre Aktivitäten wie in Frankreich 1968 gehen von gesellschaftlichen Kräften aus, die bisher in der Regel nicht zur Arbeiterklasse gerechnet wurden. Selbstver-

ständlich bleiben die historisch älteren Arbeiterschichten auf dem Plan, und sie müssen in der kommunistischen Partei ihre Vertretung behalten, aber es ist nicht mehr möglich, auf ihre Interessen die allgemeine Strategie zu gründen.
Mit dem Übergang zum Staatsmonopolismus tritt auch die Sozialdemokratie in eine neue Entwicklungsphase, in der sich die nächste Kräfteverschiebung innerhalb des »lohnabhängigen« Gesamtarbeiters, die Kräfteverschiebung zum Spezialistentum, widerspiegelt. Wie kann die Sozialdemokratie dominierende Regierungspartei sein? Besonders im klassischen amerikanischen Fall hat sich, wie Whyte nach der Euphorie der »managerial revolution« nachwies, das Management als sozial und politisch konservatives Element erwiesen. Doch handelt es sich in Amerika um einen Spätkapitalismus, der die Prägung durch seine einstige Pionierzeit noch nicht völlig hinter sich gelassen hat und dem insofern trotz des »Pentagonismus« noch die letzte staatsmonopolistische Ölung fehlt. Whyte konzentrierte sich gerade auf das Konzernmanagement, wo allgemeine Arbeit noch für – am Rahmen der bestehenden Gesellschaft gemessen – partikulare Zwecke geleistet wird. Das vordringende *staatliche* Management ist in seinem Erfolg und in seiner sozialen Perspektive daran gebunden, die infolge der schnellen Spontanentwicklung des ganzen Gesellschaftsprozesses in immer schnellerem Rhythmus fälligen Anpassungen reformatorisch, d. h. im Einklang mit dem fundamentalen Klasseninteresse einer selbst in Transformation begriffenen Finanzoligarchie zu bewältigen. Der Wille hierzu war das Geheimnis und die Ausstrahlung John F. Kennedys, der den traditionellen Familienreichtum als Sprungbrett für einen höheren Typus nationaler Führerschaft als den des industriellen Bourgeois benutzen wollte. Kennedy wollte dem amerikanischen Staat eine gesellschaftliche Rolle geben, die ihm in der bisherigen amerikanischen Geschichte nach innen niemals zukam. (Die Ermordung Kennedys signalisierte ähnlich wie die Ermordung Walter Rathenaus die

Gefahr der konservativ-faschistischen Gegenrevolution, der Flucht nach rückwärts statt der Flucht nach vorn aus der permanenten Krise des Übergangs zu einer neuen, höheren Zivilisation).

In Westeuropa scheint sich der für die faschistische Ausflucht prädestinierte Kräfteblock bereits historisch verausgabt zu haben, seine Stunde dürfte vorbei sein. Der Abstieg des konservativ-reaktionären Blocks im Nachkriegs-Westdeutschland ist ein sehr bedeutendes Symptom für unseren Kontinent. Wenn die Zeichen nicht trügen, wird Westeuropa sozialdemokratisiert, vielleicht sogar Frankreich, obwohl dort die traditionellen herrschenden Mächte einen alten etatistischen Vorlauf hatten. Brandt war Kennedy analog, aber er stieg mit einer ganz anderen (nämlich nicht nur temporär-psychologischen) Massenbasis vergleichsweise »von unten« in die Staatsmaschine ein. Die deutsche Bourgeoisie war aus Gründen ihrer ganzen Geschichte nicht in der Lage, einen Kennedy äquivalenten Typus, eben den Typus Rathenau, auch nur für eine Stunde an der Spitze der Nation zu präsentieren. Sie brachte es nur bis zu den Prokuristen Stresemann und Adenauer. Daher blieb den Neoliberalen nichts anderes übrig, als der Sozialdemokratie (deren Namen natürlich nicht wörtlich genommen werden darf) zu sekundieren. Die Sozialdemokratie nach dem Zuschnitt Wehner–Brandt–Schmidt kann – das ist das Wesentliche – einfach deshalb nicht mehr als »bürgerliche Arbeiterpartei« qualifiziert werden, weil sie am Hebel der ökonomisch potenten staatlichen Superstruktur doch etwas mehr als bloß eine von der Bourgeoisie abhängige Größe wird, ohne sich dabei etwa »neoproletarisch« zu regenerieren. Natürlich ist der Prozeß noch nicht abgeschlossen, die Position noch nicht endgültig konsolidiert. Vieles wird davon abhängen, ob sich in der EWG eine übernationale *staatliche* Superstruktur durchsetzt.

Was ist die heutige westeuropäische und speziell auch die westdeutsche Sozialdemokratie (und zwar unabhängig davon, ob ihr politischer Kurs nun mehr rechts wie Brandt oder mehr links wie Palme ist)? Sie ist weder bürgerliche noch Arbeiterpartei, schon gar nicht »Volkspartei«. Dem qualitativen Kern ihrer Massenbasis nach ist sie am ehesten Partei der »neuen Arbeiterklasse«, der breiten Spezialistenschicht, von der wir sprachen, und die natürlich auch ihr verwandte Ideologen erzeugt.

Die Studentenunruhen im Westen sind Rebellion der künftigen Spezialisten im Hinblick auf ihren Anspruch, keine zu werden, nicht in die vorbereitete subalterne Position in den Bienenwaben des Spätindustrialismus einzurücken. Diese Schicht, und ihre Studenten voran, ist antikapitalistisch und anti-managerial (gegen das »Establishment«) zugleich. So unreif und neuerdings dogmatisch sie sich – aufgrund ihres noch ganz neuen Selbstgefühls – artikuliert, bringt sie doch wenigstens potentiell Interessen der ganzen Arbeiterklasse und besonders der Arbeiterjugend mit zum Ausdruck, zumal natürlich zwischen den Spezialisten der naturwissenschaft-technisch-ökonomischen Disziplinen einerseits, der qualifizierten Handarbeit andererseits wohl eine Differenz, aber keinerlei Antagonismus auftritt. Sie arbeiten zum Beispiel in den Versuchsabteilungen kameradschaftlich, ohne paternalistische Vormundschaft der einen über die anderen zusammen und fühlen sich in ihrem beiderseitigen Spezialistentum aufeinander angewiesen. Zumindest tendenziell herrscht hier die gelobte »herrschaftsfreie Kommunikation«.

In dem Maße nun, wie das kapitalistische Element in einer Gesellschaft zurückgedrängt wird, kann diese Schicht als der wahre Gegenspieler des etatistischen Managements auftreten, gleichgültig, ob es sich sozialdemokratisch oder kommunistisch gibt, und dabei an der Spitze der großen Mehrheit stehen, die die ausführenden Funktionen des Gesamtarbeiters wahrnimmt. Gegen den privaten Kapitalismus, gegen den Partikularismus der Monopole aber gehen ihre Interessen bedingt mit dem etatistischen Management überein, das sich

in seinem Bestreben nach rationaler Regulierung von oben durch den traditionellen »Pluralismus« der Bourgeois, der Konzerne gehindert und damit in seinen sozialen Erfolgsaussichten geschädigt sieht. (Wie oft geben die Ideologen und Journalisten seiner couleur ihrem Neid auf die dirigistische Macht unserer maßgebenden Bürokraten Ausdruck!)
Die Sozialdemokratie an der Macht ist die Partei des Interessenkompromisses zwischen der »systemtranszendierend« votierenden Spezialistenschicht und dem »systemreformatorisch« orientierten Teil des Managements, besonders des »öffentlichen«, das natürlich nach wie vor in den langfristigen Interessen des Monopolkapitals seine Grenze respektiert. Genau besehen finden die beiden Flügel nur in der Konfrontation mit der konservativen Fraktion der Bourgeoisie eine gemeinsame Sprache. Die Rivalität kann sich jedoch, besonders dann, wenn der Flügel der Nichtetablierten stark ist und sich faktisch zum Fürsprecher aller außerhalb des Managements stehenden Werktätigen macht, also eine höhere Version des Allgemeininteresses verficht, für eine längere evolutionäre Periode als relativ fruchtbar erweisen und dialektisch einer grundsätzlicheren antikapitalistischen Linie der Massen den Weg bereiten. Um den jungsozialistischen Flügel der Sozialdemokratie gruppieren sich heute die progressivsten Elemente der westdeutschen Gesellschaft, was nicht heißt, daß sie alle in ihm aufgehen und den Kompromiß mit der sozialdemokratischen Parteidisziplin auf sich nehmen sollten. Doch ist Sektierertum heute die schlimmste Sünde. Auf die Dauer kann die Stunde einer großen marxistischen Partei, einer Union aller wirklichen Sozialisten in Westdeutschland nicht ausbleiben. Aber sie wird ein qualitativ anderes Subjekt als »die Arbeiterklasse« politisch artikulieren.
Wie steht es mit der Arbeiterklasse in den Ländern des real existierenden Sozialismus? Die Diktatur der Bolschewiki war von Anfang an ebensowenig mit der Herrschaft der Arbeiterklasse identisch wie die Jacobinerdiktatur mit der Herrschaft

der Sansculotten. Keiner der früheren und keiner der jüngsten sozialen Zusammenstöße läßt auf etwas schließen, was auch nur annähernd als Tendenz zur Herausbildung einer authentischen Arbeitermacht interpretiert werden könnte.

Die Einführung der Selbstverwaltung in Jugoslawien hat zunächst primär zur Teilung der sozialen Macht zwischen dem Staat und einem dezentralisierten Management geführt, das von den unmittelbaren Produzenten im allgemeinen zwar formal verantwortlich gemacht, aber nicht wirksam kontrolliert werden kann. Immerhin kann dort der Bund der Kommunisten noch das abstrakte Prinzip der Arbeitermacht behaupten, weil er sich weder an die Staatsmaschine noch an das Management ausverkauft hat.

Die »Große Proletarische Kulturrevolution« in China hat die Arbeiterklasse des Landes (obwohl darin keineswegs ihr Wesen bestand) eher als Objekt betroffen.

In der Tschechoslowakei dominierte 1968 eindeutig »die Intelligenz«, der es hauptsächlich um ihre »glorious revolution« ging (in Analogie zu dem bekannten Ereignis der englischen Geschichte, bei dem die wirklichen Nutznießer der dortigen bürgerlichen Revolution das politische System an ihre Bedürfnisse anpaßten).

In Polen wurde die Arbeiterklasse im Dezember 1970 von der Stupidität des Partei-Staats-Apparats zur Rebellion provoziert, sah sich jedoch danach sogleich vollständig auf eine annehmbare Alternative *innerhalb* des Apparats angewiesen: die Erhebung gab den Anstoß zu einer, wie man sagen könnte, »kleinen proletarischen Kulturrevolution« von oben, nämlich zur Säuberung des Apparats von einigen der reaktionärsten, rücksichtslosesten und unbelehrbarsten Bürokraten. Wir sollten dies als ein den sozialökonomischen und politischen Voraussetzungen *adäquates* Ergebnis auffassen.

Das Wesen unserer inneren Situation kommt gerade auch darin zum Ausdruck, daß die Arbeiterklasse keine anderen Kader, keine anderen Organisationen besitzt als die, von denen sie beherrscht wird. Sofern ihr der neue Staat als allgemeiner Kapitalist gegenübertritt, also gerade in derjenigen Hinsicht, in der sie ihre alte Lohnarbeiter-Identität noch wahrt, steht sie in dieser Konfrontation ohne andere Führer als ein paar spontan erhobene, unerprobte Sprecher da. Die Gewerkschaften, die ursprünglichen Kampforganisationen für ihre besonderen Klasseninteressen, treten fast nur in Hilfsfunktionen der Staatsmaschine auf (sei es auch in der an sich sehr angenehmen sozialen Betreuung). Dieser ihren unmittelbaren Interessen angemessenen Assoziationen beraubt, sind die Arbeiter dem Regime gegenüber automatisch atomisiert. Sie sind jedenfalls keine »Klasse für sich« mehr, und schon gar nicht in politischer Beziehung.

Bei einem Erfolg (welcher Art auch immer) der tschechoslowakischen Reformbewegung hätten die Arbeiter ihre Gewerkschaften zurückbekommen, was ihre sozialpolitische Lage verbessert hätte. Doch andererseits wäre gerade mit dieser Restauration ihre subalterne Rolle als Lohnarbeiter des von einer Bürokratie gehandhabten Staates anerkannt worden. Wieweit man mit den vorgesehenen konzessionierten, nichtsouveränen Arbeiterräten über diesen Zustand hinauskommen konnte, muß offen bleiben, weil die Gesellschaftspolitik der neuen Partei noch nicht praktisch hervortrat. Es kann jedenfalls kein Zufall sein, daß das Prinzip der Arbeiterräte bisher nie zu den erhofften Ergebnissen geführt hat. Gerade im real existierenden Sozialismus hat sich mit aller Deutlichkeit erwiesen, daß das Industrieproletariat als solches nicht die ihm vorausgesagten Perspektiven besitzt. Was Marx in den Begriff einer welthistorischen Mission des Proletariats zusammendrängte, löst sich auf in die *Geschichte* nicht- bzw. nachkapitalistischer Industriegesellschaften. Wenn aber die allgemeine Emanzipation ein generationenlanger Prozeß ist, kann sie nicht die Bewegung eines bereits harmonisierten Subjekts sein, das sich dabei gleichbliebe. Ihren selbst noch antagonistischen Charakter leugnen, heißt ihr Resultat theoretisch an den Anfang setzen. Die ungeheure Mehrheit der proletarischen Individuen kann ihre Lage nur nominell verändert finden und muß für den bescheidenen Gewinn, der hauptsächlich in »sozialer Sicherheit« besteht, unter Umständen sogar mit einem langsameren Wachsen des Lebensstandards bezahlen.

Heute dient das Bestehen der offiziellen Theorie und Propaganda auf der »führenden Rolle der Arbeiterklasse« einzig und allein der Rechtfertigung der Apparatherrschaft. Die Idee der Arbeitermacht wird dazu benutzt, eine Realität zu verschleiern, die ihr ganz und gar ins Gesicht schlägt. Die Arbeiterklasse als ganze, die Arbeitermitgliedschaft der Partei im besonderen – sie sind politisch gesehen dazu bestimmt, den nötigen Ballast abzugeben, der die Trägheit der Partei-Staats-Maschine gegen jeden Versuch einer effektiven Kurskorrektur verstärkt. Nicht zufällig hat Novotny, wenn er auch erfolglos blieb, vor seinem Sturz noch an die Arbeiter zu appellieren versucht! Nicht zufällig wacht der Organisationsapparat der Partei mit Argusaugen über den »Arbeiteranteil« als den einzigen Sektor der Mitgliedschaft, den er künstlich forcieren muß! Denn freilich: die Arbeiter drängen sich nicht nach der Art von »führender Rolle«, die ihnen das System zumutet. Vielmehr hat sich sowohl in der ČSSR wie in Polen gezeigt, daß sie gerade dann eine progressive Rolle in der Gesellschaft spielen können, wenn sie sich von der Vormundschaft des Parteiapparats emanzipieren.

Nun werden diejenigen, die ihre Augen vor dem wirklichen Verhältnis von Arbeiterklasse und Partei-Staats-Apparat verschließen möchten und deshalb stets auf dogmatische Diskussionen über orthodoxe Lehrsätze aus sind, natürlich darauf verweisen, daß sich der Proletariatsbegriff von Marx zwar ökonomisch-analytisch auf die Industriearbeiterschaft konzentriert, aber keineswegs darauf beschränkt. In dieser Hinsicht konstatiere ich zunächst nichts weiter, als daß der historische Block, der sich um die »proletarischen« Interessen kri-

stallisierte und in den sozialistischen Parteien seinen avanciertesten Ausdruck fand, von vornherein durch den inneren Widerspruch gekennzeichnet war, an dem er nach der politischen Machtergreifung auseinanderklaffen mußte. Die Parteikonzeption von Marx und noch mehr die von Lenin haben ja gerade diesen Widerspruch zum Thema. Sie waren das Programm einer revolutionären Elite, die das intellektuelle Element der Arbeiterklasse an sich heranzog, mit sich vereinte, um mit dem Material der wirklichen Arbeiterbewegung, die – während sie ihre *besonderen* Klasseninteressen verfolgt – eine solche Tendenz nicht hat noch haben kann, Aufgaben wie die allgemeine Emanzipation des Menschen oder die Erneuerung Rußlands in Angriff zu nehmen.
Es ist eines, die Arbeiter zum vollen Bewußtsein ihres ökonomischen Klassengegensatzes zu den Bourgeois zu führen, ein ganz anderes, ihnen ihre »universellen« Interessen bewußt machen zu wollen. Das heißt die spezifische Entfremdung der Arbeiterklasse zugleich als Realität konstatieren und verleugnen, heißt die Möglichkeit der Emanzipation für das proletarische Individuum mit der Möglichkeit der Emanzipation der ganzen Klasse gleichzusetzen. Wir können an dem folgenden Text des jungen Gramsci studieren, wie diese Substitution des einen Problems durch das andere funktioniert. Gramsci – den ich gerade deshalb zitiere, weil er *damals* bereits einen *über* den *heutigen* Durchschnitt hinaus fortgeschrittenen Einblick in das Problem hatte – schrieb im September 1920 im Ordine Nuovo (Philosophie der Praxis/83):
»Welche Kraft der Expansion können die Gefühle eines Arbeiters haben, der, über seine Maschine gebeugt, acht Stunden täglich die berufliche Geste wiederholt, monoton wie das Abbeten eines Rosenkranzes, wenn er einmal ›Herrscher‹ sein wird, wenn er zum Maß der gesellschaftlichen Werte wird? Ist nicht allein die Tatsache ein Wunder, daß es dem Arbeiter noch gelingt zu denken, obwohl er etwas tun muß, ohne das Wie und Warum seiner praktischen Tätigkeit zu kennen?

Dieses Wunder des Arbeiters, der täglich seine geistige Autonomie erobert und die eigene Freiheit, Ideen in eine Ordnung zu bringen, der gegen die Müdigkeit, die Langeweile kämpft, gegen die Monotonie der Geste, die das Innenleben zu mechanisieren und folglich abzutöten droht, dieses Wunder organisiert sich in der kommunistischen Partei, im Willen zum Kampf und zur revolutionären Schöpfung. Der Arbeiter hat in der Fabrik nur rein ausführende Funktionen. Er folgt nicht dem allgemeinen Arbeits- und Produktionsprozeß, er ist kein Punkt, der sich bewegt, um eine Linie zu schaffen, er ist eine an einem bestimmten Platz festgesteckte Stecknadel, und die Linie ergibt sich aus einer Aufeinanderfolge von Stecknadeln, die ein fremder Wille zu seinen Zwecken angeordnet hat. Der Arbeiter neigt dazu, diese seine Seinsweise in alle Kreise seines Lebens zu tragen; überall paßt er sich leicht der Aufgabe an, materiell Ausführender, ›Masse‹ zu sein, die von einem ihm fremden Willen geführt wird; er ist, intellektuell gesehen, faul, weiß nichts und will nichts außerhalb des unmittelbar Gegebenen sehen, deshalb ist er bar jeden Kriteriums bei der Wahl seiner Führer und läßt sich leicht von Versprechungen täuschen; er glaubt, ohne eine große Anstrengung seinerseits und ohne viel denken zu müssen, etwas bekommen zu können. Die kommunistische Partei ist das Instrument und die historische Form eines inneren Befreiungsprozesses, durch den der Arbeiter von einem *Ausführenden* zu einem *Initiator*, von der *Masse* zum *Führer*, von dem Arm zu Kopf und Willen wird . . . Die russische Revolution wurde von Menschen vollendet, die in der kommunistischen Partei organisiert sind, die in der Partei eine neue Persönlichkeit und neue Gefühle erworben haben und ein geistiges Leben verwirklichen, das danach strebt, universelles Bewußtsein und Ziel für alle Menschen zu werden.« Soweit Gramsci.

Die marxistischen Intellektuellen hatten stets ein idealisiertes Bild »des Arbeiters«, das auf niemand anderen hinwies, als auf sie selbst. Wegen der Fixierung auf *den* Arbeiter, der

Parteimitglied, kommunistischer Intellektueller und Organisator wird, läuft soviel marxistische Diskussion in Europa seit 1914 auf Erklärungen dafür hinaus, daß die Interessen, die die Arbeiter wirklich zeigen, nicht ihre wirklichen Interessen seien. In Wahrheit drückt der Marxsche Begriff des Proletariats die Utopie aus, daß auf den Kapitalismus der freien Konkurrenz in einem kurzen Übergang unmittelbar der Kommunismus folgen würde. Darum wurde ihm und seinen Nachfolgern auch der Widerspruch, der von vornherein in seine Parteikonzeption eingeschlossen war, nicht in seiner eigentlichen Bedeutung bewußt, obwohl in der marxistisch-sozialdemokratischen Bewegung immer wieder das »Seit-an-Seit« der »Arbeiter des Kopfes und der Hand« beschworen werden mußte. Wir hatten ja gesehen, daß Marx der Möglichkeit einer neuen Ökonomischen Despotie nicht ins Auge sah.
Dabei ist diese Möglichkeit schon in dem frühesten Keim der kommunistischen Parteiidee, in der Forderung nach der Vereinigung von Philosophie und Proletariat, nach dem »Blitzeinschlag des Gedankens in diesen naiven Volksboden«, konkreter gesprochen nach der Vereinigung der revolutionären Intelligenz mit der Arbeiterklasse, enthalten. Der Gestus war und blieb bis zuletzt und erst recht in den Leninismus hinein präzeptorisch, wenn auch die Begriffe mit der Vertiefung in die Ökonomie immer konkreter und reifer wurden. Nur die »Philosophie«, nur die vom letzten Wort des gesellschaftswissenschaftlichen Denkens durchdrungene Intelligenz – Heine hatte Marx und seine Freunde »Doktoren der Revolution« genannt – konnte dem Proletariat seine wahre Bestimmung, seine gegenwärtige Lage und seine Zukunftsinteressen bewußt machen. Wer sonst sollte auch schließlich den so sehr erwünschten Blitz schleudern?!
Die sozialistischen Parteien waren von vornherein, und durchaus nicht nur in Rußland, ambivalent sowohl Parteien *des* Proletariats wie Parteien *für das* Proletariat. Ihre Begründer und vorrevolutionären Führer waren erklärlicherweise mit

ganz wenigen Ausnahmen Intellektuelle aus den Zwischenschichten. Nicht die Arbeiterklasse gab sie sich als Führung, sondern sie gaben sich der Arbeiterklasse als Führung. Und um einen Platz unter ihnen einnehmen zu können, mußten die Arbeiter selbst Intellektuelle werden, wobei die Tatsachen der Arbeitsteilung und Klassenstruktur in der bürgerlichen Gesellschaft, die sich auch in den Arbeiterorganisationen widerspiegelt, stets zur Folge hat, daß diese Arbeiterintellektuellen aufhören, Arbeiter zu sein, als Arbeiter zu leben, daß sie in ein anderes Milieu, in eine andere besondere Existenz als Ideologen und Organisatoren, als »Offiziere« der Bewegung überwechseln. Nach dem Sieg treten sie ihren Klassengenossen als Funktionäre des herrschenden Apparats gegenüber. Die heutige Problematik liegt zunächst gar nicht in dieser Realität selbst, sondern in ihrer Vernachlässigung und Ignorierung durch die Theorie, einer Vernachlässigung, die aufs engste mit den unmittelbaren Sonderinteressen der Arbeiteroffiziere zusammenhängt. Auch Marx und Engels haben ihre eigene Rolle in der Arbeiterbewegung, obwohl sie sie doch sehr bewußt erlebten und sich sehr oft von den unmittelbaren Führern distanzierten, weniger kritisch und mehr emotional reflektiert als nahezu alle anderen Gegenstände ihrer Aufmerksamkeit. Auch bei ihnen finden wir also einen Rest der charakteristischen Blindheit des Subjekts für sich selbst.
Wie mir scheint, ist ihr ganzer Proletariatsbegriff aus Gründen ihrer subjektiven Bedürfnisse nie völlig von dem Hegelschen Gegensatz zwischen (vernünftiger, wesentlicher) Wirklichkeit und (bloß empirischer, zufälliger) Existenz losgekommen. Das reale empirische Proletariat ist, obwohl von ihnen zum Repräsentanten der ganzen vorschreitenden Menschheit berufen, eine Klasse, die aus sich selbst heraus nur zu gewerkschaftlichen, tradeunionistischen Ausdrücken ihrer Interessen gelangt. Entsprechend einer übermächtigen historischen Realstruktur, wie sie auf einem früheren Entwicklungsniveau in seelsorgerischen Kirchenorganisationen zu gerinnen pflegte,

mußte das Bewußtsein ihrer »wahren«, »welthistorischen« Ziele in die Arbeiterbewegung hineingetragen werden. Es handelt sich jedoch insofern immer noch um jenseitige Interessen und Ziele, als sie sich *zeitlich* an derselben Stelle realisieren, an der sich auch die religiöse Subjektivität realisieren sollte: jenseits der Lebenszeit der aufgerufenen Individuen. Die Arbeiterklasse mußte also dazu erzogen werden, sich Individuum für Individuum über ihre empirischen, unmittelbaren Interessen zu erheben, die Trägheit der nach Marxens eigener Theorie ausschlaggebenden Arbeits- und Lebenssituation zu überwinden, was gesetzmäßig immer nur einer Minderheit gelingen kann. So kündigt sich bereits in dem Verhältnis von »Philosophie« und »Proletariat«, in der ganzen späteren Diskussion um das »Hineintragen« des revolutionären Bewußtseins in die Arbeitermassen, um die Vereinigung von Sozialismus (als Wissenschaft) und Arbeiterbewegung, um das Problem von »Spontaneität und Bewußtheit« eine Gesellschaft an, die – in der Sprache der Feuerbachthesen – mit Notwendigkeit dahin kommt, sich »in zwei Teile zu sondern, von denen der eine über der Gesellschaft erhaben ist«. Denn die »Philosophie« – das können nur die »Philosophen« mit ihrem intellektuell-erzieherischen und administrativen Anhang sein! Aber in der hellenisierten Form, daß die Philosophen herrschen sollen, mittels einer Transmission von »Wächtern«, hatte einst Plato das Wesen der alten Ökonomischen Despotie Ägyptens erinnert.
Eine solche Perspektive – nun allerdings nach vorwärts, nicht nach rückwärts – entsprach aber völlig den Bedürfnissen jener vom Kapitalismus unbefriedigten Intelligenz, die die historische Phase der romantischen Negation hinter sich hatte und nun die Alternative vorwärts suchte, zunehmend revolutionär votierte. Dem Streben einer solchen Elite nach Totalität, nach Verallgemeinerung und Komplettierung ihrer Lebensweise und Subjektivität gibt das Programm der allgemeinen Emanzipation vorrangig Ausdruck. Nur für sie geht der Wider-

spruch zwischen unmittelbaren und welthistorischen Interessen praktisch auf. Die an die Arbeiter gerichtete Forderung, die unmittelbaren, korporativen Interessen aufzuopfern für einen nicht unbedingt in diesem bestimmten Leben erreichbaren, nichtsdestoweniger aber notwendigen menschheitlichen oder wenigstens gesamtnationalen Zweck, ist im Einklang mit dem realen Lebensgenuß von Menschen, die sich damit befassen, die Armee für solch einen Zweck zu schulen und zu organisieren. Später wird sich aus ihnen der Kern der herrschenden Partei-, Staats- und Wirtschaftsbürokratie konstituieren. Die intellektuelle Avantgarde nimmt eine solche Rolle bereits in der Führung der politischen Arbeiterbewegung vorweg. Das Rätsel ihrer vorrevolutionären Aufopferung ist aufgedeckt in der Hegelschen Beobachtung, daß Märtyrer (zumindest psychologisch) im allgemeinen auf ihre Rechnung kommen. Das historische Gesamtinteresse ist durch die politisch-organisatorische Arbeit, in der sie sich und ihre Autorität bestätigen, ihr besonderes Interesse.

So löst sich Gramscis speziell auf Rußland und Italien gemünzter Gedanke, nach dem das Proletariat nur herrschende Klasse bleiben kann, indem es seine gegenwärtigen Lebensinteressen zugunsten seiner Hegemonie aufgibt und sich in den Dienst eines wissenschaftlich bewiesenen Menschheitsinteresses stellt, schlicht auf in die inzwischen offenbare Tatsache, daß das Proletariat nicht herrschende Klasse sein *kann.* Im Grunde genommen hat das Lenin für Rußland nach der Revolution auch eingestanden, wenn er in seinem berühmten Aufsatz »Lieber weniger, aber besser« statt an die Arbeiterklasse als ganze an die aufgeklärtesten Elemente Rußlands appellierte und dabei die fortgeschrittensten (am meisten kultivierten, am meisten intellektualisierten) Arbeiter und die von der Revolution inspirierte Minderheit der Intellektuellen und Spezialisten meinte.

Freilich haben weder Marx noch Lenin mit ihrer Parteikonzeption etwas gemacht, was man in irgendeinem sinnvollen

Bezuge einen »Fehler« nennen könnte. Sie haben im Gegenteil eine Lösung gesucht und gefunden, die den realen Bedingungen des Arbeiteremanzipationskampfes entsprach. Bis zur Machtergreifung sind die »Philosophen« ebenso wie vormals die Bourgeois und ihre aufklärerische Vorhut echte Repräsentanten des spezifischen Allgemeininteresses, das sie formuliert haben: sie führen eine neue Formation herauf. Marx und Lenin haben sich nur wie andere Ideologen vor ihnen über die objektiven Widersprüche hinweggetäuscht, die notwendig in ihre Konzeptionen und Aktivitäten eingehen mußten. Das ist etwas ganz anderes als die angestrengte Unaufrichtigkeit der heutigen angestellten »Marxisten«, die sich darum bemühen, die bereits voll entfalteten Widersprüche der neuen Gesellschaftsstruktur zuzudecken. Heute springt das Dilemma der marxistisch-leninistischen Parteikonzeption schon rein logisch in die Augen: Jede bisher zur Herrschaft berufene Klasse war natürlich auch in der Lage, ihre gesamtgesellschaftliche Rolle aus sich selbst heraus zu formulieren und zu repräsentieren. Die seinerzeit politisch völlig adäquate Konzeption des »Hineintragens« der Bewußtheit in den vorgestellten Hegemon nimmt die Sprengung der zugehörigen Theorie vorweg.
Die Arbeiter – bis auf individuelle Ausnahmen – waren nie marxistisch in einem einigermaßen strengen Sinne. Der Marxismus ist eine Theorie, die sich auf die *Existenz* der Arbeiterklasse gründet, aber *ihre* Theorie ist er nicht. Es waren stets linke Intellektuelle, die sich in die Lage versetzt fanden, den Marxismus als ganzen einsehen zu können. Das fiel ihnen um so leichter, als er sie unter der Flagge der proletarischen Zukunftsinteressen – die ja nur ein anderer Ausdruck für das »Gesamtinteresse«, »Allgemeininteresse« einer nachkapitalistischen Menschheit sind – zu seinen historisch privilegierten Anwälten berief. Sie repräsentieren politisch die »Bourgeoisie des vierten Standes«, d. h. sie prätendieren auf die spätere Herrschaft über den historischen Block, den sie an die Macht führen. Ihr Aufstieg zur politischen Macht korrespondiert mit

dem von Marx zunehmend registrierten Differenzierungsprozeß innerhalb des industriellen Gesamtarbeiters, der den sozialen Aufstieg einer neuen Schicht von intellektuellen Spezialisten und »Dirigenten« bedeutet. In Gestalt der Arbeiterbewegung und ihrer Schicksale selbst kündigt sich eine Gesellschaft an, deren zentraler Konflikt unmittelbar auf dem Charakter und der Komplexität der industrialisierten Arbeit beruht. Ich will einstweilen nur feststellen, daß Marx infolge seiner Konzentration auf die Probleme der kapitalistischen Formation den sozusagen *klassenmäßigen* Charakter der funktionellen Differenzierung innerhalb des industriellen Gesamtarbeiters (und des gesellschaftlichen Gesamtarbeiters überhaupt) nicht in seiner selbständigen Bedeutung erkannte.

Aber auch abgesehen davon ist eine *welthistorische* Mission des Proletariats im Rahmen der marxistischen Theorie nirgends zwingend bewiesen. Marx und Engels haben sie postuliert, *bevor* sie detailliert die Gesetze der kapitalistischen Produktionsweise analysiert hatten. Aus dem »Kapital« geht nur die Rolle des Proletariats als Antagonist der Bourgeoisie *innerhalb* des Verhältnisses von Lohnarbeit und Kapital zwingend hervor, und die Zuspitzung des Klassenkampfes, die sich daraus ableitet, ist an die Phänomene des Konkurrenzkapitalismus bzw. an deren Reproduktion in der Konkurrenz der Monopole gebunden. Daß das Proletariat darüber hinaus das aktuelle Kollektivsubjekt der allgemeinen Emanzipation sein sollte, blieb eine philosophische Hypothese, in der sich die utopische Komponente des Marxismus konzentrierte. Sie konnte durch die Politische Ökonomie des Kapitalismus unmöglich eingelöst werden. Die Überlegungen zum tendenziellen Fall der Profitrate jedenfalls schließen diese Lücke nicht.

Marx führt zwei Argumente dafür an, daß das Proletariat (in einer eben nicht mehr dialektischen Bewegung, d. h. ohne einen neuen Widerspruch aus sich zu entfalten) die neue Gesellschaft begründen könne.

Erstens, negativ, konzentriere sich auf das Proletariat alle bisherige Entfremdung, alle Verelendung und Entwürdigung des Menschen. Es war von frühan eine Denkstruktur Marxens, die vorgefundene Gesellschaft so zu beschreiben, daß keine andere Lösung als der totale Umschlag mehr möglich erschien. Nach 1848 trat dieses utopische Relikt zwar in den Hintergrund, besser wohl: in den Untergrund. Der Impuls, der davon ausging, blieb aber erhalten. Der allgemeinste Kern des Gedankens, nämlich das revolutionäre Interesse auf die Bedingungen für das Aufschließen der Unterentwickelten, Unterprivilegierten jeder Gesellschaft und der ganzen Menschheit zu richten, bleibt ja auch ein absolut notwendiger Bestandteil jeder Emanzipationsideologie. Seine ins Kommunistische Manifest eingegangene Konsequenz, daß nur eine Assoziation, in der die freie Entwicklung eines jeden gesichert ist, für die freie Entwicklung aller bürgt, daß es nur so eine Gesellschaft ohne Gewalt, ohne Terror von oben und unten geben kann, bildet nach wie vor das entscheidende rationale Motiv für das revolutionäre Engagement avancierterer Schichten an der allgemeinen Emanzipation. Es ist und bleibt der feste Grund, auf den sich eine Ethik der prometheischen Solidarität gegenüber den jeweils weniger entwickelten Gliedern des sozialen Zusammenhangs gründen kann. Es hat noch nie eine Unterdrückung oder auch nur Benachteiligung gegeben, die ihre Zwänge nicht in transformierter Form auf ihr Subjekt zurückgekoppelt hätte. Und je despotischer eine Elite regieren muß, desto erbärmlicher, glückloser ist ihr eigenes Leben. In die Formulierung des Manifests ist der alte Aufklärertraum von einer Republik der Könige eingegangen.
Die Idee der Gleichheit ist stets von einer je bestimmten ideologischen Fraktion der Herrschenden zuerst zur Diskussion gestellt worden, die dazu nur begonnen haben mußte, tiefer nach den Voraussetzungen für eine Harmonisierung ihrer eigenen Daseinsbedingungen zu fragen. Die unterdrückten unmittelbaren Produzenten konnten nur in Zeiten schar-

fer sozialer Krisen den Gedanken ihrer Knechtsnatur ablegen und universale Ansprüche anmelden. Realisieren konnten sie sie im großen Maßstab nie, weil ihre Situation ihnen von Kindheit auf die Möglichkeiten der Aneignung beschränkt hat. Die politische Emanzipation einer unterdrückten Klasse kann massenhaft gesehen nur zur Befriedigung einiger der angestauten kompensatorischen Bedürfnisse führen. Nach der Revolution beginnt der Kampf um die Neuverteilung der materiellen Güter, die die Gesellschaft für den Konsum bereitstellen kann, und es bedarf mehrerer – nach den durch sozialpsychologische Untersuchungen einigermaßen gesicherten Erfahrungen *mindestens* zweier – neuer Generationen, um eine neue Subjektivität als Durchschnittstypus zu etablieren. Zu Marxens Zeiten hatte die Psychologie noch nicht den Entwicklungsstand erreicht – es fehlte insbesondere das umwälzende Werk Freuds und seiner Schule –, der es heute gestattet, für schlechthin unmöglich zu erklären, daß eine unterdrückte, der Arbeitsteilung unterworfene, entfremdete Klasse von unmittelbaren Produzenten »selbst« herrschende Klasse werden und in dieser Rolle die Hegemonie über den ganzen Kulturprozeß ihrer Gesellschaft ausüben könnte.
In Wirklichkeit kann sich also die Vision von Marx, deren Struktur ja durchaus dem neutestamentarischen »Die Letzten werden die Ersten sein« verwandt war, nur in einem generationenlangen nachrevolutionären Umgestaltungsprozeß realisieren, sogar dann, wenn man die Industrialisierung als im wesentlichen vollendet unterstellt. Der Realprozeß geht daher über die tendenziell immer noch antagonistische Differenzierung des gesellschaftlichen Gesamtarbeiters, über dessen arbeitsteilige und hierarchische Organisation voran. Hier setzt Marxens zweites, positives Argument für die welthistorische Mission des Proletariats an, das *abstrakt* gesehen voll gültig bleibt: Allein das Proletariat sei von grundauf mit der modernen Produktion verbunden, und indem sich die ganze Gesellschaft tendenziell in Proletariat und Bourgeoisie polarisiert,

während die letztere parasitär wird, ihre Funktionen im Reproduktionsprozeß verliert, bleibt gar kein anderer Träger der zukünftigen Gesellschaft übrig als das Proletariat – der produktive Gesamtarbeiter. Sofern man nun die neue Gesellschaft durch die alte Brille betrachtet und den Rückgang der Mittelschichten, die Proletarisierung der Genossenschaftsbauern sowie die Entstehung einer neuen, herkunftsmäßig werktätigen Intelligenz, kurz die Tendenz zur Verwandlung der Gesamtgesellschaft in Arbeiter und Angestellte des sozialistischen Staates konstatiert, ist es nur logisch, die »Arbeiterklasse«, wie am Ende der Ulbricht-Ära, so zu definieren, daß sie alle Glieder des allgemeinen Reproduktionsprozesses von der Reinemachefrau bis zum höchsten Politbürokraten umfaßt. Bezeichnenderweise diente dieses Spiel mit dem Begriff seinerzeit dazu, eine Welle penetrantester parteioffizieller Hätschelung des technokratischen Managertums zu decken, das unverhüllt seinen Anspruch kundtun durfte, »eine strukturbestimmende Spur« in unserer Gesellschaft zu ziehen. Die neuesten konfusen Diskussionen um das Verhältnis von »Arbeiterklasse« und »Intelligenz« können nicht zu einem wenigstens logisch vertretbaren Ergebnis führen, weil es unmöglich ist, »*die* Intelligenz« aus dem produktiven Gesamtarbeiter herauszusondern. Die ganze Konfusion zeigt nur ein übriges Mal, daß die traditionellen Klassenbegriffe durch die strukturelle Entwicklung der Produktivkräfte überholt worden sind, und ganz besonders eben in einer Gesellschaft, in der die intellektuellen Leitungs- und Vermittlungsfunktionen im Reproduktionsprozeß nicht mehr im Dienst der privaten Kapitalverwertung stehen, in der also ihre besondere Stellung nicht mehr unter *traditionelle* Klassengegensätze subsumiert ist. Die intellektuelle Arbeit marschiert heute an der Spitze der subjektiven Produktivkräfte.

Übrigens hat Lenin gleich nach der Revolution den Begriff »Intelligenz« vermieden, sobald es um die Kennzeichnung der verschiedensten Fachleute ging. Er sprach dann fast immer von »Spezialisten« und neigte dazu, diesen Terminus bis weit in die ehemaligen »gebildeten Stände« hinein anzuwenden; er konnte sogar Kaufleuten gelten, sofern sie kulturell über dem Krämer standen. Eine besondere Ideologenschicht, wie sie nach wie vor in jeder modernen Gesellschaft auftritt, kam in Lenins Perspektive einfach deshalb nicht ausdrücklich vor, weil die traditionellen Elemente dieser Schicht unterdrückt werden mußten, während die progressiven, als »wirklich aufgeklärte Elemente«, in der Partei oder um ihre Peripherie konzentriert waren. Es war zwar von der alten Intelligenz die Rede, aber nicht im Hinblick auf die neue Gesellschaftsstruktur. Auf jeden Fall betonte die Leninsche Terminologie sogleich die Eingliederung der intellektuellen Berufe als Unterfunktionen in den Gesamtarbeiter, in dem die Spezialisten bis zum voll entfalteten Kommunismus eine besondere Schicht bilden würden.

Das ist um so mehr hervorzuheben, als die spezifische Intelligenzproblematik der nichtkapitalistischen Industriegesellschaft damals noch gar nicht soziologisch in Erscheinung treten konnte. Die »sozialistische Intelligenz« von heute ist ja in der überwiegenden Mehrheit nicht aus den traditionellen Mittelklasse-Bildungsschichten, sondern aus den arbeitenden Klassen rekrutiert worden, so daß – insbesondere in der Sowjetunion – soziologisch nur ein dünner Faden von Kontinuität zwischen »alter« und »neuer« Intelligenz sich fortspann. Die neue Intelligenz versprach zunächst, eine ziemlich homogene, eng an die Partei angeschlossene Schicht zu werden. In ihrer ersten Generation trat die in Wirklichkeit charakteristische Dichotomie zwischen Spezialisten und Ideologen (letztere nur zu bald: Beamten für den politisch-administrativen und ideologischen Apparat) noch nicht so stark hervor, weil das Erziehungsziel der Identität von »Fachmann *und* Sozialist« zunächst einige Realität hatte. Die Ideologen, subjektiv mit dem Parteiziel identifiziert, dominierten. Es war eine Periode, in der viele Spezialisten wirklich Kommunisten

wurden, und in der zumindest die Jugend nicht um der Karriere willen in die Partei strömte.
Jetzt ist »die sozialistische Intelligenz« – wenn man darunter vereinfachend Menschen mit einer Qualifikation über Normalschulbildung versteht – ein sozialökonomisch und politisch äußerst heterogenes Konglomerat von Gruppen und Schichten sehr verschiedener gesellschaftlicher Funktion und Stellung, in dem sich auf spezifischem Niveau alle Widersprüche, die überhaupt für die Sozialstruktur der nichtkapitalistischen Industriegesellschaft typisch sind, ausprägen. Wenn man näher hinsieht, hat es eher den Anschein, als würden zwischen verschiedenen Fraktionen dieser »Intelligenz«, deren Spitzen überdies beide in der jeweiligen Einheitspartei organisiert sind, die entscheidenden Kollisionen ausgetragen. In Wirklichkeit tritt aber die eine, die oppositionelle Fraktion, sobald sie sich formieren und entfalten kann, der anderen, um den Partei- und Staatsapparat gruppierten, als – ungünstigstenfalls bloß egoistischer – Repräsentant eines veränderten *Allgemein*interesses gegenüber. Sie stand in der ČSSR deutlich an der Spitze des ganzen produktiven Gesellschaftskörpers, der nach einer neuen Überbaustruktur verlangte.
Angesichts einer solchen Konstellation müßten programmatische und strategische Erwägungen, die die nachrevolutionäre Partei – sei es die herrschende bürokratische, sei es ein alternativer, geistig dominierender Bund der Kommunisten – konventionell als »Arbeiterpartei« auffassen, von vornherein an der Wirklichkeit der nichtkapitalistischen Industriegesellschaft vorbeigehen. Ihre Verfechter operieren an der rückwärtigen Front des geschichtlichen Prozesses, wie es stets das Schicksal sektiererischer Nachhutgruppen war. Damit ist das große Thema einer politischen Interessenvertretung für die unterprivilegierten oder richtiger die unterentwickelten Schichten des gesellschaftlichen Gesamtarbeiters nicht etwa suspendiert oder dem pädagogischen Gutdünken »wissender« Intellektueller anheimgestellt. Es geht nicht darum, die an-

geblich »führende Rolle der Arbeiterklasse« durch eine faktisch »führende Rolle der Intelligenz« zu ersetzen. Die Interessen der in ihren eigenen Augen kompetenten managerialen, wissenschaftlichen und ideologischen Intelligenz tragen ebensowenig universalen Charakter wie die der unmittelbaren Produzenten. Das ganze Problem der allgemeinen Emanzipation muß praktisch-politisch neu gestellt werden.

8

Triebkräfte und ihre Hemmungen in der nichtkapitalistischen Industriegesellschaft

Was für eine Dynamik der sozialen und ökonomischen Entwicklung, wieviel solidarische Anstrengung aller für das allgemeine Wohl haben sich die alten Sozialisten ausgemalt! Eben jene große Initiative, die Lenin so begeistert beschrieb, als die Arbeiter der Moskau-Kasaner Eisenbahn ihren ersten revolutionären Subbotnik begingen. Gerade darin gründete letztlich unser Vertrauen in die Überlegenheit der sozialistischen Produktionsweise, unser hartnäckiges Festhalten an der Überzeugung, wir würden den Kapitalismus in absehbarer Frist »einholen und überholen«. Wir zweifelten nicht an der grundsätzlichen Übereinstimmung der individuellen mit den gemeinschaftlichen Interessen und erblickten darin die unvergleichliche Triebkraft unseres harmonischen Fortschritts.
Leider kam sie – wie wir meinten, infolge gewisser Überbleibsel der Vergangenheit im Bewußtsein der Menschen – nur noch nicht genügend zur Geltung. In dieser Hinsicht schien sich der ganze ungeheure Überbau eher langsamer als rascher umzuwälzen. Und wir gingen dazu über, den Wettbewerb mühevoll von oben zu veranstalten und seine »Initiatoren« nach zweckmäßiger Vorauswahl zu präparieren. Heute wird

den Verantwortlichen der Partei- und Gewerkschaftsorganisation, auf die aus wirtschaftspolitischen Erwägungen die Wahl gefallen ist, die Leitlinie für den allgemeinen Wettbewerbsaufruf jeweils fertig in die Tasche gesteckt, damit auch kein wichtiger Gesichtspunkt vergessen wird. Es ist eine Tragikomödie mit rituellem Einschlag, peinlich für alle Beteiligten. Allein das Indiz »Wettbewerb« könnte schon genügen, die sozialistische Illusion ad absurdum zu führen.

Es ist eingetreten, was Rosa Luxemburg Lenin schon 1918 voraussagte, ohne daß dieser eine Alternative zu seinem Kurs gehabt hätte: Ihr werdet dahin kommen, daß die Bürokratie das einzige tätige Element in Eurem Staate, in Eurer Gesellschaft ist. Rosa mit ihrer sozialistischen Perspektive sah natürlich nicht, daß die Bürokratie, ungeachtet der unweigerlich eintretenden negativen Konsequenzen, die sie erkannte, zugleich und vor allem eine positive Rolle als tatsächlicher Initiativapparat der ökonomischen und sozialen Umgestaltung spielen würde. Darüber habe ich schon ausführlich genug gesprochen. Jedenfalls ist es falsch, die Abwesenheit von Masseninitiative auf die Tätigkeit der Bürokratie *zurückzuführen* (wie es *sekundär* zweifellos der Fall ist!), ohne zuvor anzuerkennen, daß die Rolle der Bürokratie als »einziger Initiator« *primär* der *Ersatz für fehlende Masseninitiative* war. Wer soll in einer nichtkapitalistischen Gesellschaft die Initiative tragen, wenn sich die Massen an Puschkins Regieanweisung aus dem Boris Godunow halten: »Das Volk bleibt stumm«? Der Apparat hat ursprünglich den werktätigen Massen keine positiv wahrgenommenen Rechte und Aktivitäten streitig gemacht. Man kann ihm nur vorwerfen, die alte Unmündigkeit weiter zu reproduzieren. Die Entmündigung als aktiver Prozeß hat sich vornehmlich innerhalb der Partei vollzogen und hauptsächlich ihre Intelligenz (darüber hinaus dann überhaupt die intellektuellen Elemente) betroffen, und zwar als Folge der Zwangslage, die Gesellschaft bürokratisch organisieren zu müssen, ehe sie sozial und ideologisch reorganisiert war.

In der ersten Phase nach dem politischen Umsturz überdeckte einerseits der revolutionäre Enthusiasmus einer Minderheit, besonders aus der Jugend, andererseits und vor allem die Mobilisierung der Massen durch die Notwendigkeit des Überlebens angesichts einer durch Krieg und Revolution beschädigten Volkswirtschaft die Antriebsschwäche. Ähnlich war es auch in den ersten Jahren nach 1945 bei uns. Man erinnert sich hier noch immer nicht ohne Nostalgie an die graue Romantik der Trümmerfrauen und die hartnäckige Bastelei an der zerstörten Maschinerie. Aber im Jahre 1953 zeigte sich bei der Auseinandersetzung um die Normenfrage eindringlich genug, daß diese Phase längst vorbei war. Die neuen Widersprüche traten – obwohl das Bild wie auch noch 1956 in Ungarn durch das Comeback nationalistischer und anderer reaktionärer Elemente verdorben war – bereits als vollendete Tatsache hervor. Die Grundeinstellung der unmittelbaren Produzenten zu »ihrem« Staat unterscheidet sich bis heute nicht wesentlich von der der Arbeiter im Kapitalismus zu »ihrem« Konzern. Angesichts des Fortbestehens von Arbeitsteilung, Warenproduktion und Geld hat sich auch an den Prinzipien und der Gliederung der Leistungsbewertung nichts geändert. Der Lohn ist nichts als der vom Aneigner Staat gezahlte Preis der Ware Arbeitskraft. Es ist ein rein ideologischer Salto mortale, die Warennatur der Produkte im real existierenden Sozialismus anzuerkennen und zugleich die damit assoziierte Warennatur der Arbeitskraft zu verleugnen.

Der Gedanke des sozialistischen Wettbewerbs, identisch mit der Hoffnung auf die Masseninitiative der unmittelbaren Produzenten – man rechnete von vornherein mit erst zu produzierenden Bedingungen – mußte sich insofern als utopisch erweisen. Unmittelbar *Gebrauchs*werte für »Fernstehende«, für die Gesellschaft zu schaffen, das setzt einen Zustand voraus, in dem es keines besonderen Ethos, keiner altruistischen Motive, keiner Idealisierung der Selbstaufopferung mehr bedarf, weil die Arbeit »erstes Lebensbedürfnis« oder, vielleicht verständlicher – »natürliche Lebensäußerung« der Individuen, ihr entscheidendes »Genuß- und Entwicklungsmittel« geworden ist, eben als die *soziale* Tätigkeit, in der sie sich kommunikativ aneinander bestätigen und entfalten können. Solange aber der Wettbewerb der Individuen noch im Rahmen grundlegender sozialer Ungleichheiten vor sich geht, kann er sich nicht unmittelbar auf den Qualitätsvergleich der produktiven Lebensäußerungen beziehen.

Aber warum funktionieren nun – statt der ausgebliebenen neuen – nicht wenigstens die alten Antriebe ähnlich effektiv wie im Kapitalismus? Dort bleiben sie ja auch dann mit dem Lohnarbeitsverhältnis verbunden, wenn der kapitalistische *Staat* als Unternehmer auftritt. Ein Teil der bürgerlichen Propagandisten macht nicht erst aus Gehässigkeit, sondern schon aus Dummheit den Fehler, von unserer Propaganda für bessere qualitative und vor allem quantitative Ausnutzung der Arbeitszeit auf einen starken Leistungsdruck in den Betrieben zu schließen. In Wirklichkeit ist natürlich nicht nur die Arbeitsintensität, sondern auch die Arbeitsdisziplin niedriger als im Kapitalismus. Arbeitsrecht und Sozialpolitik sind auf eine dem archaischen »Staatssozialismus« etwa der Inkas vergleichbare Sozialversicherungspflicht abgestellt, die aber in den frühen Zeiten immer diese oder jene Form außerökonomischen Arbeitszwangs zur Seite hatte. Schon Fourier hatte gesehen, »daß sich das Volk dem Müßiggang ergeben würde, wenn es über ein reichliches *Existenzminimum,* eine gesicherte Ernährung und einen anständigen Unterhalt verfügte, weil die zivilisierte Produktionsweise zu abstoßend ist«. Und er hatte – »naiv-grisettenmäßig«, wie Marx das apostrophierte, ohne doch den Kerngedanken ganz zu verwerfen – den Schluß gezogen: »In der sozialistischen Ordnung muß deshalb die Arbeit so viel Reiz bieten wie heute unsere Festlichkeiten und Schauspiele.« »Die Heilmittel gegen Faulenzerei und andere Laster, die die Assoziation zerrütten könnten, liegen in der Erforschung und Entdeckung eines anziehenden Produktionssystems, das die Arbeit in ein Vergnügen umwandelt und die Ausdauer des Volkes bei der Arbeit und damit die Ableistung des vorgeschossenen *Existenzminimums* garantiert« (Von Babeuf bis Blanqui, Band II: Texte, S. 192, 183, Leipzig 1975). Übrigens war dieses anziehende Produktionssystem für Fourier eine Frage der *sozialen Organisation und Verteilung der Arbeit,* überhaupt nicht (und nur in dieser völligen Vernachlässigung liegt meiner Meinung nach der Fehler) ihrer Technisierung!

Das – durchaus nicht notwendig antagonistische – Bemühen der Individuen nicht nur um ihre einfachen Existenzbedingungen, sondern um je historisch bestimmte Entfaltungs- und Entwicklungsbedingungen, die nachher Maß und Art ihres Lebensgenusses in der Gesellschaft bestimmen, ist der allgemeinste Grundzug der Geschichte überhaupt. Solange nun in der Sphäre der Arbeit die eigenen Kräfte nur verausgabt, nicht aber psychisch produktiv konsumiert werden können, muß das Ziel der Individuen darin bestehen, dort möglichst wenig auszugeben und möglichst viel einzunehmen, was dann jenseits dieser Sphäre in Selbsterhaltung, günstigstenfalls in Selbstentwicklung und Lebensgenuß umgesetzt werden kann. Es ist zwar abstrakt wahr und wird übrigens auch von den scheinbar uneinsichtigsten Menschen rational eingesehen, daß der allgemeine Durchschnitt der individuellen Anteile von der Gesamtmasse des verteilbaren Produkts abhängt. Aber es bleibt unbestreitbar, daß die Höhe der individuellen Anteile nicht nach Maßgabe der Anstrengungen zurückfließen, daß die Verteilung ungerecht erfolgt und in ihren wirklichen Prinzipien unkontrollierbar ist. Die relative Höhe der Revenuen untereinander ist kaum beeinflußbar (weniger als in dem anderen System – man hat es nicht seinem eigenen gewerkschaftlichen Kampf, sondern Partei und Regierung zu danken, wenn einmal die Proportion zugunsten der eigenen Gruppe berichtigt wird), und vor allem wird die absolute Höhe des zu Verteilenden durch unkontrollierbare Einflüsse und Interes-

sen bestimmt (der Weltmarkt, die Abzüge vom Gesamtprodukt – man brauchte unbedingt vom Apparat unabhängige Untersuchungen zu den makroökonomischen Proportionen und zu den Verfügungsgepflogenheiten). Die Individuen werden also auf ihren Egoismus zurückverwiesen. Und es gibt keine echte moralische Autorität dagegen, keine unverdächtige Instanz, die etwas fordern könnte, da die Bürokratie, indem sie das Leistungsprinzip und das Budget manipuliert, vor den Massen nie im Recht ist und sich dementsprechend in den meisten ihrer Vertreter gar nicht konsequent mit den Forderungen identifiziert.
Unser Staat – und ungeachtet drakonischer und martialischer Gesetzesformulierungen gilt dies auch für den sowjetischen – ist essentiell, nämlich von seinem Platz in der Geschichte her, nicht in der Lage, dieselbe Arbeitsintensität zu *erzwingen* wie der Kapitalismus. Es gehört zu den Voraussetzungen seiner Existenz, zu den elementaren Bedingungen seines Bestands in der inneren und internationalen Auseinandersetzung, daß der Widerspruch zwischen ihm und den unmittelbaren Produzenten nicht eklatiert. *Politökonomisch* gesehen, haben die Arbeiter im real existierenden Sozialismus eine viel größere Möglichkeit, die »Gesamtgesellschaft« zu erpressen, als die Gewerkschaften im Kapitalismus, und sie nutzen sie entgegen allem vordergründigen Anschein in der Tat auch aus, aber sie können dies nur auf eine unfruchtbare Weise tun, nämlich durch Leistungszurückhaltung. Das gilt weniger für die unterste Schicht der Werktätigen, am wenigsten für die Frauen, die einen Löwenanteil der Akkordarbeit in unserer Industrie leisten. Aber die Mehrzahl der qualifizierten Arbeiter bestimmt den Arbeitsrhythmus im eigenen Konsensus, und gar die Spezialisten sind, selbst wenn sie untere Leistungsfunktionen bekleiden, durchaus nicht demselben Leistungsdruck ausgesetzt, dem sie sich »drüben« gegenübersehen würden. Die meisten wissen das sehr wohl, jedenfalls die älteren.

Die Differenzierung nach dem Leistungsprinzip, die in unserer Wirtschaft stattfindet, funktioniert tendenziell umgekehrt wie von Marx und Engels vorgesehen. Nach der »Kritik des Gothaer Programms« bezieht sich »Jedem nach seiner Leistung« gerade *nicht* auf die Staffelung nach Qualifikation, in der das Leistungsprinzip bei uns noch am ehesten verwirklicht wird. Im Anti-Dühring hieß es ganz unmißverständlich: »Wie löst sich nun die ganze wichtige Frage von der höhern Löhnung der zusammengesetzten Arbeit? In der Gesellschaft der Privatproduzenten bestreiten Privatleute oder ihre Familien die Kosten der Ausbildung des gelernten Arbeiters; den Privaten fällt daher auch zunächst der höhere Preis der gelernten Arbeitskraft zu. Der geschickte Sklave wird teurer verkauft, der geschickte Lohnarbeiter höher gelohnt. In der sozialistisch organisierten Gesellschaft bestreitet die Gesellschaft diese Kosten, ihr gehören daher auch die Früchte, die erzeugten größern Werte der zusammengesetzten Arbeit. Der Arbeiter selbst hat keinen Mehranspruch« (MEW 20/187). Denn »die Produktion wird gefördert am meisten durch eine Verteilungsweise, die *allen* Gesellschaftsgliedern erlaubt, ihre Fähigkeiten möglichst allseitig auszubilden, zu erhalten und auszuüben« (MEW 20/186).

Bei uns herrscht dagegen ganz und gar die auch »dem Herrn Dühring überkommene Denkweise der gelehrten Klassen«, nach der »es allerdings als eine Ungeheuerlichkeit erscheinen (muß), daß es einmal keine Karrenschieber und keine Architekten von Profession mehr geben soll und daß der Mann, der eine halbe Stunde lang als Architekt Anweisungen gegeben hat, auch eine Zeitlang die Karre schiebt, bis seine Tätigkeit als Architekt wieder in Anspruch genommen wird«. (Ebenda.) Hinsichtlich der eigentlichen ökonomischen Leitungsfunktionen nahmen Marx und Engels ja statt ihrer teils objektiven, teils subjektivistischen unablässigen Komplizierung ihre rigorose Vereinfachung an. Selbst Lenin ging erst nach der Revolution – und nicht so sehr aus ökonomischen als

aus temporären politischen Erwägungen – von dem Gedanken ab, diese Funktionen für Arbeiterlohn ausüben zu lassen.
Bei Marx und Engels bezieht sich das Leistungsprinzip einfach auf verausgabte Durchschnittsarbeitszeit. Im »Kapital« heißt es direkt im Hinblick auf den Sozialismus: »Die Produzenten mögen meinetwegen (die Debatte betrifft an dieser Stelle den Wegfall der Geldform) papierne Anweisungen erhalten, wofür sie den gesellschaftlichen Konsumtionsvorräten ein ihrer Arbeitszeit entsprechendes Quantum entziehn« (MEW 24/358). Die damit verbundene Ungleichheit und Ungerechtigkeit gründet sich auf die unterschiedliche Physis, diese als Basis für beliebige, darunter natürlich auch intellektuelle Tätigkeit bestimmter Dauer und Intensität genommen, sowie auf die unterschiedlichen Existenzbedingungen der Individuen. Wer in seiner Profession weniger Arbeitseinheiten leistet als ein anderer in der anderen, soll weniger als dieser andere erhalten. Wir müssen feststellen, daß die Arbeitsleistung – in diesem Sinne der produktiven Verausgabung von Durchschnittsarbeitszeit – bei uns mit steigendem Funktionsniveau eher abnimmt. Nicht nur in den Verwaltungen, sondern auch in den Forschungs-, Konstruktions- und Projektierungseinrichtungen und an vielen ähnlichen Stellen wird weit mehr Arbeitszeit vertan als in der unmittelbaren Produktion. Wir sprechen hier natürlich nicht von den besonderen Typen des vielfach von seinem eigenen Apparat umgetriebenen hohen Partei-, Staats- und Wirtschaftsfunktionärs oder des besessenen Wissenschaftlers und Ingenieurs, die aber für die gemeinte Angestellten- und Spezialistenschicht natürlich nicht repräsentativ sind.
Innerhalb der verschiedenen Professionen – und auch hier wieder bei den Spezialisten besonders ausgeprägt, während bei den Arbeitern (Arbeiterinnen) in der Massenfertigung die Norm nicht selten noch treibt – kommt das Leistungsprinzip sehr gedämpft zur Anwendung. Sind die Planstellen samt Gehältern einmal fixiert und besetzt, scheint die Sonne glei-

chermaßen auf Gerechte und Ungerechte, Geschickte und Ungeschickte. Am ehesten läßt sich noch eine gewisse leistungsfördernde Rivalität zwischen verschiedenen Kollektiven provozieren. Alles in allem genommen aber sind in der gesamten Industrie das Leistungsprinzip als Stimulus für besondere Anstrengungen zum allgemeinen Nutzen, die Wettbewerbs- und Aktivistenbewegung gescheitert. Man konkurriert nicht gegeneinander (von der bürokratischen Konkurrenz spreche ich noch). Man verdirbt einander nicht die Norm. Man verteilt die Prämien. Wenn die Leitungen wirklich einmal die geforderte Differenzierung durchsetzen können, steigern sie in der Regel keineswegs die Leistung, verderben aber mit Sicherheit die normale Arbeitsatmosphäre. Nur gezielte Sonderprämien für die sozial wie ökonomisch höchst problematische Überstundenarbeit an den ewigen Engpässen erreichen meist einen Teil ihres unmittelbaren Zwecks. Die Arbeiter wachen z. T. mit Erfolg darüber, daß die hierdurch anfallenden Mehrkosten nicht den allgemeinen Prämienfonds belasten, daß es sich also wirklich um Extraeinnahmen handelt. Hier sind Grenzen installiert, die unser ökonomisches System in seiner jetzigen Gestalt nicht überspringen kann, obwohl das Leitungspersonal, ein Teil der Spezialisten, die Facharbeiterspitze die mangelnde Arbeitsdisziplin, die sich auch in Materialvergeudung, überhöhtem Ausschuß, Unordnung an den Arbeitsstätten usw. äußert, einigermaßen resigniert beklagen.

Infolge seiner welthistorischen Rolle als Vorbereitung einer neuen Zivilisation erzeugt der Industrialismus bei den unterdrückten und ausgebeuteten Massen des ganzen Erdballs ein Streben, das man auf die Formel »Gleichheit jetzt!« bringen könnte. Die sozialistische Bewegung ist direkt unter der Voraussetzung angetreten, die Reife der Produktivkräfte würde die sozialökonomische Gleichstellung aller Individuen ermöglichen. Aber unter den gegebenen Umständen bedeutet »Gleichmacherei« (wie die Gleichheitsforderung schon im ersten nachrevolutionären Augenblick tituliert wird), d. h. der

Versuch, von den *Verteilungs*verhältnissen her zu egalisieren, während und weil sich die soziale Ungleichheit der Individuen von den *sachlichen Produktivkräften* her als langfristig resistent erweist, zunächst eine *Schwächung derjenigen Antriebe, deren die entfremdete Arbeit bedarf.* Und je weniger der Arbeitszwang durch die vorhergehende Generation eines Landes verinnerlicht werden konnte, desto verheerender müßte das Ergebnis ausfallen. Daher ist eben der Kampf gegen das Gleichheitsstreben der Massen und für die Durchsetzung des Leistungsprinzips in den Verteilungsverhältnissen eine Hauptfunktion des protosozialistischen Staates. In der Praxis kann es natürlich nur zu einem Kompromiß kommen, und zwangsläufig mit einem zwar für jedes unserer Länder etwas anderen, immer aber mittelmäßigen Ergebnis.

Die Ausbeutung, die der ursprüngliche Hebel einer sich merklich erweiternden Reproduktion war, »schämt sich« – so könnte man psychologisierend sagen – im real existierenden Sozialismus ihrer selbst. Sie muß sich einer komplizierten hemmenden Maskerade bedienen. Die Herrschaft wagt es nicht mehr, sich selbst frei ins Gesicht zu blicken. Es ist gerade der beste Teil unserer ideologisch-moralischen Tradition, der sie erröten läßt. So können die werktätigen Massen durchsetzen, daß die Verteilungsverhältnisse in Wirklichkeit egalitärer gehandhabt werden, als es der Entwicklungsstand der Arbeitsteilung rein ökonomisch gesehen rechtfertigt. Die Verteilung – und damit der »materielle« Anreiz – ist keineswegs die Hauptquelle der sozialen Differenzierung in unserer Gesellschaft, dies aber in einer Situation, in der der Charakter und die Organisation der Arbeit selbst noch keinen durchschlagenden Leistungsantrieb hergeben. Auf die unmittelbaren Produzenten bezogen, leidet die Dynamik der Produktivkräfte unter der »Dämmerung« zwischen einem »Noch-nicht« und einem »Nicht-mehr«.

Allerdings bleibt dieser Gedankengang noch im Rahmen der vorhin zitierten Fourierschen Orientierung auf das »Existenzminimum«. Bekanntlich bringt es die Produktion aber »bald dahin, daß der sogenannte struggle for existence sich nicht mehr um reine Existenz-, sondern um Genuß- und Entwicklungsmittel dreht« (MEW 20/565), sicherlich zunächst für die jeweils Privilegierten. Unter diesem Gesichtspunkt muß man heute vor allem die natürliche Funktion der Arbeit selbst als grundlegendes Entwicklungsmittel der menschlichen Wesenskräfte ins Auge fassen. Nach den Überlegungen über die alte Arbeitsteilung als tiefste Quelle der sozialen Ungleichheiten, die sich in verschiedenen Niveaus und Strukturen der Persönlichkeitsentwicklung äußert, muß sich der Schwerpunkt des sozialen Interessenkampfes sukzessiv von der Verteilung des Arbeitsentgelts zur Verteilung der Arbeit selbst verschieben, nachdem einmal die Subsistenzmittel im großen und ganzen gesichert sind. Inhalt und Charakter der Arbeit, die mit dem Arbeitsplatz verbundenen Aufstiegs- und Wachstumschancen, haben nach soziologischen Untersuchungen in verschiedenen Ländern unseres Systems bereits jetzt die Lohnhöhe in ihrer motivationalen Bedeutsamkeit überholt, und je qualifizierter die Menschen sind, desto stärker ist diese Tendenz ausgeprägt.

Damit wird die Konkurrenz um die Aneignung selbstentwicklungsgünstiger Tätigkeiten, um die entsprechenden Plätze im vieldimensionalen System der gesellschaftlichen Arbeitsteilung zu der für den real existierenden Sozialismus charakteristischen spezifischen Triebkraft des ökonomischen Lebens. Nicht zufällig konzentriert sich das Wettbewerbsverhalten der Individuen bei uns so stark auf die Ausbildungsphase, in der über den Zugang, die Zulassung zu den günstigen Plätzen im System der gesellschaftlichen Gesamtarbeit entschieden wird, wobei die an Bildung und Einfluß bereits arrivierten Schichten die Szene beherrschen. Der Kampf hat einen ausgesprochen politischen Charakter. Er kristallisiert sich um die Frage, ob der Aufstieg in einer »reinen« Leistungskonkurrenz oder unter dem Einfluß einerseits halbherziger und oberflächlicher

sozialpolitischer Korrekturen zugunsten der bei der Verteilung der Arbeit benachteiligten Schichten, andererseits einer ausgedehnten bürokratischen und inoffiziellen Korruption ausgefochten werden soll. Auf jeden Fall ist dafür gesorgt, daß die Kadersöhne und -töchter nicht zu kurz kommen, weil sie – beispielsweise – dadurch »zur Arbeiterklasse gehören«, daß Vater oder Mutter im Ministerium des Innern tätig sind.
Denselben politischen Gehalt zeigt dann später auch die Auseinandersetzung um die Besetzung der bevorzugten Arbeitsplätze und Leitungspositionen in den Betrieben und Institutionen: soll die fachliche Befähigung oder soll die bürokratische Tugend entscheiden? Der überdimensionierte Leitungsapparat lastet besonders in der Wirtschaft und im kommunalen Bereich ohnehin schwer auf der produktiven bzw. operativen Basis, indem er Zeit, Kraft und Konzentrationsfähigkeit der Kader für seinen Bedarf an Kontrollinformationen verbraucht. Aber es kommt noch etwas hinzu. Die durch keine autonome gesellschaftliche Macht gezügelte Sozialstruktur innerhalb der Apparate ordnet die – unter der Voraussetzung der fortbestehenden alten Arbeitsteilung normale und unbedingt vorzuziehende – produktive Leistungskonkurrenz um die Aneignung »guter Arbeit« und »lukrativer Stellen« systematisch einem anderen Antriebsmuster eigener Provenienz unter: der *bürokratischen Rivalität.* Fügsamkeit nach oben, disziplinarische Durchschlagskraft nach unten und erst an dritter Stelle Kompetenz – das ist die vorherrschende Rangordnung der Auswahlkriterien. Infolgedessen haben die produktiven, schöpferischen Elemente das Überhandnehmen von Mittelmäßigkeit, ja Unfähigkeit, von Unehrlichkeit und Unsicherheit im Amt zu beklagen, von der zugehörigen politischen Standardisierung zu schweigen.
Das Problem besteht darin, daß alle Bedingungen für die Entfaltung schöpferischer Initiative in der Wirtschaft über bürokratische Konstellationen vermittelt sind, daß man sich also auch um einer ersprießlichen produktiven Tätigkeit wil-

len auf den Kampf um eine Karriere, um Rang und Einfluß einlassen und weitgehend an die entsprechenden Verhaltensmuster anpassen muß. Natürlich kann die schöpferische Aktivität in einer insgesamt noch antagonistischen Gesellschaft nicht außerhalb der grundlegenden Interessengegensätze stehen: sie ist als solche privilegiert. Letzten Endes streben die aktivsten Elemente danach, der Arbeit für die einfache Reproduktion, für das bloße Funktionieren zu entgehen. Wie schon gesagt, erlangen sie den Lebensunterhalt durch persönlichkeitsfördernde Arbeit. Aber nicht nur das! Schöpferische Arbeit ist knapp, man muß mit anderen Individuen um den Zugang zu ihr kämpfen, zumal ihre Gegenstände formationsbedingt praktisch unter Ausschließung jeweils aller anderen (aktuellen oder potentiellen) Interessen vergeben werden, nämlich an die bestimmte Funktionaleinheit, die dafür vorprogrammiert ist. Und die Knappheit schöpferischer Arbeit wiederum geht (vergröbert gesagt) auf die Beschränktheit des Material- und Zeitfonds für die erweiterte Reproduktion zurück. Der bestimmte Betrieb hat in dem jeweiligen Fünfjahresplan Investitionen – oder er hat keine, und das ergibt recht verschiedene Voraussetzungen für die Individuen. Darin stekken objektive Widersprüche, die nun durch die Hierarchie geregelt werden, und zwar auf eine Weise, die sehr große Verluste an schöpferischer Energie und ökonomischer Rationalität verursacht.

Die bürokratisch-zentralistische Form der Planung, bei der die Spitze von unten vorzugsweise nur passive Ist-Information und »Fragen« entgegennimmt, während sie aktive Soll-Informationen abgibt, prägt den Mechanismus der »Auftragserteilung« an die Individuen. Die Menschen haben vom Prinzip her nicht selbst Aufgaben zu suchen, Probleme zu erkennen und aufzugreifen, sondern sie werden ihnen verpflichtend zugewiesen. Dementsprechend werden auch die Mittel aufgrund einer Bilanzierung, die je länger je mehr auf Rationierung des Notwendigsten hinausläuft, zugeteilt.

Man hat davon gesprochen, daß die Klassengesellschaft sich hinsichtlich der Subsistenzmittel stiefmütterlich zu der Masse ihrer Mitglieder verhält. Der real existierende Sozialismus fügt hinzu, daß er auch die privilegierten Individuen für die produktiven Aufgaben, die er ihnen zuordnet, stiefmütterlich mit den erforderlichen materiellen Mitteln versorgt. Im Kapitalismus war Kapital in Geldform knapp, in unserem System fehlt es stets an Arbeitskräften, an Materialien heute dieses, morgen jenes Sortiments, an Investitionsgütern, an Baukapazität. Alle diese Dinge sind hoffnungslos rationiert, weil es de facto keinen ökonomischen Mechanismus gibt, um Angebot und Nachfrage in Einklang zu bringen. Der Plan selbst ist hier der permanente Störenfried, weil er, wie ich schon andeutete, seinem idealen Wesen als Repräsentant der Bedürfnisse nach darauf dringt, jedesmal mehr aus der Produktion herauszuholen, als das soziale Ensemble gewohnheitsmäßig hergibt.
Die zentralisierte Verfügungsgewalt muß ja schließlich – und darauf konzentriert sich die bürokratische Rivalität der aktiven Elemente in Hierarchie und Spezialistentum – unter die verschiedenen kollektiven und individuellen Subjekte des Wirtschaftslebens verteilt, d. h. juristisch an sie delegiert, vor allem aber durch materielle und finanzielle Planung und Bilanzierung ihnen überantwortet werden. Da jedoch die Bestimmung der Plangrößen *Erkenntnis* der gesellschaftlichen Bedürfnisse und Erfordernisse einerseits, der lokalen Kapazitäten und Aufwandsgrößen andererseits voraussetzt, ist es auch hier wieder der bürokratische Informationsprozeß, auf dessen Eigenarten sich die Kombattanten einstellen müssen. Das bürokratische Universum krümmt sich, wie das kosmische nach dem relativistischen Kalkül, überall in sich zurück, es führt keine Linie aus ihm hinaus.
Marx hat in der Polemik mit Proudhon, der es für selbstverständlich hielt, daß »der industrielle Wetteifer notwendigerweise Wetteifer im Hinblick auf den Profit, d. h. die Konkurrenz« ist, die Historizität der Konkurrenz als Form des Wett-

eifers betont. Unmittelbares Objekt des *industriellen* Wetteifers müßte das *Produkt* und nicht der Profit sein. Daher ist die Konkurrenz »nicht der industrielle Wetteifer, sondern der kommerzielle. Heute besteht der industrielle Wetteifer nur im Hinblick auf den Handel. Es gibt sogar Phasen im ökonomischen Leben der Völker, wo alle Welt von einer Art Taumel ergriffen ist, Profit zu machen, ohne zu produzieren. Dieser Spekulationstaumel, der periodisch wiederkehrt, enthüllt den wahren Charakter der Konkurrenz, die den notwendigen Bedingungen des industriellen Wetteifers zu entschlüpfen sucht« (MEW 4/159). Wie im Kapitalismus der kommerzielle Wetteifer als entfremdete Form des industriellen auftritt, so bei uns der bürokratische Wetteifer, die bürokratische Rivalität, die ihre eigenen Gesetze hat. Dabei versteht sich von selbst, daß – ebenso wie im Kapitalismus der kommerzielle Wetteifer mehr oder weniger von allen Gebieten der gesellschaftlichen Tätigkeit Besitz ergreift – die bürokratische Rivalität bei uns – falls sie den angenommenen allgemeinen Charakter hat – auch nicht nur auf die industrielle Sphäre beschränkt ist, obgleich sie letztlich in ihr verankert ist.

Es ist verständlicherweise vornehmlich die Intelligenz, die durch unser System in das Verhaltensmuster der bürokratischen Rivalität gedrängt wird. Die objektive Tendenz der staatlichen Arbeitsorganisation und -leitung geht dahin, die gesamte Intelligenz zu bürokratisieren oder wenigstens über die bürokratischen Mechanismen, die mit den materiellen Bedingungen der intellektuellen Produktion heute sogar im künstlerischen Bereich verbunden sind, zuverlässig zu kontrollieren. Von den Kadern für die Wirtschaft natürlich zu schweigen. (Es ist übrigens eine der stehenden, auf harte Tatsachen sich beziehenden Klagen, daß die Masse der Spezialisten geradezu renitent ist, wenn es darum geht, irgendwelche Leitungsfunktionen zu übernehmen. Selbst wenn man es sich zutraut – man möchte nicht. Auch in der Wissenschaft kommen bei uns nicht die Wissenschaftler, sondern die Bürokraten unter ihnen an die Spitze, wie besonders der sowjetische Schriftsteller Granin mehrfach in seinen Werken nachgewiesen hat). Jedenfalls ist die Verwandlung der Intelligenz in Bürokratie die vorherrschende Tendenz. Die Hoch- und Fachschulausbildung, besonders die erstere, ist geradezu das Eintrittsbillett in die bürokratische Karriere gleich welchen Zweiges.

Ehe wir nun festzustellen haben, was bürokratische als Ablösung der kommerziellen Leitung des industriellen Prozesses bedeuten bzw. zur Folge haben muß, lohnt es sich, nachzuschlagen, wie Marx das allgemeine Wesen der Bürokratie verstand. Was das Wort »Bürokratie« und »Bürokrat« betrifft, so kann es natürlich nicht ausbleiben, daß es in der politischen Auseinandersetzung ebenso zur Invektive wird wie das Wort »Bourgeois«. Jedoch haben die Worte in beiden Fällen einen objektiven Gehalt. Die Quelle bei Marx ist dessen frühe Abrechnung mit dem Hegelschen Staatsrecht (MEW 1/242 ff.), in dem die Bürokraten, die »exekutiven Staatsbeamten«, sehr treffend als *»Abgeordnete der Regierungsgewalt«* gegen die Ständevertreter und erst recht gegen »die Vielen«, gegen das Volk figurieren. (Man kann natürlich zwecks Akkomodation an unsere Verhältnisse auch gegenüber statt gegen sagen, es ändert an der Sache nichts, schon gar nicht, wo die Exekutive ein derart ausgewachsenes Übergewicht gegenüber den in Wirklichkeit selbst bürokratisierten Volksvertretern hat wie bei uns). Ebenso bezeichnend ist es, wenn Hegel diese Regierungsabgeordneten als »*allgemeinen* Stand« den besonderen Ständen der »bürgerlichen Gesellschaft« gegenüberstellt. Für Hegel, so konstatiert Marx, ist die »*Regierungsgewalt* nichts anderes als die Administration, die er als ›*Bürokratie*‹ entwickelt«. Es versteht sich, daß Hegel den »Mittelstand«, dessen Blüte die Bürokratie sei, als den »gebildeten« Stand begreift.

Behalten wir bei der folgenden Entwicklung Marxens immer schon im Auge, was seine Beobachtungen über eine traditionelle Staatsbürokratie nach sich ziehen, wenn der Staat unmittelbar als Organisator und Regulator der nationalen Gesamtwirtschaft, ja des ganzen gesellschaftlichen Lebens auftritt, während die gesellschaftlichen Organisationen ungefähr dieselbe untertänige Selbständigkeit gegen ihn haben wie die Stände, die »Korporationen« im vormärzlichen Preußen. Marx betont zunächst, daß es die *formelle* Regulation der reellen gesellschaftlichen Angelegenheiten ist, die den Inhalt der bürokratischen Tätigkeit ausmacht, so daß sie sich praktisch ständig in Abwehrstellung gegen ruhestörende Veränderungen befinden muß. »Der wirkliche Staatszweck« – d. h. die Regelung der allgemeinen Angelegenheiten der Gesellschaft, wie sie als Realprozeß auftreten – »erscheint also der Bürokratie als ein Zweck *wider* den Staat . . . Die Bürokratie gilt sich selbst als der letzte Endzweck des Staats. Da die Bürokratie ihre ›formellen‹ Zwecke zu ihrem Inhalt macht, so gerät sie überall in Konflikt mit den ›reellen‹ Zwecken. Sie ist daher genötigt, das Formelle für den Inhalt und den Inhalt für das Formelle auszugeben. Die Staatszwecke verwandeln sich in Bürozwecke oder die Bürozwecke in Staatszwecke.« An und für sich reicht schon die mehr oder weniger begründete Überzeugung von der Notwendigkeit der Administration und also ihrer institutionellen Konsistenz hin, um in jedem kritischen Falle zuerst ihr Prinzip und ihre Existenz zu verfechten. Die »reellen Zwecke« müssen sich an den Institutionen brechen, die zu ihrer Regulation entstanden sind. Der Konflikt der formellen (ihrerseits bis in die politischen Grundfesten unserer Gesellschaft hinein höchst realen) mit den reellen Zwekken ist nirgends in unserer Gesellschaft gravierender als im industriellen Reproduktionsprozeß, und das, obgleich der Bürokratismus in den geistigen und kulturellen Sphären natürlich unmittelbar viel schmerzlicher einschneidet. Aber er fesselt die Produktivkräfte an ihrer Basis, und die bürokratische Wirtschaftsorganisation ist der Springquell der allgemeinen Bürokratisierung.

»Die Bürokratie«, fährt Marx fort, »hat das Staatswesen, das spirituelle Wesen der Gesellschaft in ihrem Besitze, es ist ihr *Privateigentum.*« Während der eigentliche Geist der Bürokratie »Geschäftsroutine« und der »Horizont einer beschränkten Sphäre« ist, versteht sie sich selbst als eine »*Hierarchie des Wissens.* Die Spitze vertraut den untern Kreisen die Einsicht ins Einzelne zu, wogegen die untern Kreise der Spitze die Einsicht in das Allgemeine zutrauen, und so täuschen sie sich wechselseitig«. Wo die Staatstätigkeiten *nicht* in besondere Ämter verwandelt sind, wo also der Staat nicht von der Gesellschaft getrennt ist, »handelt es sich nicht um die Möglichkeit jedes Bürgers, sich dem allgemeinen Stande als einem besonderen Stand zu widmen, sondern um die Fähigkeit des allgemeinen Standes wirklich allgemein, d. h. der Stand jedes Bürgers zu sein«. Dagegen ist das Examen »nichts als eine Freimaurereiformel, die gesetzliche Anerkennung des staatsbürgerlichen Wissens als eines Privilegiums . . . nichts anderes als die *bürokratische Taufe des Wissens,* die offizielle Anerkenntnis von der *Transsubstantiation* des profanen Wissens in das heilige (es versteht sich bei jedem Examen von selbst, daß der Examinator alles weiß). Man hört nicht, daß die griechischen oder römischen Staatsleute Examina abgelegt. Aber allerdings, was ist auch ein römischer Staatsmann contra einen preußischen Regierungsmann!« In der Tat unterstellt die bürokratische Pyramide, die mit der Regulation aller gesellschaftlichen Angelegenheiten befaßt ist, zwangsläufig ihre eigene Allwissenheit, d. h. ihre Planungen setzen voraus, die wirklichen gesellschaftlichen Bedürfnisse wären durch den Erkenntnisprozeß des spezialisierten Apparats synthetisiert. In Wirklichkeit sind sie im besten Falle vollständig rubriziert, die bürokratische Methodologie kann nur vom Konkreten zum Abstrakten, aber von dort nicht zurück zum Gedankenkonkretum führen, das in diesem Falle der gesellschaftliche Prozeß als Modell wäre, sondern bloß zum mechanischen Aggregat. Das Lebendige der Totalität entzieht sich ihren

Verallgemeinerungsverfahren, während aber an alles Einzelne, was sie vergißt, auch niemand anderes zu denken befugt ist. Der einzelne Bürokrat kann für sich Philosoph sein, der bürokratische Apparat als kollektiver Philosoph ist eine Unmöglichkeit. Das beweist nichts gegen die historische Notwendigkeit solcher Apparate, aber sie müssen in gesellschaftlicher Abhängigkeit gehalten werden, statt die Gesellschaft von sich abhängig zu machen, und das ist nur möglich, wenn die bürokratischen Apparate entweder auf partikulare Bereiche beschränkt bleiben, deren sozialen Zusammenhang miteinander sie nicht zu vermitteln hätten, oder wenn auf allen Ebenen jederzeit disruptive Eingriffe der gesellschaftlichen Kräfte möglich gemacht werden, die das Netz der bürokratischen Notwendigkeiten zerreißen können.

Aber: »Der allgemeine Geist der Bürokratie ist das *Geheimnis,* das Mysterium, innerhalb ihrer selbst durch die Hierarchie, nach außen als geschlossene Korporation bewahrt. Der offenbare Staatsgeist, auch die Staatsgesinnung, erscheinen daher der Bürokratie als ein *Verrat* an ihrem Mysterium. Die *Autorität* ist daher das Prinzip ihres Wissens, und die Vergötterung der Autorität ist ihre *Gesinnung.*« »Der Staat existiert nur mehr als verschiedene fixe Bürogeister, deren Zusammenhang die Subordination und der passive Gehorsam ist.« Sofern nun die weniger Stupiden aus der Summe der Bürokraten, unter die der Staat verteilt ist, zu einem Bewußtsein ihrer Zustände gelangen und sie subjektiv durchschauen, entsteht der spezifische Staatsjesuitismus, der der eigentliche Geist unserer Gesellschaftswissenschaft ist. »Die Bürokraten sind die Staatsjesuiten und Staatstheologen« (die sich allerdings bei uns schon wieder in praktische und theoretische geschieden haben), sagt Marx. Die Bürokratie sei Pfaffenrepublik.

Innerhalb der Bürokratie aber werde »der *Spiritualismus* zu einem *krassen Materialismus,* dem Materialismus des passiven Gehorsams, des Autoritätsglaubens, des *Mechanismus* eines fixen formellen Handels, fixer Grundsätze, Anschauungen,

Überlieferungen. Was den einzelnen Bürokraten betrifft, so wird der Staatszweck zu seinem Privatzweck, zu einem *Jagen nach höheren Posten,* zu einem *Machen von Karriere*«. Und es ist die hier interessierende Frage, wie weit diese bürokratische Rivalität in dem beträchtlich veränderten Milieu einer gesamtstaatlichen Wirtschafts- und Gesellschaftsplanung die Rolle einer Triebkraft spielen kann. Denn auf den ersten Blick mutet sie im Vergleich zur Konkurrenz um Höchstprofite verhältnismäßig harmlos an. Sie bietet eigentlich keine Parallele zu der verbrecherischen Kühnheit des Kapitals, von der sich Marx bei aller Kritik beeindruckt zeigte. Im Grunde besteht das Problem gerade darin, daß sie als Ersatz für kommerzielle Konkurrenz tatsächlich ein harmloser Antrieb für die Produktivkräfte ist. (Es läßt sich freilich nicht denken – und es ist übrigens auch nicht wünschenswert –, daß es eine zweite Ordnung gäbe, die ein ebenso expansives Wirtschaftswachstum *in Permanenz erhebt* wie die auf die Mehrwertjagd gegründete.)

Dem einzelnen Bürokraten tritt das gesellschaftliche Bedürfnis nicht über den Markt, sondern über den Plan vermittelt entgegen. Das macht den Unterschied, daß ihm dort, wo dem Bourgeois, wenn er den Markt versieht, Reichtum versprochen ist, im Falle der Planerfüllung nur Vermeidung von Ärger winkt, und allenfalls ein Anteil an der inflationären Schwemme von Orden und Auszeichnungen. Die Karriere ist an die Planerfüllung nicht einmal direkt gebunden. Denn den Plan zu bringen oder nicht zu bringen, ist selten individuelles Verdienst oder Versagen eines Leiters, sondern hängt von *Bedingungen* ab, unter denen seine Subjektivität nur eine einzige ist. Der »krasse Materialismus« der *wirtschaftsbürokratischen* Rivalität schließt gewiß passiven Gehorsam, Autoritätsglauben, Jagen nach höheren Posten ein, aber er konzentriert sich nicht darauf. Denn eines findet der Wirtschaftsfunktionär in jeder Position von neuem vor: den Plan und seine Realisierungsbedingungen. *Wie hoch der Plan im Verhältnis zu seinen Realisierungsbedingungen* ist, das ist der entscheidende Punkt, der das ganze Jahr über die Befindlichkeit in der jeweiligen Position bestimmt.

Die »materielle Interessiertheit« der Wirtschaftsfunktionäre, als dynamisierendes Element für ihr ökonomisches Verhalten betrachtet, dreht sich wenig ums Geld, d. h. um ihr Gehalt, dessen Höhe ohnehin mit dem Posten mehr oder weniger festliegt (natürlich darf es jeweils höher sein, als es ist). Eher dreht es sich um gute Posten; aber das sind schon solche, die u. a. auch in einer günstigen Relation zu dem subjektiven Planerfüllungsproblem stehen, sei es, daß man dort bessere Bedingungen dafür vorfindet, sei es, daß man dem unmittelbaren Druck des Planes ferner placiert ist oder dergleichen. Im alltäglichen Verhalten, für das man bei der Masse der Funktionäre Gehalt und Stellung jeweils unveränderlich setzen kann, richtet sich die materielle Interessiertheit auf die *Bedingungen der Planerfüllung,* im Grunde auf die Arbeitssituation als ganze, bei der es mit wachsendem Alter nicht zuletzt auch um die Gesundheit geht.

Die Menschen streben eben danach, ihre Tätigkeitsfelder im Hinblick auf die Freiheitsgrade des eigenen Verhaltens zu optimieren. Daß die Wirtschaftsfunktionäre hierin so nachhaltig enttäuscht werden, ist die wesentlichste Ursache ihrer Inaktivierung, ihres Rückzugs in das dann auch subjektiv bürokratische Verhalten. Einmal dahin gelangt, an der Arbeit selbst nichts mehr zu finden, geht es dann für den Einzelnen darum, die Planzahlen unterhalb der Leistungsgrenze seiner Einheit zu halten und die Fonds an Material und Kapazität mit einer Reserve zu polstern. Beides läuft darauf hinaus, vor allem die Kapazitäten etwas zu verschleiern, das eingebürgerte, durch die innenpolitische Konstellation als ganze vorbestimmte Maß an Unordnung und Desorganisation in den Normativen des Material- und Arbeitszeitverbrauchs, der Maschinenauslastung usw. zu verankern. Erscheint dann gegenüber einem volkswirtschaftlichen Bedarf die Kapazitätsgrenze, ist es immer zweckmäßiger, nach extensiver Investition zu rufen, als etwa eine Rekonstruktion bei laufendem Plan anzufangen.

Man sieht hier, daß das Interesse des bürokratisierten Wirtschaftsfunktionärs nicht notwendig an die *Entwicklung* (Ausdehnung und Qualifizierung) der Gebrauchswertproduktion gebunden ist und daher nicht nur periodisch (wie bei dem kommerziellen Wetteifer der Bourgeois), sondern generell dahin tendiert, »den notwendigen Bedingungen des industriellen Wetteifers zu entschlüpfen«. Das gilt gerade für die Masse der Wirtschaftsfunktionäre, die sich – aus welchen Motiven auch immer – nicht auf Aufstieg durch Leistung orientiert. Aus der kapitalistischen Konkurrenz scheiden solche wenig unternehmenden Charaktere alsbald aus, während es im real existierenden Sozialismus offenbar keinen Mechanismus gibt, sie aus einmal bezogenen Positionen zu verdrängen, die sich initiativlos behaupten lassen. Das Problem tritt natürlich auch in den unteren Rängen der Konzernbürokratien auf, aber dort hört der Bürokratismus an der Spitze der jeweiligen ökonomischen Einheiten auf, während es bei uns ein bürokratisches Kontinuum gibt, das vom unauffälligsten Schichtmeister bis zur Partei- und Staatsspitze reicht. Im Durchschnitt findet man daher in jeder ökonomischen Leitung ein Übergewicht der Beharrungskräfte, die um die Stabilität im Status quo kämpfen und auch die Entwicklungsfunktionen, die sie innehaben, in diesem Geiste bekleiden.

Folgerichtig verwickelt sich dieser Typus in den Kampf um politische und administrative Machtpositionen statt in den Wetteifer um ökonomische Erfolge für die Gesellschaft. Er bringt niemals mehr Konsequenz auf, als wenn es gilt, »Unruhestifter« auflaufen zu lassen. Gewiß muß sich der Bürokrat als Ökonom auch den ökonomischen Gesetzen unterwerfen, aber die Entwicklung der Produktion ist ihm nicht Selbstzweck wie im Kapitalismus hinsichtlich der Wertgröße, auch nicht gesellschaftlicher Zweck, sondern zunächst bloß Mittel zur Stabilisierung der bürokratischen Situation. Dieser Zweck setzt sich selbst noch in der hektischen, unökonomischen Geschäftigkeit vor Parteitagen und Jubiläen, diesen bevorzugten Zielmarken des bürokratischen Wetteifers (typischerweise künstlichen Einschnitten des Wirtschaftsablaufs) durch. Die Bürokratie hat sich seit ihrem ersten großen historischen Auftritt in der Ökonomischen Despotie als ein Werkzeug der *einfachen* Reproduktion ohne qualitative Entfaltung sowie des unproduktiven Verbrauchs möglicher Überschüsse erwiesen. Dabei ist sie in ihrem eigentlichen Element.

So besteht das wesentliche Hemmnis der Wirtschaftsdynamik darin, daß bis hinunter zum Betriebsdirektor und Abteilungsleiter die Gesetze des bürokratischen Verhaltens immer wieder vor ökonomische Zweckmäßigkeit gehen, die in *dieser* Relation jedenfalls das höhere Kriterium wäre. Der Wirtschaftsfunktionär wird einfach zu oft gezwungen, seinen Selbstbehauptungswillen an außerökonomischen Kriterien zu orientieren. Der kapitalistische Unternehmer ist eindeutig primär ökonomische Person, wenigstens in der jetzt zu Ende gehenden Ära, in der er Epoche machte. Der »sozialistische« Werkdirektor, den man als Präzedenzfall heranziehen kann, ist zwangsläufig zuerst bürokratische Person. Wie er mit dem Generaldirektor seines Industriezweiges oder auch bloß seines Kombinates, wie er mit seiner Parteibezirks- oder auch bloß Kreisleitung usw. steht, ist nicht nur ebenso wichtig wie der ökonomische Erfolg, den er mit seinem Kollektiv erringt, kann nicht nur unter mancherlei Umständen den Mißerfolg kompensieren (zumal der oft gar nicht von ihm selbst abhängt), es kann sogar den »ökonomischen« Erfolg vorbestimmen, den man bei uns unter Umständen zugeteilt bekommt. Abgesehen davon, daß der Werkdirektor überhaupt mit tausend Fäden an den übergeordneten Rängen hängt, die ihn eingesetzt bzw. bestätigt haben, ist die Wirtschaftsreform bei uns, selbst als sie im Zenit stand, nie so weit gegangen, wenigstens formell die Autonomie der Betriebe herzustellen, sie nur über eine verbindlich kalkulierbare Steuer den Staatshaushalt versorgen zu lassen. Die Gewinnabführung an den Staat, d. h. ihre Rate, blieb periodischen Manipulationen unterworfen, die unberechenbaren wirtschaftspolitischen Konjunkturen folgen. Zeitpunkt, Richtung und Größenordnung der erweiterten Reproduktion hängen von derart vielen über- und außerbetrieblichen Einflüssen und Entscheidungen nur bedingt ökonomischer Natur ab, daß es nach einer realisierten Investition oft keinen Menschen in einem Werk gibt, der von sich sagen könnte, hier sind Bestimmungen meines Willens eingegangen (von den technologischen Details natürlich abgesehen). Das gilt besonders für die großen Werke und Kombinate. Der Werkleiter fungiert wie ein Bürochef, und seine Lage bringt außerdem psychologisch die Tendenz mit sich, in seinen disziplinarischen Befugnissen die mangelnde Befriedigung als Ökonom zu kompensieren.

Im Ergebnis dieser allgemeinen Konstellation, für die der Werkleiter nur eine exzellente Schlüsselfigur ist, haben sich die berühmten Tugenden der Deutschen Post, vermindert um die auch in ihrem Bereich um sich greifende Verlotterung, in der gesamten Wirtschaft breitgemacht. Während die Industriebürokratie noch bis weit in den Monopolkapitalismus hinein eine bloße Unterfunktion des kommandierenden Kapitals blieb und sich dort bis heute ungeachtet aller Theorien über »managerial revolution« und »organisation man« nicht voll emanzipiert hat, steht sie bei uns ohne Korrektiv über dem gesamten Reproduktionsprozeß. Der Wirtschaftsapparat der Partei ist selbst zu sehr Überbürokratie, um prinzipiell korrigieren zu können, initiiert nur Änderungen des Kurses, nicht der Grundsätze, und ist vor allem auch keine Instanz, die die Bedürfnisse der Produktivkräfte verdolmetschen könnte; agiert er doch unter der Voraussetzung, daß nicht zuletzt seine eigene Struktur und Funktion immer wieder mit bei dem ganzen Prozeß herauskommen muß.

Zudem haben wir, auch im Unterschied zum Spätkapitalismus, *eine einzige* Bürokratie, deren Funktionalorgane nur rudimentäre Möglichkeiten und Interessen eines sachbezogenen Wettbewerbs haben. Kompetenzabgrenzung, wie in Bürokratien nun einmal notwendig, schließt die Formierung von Alternativen zu Entscheidungsproblemen regulär aus. Allein schon die Anzahl der Ebenen und Ressorts, die im bürokratischen Zentralismus letztlich immer nur über die überlasteten Spitzen der jeweils beteiligten Pyramiden verbindlich koordiniert werden können, sorgt für die ungeheure Schwerfälligkeit des ganzen Mechanismus, dessen man in Wirklichkeit auch »oben« niemals Herr wird. Während die Produktivkräfte längst über zahllose horizontale Kopplungen zusammenhängen, was ja nur Ausdruck ihrer fortgeschrittenen Vergesellschaftung ist, versucht man immer noch, die Wirtschaft des ganzen Landes nach dem in die »marxistisch-leninistische Organisationswissenschaft« (eine inzwischen wieder eingeschläferte Disziplin im Stile neuester Kameralistik) eingebrachten Stabliniensystem zu leiten, das die organisatorische Errungenschaft des bürgerlichen Industriemanagements in der Vorphase der Computerisierung war. Die Staats- und Wirtschaftskybernetik, die bis vor kurzem als neuste Leitungswissenschaft gepredigt wurde, war weiter nichts als eine neue Draperie des alten bürokratischen Zentralismus, dem man durch eine verbesserte Information etwas auf die Sprünge helfen wollte.

Aus alledem erklärt sich die relative Unproduktivität der bürokratischen Rivalität um Rang und Einfluß, um Ausmaß und Ebene der Verfügungsgewalt als Verhaltensantrieb. Innerbürokratische Initiative ist immer beschränkt und wird – wenn sie nicht zufällig positiv ein »höheres Interesse« berührt, immer entmutigt, nicht so sehr durch Nackenschläge, die den couragierten Bürokraten heute seltener treffen, als vielmehr durch das Erlebnis der Fruchtlosigkeit persönlicher Investitionen in jegliche Angelegenheiten, die den eigenen

Kompetenzbereich überschreiten. Für die Karriere, falls Interesse daran besteht, ist ohnehin der progressive Gestus viel nützlicher als wirkliche Aktivität, die das »normale Funktionieren« stört und stets aus irgendeinem Grunde ungelegen sein kann. Ziel rivalisierender Aktivitäten bei aufstiegsorientierten Angestellten kann immer nur sein, nach oben »positiv« aufzufallen. Es geht also in den Initiative-Mechanismus von vornherein Konformitätszwang ein, jedenfalls im Grundsätzlichen. Es ist wohl Raum für instrumentalen Verstand, aber kaum für »negative«, »systemtranszendierende« dialektische Vernunft gegeben.

Außerordentliche Initiativemöglichkeiten gibt es nur an der Spitze – so scheint es wenigstens, und formell ist es auch wahr. Insbesondere gibt es hier die Möglichkeit, inadäquate Lösungen durchzusetzen. Aber jeder wirkliche Reformversuch, der im Rahmen der bürokratischen Spielregeln unternommen wird, läuft sich notwendigerweise tot, auch wenn er von der höchsten Instanz ausgeht. Der Bürokratismus als herrschende Form der Leitungs- und Arbeitsorganisation erzeugt einen spezifischen Menschentyp von konservativer Mittelmäßigkeit, Leute, die sich hervortun können durch »schöpferische« Konformität (im günstigen Falle), durch korrekte Erledigung beliebiger Aufträge (im Durchschnitt), durch unfruchtbare Geschäftigkeit (am negativen Ende der Skala).

Ist der bürokratische Zentralismus gegeben, so entscheidet in diesem allgemein ungünstigen Rahmen über den Effekt, wie weit es der Spitze unter Ausnutzung der Stimmungen an der Spezialistenbasis gelingt, Produktivität, Leistung, sachgerechtes Funktionieren zur *Bedingung* von Aufstieg und Anerkennung zu machen. D. h. der Technokrat, der sich an der Ökonomie der vergegenständlichten Arbeit, also ökonomisch orientiert, ist im Vergleich zum konservativen Politbürokraten, der hauptsächlich die Reproduktionsbedingungen seiner administrativ-politischen Machtposition im Auge hat, eine progressive Charakterfigur. Der Technokrat arbeitet objektiv an der Liquidierung seiner Rolle, sofern er progressive Produktivkräfte durchsetzt, der Bürokrat heiligt täglich den Status quo.

In der DDR tritt der Bürokratismus infolge der relativ entwikkelten Zivilisation, der höheren sozial-kulturellen Qualifikation der Massen in einer im Grunde unprovokatorischen Form in Erscheinung. Besonders seit den polnischen Dezember-Ereignissen von 1970 hat die Pose der Allwissenheit nachgelassen, der Geist der Vormundschaft, an dem sich prinzipiell nichts geändert hat, übt sich in einer gewissen Milde des Auftritts. In der Sowjetunion, wo man die Rangabstufungen restaurativ herausgearbeitet und zusätzlich mit offiziellen und inoffiziellen Privilegien gepolstert hat, so daß das Kontinuum der Gesellschaft dort einen deutlichen Sprung aufweist, wo die Bürokratie, das Natschalstwo beginnt, ist die Lage weitaus gespannter. Anders als hier und in der ČSSR bedürfte es nicht nur einiger Monate politischen Frühlings, um diesen Block zum Schmelzen zu bringen, obwohl er bereits sichtliche Risse aufweist. Jedenfalls ist die Prälatenhoffart der maßgebenden Kader dort viel schwerer einzudämmen, was einfach daran abzulesen ist, daß es nahezu auf den ersten Blick erkennbare *sittliche* Ungleichberechtigungen im alltäglichen Verhalten der verschiedenen Schichten gibt. Es existiert, so unglaublich das klingen mag, eine moralisch-politische Klasseneinteilung. Man kann von einem Vorgesetzten mit Du angesprochen werden, ohne mit Du antworten zu dürfen. Der marxistische Bolschewismus ist nirgends vollständiger unterlegen als auf dem Gebiet der sozialen Kommunikation zwischen den Gesellschaftsschichten ungleicher Mitbestimmungspotenz.

Reformen von oben allein können da nichts ändern. Die aufgeklärteren Elemente, die sich allmählich in der Zentrale ansammeln, die jüngeren Stabsoffiziere der Partei, stoßen immer wieder auf den unüberwindlichen Verhaltenswiderstand der im ganzen gesehen konservativen Sekretärshierarchie. In den Gebieten sind die Sekretäre persönlich mächtiger, haben einen viel intensiveren Aktionsradius und umfassendere Disziplinierungsmittel als seinerzeit die Zarengouverneure.

Woran die Sowjetunion heute krankt, das ist das alte »Vorgesetztenwesen« (LW 25/438), das Apparatschik- und Natschalnik-Unwesen, in dem sich der alte Patriarchalismus des Bauernlandes und der neue Patriarchalismus der industriellen Despotie mit der im Ordensgehorsam erstarrten Parteidisziplin amalgamiert haben. Das Grundverhältnis, in dem sich die Menschen des riesigen Landes begegnen und das weit in die private Sphäre hineinwirkt, ist das von Vorgesetzten und Untergebenen, und es ist von der halben politischen Reform Chruschtschows völlig unberührt geblieben. Obwohl es heute weitgehend anachronistisch ist und von der Basis, von den jüngeren Arbeitern und Ingenieuren, Lehrern und Wissenschaftlern her sehr allmählich unterhöhlt wird, ist es nach wie vor der reale Kern der »führenden Rolle« von Partei und Staat. Es lähmt auf die verhängnisvollste Weise den ganzen Lebens- und Arbeitsprozeß der Sowjetgesellschaft.

Das Übel besteht, leider, nicht einfach darin, daß das sowjetische Natschalstwo eine Bürokratie, ein »Management« schlechthin ist. Ich habe darauf hingewiesen, daß man mit der Bürokratie als Tatsache rechnen muß, weil sie objektive Ursachen im gegenwärtigen Entwicklungsstadium der Produktivkräfte hat. Wie wir sehen, ist auch Jugoslawien, das den antibürokratischen Weg verfolgt, noch keineswegs über den Gegensatz von Selbstverwaltung und Etatismus hinaus. Die Sowjetunion hat insgesamt gesehen eine dogmatisch verkrustete, *unaufgeklärte* Bürokratie, deren Mitglieder zum wesentlichen Teil überhaupt keine Distanz zu ihrer Rolle besitzen und in frappierender Naivität ihre Mentalität der Anpassung an die Erfordernisse der Karriere als Philosophie anbieten. Vor allem haben die unaufgeklärten Elemente, die politisch und moralisch an die Traditionen der Stalin-Periode gebunden sind, noch immer an der Spitze das Übergewicht. Wenn keine tiefere gesellschaftliche Erschütterung erfolgt, werden so viele Leute ihrer Schule nachrücken, daß der Gesamtprozeß des Fortschritts nur verzweifelt langsam vorankommen dürfte. Die besten Elemente der Sowjetgesellschaft liegen gefesselt, werden der Initiative entwöhnt und verbittert.

Die *geistige Misere* der Bürokratie ist durch den Teufelskreis bedingt, in dem sich das von ihr zensierte ideologische Selbstverständnis der Sowjetgesellschaft bewegt. Angesichts der unüberbrückbaren Kluft zwischen der sozialistischen Programmatik und der Wirklichkeit sieht die Oligarchie die Legitimität ihres Machtanspruchs an die Kontinuität eines falschen Weltbildes gebunden. Sie kann daher keine qualifizierte politisch-theoretische Reflexion ihres Dilemmas bzw. überhaupt der sozialen Verhältnisse zulassen. Die sowjetischen Gesellschaftswissenschaftler müssen eine ungeheure Mühe aufwenden, ihre Einsichten in das wahre Wesen dieser Verhältnisse formell mit den überlieferten Dogmen in Einklang zu bringen. In der Parteispitze gibt es natürlich Leute, die ihre Situation privatim durchschauen. Da sie aber ständig gezwungen sind, für die Öffentlichkeit (und zwar schon für die Öffentlichkeit des Politbüros) die geläufige Phraseologie zu reproduzieren und da sie physisch von ihrem eigenen Arbeitsstil absorbiert werden, kann die private Reflexion nicht über die zynische Konstatierung der Realitäten hinausgehen. »Für die Seele« produzieren sie dann wehleidige Selbstrechtfertigungen. Von ihrer ganzen Interessenlage und Mentalität her müssen sie die objektive Analyse und Erkenntnis blockieren. Sie brauchen nur instrumentales Wissen zu dem Zweck, die Reproduktion des etablierten Systems immer noch einmal möglich zu machen. Jenseits dieses Zweckes beginnt für sie das Überflüssige und Schädliche.

Aber es gibt *eine* Quelle, in der sich die heutige Sowjetunion, was ihren Charakter als Obrigkeitsgesellschaft betrifft, ziemlich unverhüllt zu erkennen gibt. Das ist ihre Literatur, die ja nicht gezwungen ist, ihre Verallgemeinerungen auf den unzweideutigen Begriff zu bringen, und unter Umständen schon durch bloße naturalistische Schilderung mehr Wahrheit aussagen kann als ganze Parteitagsreferate wieder zudecken können. In der sowjetischen Gegenwartsliteratur gibt es zwei Sterne erster Größe, auf sehr verschiedenen, aber doch nicht berührungslosen Positionen: den Kirgisen Aitmatow und den Russen Solshenizyn. Und es gibt eine ganze Plejade bedeutender Schriftsteller, wie Nekrassow, Antonow, Below, Kasakow und viele andere*, die mit der Ehrlichkeit des wahren Künstlers zu Werke gehen. In der sowjetischen Literatur gehen wie in der alten russischen die moralischen Kriterien den ästhetischen weit voran, weil die Schriftsteller (heute natürlich auch die Filmschöpfer) das einzige landumspannende öffentliche Gewissen sind. Aber mit der Tiefe und Aufrichtigkeit ihrer Reflexion hat im letzten Jahrzehnt auch die ästhetische Bewältigung des aktuellen Stoffes den weltliterarischen Rang wieder erreicht, den einst Gorki und der junge Scholochow repräsentierten.

Seit Stalins Tod ist der Natschalnik-Typus, der das zentrale Problem der Sowjetgesellschaft vorstellt, von zahlreichen Autoren kritisch gestaltet worden, z. B. von Owetschkin, Granin und Nikolajewa. Ihre Bücher lebten von der Alternative zwischen dem »guten« und dem »schlechten« Vorgesetzten. Sie stellten die Hegelsche Frage, wie sich Staat und Gesellschaft gegen die unwürdigen Glieder der Bürokratie schützen können, und beantworten sie auch genau auf die Hegelsche Weise. Dabei stand die aufrichtige Illusion Pate, daß sich das Unwesen der großen und kleinen Autokraten mit den Mysterien des »Personenkults«, dieser letzten ideologischen Auskunft Chruschtschows, verlieren werde. Solshenizyn ist bisher der einzige, der nach den Sicherheiten der Gesellschaft gegen die *Hierarchie schlechthin* fragt. Die im Stile des bewährten psychologischen Realismus geschilderten Funktionärs-Cha-

* Inzwischen muß man Namen wie Trifonow, Tendrjakow, Schukschin, Abramov, Rasputin, Salygin, Gelman, Wampilow hinzufügen.

raktere seiner »Krebsstation« und vor allem seines überragenden Romans »Der erste Kreis der Hölle« denunzieren die Bürokraten nicht so sehr als Individuen, sondern decken differenziert und kompromißlos auf, wie systematisch die Hierarchie als solche in diesen ihren Gliedern sündigt, die sie zuvor ihrer menschlichen Substanz beraubt hat. Es wird übrigens sehr deutlich bei Solshenizyn, daß die »Verwalter von Sachen« und speziell die »Leiter von produktiven Prozessen« viel weniger dieser Demoralisierung unterliegen als die Werkzeuge des politischen und Polizeiapparats, und daß sich diese Gruppen von vornherein aus einer je anderen typologischen Menschenart rekrutieren. Ungeachtet seiner rückwärtsgewandten Einstellung hat Solshenizyn in der Gestalt des politisch und soziologisch interessierten Naturwissenschaftlers Nershin auch die bisher ausgeprägteste Alternative zum bürokratischen Funktionär in die Literatur eingeführt; es spricht für die Objektivität des Dichters, daß diese eindrucksvollste Figur im »Ersten Kreis der Hölle« die Leninsche Tradition bejaht.

Solshenizyn ist natürlich eine Ausnahmeerscheinung. Im Grunde ist der Parteiapparat selbst schuld daran, daß sich der Mantel der großen russischen Literaturtradition, ihres fortwirkenden ethischen Erbes, jetzt um die Schultern dieses einen Mannes gelegt hat. Diejenigen, die weiter so zu schreiben versuchen, daß ihre Bücher im Lande gedruckt und verbreitet werden, haben ebenso ihr Recht. Die Rolle Solshenizyns hat aber für das literarische Leben der Sowjetunion den Vorteil, daß sie andere Schriftsteller, und gerade die bedeutendsten Repräsentanten des Wortes, die man nicht in dieselbe Position drängen möchte, deckt und ihnen andererseits Maßstäbe setzt: es ist nicht einfach, Solshenizyns Kunst zu widerlegen, zu korrigieren.*

* Nach dem »Archipel Gulag« und der Ausweisung des Schriftstellers aus der Sowjetunion will ich hinzufügen: Das ganze Problem Solshenizyn würde nicht existieren, wenn die Partei dem sowjetischen Volk und der ganzen

Tschingis Aitmatow insbesondere kann sich an Gestaltungskraft zweifellos mit Solshenizyn messen, und er kommt ihm, obwohl er einen anderen Weg des Kampfes gewählt hat, auch nahe in der Ehrlichkeit und im Mut seiner Werke. Seine radikalen Fragestellungen werden von der sympathisierenden Kritik systematisch bagatellisiert, um ihn zu decken. Gerade die Fügung, daß er dazu bestimmt ist, die repräsentative Gegenposition zu Solshenizyn darzustellen, erweitert ihm den Spielraum der Kritik. Schon in seinem »Abschied von Gülsary« war Aitmatow so weit gegangen, einen der stalinistischen Ledermantelgötzen als neuen Manapen (wie die alten orientalischen Unterdrücker der Kirgisen hießen) auszurufen und über einen im Gehorsam resignierten, einst glühenden Revolutionär das Urteil zu sprechen: »Irgendwann hast du aufgehört, Kommunist zu sein.« In einer späteren Arbeit, »Nach dem Märchen« (»Der weiße Dampfer«) denunzierte er geschichtsphilosophisch fundiert, erkenntnistiefer als Solshenizyn und ohne dessen volkstümlerischen Romantizismus, gerade das patriarchalische Urgestein der Klassenherrschaft als lebensmächtige Realität. Und die Parabel votiert am Ende für ein utopisches Engagement, für einen neuen Aufbruch zur Freiheit und gegen alles opportunistische Arrangement.
Ein anderer herausragender Schriftsteller, Antonow, hat in seiner Erzählung »Der zerrissene Rubel« den für unsere Gesellschaften charakteristischen Mechanismus der Zerstörung von Initiative und Individualität bloßgelegt. Die Erzählung zeigt das Paradigma der Produktivitätshemmung, die die sowjetische Gesellschaft daran hindert, die Endphase der

Menschheit vor 20 oder vor 15 Jahren, als er fällig war, selbst ihren wahrhaftigen Untersuchungsbericht vorgelegt hätte. Wenn es sich bei dem Gulag-Bericht um einen Berg der Verleumdung handelt, so besteht er offenbar aus allzuvielen Kieseln Wahrheit, und vor der Geschichte wird die KPdSU den Prozeß wegen Beleidigung verlieren. Ein Bericht ist notwendig. Da die Partei ihn nicht geliefert hat, nicht liefern will, ist es nun eben dieser. Seine Hauptrolle im gegenwärtigen ideologischen Kampf besteht darin, daß er das politisch-moralische Versagen der KPdSU *nach* Stalin denunziert!

industriellen Unterentwicklung hinter sich zu lassen. Sie zeigt zugleich das Unglück einer wachsenden Zahl von Individuen, die ihre durch den materiellen und kulturellen Fortschritt des Landes erzeugte Leistungsfähigkeit nicht realisieren können. Einen ähnlichen Hintergrund hat eine noch schärfere Erzählung des Schriftstellers Below, unter dem Titel »Sind wir ja gewohnt«. Sie ist in der Nr. 1/1969 der in Moskau verlegten Zeitschrift »Sowjetliteratur« deutsch nachgedruckt worden. An einem Beispiel aus Nordrußland empört sich Below über das hoffnungslose, entrechtete Dasein der Kolchosbauern in allzuvielen sowjetischen Dörfern. Wie in Hemingways berühmter Novelle »Der alte Mann und das Meer« tritt der Mensch nur im Kampf mit der Natur in seine Rechte als höchstes Wesen. Dem Helden Belows steht der Wald für das Meer. Diese Verhältnisse gehen nicht schwanger mit Revolution; sie können höchstens lokale Rebellionen der Ohnmacht erzeugen. Das alte Dorf ist ohnmächtiger als jemals in Rußland. Aber es ist so wahr wie im XIX. Jahrhundert, daß es einer neuen Revolution bedürfte, um den geknechteten Seelen die einzig denkbare Gelegenheit zur Eroberung ihrer Würde als freie Bürger zu geben: die Gelegenheit ihrer politischen Selbstbestimmung im Kampf gegen die »Vorgesetzten«, gegen das ganze Vorgesetztenwesen, die ihren Ausgang natürlich nur von einem städtischen Element nehmen könnte. Von Solshenizyn bis Aitmatow ist künstlerisch der Nachweis dafür erbracht, daß das Leben der sowjetischen Völker erneut von Grund auf umgewälzt werden muß.
Die wirklichen Künstler, die neuerdings Schule machen, sind meist schon daran zu erkennen, daß sie ihre Helden jetzt unter den nichtprivilegierten Massen suchen. Sie haben sich für den sogenannten »einfachen Menschen« entschieden. Jene, die ihre Sorgen mit den Funktionen haben, die sie ausfüllen, werden mit geringem oder gar keinem ästhetischen Effekt von zweitrangigen Schriftstellern zu mehr oder weniger »positiven Helden« stilisiert. Dennoch kann es informativ sein, zu den

»aus der Sicht der Leiter« geschriebenen, manchmal partiell kritischen, insgesamt jedoch affirmativen Selbstdarstellungen der sowjetischen herrschenden Schicht zu greifen.

Die typische Differenzierung, die sich in Funktionärshierarchien vollzieht – und zwar zunächst psychologisch, erst in einem sehr fortgeschrittenen Stadium auch politisch –, ist die zwischen »Progressiven« und »Konservativen«. Die Werke der Chruschtschow-Ära, von denen ich schon sprach, konnten sogar politisch (wenn auch bloß vordergründig politisch) für die »Progressiven« Partei ergreifen, solange die halbe Reformation an der Macht war. Damals sah sich selbst ein so notorischer, künstlerisch unfähiger Reaktionär wie Kotschetow, der sich auf »Arbeiterdynastien« – eine der ideologischen Schändlichkeiten des Stalinismus – spezialisiert hatte, aufgerufen, das Thema des guten und des schlechten Parteisekretärs abzuhandeln. Die neuere Literatur dieser Richtung vermeidet, gar nicht zum Schaden der Bücher, die politische Zuspitzung, die vorher immer zu illusorischen Lösungen verpflichtet hatte. Sie zeigt einfach Charaktere, die über der Lösung irgendeiner Aufgabe psychologisch kollidieren. Je realistischer dabei das Milieu der Arbeitsstätten und der Apparate geschildert wird, desto besser für den Leser – und für den ausländischen Soziologen, der auf diese Weise authentische Bruchstücke sowjetischer Wirklichkeit in die Hand bekommt. Das Vorgesetztenverhältnis versteht sich in allen Büchern dieses Genres von selbst, es ist die unkritisch vorausgesetzte Realität. Es geht nur um ein produktiveres und – je nach der Auffassung des Autors – humaneres Funktionieren der Hierarchie, um den Entwurf des klugen, mutigen, sachlichen Leiters. Man muß diese Romane, da sie als Kunstwerke durchweg mittelmäßig, wenn auch einmal mehr, einmal weniger unbeholfen gemacht sind, hauptsächlich nach der Absicht ihres Autors bewerten – und, wie schon gesagt, nach der soziologischen Aussagefähigkeit ihres Details. Nehmen wir, um diesen Umgang anzudeuten, zwei neuere Romane, Po-

pows an der »Schlacht-unterwegs«-Tradition orientierten Stahlwerk-Roman »Im Kampf errungen« (Sowjetliteratur 6/7 1971) und Lipatows »Mär vom Direktor P.«.
Popows Fabel bietet den Aufstieg eines jungen Spezialisten, des Ingenieurs Rudajew, zum Leiter der wichtigsten Werksabteilung. Seine Kontrahenten sind der in einem tyrannischen Leitungsstil und in technologischem Konservativismus eingeigelte Vorgänger und die Projektanten einer Werkserweiterung, die eine rückständige Lösung durchgesetzt haben, nach der bereits gebaut wird. Rudajew siegt im Doppel mit einem neuen Werkdirektor: ziemlich unwahrscheinlicherweise werden die neuen Fundamente wieder herausgerissen, um dem progressiveren Projekt freie Bahn zu schaffen. Das Buch plädiert für die informelle Einbeziehung der Ingenieure und wenigstens einer interessierten Minderheit der Arbeiter in den Prozeß der Vorbereitung von technisch-ökonomischen Veränderungen. Es meldet also gewisse Ansprüche der Spezialisten an, aber auf eine im Kern undramatische, gänzlich konformistische Weise. Die Tendenz ist durch die offizielle Parteipolitik gedeckt. Nichts charakterisiert die Harmlosigkeit des Autors besser, als daß er, ganz gewiß ohne »böse Absicht«, einen Parteifunktionär, von dem es heißt, man müsse sich ihn warmhalten, weil er über die Ressourcen des ganzen Gebiets verfüge (!), als »Bauherrn« auf der Szene erscheinen läßt. Das ist eines dieser verräterischen Details, nicht das einzige übrigens in diesem Buch.
Lipatow ist wesentlich kühner als Popow, seine Konzeption hat sozusagen »nicht die *ganze* Parteilinie« hinter sich. Er fordert für den rücksichtslosen, aber erfolgreichen Technokraten die uneingeschränkte Verfügungsgewalt über Menschen und Mittel. Dem sibirischen Flößereikontor, in dem sein Roman spielt, droht die Einsetzung eines farblosen Büromenschen von außerhalb als Direktor. Der forsche Chefingenieur Prontschatow ist von dem verstorbenen bisherigen Direktor als legitimer Amtserbe designiert worden. Der Alte hat ihm

für den Kampf um die Macht sogar eine verschwiegene große Holzreserve hinterlassen. Gefeiert und im Namen der Produktivität gerechtfertigt wird nun der ebenso schamlose wie zweckmäßige Karrierismus Prontschatows, der alle Register – einschließlich des Registers seiner Herkunft als Kadersohn – zieht, um sein »für die Gesellschaft nützliches Ziel« zu erreichen. Seine Devise ist: Ihr (Arbeiter) habt mich zum Studieren geschickt, damit ich für Euch denke; und Direktor des Kontors muß werden, wer das meiste Holz zu verflößen verspricht. Kein Schritt gegenüber den Partei- und Staatsvorgesetzten, der nicht darauf berechnet wäre, Direktor zu werden. Auch hier lohnt es sich wegen der Details, die Szenen Prontschatows mit dem Gebietskomitee der Partei zu lesen, um am Verhalten der Funktionäre und an der Taktik Prontschatows zu ermessen, auf was für internen Beziehungen die sowjetische Partei-, Staats- und Wirtschaftsleitung basiert. Daß der »geeignete Mann« nicht ohne sein karrieristisches Zutun, nicht nach objektiven Kriterien an seinen Platz gestellt wird, ist für Lipatow selbstverständliche Lebensweisheit. Nimmt man dann noch die Szenen der Werbung Prontschatows um den fossilen Patriarchen Nechamow dazu, dessen Sippe ungefähr die Hälfte aller politischen und technischen Funktionen im Flößereikontor und in der zugehörigen Stadt besetzt hält, so rundet sich immerhin ein lokales Gesellschaftsbild. Kurioserweise hat sich der Held seinerzeit von einem übriggebliebenen Schamanen die Kriegserlebnisse austreiben lassen. Das ist konsequent gedacht, denn wenn er gezwungen gewesen wäre, sie zu verarbeiten, hätte es ihm an der notwendigen Bedenkenlosigkeit für seine Rolle gefehlt. Eine ganz auf äußeren Erfolg berechnete Subjektivität hatte einst Balzac als Aufstiegsbedingung im nachrevolutionären Frankreich erkannt. Offenbar darf der industrielle Beuteritter, auch wenn er als Technokrat auftritt, »die Sorge nie gekannt« haben.

»Die Mär vom Direktor P.« ist ein Buch mit einigem Leben,

aber man müßte von den guten Geistern aller sozialistischen Theoretiker verlassen sein, um auch nur die entfernteste Ähnlichkeit des Typus Prontschatow und seines ganzen Milieus mit sozialistischen Leitbildern anzunehmen.
Aber hatte ich nicht die Antriebshemmung einer Gesellschaft konstatiert, in der sich alle Aktivität in die Form der bürokratischen Rivalität gezwängt sieht, um nun zu sehen, daß vor dem Hintergrund desselben Systems ein Typus der absoluten Initiative, sagen wir, wenigstens konstruierbar ist? Gibt es eine spezifische Dialektik, die an der Erzeugung dieses Typus arbeitet? Auch dafür gibt uns Lipatow einen Fingerzeig: Die Partei ist für ihn im Grunde nur dadurch gerechtfertigt, daß sie die Prontschatows auf die ihnen zustehenden Posten stellt. Dann mag sie ihnen immerhin äußerliche Verhaltensregulative diktieren. Insofern deutet Lipatow auf das große schöpferische Potential der sowjetischen Intelligenz, die sich gerade deshalb, weil die Partei *nicht führt,* weil sie keinen neuen allgemeinen Konsensus schafft, an ihren technokratischen und expertokratischen Sonderinteressen orientiert.

9

Partei und Bürokratie

Die Antriebsschwäche, die sich aus der Wechselwirkung zwischen dem Nachlassen des klassengesellschaftlichen Arbeitszwangs einerseits und der bürokratischen Organisation des allgemeinen Zusammenhangs andererseits ergibt, ist unmittelbare und darum unbestreitbare Alltagserfahrung unserer Bevölkerung, einschließlich der Funktionäre. Unsere Ordnung gibt der »natürlichen« menschlichen Trägheit und Nachlässigkeit (die in Wahrheit selbstredend einen durchaus historischen Pegel hat) größeren Raum als der Kapitalismus, und zwar nicht nur »unten«, sondern auch »oben«. Die Indolenz des Bürokraten korrespondiert mit der Interesselosigkeit des Arbeiters, der Unlust des Spezialisten (überflüssig hinzuzufügen, daß sich die lebendigen Individuen nicht auf derartige Tendenzpersonen reduzieren). Fast alles, was unternommen wird, ist durch ein charakteristisches Mißverhältnis zwischen Aufwand und Ergebnis gekennzeichnet. Die individuelle Initiative wird durch – übrigens meist recht undramatische – Sisyphuserlebnisse abgestumpft. Nicht zufällig lautet eine ironische Beamtenregel: »Es erledigt sich alles von selbst.«

Die Arbeit einer ausführenden Bürokratie besteht eben hauptsächlich darin, einmal Entschiedenes und Angewiesenes in Gang zu halten, alle Eventualfälle darunter zu subsumieren und das Abweichende – als Gesetz und Kontinuität gefährdend – zu eliminieren. Der bürokratische Körper besitzt, erst recht bei seiner heutigen und hiesigen Größe, eine geradezu physikalisch zu nennende Trägheit. Die modernen Produktivkräfte, die mehr denn je auf den schöpferischen Menschen gegründet sind, haben gerade in ihrer empfindlichsten, sensorischen Zone an unserem Bürokratismus ihr effektives Bremstriebwerk, das sie überdies fast immer in einer zum jeweiligen Zeitpunkt bereits überholten Entwicklungsrichtung festhält, weil jede unvermeidliche Kursänderung – sofern es nicht gerade um politische Überlebensfragen geht – mit charakteristischer Verzögerung erfolgt. Und die *Partei*, die unter den von ihr initiierten Verhältnissen allein als Motor des industriellen und gesellschaftlichen Fortschritts fungieren kann, ist *durch ihren eigenen Apparat* tief in diesen allgegenwärtigen Spinnweb verstrickt, der kein noch so entlegenes Gebiet des sozialen Lebens ausläßt.

Aber wenn die bürokratische Sklerose des Machtapparats die allein herrschende Tendenz wäre, wenn ihre zweifellos schwerlastende Wirkung entscheidend durchschlüge, dann könnten wir niemals das dennoch verhältnismäßig hohe ökonomische Wachstumstempo haben, das genau diejenigen nichtkapitalistischen Länder auszeichnet, die unter Parteien marxistisch-leninistischer Tradition arbeiten. Ich hatte gezeigt, wie der Bürokratismus schon in der Leninschen Periode der russischen Revolution sein konservatives Haupt erhob, und daß er sofort die unverwechselbaren Symptome zeigte. Gleichwohl folgte die ungeheure Wirtschaftsdynamik der dreißiger Jahre, und der von Stalin personell weitgehend erneuerte Apparat erwies sich als terroristisch gezähmtes Werkzeug der politischen und industriellen Revolution. Selbst heute noch reduziert die bürokratische Form unseres Überbaus weniger das quantitative als das qualitative Wachstum, dies letztere freilich auf eine im Rahmen der statuierten

Prämissen unkorrigierbare Weise. Für die Suche nach einer Alternative ist es aber sehr wichtig, zu begreifen, daß und warum sich unser Machtapparat nicht absolut in seinem Teufelskreis festläuft.

Dafür gibt es zwei Gründe, die zu unterscheiden sind, obwohl sie sich in der politischen Praxis nur schwer entflechten lassen. Der eine besteht in dem Selbsterhaltungsinteresse des Apparats angesichts der unablässigen Herausforderung durch den materiell-technisch überlegenen welthistorischen Partner und Gegner. Die ursprüngliche bolschewistische Motivation für den ökonomischen Wettbewerb hat natürlich die Masse der Bürokraten nie sonderlich aufgeregt, zumal die weltrevolutionäre Idee des Oktober seit Mitte der zwanziger Jahre verfolgt wurde. Aber das Leninsche Vermächtnis, die Arbeitsproduktivität sei letztlich das Entscheidende, läßt sich nicht zum Schweigen bringen, weil es heute die Bedingung für das Überleben unserer Ordnung in einer weitgehend von ihr enttäuschten Gesellschaft formuliert. Die Hektik, die sich immer wieder konvulsivisch von der Spitze herab über den ganzen Wirtschaftsapparat ausbreitet, ist der Fluch der Märchensituation, von der ich sprach. Der Igel ist schon da. In der sowjetischen Problematik von heute steckt im Grunde immer noch viel von der alten äußeren Herausforderung, die Peter den Großen dazu trieb, die Peitsche über Rußland zu schwingen, und das hieß zuerst: über der russischen Bürokratie. Die durchschnittlichen Partei- und Staatsbeamten werden nicht von ihrem ruhelosen Gewissen in den Herzinfarkt getrieben – ihre offenbare Mentalität füllt alle Muster des traditionellen Ämter-Konservatismus aus –, sondern von dem Selbstbehauptungswillen der höchsten Funktionäre, die um keinen Preis von den Hebeln der Macht lassen möchten. Natürlich ist die Parteispitze in dieser Beziehung weniger der Schöpfer einer neuen Zivilisation als der Dolmetscher jener Triebkräfte, die »drüben«, im Spätkapitalismus, den technisch-ökonomischen Fortschritt in Schwung halten. Sie unternimmt verzweifelte Anstrengungen, das ökonomische Getriebe anzukurbeln, in der jüngsten Etappe sogar in biederer Kooperation mit Nordamerika, Japan und der EWG. Ökonomisch gesehen kann die spätkapitalistische Gruppierung auf jede roll-back-Politik verzichten, weil unser Block sukzessiv wieder in den einheitlichen Weltmarkt integriert wird, auf dem sie dominiert. Wenn die sowjetische Führung das Land und dann sich selbst ansieht, hat sie gar keine andere Wahl. Nimmt man die Dinge, wie sie sind und nicht wie sie sein sollten, so ist ihr relativer industrieller und agrikoler Erfolg immer noch die vertretbarste Legitimation. Nach innen besteht das große Dilemma darin, daß die Massen ihre Versprechungen immer weniger an den kleinen Fortschritten messen, die ihnen Jahresplan für Jahresplan zugedacht werden, immer mehr an dem Absolutbetrag des Abstandes zum »Konsumparadies« der spätkapitalistischen Industrienationen. Die bürokratische Oberschicht samt Anhang selbst lebt dem Volk diese Orientierung vor, in der Sowjetunion noch viel auffälliger als bei uns. Nichts mehr von der alten bolschewistischen Bescheidenheit, die es sich zur Ehre anrechnete, die materiellen Entbehrungen der Ärmsten zu teilen. Wenn die Satellitentechnik vollends die anachronistische Isolierung der sowjetischen Massen vom erscheinenden »Weltbild« der Gegenwart liquidiert, wird der Apparat in Moskau über einem Vulkan unbefriedigter materieller Bedürfnisse thronen. Das und nichts anderes ist die Ursache der Panikstimmung, die z. B. in Gromykos Konventionsentwurf »über Prinzipien der Nutzung künstlicher Erdsatelliten für Fernsehdirektsendungen« zum Vorschein kommt, einem Dokument, das an die Handschrift Nikolaus des Ersten erinnert. Es geht in der Sowjetunion heute nicht einfach um die Abwehr »ideologischer Diversion« im traditionellen Sinne. Die Propagandamaschine wird völlig machtlos sein gegen den bloßen Augenschein der »Wohlstandsgesellschaft«. Es ist ja ein offenes Geheimnis, daß schon die westlicheren Länder des eigenen Blocks nicht ohne weite-

res zur allgemeinen Besichtigung für Sowjetbürger freigegeben werden können. Wenn es in der Sowjetunion zu einem Wandel kommt, dann dürfte zunächst gerade die Wirtschaftspolitik, die sich einem riesigen Nachholbedarf der Massen gegenübersehen wird, der härteste Prüfstein für die neue Führung des Landes sein.
Aber es gibt noch einen zweiten, gewissermaßen höheren Grund für die verhältnismäßige Funktionsfähigkeit unseres Systems als das Selbsterhaltungsinteresse. Wir sehen in vielen Entwicklungsländern Parteien und Bürokratien ohne marxistisch-leninistische Herkunft mit weit geringerem Erfolg um die ökonomische Legitimation ihrer Herrschaft kämpfen. Sie werden schon allein der Korruption nicht Herr – einer anderen Korruption als jener systematischen Bestechung zur Staatstreue, die Stalin von *oben* zu organisieren verstand und die sich im großen und ganzen nie der Kontrolle der Zentrale entzieht. Letzten Endes beruht auch die charakteristische Disziplin echter stalinistischer Bürokratien weder auf den gestaffelten Privilegien noch allein auf der ständigen Präsenz der indirekten Gewaltandrohung im Falle der Abweichung. Es blieb bis heute ein Rest weltanschaulich-moralischer Loyalität erhalten, für die das formelle Festhalten der maßgebenden Repräsentanten an einem kleinen Katechismus der reinen Lehre entscheidend ist. Hier handelt es sich um die bei Weltanschauungsparteien ebenso wie bei Kirchen zu beobachtende Kontinuierung einer ursprünglichen Inspiration, die zu ihren Existenzbedingungen zählt. Die Kirche ist trotz Staatsreligion, Orthodoxie und Inquisition selbst heute noch nicht tot, weil und insofern es ihr gelingt, die im Neuen Testament als Verhaltensideal aufgezeichnete Mission Christi in wenigstens einigen ihrer Glieder glaubhaft gegenwärtig zu halten (in ihren schlimmsten Krisen werden Kirchen von ihren Ketzern gerettet). In allen unseren Parteien an der Macht gibt es bis hinauf in die Spitze noch Menschen, die wenigstens durch ihr schlechtes Gewissen an die Idee gebunden sind.

Sogar in der Sowjetunion, wo die Revolution schon so lange her ist, daß die heutigen Führer kaum etwas anderes als Stalinschen Bürokratismus kennengelernt haben, entläßt die kommunistische Tradition ihre ungemäßen Erben nicht. Wollten sie sich öffentlich von der Idee lossagen, es fegte sie sogleich hinweg. Von einem unentrinnbaren Legitimitätskomplex verfolgt, brauchen sie die Geschichtslüge wie das tägliche Brot, und sie müssen wenigstens in gewissen unaufrichtigsten Augenblicken sogar daran glauben, um psychologisch überleben zu können. Der verratene und verdorbene Marxismus ist immer noch das Pfund, mit dem sie wuchern. Allerdings geht es ihnen analog so, wie Marx und Engels in der Deutschen Ideologie (MEW 3/274) sagen: »Je mehr die normale Verkehrsform der Gesellschaft und damit die Bedingungen der herrschenden Klasse ihren Gegensatz gegen die fortgeschrittenen Produktivkräfte entwickeln, je größer daher der Zwiespalt in der herrschenden Klasse selbst und mit der beherrschten Klasse wird, desto unwahrer wird natürlich das dieser Verkehrsform ursprünglich entsprechende Bewußtsein . . ., desto mehr sinken die früheren überlieferten Vorstellungen dieser Verkehrsverhältnisse, worin die wirklichen persönlichen Interessen ppp. als allgemeine ausgesprochen werden, zu bloß idealisierenden Phrasen, zur bewußten Illusion, zur absichtlichen Heuchelei herab. Je mehr sie aber durch das Leben Lügen gestraft werden und je weniger sie dem Bewußtsein selbst gelten, desto entschiedener werden sie geltend gemacht, desto heuchlerischer, moralischer und heiliger wird die Sprache dieser normalen Gesellschaft.«
Geistig befinden sich die Leute des Apparats in einer hoffnungslos defensiven Situation. Ihre unmittelbare Verantwortlichkeit für den administrativen Machtapparat blamiert unausgesetzt die Prinzipien, auf denen die höhere Autorität und Rechtfertigung ihrer Macht beruht. In Bewegungen, die sich auf ein messianisches Ideal, auf irgendeine »welthistorische Mission« berufen, wird der Widerspruch zwischen emanzipa-

torischer Intention und repressiver Herrschaftspraxis immer zu Ketzererhebungen führen, die auf eine Reformation abzielen. Der Kern ihrer Argumentation wird stets derselbe sein, ob nun Luther von »des Teufels Sau, dem Papst« spricht oder Trotzki von Stalin als dem »Totengräber der Revolution«. Es ist absolut nicht maßgebend, ob und wie weit eine solche Qualifikation jeweils zutrifft. Entscheidend ist die Intention solcher Reformationsbewegungen, die Idee wieder von dem sie pervertierenden Machtapparat zu trennen. Von einem höheren Standpunkt aus kann man sich auch heute auf diesen Mechanismus verlassen.

Worin wurzelt die Schwäche der stalinistischen Bürokratien? Warum sind sie nicht in der Lage, die Flucht nach vorn anzutreten, selbst die Initiative für den Aufbruch aus dem Dilemma zwischen ihrem ursprünglichen revolutionären Auftrag und ihrer Herrschaftspraxis zu ergreifen? Weiterblickende Funktionäre, wie zum Beispiel Kadar, wiederholen den Gedanken Lenins, daß die Partei unter den Bedingungen ihrer Alleinherrschaft zugleich die Rolle der Opposition wahrnehmen müßte. Aber das gelingt ihr nicht effektiv, weil sie infolge ihrer eigenen Bürokratisierung, infolge ihrer Unterwerfung unter den riesigen Apparat und seine Reproduktionsbedürfnisse außerstande ist, sich kritisch von der Staatsmaschine, vom Etatismus zu distanzieren.

Man sollte endlich mit den letzten Resten der Illusion Schluß machen, wir hätten es bei der Masse der politischen und administrativen Bürokraten mit bloß oberflächlich kommissarisierten oder bürokratisierten *Kommunisten* zu tun, denen man vielleicht einmal gründlicher ins verkrustete Gewissen reden müßte. Nein, der Bürokratismus hat längst aufgehört, eine bloß übergestreifte fremde Form zu sein. Er ist zur gewissermaßen natürlichen politischen Existenzform einer großen Gruppe von Menschen mit ausgeprägten Sonderinteressen geworden, die sich um den Stamm, die Äste und die Zweige des Machtapparats kristallisiert hat. Durch diese Sonderinteressen muß nun das allgemeine Interesse der Gesellschaft hindurchgehen, um offiziell als solches anerkannt zu werden – wie es eben unter allen historischen Herrschaftsverhältnissen der Fall war. Diese soziale Gruppe umfaßt im wesentlichen die *hauptamtliche* Besetzung der gesamten politischen, staatlichen und »gesellschaftlichen« Leitungspyramide, einschließlich der militärischen, polizeilichen und ideologischen Zweige, also eben die ausgedehnte Partei-, Staats- und höhere Wirtschaftsbeamtenschaft im weitesten Sinne. Politökonomisch gesehen steht sie den unmittelbaren Produzenten (einschließlich Spezialisten, wenn auch ein Teil von ihnen über Stabsfunktionen vom Machtapparat absorbiert wird) tendenziell antagonistisch gegenüber.

Das Staatseigentum, als Domäne dieser politbürokratischen und administrativen Verfügungsgewalt, stellt ein Produktionsverhältnis sui generis dar. »Zum Wohle des Volkes«, wie sie speziell nach dem polnischen Dezemberschreck von 1970 nicht laut genug betonen kann, entscheidet die Oligarchie an der Spitze der Pyramide über die Ziele, für die das Mehrprodukt verausgabt werden soll, und unterwirft den *ganzen* Reproduktionsprozeß des ökonomischen, sozialen, kulturellen Lebens ihrem Reglement. Wie bei jeder früheren Herrschaft geht die ständige und wenn möglich erweiterte Reproduktion ihres Monopols in den Gesamtkalkül für die gesellschaftliche Entwicklung ein und muß von den Massen mitbezahlt werden. Wie jeder Arbeiter im Kapitalismus durch seine gute, verantwortungsbewußte Produktionstätigkeit nicht nur in den systemgegebenen Grenzen seine eigenen und die allgemeinen Existenzbedingungen verbessert, sondern vornehmlich das Kapital vergrößert, so vermehrt er im real existierenden Sozialismus das Potential für die Verfügungsgewalt der Partei-und-Staatsmaschine, vermehrt er seine Ohnmacht ihr gegenüber.

Die werktätigen Massen können den im Rahmen einer gegen sie abgeschlossenen Korporation ablaufenden arbeitsteiligen

Verfügungsprozeß nur punktuell und akzidentiell beeinflussen, haben grundsätzlich keinen Zugang zu den Stellen, an denen die Fäden zusammenlaufen, können also auch nichts Wesentliches kontrollieren. Sie stehen dem konzentrierten Staatseigentum nach wie vor »proletarisch« gegenüber, und da die Gewerkschaften nicht mehr *ihre* Assoziationen, sondern Assoziationen *für sie* sind, sind sie institutionell gesehen machtloser als zuvor. Im real existierenden Sozialismus sind die Menschen gerade *in* den sogenannten gesellschaftlichen Organisationen atomisiert, ganz speziell übrigens auch die Parteimitglieder in der Partei, wo dies geradezu im Statut verankert ist. Naive wundern sich oft, daß sich die Partei durch die Aufnahme so vieler »Unwürdiger« schwächt; in Wirklichkeit wächst die Macht der Bürokratie mit der Zahl der unterworfenen und verwalteten Seelen.
Volk und Funktionäre – das ist die unvermeidliche Dichotomie jeder protosozialistischen Gesellschaft. Es ist der wichtigste »Widerspruch im Volke«. Aber die antagonistische Konsistenz, die er in allen sowjetisch inspirierten Ländern aufweist, ist ein Spezifikum. Sie resultiert daraus, daß die Parteiführung nicht für die Überwindung, sondern für die Konsolidierung und Verewigung dieser unserer späten Klassengesellschaft arbeitet und den sozialökonomischen Fortschritt in die ihr notwendigen Schranken bannen möchte. Die Erfahrungen in Jugoslawien und China zeigen, daß es nicht nur theoretisch, sondern praktisch-politisch möglich ist, mit der Realität des Staates in der protosozialistischen Gesellschaft zu rechnen und den Staatsapparat zur revolutionären Umgestaltung zu benutzen, *ohne* aus der Not (dem Übel, wie Engels sagte) eine Tugend zu machen und eine Pseudo-Dialektik zu erfinden, wonach die von Parteitag zu Parteitag »wachsende Rolle« des Staates – natürlich am Sankt-Nimmerleinstag – zu seinem Absterben führen werde. Aber das ist eben die Ideologie eines Parteiapparats, der in der Permanenz der Staatsmaschine die Bedingungen seiner eigenen unendlichen Reproduktion fei-

ert. In Wirklichkeit ist es gerade die gegebene Existenzform der *Partei* (nicht so sehr des Staates), die die Staatsvergottung notwendig macht. Denn technologisch gesprochen ist der Parteiapparat nicht nur der Motor, sondern auch der Steuermann der sozialen Entwicklung, die Staatsmaschine ist bloß das Werkzeug. Sie produziert bei uns keine eigene Ideologie (wie das z. B. in Jugoslawien durchaus der Fall ist), wenn man von ihrem unmittelbar mit den ökonomischen Prozessen verbundenen wirtschaftsmanagerialen Zweig absieht, der die offizielle Ideologie mit technokratischem Einschlag versetzt.

Zur Erklärung des Parteiapparats muß ich noch einmal an die Genesis unserer Verhältnisse erinnern. Die Leninsche Konzeption über den Mechanismus der proletarischen Diktatur wollte das Moment der Unterdrückung »nach innen« der weit umfassenderen, prinzipiell an der kommunistischen Perspektive orientierten Erziehungsrolle der Partei gegenüber den Massen unterordnen. Jedoch hat die Transmissionsvorstellung für das Verhältnis Partei–Gewerkschaften–Massen niemals im Leninschen Sinne funktioniert, auch nicht im Bezug auf die Arbeiterklasse im engeren Sinne. Die Gewerkschaften sollten Schulen des Sozialismus *und* Kampfinstrumente gegen die bürokratische Entartung der Staatsmacht sein. Sie wurden weder das eine noch das andere. Ihre Rolle leidet an einer derartigen Dystrophie, daß es schon für die Staatsmaschine selbst ein Verhängnis ist, wie der polnische Dezember bewies. In Wirklichkeit kann die Transmission der Partei zu den Massen daher nicht hauptsächlich erzieherisch, sondern sie muß primär administrativ und repressiv sein: diese Transmission ist eben der Staatsapparat. Und nun ergibt sich natürlich angesichts des Fehlens aller Korrektive von unten die Frage, *wie* die Partei die Staatsmaschine kontrollieren soll, damit es nicht zu ihrer Degeneration im Selbstlauf der bürokratischen Routine und Korruption kommt. Die Lösung bestand im *Aufbau einer weiteren, dem Staatsapparat übergeordneten Bürokratie als Parteiapparat.*

Selbstverständlich braucht jede politische Partei einen Organisationsapparat in Gestalt von Büros, Sekretariaten oder wie solche *Hilfs*abteilungen immer heißen mögen. Aber die ursprüngliche Bedeutung der Begriffe ist in der Praxis unserer regierenden Parteien kopfgestellt. Es gab noch nie eine Herrschaft, deren maßgebliche Repräsentanten sich ausgerechnet »Büromitglieder« und »Sekretäre« nannten. An diesen Bezeichnungen allein ließe sich schon die Überwältigung des lebendigen Parteikörpers durch seine Bürokratie ablesen. Kaum zufällig erzeugt das Parteileben heute gar keine politischen Führerpersönlichkeiten, keine echten konzeptiven Ideologen mehr. Dafür finden wir in den Parteiinstanzen bis hinauf zum ZK-Apparat, der ja genau besehen nur die ausgebreitete Totalität der Politbürofunktionen ist, ausnahmslos alle Zweige und Ebenen der staatlichen und »gesellschaftlichen« Bürokratie in komprimierter Form *verdoppelt*, ebenso wie schon ausnahmslos alle Zweige des gesellschaftlichen Lebens in der Apparatur der Regierung und der offiziellen »gesellschaftlichen« Organisationen verdoppelt sind. Die Ausarbeitung, Durchführung und Kontrolle der Parteibeschlüsse muß unter eine eigene Bürokratie verteilt sein, weil die Partei nicht durch die Selbstorganisation ihrer überall vertretenen Mitglieder, sondern nur durch ihren Apparat als Initiator auftreten kann. So erhebt sich über der administrativen Staatsbürokratie nicht die Sphäre der in den Vertretungskörperschaften repräsentierten Volkssouveränität – Sowjets spielen im Sowjetsystem keine nennenswerte Rolle, ihre Zusammensetzung wird nicht durch Volkswahl, sondern durch bürokratische Auswahl unter Parteiaufsicht bestimmt –, sondern eine besondere politische Bürokratie, die ihrerseits die innerparteilichen Wahlen manipuliert. An der Spitze steht in Gestalt des Politbüros eine Institution, die sich de facto selbst beruft. Wer neu in diese Führung aufgenommen werden soll, entscheiden diejenigen, die schon drin sind, und auch sie nicht alle. Diese »Kommunisten« gehen so weit, ein eigenes Proto-

koll für ihre interne Sitzordnung nach Rangabstufungen vorzusehen.
Die Diktatur des Politbüros ist eine verhängnisvolle Übersteigerung des bürokratischen Prinzips, weil der ihm gehorchende Parteiapparat Kirchenhierarchie und Überstaat in einem ist. Die ganze Struktur ist quasi-theokratisch. Denn der Kern der politischen Gewalt – ich spreche hier nicht von ihren hypertrophierten Vollzugs- und Polizeiorganen – ist die geistliche Gewalt, mit der ständigen Tendenz zur Inquisition, so daß die Partei schon selbst die eigentliche politische Polizei ist. Der Parteiapparat als Kern der Staatsmacht bedeutet den säkularisierten Gottesstaat, wie er der Kirche zu ihrem Glück nie anders als lokal gelungen ist. Nie waren, seit die naturwüchsigen Theokratien der Frühzeit niedergingen, weltliche und geistliche Autorität derart in einer Hand vereint. Da er auf diese Weise in der Tat »für alles verantwortlich« ist, muß er jede Distanzierung von den Details der bürokratischen Praxis als ideologische Ketzerei verdächtigen. Gerade die *großen* Fehler entziehen sich überhaupt jeder rechtzeitigen Kritik. Mit der Anmaßung, das Gesetz der Geschichte und die wahren Interessen der Massen zu kennen, läßt sich z. B. jede ökonomisch noch so teure politische Entscheidung rechtfertigen. Das »Primat der Politik«, zur Magna Charta des Subjektivismus umfunktioniert, schließt bei dem Monopol der politischen Meinungsbildung in einer Clique des Politbüros automatisch ein, daß sachliche Argumente gerade bei den größten Positionen nicht zählen. Überall dort, wo nicht Millionen, sondern Milliarden des von den unmittelbaren Produzenten erzeugten Mehrprodukts auf dem Spiel stehen, darf man nur an der Spitze der Spitze nach den Verantwortlichen suchen. Sie allein haben die Risiken zu vertreten, da sie sie »für die Gesellschaft« statt mit ihr tragen. Es rankt sich eine ganze apologetische Sentimentalität um diese »Last der Verantwortung«, die sich ja letzten Endes auf den Weltlauf überhaupt bezieht. Man trägt sie wie ein Kreuz, und sie muß natürlich

durch gewisse Annehmlichkeiten des Lebens ausgeglichen werden. Sie ist der Quell aller Rechtfertigungen für die innerbürokratische Korruption von oben, in der sich am sichtbarsten die Aneignung fremder Arbeit durch die Kostgänger des Machtapparates manifestiert.

Der politbürokratische Zentralismus tut sich – das ist ein unerläßlicher Glaubensakt – viel auf seine Wissenschaftlichkeit zugute. Nach dem versimpelten Geschichtsverständnis, das er sich gegen die Intention von Marx aus ihm zurechtgestutzt hat, gibt es historische Gesetze, die unabhängig von den konkreten Bedürfnissen und Aktionen der Menschen existieren, um von der Partei erkannt und auf die wirkliche Gesellschaft angewandt zu werden, so sehr die sich in ihrer Unaufgeklärtheit über die eigenen Interessen dagegen sträuben mag. Der Wille der Partei muß daher von der Gesellschaft als ein auferlegter Zwang empfunden werden und ihr um so mehr auch tatsächlich aufgezwungen werden. Er *erscheint* gerade so weit »wahr« und »wissenschaftlich«, wie dieses Aufzwingen effektiv funktioniert.

Es ist überhaupt ein Unsinn, anzunehmen, eine Gesellschaft, die noch in wesentliche Interessengruppen unterschieden ist, könnte ihre allgemeinen Interessen auf einen *wissenschaftlichen* Generalnenner bringen, der den sozialen Widersprüchen unvoreingenommen die Entwicklungsrichtung vorschreibt. Die Wissenschaft, nun gar die soziale, bringt primär diejenigen Interessen zum Ausdruck, die am meisten mit den vorherrschenden Mächten einer Gesellschaft übereinstimmen. Wenn die Rationalität nur über den Staat und über die Partei realisiert werden kann, *dient* die Wissenschaft diesen Institutionen und wird zum sozialen Kampfmittel der mit ihnen verbundenen sozialen Schicht. Es ist »wissenschaftlich bewiesen«, daß der hochgestellte Bürokrat für seine Leistungen ein Sondergehalt von 2000 Mark aufwärts erhalten muß, während der Reinigungskraft 400 Mark zuzuteilen sind. Unser System besitzt gar kein soziales Organ für unvoreingenommene Erkenntnis, für eine objektive Analyse der bestehenden Verhältnisse. In jede Untersuchung gehen von vornherein interessierte Prämissen ein, die gerade die Grundstruktur der sozialen Tatsachen verfälschen, ehe auch nur der erste Blick darauf geworfen wurde. Es kann und darf gar nichts herauskommen, was der herrschenden Interpretation widerspricht. Geschieht dies ausnahmsweise doch, dann muß die Konzeption falsch gewesen sein, die zu den unerwünschten Aussagen führte. Es heißt dann, die Forscher hätten es an Parteilichkeit fehlen lassen. Eine solche Wissenschaft verdient nur Verachtung, gerade vom marxistischen Standpunkt.

So experimentiert die Parteiführung im besten Falle – nämlich wenn man von den nur durch Schocktherapie zurückzudrängenden Sonderinteressen der ihr anhängenden hauptamtlichen Schicht absieht – rein objektivistisch mit der Gesellschaft. Der Parteiapparat ist die institutionalisierte Weigerung, die Subjekt-Eigenschaft des sozialen Objekts auszunutzen. Anstatt sich selbst nur als immerhin prominenten Teil dieser allgemeinen Subjektivität zu begreifen, tritt die Parteiführung der Gesellschaft mit dem Anspruch gegenüber, in jedem Augenblick ihr gesamtes relevantes Bewußtsein zu repräsentieren. Sie als Erkennende gibt ständig vor, dem sozialen Objekt bereits vorauszusein, sie beansprucht dem Wesen der Sache nach den Status göttlicher Allwissenheit in Fragen der grundlegenden sozialen Bedürfnisse. In ihrer allgemeinen Vernunft ist die »Bestimmung des Menschen« immer schon beschlossen. Aber diese theologische Anmaßung ist nur der Reflex der objektiven Rolle, die sie als souveränes Subjekt der zentralen Planung spielt. Im Rahmen ihres mechanizistischen Gesellschaftsmodells, dessen Elementen und Strukturen nur lineare »Weiterentwicklungen« zugeschrieben werden, ist sie natürlich »allwissend«, wie jeder weniger Eingeweihte, der auf dem Boden ihrer Prämissen mit ihr diskutieren will, immer wieder gedemütigt feststellen wird.

Alles in allem besteht in der Unkontrollierbarkeit der Politbüros und ihrer Apparate, in dieser institutionellen Identität von Staatsautorität, ökonomischer Verfügungsgewalt und ideologischem Ausschließlichkeitsanspruch, das politische Frontproblem im real existierenden Sozialismus, der erste Gegenstand der notwendigen Umgestaltungen. *Die zentralistische Monopolisierung aller ökonomischen, politischen und geistigen Entscheidungsmacht führt zu einem unüberwindlichen Widerspruch zwischen dem sozialen Auftrag der Partei und ihrer politisch-organisatorischen Existenzform.* Die Parteidiktatur versagt auf der elementarsten Ebene, auf der sich *jede beliebige* Herrschaft bewähren muß, wenn sie ihre gesellschaftliche Funktion erfüllen will:

Die Rolle der Partei ist gar nicht zu Unrecht oft mit der Rolle des Gehirns im Gesamtorganismus verglichen worden. Ein solcher Vergleich setzt natürlich schon voraus, daß wir noch tief in dem Zustand der Polarisierung von gesellschaftlichem Denken und unmittelbar produktiver Arbeit stecken. Aber dies hingenommen, muß die Partei mindestens das Erkenntnisorgan sein, mit dessen Hilfe sich die Gesellschaft institutionell regelmäßig und rechtzeitig an die Veränderungen ihrer selbst und ihrer Umwelt anpaßt. Wenn ein individuelles Gehirn nicht mehr bereit oder fähig ist, die Umwelt so zu nehmen, wie sie ist und den Organismus darauf einzustellen, praktisch mit ihr fertig zu werden, dann spricht man in der Psychologie von Neurosen oder Schlimmerem. In gesellschaftlichen Institutionen besteht das Problem nicht hauptsächlich in den persönlichen Malaisen der Repräsentanten, wenn auch reaktionäre Institutionen z. B. besonders viele Zwangscharaktere und andere aktive Neurotiker anziehen. Es handelt sich vielmehr um die strukturelle Analogie zwischen der psychophysischen Organisation des Individuums und der institutionellen Struktur der Gesellschaft in ihrer Eigenschaft als informationsverarbeitendes System.

Was ich behaupte, ist, daß die Parteiorganisation, wie wir sie jetzt konkret vor uns haben, ein veraltetes Weltbild und

Verhaltensmodell konserviert, daß sie als soziales Erkenntnisorgan auf »physiologischer« Ebene sklerotisch, auf »psychologischer« neurotisch funktioniert. Solche leistungsgeminderten und funktionsgestörten Gehirne pflegen ihre Organismen früher oder später zugrunde zu richten, weil die Entscheidungen, die sie treffen, zu weit vom Optimum abliegen, abliegen *müssen*, oft nur geeignet sind, das Gesamtsystem noch tiefer in die Krise zu verstricken. Die heutige Parteiorganisation ist eine Struktur, die *aktiv massenhaft falsches Bewußtsein produziert.* An der Spitze gerinnt dieses falsche Bewußtsein zu Entscheidungen und Beschlüssen, die insgesamt keine adäquate Interpretation der gesellschaftlichen Bedürfnisse, Notwendigkeiten und Möglichkeiten darstellen *können.* Sie ist konditioniert wie ein Pawlowscher Hund, der eine lange Zeit braucht, um eine einmal eingeübte Reaktion auf irgendein Signal zu verlernen, wenn dieses Signal seine Bedeutung verändert.

Sie ist sogar schwerfälliger als dieser Hund: sie tut das Mögliche und manchmal auch das Unmögliche, um dem gewohnten Signal soviel wie möglich von seiner verflossenen Bedeutung zu erhalten. So weit ihre Macht reicht, kann sie dafür sorgen, daß die Erwartungen, nach denen sie reglementiert, bestätigt werden, und zwar besonders die negativen, die immer wieder die Beibehaltung des repressiven Mechanismus rechtfertigen. Was an Informationen passiert, ist erstens durch den Filter entstellt, der von vornherein die guten ins Töpfchen, die schlechten ins Kröpfchen spediert, und vor allem geht natürlich in das Resümee stets das Apriori der Bewertung ein, das mit dem starren Programm gegeben ist. Hinter unliebsamen Erfahrungen steckt ohnehin der Klassenfeind, sei's der vergangene oder der gegenwärtige. Was sich dem Schema nicht fügt, weil es in dem vorgefaßten offiziellen Selbstbild nicht vorkommt, wird als Diversion qualifiziert, weggelassen oder in seiner Bedeutung heruntergespielt (als »untypische Erscheinung«).

Der Apparat ist – weit über die individuelle Beschränktheit seiner Träger hinaus – blind gegen alle Reaktion der Gesellschaft auf seine eigene lastende und provozierende Existenz. Der einzelne Bürokrat kann irren – oder wenigstens nachträglich geirrt haben –, aber die Partei, das heißt der Apparat als ganzes, hat immer recht, wie unser freireligiöser Louis Fürnberg dichtete. Daher sieht man die amtlichen historischen Materialisten so regelmäßig nach Sündenböcken suchen, um die Fehlfunktionen des sozialen Ensembles zu kaschieren, dem sie vorstehen.

Wenn die Gesellschaft die Partei beim Wort nehmen will, so kann sie das alles in einen einzigen fundamentalen Vorwurf zusammenfassen: Sie sollte die soziale Struktur zur Entfaltung des gesellschaftlichen Erkenntnisprozesses, etwas wie die Großhirnrinde des sozialen Nervensystems sein, ein Organ, an dem alle denkenden Elemente des Volkes partizipieren können (wahrhaftig keine Maximalforderung!). Statt dessen schiebt sie sich wie eine verfärbte, systematisch mit Dunkelfeldern durchsetzte Zerrlinse zwischen das gesellschaftliche Denken und die Wirklichkeit. Die werktätigen Massen, die nicht darüber unterrichtet sein können, wie diese Linse gewachsen und konstruiert ist, wie sie eingestellt und gedreht wird, was sie abblendet, welche systematischen Fehler sie verursacht, können nur darauf verzichten, dieses Instrument zu benutzen, und sie tun es auch: sie »schalten ab«, noch ehe die offiziellen Gebetsmühlen den ersten Satz geklappert haben. Aber die Tragödie besteht darin, daß sie damit überhaupt auf differenzierte Erkenntnis verzichten müssen, weil die Gesellschaft keine alternative Struktur dafür besitzt. Schlimmer noch: die einzige Theorie, die geeignet ist, den Dschungel des bürokratischen Zentralismus und sein politbürokratisches Allerheiligstes zu durchdringen, der revolutionäre Marxismus, ist infolge der totalen Verfügungsgewalt des Apparats über die Massenkommunikationsmittel und das Erziehungswesen noch immer so effektiv von der Parteibürokratie usurpiert,

daß ihn das allgemeine Mißtrauen der Massen mitbetrifft. In welchen Varianten er auch immer auftritt, die Menschen haben den Verdacht, er sei eigens dazu geschaffen worden, die jetzige Parteiherrschaft zu begründen.
In das hochprozentige Vakuum, das so entstanden ist, schießt die ideologische Massenproduktion des Westens ein, wo immer dessen Kommunikationstechnik hinreicht. Und die Widersprüche unseres Systems sind so weit gediehen, daß der bürgerliche Propagandaapparat wenigstens zum Teil eher die Rolle eines nützlichen Korrektivs spielt: wo sein Einfluß fehlt, wie zur Zeit noch in weiten Teilen der Sowjetunion, ist die geistig-politische Situation der Werktätigen gegenüber dem politbürokratischen Regime ungünstiger als bei uns, in den peripheren Ländern des Blocks. Woher kennen die Kommunisten der osteuropäischen Länder das wirkliche Leben der fortschrittlichen Bewegungen in aller Welt? Woher wissen sie etwas von den sozialistischen Erfahrungen Jugoslawiens, Chinas, woher von dem 68er Aktionsprogramm der tschechoslowakischen Partei? Wer zitiert, wie tendenziös auch immer, die »Rinascita« der italienischen Kommunisten? Man könnte das endlos fortsetzen. Der antiprometheische Charakter der maßgebenden »Bruderparteien«, allen voran der sowjetischen und unserer deutschen, ist die verheerende Tatsache. *Ihre innere Verfassung und ihre Herrschaftsform als Überstaatsapparat sind die entscheidenden Entwicklungshemmnisse* auf dem Wege zur weiteren Emanzipation der Menschen in unseren Ländern. Die Partei, die einmal Lenins war, die Partei, die von Liebknecht, von Luxemburg begründet wurde – sie wirken heute mit umgekehrter Fackel.
Die Kommunisten sind in solchen Parteien gegen sich selbst und gegen das Volk organisiert. Schon durch sein bloßes physisches Dasein, ohne jede speziellere Perfidie, ist der heutige Parteiapparat der Totengräber der Parteiidee und der individuellen Parteigesinnung. Er macht gerade jene Menschen, die aus der Notwendigkeit ihres Charakters und ihrer

Überzeugung Kommunisten sind, als Parteimitglieder überflüssig. Mehr noch: Wenn es nicht gelingt, sie zu Bürokraten zu machen, in den Apparat zu integrieren, können sie in der Tat nur »schaden«, so daß es logisch ist, die Maschinerie gegen sie in Alarmbereitschaft zu versetzen. Es ist noch das Beste an der mechanistischen Logik, die in dem ganzen Gebäude herrscht, daß der Parteistil selbst dort schon Opposition hervorruft, wo Genossen mit Gesinnung sein Gesetz noch nicht durchschauen. Die ursprüngliche emotionale Basis aller artikulierteren Oppositionen war der Protest der denkenden Mitglieder gegen die vormundschaftliche Stupidität eines nicht mehr dienstbaren, sondern herrschenden Parteiapparats.

In der Stunde der Umgestaltung wird sich überall wie 1968 in der ČSSR herausstellen, daß unter der harten Schale eine andere, neue Partei – wir müssen sagen: *mindestens eine* – auf ihre Entbindung gewartet hat. Wir müssen versuchen, vorauszusehen, was das für eine Partei sein wird, denn es versteht sich, daß sich ihre wirkliche Natur nur sehr bedingt nach unseren prinzipiellen Wünschen richten wird. Der Marxismus bietet uns nur die Möglichkeit, aus dem Charakter der gegebenen Gesellschaft und ihrer Widersprüche zu extrapolieren. Und dem einzelnen Kommunisten wird das historische Recht bleiben, seine persönliche Wahl zu treffen und seinen Einfluß auf die Richtung der Ereignisse geltend zu machen – eine Möglichkeit, die er jetzt nicht besitzt. Das allein schon wäre ein großer Fortschritt. Es ist unsinnig, im vorhinein Garantien zu verlangen, alles habe nach irgendwessen klugem Kopfe zu gehen. Das sollten alle diejenigen, besonders unter den alten Kommunisten, bedenken, die angesichts der neuen Entwicklungen und Theorien immer zuerst ihr moralisches Postulat auf die Grundsätze anmelden, mit denen sie in einer sehr anderen Situation groß geworden sind. Kann man denn vergessen, daß diese Grundsätze in die Metamorphose der Partei zum Herrschaftsapparat mit eingegangen sind, und daß ihre

Beschwörung heute nur darauf hinauslaufen kann, alles so zu lassen, wie es ist? Hat nicht mancher alte tschechoslowakische Kommunist aus solchen subjektiv begreiflichen Motiven dabei mitgeholfen, das abgewirtschaftete Novotny-Regime nach dem August wieder zu restaurieren? Wir müssen Kurs auf einen neuen Anfang nehmen, statt uns unter dem Ballast unserer vorigen Niederlagen zur Untätigkeit zu verdammen.

1973–1975

III. Teil

Zur Strategie einer kommunistischen Alternative

10

Bedingungen und Perspektiven der allgemeinen Emanzipation heute

Dieser letzte Teil stellt zwangsläufig die schwierigste Aufgabe dar und wird den ungesichertsten und lückenhaftesten Text liefern. Programmatisches ist zwar nicht unbedingt aus Erkenntnisgründen, aber aus soziologischen eine Sache kollektiver, öffentlicher Praxis, wie sie uns in den Ländern des real existierenden Sozialismus – einstweilen noch – notorisch verwehrt ist. Nichtsdestoweniger muß es gewagt werden, und ich will mich mit Bestimmtheit äußern auch auf das Risiko des Utopismus im einzelnen hin.

Die Marxisten haben eine Abwehrhaltung gegen Utopie. Es war so mühsam, sich davon loszumachen, seinerzeit. Aber Utopie gewinnt jetzt eine neue Notwendigkeit. Denn jene historische Spontaneität, die Marx auf den Begriff des naturgeschichtlichen Prozesses brachte und die unsere Marxisten-Leninisten unter dem Namen der objektiven ökonomischen Gesetze feiern, *muß* heute überwunden werden. Es muß genau das geschehen, was die Begründer des Marxismus erwarteten: daß die kommunistische Bewegung »alle naturwüchsigen Voraussetzungen zum ersten Mal mit Bewußtsein als Geschöpfe der bisherigen Menschen behandelt, ihrer Naturwüchsigkeit entkleidet und der Macht der vereinigten Individuen unterwirft«. Sie muß »alles von den Individuen unabhängig Bestehende« unmöglich machen, »sofern dies Bestehende dennoch nichts als ein Produkt des bisherigen Verkehrs der Individuen selbst ist« (MEW 3/70 f.). Naturprozesse enden normalerweise retrogressiv; der wahrscheinlichste Weg, der aus dem Wechselspiel von Zufall und Notwendigkeit hervorgeht, ist die Parabel von Aufstieg, Kulmination und Untergang aller einzelnen Lebensformen. Es wird eine Forderung des Überlebens, die menschliche Existenz »auf den Kopf, das ist auf den Gedanken« zu stellen, wie Hegel einst idealistisch vorgreifend die Stunde von 1789 verklärte. Das ist eine Forderung zuerst an die industriell entwickeltsten Völker, die die materiell-technischen Voraussetzungen dafür besitzen und sich die dazu notwendige soziale Organisation geben müssen, um damit zugleich den zerstörerischen und nivellierenden Druck der von Europa ausgegangenen Zivilisation auf die Lebensformen aller anderen Völker abzubauen.

Die allgemeine Emanzipation ist heute die absolute Notwendigkeit, weil wir in dem blinden Spiel der subalternen Egoismen, in der Unsolidarität, dem Antagonismus der atomisierten, entfremdeten Individuen, Gruppen, Völker, Konglomerate aller Art immer schneller dem Punkt zueilen, von dem es keine Wiederkehr im Guten mehr gibt. Das muß man wissen, ehe man fragt, *wie* sie möglich sei. Die allgemeine Emanzipation des Menschen, oder auch einfach: die menschliche Emanzipation (im Unterschied z. B. zur bloß politischen) ist nichts anderes als die subjektive Seite der kommunistischen Bewegung. Der Kommunismus ist gekennzeichnet durch die »originelle und freie Entwicklung der Individuen, die sich auf die ›universelle Betätigungsweise der Individuen‹ auf der Basis der vorhandenen Produktivkräfte« gründet (MEW 3/424 f.). Es kann keinen Zweifel daran geben, daß der ursprüngliche Marxismus die *universelle* Aneignung, die Aneignung der *Totalität* der gesellschaftlich erzeugten Produktivkräfte durch die Individuen als solche (nicht nur durch ihren Verband) antizipierte (MEW 3/67 f.). Es heißt dort ganz ausdrücklich, bei der kommunistischen Aneignung müsse »eine Masse von Produktionsinstrumenten unter jedes Individuum ... subsumiert werden«, nicht nur, selbstverständich, das Eigentum unter alle. *Erst* – so muß man heute betonen – erst »mit der Aneignung der totalen Produktivkräfte durch die vereinigten Individuen hört das Privateigentum auf«, erst damit und nicht eher! Marx und Engels sagen später ausdrücklich noch einmal: »Wir haben ferner gezeigt, daß das Privateigentum nur aufgehoben werden kann unter der Bedingung einer allseitigen Entwicklung der Individuen, weil eben der vorgefundene Verkehr und die vorgefundenen Produktivkräfte allseitig sind und nur von allseitig sich entwickelnden Individuen angeeignet, d. h. zur freien Betätigung ihres Lebens gemacht werden können« (ebenda/424). Und sie konstatieren, indem sie noch einmal den Inhalt der kommunistischen Bewegung, der Bewegung der menschlichen Emanzipation zusammenfassen, »daß die Aufhebung der Verselbständigung der Verhältnisse gegenüber den Individuen, der Unterwerfung der Individuen unter die Zufälligkeit, der Subsumtion ihrer persönlichen Verhältnisse unter die allgemeinen Klassenverhältnisse etc. in letzter Instanz bedingt ist durch die Aufhebung der Teilung der Arbeit« (ebenda).

Die allgemeine Emanzipation ist also die Befreiung der Individuen von allen sozial bedingten Entwicklungsschranken, die ihren Ausschluß von der Mitbestimmung über die allgemeinen Angelegenheiten, von der bewußten Verursachung gesellschaftlicher Veränderungen zur Folge haben müßten. Ich hatte im Ersten Teil gezeigt, wie sich der allgemeine Zusammenhang am Ausgang der Urgesellschaft über den Individuen zu konstituieren beginnt und wie ihnen dabei auch subjektiv die Vermittlung ihrer einzelnen Betätigungsweisen mit dem Ganzen verlorengeht. Die allgemeine Emanzipation erfordert in erster Linie, die Universalität der Aneignungs*tätigkeit* für alle Individuen zu ermöglichen. Sie ist verwirklicht, so weit die Menschen positiv in die Lage versetzt sind, sich schöpferisch die soziale Totalität anzueignen – anders gesagt, sich die Quintessenz der Gesamtkulturleistung subjektiv zu eigen zu machen, die die jeweils zeitgenössische Menschheit objektiv produziert bzw. reproduziert (überliefert). Damit ist verlangt, das gesamte gesellschaftliche Leben und insbesondere den Produktionsprozeß einschließlich seines informationellen Überbaus so zu organisieren, daß alle die dem allgemeinen Niveau der vorhandenen Produktivkräfte und dem System der sozialen Regulation entsprechenden individuellen Fähigkeiten erwerben können.

Hier wird schon sichtbar, daß die Bedingungen der allgemeinen Emanzipation weit über die Bereitstellung materieller Mittel im engeren Sinne hinausgehen. Haupt-»Entwicklungsmittel« wird mehr und mehr die Organisation des sozialen Ensembles schlechthin. Auf diesem Felde vor allem muß die objektive Basis für die »Entwicklung der Individuen zu totalen Individuen« (MEW 3/68) geschaffen werden. Anstatt pseudomarxistisch festzustellen, welches Bewußtsein sich zwangsläufig aus den bestehenden Bedingungen ergeben wird, um dann die entsprechenden entfremdeten Bedürfnisse zu befriedigen, gilt es zu fragen, welche Realitäten erzeugt werden müssen, um den Teufelskreis der Verdinglichung zu durchbrechen, die Bedürfnisinhalte zu verändern. Denn die bestehenden Bedingungen sind weniger durch einen bestimmten Entwicklungsstand der materiell-technischen Basis als durch zwei überholte Produktionsweisen, zwei überfällige Produktionsverhältnisse gekennzeichnet. Die Konservativen beider Systeme erheben ein Geschrei über Voluntarismus. Aber damit geben sie nur zu erkennen, daß sie die Veränderung fürchten, jedenfalls nicht führen und verantworten möchten. Man muß sich darauf besinnen, daß es ein Gesellschaftskörper in seiner *Subjekteigenschaft* ist, der die ökonomischen Gesetze hat, und nicht umgekehrt. Wenn Nomadenvölker aus ihren Steppen aufbrachen, um ein zivilisierteres Land auszubeuten und zu beherrschen, dann warfen sie mit diesem kollektiv-subjektiven Akt das ganze System ihrer bisherigen ökonomischen Notwendigkeiten über den Haufen und schufen sich in widerspruchsvoller Kooperation mit den Unterworfenen ein neues. Unser Problem erscheint unvergleichbar mit solchem archaischen Beispiel, weil man nirgend mehr hinziehen, weil man keine Vergangenheit mehr abbrechen kann wie ein nomadisches Zeltlager, weil das ungeheure Massiv der Sachenwelt, von der wir abhängiger sind als je eine Zivilisation vor uns, den ökonomischen Zwängen eine außerordentliche Trägheit verleiht.

Doch »wo Gefahr ist, wächst das Rettende auch«. Selbst die mechanistischsten Materialisten ahnen heute, daß es mit der »wachsenden Rolle des subjektiven Faktors« noch eine andere Bewandtnis als die der bewußten Vollstreckung historischer Gesetze hat. Immer schon kam im Marxismus auch vor, daß das Sein das Bewußtsein bestimmen kann, das Sein *neu*zubestimmen. Die menschliche Natur, selbst von weither eine soziale Schöpfung, geht mit ihren fundamentalen Bedürfnissen und Bestrebungen *von innen* in die historischen Gesetze ein und wird zur Quelle der Veränderung, wenn ihr der Widerspruch zu den objektiven Umständen, die aus der materiellen Praxis hervorgegangen sind, zu schmerzhaft wird. Das Bewußtsein ist schließlich ihr prominentes Organ. Wir haben zum ersten Mal in der Geschichte wirklich massenhaft »überschüssiges Bewußtsein«, nämlich energische psychische Kapazität, die nicht mehr von den *unmittelbaren* Notwendigkeiten und Gefahren der menschlichen Existenz absorbiert wird und sich daher den ferneren zuwenden kann. Früher hat die Knappheit der Genuß- und Entwicklungsmittel, die zur Produktion und Reproduktion höherer geistiger Fähigkeiten notwendig sind, stets gebildete Eliten mit ungebildeten Massen konfrontiert. Diese Komponente des Klassenkampfes fand ihren Ausdruck immer wieder in einer Tendenz zu kultureller

Regression auf beiden Seiten des sozialen Gegensatzes – ausschließende Hoffart hier, neidische Zerstörungslust dort als bedeutende Triebfedern ökonomischer und politischer Aktion. Jetzt verliert diese Konfrontation ihre scharfe Frontlinie, weil die Technologie gebildete Massen erfordert und zugleich die Bedingungen hervorbringt, um individuelle Unterentwicklung und Subalternität zu liquidieren. Es kommt darauf an, die »Überproduktion« von Bewußtsein zu forcieren, um das ganze historische Geschehen »auf den Kopf zu stellen«, die Idee zur *entscheidenden* materiellen Gewalt zu machen. Die Dinge steuern auf einen Umbruch hin, der noch tiefer geht als der gewöhnliche Übergang von einer Formation zur andern innerhalb ein und derselben Zivilisation. Was jetzt bevorsteht und eigentlich bereits begonnen hat, ist eine *Kulturrevolution* im wahrsten Sinne: eine *Umwälzung der ganzen subjektiven Lebensform der Massen,* einzig beziehbar auf jenen anderen Übergang, der auf dem Wege von Patriarchat, vertikaler Arbeitsteilung und Staat in die Klassengesellschaft hineinführte. In dieser zweiten Kulturrevolution wird der Mensch seine Existenz auf sein Bewußtsein gründen, auf die »höchste Daseinsweise der Materie«, und sich auf die soziale Organisation dieser Noosphäre konzentrieren, um von hier aus sein Naturverhältnis neu zu regeln.

Die Perspektive dieser Kulturrevolution hängt mit einigen Problemen zusammen, die für die alten Sozialisten und Kommunisten, besonders gerade für die wissenschaftlichen, keinen Vorrang bzw. keine selbständige Bedeutung hatten. Die Marxisten stehen in mehrfacher Hinsicht vor einer für ihr bisheriges Selbstverständnis neuen Situation. Die allgemeine Emanzipation des Menschen sollte nach ihrer überlieferten Auffassung durch die Emanzipation einer Klasse vermittelt sein, der Arbeiterklasse, deren bisherige Existenzbedingungen nach wie vor tatsächlich aufgehoben werden müssen, um die Gesellschaft zu befreien, während aber die Schranken, von denen der proletarische Befreiungskampf in der kapitalistischen Gesellschaft emanzipiert, eben doch bei weitem noch nicht die letzten sein konnten. (Analoges gilt natürlich in noch stärkerem Maße für die unterdrückten und ausgebeuteten Massen in bisher überwiegend agrarischen Ländern.) Wie sich zeigte, stößt der Mensch in den komplexen Industriegesellschaften beider Formation auf allgemeinere, nicht an eine spezifische Klassenstruktur gebundene Hemmnisse der Selbstverwirklichung, auf eine Schicht von Herrschaftsverhältnissen, die mit dem Kapital noch längst nicht weicht. Da die Bewegung der Arbeiterklasse (in den kapitalistischen Ländern) unter diesen Umständen eine zu schmale Basis ist, um die Gesellschaft umzugestalten (spielen die spezifischen Arbeiterinteressen nicht immer öfter sogar eine grundsätzlich konservative Rolle?), sind ja die westeuropäischen und japanischen Kommunisten schon dabei, sich an die Weltveränderungsbedürfnisse praktisch *aller* progressiven Elemente anzupassen, welcher traditionellen Klasse, Schicht, Sektion sie auch zuzurechnen seien. Es bilden sich offensichtlich ganz andere Interessenfronten heraus, die bereits auf eine Ordnung jenseits der bisherigen Ökonomik hinweisen.

Gerade für Italien, wo es sich am deutlichsten ausprägt, ist das Phänomen weltgeschichtlich nicht erstmalig, was den historisch-methodologischen Aspekt betrifft. So wie heute in der allgemeinen Krise der alten Ordnung, die *alle* Menschen des Landes in Mitleidenschaft zieht, die Kommunisten in allen Kreisen der Bevölkerung Proselyten machen, haben einst die Christen über alle Klassengegensätze hinweg die Römer für sich gewonnen und einen neuen Staats- und Gesellschaftscharakter vorgeprägt, indem sie den Weg vom plebejischen Ursprung ihrer Bewegung zur herrschenden Kirche zurücklegten. Natürlich hat die Analogie ihre Grenzen. Wichtig ist aber, zu erkennen, daß sich *materielle* Interessen, wie sie selbstverständlich auch den ideologischen Eroberungen der Christen im spätantiken Rom zugrunde lagen, keineswegs immer auf einen so einfachen *ökonomischen* Gegensatz – in dem engen

Sinne des Begriffes, um den herum der Klassenkampf der Arbeiter zweifellos ursprünglich organisiert wurde – reduzieren. Es hatte ja übrigens auch Rom seine Zeit der Gracchen, wo das Bewegungsgesetz seiner Gesellschaft so rein auf das Problem des Grundeigentums reduziert schien wie das der europäischen Gesellschaft im XIX. Jahrhundert auf das Problem der kapitalistischen Ausbeutung. In beiden Fällen sind das Perioden der vollen Jugendentfaltung einer Formation gewesen. Die einmal so eklatant vorherrschenden Gegensätze können erhalten bleiben, aber ihren Stellenwert bis zur relativen Bedeutungslosigkeit verlieren, wenn es in den Spätphasen um die Frage geht, was nun danach kommen soll. Die ganze Struktur des traditionellen Gegensatzes kann dann irrelevant werden, sein Mechanismus ein retardierendes Element des Übergangsprozesses.

Wie sollen sich die revolutionären Kräfte verhalten, wenn zunächst, wie in Italien, die gesamtnationale, aber schon bald die globale Krise über eine Gesellschaft, über die Menschheit kommt? Marx und Engels hatten allgemein die historische Möglichkeit des *gemeinsamen Untergangs der kämpfenden Klassen* (MEW 4/462) in der oder jener bestimmten Gesellschaft anerkannt. Jetzt ist eine solche Gefahr in der Gesamtsituation der Menschheit enthalten. Der Kommunismus bleibt nur möglich, wenn sie gebannt werden kann. Unter diesen Umständen darf sich die kommunistische Bewegung nicht mehr auf den Standpunkt ausschließender, besonderer Klasseninteressen stellen, die überdies weniger denn je die Grenzen der verschiedenen nationalen und supranationalen Wirtschaftskomplexe transzendieren. Statt (heute illusionärer) »Hegemonie des Proletariats« über den Block der verschiedengradig revolutionären Kräfte (wie Lenin die Sache noch ansehen durfte und mußte – siehe etwa LW 6/35 ff.) also *Schaffung eines übergreifenden*, sei's auch formell eklektischen *Konsensus zur Lösung der allgemeinen Krise, Konstituierung der Partei und ihres in alle gesellschaftlichen Schichten*

reichenden Massenanhangs zum allgemeinen Repräsentanten einer neuen Ordnung, Kontinuität der grundlegenden Reproduktionsfunktionen, Isolierung und Abdrängung der verbrauchten Fraktionen des ancien régime von den Lebensadern der Gesellschaft, nicht zuletzt von den Hebeln der Staats- und Verwaltungsmaschinerie! Hinter der Formel vom historischen Kompromiß, die de facto die »Diktatur des Proletariats« in ihrem politischen Oberflächenaspekt ersetzt hat, steht die substantielle Idee (substantiell nicht, weil sie neu wäre, sondern weil sie jetzt praktische Erfolgsaussicht hat) einer umfassenden sozialen Regeneration, die sich auf *alle produktiven Kräfte* der Gesellschaft stützen soll. Das ist die Konzeption, die Dominanz der kapitalistischen Struktur im nationalen Leben sukzessiv zum Verschwinden zu bringen, indem man die Kontrolle über den für das ökonomische Funktionieren immer wichtigeren Staatsapparat erlangt, während man zugleich den traditionellen Klassenkampf entschärft durch forciertes Aufschließen der unterentwickelten Klassen und durch produktive Verwendung der nichtparasitären Elemente aus den privilegierten Klassen. Vermutlich wird sich herausstellen, daß die reale Demokratisierung des nationalen Lebens unter den Bedingungen so oder so vordringender staatsmonopolistischer Regulierung den nächsten wirklichen Fortschritt in der *ökonomischen* Emanzipation der Massen bedeuten, das Tor zu dem Weg der von unten in die Institutionen hineinwachsenden Selbstverwaltung aufstoßen kann – wie wir es von einer raschen totalen Enteignung gleich Verstaatlichung nach aller Erfahrung mit dem real existierenden Sozialismus kaum zu erwarten hätten.
Hier haben wir die Kopplung noch zu einem anderen Gesichtspunkt, unter dem das Emanzipationsproblem den Bezugsrahmen von Klassenbefreiung sprengt. Wir wissen, auch für Marx gehörten die Menschen nicht etwa in ihrer Eigenschaft als Individualitäten den sozialen Klassen an, so sehr sie darin betroffen waren. Also können sie in dieser Eigenschaft

auch nicht automatisch befreit werden, wenn sie sich klassenmäßig befreien. Marx und Engels kamen leicht über diesen Punkt hinweg, weil ihnen der Klassenkampf des Proletariats direkt in die allgemeine Emanzipation mündete. Schon 1845/46 schrieben sie (MEW 3/424): »In der gegenwärtigen Epoche hat die Herrschaft der sachlichen Verhältnisse über die Individuen, die Erdrückung der Individualität durch die Zufälligkeit, ihre schärfste und universellste Form erhalten und damit den existierenden Individuen ... die Aufgabe gestellt, an die Stelle der Herrschaft der Verhältnisse und der Zufälligkeit über die Individuen die Herrschaft der Individuen über die Zufälligkeit und die Verhältnisse zu setzen.« Erst heute aber, durch die moderne Superorganisation, wird die Unterdrückung der Individualität so unmittelbar zu einem Stein *allgemeinen* Anstoßes, daß sich von hier aus Gegenkräfte formieren und in Bewegung setzen lassen. Die eigentlich menschlichen Bedürfnisse hängen vom Ursprung an untrennbar mit dem Faktum der Individualität zusammen und weisen in die Richtung der zwischenmenschlichen Beziehungen, der persönlich bedeutsamen Kommunikation mit anderen, mit antwortender, beeinflußbarer Gemeinschaft. Alle objektive Kultur verlöre ihren Sinn (falls man die Ansprüche nicht auf Arterhaltung zurückschraubt), wenn der soziale Zusammenhang den Charakter konkreter, menschlich verbindlicher Kommunikation so weit einbüßte, daß alle Aktivität abstrakt und funktionell wird, Dienst an einem Mechanismus, der andererseits nichts als ein komfortables privates Vegetieren ermöglicht. Die Nichtigkeit der Person vor der objektiven Spontaneität eines am Ende bis zur Weltregierung zentralisierten Informationsprozesses würde jede Harmonie von Individuum und Gesellschaft ausschließen. Die negativen Utopien von Orwell und Huxley sind essentiell noch nicht von unserem Horizont gewichen.

Man muß sich die psychologische Dimension des Individualitätsproblems in der superkomplexen Industriegesellschaft klarmachen. Die verschiedenen Lebensbereiche – Arbeit, Bildung, Wohnen, Erholung – sind so weit auseinandergetreten, fast alle Tätigkeiten so weit entpersönlicht, selbst die privaten Bindungen so vieler Notwendigkeiten beraubt, daß die Entfremdung des Menschen vom Menschen zum allgemeinen Schicksal zu werden droht. Das Unglück der Einsamkeit, des totalen Kommunikationsverlusts unterhalb der riesigen Oberfläche abstrakter, seelisch gleichgültiger Funktionalaktivitäten greift immer tiefer. Wir finden emotionale Beziehungslosigkeit bis in die intimen Kontakte der Kleinfamilie, dieses letzten Residuums ursprünglicher Gemeinschaftlichkeit. Eine Lebensweise, die in solchen Mißklang für die Individuen mündet, mag nach welchen Kriterien auch immer fortgeschritten sein, sie bewegt sich nicht in einer Perspektive der menschlichen Emanzipation.

Aber alle diese Fragen – nach dem sozialen Subjekt einer Umgestaltung, nach der Bewältigung der bürokratischen Herausforderung, nach der Wiedereingliederung des Menschen in ein Gemeinschaftsleben – werden von einer noch darunter liegenden weiteren Problemschicht bestimmt, die sich womöglich noch weniger als die Neuorientierung in der Klassenfrage auf die ursprünglichen Voraussetzungen der marxistischen Tradition reduziert und um so nachhaltiger ihre Neuanpassung verlangt. Unsere gewohnte Vorstellung vom Übergang ist die Formationsablösung *innerhalb* der grundlegenden Bedingungen, die die in ihrem Industrialismus gipfelnde europäische Zivilisation (nicht nur in Europa) geschaffen bzw. hervorgerufen hat. Selbst ein so tiefer Denker wie Gramsci akzeptierte die Technik, den Industrialismus, den Amerikanismus, den Fordismus *als Verhängnis* und stellte uns Kommunisten als die eigentlichen Vollstrecker der menschlichen Anpassung an die moderne Technologie und Maschinerie dar. Von Marxisten wurde nicht oft gedacht, daß die Menschheit nicht nur ihre Produktionsverhältnisse, sondern den Gesamtcharakter ihrer Produktionsweise, *also auch die Produktiv-*

kräfte, die sogenannte Technostruktur, grundlegend umwälzen müsse und daß sie ihre Perspektive an *keine* historisch überkommene *Form* der Bedürfnisentwicklung und -befriedigung und der dazu zweckbestimmten Produktenwelt gebunden betrachten dürfe.

Der ganze Typus von erweiterter Reproduktion, den die europäische Zivilisation in ihrer kapitalistischen Ära hervorgebracht hat, diese lawinenartig anschwellende Expansion in allen materiell-technischen Dimensionen, beginnt sich als unhaltbar darzustellen. Der Erfolg, den wir mit unseren Mitteln der Naturbeherrschung hatten, droht uns und alle anderen, die er unbarmherzig in seinen Sog reißt, zu vernichten. Die gegenwärtige Lebensweise der industriell fortgeschrittensten Völker bewegt sich in einem globalen antagonistischen Widerspruch zu den natürlichen Existenzbedingungen des Menschen. Wir nähren uns von dem, was andere Völker und künftige Generationen zum Leben nötig hätten. Zumindest vermehrt ihnen unsere Verschwendung aller leichter zugänglicher Ressourcen die notwendige Arbeit und hält so ihre Befreiung von den alten historischen Zwängen auf. Die gegenwärtigen Rohstoff- und Umweltprobleme sind das Nebenprodukt von nur zwei Jahrhunderten industrieller Tätigkeit eines Bruchteils der Menschheit. Vom ökonomischen Prinzip der Profitmaximierung her, das mächtig in den real existierenden Sozialismus hineinregiert, ist es ein wesentlich quantitativer Progreß mit dem Trieb ins schlecht Unendliche. Er muß aufhören, weil der Anteil der Erdrinde, den man im industriellen Stoffwechsel mit der Natur vermahlen kann, trotz aller möglichen und unsinnigen Ausdehnung und Beschleunigung des Umschlags begrenzt ist, wenn der Planet bewohnbar bleiben soll.

Die von Wissenschaft und Technik faszinierten Futurologen vergessen zu gern, daß die Erschließung der vergleichsweise unerschöpflichen Energiequellen, die sie versprechen, offenbar zuerst den höchsten Einsatz des sich erschöpfenden bishe-

rigen Energievorrats voraussetzt. Wenn die Entwicklung der nächsten Jahrzehnte darauf hinausliefe, daß die 10 bis 15 Milliarden Individuen, auf die sich der Bestand der Menschheit nach den gegenwärtigen Extrapolationen einpegeln soll, den Verbrauchs- und Emittierungsmaxima der entwickeltsten Länder nachjagen, werden sich die kommenden Generationen damit befassen, Sauerstoff für die Atmosphäre, Wasser für die Flüsse, Kälte für die Pole herzustellen. Unter Hinweis auf die »grundlegende Verschiedenheit der beiden Weltsysteme« äußern sich sowjetische Theoretiker ernsthaft und optimistisch über den Abbau anderer Planeten oder über die immer noch aufwandsbescheidenere Verhüttung der irdischen Gebirge. In dem technokratischen und scientistischen Glauben, der Fortschritt von Wissenschaft und Technik auf seinen eingefahrenen Bahnen werde die sozialen Probleme der Menschheit lösen, liegt eine der lebensfeindlichsten Illusionen der Gegenwart. *Die sogenannte wissenschaftlich-technische Revolution, die jetzt noch überwiegend in dieser gefährlichen Perspektive vorantreibt, muß von einer neuen gesellschaftlichen Umwälzung her umprogrammiert werden. Die Idee des Fortschritts überhaupt muß radikal anders interpretiert werden, als wir es gewohnt sind.*
Vor einem Menschenalter hat Tolstoi vor der Unersättlichkeit gewarnt, die die anbrechende kapitalistische Epoche in den durch jahrhundertelanges Warten auf Land ausgehungerten Seelen der unternehmendsten russischen Bauern zum Vorschein brachte. »Wieviel Erde braucht der Mensch?« Der Teufel verspricht Pachom soviel Boden, wie er von Sonnenaufgang bis Sonnenuntergang umlaufen kann. Der Bauer schlägt einen so weiten Bogen, daß er am Ende auf dem Hügel, den er erreichen muß, um seinen Kreis zu schließen, tot zusammenbricht. Der Knecht hebt die Hacke auf und gräbt für Pachom ein Grab, »grad so lang, als er vom Kopf bis zu den Füßen einnimmt – nicht ganz drei Arschin«. Dieses Gleichnis hat jetzt unmittelbar jene universale Bedeutung

erlangt, an die der greise Prophet sicherlich ohnehin dachte. Der Pro-Kopf-Verbrauch an Rohstoff und Energie, die Pro-Kopf-Produktion an Stahl und Zement sind die Kriterien par excellence – für einen total entfremdeten Fortschritt. Die Strategie des »ökonomischen Wettbewerbs«, die sich diesem verfehlten Maßstab unterwirft, fesselt uns an den gründlichsten Wahnsinn der Epoche: eher an den Exodus aus diesem Sonnensystem zu denken, als eine kühne Neuorganisation der menschlichen Existenz auf dieser Erde ins Auge zu fassen. Das Mitmachen bei der eigentümlichen »Systemkonkurrenz« derer, die die »Führungsgrößen« für den Ausstoß einstellen, um das politisch-militärische Machtaufgebot pari zu halten, ist soviel bequemer und persönlich risikoloser als der Versuch, die Massen gegen ihre Gewohnheiten zu einer Umkehr und zu einem Aufbruch zu bewegen. Man verspürt da nicht die geringste Affinität zu jener Antwort Tschechows auf die Tolstoische Frage: Der Mensch braucht nicht drei Arschin Land, er braucht auch kein kleines Gut, er braucht die ganze Erde, die ganze Natur. Das heißen sie Belletristik. Die Wirtschaftsplanung beispielsweise der DDR verfolgt statt dessen das Ziel, in den Jahren 1970–1990 die Warenproduktion, mit gewissen Abstrichen also auch den Materialverbrauch, zu vervierfachen. Diese Erzeugungsschlacht führt ihren innersten Triebfedern nach niemals über das von allen Generalen geheiligte Gleichgewicht der Abschreckung hinaus, und ebensowenig über die Knappheit der Existenz- und Entwicklungsmittel. In einer Richtung, die Marx nicht gemeint hat, erweitert sich hier ohne ersichtliche Grenze »das Reich der Naturnotwendigkeit, weil der Bedürfnisse« (MEW 25/828), treiben wir den historischen Augenblick, »wo der Zwang und die Monopolisierung der gesellschaftlichen Entwicklung (einschließlich ihrer materiellen und intellektuellen Vorteile) durch einen Teil der Gesellschaft auf Kosten des anderen wegfällt« (ebenda 827), uneinholbar vor uns her. Die Steigerung der Arbeitsproduktivität, als Instrument zur Vergrößerung der verfügbaren Zeit

für die Entfaltung der Individuen, wird zum Vehikel dieses verhängnisvollen Wettrennens entfremdet.
Mit dem RGW-»Internationalismus« unserer herrschenden Parteien, wie übrigens auch mit dem Westeuropäismus der IKP, der FKP usw., sitzen wir der faktischen Interessenlage nach im gleichen Boot mit dem kapitalistischen Staatsmonopolismus und Neokolonialismus, ob auch auf den Decks, in den Laderäumen und an den Maschinen um den Kurs und um die Verteilung der Anrechte gekämpft werde. Unser gesellschaftliches Leben ist hüben wie drüben so organisiert, daß den arbeitenden Menschen das zweite Auto näher ist als die einzige Mahlzeit des Slumbewohners und des Bauern auf der Südhalbkugel der Erde, und näher auch als die Sorge um die Erweiterung ihres Bewußtseins, um ihre Selbstverwirklichung als Menschen. Besonders wer den kapitalistischen Standard erst einholen will, hat noch lange übergenug mit sich und seinen »Wachstums«-Problemen zu tun. Genau so weit, wie sich die Kommunisten dieser durchaus partikulären Interessenlage bloß einfach anpassen, sind sie gewiß nicht, was sie zu sein vorgeben: Vorkämpfer der allgemeinen Emanzipation. Sie machen sich mit aller Macht die Übel zu eigen, die sie abschaffen wollten: die Herrschaft der Verdinglichung, der Entfremdung, und die anarchische Konkurrenz der Sonderinteressen. Nicht das Produktionswachstum, sondern die Kulturrevolution – als aktuelle Form der *ökonomischen* Emanzipation – ist das Mittel, die kapitalistische Struktur endgültig abzulösen.
Der biologische Mensch hat mehr Hirn als jedes andere Lebewesen, aber im sozialen Ensemble wird die bewußte Regulation von dem »unorganischen Leib«, den er sich zugelegt hat, überwältigt. Die *Gattung* Mensch »weiß« infolge fehlender Organisation ihrer Noosphäre weniger als primitivere Arten, was für sie gut ist. Abgesehen von dem Nachholbedarf der Entwicklungsländer (der jedoch nicht nach unseren Pro-Kopf-Leistungen zu bemessen ist), ist es nicht wahr, daß

wir für weitere Generationen dieses ökonomische Wachstum brauchen. Zur Zeit entstehen der Menschheit daraus jeden Augenblick mehr Probleme, als sie bei den bestehenden Gesellschaftsstrukturen mit Hilfe von Wissenschaft, Technik und Organisation zu lösen unternehmen kann. Allzu oft wird der Teufel mit Beelzebub ausgetrieben. Und die Wachstumspolitik erweist sich eher als stabilisierendes Agens für die jeweiligen Herrschaftsverhältnisse. *Die kommunistische Assoziation als ein Gesellschaftskörper, der seiner Probleme Herr wird, ohne darum seine Individuen strangulieren zu müssen, kann nur eine Ordnung quantitativ einfacher oder zumindest sehr langsam und bedächtig erweiterter Reproduktion von Menschen, Werkzeugen und materiellen Gütern sein.* Nur so kann der relative Überfluß an lebensnotwendigen Gütern im Weltmaßstab zustande kommen; bei der fortdauernden Herrschaft der alten Ökonomie mit ihrer permanenten »Revolution der Erwartungen«, die von den jeweils neuesten Luxusbedürfnissen vorangetrieben wird, muß die Gesellschaft *immer zu arm* für den Kommunismus sein. Auf dieser Basis wird man den Kommunisten auch noch in hundert Jahren entgegenhalten können, sie wollten die Armut verallgemeinern.

Überdies kann sich nur bei langsamer Evolution der Technologie allmählich die zuverlässige Selbstregulation des sozialen Prozesses herausbilden, die das Gegenteil der Steuerung durch einen bürokratischen Mechanismus wäre, der sich in seiner beschränkten Allwissenheit fortwährend auf dem Rükken der Individuen mit den Disproportionen und Disfunktionen herumschlägt, die er verursacht, weil seine Erkenntnis immer zu spät kommt. Der Bürokratismus ist die unentrinnbare Konsequenz der Spontaneität, mit der die Gesetze unserer fetischisierten Dingwelt über uns herrschen. Solange die notwendige Arbeit nicht aufhört, die Menschen zu hetzen, solange immer mehr vergegenständlichte Arbeit »notwendig« wird, um die Bedürfnisse *eines* Menschen zu befriedigen, kann der Streit um das Notwendige, kann das gleiche Recht für

ungleiche Individuen, kann der Staat nicht aufhören.
Um sich zum Herrn über die Natur zu machen, mußte die Menschheit sich und ihre Werkzeuge erweitert reproduzieren. Um aber in der Natur zu bleiben und die Kontrolle über sich selbst zu gewinnen, muß sie sich in ihrem Naturverhältnis stabilisieren. Im Weltmaßstab gesehen, müssen die »Springquellen des genossenschaftlichen Reichtums« zwar immer noch eine kurze historische Stunde lang auch voller, vor allem aber müssen sie anders fließen als bisher. Die Epochen erweiterter Reproduktion waren gekennzeichnet durch den Vorrang, den die Produktion von Dingen vor der Entwicklung des Menschen hatte. Das Muster von sozialer Ungleichheit um des kulturellen Fortschritts willen, das auch noch die Gesellschaft des real existierenden Sozialismus von Grund auf prägt, hat zuletzt zu dem erschreckenden Defizit an kollektivem Selbstbewußtsein gegenüber unserer Sachenwelt geführt, dem wir uns jetzt gegenübersehen.
Die extensive Phase der Menschheit geht so oder so zu Ende, im Guten oder im Bösen. Die Gattung kann und wird ihre materielle Basis weiter qualifizieren, aber sie muß um ihrer Fortdauer und ihres Lebenssinnes willen mit der Megalomanie brechen, muß kollektive Rücksicht gegenüber dem Naturzusammenhang lernen, den sie bisher eher zu stören als zu verbessern vermocht hat. Sie muß ihren Aufstieg fortsetzen als eine »Reise nach Innen«. Der Sprung ins Reich der Freiheit ist nur denkbar auf dem Untergrund eines Gleichgewichts zwischen Menschengattung und Umwelt, dessen Dynamik sich entschieden aufs Qualitative und Subjektive verlegt. Wenn es nicht gelingt, die Gesellschaft so zu organisieren, daß sie diese Richtung rechtzeitig einschlagen kann, wird sie wenig später unter den Schlägen katastrophaler zivilisatorischer Zusammenbrüche, im Zeichen barbarischer Kämpfe und Diktaturen, dahin gezwungen werden.
Oft wird infolge eines Mißverständnisses, das den Dingwelt-Fetischismus unseres kulturellen Selbstbildes unterstreicht,

die Befürchtung geäußert, es könnte über dem Verzicht auf das Wirtschaftswachstum die Antriebsdynamik der Gattung verlorengehen. Zunächst spielt da leicht der schlichte Irrtum mit hinein, als müßte eine Ordnung einfacher Reproduktion auch auf die Steigerung der Arbeitsproduktivität verzichten – weil ja größerer Ausstoß offenbar der Zweck der Produktivitätssteigerung ist. Einen anderen Sinn kann ihr der Common sense nicht abgewinnen, weil sich die Protagonisten des »ökonomischen Wettbewerbs« in ihrer Massenkommunikation völlig einig sind über das Übel der Arbeitslosigkeit. Da hebt sich denn der real existierende Sozialismus dadurch so vorteilhaft vom Spätkapitalismus ab, daß er den Menschen die sichere Perspektive der Vollbeschäftigung mit entfremdeter Arbeit bietet. Aber das tiefere Vorurteil liegt in der Unterstellung, die menschliche Kreativität könne sich nur an einer Ökonomik erweiterter Reproduktion entfalten. Da die qualitative Entwicklung der menschlichen Wesenskräfte und also auch ihrer Objektivationen nie zum Stillstand kommt, bleibt die Erhaltung des Gleichgewichts in ihrem Naturverhältnis indessen ein »ewiges« Problem. Und für Generationen steht ja erst einmal die Wiederherstellung der ökologischen Stabilität als eine schöpferische Herausforderung erster Ordnung und äußerster Vielfalt an.

Darüber hinaus aber ist gar nicht erwiesen, daß der Mensch überhaupt für alle Zeit aus der Sphäre des Stoffwechsels mit der Natur den *Haupt*antrieb seiner Tätigkeit erfahren muß. In den Mittelpunkt der praktischen und theoretischen Aktivität rücken zweifellos die Probleme der *sozialen* Regulation, die inneren Widersprüche des Ensembles der gesellschaftlichen Verhältnisse, und nicht zuletzt die Probleme der *individuellen* Regulation, also der menschlichen Physiologie und Psychologie. Vom Individuum her gesehen stellt sich ohnehin die schier unlösbare und doch für seinen Anteil an der zwischenmenschlichen Kommunikation entscheidende Aufgabe der Aneignung der sozialen Totalität. Denn so sehr die »Reise nach

Innen«, die Verinnerlichung der individuellen Existenz eine Komponente der emotionalen Abstraktion von allem Objekt einschließt, ist und bleibt natürlich ihr fundamentaler Gehalt eben jene Aufhebung der Entäußerung, jene Anverwandlung der von der Gattung geschaffenen Kultur, die Hegel als die große Arbeit des subjektiven Geistes begriffen hatte. Den Genuß aus seinem Dasein in Gesellschaft und Kultur, aus der Kommunikation und Konkurrenz mit anderen Individualitäten, kann der Mensch nur mit der Anstrengung aller seiner Sinne, Kräfte, Fähigkeiten erlangen. Am meisten lieben wir, gekannt zu sein, schreibt irgendwo Christa Wolf. Dies aber treibt den Menschen ungeheuer, etwas zu sein.

All das mündet in die Überlegung, daß nach den Erfahrungen des XX. Jahrhunderts selbst der wohlverstandene Begriff der Aufhebung des kapitalistischen Privateigentums noch zu eng ist, nicht mehr ausreicht, in bestimmter Hinsicht sogar fehlgeht, wenn es gilt, den Kommunismus als Zukunft der Menschheit vorzustellen. Am nächsten kommt den heutigen Erfordernissen in dieser Hinsicht die Zielprojektion des jungen Marx mit ihrer auf die Verarbeitung der rousseauistischen Tradition zurückgehenden Orientierung auf die Aufhebung des Privateigentums *als Versöhnung von Kultur und Natur,* die später sicherlich an die Peripherie des Marxschen Denkens rückte. In den Ökonomisch-Philosophischen Manuskripten (MEW Ergänzungsband, Erster Teil/536 ff.) ist die Rede von der kommunistischen Gesellschaft als wahrhafter Auflösung des Widerstreits nicht nur zwischen Mensch und Mensch, sondern auch zwischen Mensch und Natur, darunter seiner eigenen. Marx faßte den Kommunismus dort als die der menschlichen Natur gemäße Lebensweise, wobei er selbstverständlich den gesellschaftlichen Charakter des menschlichen Wesens hervorhob. Erst hier, im Kommunismus, »ist ihm (dem Menschen) sein *natürliches* Dasein sein *menschliches* Dasein . . . Also die *Gesellschaft* ist die vollendete Wesenseinheit der Menschen mit der Natur, die wahre Resurrektion der

Natur, der durchgeführte Naturalismus des Menschen und der durchgeführte Humanismus der Natur.« Aber dieses Ziel bildete eben damals keinen Widerspruch mit der weiteren Ausdehnung des Produktionsprozesses. Es erforderte im Gegenteil, die modernen Produktivkräfte für die rascheste Vermehrung des Ausstoßes zu entfesseln. Diese Perspektive bedarf jetzt dringend der Korrektur. Die Kommunisten müssen ihr Verständnis vom »ökonomischen Grundgesetz des Sozialismus« – »Sicherung der *höchsten* Wohlfahrt . . .«, wie es bei Lenin (LW 6/40) beginnt – und vom Überfluß an materiellen Gütern als Voraussetzung des Kommunismus modifizieren. So weit die großen Lehrer des Sozialismus und Kommunismus davon entfernt waren, die Aufgabe der sozialistischen Akkumulation auf maximale Gütererzeugung zurückzuführen, spiegeln ihre Formulierungen doch bis heute eine Epoche wider, in der die werktätigen Massen nie des Existenzminimums an Nahrung, Kleidung, Wohnung, Bildung sicher waren. Heute, wo der Spätkapitalismus diese Unsicherheiten sogar seinen Arbeitslosen weitgehend erspart, liegt auf der Hand: zur bloßen Wohlstandsversicherung bedarf es des Sozialismus nicht mehr – solange die Ressourcen reichen.

Dagegen müßte er bei den notwendigen tiefgreifenden *Strukturveränderungen von Produktion und Konsumtion* vorangehen. Ein reiches Land wie die DDR, das erst jetzt, 5 bis 10 Jahre später als möglich gewesen wäre, daran geht, die Wohnungsfrage der Massen zu lösen, verausgabt schon seit 20 Jahren in wachsendem Umfang Arbeit für vergleichsweise Luxusprodukte wie die unvermeidlichen Privatfahrzeuge, für verschiedene Staatspaläste, für Zweitwohnungen aller privilegierten Schichten in den Erholungsgegenden u. v. m. Man kann den Direktor eines Berliner Textil-, also eines ausgesprochenen Frauenbetriebes, im Rundfunk darüber reden hören, daß »uns die wachsenden Bedürfnisse der Bevölkerung das Dreischichtregime diktieren« – mögen die Kleiderschränke aus den Fugen gehen! Wer nicht »zurückbleiben« will, muß dreimal im Leben die Möbel hinauswerfen. Wir beschleunigen den »moralischen Verschleiß« der technischen Konsumgüter. Wir stampfen eine zweite Industrie aus dem Boden, um das Komplement der entfremdeten Arbeit, die entfremdete Freizeit, totzuschlagen. Mit Überstundenarbeit für die Planerfüllung sichern wir mühsam das Wachstum einer Warendecke an Gütern, Dienstleistungen, Unterhaltung usw., die unter allen gegebenen Umständen mit ihrem Überschuß über das Notwendige ähnlich wie im Kapitalismus nicht so sehr Entwicklung der Persönlichkeit vorantreibt als vielmehr unterbliebene Persönlichkeitsentwicklung kompensiert. Die Frage, *wozu* wir dieses Karussell zu immer schnellerer Umdrehung anspornen, bleibt der geheimen Verzweiflung der isolierten Individuen überlassen, und die Antworttendenz erscheint unter anderem in der steigenden Selbstmordrate.

Es ist hier nicht der Platz, die Vielfalt der Faktoren anzuführen, die unsere Staatsplanung zum ausführenden Organ solcherart wachsender Bedürfnisse macht. Grundsätzliches hierzu habe ich im Zweiten Teil gesagt. Außer Zweifel steht auch, daß ihnen selbst eine revolutionäre Führung nicht abrupt und vornehmlich restriktiv begegnen könnte. Aber wo und wie werden Gegenpositionen aufgebaut, positive Tatsachen in der Verteilung der Ressourcen, der Investitionen, der Arbeit, der Ausbildungskapazitäten geschaffen, um die Bedürfnisstruktur der Gesellschaft in die Richtung der Lebensformen zu drängen, die den *Zweck* der »höchsten Wohlfahrt« als *Grundlage* der allgemeinen Emanzipation, d. h. der »freien *allseitigen* Entwicklung *aller* Mitglieder der Gesellschaft« (LW 6/40) befördern? Wo wird wenigstens theoretische Vorarbeit dafür geleistet, zugelassen? Die Parteiführung schickt ihre Gesellschaftswissenschaftler – kluge, die es besser wissen müssen, wie Nick (Einheit 5–6/76) – vor, um solche Fragestellungen als bürgerliche Sabotage anzuzeigen und die »globalen Menschheitsprobleme« (immerhin! S. 593) geschickt mit Effektivitäts- und Intensivierungsparolen zuzudecken, die in begrenzterem Zusammenhang durchaus angebracht sind. »Laßt uns den Kapitalismus mit Masse an Warenproduktion schlagen, Wert gegen Wert! Gebt Ruhe, bis wir mindestens 51 Prozent der Weltindustrieproduktion abrechnen können! Seht ihr denn nicht, daß uns die zyklische Krise gerade einige Prozente gutmachen läßt?« Das ist der innere Habitus solcher Propaganda, die sich kurzsichtig und stumpfsinnig in den Dienst der historischen Spontaneität stellt.

Die Entwicklung der letzten Jahrzehnte in den industriell fortgeschrittensten Ländern hat *bewiesen,* daß das Problem der allgemeinen Emanzipation gar nicht in der Sicherung einer ausreichenden materiellen Existenzgrundlage für alle besteht. Dies bleibt zwar eine unabdingbare Voraussetzung (wobei der notwendige Umfang dieser Basis höchstwahrscheinlich in weiteren Grenzen schwankt, als wir anzunehmen geneigt sind, wenn wir den Blick allzu sehr auf den aktuellen Standard der eigenen Gesellschaft fixieren), aber »habt ihr die Blöße bedeckt, gibt sich die Würde« – *doch nicht* »von selbst«. Die Masse und Vielfalt an Gütern und Genüssen, die sich der Konsumtion aufdrängen und den Zeitplan der Individuen einerseits nach der Vermehrung der abstrakten Arbeit, andererseits nach der passiven Rezeption des »für teures Geld Erworbenen« hin verzerren, kann sogar geeignet sein, die Quellen der Emanzipation zuzuschütten und eine parasitäre Mentalität zu erzeugen. Die gegenwärtige Wirtschaftspolitik in den RGW-Ländern wird die Bedingungen für die Entfaltung der Persönlichkeit nur dort verbessern, wo es noch echten Mangel zu beheben gilt. Erzeugt sie doch selbst den für die wissenschaftlich-technische Entwicklung unerläßlichen Bildungszuwachs in solchen Formen, die dem Menschen schon im Lernprozeß allen Gewinn für die Entfaltung der Persönlichkeit versagen. In dieser Richtung dürfen wir nicht länger hoffen und suchen.

Als wirkliches Problem der allgemeinen Emanzipation erweist sich hartnäckig die immer wieder vergebens von interessierter offizieller Seite eskamotierte *Entfremdung* der Individuen von den Quellen der selbsterzeugten gesellschaftlichen Macht, ihre sogar noch zunehmende Ohnmacht und Einflußlosigkeit in bezug auf den Gesamtprozeß, der ihr Schicksal ist, ihre Armut an kommunikativen Beziehungen. Allerdings ist der Begriff Entfremdung zu abstrakt, er beklagt und denunziert mehr, als er erklärt und mobilisiert. Meine Analyse in den vorangegangenen beiden Teilen erlaubt es, der Forderung nach Aufhebung der Entfremdung eine präzisere Formulierung als aktuelle Aufgabe zu geben, die besonders in den Ländern des real existierenden Sozialismus reine, nämlich durch keine kapitalistische Form mehr verhüllte Gestalt angenommen hat. Es ist eine langfristige Aufgabe mit konkretem sozialökonomischem Inhalt, die *unmittelbar* in Angriff genommen werden kann – soweit es die materiell-technischen Bedingungen und die Entwicklungstendenzen unserer Sozialstruktur betrifft. Was fehlt, ist einzig die Neuformierung der politischen Macht, einer solchen politischen Macht, die bereit und fähig wäre, den ideologischen Konsensus und den organisatorischen Rahmen für die Kulturrevolution zu schaffen.

Die geschichtliche Aufgabe, von der ich spreche, ist die *Überwindung der Subalternität,* der Daseinsform und Denkweise »kleiner Leute«. Sie bedeutet in ihrem Kern Aufhebung der alten, vertikalen Arbeitsteilung, Umwälzung der ganzen mit ihr verbundenen Bedürfnisrichtung und -struktur. Sie geht einher mit der radikalen Veränderung aller unserer gewohnten Institutionen und Verfahrensweisen in Gesellschaft und Wirtschaft. *Die massenhafte Überwindung der Subalternität ist die einzig mögliche Alternative zu der grenzenlosen Expansion der materiellen Bedürfnisse.* Sie kann die Triebkräfte des Bedürfniswachstums im bisherigen Sinne, seinen trägen, im Mehrwertschaffen verankerten Mechanismus stillegen, und zwar aus folgendem Grunde: Das überschüssige Bewußtsein, von dem ich sprach, die freie, nicht mehr vom Kampf um die Existenzmittel absorbierte psychische Kapazität, verteilt sich komplementär auf zwei diametral entgegengesetzte Erscheinungsformen sozialer Interessiertheit. Sie beziehen sich beide auf die fundamentalen sozialen Bedürfnisse des Menschen, weshalb sie im allgemeinen auch in jedem individuellen Bewußtsein miteinander konkurrieren, also die Individuen weniger als frühere Gegensätze in feste soziale Gruppierungen dividieren. Ihr Kampf beginnt damit, daß sich in dem individuellen Bewußtsein »die eine Seele von der anderen trennen« will.

Die *kompensatorischen* Interessen auf der einen Seite sind die unvermeidliche Reaktion darauf, daß die Gesellschaft die Entfaltung, Entwicklung und Bestätigung zahlloser Menschen frühzeitig beschränkt und blockiert. Die entsprechenden Bedürfnisse werden mit Ersatzbefriedigungen abgespeist. Man muß sich im Besitz und Verbrauch von möglichst vielen, möglichst (tausch-)wertvollen Dingen und Diensten dafür schadlos halten, daß man in den eigentlich menschlichen Bedürfnissen zu kurz gekommen ist. Auch das Streben nach Macht fällt, als eine Art höherer Ableitung, mit unter die kompensatorischen Interessen.

Die *emanzipatorischen* Interessen dagegen richten sich auf das Wachstum, die Differenzierung und die Selbstverwirklichung der Persönlichkeit in allen Dimensionen menschlicher Aktivität. Sie verlangen vor allem die potentiell allumfassende *Aneignung* der in anderen Individuen, in Gegenständen, Verhaltensweisen, Beziehungen objektivierten menschlichen Wesenskräfte, ihre Verwandlung in Subjektivität, in einen Besitz nicht der juristischen Person, sondern der geistigen und sittlichen Individualität, der seinerseits nach produktiver Umsetzung drängt.

Das ist zunächst eine sehr allgemeine Umschreibung. Emanzipatorische Interessen sind so alt wie die Klassengesellschaft, wie der Ausschluß der arbeitenden Massen von einer wachsenden Zahl je historisch gegebener Betätigungen, Beziehungen und Genüsse – wenn sie sich auch meist nicht breit entfalten und sozial manifestieren konnten. Die erkennbaren Schranken sind es, von denen sich die Menschen jeweils emanzipieren wollen, um den Zugang zu etwas, die Aneignung von etwas zu erlangen, das sie immer wieder unter den durch keine zynische Spötterei auszutreibenden Ideen der Freiheit, der Freude, des Glücks vorstellen. Die unausgeschöpften Möglichkeiten der menschlichen Natur, die ihrerseits mit dem Kulturfortschritt wachsen, sind der innerste Stoff aller Utopie, ein sehr realer, durchaus nicht immaterieller Stoff übrigens. Sie zwingen zu dem Wunsch, das Leben umzugestalten.

Aus dieser Komplementarität von kompensatorischen und emanzipatorischen Interessen in dem überschüssigen Bewußtsein folgt, daß die Kulturrevolution, die die Subalternität überwindet, die *Bedingung* für den Bruch mit der extensiven Wirtschaftsdynamik, für die Wiedereinordnung des Menschen in das Naturgleichgewicht ist. Um aber die konkreten Zielrichtungen, die absehbaren Handlungslinien, die notwendigen praktischen Schritte zu erkennen, auf die es dabei unter den *heutigen* Umständen ankommt, müssen wir uns erinnern, welche positiven Voraussetzungen die Aneignung der Kultur durch alle Individuen hat, und von dort aus fragen, wie sie herbeizuführen sind. Es sind zugleich die Voraussetzungen wirklicher sozialer Gleichheit, die wir, wie die Geschichte inzwischen hinreichend gezeigt hat, nicht in den Dimensionen der Einkommensverteilung, der Sozialversicherung, überhaupt der Konsumtion zu suchen haben.

Es müssen alle Menschen die reale Möglichkeit des *Zugangs* zu allen wesentlichen *Tätigkeits*bereichen erlangen, und zwar bis hinauf zu deren höchstem Funktionsniveau. Denn Kulturgüter sind nur so weit angeeignet, als man an ihrer Schöpfung Anteil nehmen könnte – selbst oder durch Vermittlung anderer Individuen, mit denen man *niveaugleich kommunizieren* kann. Jeder muß sich prinzipiell auf die Höhe der wissenschaftlich-technischen Mittel erheben können, mit denen unsere Gesellschaft in ihrem Naturverhältnis umgeht, und erst recht auf die Höhe der sozialen Regulation, des institutionellen Funktionierens. Und die soziale Gleichheit verlangt auch im emotionalen, ästhetischen Erleben psychische Strukturen, die ein über mehrere Stufen vermitteltes inneres und äußeres Reagieren erlauben, das mit dem Abstraktheitsgrad der allgemeineren, durch höhere Stufen in der Hierarchie der Informationsverarbeitung repräsentierten Zusammenhänge Schritt hält. Demnach erhebt sich die Frage, wie die Individuen eingreifendes Verhalten, die entsprechenden Dispositionen motivationaler, kognitiver und emotionaler Art erwerben, erlernen können und wie man dementsprechend Arbeit, Bildung und Leben, wie man die Organisation der Gesellschaft, das System und die Funktionsweise ihrer Institutionen einzurichten hätte.

Die Subalternität, die in verschiedenen Graden und Ausprägungen die überwältigende Mehrheit der Menschen betrifft, ist ein Effekt der *gesamten modernen Produktionsweise* und kann daher nur mit ihrer Umgestaltung überwunden werden. Wir sahen, daß sie in Relation zu dem konkreten Gemeinwesen steht, dem die Individuen angehören, genauer gesagt, in Relation zu der höchsten Ebene aktiver gesellschaftlicher Organisation, die sich verselbständigt über sie erhebt. Der Grad möglicher Subalternität wächst mit der Stufenzahl der Hierarchie. Hier wirkt ein tiefer Widerspruch in der Geschichte. Je größer und komplexer der soziale Verband, desto subalterner bisher die Individuen. Man konnte in der Gens und dann im Stamm nicht so subaltern, so ohnmächtig und einflußlos sein wie in einem modernen Nationalstaat. Man sieht daran, wie groß die Aufgabe der Kulturrevolution ist, die objektiven Entfaltungsbedingungen der menschlichen Subjektivität neuzugestalten. Die einander wechselseitig voraussetzenden Hauptrichtungen ihres Eingriffs gegen die Ursachen der Subalternität, für die Verwirklichung realer Gleichheit werden sein:

– eine Umverteilung der Arbeit nach dem Prinzip, daß alle gleichen Anteil an den Tätigkeiten auf den verschiedenen Funktionsniveaus leisten und die soziale Gleichgeltung der Ausführenden bei aller notwendigen Arbeit dadurch hergestellt wird, daß sich kein Mensch mehr in die Funktion einer bestimmten beschränkten oder subordinierten Tätigkeit verwandeln kann;
– die Eröffnung des unbeschränkten Zugangs zu einer Natur und Technik, Gesellschaft und Künste umfassenden Allgemeinbildung höchster (»universitärer«) Stufe für alle als Alternative zur Schichtdifferenzierung nach Bildungsgraden und zu sozial inkompetentem Spezialistentum;
– die Sorge für eine Kindheit, die die entsprechende Entwicklungsfähigkeit und -bereitschaft bei der überwiegenden Mehrzahl der Heranwachsenden bewahrt und fördert, statt sie, wie der Erziehungsstil der patriarchalischen Leistungsgesellschaft, bei den meisten zu hemmen und zu zerstören;
– die Herstellung von Bedingungen für ein neues Gemeinschaftsleben auf der Basis autonomer Gruppenaktivitäten, um die sich erfüllte menschliche Beziehungen kristallisieren können, um von hier aus der Isolierung und Vereinsamung der Individuen in den Einzelzellen der modernen Arbeits-, Schul-, Familien- und Freizeitwelt eine Grenze zu setzen;
– die Vergesellschaftung (Demokratisierung) des allgemeinen Erkenntnis- und Entscheidungsprozesses, seine Konstituierung außerhalb und oberhalb des hierarchischen Apparats, der das normale Funktionieren der laufenden Reproduktion sichert.

Es besteht weder die Hoffnung noch die Gefahr, daß diese Ziele, von denen keines das erste und keines das letzte, keines ohne die anderen erfüllbar ist, »zu schnell« erreicht werden. Damit kann man die Gesellschaft nicht überrumpeln wie mit einem Staatsstreich. Man kann ihr nicht »über Nacht« das spontane Mengenwachstum der Produktion, die alte Arbeitsteilung, die Rationierung der höheren Bildung, die patriarchalische Erziehung, das Leistungsprinzip bei der Verteilung der Einkommen, die Gemeinschaftslosigkeit und den Bürokratismus abgewöhnen wollen. Ein solcher Versuch ergäbe zweifellos Zusammenbruch, Chaos, Anarchie, Verzweiflung, am meisten bei den bisher Zukurzgekommenen – alles, was sich die Verteidiger des bestehenden Zustands nur zum Angstmachen wünschen können. Vielmehr gilt es zunächst, die politischen und geistigen Voraussetzungen dafür zu schaffen, daß die grundlegenden Nöte unseres Lebens nicht weiterhin als endgültige Tugenden behandelt und von Leuten, die nicht wissen, was sie tun, in die Zukunft »weiterentwickelt« werden können. Auf das Problem des politischen Herangehens an die Kulturrevolution und ihrer schrittweisen Verwirklichung komme ich später, in den letzten Kapiteln, zurück. Hier sollen jetzt erst die Überlegungen angedeutet werden, die zur Formulierung der fünf genannten Zielrichtungen geführt haben.

Erstens – Umverteilung der Arbeit. Verschiebt sich überhaupt in den reichen Ländern der Schwerpunkt des Klassenkampfes von der (natürlich nach wie vor nicht genügend gewissen) Aneignung der materiellen Subsistenzmittel auf die Aneignung der Kultur, so ist diese Verschiebung in den nichtkapitalistischen Industrieländern erst recht aktuell. Die Aneignung der Kultur ist in erster Linie eine Frage der gesellschaftlichen Arbeitsorganisation, der in ihr vorprogrammierten Möglichkeiten menschlicher Selbstentfaltung. Sozialer Charakter und funktioneller Inhalt der Arbeit bestimmen bekanntlich die Ausrichtung des Bildungswesens, ja der Sozialisation überhaupt, so sehr diese Sphäre ihrerseits auf die Arbeit zurückwirkt. Marx hat in den Grundrissen (505) die Bedingungen formuliert, die mit der Aufhebung der alten Arbeitsteilung herbeizuführen sind. Er fährt, nachdem er von »wirklich freiem Arbeiten, z. B. Komponieren« gesprochen hat, das sich offensichtlich außerhalb der Produktionssphäre bewegt, fort: »Die Arbeit der materiellen Produktion kann diesen Charakter nur erhalten, dadurch, daß 1) ihr gesellschaftlicher Charakter gesetzt ist, 2) daß sie wissenschaftlichen Charakters, zugleich allgemeine Arbeit ist, nicht Anstrengung des Menschen als bestimmt dressierter Naturkraft, sondern . . . als alle Naturkräfte regelnde Tätigkeit . . .« Die erste Bedingung betrifft die Entbürokratisierung respektive reale Vergesellschaftung der Leitungstätigkeit, die Beteiligung aller Individuen an der Verfügung über den Reproduktionsprozeß. Die zweite Bedingung betrifft die Erhebung des Gesamtarbeiters auf die Höhe der jeweils zeitgenössischen Prinzipien von Wissenschaft und Technik, die im Produktionsprozeß umgesetzt sind.

Unter beiden Aspekten zeichnet sich am Horizont der Gegenwart die reale Möglichkeit ab, daß sich *alle* Menschen solidarisch in die Arbeit auf *allen* Funktionsniveaus der gesellschaftlichen Gesamtarbeit teilen und insbesondere einen wirklichen Einfluß auf die Entscheidungen in der höchsten Bewußtseinsebene erlangen. Das große strategische Problem dieser Kulturrevolution besteht natürlich nicht in irgendeiner »Degradierung« der Privilegierten, sondern im Aufstieg der bisher in den subalternen Sphären zurückgehaltenen Schichten. Traditionell gesprochen, besteht es darin, die soziale Evolution des menschlichen Wesens zu einem Ensemble *durchgängig* philosophisch-*selbstbewußter* Individuen in Angriff zu nehmen. Allerdings müssen wir dabei in Rechnung stellen, daß die vollständige Liquidierung einfacher physischer und schematischer Arbeit – ohnehin ein äußerst fragwürdiges und nach meiner Überzeugung schon vom biologischen Standpunkt gar nicht wünschenswertes Ziel – in einer unabsehbaren Zukunft liegt. Vom humanistischen Standpunkt muß nur die körperlich zu schwere und die monotone (unqualifizierte, einseitige) Arbeit verschwinden; alle andere kann sich bald als ein zweckmäßiger Ausgleich erweisen. Ob wir nun die »Primitivität« des Engelsschen Beispiels beklagen oder nicht, wird dennoch *gerade* eine Gesellschaft, die sich als freie Assoziation *über* ihren reproduktiven Verrichtungen konstituieren will, verlangen müssen, daß die Architekten auch bereit sind, ihren Anteil am »Karreschieben« zu leisten, solange es technisch-ökonomisch notwendig bleibt, »Karren zu schieben«. Noch gibt z. B. die DDR-Statistik für den Anfang der siebziger Jahre erst einen Automatisierungsgrad von etwa 7% an, der *qualitativ* für die Produktionsverhältnisse überhaupt noch nicht ins Gewicht fällt und überdies nur mehr oder weniger isolierte Arbeitsverrichtungen bzw. Fertigungsprozesse summiert. Automatisierung der Fertigung und Computerisierung der ökonomischen Informationsverarbeitung können in ihrer Anlaufphase zu einer Verschärfung der alten Widersprüche, d. h. objektiv zu einer größeren Konzentration der Verfügungsgewalt, für das Subjekt zu einer Übersteigerung derjenigen Erscheinungen, die als Entfremdung gekennzeichnet werden, führen. Aber das ist eine Frage der sozialen Strategie. Der Zusammenhang zwischen dem Übergang vom mechanischen zum kybernetischen Maschinenzeitalter und der allgemeinen Emanzipation ist überhaupt nicht so direkt, auch für die Zukunft nicht, wie alle diejenigen annehmen, die ihre enttäuschten sozialistischen Hoffnungen nun in die Anbetung der wissenschaftlich-technischen Revolution flüchten ließen. Daß es nötig wäre, auf den *vollendeten* Rückzug des Menschen aus allen repetitiven Funktionen im materiellen und informationellen Reproduktionsprozeß zu warten, ist die geeignetste Auskunft, mit der die Technokraten dem politbürokratischen Konservatismus beispringen können.

Die gegenwärtige Praxis findet ihren konzentrierten ideologischen Ausdruck in soziokybernetischen Konzeptionen, die die Gesellschaft nach dem Muster informationsverarbeitender Systeme, etwa des idealisierten menschlichen Gehirns, mit ihrer Hierarchie der Funktionen, Einsichten und Kompetenzen modeln möchten (so bei Georg Klaus). Vielleicht gelingt es doch

noch, eine natürliche Kastenorganisation gegen die Universalität und Wandlungsfähigkeit des menschlichen Gattungscharakters durchzusetzen, scheint man zu hoffen. In Wirklichkeit steht die Peripetie der *subjektiven* Produktivkräfte am Horizont. Und es sind nur die gescheiterten Illusionen über einen vorzugsweise *politischen* Charakter dieses »Sprungs« aus dem Reich der Notwendigkeit in das Reich der Freiheit, die in solchen Perspektiven ihren resignierten Niederschlag hinterlassen. Die Aufhebung und der Umsturz der alten Arbeitsteilung – natürlich nicht als Vergewaltigung lebender Generationen, die ihre jeweilige Beschränktheit verinnerlicht haben, sondern als planmäßiger, in sozialer Zeit vollzogener Prozeß – werden zum Schlüsselthema eines revolutionären Maximalprogramms, das in eine konkrete politische und sozialökonomische Strategie, in ein Nacheinander politischer Kämpfe und sozialökonomischer, nicht zuletzt bildungspolitischer Forderungen und Maßnahmen umgesetzt werden muß.
Nun ist die *Umverteilung* der Arbeit, in der ich den ersten entscheidenden Schritt in diese Richtung sehe, keineswegs völlig identisch mit der Aufhebung der alten Arbeitsteilung schlechthin. Auf den ersten Blick mag es sogar scheinen, als versuchte man mit einer solchen Forderung, künstlich und romantisch einem Prozeß vorzugreifen, den die wissenschaftlich-technische Revolution nahezu automatisch vorantreibt. Dieselben Leute, die die Aufhebung der alten Arbeitsteilung für eine Marxsche Illusion halten, bringen es fertig, einem plötzlich zu zitieren, »daß in allen bisherigen Revolutionen die Art der Tätigkeit stets unangetastet blieb und es sich nur um eine neue Verteilung der Arbeit an andere Personen handelte, während die kommunistische Revolution sich gegen die bisherige *Art* der Tätigkeit richtet, die *Arbeit* beseitigt . . .« (MEW 3/69 f.). Da muß man erwidern: Marx und Engels vertrösteten mit ihrer sozialen Perspektive nicht auf den Sankt-Nimmerleinstag, an dem *alle oder nahezu alle* »alte« Arbeit überwunden sein wird. Sie wollten mit einem Vorgehen, das ich

heute mit einer ausgesprochen politischen Spitze als Kulturrevolution bezeichne, *aktiv* in die Aufhebung der alten Arbeit eingreifen, weil sie – *damals* vielleicht etwas zu optimistisch – glaubten, daß die Gesamtproduktivität bereits ausreiche, um bei Teilung *aller* in die notwendige Arbeit auch genügend »disposable time« für die Entwicklung der allgemeinen Fähigkeiten aller Menschen freizusetzen. Daher war ihre Orientierung auf Wechsel der Arbeit weit mehr als ein Notbehelf gegen die Monotonie, wie man es heute nicht selten ansieht. Gewiß verdienen die Bemühungen um eine Bereicherung und Vermannigfaltigung des Arbeitsinhalts auf einem jeweils bestimmten Funktionsniveau, also etwa in der Montageabteilung einer Fabrik, die elektromechanische Geräte herstellt, Unterstützung und Aufmerksamkeit. Das Ergebnis kann aber hier nur größere Arbeitsbefriedigung auf dem gegebenen beschränkten Tätigkeitsfeld scin und verbessert nur so weit die Bedingungen für die Überwindung der Subalternität, als die allgemeine Abstumpfung der psychischen Kräfte dadurch vermieden wird.

Doch ein beliebiger moderner Industriebetrieb von auch nur mittlerer Größe bietet seiner Belegschaft heute Arbeitsaufgaben auf allen Funktionsniveaus von der Vermittlung der besonderen Interessen, die ihn als ökonomische Einheit kennzeichnen, mit den Zielen und Werten der ganzen Gesellschaft bis hin zur Reinigung der Arbeitsräume. Unter der Voraussetzung, daß sein Personal – wie im nächsten Punkt betrachtet – aus Menschen prinzipiell gleicher hoher Bildungsstufe bestehen wird, verfällt einfach die Möglichkeit, irgend jemanden dauernd an anspruchsarme und unangenehme Tätigkeiten zu binden. Wenn wir heute hören, es könne »keinem Absolventen für längere Zeit zugemutet werden, wesentlich unter seinem Qualifikationsniveau liegende Tätigkeiten auszuüben«, denken wir im allgemeinen nicht an die Konsequenzen, die damit eingeschlossen sind: daß es also Menschen geben soll, denen die Hochschulkader mit dem Monopol auf entwick-

lungsfördernde Tätigkeit lebenslänglich eben jene geisttötende Routine zumuten, die sie selbst mit Entrüstung von sich weisen. Eine solche Forderung läßt sich im realen Sozialkontakt der privilegierten mit den benachteiligten Schichten des Gesamtarbeiters gar nicht durchhalten. Letzten Endes läuft sie auf den Vorschlag hinaus, *mehr* Personal auf die niedrigeren Funktionsniveaus festzulegen, also auch einen noch schärferen Numerus clausus für den Hochschulzugang zu praktizieren. In der Perspektive kehrt sich aber die Logik der Forderung nach Arbeitseinsatz auf der Höhe der erreichten Qualifikation gerade dahin um, daß sie nur erfüllt werden kann, wenn sich *niemand* den Tätigkeiten niedrigeren Anforderungscharakters entzieht, denn andernfalls würde es bald Hochschulkader geben, für die überhaupt keine geeignete Tätigkeit vorhanden ist.
Für den Gesamteffekt hinsichtlich der qualitativen Veränderung und Intensivierung der Produktionstechnik, -technologie und -organisation kann es nur von größtem Vorteil sein, wenn die Zersplitterung und soziale Spaltung des Gesamtarbeiters ein Ende findet, die so hohe ökonomische Verluste (z. B. durch systematische Leistungszurückhaltung der bloß ausführenden Arbeiter) und überflüssige Aufwände (z. B. für die an die Tatsache des Interessengegensatzes anknüpfende Arbeitsnormung) verursacht. Stellen wir uns dagegen einen einheitlichen Produzententyp vor, der sich im Rahmen eines bestimmten spezialisierten Zweiges abwechselnd in einem zweckmäßig festgelegten zeitlichen Rhythmus Tätigkeiten auf allen gegebenen Funktionsniveaus der betrieblichen Gesamtarbeit zuwendet. Menschen, die sich mit der Neu- oder Weiterentwicklung von Maschinen, Technologien oder Erzeugnissen befassen, werden sich viel rascher und genauer auf die Erfordernisse der Massenfertigung einstellen, wenn sie auch in der operativen technologischen Betreuung tätig sind. Die relativ kurze Zeit, sagen wir jenes Drittel ihrer Gesamtarbeit, das sie bei der Bedienung von Produktionsmaschinen verausgaben, wird

von Nutzen für die schöpferische Verbesserung des Arbeitsprozesses sein. Die Arbeitsbedingungen könnten sich rasch und nachhaltig verbessern, wenn die Konstrukteure der Maschinen auch längerfristig an ihnen tätig wären. Der ganze Leitungs- und Verwaltungsapparat könnte einerseits von vielen Kontrollfunktionen und andererseits von der mit seiner Stufenzahl zunehmenden Unkenntnis der Details befreit werden, wenn sein Personal wieder Anteil an den verschiedensten sach- bzw. problembezogenen Aktivitäten erhielte (die Kontinuität der Leitung wäre durch systematische Mehrfachbesetzung der Stellen zu gewährleisten). Man kann sich – um ein Beispiel aus einem anderen, noch stärker mit den Vorurteilen der alten Arbeitsteilung belasteten Bereich hinzuzufügen – ebensogut den Alltag eines Krankenhauses vorstellen, dessen gesamtes Personal aus Menschen mit voller medizinischer oder anderer zugehöriger Qualifikation besteht, die sich auch in alle pflegerischen und Hilfsarbeiten auf der einen, in alle sozialen und ökonomischen Funktionen auf der anderen Seite teilen.

Es versteht sich, daß es bei diesen Andeutungen um die Kennzeichnung eines Prinzips, nicht um die Dekretierung eines Schemas geht. Der Kurs auf die Umverteilung der Arbeit soll verhindern, daß sich die bestehende Struktur der Arbeitsplätze und Stellenpläne ungebrochen in eine entfremdet-»adäquate« Struktur der menschlichen Arbeitskraft umsetzt. Eine Neuorganisation der Arbeitsteilung, die dem Ausschluß der Vielen von der Aneignung der sozialen und kulturellen Totalität ein Ende macht, ist, wie gesagt, das Kettenglied, von dem die Möglichkeit des Übergangs von einem quantitativ zu einem qualitativ orientierten Wachstumstyp abhängt. Dieser Zusammenhang ist so wichtig, daß er hier noch einmal wiederholt werden soll: Mag auch die materielle Not behoben sein – solange sich die Massen noch durch die Aneignung dinglichen Komforts für ihre subalterne Situation entschädigen müssen, solange sie dazu gezwungen sind, ihr

Selbstbewußtsein an Äußerliches zu hängen und die gewonnene Freizeit totzuschlagen, weil sie nicht als Gleiche an der sozialen Kommunikation teilnehmen können, werden wir nur immer mehr und mehr erzeugen *müssen.* Nicht bloß, solange das Einkommen, sondern solange die Arbeit selbst ungerecht verteilt ist, kann von sozialer Gerechtigkeit letztlich keine Rede sein, da den Individuen durch die Subsumierung unter das Gesetz der Proportionalität planmäßig sehr verschiedene Chancen der Selbstrealisierung zugeteilt werden. Dies um so weniger, wenn den dabei Benachteiligten außerdem über das »Leistungsprinzip« auch noch die Möglichkeiten der materiellen Kompensation beschnitten werden.

Viele Intellektuelle betrachten es insgeheim als moralisches Verdienst, wenn sie es – nach einer Formel Teilhard de Chardins – vorziehen, »zu wissen und zu sein, statt zu besitzen«, während es der Gipfel ihrer Privilegiertheit ist, so leben zu können (der quietistische Akzent des Ausdrucks, der mehr auf Befriedung der Existenz als auf unendliches Herausarbeiten der menschlichen Wesenskräfte zielt, mag in diesem Zusammenhang dahingestellt bleiben). Der amerikanische Romantiker Henry Thoreau prägte die Sätze: »Fast jeder Luxus und viele sogenannte Annehmlichkeiten des Lebens sind nicht nur entbehrlich, sondern hindern tatsächlich den Aufstieg der Menschheit.« – »Niemand kann unparteiisch und weise das menschliche Leben betrachten, der nicht die günstige Voraussetzung hat, die wir freiwillige Armut nennen müssen.« – »Ein Mensch ist um so reicher, je mehr Dinge zu entbehren er sich leisten kann.« Darin liegt viel Wahrheit, wenn auch keine absolute. Aber Thoreau wäre schwerlich zu dieser Einstellung gelangt, wenn ihn sein Vater, statt ihm Harvard zu bezahlen, unter seine Bleistiftarbeiter eingereiht hätte. Es gilt, die objektiven Bedingungen dafür zu schaffen, daß es die Menschen vorziehen *können,* »zu wissen und zu sein, statt zu besitzen«.

Zweitens – einheitlicher Bildungsweg für voll sozialisierte Menschen. Der Weg der Umverteilung der Arbeit hängt – pessimistisch, d. h. mit im wesentlichen weiterhin ökonomisch unproduktiver Ausbildungsphase gerechnet – davon ab, ob es »sich die Gesellschaft leisten kann«, auf weitere fünf bis sechs Arbeitsjahre aller ihrer Mitglieder zu verzichten. In Wirklichkeit wäre dieser Verzicht, zumal man ihn sukzessiv realisieren könnte, nur temporär und relativ, da sich eine Anhebung des allgemeinen Kulturniveaus auf die Arbeitsdisziplin und -produktivität auswirken müßte, und zwar auch bei Ausführung einfacher Arbeiten; die unter den *gegenwärtigen* Verhältnissen zu beobachtende Tendenz zur Demotivierung hochqualifizierter Menschen, die man mit anforderungsarmer Arbeit beschäftigt, läßt da *keine* gegenteiligen Schlüsse zu. Die klare Tatsache, daß mittlerweile praktisch alle Führungsfunktionen der Gesellschaft mit akademisch gebildeten Menschen besetzt sind, genügt als Beweis dafür, daß eine verhältnismäßig umfassende wissenschaftliche Allgemeinbildung höchster Stufe erforderlich ist, um effektiv und kompetent an der Synthesis teilzunehmen. Marx hat auf den Aufstieg des Denkens vom Konkreten zum Abstrakten und von dort zurück zum Gedankenkonkretum, Lenin auf den aktiven Fortgang der Erkenntnis von der Erscheinung zum Wesen, vom Wesen erster zum Wesen zweiter Ordnung usw. hingewiesen. Die Dialektik der Objektivierung und Vermittlung, deren man methodisch bedarf, um eine hochkomplexe soziale und wissenschaftlich-technische Entwicklung subjektiv zu durchschauen und zu beherrschen, wird durch ein Maß an Erfahrung im theoretischen und praktischen Umgang mit den Kategorien erworben, wie es das Bildungswesen zumindest bei der heutigen Anlage und Einordnung des Sozialisationsprozesses ins gesellschaftliche Ganze keinesfalls bis zum 16. Lebensjahr bieten kann.

Ob die Gesellschaft die Mittel hat oder nicht, darf man unsere Ökonomen natürlich nicht in ihrer Eigenschaft als Berater der Staatlichen Plankommission und ideologische Vertreter des

Status quo in der Bedürfnisstruktur fragen. Die Antworten werden, gelinde gesagt, nicht ganz unabhängig davon sein, ob sie meinen, man müsse weiterhin die Warenproduktion vervielfachen, oder ob sie riskieren, an eine alternative ökonomische Strategie zu denken. Ich werde im letzten Kapitel auf das Problem einer ökonomischen Alternative eingehen. Vorläufig soll es genügen, einen durch seine Evidenz bestechenden Gedankengang des sowjetischen Physikers Kapiza (Wissenschaftliche Welt *15,* 1971/1) anzuführen, der – ohne diese spezielle Absicht zu verfolgen – die ökonomische Möglichkeit einer in die Verteilung der Arbeit selbst eingreifenden Kulturrevolution darlegt.

Kapiza geht aus von der Vervielfachung der Arbeitsproduktivität in den entwickelten Industrieländern gegenüber dem vorigen Jahrhundert. »Wenn man die Zahl der in einem Großbetrieb hergestellten Autos auf die Zahl seiner Beschäftigten umrechnet, so ergibt sich, daß jeder von ihnen mehr als ein Auto monatlich produziert«, schreibt er und fährt fort: »Wirtschaftswissenschaftler sind der Ansicht, daß beim heutigen Stand der Arbeitsproduktivität ein Drittel oder gar ein Viertel der Arbeitskräfte eines Landes benötigt wird, um die Bevölkerung ausreichend mit allem Lebensnotwendigen – mit Nahrungsmitteln, Kleidung, Wohnung, Verkehrsmitteln usw. – zu versorgen. Wenn gegenwärtig mehr Menschen in der Industrie arbeiten, so hängt dies hauptsächlich zusammen mit der Verteidigungsindustrie, mit der wirtschaftlichen Hilfe für weniger entwickelte Länder (wäre es wenigstens in nennenswertem Umfang so!), mit der wissenschaftlichen Forschung, mit Dienstleistungen für die Bevölkerung, mit Tourismus, Radio, Fernsehen, Film, Sport, Presse usw. Auf diesen Gebieten ist die Zahl der Beschäftigten heute durch nichts begrenzt; ihre Höhe hängt offensichtlich von der Zahl der verfügbaren Arbeitskräfte ab.« Hier muß man hinzufügen, daß sich nicht nur in der Kriegsindustrie, sondern auch in fast allen anderen genannten Bereichen mächtige repressive Bedürfnisstruktu-

ren eingenistet haben, die die Chancen der Freiheit jedes einzelnen Menschen vermindern. In allen diesen der elementaren Notwendigkeit enthobenen Aktivitäten ist sekundär Notwendiges und Fruchtbares strukturell unlösbar (unlösbar ohne revolutionäre Entbindung und Neuintegration) mit Momenten verfilzt, die zu dem Mechanismus der Selbstzerstörung unserer Kultur gehören.
Kapiza meint, die mit der hohen Arbeitsproduktivität »zusammenhängende unvollkommene Auslastung der arbeitenden Bevölkerung« – d. h. eben die Grundlage des überschüssigen Bewußtseins – »gibt uns heute die Möglichkeit, die Ausbildung der Jugend erheblich zu verlängern . . . Heute gibt es keine ökonomischen Gründe (!), die es einem wirtschaftlich gut entwickelten Lande verbieten könnten, seiner ganzen Jugend nicht nur eine abgeschlossene Oberschulbildung bis zum 16. oder 18. Lebensjahr angedeihen zu lassen, sondern auch eine Hochschulbildung bis zum 20. bzw. 23. Lebensjahr«. Es werde *»der Staat wahrscheinlich der gesamten Bevölkerung die Gelegenheit bieten müssen, Hochschulbildung zu erlangen, ganz gleich, ob diese zur Ausübung des Berufs benötigt wird oder nicht«*. So ist es. Unter diesen Umständen könnte es sich freilich unmöglich um eine Hochschulbildung handeln, die beschränkte, dennoch um ihr kulturelles Anrecht betrogene Spezialisten bäckt, wie es gegenwärtig programmierter Standard ist, sondern nur um den schöpferischen Erwerb einer umfassenden philosophischen (soziologischen, psychologischen, ökonomischen), künstlerischen und wissenschaftlich-technischen Bildung, die den Zugang zu jederlei Tätigkeit öffnet . . .
Wenn Kapiza annähernd recht hat, steht die quantitativ-ökonomische Realisierbarkeit der Kulturrevolution außer jedem Zweifel, zumal klar ist, daß der zusätzliche Bildungsaufwand langfristig zurückfließen, der zusätzliche Arbeitszeitausfall aufgeholt wird. Wir können uns also die Aufgabe stellen, *das Bildungswesen zu revolutionieren.* Dieser Ausdruck ist not-

wendig, weil sich unter dem Namen Bildungs*reform* das staatsmonopolistische Bestreben durchsetzt, die Ausbildung von festgelegten Spezialisten aller Funktionsniveaus und Fachrichtungen für die bestehende Matrix der alten Arbeitsteilung zu rationalisieren. Die neue Bildungskonzeption wird nicht von den als »Anforderungen der Gesellschaft« deklarierten, »prognostisch« in die Zukunft extrapolierten Grundstrukturen der bestehenden Arbeitsteilung ausgehen, obwohl sie sie natürlich als das berücksichtigen muß, was es schrittweise umzuarbeiten gilt. Wir müssen über das Bildungswesen verwirklichen, was Marx gemeint hat, als er die Aufhebung der Philosophie und desgleichen natürlich der Kunst im Proletariat sowie als pädagogische Basis für die Humanisierung der verbleibenden notwendigen Arbeit die polytechnische Bildung verlangte.

Gegenwärtig wird mit der Planung entschieden, wie viele Menschen Stufe um Stufe von den höheren Funktionsniveaus der Arbeit ausgeschlossen werden sollen. Die bestehende Arbeitsteilung wird bei uns rigider als im Kapitalismus in das Bildungswesen hineinprogrammiert. Die Lehrpläne für die Kenntnisvermittlung nach klar unterschiedenen Funktionsniveaus sind Ableitungen von der bestehenden Sozialstruktur der Arbeitsplätze. In der postgradualen Qualifizierung und in der Weiterbildung diktieren fast ausschließlich die engen Zweig-, Betriebs-, ja Abteilungsinteressen. Wer einmal Chemiefacharbeiter ist, kann in der Regel nur noch Chemieingenieur und nichts anderes mehr werden. Aber in den industriell entwickeltsten Ländern wird ein »Überangebot« an akademischer Bildung auf die Dauer unausweichlich, wenn man dem Drang der Jugend nach den Hochschulen auch nur annähernd nachgibt und andererseits den »volkswirtschaftlichen Bedarf« an Kadern aufgrund der jetzigen funktionellen Struktur abmißt. Symptome wie die Collegebildung bereits für mehr als die Hälfte der US-amerikanischen Jugend, die erfolgreiche Offene Universität in England, die Diskussion über die Auf-

hebung des Numerus clausus in Westdeutschland deuten unmißverständlich darauf hin, daß das Bildungsstreben der Jugend die Schranken der installierten funktionellen Arbeitsteilung und überhaupt der sogenannten volkswirtschaftlichen Erfordernisse überspringt. Man kann natürlich dieser Entwicklungstendenz auch mit reaktionären Restriktionen zu begegnen suchen, und genau dies ist die Quintessenz der Bildungspolitik, die solche Parteien wie die SED verfolgen. Deren Politbüro hat einen Plan für die Zulassungsquoten der einzelnen Fachrichtungen bis 1990 verabschiedet. Besser als durch die allgemeine Tendenz ihrer Bildungspolitik kann eine politische Partei heute kaum ihre Einstellung zu den inneren Entwicklungsproblemen ihrer Gesellschaft anzeigen.
Die allgemeinbildende polytechnische Oberschule bis zur 10. Klasse bereitet bestenfalls auf Tätigkeiten bis zum dritten der in Kapitel 6 umrissenen fünf Funktionsniveaus vor. Ihr Unterricht ist antiästhetisch, ist so flach rationalistisch und scientistisch angelegt, daß aus den Fächern Deutsch, Geschichte, Staatsbürgerkunde usw. kaum eine Ahnung von der Bestimmung des Menschen hervorgehen kann. Selbstverständlich gibt es wie zu allen Zeiten Lehrer, die diese Enge mit ihrer Persönlichkeit sprengen. Aber sie müssen gegen den Strich kämmen. Wissen über die menschlichen Dinge, das ohne ästhetische Emotion gelehrt und aufgenommen wird, kann im Grunde genommen gar nicht wahr sein, nämlich nicht für die jeweils gemeinten Individuen. Ästhetik als pädagogische Methode bedeutet nichts als den Versuch, alles Wissen, das der Mensch brauchen wird, so darzubieten, daß es an sein Ich appelliert, eine subjektive Bedeutung für ihn erlangt. Es gibt manches in unserer Tradition, an das wir bei einer neuen Synthese intentional anknüpfen könnten. Nehmen wir nur die sowjetischen Erfahrungen der zwanziger Jahre, das wiederbelebbare Erbe Makarenkos, die Praxis des sowjet-ukrainischen Schul-Romantikers Suchomlinski. Freilich sind sie alle mehr oder weniger präindustriell angesiedelt. Doch in der jetzigen

wissenschaftlich-technischen Revolution werden wir, sobald wir aufhören, ihren Sinn mit dem der ersten industriellen Revolution gleichzusetzen, wieder etwas mit solchen Anregungen anfangen können.

In der ganzen frühen und mittleren Kindheit, bis an die Schwelle der Pubertät heran, ist das rationale Abstraktionsvermögen noch nicht so entwickelt, daß der abstrakte Begriff das führende Mittel zur Einordnung der eigenen Erfahrung sein und die Verbindung zum Allgemeinen herstellen könnte. Wo unser rationalistisches Erziehungskonzept bis dahin schon für die Verkümmerung der emotionalen Motivation und der Phantasie gesorgt hat, wo also die unmittelbare ästhetische Reflexion bereits versagt, ehe die rationale überhaupt beginnt, ist schon die Kluft aufgerissen, die einen Teil der Kinder vom schöpferischen Leben abtrennt, denn Schöpfertum existiert nicht ohne Kontakt zur Ebene der Synthese. Die gesamte Ausbildung muß so angelegt sein, daß die Jugendentwicklung aller Menschen auf den Gipfel der Kunst und Philosophie, des emotionalen und rationalen Brückenschlags vom subjektiven Mikrokosmos zur Totalität hinaufführt. Wenn das eine Utopie ist, dann ist es eine Utopie auch von Marx.

Die Lösung dieses Problems ist theoretisch äußerst einfach: *die Jugend muß eine künstlerische und eine politisch-philosophische Praxis haben.* Anders gesagt: Sie muß sich die Gestaltungsmittel und Begriffe, die es erlauben, die kleine und die große Welt zu differenzieren und zu synthetisieren, unmittelbar als *Werkzeuge für etwas* aneignen können. Eine Jugend, die politisch und ideologisch katechisiert wird und die man repressiv davon abhält, die sozialen Verhältnisse zu verändern, auf die sich die politischen und philosophischen Kategorien beziehen, kann sich nicht aufschwingen. Sie sitzt unten im Saal und darf Fragen stellen. Die Tribüne ist besetzt mit Leuten, die die Wahrheit schon wissen. Über den stoffbespannten Präsidiumstischen kann man mit der Zeit die Unendlichkeit des Himmels vergessen. Und mindestens so

schlimm steht es mit der Aneignung der Kunst. Herrschende Klassen, besonders die der älteren Kulturen, haben ihre Kinder fast immer wenigstens zum Dilettantismus in irgendeinem künstlerischen Fach geführt. Bei uns – um es an der Musik zu demonstrieren – lernen die Kinder in den eben noch im Lehrplan geduldeten Stunden nicht einmal die Noten, obgleich das Niveau der Pädagogen sehr angehoben worden ist. Wer sich nicht in die Disziplin und den Genuß eines Instruments einzuarbeiten lernt, wer nicht einmal in einen Chor gezogen wird, kann in der Regel die Freude nicht gewinnen, die in dem kleinsten Haydnthema steckt. Die emanzipierende und humanisierende Macht aller Kunst – als menschlicher Entwurf ins Objekt hinein, als Mittel kultivierter Affektabfuhr nach außen statt der Verdrängung nach innen, als Medium der Selbstreinigung »durch Furcht und Mitleid« – all das bleibt für Wenige. Die Kulturrevolution muß mit ihrer Bildungspolitik die Lehre aus der unbestreitbaren Erkenntnis ziehen, daß Menschen, die ohne die Möglichkeit politisch-philosophischer und künstlerischer Praxis aufwachsen, zur Subalternität verurteilt sind, und würden sie sogar spezialisierte Wissenschaftler.
Subalternität ist, wie wir sahen, nur ein anderes Wort für die Entfremdung vom Gemeinwesen, die für die Massen mit dem Ausgang aus der Urgesellschaft einsetzte. Ihre kleinen Gemeinwesen hatten sie überschauen können, weil sie sie in allen ihren Lebensfunktionen mitvollzogen. Die Aufhebung dieser Entfremdung vom Gemeinwesen ist angesichts der heutigen Großgesellschaften undenkbar, wenn die Individuen nicht in die Lage versetzt werden, sich mittels Kunst und politischer Philosophie dennoch ihren komplexen subjektiven und objektiven Zusammenhang zu vergegenwärtigen und auf dieser Grundlage praktisch daran mitzuwirken. Philosophie ist hier natürlich nur der umgrenzende Begriff für das, was die ganze Skala der sozialen Wissenschaften vom Subjekt her zusammenhält, indem es sie an der Sinnfrage orientiert und die

Wahrheit an die menschheitssubjektive Praxis bindet. In der Ontogenese, in der Sozialisation muß die ganze Differenziation des Gattungsselbstbewußtseins erneut produziert werden. Unser gegenwärtiges Bildungssystem will den Spezialisten, den dann das seinerseits spezialisierte offizielle Gattungsselbstbewußtsein auf einen passenden Speicherplatz adressieren kann. Es sagt ihm mit Mephisto:

»Glaub unsereinem: dieses Ganze
Ist nur für einen Gott gemacht!«

Aber die Zeit geht zu Ende, da die speziellen Funktionen, die die Individuen in der Reproduktion ihrer Basis nach wie vor auszufüllen haben werden, in den Lehrplänen das individuelle Leben schon unter sich verteilt haben, ehe der Mensch als Mensch überhaupt seinen universellen Anspruch anmelden konnte. Hier ist von etwas anderem die Rede als von der wenigstens schon proklamierten Priorität einer Grundausbildung für die *instrumentalen* Wissenschaften. Vielmehr geht es um die »Grundausbildung« des modernen gesellschaftlichen Menschen, der ohne den Teufelspakt des Privilegs von sich sagen können soll:

»Und was der ganzen Menschheit zugeteilt ist,
Will ich mit meinem innern Selbst genießen.«

Die freien Individuen werden sich »von oben«, von diesem Gipfel kommend in die speziellen Funktionen teilen, die auf den verschiedenen Niveaus der Bewußtseinskoordination anliegen.

Die im Grunde ästhetische, aufs Ganze und auf die Rückkehr der Aktivitäten zum Ich gerichtete Motivation wird den Menschen (der eine gelungene frühe Kindheit hatte) dazu befähigen, sich sinn-voll die grundlegenden *Instrumente* des Geistes und der Gefühle anzueignen: die Sprache (mehr als eine) für die Beherrschung des qualitativen, die Mathematik für die Beherrschung des quantitativen, die Kybernetik für die Beherrschung des strukturellen Aspekts der Welt und die technischen Fertigkeiten für den künstlerischen Ausdruck des Ichs. Es sind nur diese vier Säulen, für die es eines inhaltlich strengen, zur kontrollierten Aneignung zwingenden Lehrplans bedarf. Diese instrumentale Strukturierung des Bewußtseins wird immer einen gewissen kulturell gesicherten Zwang erfordern, weil es die Motivation hier schwer hat, durch den abstrakten Stoff in der Gegenwart zu sich zurückzukehren. Erst der Jugendliche klagt zum Beispiel darüber, daß ihn seine Eltern nicht dazu gebracht haben, ein Musikinstrument zu lernen. Die Ökonomie der Lebenszeit macht es hier sogar für das Kind notwendig, Arbeitsschritte zu absolvieren, die noch auf keinen konkreten Sinnzusammenhang hin für es geordnet erscheinen.

Weiter geht es um die Ausrüstung der Individuen für ihre Teilnahme am Produktionsprozeß, am Stoffwechsel mit der Natur. Dies ist das Problem der polytechnischen Erziehung, die bei Marx im engsten Zusammenhang mit der Aufhebung der alten Arbeitsteilung steht. John Desmond Bernal hat am Ende seines Lebens behauptet, er könne sich binnen zwei Jahren so weit *in jede beliebige* wissenschaftliche Disziplin einarbeiten, daß er dort zum Fortschritt der Wissenschaft beitragen würde. Marx forderte ausdrücklich die »absolute Disponibilität des Menschen für wechselnde Arbeitserfordernisse, . . . einander ablösende Betätigungsweisen«. Polytechnische Erziehung bedeutet heute, daß alle jungen Menschen sowohl den Umgang mit Werkzeugen, Maschinen, Apparaten und Geräten (einschließlich der Computer) als auch die Grundlagen der Natur-, der technischen und der ökonomischen Wissenschaften bis in die Praxis des Experiments, der Konstruktion und der Kosten- und Zeitaufwandsrechnung hinein kennenlernen. Die Menschen können mit 20–25 Jahren in die Lage versetzt sein, sich speziell in jeden beliebigen schöpferischen Arbeitszweig einzuarbeiten und damit im Zusammenhang die ihnen gemäßesten Anteile an der Arbeit auf den einfacheren Funktionsniveaus zu wählen und die entsprechenden Fertigkeiten zu erwerben. Da es in Zukunft weit mehr als bisher möglich sein wird, die gesamte allgemeine polytechnische Ausbildung an einem speziellen Zweig der technischen Arbeitsteilung zu absolvieren, wird gar keine wirkliche Zäsur zwischen einem – gewissermaßen – »verspäteten Abitur« und der Spezialisierung bestehen. Auch wird die Ausbildungszeit weder generell aus der allgemeinen Produktionszeit herausfallen, noch wird die Jugend – was der größte pädagogische Widersinn wäre – von der einfachen Arbeit ausgenommen sein. Übrigens würden gewisse Abstriche von der hier skizzierten polytechnischen Universalität weit geringere soziale Bedeutung haben als jegliche Einschränkungen, die sich auf die instrumentale Grundausbildung beziehen. Es besteht ein großer Unterschied zwischen einem Menschen, der *unter anderem* auch eng spezialisiert auf irgendeine komplizierte Verrichtung ist, und Spezialistentum als sozialer Existenzform.

Für diejenige Allgemeinbildung schließlich, die die ästhetisch-künstlerische Motivation und die politisch-philosophische Praxis konkreter fundiert und mit objektivem Material versorgt, bedarf es überhaupt keiner zwingenden Lehrpläne, keiner Leistungskontrolle, sondern eines wenngleich organisierten Angebots an Information, unbedingt ergänzt durch *personalisierte, kompetente* Lehre. An unseren Schulen (und oft selbst Universitäten!) behandelt man z. B. Literatur auf eine Weise, daß jeder besprochene Dichter und jedes besprochene Werk zuverlässig gegen künftigen Gebrauch durch die Belehrten geschützt ist. Es wird ein formell abfragbarer Überblick über den historischen Lehrstoff vermittelt, ohne daß die Jugend auch nur ein einziges historisches Ereignis in seiner menschlichen Substanz zu erahnen vermöchte. So ist es sogar noch mit Musik- und Kunstgeschichte. In diesen ästhetischen bzw. historischen Disziplinen kommt alles darauf an, am intensiven Ausschnitt das menschliche Ganze durchscheinen zu machen und die Leidenschaft nach mehr Erkenntnis zu wecken. Noch heute gilt: Wer allein die Geschichte der alten Griechen in ihrem vollen Zusammenhang vor sich gesehen hätte, der verstünde jedes historische Zeitalter, sobald er das Bedürfnis dazu verspürte. Die Systematik, der Überblick brauchten nur greifbar zu sein. In diesem ganzen Bereich muß Freiheit der Selbstbildung vordringen, müssen ästhetische Gestalt, Genuß am Selbsterkennen durch Erkennen herrschen. Nur so kann die Verbundenheit mit dem Menschenwesen aller Völker und Zeiten daraus hervorgehen, ohne die Solidarität ein leeres Wort bleiben muß.

Drittens – Sicherung von Bildungsfähigkeit und Lernmotivation. Gewiß wird die mögliche Spannung zwischen individueller Potenz und Gattungskultur mit dem Fortschritt der Zivilisation und besonders mit dem Eintritt in ein historisches Stadium, wo sich Produktions- und Lebensweise der Gesellschaft auf die Wissenschaft gründen, größer. Es ist jedoch methodologisch außerordentlich schwer, die biologischen von den sozialen Differenzierungsursachen abzusondern. Offensichtlich scheint mir zu sein, daß wir allen Grund haben, die Beseitigung der sozialen Ursachen von individueller Unterentwicklung in den Vordergrund zu rücken, da sie eine weit größere Anzahl Individuen betreffen. Ich gehe davon aus, daß die überwältigende Mehrheit der Menschen alle Anlagen mitbringt, um später die erforderliche wissenschaftliche und künstlerische Allgemeinbildung akademischen Ranges erwerben zu können. Genetische und andere pränatale Schäden wird man teils früh genug voraussehen lernen, um entsprechende Geburten bei geringer Komplikation zu vermeiden, teils wird man ihre Entstehung verhindern können, jedenfalls das gegenwärtige, durch ein bestimmtes Stadium des medizinischen und hygienischen Fortschritts bedingte zahlenmäßige Anwachsen solcher Fälle stoppen. Zur Zeit dürfte die Grenze

zwischen dieser biologischen und der psychologischen Problematik der postnatalen Schäden oft dadurch zu den pränatalen Schäden hin verschoben werden, daß man die Erkenntnisse über die entscheidende Bedeutung des ersten Lebensjahres (René Spitz, E. H. Erikson, J. L. Conel u. a.) für die spätere Bildungsfähigkeit und -motivation nicht genügend beachtet. Sehr viel von dem, was wir Talent oder Begabung nennen, wird erst in der Folge der frühen Kindheitssituationen entschieden. Wenn wir einen Vierzehnjährigen vor uns haben, der nur noch »Facharbeiter« werden *kann* (nicht alle können wenigstens Facharbeiter werden), dann ist das selten eine natürliche Beschränktheit, dann hat fast immer die bestehende Sozialstruktur ihren reproduktiven Sieg errungen.
Hier erhebt sich natürlich die Frage, wie man gesellschaftlich in die Kindheit eingreifen kann, ohne das Leben der Erwachsenen zu vergewaltigen. In ihrem Verhalten gegenüber den Kindern werden die Eltern weit mehr, als sie im allgemeinen wissen, unmittelbar von ihren eigenen frühen emotionalen Fixierungen geleitet, die später nur zu korrigieren sind, wenn man sie erkennt, wenn man die Genesis seiner Reaktionen begreift und so einen kritischen Abstand dazu erlangt. Daher wird eine organisierte politisch-pädagogische Anstrengung zur Aufklärung der individuellen Biographien nötig, d. h. man muß den Individuen den Anstoß und die wissensmäßigen Voraussetzungen zur Selbstaufklärung vermitteln. Sie müssen in die Lage versetzt werden, sich die unbewußten Fehler ihrer Eltern rational klarzumachen, damit sie sie nicht an ihre Kinder forterben. Die Elternliebe zu den Kindern muß einer politisch-kulturellen Aufklärung in diesem Bereich weit entgegenkommen. Die öffentliche Meinung muß all die geläufigen Erziehungspraktiken diskriminieren, die im Kinde Angst erzeugen, seine vertrauensvolle Zuwendung zur sozialen und natürlichen Umwelt stören, seine Initiative mit Schuldgefühlen vergiften, seine Leistungen abwerten, seinen Willen brechen und seine Energien ins Innere zurücklenken, wo sie die

Muster von Mißtrauen, Bosheit, Aggression, Ersatzhandlungen aller Art begründen. Ein merkliches Wachstum des Verantwortungsbewußtseins und der Verantwortungsfähigkeit für die Kindheit der nächsten Generation wird die Folge sein. Dann wird sich zeigen, wie groß das Potential an bis zur höchsten Stufe bildungsfähigen Menschen ist.
Die Humanisierung der Kindheit steht im engsten Zusammenhang mit der Regelung des Geschlechtslebens, hängt in hohem Maße davon ab, so daß es notwendig ist, kurz darauf einzugehen. Die Gesellschaft muß den jungen Menschen endlich den Rahmen für eine rechtzeitige und umfassende kollektive und individuelle Selbstverständigung über die große auf sie zukommende Aufgabe schaffen, Eros, Erziehung und Ehe so weit wie möglich in Einklang miteinander zu bringen. Da wir inzwischen hinreichend wissen, wie schädlich die Sexualunterdrückung in der Jugendphase ist, muß dies einhergehen mit einer Verbesserung der Bedingungen für die erotische Kommunikation, die um so kultivierter sein wird, wenn sie sich in einer Atmosphäre der Geborgenheit und Sympathie entfalten kann. Es ist höchstwahrscheinlich: Je weniger Versagung der geschlechtlichen Liebesbedürfnisse, je mehr geglückte Intimität in der Jugend, desto humaner wird insgesamt gesehen das Erziehungsklima für die Nachkommenden sein. Da es im Gegensatz zur bisherigen Praxis ein kritisches öffentliches Bewußtsein über die grundsätzlichen Widersprüche geben wird, die zwischen dem natürlichen Bedürfnis nach vielfältiger erotischer Kommunikation der Geschlechter und der Institution der Ehe und Familie bestehen, werden die meisten Menschen viel besser begreifen, worin beim gegenwärtigen Entwicklungsstadium unserer Zivilisation ihre Unablösbarkeit wurzelt. Die aktuelle Problemstellung dürfte hier sein, ob man die für die Sozialisation der Kinder jetzt noch ganz unerläßliche familiäre Situation nicht dadurch entlasten und verbessern könnte, daß man die absolute Identifikation von ehelicher Verbindung und ausschließlicher erotischer Partnerschaft

in der öffentlichen Moral abbaut. Für die Herausarbeitung neuer Perspektiven muß man daneben dem verantwortungsbewußten sozialen Experiment, nach dem die Jugend z. B. mit ihren Kommunegründungen drängt, Spielraum und Unterstützung geben.
Die Länder des real existierenden Sozialismus und im großen und ganzen die Kommunisten überhaupt haben aus mancherlei Gründen bisher die umwälzenden Erkenntnisse, die von dem Werk Sigmund Freuds ausgingen, ängstlich ignoriert und verpaßt. Ich spreche bewußt von Freud selbst, obgleich er heute längst Geschichte geworden und von der Entwicklung, die er auslöste, überholt ist (nicht nur, insofern der theoretische Überbau, den er seiner Entdeckung gab, bürgerlich, idealistisch und pessimistisch war). Denn Freud war der erste, der die *Dialektik der Seele,* die Existenz eines Formierungsgesetzes der Individualität aufgedeckt hat, eine Erscheinung, die an Bedeutung Marx und Einstein gleichkommt. Wir können es uns nicht leisten, gleich zur Tagesordnung der heutigen wissenschaftlichen Situation überzugehen, weil wir einen allzugroßen Nachholbedarf in den Grundlagen haben. Wir hatten die Kritik an Freud, ehe wir auch nur ein einziges seiner Werke gelesen hatten. Die KPD hat den Kommunisten Wilhelm Reich, Freuds bedeutendsten Schüler, der das revolutionäre Potential der Psychoanalyse für die Arbeiterbewegung fruchtbar machen wollte und sie zur Sexualökonomie weiterentwickelte, 1933 ausgeschlossen. Gegenwärtig fühlt man sich bei uns durch die Wiederentdeckung Reichs im Westen zu dem Kinderspiel gedrängt, ihn in seinen schwächeren Punkten zu widerlegen, damit ihm niemand auf den Grund geht. Maßgeblich ist natürlich, daß die industrielle Despotie nicht auf patriarchalischen Arbeitszwang und den zugehörigen psychischen Terror, auf die Sexualverdrängung usw. verzichten kann. Wir müssen also von vorn anfangen. In den Marxismus integriert, ist die gereifte, von ihren bürgerlich-individualistischen Eierschalen und ihren Einseitigkeiten befreite Psycho-

analyse besonders in der durch Reich und andere weiterentwickelten Gestalt ein wesentlicher Ansatz für die spezifische Theorie und Praxis der Kulturrevolution. Um die Vernichtung der Vorurteile gegen sie werden wir einen unserer wichtigsten und hartnäckigsten Kämpfe zu führen haben.

Es müßte so unendlich viel zu diesem Thema gesagt werden, daß es hier den Rahmen sprengen würde. Einem einzigen derzeit gängigen Irrtum will ich noch widersprechen. Die Polemik gegen den Leistungsdruck, der die entfremdete Arbeit kennzeichnet, und auch die Praxis der antiautoritären Erziehung können sehr leicht darauf hinauslaufen, Leistungsinsuffizienz zu propagieren und zu erzeugen. Sie werden dann innerhalb der spätbürgerlichen Prämissen stehenbleiben. Arbeit, Familie, Schule – all das muß von innen überwunden, aufgehoben, nicht einfach vernichtet werden. Es ist purer Subjektivismus, z. B. bei der »Abschaffung« von Ehe und Familie beginnen zu wollen, statt ihre inneren und äußeren Entwicklungsbedingungen an die neuen Möglichkeiten anzupassen.

Warum gibt es Kinder, die die Anforderungen der Schule – wie unrationell sie auch immer sein mögen – dennoch spielend bewältigen? Weil in ihrer Entwicklung von früh auf alles das, was Lust am Leben, Vertrauen in die Umwelt, Eingreifen in die Kommunikation fördert, die Unlusterfahrungen entscheidend überwog. Weil sie in der Zuwendung psychisch intakter Eltern gesichert und um keine Freude betrogen waren. Weil sie nicht lästig waren, nicht herumgeschoben wurden. Weil sie keine brutale oder spöttische Herabsetzung erfuhren und sich ihre Befriedigungen nicht ertrotzen, erschleichen, erkaufen oder stehlen mußten. Wer so aufwächst, wächst mit Lust zur Erkenntnis, zu Arbeit, Freundschaft und Liebe auf, und er kann durch die Erziehung zu Disziplin und Leistung, zur Anstrengung aller Wesenskräfte nur gewinnen. Der Wille braucht einen Widerstand, an dem er sich härten kann. Die Sublimation ist kein Notbehelf, sondern

die individuelle Verwirklichung der Kultur. Es ist nicht wahr, daß sie kein Weg für alle sein könnte.
Die Gesellschaft könnte sehr viel tun, um die Wahrscheinlichkeit einer glücklichen Kindheit, einer in jedem Sinne gelingenden Sozialisation innerhalb weniger Generationen zu vervielfachen. Die Kulturrevolution wird in allen Sphären – Schule, Arbeit, öffentliches Leben usw. – nach den Bedingungen fragen, die – wirkten sie auch noch so indirekt – die Entfaltung des Menschen stören oder fördern. Aber wenn sie nicht in der Familie Fuß faßt, kommt sie, solange dort die primäre Sozialisation erfolgt, immer zu spät. Nur wenn sie dort durchdringt, kann sie allmählich den Gesamtprozeß des Lernens und der Arbeit umgestalten und auf dieser Basis alle öffentlichen und intimen Beziehungen von den äußerlichen Kontrollen entlasten, die sie vergiften und verkrüppeln.

Viertens – persönliche Kommunikation im Rahmen autonomer Gruppen. Zur persönlichen Kommunikation, ohne die die Menschen ihre Individualität weder erleben noch entwickeln können, bedarf es nach aller psychologischen Erkenntnis und sozialen Erfahrung des Rahmens *kleiner Gruppen.* Der aber stellt sich nur her, wenn sich mehrere zu *solchen* gemeinsamen Zwecken vereinigen, die die ichbeteiligte Mitwirkung eines Jeden von ihnen *verlangen,* wo sie also nicht als ersetzbare Durchschnittsindividuen, sondern als bestimmte Personen gebraucht werden. Diese Bedingung war einmal so sehr gegeben, daß Exogamiegebote und Inzesttabus notwendig waren, um dem sonst übermächtigen Binnenkontakt der menschlichen Primärgruppen, die ihren gesamten Lebensprozeß gemeinschaftlich vollzogen, einen Ausgleich entgegenzusetzen. Doch seit der Renaissance bzw. schon seit der Auflösung der hochmittelalterlichen Ordnung nähert sich unsere Zivilisation dem entgegengesetzten Pol, weil der gesellschaftliche Lebensprozeß die substantiellen Zwecke aufzehrt, um die sich *Grup-*

pen, d. h. Netze persönlicher Kommunikationsbeziehungen, *bilden können und müssen.* Durch die vertikale Arbeitsteilung werden immer mehr gesellschaftlich notwendige Funktionen oberhalb primärer Gruppenzusammenhänge wahrgenommen. Durch die horizontale Arbeitsteilung werden die verschiedenen Reproduktionsfunktionen vom Standpunkt der ursprünglichen Primärgruppe (etwa der bäuerlichen Großfamilie) zerstreut. In beiden Fällen entstehen um die spezialisierten Zwecke neue, aber mehr oder weniger künstliche und wegen ihrer unifunktional bedingten Zusammensetzung instabile Gruppen von geringer Kontinuität. Und zwar ist dies eine Erscheinung, die, soweit ich sehe, nicht nur mit der Subsumtion der Individuen unter die Arbeitsteilung, sondern mit dieser selbst einhergeht, d. h. mit der Funktionsspezialisierung schlechthin. Persönliche Kommunikation hängt nun in solchen spezialisierten Gruppen um so stärker von individuellen Zufällen ab, je weniger objektive Substanz, zeitliche Ausdehnung und subjektives Interesse mit dem jeweiligen Gegenstand gegeben ist bzw. angeregt werden kann. Sobald man beispielsweise ein Produktionskollektiv antrifft, das diese Bezeichnung wirklich verdient, wird man immer finden, daß es sich bei der Lösung eines Problems oder einer Aufgabe nichtroutinierten Charakters oder auch bei gehaltvollen Freizeitkontakten gefunden hat. Man kann die vorstehende Überlegung dahin zusammenfassen, daß ein verbindliches Gruppenleben *auf dem Boden der sozialökonomisch und funktionell abstrakten Arbeit* nicht in dem Umfang, mit der Intensität und Zuverlässigkeit gedeihen kann, wie es zur Befriedigung der sozialen Bedürfnisse notwendig wäre.

Diese vordergründig pessimistische Konsequenz muß deutlich ausgesprochen werden, um den illusionären Charakter solcher oktroyierten Ersatzlösungen wie der bloß in den Zahlenspielen der Apparate imponierenden »Brigaden der sozialistischen Arbeit« klarzustellen. Man muß den Blick in eine andere Richtung lenken, nach den Möglichkeiten einer Gruppenbildung um ökonomisch und psychologisch konkrete und einigermaßen komplexe Aktivitäten fragen, um hier auf eine Lösung hoffen zu können. Wenn es eine Lösung gibt, so hängt sie mit Marxens Perspektive der *Aufhebung der Arbeit* und eines *Reiches der Freiheit,* d. h. der freien (psychologisch produktiven) Tätigkeiten und Genüsse zusammen. Die Verneinung der Individualität und die Verdrängung der persönlichen Beziehungen, die wir an unserem Produktionsapparat erleben, ist nur der negative Ausdruck eines Prozesses, der, einmal umgeschlagen, viel reichere, intensivere menschliche Beziehungen verspricht, als sie den werktätigen Massen jemals offenstanden. Jetzt ist die Spannung groß und wächst noch an, weil jener Umschlagspunkt noch nicht erreicht ist, auf den allein wir uns für eine sinnvolle Perspektive beziehen können.

Die Automatisierungstendenz, die sich nicht nur in der Produktion selbst, sondern auch in ihrem informationellen Überbau Bahn bricht, bedeutet erst einmal, daß der Freiheitsgrad für das individuelle Verhalten in den bereits objektivierten Unterfunktionen des Gesamtarbeiters immer geringer wird. Diese Unterfunktionen verlieren ihre Bedeutsamkeit für die positive Selbstbestätigung der Individuen, während sie sie gleichzeitig unter den Druck der Standardisierung setzen. Ihre Substanz als Aufgaben reicht oft nicht mehr aus, persönliche Kommunikation um sie herum zu kristallisieren, überhaupt kontinuierliche Gruppen zu formieren. Die technische Arbeitsteilung treibt vielfach dahin, daß die Kooperation entweder überhaupt aus den Primärkollektiven in der unmittelbaren Produktion verschwindet (man steht etwa an parallel geschalteten Maschinen gleicher Zweckbestimmung) oder zwangsläufig wird. Der Schwerpunkt verschiebt sich auf materiell vermittelte interkollektive Beziehungen, die nicht mehr persönlich wahrgenommen werden können, zumal sie immer häufiger die Betriebsgrenzen überschreiten. In diesem Reich der Notwendigkeit, in dem es auf möglichst reibungsloses

Funktionieren ankommt, ist der sozial und ökonomisch abstrakte, technologisch schematische, unschöpferische Arbeitscharakter unentrinnbar gesetzt. Hier kann die Freiheit, wie Marx schon gesehen hatte, nur darin bestehen, den Gesamtprozeß und seine Details rationell zu regeln. »Aber es bleibt dies immer ein Reich der Notwendigkeit. Jenseits desselben beginnt die menschliche Kraftentfaltung, die sich als Selbstzweck gilt, das wahre Reich der Freiheit, das aber nur auf diesem Reich der Notwendigkeit als seiner Basis aufblühn kann.« Daher Marxens auf eine *neue* Ökonomie der Zeit gerichteter Schluß: »Die Verkürzung des Arbeitstags ist die Grundbedingung« (MEW 25/828).

Ich will hier nicht auf die mit Recht diskutierte Frage eingehen, ob diese scharfe Gegenüberstellung der beiden »Reiche«, die sonst nirgends derart hervortritt wie in dieser späten Äußerung aus dem letzten Band des »Kapitals«, festgehalten werden muß. Klar ist, daß die Formel von »Arbeit als erstem Lebensbedürfnis« ganz unvereinbar mit der Marxschen Perspektive ist, die Arbeit aufzuheben; sie beruht zumindest auf einer Verwechslung der Begriffe Arbeit und Tätigkeit, Aktivität. Der Gedanke, auf den es mir an dieser Stelle ankommt, betrifft die Schlußfolgerung, daß jene Sphäre, die mit dem »Reich der Notwendigkeit« gemeint ist, heute weniger denn je die Hoffnung auf eine Wiedereinsetzung der Individualität, auf eine Wiederherstellung der persönlichen Kommunikation zwischen den Individuen rechtfertigt. Im Rahmen der marxistischen Terminologie bleibt »Humanisierung der Arbeit« streng genommen in jeder Hinsicht ein Widerspruch in sich. Die Entwicklung, die hier möglich ist, wird in der Herausbildung einer nicht mehr repressiv erzwungenen äußersten Disziplin bestehen, zu der die Umverteilung der Arbeit die Voraussetzung ist. Die gegenwärtige soziale Ungleichheit der Aneignungsbedingungen, die jede Disziplinlosigkeit zugleich als Protest gegen die Ungerechtigkeit der Arbeitsteilung legitimiert, verhindert die Erhebung der ökonomischen Erforder-

nisse in den Rang wirksamer sittlicher Forderungen, innerlicher Verbindlichkeiten, die die äußeren Zwänge ökonomischer und außerökonomischer Art überflüssig machen würden.
Aber wenn sich Freiheit und allgemeine wie persönliche Kommunikation, die unabtrennbar von der Freiheit sind, nicht *in* dem Reich der Notwendigkeit entfalten können, so werden sie sich um so mehr *darauf beziehen* müssen als auf ihren jedenfalls noch langhin wichtigsten Gegenstand. Das heißt, die Grenze zwischen den beiden Reichen verläuft natürlich *innerhalb* der Betriebe, nämlich zwischen den schöpferischen, auf Entwicklung und Veränderung im Reproduktionsprozeß gerichteten Tätigkeiten einerseits und der für die Persönlichkeitsentfaltung weitgehend verlorenen Routinearbeit in Produktion und Verwaltung andererseits. Besser gesagt, sie *könnte* und *sollte,* sie *muß* in Zukunft dort verlaufen, und zwar mitten durch die Zeitpläne aller Individuen hindurch, die auf beiden Seiten ihren Anteil leisten. Noch tendieren die Verhältnisse dahin, die gesamte für den Reproduktionsprozeß verausgabte Tätigkeit den Gesetzen zu unterwerfen, die das routinierte, unpersönliche Funktionieren regieren. Darin besteht ja der Grund, daß wir die Maschine, die die Verwaltungserfordernisse realisiert, auch unter diesem Gesichtspunkt sogleich als Bürokratie zu bezeichnen, also ihren Herrschaftscharakter zu betonen haben. Es ist dahin gekommen, daß solche von der Sache her schöpferische Vorhaben wie Erzeugnisentwicklungen, Rekonstruktionen, Neubauten von einem Heer unlustiger, unbefriedigter Leute bewerkstelligt werden, die jeder an einem andern Stückwerk verzweifeln möchten. Das muß keineswegs so bleiben.
Allerdings: Die objektivierten Routinefunktionen laufen in einem System ab, das wegen seiner Größe, Komplexität und Kommandostruktur kommunikativ undurchdringlich ist! Der Apparat tendiert gesetzmäßig zu jenem Weberschen Idealtypus von Bürokratie, der reale Individualität und Kollektivität zu eliminieren strebt. Die Verwaltung soll eine gut arbeitende

Maschine sein, deren Hilfsfunktionen nur aufgrund ihrer technischen Unvollkommenheit noch menschliche Arbeit beanspruchen, und natürlich in standardisierter Form. Hier ist kein Raum, hier ist kein Gegenstand für Individuen und Kollektive *als solche.* Dagegen ist die kleine Gruppe die absolut adäquate soziale Organisationsform für die schöpferische wissenschaftliche Arbeit im weitesten Sinne, d. h. für das Aufgreifen, die Analyse und die theoretische wie praktische Lösung von jeder Art Problemen, die dem Menschen in seinem Naturbezug, in seinen sozialen und individuellen Verhältnissen begegnen. Die Kulturrevolution kann – vor allem über die Umverteilung der Arbeit – die Voraussetzungen dafür schaffen, daß sich die große Mehrheit der Menschen effektiv in Problemkollektiven assoziieren kann. Der Anteil an notwendiger Routinearbeit, der ihnen allen zufällt, muß so in ihren gesamten Lebenszeitplan eingeordnet werden, daß eine kontinuierliche Konzentration auf psychologisch produktive Tätigkeit möglich wird und der Spielraum für die Wahlfreiheit der Gegenstände, also für die Zuordnung zu diesen oder jenen schöpferischen Gruppen wächst.

Der Übergang von dieser auf die Produktion bezogenen schöpferischen Tätigkeit zu »wirklich freiem Arbeiten, z. B. Komponieren« wäre dann fließend, innerhalb bereits gegebener flexibler sozialer Organisation, die die Verschiebung der individuellen Aktivitäten begünstigen würde. Bei der größeren Disponibilität der allseitig gebildeten Menschen kann man annehmen, daß sich die dissoziierten Lebenssphären der Arbeit, des Hobbys (ein miserables Wort, da es die freie Tätigkeit auf die jetzt für sie kennzeichnende Unverbindlichkeit fixiert), des Wohnens, der Erholung, der Freundschaft und Liebe in solchen Gruppen wieder enger bzw. häufiger miteinander verbinden würden. Die Zersplitterung der menschlichen Tätigkeit in tausend je für sich bedeutungsarme Unterfunktionen atomisiert die Individuen. Die schöpferische Gruppenarbeit an ungelösten Problemen kann zugleich der

Ausgangspunkt sein, von dem aus die Identität von Kooperation und Kommunikation wiederhergestellt wird. (Selbstverständlich gibt es auch andere schöpferische Gruppenzwecke als die hier in den Vordergrund gestellten wissenschaftlich-produktiven.)
Zur Verwirklichung einer solchen Perspektive braucht die Gesellschaft in erster Linie einen *Überschuß, eine echte Reserve an Arbeitskraft* statt an Gütern und Dienstleistungen. Sie muß nicht mehr herstellen, sie muß mehr herstellen *können,* als sie benötigt. Um den Individuen und Kollektiven »disposable time«, Zeit für Entwicklung und Selbstverwirklichung und für vermehrte Rückwirkung auf die Ökonomie geben zu können, muß zuerst insgesamt genügend Arbeitszeit verfügbar sein. Der Reproduktionsprozeß muß so organisiert werden, daß der Plan zur Befriedigung der gesellschaftlichen Bedürfnisse von vornherein nicht die gesamte verfügbare Arbeitskraft beansprucht, weil es ohne Reserve an Arbeitskraft, ohne einen Puffer, unmöglich ist, eine Sphäre freier, psychisch produktiver Tätigkeit von dem Reich der Notwendigkeit abzukoppeln. Dies ist nicht eine ökonomische, sondern eine politökonomische Frage. Die verfügbare Arbeitszeit wird vergrößert, indem man die Produktivität steigert, ohne den Ausstoß zu steigern, und indem man durch Egalisierung der materiellen und kulturellen Lebensbedingungen den größten Teil des riesigen Apparats zur Kontrolle aller einzelnen und besonderen Interessen überflüssig macht. Auf eine Politik, die Abrüstung erzwänge, statt unter Rüstungskonkurrenten bloß darüber zu reden, will ich im anschließenden Kapitel kurz gesondert eingehen. Jedenfalls ist die disposable time die Bedingung für die Wiederherstellung eines Gemeinschaftslebens, denn das »Reich der Freiheit allein – freilich auch in Beziehung auf das Reich der Notwendigkeit« – bietet die Gegenstände und den Spielraum für erfüllte (d. h. nicht zuletzt ausreichend komplexe, vielfältige) menschliche Verhältnisse.

Fünftens – allgemeine Kommunikation über soziale Alternativen. Die »kulturell-erzieherische Mission« des Staates (und Überstaates) macht die Massen zum *Objekt* eines bürokratischen Heilsplanes, dem im Vergleich mit dem kirchlichen überdies noch das Beste fehlt: die Transzendenz. Denn nach allem, was man hört, sind wir ein für allemal angekommen, bis auf die kleinen akzidentiellen Mängel, die »schon noch behoben werden«. Die Gesellschaft soll nur noch das fertige Schema einer idealen Staatsräson ausfüllen. So wie unsere pädagogische Wissenschaft die traditionelle Verschwörung der Autoritäten gegen die Autonomie und Phantasie des Kindes als »einheitliches Erzieherkollektiv« neuentdeckt hat, spricht die politische Lehrerschaft bis hinunter zum letzten Torhüter mit *einer* Stimme zum Volke. »Menschen, damit ihr unwissend bleibt, werden wir euch schulen« (Reiner Kunze). Die Bewußtheit der Massen »wächst« mit dem Grad ihrer demonstrativen Konformität. Das ist das formelle Geistesleben der »sozialistischen Gesellschaft«; das wahre, informelle, das sich zum Glück immer weniger unterdrücken läßt, bleibt privat.
Die Kulturrevolution widerspräche sich selbst, wenn sie darauf hinausliefe, daß sich eine neue Avantgarde in dem alten administrativen Monopol auf Erziehung und Meinungsbildung festsetzte. Der menschliche Baumeister, sagte Marx, zeichne sich dadurch aus, daß er den Plan für das Gebäude in seinem Bewußtsein vorwegnimmt. Das Gebäude der herrschaftsfreien Gesellschaft kann nur zustande kommen, wenn es nicht vom exklusiven Staatsgeist entworfen wird, sondern in der offenen Kommunikation mit den Massen entsteht. Es muß im *gesellschaftlichen* Bewußtsein vorweggenommen werden. Ein Programm, das die Umstrukturierung der ganzen gegenständlichen und inneren Welt des Menschen, des Ensembles aller seiner Verhältnisse betrifft, kann nur funktionieren, wenn es das Werk aller psychischen Kräfte ist, die die von den Auswüchsen des politischen Bürokratismus befreite Gesell-

schaft aufzubieten vermag. Die »schwer zu machende« Aufgabe, die Permanenz der Kulturrevolution bei Kontinuität der Reproduktion zu sichern, ist auf den aktiven Konsensus der großen Mehrheit angewiesen. Selbst die am weitesten zurückgebliebenen, weil bisher am stärksten benachteiligten Schichten müssen von vornherein zumindest insoweit beteiligt werden, daß man sie von jedem Schritt überzeugt und dieses Prinzip durch die institutionelle Garantie ihres Vetorechts, durch die politische Organisation ihrer besonderen Interessenvertretung sichert.

Ich hatte betont, daß das Wesen der bürokratischen Herrschaft in der Verfügungsgewalt über das soziale Nervensystem, über die Hierarchie der Informationsverarbeitung besteht. Durch diese Vermittlung eignet sich die Korporation der Funktionäre den gesellschaftlichen Reichtum an. Daher ist die Vergesellschaftung des sozialen Erkenntnisprozesses, diese eigentliche und positive Expropriation der Bürokraten, Weg und Ziel der Kulturrevolution in einem. Der Prozeß der allgemeinen Willensbildung muß zunächst unabhängig vom bürokratischen Apparat gemacht werden, der vielmehr schrittweise in das zugehörige Hilfsorgan zu verwandeln ist, das er sogar nach der offiziellen Ideologie zu sein vorgibt. Heute, wo das Problem der allgemeinen Volksversammlung von der quantitativ-technischen Seite durch die modernen Computer und Massenkommunikationsmittel gelöst ist, könnten prinzipiell alle Individuen regelmäßig an der Entscheidung über die Neuwertverteilung, an der Festlegung der Perspektiven der Gesellschaft, an den Willensakten der Prognose teilnehmen. Noch sind die Computer und Massenkommunikationsmittel gerade das perfekteste Organ, um sie davon auszuschließen, *weil* eben der »allgemeine Geist der Bürokratie das *Geheimnis*« ist, von ihr nach außen »als geschlossene Korporation bewahrt«, *weil* ihr eben der offenbare Staatsgeist, auch die Staatsgesinnung »als ein *Verrat* an ihrem Mysterium« erscheint (MEW 1/249). Bei uns ist alle wirklich wesentliche

Information über Probleme, die *neue* Lösungen verlangen, vertrauliche Verschlußsache. Das Politbüro kann einen notwendigen Beschluß bereits gefaßt haben, aber wer ihn einen Tag vor seiner Verkündigung fordert, verstößt entschieden gegen die politische Sitte. Das bürokratische Prinzip ist unfähig zu einer echten Vermittlung der allgemeinen, besonderen und einzelnen Interessen, es stört geradezu notwendig deren dialektischen Ausgleich. Die Lösung besteht darin, den Hin- und Rückfluß aller derjenigen Informationen, die sich auf qualitative Veränderungen des bestehenden Zustands beziehen, außerhalb der Leitungs- und Verwaltungshierarchie zu institutionalisieren. Letztere bliebe so nur für die Regelung und Steuerung der reproduktiven Seite des Gesamtprozesses zuständig.

Diese Trennung wäre selbstverständlich nicht absolut, und sie beträfe insbesondere nicht etwa die Staats- und Wirtschaftsangestellten *als Menschen, als Bürger.* Im Gegenteil, ihre Bürgerfreiheiten, die sie jetzt mit der bürokratischen Vergatterung einbüßen, wären gerade erst herzustellen! Als Bürger würden auch sie sowohl die allgemeinen Informationen benutzen als auch die mit ihrer Arbeit verbundenen partikularen Interessen neben denen der anderen zur Geltung bringen. Es geht nur darum, die Staats- und Verwaltungsarbeit *zunächst* zu einer Tätigkeit wie alle anderen zu machen. Dazu ist erforderlich, daß die auf den verschiedenen Ebenen der Verarbeitung jeweils integrierte Information von den zuständigen Spezialisten für die Bedürfnisse der öffentlichen Entscheidungsfindung aufbereitet und ausgegeben und nicht bloß innerhalb der Pyramide weitergeleitet wird. Sofern die Menschen- und Bürgerrechte der erwähnten Spezialisten voll gesichert sind, d. h. unter anderem, sofern sie in der Öffentlichkeit nicht durch bürokratisches Dienstgeheimnis und bürokratische Abhängigkeit gehindert sind, besteht hinsichtlich der Kontrolle des Apparats durch die Gesellschaft gar kein Problem. Jede Wesentliches betreffende Manipulation der Daten käme ans Licht. In der bürokratisierten Gesellschaft ist der Kreislauf der Information dadurch gestört, daß sich die Rückkopplung in schmalen Rinnsalen durch eine ganze Hierarchie von Filtern hinaufarbeiten muß, während der Befehls- und Anleitungsfluß nach unten mit großer Gewalt die Kaskaden der Pyramide hinabstürzt. Die Zahl der Stufen mag in beiden Richtungen gleich sein, die Durchlaßfähigkeit ist es nicht. Zudem sind die verschiedenen Ebenen und Linien säuberlich voneinander getrennt. Unten sehen sich die vorhandenen partikularen Interessen systematisch atomisiert, so daß sie keine Aussicht haben, direkt in der Synthesis anerkannt zu werden. All dem ist nur dadurch zu begegnen, daß der Entscheidungsprozeß über qualitative Veränderungen rigoros in die je betroffene Öffentlichkeit verlegt wird, in der die aufgerufenen Individuen weder nach oben noch nach unten, weder nach rechts noch nach links äußerlich in ihrer Kompetenz beschränkt sind, so daß ihre Teilnahme so weit reichen kann, wie ihre innere Kompetenz ausgreift.

In der Regel wissen die »maßgeblichen Instanzen« vor ihren Entscheidungen nicht mehr, als jeder Bürger wissen würde, *wenn man ihm die Alternativen bekanntmachte,* um die man sich »oben« oft nicht einmal hinter den verschlossenen Türen ernsthaft streitet. Man müßte nur die verallgemeinerten Informationen, auf die die ganze Gesellschaft ein elementares Recht hat, öffentlich zugänglich machen und die Massenkommunikationsmittel dazu benutzen, die verschiedenen möglichen Lösungen zu diskutieren. Dabei muß durchaus nicht jeder verbal vor der ganzen Gesellschaft seine Meinung kundtun, was ja auch nicht möglich wäre. Die Interessengruppen, die es objektiv in einer differenzierten Gesellschaft gibt, werden ihre formell gewählten und nicht zuletzt auch ihre informell berufenen Sprecher haben. Der Mechanismus der Abstimmung zwischen den verschiedenen Interessen, der nur in Ausnahmefällen plebiszitär sein wird, ist in dem Erbe der politischen Demokratie, das aus den großen bürgerlichen

Revolutionen stammt, vorgebildet. Die genaue Form der Institutionen wird sich finden. Entscheidend ist, daß die Demokratie jenseits des Kapitalismus ihres formellen und abstrakten Charakters, ihres bürgerlichen Klasseninhalts entkleidet ist und daß die individuelle Teilnahme an der allgemeinen Willensbildung durch eine geeignete Organisation der Massenkommunikation etwas von der Direktheit wiedergewinnen kann, die sie in einfachen, überschaubaren Gemeinschaften hatte.

11

Das Potential für eine erneute Umgestaltung der Gesellschaft

Wem die Kulturrevolution notwendig und von ihren wesentlichsten objektiven Bedingungen her möglich erscheint, der muß selbstverständlich mehr oder weniger deutlich ihr Subjekt schon mitgedacht haben. Andernfalls trüge er sich mit bloßer privater Illusion. Nur wenn sich das Notwendige und Mögliche als ein Feld von Aktionsbedürfnissen, -erfordernissen und -zwängen konkreter sozialer Kräfte erweist, bedeutet es eine wirkliche Perspektive. Ich will also versuchen, den subjektiven Resonanzboden für eine kommunistische Alternative in den Ländern des real existierenden Sozialismus, nicht zuletzt auch in der Sowjetunion selbst, sichtbar zu machen, und zwar nicht anhand politischer, militärischer oder gar geheimpolizeilicher Konjunkturen, sondern aufgrund der *politökonomischen* Ansätze, die ich skizziert habe. Das Potential, das für eine Alternative bereitsteht, wird im allgemeinen total unterschätzt, ja geradezu übersehen, nicht allein, weil es sich infolge unserer Verfassungswirklichkeit kaum öffentlich artikulieren kann, sondern vor allem, weil seine sozialökonomische Dimension nicht erkannt wird. Deshalb werden auch seine indirekten Äußerungen nicht verstanden. Beispielsweise

ist allenthalben eine Akkumulation von Mißstimmungen und Unzufriedenheiten im Arbeitsalltag zu bemerken. Aber sie werden erst dann in ihrer symptomatischen Bedeutung klar, wenn man sie in ihrem Zusammenhang mit den gesetzmäßig auftretenden Disfunktionen der bürokratisch-zentralistischen Staats- und Wirtschaftsleitung sieht.
Unter den bestehenden Verhältnissen muß sich das progressive Potential regelhaft in der verstellten Form unproduktiver Emotionen abreagieren, die es einigermaßen unkenntlich macht. *Einmal* jedoch in den sechzig Jahren seit der russischen Oktoberrevolution sind die Kräfte, die nach einer neuen Organisation der nichtkapitalistischen Industriegesellschaft drängen, voll in das Licht der Geschichte getreten. Zwar war der Augenblick kurz, aber sie konnten sich wenigstens so weit positiv entfalten, daß ihr wirkliches Profil, ihre realen Möglichkeiten und Perspektiven annähernd abschätzbar wurden. Das war in den für alle am sozialistischen Fortschritt in den osteuropäischen Ländern interessierten Menschen unvergeßlichen acht Monaten des Jahres 1968 in der Tschechoslowakei. Spätestens damals wurde offenbar, *daß* es im real existierenden Sozialismus generell einen latenten, nach der Richtung seiner wesentlichen Kraftlinien progressiven Interessenblock gegen die bestehende politische Verfassung, d. h. gegen die Diktatur der Politbürokratie gibt. Mehr noch, es wurde klar, daß die Mehrheit der aktiven Parteimitglieder auf einen Aufbruch zu neuen Ufern wartet. Letztlich wurde in Prag und Bratislava nichts geringeres nachgewiesen als die Lebensfähigkeit unserer Gesellschaftsordnung ohne politbürokratische Diktatur.
Es ist und bleibt das größte politische Verbrechen der sowjetischen Führung nach dem II. Weltkrieg, die Völker Osteuropas, einschließlich des eigenen Landes, und die ganze fortschrittliche Menschheit um die unersetzlichen Erfahrungen gebracht zu haben, die mit dem Ausreifen des tschechoslowakischen Experiments gewonnen worden wären. Bis zu dem

Zeitpunkt seines gewaltsamen Abbruchs deutete nichts auf ein Scheitern, auf irgendeine akute Gefahr für die nichtkapitalistischen Fundamente hin. Die brüderlichen Helfer in Moskau und Berlin haben nicht zufällig in aller Öffentlichkeit um ein paar antikommunistische Pogrome gebetet, die ihre ultima ratio plausibler gemacht hätten. Doch sie waren darauf angewiesen, selbst dilettantisch »Beweise« für geplante konterrevolutionäre Anschläge zu verstecken. Die Führung der SED hat neben der sowjetischen eine besonders schwere Verantwortung auf sich geladen, als sie entschied, daß die Nationale Volksarmee der DDR an der Aggression gegen die Bestrebungen eines slawischen Nachbarlandes teilnahm, das erst dreiundzwanzig Jahre zuvor aufgehört hatte, ein hitlerdeutsches Protektorat zu sein. Die deutschen Kommunisten haben es noch vor sich, der tschechoslowakischen Nation in aller Form ihre Distanzierung von der Mitwirkung an diesem Akt internationaler politbürokratischer Reaktion anzutragen.

Nur von dem Standpunkt, daß es bei der Reformpolitik der KPČ unter Alexander Dubček um die gemeinsame Sache all derer ging, die eine erneuerte kommunistische Bewegung im Einklang mit den Bedürfnissen und Hoffnungen ihrer Völker wollen, hat es Sinn und ist es zugleich notwendig, sich nüchtern und kritisch Rechenschaft über Erfolge, Probleme, Gefahren und Schwächen der Nachjanuarpolitik zu geben (eine Analyse, die ich hier nicht umfassend unternehmen will). Hier gilt die berühmte Devise der Wolfschen »Matrosen von Cattaro«: »Kameraden, das nächste Mal besser!« Läßt man sich außerhalb dieser Voraussetzung auf Diskussionen über vermeintliche oder tatsächliche innere konterrevolutionäre Tendenzen ein, begibt man sich auf den Boden der politbürokratischen Meinungsmanipulation, wo die Rechtfertigung der Intervention zur Ermessensfrage wird, wie groß nun eigentlich die Gefahr gewesen sei. Die Mächte der Intervention sind zutiefst daran interessiert, jede Gefährdung ihrer Herrschaftsform als einen Anschlag auf die sozialökonomischen Fundamente der nichtkaptalistischen Industriegesellschaft darzustellen. In diesem Punkt kommt es auf eindeutige Parteinahme an: Gefahr wofür und für wen? Gefährdet war jener »Sozialismus«, der nur existieren kann unter der Kontrolle eines allmächtigen Parteiapparats, bei der schwach verhüllten Allgegenwart von Geheimpolizei und Zensur. Jene Leute, die es für selbstverständlich halten, in ihrem Herrschaftsbereich jede abweichende Position mit politischer Polizei und innerparteilicher Inquisition zu unterdrücken, hatten darüber zu lamentieren, daß nun die Massen die letzten »gesunden« Verfechter der alten Prinzipien und Methoden mit Repressalien bedrohten – mit Repressalien, die bei näherem Hinsehn nur darin bestanden, sie eine Zeitlang nicht zu Wort kommen zu lassen. Gefährdet, ja politisch bereits verloren war die Machtposition der alten Politbürokratie. Der bevorstehende XIV. Parteitag der KPČ, der dann in der »Illegalität« von Vysočany tagen mußte, war gewählt, ihr den Totenschein auszustellen, weshalb sein Termin den Zeitpunkt der Intervention bestimmte. Mit dem Schlagwort von der Konterrevolution meinte die politbürokratische Reaktion stets in erster Linie die konsequente Reformpolitik selbst.

Was die Frage konterrevolutionärer Tendenzen im wirklichen gesellschaftlichen Leben der Tschechoslowakei im Jahre 1968 betrifft, so handelte es sich um nationalistische Stimmungen, die auf eine Restauration der institutionellen *Formen* aus der Zeit der bürgerlichen Republik abzielten. Natürlich melden sich in einer Phase, da die verschiedenen gesellschaftlichen Kräfte politisch entfesselt werden, auch jene Elemente zu Wort, die das Rad der Geschichte zurückdrehen möchten. Es fragt sich, welches Gewicht sie haben. In der ČSSR waren sie zwanzig Jahre nach der Revolution von 1948 sozialökonomisch völlig zersplittert und überaltert. Ihre Intention beruhte auf dem angehäuften Ressentiment der in der vorigen Etappe teils notwendig, teils unnötig Beleidigten aus praktisch allen, vornehmlich aber doch aus den ehemals kleinbürgerlichen

Schichten. Sie hatten keine echte politische Chance, zumal die internationale Bourgeoisie aus wohlverstandenem Interesse gar nicht daran dachte, die tschechoslowakische Wirtschaft rekapitalisieren zu wollen (man denke an den Analogiefall Jugoslawien!).

Das echte Problem stellte die Differenzierung innerhalb des progressiven, positiv auf dem Boden des real existierenden Sozialismus stehenden Blocks dar, bei der sich mindestens zwei verschiedene Richtungen abzeichneten, ohne schon definitiv kristallisiert zu sein. Neben der im Aktionsprogramm der KPČ festgelegten Politik formierte sich spontan jene Richtung, die die Sonderinteressen der Intellektuellen, der Wirtschaftler und Techniker in den Vordergrund stellte. Ihr Kennzeichen war der oberflächliche und ungeduldige politische Radikalismus, der sich in verschiedenen Dokumenten, vielen Kommentaren niederschlug und letztlich dem Zweck diente, die uneingeschränkte, unkontrollierte Entfaltung dieser privilegierten Kräfte auf den Fernsehschirmen, in der Kultur, im Staatsapparat, in den Direktorensesseln der Wirtschaft zu sichern. Das war die Richtung der »glorious revolution«, der Aneignung der politischen Macht nach »Kompetenz«, nach dem effektiven sozialökonomischen Status, den ihre Vertreter in den zwei Jahrzehnten seit 1948 erlangt hatten. Sie brauchte kein spezielles Programm außer dem des »Vorantreibens«. Sie war keineswegs zur Partei formiert, nicht einmal zum klar abgrenzbaren Flügel innerhalb der KPČ. Sicher konnten sich die bürgerlich-restaurativen Stimmungen hier Windschutz leihen. Übrigens ist zu bedenken, daß die politische Problematik dieser Richtung kaum an ihren Losungen als solchen erkennbar ist, die sich heute teilweise ausgesprochen »eurokommunistisch« lesen. Sie lag vielmehr in deren Gebrauch in einer bestimmten Situation, in der es um die Alternative zwischen dieser »glorious revolution« und der Konsolidierung einer neuen Art von ideologischer Hegemonie mit kommunistischer, d. h. kulturrevolutionärer Perspektive ging.

Die Ideologen, die sich vom Apparat lösen, und die Massen, die sich hinter ihnen in Bewegung setzen, falls sie der Apparat nicht selbst gegen sich in Bewegung setzt, repräsentieren bei aller Unterschiedlichkeit der Motive von vornherein ein *allgemeines* Interesse, das in die *Richtung* der umfassenden Kulturrevolution weist: die Intention zur Ablösung der politbürokratischen Diktatur als conditio sine qua non jeder weiteren Perspektive. Allein damit ist noch nichts darüber gesagt, wie weit eine entsprechende Entwicklung sogleich über den unmittelbaren politischen, zunächst vorwiegend negativen, stürzenden Impuls hinausgehen würde. Auf den ersten Blick ist in unseren Ländern wohl in bezug auf die Sphäre der politischen Institutionen ein oppositionelles Potential vorhanden – das hat die Tschechoslowakei 1968 hinreichend bestätigt; aber kaum für den Kampf um die Überwindung der Subalternität in dem vorhin dargelegten weitgreifenden Sinne. Diese oberflächlich-politische – *nicht* politökonomische, sozialökonomische, kulturelle – Opposition antwortet reaktiv auf die anachronistischen Erscheinungsformen der politbürokratischen Diktatur. Ihre gemeinsamen Stichworte sind Demokratisierung, oft mit dem Beiwort sozialistisch, und Menschen- bzw. Bürgerrechte. Je länger der gegenwärtige Zustand anhält, je mehr der Apparat die denkenden Elemente der Gesellschaft zur Verzweiflung bringt, je konsequenter er ihre rechtzeitige Selbstverständigung über mögliche Änderungen verhindert, desto mehr werden alle Energien nur darauf verwiesen, ihn zu vernichten, und desto größer muß nachher zunächst der Wirrwarr der Konzeptionen, desto größer die Gefahr bloßer Desorganisation sein.

Leider ist es sogar in einem gewissen Maße wahrscheinlich, daß sich das Minimalprogramm einer demokratischen Revolution gegen die Politbürokratie historisch verselbständigt, eine eigene Etappe für sich beansprucht. In der Tschechoslowakei ist die Kontinuität der kommunistischen Idee *nach* dem 21. August offensichtlich so schwer getroffen, daß das Volk bei der nächsten Gelegenheit wahrscheinlich erst einen längeren Umweg politischer (trotz allem selbst dann nicht sozialökonomischer) Restauration einschlagen wird. Es wäre freilich wünschenswert, hierin geirrt zu haben. Die demokratischen Forderungen sind, trotz der bürgerlich-restaurativen Form, die sie leicht annehmen, weil das Erbe der bürgerlichen Demokratie noch nicht aufgehoben ist, notwendige Momente der anstehenden Veränderungen, aber sie reichen nicht tief und treffen nicht den Kern. Sie spiegeln allzusehr die Misere wider, die sie hervorgebracht hat. De facto bedeuten sie eben Selbstbeschränkung der Bewegung auf spezifische Intellektuelleninteressen.

Der real existierende Sozialismus muß die bürgerliche Demokratie nicht als besondere, einseitig auf ihre »Garantien« fixierte und eben deshalb formell restaurative Phase nachholen. Demokratisierung ist ein allzu vieldeutiges, nicht selten irreführendes Wort. In meinen Augen hat es vor allem im Zusammenhang mit der fünften der genannten Hauptrichtungen der Kulturrevolution (Vergesellschaftung des Erkenntnis- und Entscheidungsprozesses zu den allgemeinen Angelegenheiten) seine aktuelle und praktische Bedeutung für uns. Die sogenannte Liberalisierung avanciert ohnehin; sie ist einfach das natürliche Zerfallsprodukt des alten Überbaus. Die zunehmende Berührung unserer höheren Funktionärsschichten mit dem gegnerischen Management in der Kooperation zwischen den Blöcken nimmt der Orthodoxie rasch den letzten subjektiven Gehalt. Wenn diese Liberalisierung ihr Ziel erreicht, werden sich unsere Intellektuellen einer ähnlichen repressiven Toleranz erfreuen, wie sie ihre westlichen Kollegen bereits weitgehend genießen. Dorthin zielen heißt zu kurz zielen, zu wenig wollen. Es heißt, über einem scheinaktiven und seiner Natur nach zersplitterten Potential für kurzfristige Ausfälle das wirklich potente historische Subjekt verkennen, vielleicht nicht einmal wahrnehmen (daher unter anderem der Defaitismus so vieler Intellektueller nach dem militärisch

gestoppten Anlauf von 1968). Die kommunistische Minderheit (denn es ist zunächst eine Minderheit, die erst einmal das Problem erkennt und zu ihrer Sache macht) wird natürlich gegen die Verselbständigung der demokratischen Revolution, für die Permanenz der Bewegung, für ihren Übergang in die Kulturrevolution kämpfen.
Bei der Einschätzung des Kräfteverhältnisses in der ČSSR während der letzten Monate vor dem 21. August darf nicht außer acht gelassen werden, daß die sowjetische Führung, sekundiert von der Führung der DDR, alles Erdenkliche getan hat, um den Prozeß der ideologischen Neuorientierung zu vergiften. Mit provokatorischen Militärmanövern, mit der üblichen Taktik konzertierter Nicht- und Fehlinformation, mit ultimativen Ratschlägen und mit der atmosphärisch immer stärker spürbaren Interventionsdrohung hat sie die »rechten« Stimmungen kontinuierlich angeheizt und ihren politischen Sprechern den geeigneten nationalistischen Resonanzboden verschafft. Auf diese Weise wurde die andere, die kommunistische Richtung in der Partei unter Druck gesetzt. Von der anderen Seite ließen die Interventen die getarnten Konservativen im Präsidium und Zentralkomitee drücken. So gewann die Partei des Aktionsprogramms – denn das war die Kommunistische Partei – nicht genügend Spielraum für die volle Entfaltung der beabsichtigten Gesellschaftsreform und blieb praktisch in den noch nicht ganz präzise formulierten Anfangsgründen ihrer Politik stecken. Sie sah daher in manchen Punkten schwächlich-zentristisch aus, einfach weil sie nicht genügend dominierte. Natürlich hatte sie recht, ihre Zuflucht nicht erneut in den »bewährten« Methoden polizeistaatlicher Repression zu suchen. Ohne den Druck von außen, das heißt vor allem von den anderen Warschauer-Pakt-Staaten, wäre keine nennenswerte »konterrevolutionäre Gefahr« aufgetreten, soweit sie überhaupt existierte. Sie mußte geschaffen werden, damit man eingreifen konnte.
Das Aktionsprogramm der KPČ ist durch die Intervention in

keiner Weise widerlegt worden. Zum ersten Mal seit dem jugoslawischen Beispiel hatte eine herrschende kommunistische Partei definitiv viele notwendige Vorschläge aufgenommen, die schon lange zu den Forderungen marxistischer Oppositionen gegen die Politbürokratie gehören. Die Position der neuen Kommunistischen Partei war – anders als in allen anderen Ländern des Warschauer Pakts in Osteuropa – fest in den Massen verwurzelt. Es fehlte nur noch der Schlußstrich, der Hinauswurf der schwankenden Elemente aus Präsidium und Zentralkomitee, um der Partei eine in jeder Kampfrichtung geschlossene Führung zu geben, eine Aufgabe, mit der – wie dann am 21. August offenbar wurde – allerdings zu lange gewartet worden war. Hier mangelte es der Gruppierung um Alexander Dubček an der letzten Entschlossenheit, was insbesondere mit Illusionen über die Sowjetunion, über das soziale Wesen und die Interessenlage der Moskauer Führung zusammenhing. Es sahen einfach zu wenige Leute so klar wie Josef Smrkovský. Sonst wäre es möglich gewesen, das Experiment zu retten, die Intervention zu verhindern, indem man nach dem Beispiel, das Tito mehrmals gab, das Land mobil gemacht und die potentiellen Kollaborateure in Schlüsselpositionen vorübergehend verhaftet hätte.
Sicherlich ging die Entschlußschwäche Dubčeks und seiner Genossen, ging speziell ihre Fehleinschätzung des sowjetischen Verhaltens zugleich auf Lücken der theoretischen Analyse zurück. Seit 1953 haben sich die progressiven kommunistischen Kräfte – auch abgesehen von ihrer objektiven Schwäche in der jetzt abgelaufenen Periode des Kalten Krieges – immer wieder als ungenügend vorbereitet erwiesen. Sie standen im Grunde immer noch auf demselben politisch-theoretischen Boden wie ihre Gegner und ließen sich ideologisch von ihnen erpressen mit dem gemeinsamen Interesse an der Autonomie des nichtkapitalistischen Weges. Vor allem waren sie schlecht über das Terrain verständigt, auf dem sie kämpften. Die verschiedenen Aktionsprogramme beruhten mehr

auf temporären Negationen als auf sozialökonomischer Analyse. Hier machte sich der durch die politbürokratische Unterdrückung bedingte Mangel an theoretischer Diskussion und Synthese bemerkbar. Auch in dem Aktionsprogramm der KPČ bestand noch Unklarheit über die »Widersprüche im Volke«, über die Sozialstruktur der nichtkapitalistischen Industriegesellschaft, demnach über die objektiven Bedingungen und Erfordernisse des Vormarschs zum Sozialismus. Daraus resultierte zum großen Teil die taktische Unsicherheit der Reformpolitik sowohl gegenüber den »Rechten« als auch gegenüber den »Konservativen«.

Heute kann und muß man an der tschechoslowakischen Entwicklung studieren, wie sich das reformatorische Potential an der politischen Oberfläche darstellt, um von dort auf seine tief verwurzelte sozialökonomische Interessenbasis zurückzugehen. Denn der *Ablauf der politischen Mobilisierung* vor und nach der Januarentscheidung über den Wechsel an der Parteispitze läßt Rückschlüsse auf Wesen und Struktur der handelnden Kräfte sowie auf die Natur ihres Konflikts mit dem Machtapparat zu. Er rechtfertigt die Analyse der Sozialstruktur, die ich im Zweiten Teil gegeben habe, weist jedoch darüber hinaus auf eine Perspektive hin. Es lohnt sich, diesen Ablauf zu rekapitulieren.

Die Bewegung setzte nicht an der Basis, sondern bei dem Personal des Überbaus ein, genauer: bei den Ideologen im engeren Sinne! Am Anfang stand die Unzufriedenheit unter den Spitzen der Schriftsteller, Künstler, Gesellschaftswissenschaftler mit den Bedingungen des geistigen Lebens, mit der Zensur gegen die kritische Aufdeckung der Widersprüche. Parallel mit den Ideologen kamen immer mehr profilierte Naturwissenschaftler, Techniker und Ökonomen zu dem Schluß, daß die eingeleitete Wirtschaftsreform ohne Gesellschaftsreform, d. h. als bloße »Strukturveränderung« innerhalb des dirigierenden Apparats und seines Planungsmechanismus, keine ausreichende Initiative auslösen wird, um über die mittelmäßige Effektivität und den Schlendrian hinauszukommen. Der Druck der beiden Gruppierungen verunsicherte die beweglicheren Elemente innerhalb des zentralen Partei- und Staatsapparates und machte Eroberungen unter ihnen. Er reichte aus, um Novotny und vor allem Hendrych, mit dessen Kopf der Erste Sekretär zu denken pflegte, aus dem Tritt zu bringen.

Bei der Ablösung Novotnys verfolgte die Mehrheit des Zentralkomitees anfangs wohl nur den Zweck, die Wogen zu glätten und die Bedingungen für eine ersprießliche Zusammenarbeit mit der Intelligenz wiederherzustellen. Nur ein paar lose verschworene Minderheiten, die ihre Spitze bereits in die Führung vorgeschoben hatten, wollten den Stein so ins Rollen bringen, wie es in der Praxis mit diesem Beschluß geschah. Aber nach dem Januarplenum erfaßte die Umorientierung in rasendem Tempo, faktisch im Stile einer evozierten Erhebung, zuerst den ideologischen Teil der Intelligenz (die Masse der Künstler, Gesellschaftswissenschaftler, Journalisten), darauf ohne Pause die gesamte übrige Intelligenz (mit Ausnahme der eingefleischtesten Bürokraten) und nicht zuletzt die Jugend, voran die Studentenschaft. Und diese mächtige, heute mit vielen Wurzeln fest im materiellen Reproduktionsprozeß verankerte soziale Kraft wirkte als Transmission zu den Arbeitern in den Betrieben und zu den übrigen Schichten der Gesellschaft. Man kann also zusammenfassen, die Wendung begann bei den Ideologen und *die Mobilisierung für die Reform lief als Kettenreaktion durch die Bildungsstruktur von oben nach unten ab.*

Da sie alle entscheidenden Schichten und Gruppen des Gesamtarbeiters erfaßte und dabei auch das Personal des Apparats selbst nicht ausließ, muß es ein Interesse geben, das weit über die unmittelbaren Aspirationen der Intellektuellen hinaus vereinigend wirkt. Dieses gemeinsame Interesse zeigte sich darauf gerichtet, das Privileg der Meinungsbildung und Entscheidung über die allgemeinen Angelegenheiten, also im

Kern die staatliche, bürokratische Form der Verfügung über die Produktivkräfte und über den ganzen sozialen Lebensprozeß zu überwinden. Politisch-psychologisch äußerte es sich in dem Verlangen, die unausgesetzte Bevormundung der Gesellschaft durch den Staat, die permanente Behandlung der Menschen (Individuen wie Kollektive) als unmündige Erziehungsobjekte aufzugeben. Positiv ging es um das Vordringen der gesellschaftlichen Selbstverwaltung auf allen Ebenen und in allen Bereichen, weitgehend identisch mit der im vorigen Kapitel dargestellten Forderung nach Vergesellschaftung des sozialen Erkenntnisprozesses, in dem sich die Menschen über die Werte, Ziele und Wege ihres Zusammenlebens verständigen. Diese Forderung betrifft insofern einen sekundären Aspekt der Kulturrevolution, als sie nicht direkt auf die Veränderung der Basis abzielt. Doch kommt ihr nach aller Erfahrung die Rolle eines *Schlüssels und Hebels für die Einleitung* des Umgestaltungsprozesses zu. Dies aus dem einfachen Grunde, weil sie sich gegen die entscheidende *Schranke* richtet, die sich dem Fortschritt der allgemeinen Emanzipation in den Ländern des real existierenden Sozialismus in den Weg legt: gegen die Monopolisierung der allgemeinen Angelegenheiten in einem besonderen Apparat, der der Gesellschaft als äußerliche fremde Macht gegenübersteht.
Das überschüssige Bewußtsein bildet die Substanz des gemeinsamen Interesses, das die Mobilisierung gegen die politbürokratische Diktatur trägt. Ehe die Frage der allgemeinen Emanzipation erneut in ihrer ganzen Komplexität und Tiefe aufgeworfen wird, konzentriert sich das emanzipatorische Interesse auf die Durchsetzung der *politischen Bedingungen* dafür. Die Politbürokratie muß entmachtet, die *Herrschaft* des Apparats über die Gesellschaft beseitigt, das Verhältnis von Gesellschaft und Staat neu geregelt, die kommunistische Bewegung, die der Gesellschaft von innen heraus die Perspektive der Kulturrevolution eröffnen soll, neu konstituiert werden. Genau dieser Prozeß, der den *Zugang* zu der umfassenden

Kulturrevolution erschließt, meist – eben etwas ungenau – als Demokratisierung bezeichnet, hatte 1968 in der Tschechoslowakei begonnen. Das Potential, das dort zur Wirkung kam, ist natürlich unvermindert da. Zwar hat sich seine *unmittelbare* politische Stoßrichtung, die aus nur zu naheliegenden Gründen ambivalent war, infolge der Militäraktion vom 21. August inzwischen merklich nach rechts verschoben. Aber an seiner progressiven *sozialen Qualität* und langfristigen Perspektive ändert das nichts. Wir sahen, die verschiedenen Schichten des Gesamtarbeiters in der Tschechoslowakei engagierten sich nach dem Maß des in ihnen akkumulierten überschüssigen Bewußtseins, und zwar in einem Umfang, der den Massencharakter dieses Phänomens unterstreicht. So erbrachten sie den Beweis, daß die Reihe der Zeitalter zu Ende geht, in denen die Leitungs- und Entwicklungsfunktionen der Gesellschaft von einer privilegierten Korporation wahrgenommen werden mußten.

Nach dieser Überlegung muß sich eine revolutionäre Strategie auf ein ganz *bestimmtes Kräfteverhältnis innerhalb des gesellschaftlichen Bewußtseins, genauer, innerhalb der Gesamtmasse an akkumulierter Qualifikation, subjektiver Produktivkraft* einstellen, auf das *Kräfteverhältnis zwischen dem überschüssigen und dem absorbierten Bewußtsein.* Der letztgenannte Begriff mag den psychischen Aufwand kennzeichnen, der einerseits in der Hierarchie des bürokratischen Wissens, andererseits in den Routinefunktionen der täglichen Produktion und Reproduktion gebunden ist. In dem überschüssigen Bewußtsein hatte ich bereits im vorigen Kapitel emanzipatorische und kompensatorische Bedürfnisse bzw. Interessen unterschieden. Ich gehe also von folgendem Einteilungsschema aus (Tafel 3, S. 374).

Politisch entscheidend ist das Verhältnis zwischen den emanzipatorischen Interessen und dem im Apparat gebundenen Bewußtsein. Das sind die Pole, und die Kräfte, die sich dort kristallisieren, kämpfen um die Dominanz ihres Einflusses auf

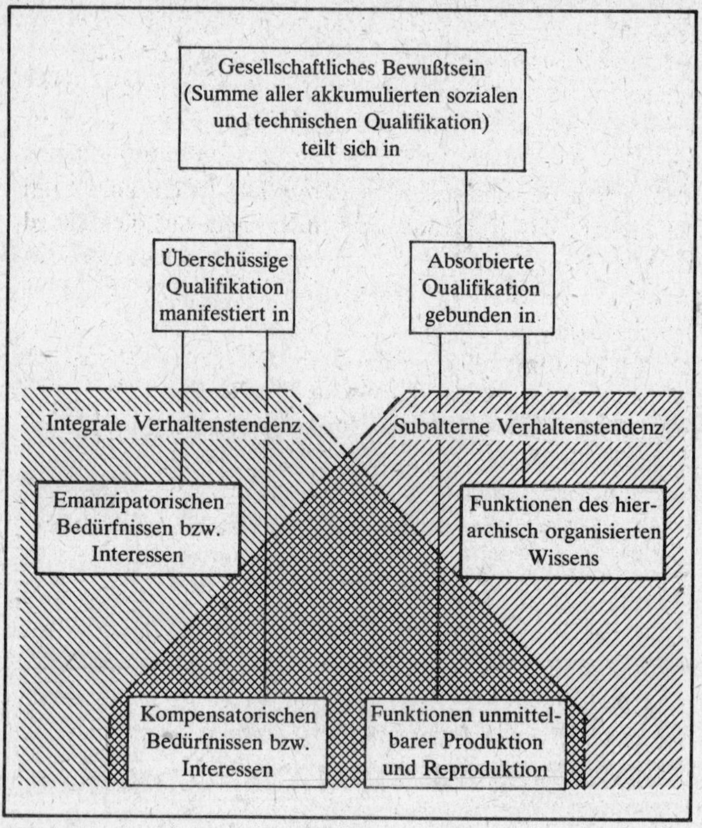

die dazwischenliegende Masse des in notwendiger Arbeit und kompensatorischen Befriedigungen gebundenen bewußten Potentials. Sie müssen danach streben, ihren Antipoden ideologisch zu isolieren.

Solange der Apparat dominiert, sehen sich die emanzipatorischen Interessen mit der überwiegend subalternen Verhaltenstendenz aller übrigen drei Fraktionen des gesellschaftlichen Bewußtseins konfrontiert. Subalternes Verhalten ist dann »normales« Verhalten. Die Individuen unterwerfen sich der entfremdeten Autorität und greifen nach den von ihr ausgesetzten Wohlverhaltensprämien. Es hat seine Logik, daß der Apparat den isolierten Repräsentanten der Emanzipation mit der Irrenanstalt droht. In der Kulturrevolution aber, deren Voraussetzungen heranreifen, gilt es umgekehrt den herrschenden Apparat von allen übrigen Fraktionen des gesellschaftlichen Bewußtseins zu isolieren. Das ist ein konstruktiver Prozeß: das Vordringen der integralen, auf die Einordnung ins Ganze und auf seine positive Aneignung durch die Individuen gerichteten Verhaltenstendenz in dem Kräftefeld des gesellschaftlichen Bewußtseins beraubt die Apparatherrschaft allmählich aller raison d'être. Es macht nämlich die notwendigen organisatorischen Funktionen, deren Institutionalisierung der Apparat ursprünglich war, der gesellschaftlichen Selbstverwaltung zugänglich, d. h. es stellt die subjektiven Dispositionen dafür bereit, so daß sich ihre bürokratische und etatistische Verhaftung auf den Selbstzweck bloßer Machterhaltung reduziert.

Ich will noch einmal darauf eingehen, wodurch es theoretisch gerechtfertigt ist, das Potential für die nächste soziale Umgestaltung in dieser Weise von einer Struktur des gesellschaftlichen *Bewußtseins* her zu analysieren. Bewußtsein interessiert hier nicht in seiner Widerspiegelungsfunktion, sondern als ein Faktor des gesellschaftlichen Seins, dessen wachsende Rolle selbst »bewußtseinsbestimmende«, nämlich seinen *Inhalt* verändernde Bedeutung besitzt, was sich in der Ausbreitung der emanzipatorischen Bedürfnisse bzw. Interessen ausdrückt. Wie gesagt, differenziert die alte Arbeitsteilung die Menschen gerade über das Niveau der Bewußtseinskoordination, das ihre Arbeitsfunktionen und sozialen Tätigkeiten verlangen. Das hatte ich im Zweiten Teil im Hinblick auf den Bereich der absorbierten Qualifikation gezeigt. In dem hier untersuchten Zusammenhang wird das gesellschaftliche Bewußtsein in seiner Eigenschaft als Voraussetzung jeglicher menschlicher Tätigkeit, »freier« wie »notwendiger«, als Inbegriff der subjektiven Produktivkraft der Gesellschaft betrachtet, also als eine durchaus materielle, ökonomische Realität, auf die sich jetzt die Aufmerksamkeit konzentriert, weil die Aneignung der Genuß- und Entwicklungsmittel bzw. -bedingungen in den Vordergrund der sozialen Kämpfe rückt. Man kann sagen, es geht um einen neuen Typ der informationellen Regelung für den gesamtgesellschaftlichen Prozeß, um eine neue soziale Organisation der *Erkenntnis*arbeit und ihres institutionellen Gerüsts. Der Apparat, der Staat selbst ist bekanntlich »ideologischer Überbau«, ist seiner Substanz nach entfremdetes, herrschaftlich funktionierendes Bewußtsein, hierarchisch organisierte »Wissenskraft« (um einen Ausdruck von Marx zu gebrauchen). Da der Apparat der prominente Gegenstand der Umgestaltung ist, kann man es nur natürlich finden, daß der potentielle Block seiner Gegenspieler erst recht mit dem Kopf antritt. Das geistige Leben der Gesellschaft überhaupt, mit dem Schwerpunkt des Informations- und Entscheidungsprozesses über den Reproduktionsprozeß und seine Ziele, ist das Kampffeld der Kulturrevolution. Der Fortschritt der Weltgeschichte drückt sich darin aus, daß das Ringen in den industriell entwickelten Ländern bereits in der Sphäre der eigentlich menschlichen Wesenskräfte ausgetragen wird, nicht mehr hauptsächlich um Leib- und Magen-, Kleidungs- und Wohnungsfragen.

Das Kräfteverhältnis zwischen überschüssigem und absorbiertem Bewußtsein, und insbesondere zwischen emanzipatorischen und Apparatinteressen, tritt politisch viel ungleichgewichtiger in Erscheinung, als es sozialökonomisch ist. Die Ursache besteht darin, daß das absorbierte Bewußtsein seinem Wesen nach durchgängig *institutionalisiert* ist, eben in der Pyramide der gesellschaftlichen Arbeitsorganisation und -leitung, die ich im Zweiten Teil analysiert habe, während demgegenüber das überschüssige Bewußtsein vorsorglich *atomisiert* gehalten, darüber hinaus polizeilich an jeglicher politischen Artikulation und Organisation gehindert wird. Die Möglichkeit der politischen Organisation ist von entscheidender sozialpsychischer Bedeutung. Der Apparat bietet den Individuen monopolistisch einen mächtigen Komplex sich wechselseitig bestätigender und stützender Verhaltensweisen an, von denen sie sich *als* Individuen nur in der subjektiven Ausnahme distanzieren können, und auch dann in der Regel nur über die psychohygienisch riskante Technik der reservatio mentalis. Der Einfluß dieser Verhaltensmuster reicht auf dem Gebiet der kompensatorischen Interessen weit in das überschüssige Bewußtsein hinein, wo er meist mehr mit seinem westlichen Pendant als mit den emanzipatorischen Kräften beider Systeme konfrontiert wird. Der Masse der Individuen bleibt gar nichts anderes übrig, als sich mindestens formell in der Subalternität einzurichten, solange es keine sozialpsychisch wirksame Operationsbasis für die emanzipatorischen Interessen gibt. Gerade deshalb wird auch die tschechoslowakische Erfahrung, daß die entwickeltsten Elemente *aller* sozialen Schichten und Gruppen *individuell für* eine Veränderung sind, von dem Oberflächenphänomen ihrer politischen Unterordnung nicht annulliert. »Am Grunde der Moldau, da rollen die Steine . . .«

Wer ist eigentlich der Apparat? Ist er eine weitere soziale Schicht oder Gruppe neben den anderen? Das gilt höchstens für das Personal seiner eigentlichen Kommandostruktur, d. h. vor allem (natürlich mit individuellen Ausnahmen) für die Linienfunktionäre in Partei, Staat und Wirtschaft. Sie sind ja die Repräsentanten des hierarchischen, bürokratischen Wissens gegen das überschüssige Bewußtsein in der Gesellschaft. Psychologisch stellen sie erstens, da Gehorsam die Vorbedingung der Berufung ist, von vornherein eine typologische Auswahl von besonders anpassungsbereiten und autoritären, intellektuell und moralisch weniger anspruchsvollen Leuten dar. Und sie sind zweitens täglich gezwungen, sich in Gegensatz zu den widerwilligen Massen zu bringen. Die Erfahrungen, die sie dabei machen, nähren die Offiziersmentalität, den Wunsch nach stärkeren Disziplinierungsmitteln. Nur diese bestimmte, mehr oder weniger dafür disponierte Minderheit läßt sich in ihrem gesamten Lebensprozeß vom Apparat absorbieren, jedenfalls in den wesentlichen Beziehungen. Diese und nur diese Leute, die also auch subjektiv durchbürokratisiert sind, so daß ihnen nachher keine produktive Existenzform mehr offenstünde, sind jetzt die Feinde jeglicher Veränderung, weil sie unvermeidlich ihre Leidtragenden werden. Sie allein sind die politbürokratische Reaktion. Und sie sind ideologisch so isoliert, daß sie zu ihrer Sicherheit ständig der latenten militärischen Intervention zu ihren Gunsten bedürfen. Die Gesellschaft gehorcht allein der Gewalt, die sie loszulassen vermögen.

Natürlich ist auch dieses Element nicht homogen, und je jünger die neue Ordnung noch ist, desto weniger, weil in der frühen Phase jeweils noch gewissenhafte, von Gesinnungen statt von Karriere inspirierte Menschen herangezogen wurden, die jetzt – nicht selten mit verborgenem Gewissenszwiespalt – mittlere und höchste Ränge bekleiden, soweit sie nicht ausgeschieden wurden. Ich habe schon betont, daß es ganz falsch wäre, die exponierten Bürokraten nur nach ihrer offiziellen Physiognomie und den mit ihrer Funktion verbundenen Ritualhandlungen und Verhaltenstechniken zu beurteilen. Je mehr sich die Bürokratie dann später aus der Intelligenz rekrutiert, um so häufiger wird sich nun aus diesem anderen Grund ein ambivalentes, distanziertes Verhältnis zu den vorgegebenen Rollen einstellen, so daß eine Kapazität für kritische Reflexion frei wird. Langfristig gesehen bleibt also selbst dieses Kernelement der Bürokratie seiner personellen Substanz nach »unzuverlässig«. Das Wesen der ganzen Situation besteht ja eben darin, daß auf den verschiedensten Ebenen des Gesamtarbeiters ein Überschuß *menschlichen,* auf kein abstraktes Funktionieren für begrenzte Zwecke reduziblen Bewußtseins frei wird, das über die bestehende Arbeitsteilung hinausdrängt.

Die Masse der im Apparat beschäftigten Menschen ist freilich gefährdet, durch die Mühen des Funktionierens absorbiert, d. h. um die Entfaltung des überschüssigen Bewußtseins und insbesondere der emanzipatorischen Interessen gebracht zu werden. Die Absorption ist ein sehr realer Prozeß psychophysischen Energieverbrauchs und -verschleißes. Solange die Gesellschaft nur wenig Qualifikation, nur eine kleine Elite erzeugt, absorbiert der Apparat den größten Teil der von der unmittelbaren Produktion freigesetzten psychischen Energien und Kapazitäten und kann den Rest weitgehend durch die Bereitstellung der Bedingungen von produktiver Muße oder parasitärer Konsumtion korrumpieren. Heute jedoch produziert die Gesellschaft – und zwar, obwohl der Apparat die Entwicklungsrate drückt – eine solche Masse an allgemeiner Fähigkeit, daß sie unmöglich direkt vom Apparat beschäftigt werden kann. Die Gesellschaft hat unter den bestehenden Verhältnissen einfach keine ausreichende Verwendung für diese subjektiven Produktivkräfte. Daher die unentwegte Anstrengung der Politbürokratie, das unverwendete überschüssige Bewußtsein auf kompensatorische Interessen festzulegen. Es ist dies der innerste Gehalt der »Einheit von Wirtschafts- und Sozialpolitik« (nicht etwa Gesellschaftspolitik), wenn man sie von ihrer machtpolitischen Funktion her betrachtet. Doch selbst wenn in der psychischen Struktur der meisten Betroffenen die kompensatorischen Bedürfnisse überwiegen, so daß es nur zu einer Flucht in die verschiedensten Privatbefriedigungen kommt, entziehen sie sich jedenfalls innerlich der offiziellen Autorität. Und die Reduktion auf ein Nummerndasein hört nicht auf, der Individualität Schmerzen zu bereiten.

Im ganzen gesehen darf man also das Personal des Apparats keineswegs mit diesem selbst gleichsetzen (umgekehrt gibt es natürlich auch außerhalb des Apparats Menschen mit der Mentalität von Bürokraten). Die Einteilung erfolgt nur sehr bedingt nach Maßgabe des Angestelltenverhältnisses. Die Front geht durch die meisten mitten hindurch. Man kann

ohnehin davon ausgehen, daß alle Individuen mehr oder weniger an allen vier genannten Fraktionen des gesellschaftlichen Bewußtseins teilhaben. Es fragt sich nur, von welcher jeweils die Motivationsstruktur *beherrscht* wird. Gerade das ist gegenwärtig das Kampffeld, nicht – wie man unreflektiert meinen sollte – das reale Verhalten in der manipulierten Öffentlichkeit des Arbeitslebens, das bloß die Machtverhältnisse widerspiegelt, nicht den ideologischen Prozeß, der die Entwicklung der subjektiven Produktivkräfte ausdrückt.
Ich sprach von der Tendenz zur Bürokratisierung der Intelligenz, also zur Eingliederung gerade derselben Kräfte in den Apparat, aus denen sich das reformatorische Potential vornehmlich rekrutiert. Prinzipiell umfaßt der Apparat ja das gesamte Leitungspersonal der Gesellschaft, weil jede noch so kleine Leitungsfunktion, und sei es die des Gewerkschaftsvertrauensmanns, politisch nicht in erster Linie als Bestandteil des kollektiven Basisprozesses erscheint, für den sie notwendig ist, sondern als Ausfluß der Gesamtleitung, der Regierungsgewalt. Mehr noch, wie ich zeigte, treten den Ausführenden nicht nur die administrativen Funktionen, sondern auch die bloßen Verwaltungserfordernisse und sogar die technologischen Notwendigkeiten so gegenüber. In Gestalt von Leitung, Verwaltung und Produktionsvorbereitung ist tatsächlich nahezu alles für den Reproduktionsprozeß direkt relevante Wissen dem unmittelbaren Arbeits- und Lebensprozeß gegenübergestellt. Die *Individuen* jedoch, die diese zunehmend standardisierten Unterfunktionen wahrnehmen, sind subjektiv größtenteils nicht mehr mit den entsprechenden Tätigkeiten und Positionen identifiziert. Das heißt, der Apparat vermag sie nur noch so weit zu integrieren, wie er ihre abstrakte Arbeitskraft beansprucht, während sich ihre Subjektivität seinem Zugriff immer mehr entzieht. Diese Tendenz schließt gewiß nicht aus, daß die Erfahrungen, die für die Ausführenden beliebiger Leitungsfunktionen aus der Kontraposition des Apparats zur Gesellschaft entstehen, dennoch alle, die irgend

etwas zu leiten haben, in gewissem Umfang solidarisieren. Diese spontane korporative Solidarität kann aber durch kritische Reflexion der Gesamtverhältnisse leicht unterhöhlt werden und hält insbesondere dann nicht stand, wenn sich soziale Widersprüche politisch zuspitzen. Dann verlassen viele Funktionäre rasch die Position des hierarchischen Wissens und lassen sich von den Entfaltungsbedürfnissen ihres überschüssigen Bewußtseins leiten. Genau das haben wir in der Tschechoslowakei gesehen.
Besonders tief geht der Widerspruch zwischen dem Apparat und dem überschüssigen Bewußtsein in der Sowjetunion, weil die dortige Politbürokratie infolge der ererbten halbasiatischen Mentalitätsrückstände weniger kultiviert und anpassungsfähig ist, weniger durchlässig, um sich die neuen gesellschaftlichen Kräfte bis zu einem gewissen Grade in Kompromissen zu assimilieren. Die sowjetische Statistik spricht davon, daß etwa drei Fünftel der Werktätigen in der Industrie jetzt Hoch-, Fach- oder Oberschulbildung haben. Aber die qualifizierten Elemente werden politisch ähnlich väterlich betreut und bevormundet wie der letzte Kolchosbauer, der noch den Zaren erlebte. Auch die Befähigtsten werden in jeder Hinsicht als untergebene Spezialisten behandelt, als Rädchen und Schräubchen in dem riesigen Uhrwerk der Staatswirtschaft, das durch die anonyme Betriebsamkeit der Bürokratie aufgezogen wird. Zweifellos gibt es seit Stalins Tod atmosphärische Veränderungen in den Betrieben und Institutionen, die äußerst wichtig sind; aber um so reaktionärer wirkt die Aufrechterhaltung des alten *Prinzips.* Das ist der Hauptgrund, weshalb die Produktivität der sowjetischen Wirtschaft und Wissenschaft in so eklatantem Mißverhältnis zu der Menge der aufgebotenen Qualifikation steht. Die vielen Millionen Kader haben – wenn auch am spezialisierten Fall – das Abstraktions- und Differenzierungsvermögen erworben, das sie zur Mitbestimmung über die Geschicke des Landes, über die Perspektiven der gesellschaftlichen Entwicklung befähigt.

Aber sie dürfen ihren Kopf nicht dazu gebrauchen. Noch wird der größte Teil dieser potentiellen Energie durch die Fortdauer des Mangels und durch den Ausschluß von den allgemeinen Angelegenheiten auf kompensatorische Interessen abgelenkt oder auf den überlieferten Stumpfsinn zurückgeführt, wie es ihn schon immer auf allen Ebenen der russischen Gesellschaft gab, nicht nur in der Kate, sondern auch im Gutshaus. Der Dichter Jurij Kasakow hat vor einigen Jahren in seiner Erzählung »Larifari« ein neues Symbol für diese ins Leere verpuffende Energie geschaffen. Aber der Überschuß ist viel zu groß, um sich durch irgendwelche Ventile verflüchtigen zu können, und er konzentriert sich in den industriellen und administrativen Knotenpunkten des Landes, um die sich auch die wissenschaftlichen und künstlerischen Kräfte sammeln.

Ich will noch einmal den Charakter des jetzigen Widerspruchs zwischen dem sowjetischen Überbau und den neuen Produktivkräften als historisch gewordenen betonen. Die Sowjetunion begann – genau wie später China – mit einer Minorität von Kadern, die einer Majorität von manuellen Arbeitern (vor allem der Landwirtschaft) gegenüberstand. Die Form der alten Ökonomischen Despotie hing maßgeblich auch mit der Größe oder vielmehr Kleinheit, mit der Qualifikation und mit den Reproduktionsgesetzen der verfügbaren Elite zusammen. Aber damals wurde diese durch die Dualität von ideologischer (priesterlicher) und administrativer (beamtlicher) Autorität gekennzeichnete Qualifikation bloß im Maßstab der einfachen Reproduktion jeweiliger Herrschaftsverhältnisse erzeugt. In der materiellen Produktion trat ja kaum Bedarf nach intellektueller Arbeit auf. Dagegen hat die ökonomische Revolution, die der Lenin-Stalinsche Apparat in der Sowjetunion initiierte, selbst die neuen subjektiven Produktivkräfte geschaffen, die ihm jetzt über den Kopf wachsen und gegen seine Kontrolle protestieren. Zuerst hat sie eine neue Arbeiterklasse »an sich« geschaffen. Da die Industrie für diese Massen ganz neu war, selbst für die jungen Spezialisten der dreißiger Jahre, die sich überstürzt (doch in einem nahezu romantischen Geist!) nur das allernotwendigste Wissen aneignen konnten, wurde ihre Qualifikation im großen und ganzen von ihrer Tätigkeit absorbiert. Heute sind das die sowohl biologisch als auch historisch älteren Schichten des Gesamtarbeiters. Wie die Dinge liegen, brauchen sie nun zu ihrer Emanzipation die Vermittlung entwickelterer Kräfte. Objektiv ist ihre soziale Stellung (sofern es sich nicht um aufgestiegene Individuen handelt) – nächst der der Mehrheit der Kolchosbauern – am schlechtesten, ihr Gegensatz zum Apparat am größten. Subjektiv sind sie seine passive, resignierte Massenbasis. Diese beiden Pole entsprechen einander, sind Fleisch desselben Körpers, eben des sowjetischen Gesellschaftskörpers der dreißiger Jahre.

In den anderen osteuropäischen Ländern ist die *Tendenz* zur Unterordnung der äquivalenten Schichten unter den Apparat auch vorhanden, aber sie dringt nicht derartig durch, weil der Apparat ja nicht zusammen mit diesen Schichten, als ihr kommandierender Überbau, gewachsen ist, sondern ihnen gegenüber die von den vorigen Chefs verlassenen Positionen bezog. In der DDR entspricht dieser sowjetischen Schicht am ehesten jene Generation, die 1945 jung genug für einen relativen Neuanfang aus dem Kriege kam. Doch bestand hier nicht die in der Sowjetunion noch zu beobachtende patriarchalische Verbundenheit, die durch den Kampf gegen die Faschisten noch verstärkt wurde.

Aber wie dem auch sei, die Perspektive liegt bei historisch jüngeren, entwickelteren Gruppen. Die industrielle Revolution des XIX. Jahrhunderts geht in der Sowjetunion direkt in die wissenschaftlich-technische Revolution des XX. Jahrhunderts über. Die sozial und intellektuell besser gestellten Schichten und Gruppen des Gesamtarbeiters können auch besser kämpfen, zumal sie, wenn man von der in der Sowjetunion besonders überalterten Leitungspyramide absieht, auch die Energie und die Hoffnung der Jugend für sich haben. Sie

sind mit der modernsten Produktion und deren Vorbereitung verbunden, sind selbst die Personifikation der neuen Produktivkräfte. In der jungen Generation spiegeln sich naturgemäß am stärksten die sozialen Veränderungen wider, die die ganze Gesellschaft durchgemacht hat und hinter denen der Apparat, als wesentlich stationäre Struktur, zurückgeblieben ist. Auch in der Sowjetunion werden sich zuerst diejenigen Elemente regen, die, obwohl auch (und *weil* z. T. sogar künstlich) der alten Arbeitsteilung unterworfen, doch nicht gänzlich von deren Herrschaftsbereich absorbiert werden können, die also deren ökonomischen Zwängen am wenigsten unterworfen sind, so daß sie den politischen Zwang, die politische Beschränkung um so heftiger spüren.
Insofern ist eine Entwicklung symptomatisch, die sich inzwischen in allen Ländern des real existierenden Sozialismus abzeichnet, daß nämlich der Apparat das für seine Herrschaft gefährlichste Element direkt an seinem Busen zu nähren gezwungen ist. Ich spreche von der Gruppierung seiner eigenen Ideologen, die er zu ausführenden Agitations- und Propagandaspezialisten degradiert. Aus dieser Gruppierung kommen gesetzmäßig die geistigen Führer des antibürokratischen Blocks. Die Ideologen sind als erste in der Lage, ihre Frustration durch das bürokratische Rollensystem, das die Entwicklung ihrer Persönlichkeit deformiert und jeden wesentlichen Ausdruck ihrer Individualität verhindert, zu reflektieren und auf die sozialen Ursachen zurückzuführen. Sie sind durch die Partei, die das aus bereits erwähnten Gründen nicht lassen kann, wenigstens mit den Grundzügen des Marxismus bekannt gemacht worden. Je mehr sie durch ihre Auftragsarbeit und deren Widersprüche dahin gelangen, Marx und Lenin wirklich zu lesen, um so nachhaltiger werden sie von dem für die bestehenden Verhältnisse ausgesprochen subversiven Geist und Temperament dieser revolutionären Lehrer berührt. Das unverwendete Potential an allgemeiner, d. h. aufs Allgemeine gerichteter Intelligenz war immer rebellisch, und

– vor dem Hintergrund neuer Produktivkräfte – revolutionär. Die »Philosophen«, die Ideologen können sich nicht damit abfinden, auf den Status gehorsamer Spezialisten für die Manipulation des gesellschaftlichen Bewußtseins nach päpstlichen Rezepten beschränkt zu werden.

Die in Partei- und Staatsbeamtenrollen gedrängten Ideologen aller Art, von den Sozialwissenschaftlern bis zu den Journalisten, von den Künstlern bis zu ihren Zensoren, von den Strategen der Naturwissenschaft bis zu den Lehrern der Geschichte – sie alle werden fortwährend, direkt und indirekt, durch die Vorschriften, durch die Rügen und durch das Lob der anmaßenden Politbürokraten (der großen und noch mehr der kleinen) gedemütigt. Um den Normen und Riten des offiziellen »geistigen Lebens« gerecht zu werden, müssen die meisten von ihnen ein Pensum öffentlicher Selbstdarstellung als armselige Kretins absolvieren. Man mutet ihnen zu, angesichts einer ganzen Gesellschaft, die das ideologische Schattenspiel mehr oder weniger durchschaut, diensteifrig an des Kaisers neuen Kleidern zu weben. Während ihr Leben und ihre Arbeit sozial nur damit zu rechtfertigen ist, daß sie die Wahrheit über gesellschaftliche Zusammenhänge erkennen und verbreiten, müssen sie ihre Einsichten verbergen, das Volk ohne den gewünschten Effekt belügen und seine wachsende Verachtung dafür in Kauf nehmen. Ihre Produktivität wird in den ewigen kleinlichen Anpassungszwängen, in der zynischen Selbstzensur, in den Mühen, einen vorsichtigen neuen Gedanken unter einem genügend großen Haufen des üblichen Kartoffelkrauts zu verstecken, aufgezehrt und entwertet. Die Menschen klagen diese ideologischen Funktionäre nicht einmal, wie es vielfach zuträfe, des Parasitismus an. Sie sagen nur: »Die müssen ja so reden.« Und sind sie nicht tatsächlich bestochen?

In diesem unglücklichen Bewußtsein, das in allen sowjetisch beeinflußten Ländern immer weiter aufgeladen wird und nicht nur vor den Toren der ZK-Gebäude, sondern vor den Türen

der Politbüros lauert, besteht die Spitze des reformatorischen Potentials. Es läßt sich nach der tschechoslowakischen Erfahrung (übrigens lehrte schon Ungarn 1956 dasselbe) mit großer Sicherheit sagen: Je näher irgendeine soziale Sphäre dem Politbüro ist, d. h. je näher sie entweder intellektuell oder funktionell der Verfügungsgewalt über die informationellen Regulierungsmechanismen steht, *ohne wirklich zu ihr zugelassen zu sein,* desto mehr und desto gefährlichere Feinde hat dort die Apparatherrschaft. Im entscheidenden Augenblick wird sich auch immer ein Kopf im Politbüro selbst finden, der sich aus welchen Motiven auch immer in den Dienst einer einleitenden personellen Machtverschiebung stellt. Es ist dies nur eine Frage der historischen Gelegenheit; die Ablösung der politbürokratischen Diktatur ist sozialökonomisch überfällig. Die Gesellschaft wird sich von diesem Residuum einer früheren Epoche befreien, auch die sowjetische.
Wenn man die russische Geschichte des XIX. Jahrhunderts liest – war es nicht eine ähnliche Entwürdigung der Intelligenzija, aus der sich die Generationen russischer Revolutionäre bis hin zu den Begründern des Bolschewismus erhoben haben? Aber welcher Unterschied! Damals, im XIX. Jahrhundert, war die Schicht der Intelligenzija sozial isoliert, und immer auf der Suche nach einem mächtigen Resonanzboden. Sie paßte sich zunächst den wirklichen oder vermeintlichen Bedürfnissen der russischen Bauernschaft an, um schließlich in der jungen Arbeiterklasse ihre Armee zu finden. Jedenfalls mußte sie ein Bündnis mit ganz anders gearteten Kräften eingehen. Heute befinden sich die Ideologen, die von der Zielsetzung und Sinngebung des sozialen Prozesses ausgeschlossen sind, nur exponiert in einer Situation, die immer größere Teile der ganzen Gesellschaft als Zumutung empfinden. Das überschüssige Bewußtsein ist eben ein – wenn auch ungleich starkes – Kontinuum. Längst bringen auch die unmittelbaren Produzenten, zumindest durch ihren passiven Widerstand gegen das gesamte intellektuelle Personal der Leitung,

Verwaltung und oft auch Produktionsvorbereitung, für das sie meist summarisch den Terminus »Bürokraten« verwenden, die tiefe Unzufriedenheit mit ihrer Rolle als subalterne Teilarbeiter zum Ausdruck, die ihrem Bildungsstand immer weniger entspricht. Und besonders stark ist das reformatorische Potential bei den Spezialisten in dem sozialen Strukturelement der Stäbe, die den bürokratischen Kommandolinien aller Zweige zur Seite stehen. Dort wird sowohl analytische als auch synthetische Arbeit geleistet, die oft von gewissen gesellschaftspolitischen Idealvorstellungen oder wenigstens von dem Bedürfnis nach technisch-ökonomischer Rationalität im Detail getragen ist. Aber die Möglichkeit der Initiative bleibt diesen Spezialisten im allgemeinen vorenthalten, und das ruft gerade deshalb ihren Unmut hervor, weil sie vom Gegenstand her meist eine relativ befriedigende Tätigkeit haben. Ihr Produkt wird ebenso entfremdet wie das der unmittelbaren Produzenten. Sie sind von den Realisierungsbedingungen ihrer Schöpferkraft getrennt. Noch näher steht den unzufriedenen Ideologen das Massenheer der zukünftigen Spezialisten, weil die studentische Jugend noch nicht von den allgemeinen Idealen enttäuscht ist, die die Leitsätze der offiziellen Weltanschauung ausmachen, und ihre Verwirklichung fordert. Sie ahnen dunkel, daß sie ihr Ausbildungsweg in die Enge und Subalternität der alten Arbeitsteilung zurückführen wird, der sie im Augenblick noch kaum unterworfen scheinen. Besonders im Hinblick auf die Jugend, die im Durchschnitt eine passable, wenn auch beschränkte Fachausbildung erhält, gibt es praktisch überhaupt kaum noch eine Schicht, die nicht über ein Minimum an freier Bewußtseinskapazität verfügte.
Vor diesem Hintergrund will ich noch einmal zusammenfassend wiederholen: Die Konfrontation in unserer Gesellschaft kann nicht in den Kategorien der traditionellen Klassenwidersprüche verstanden werden. Das Subjekt der Emanzipationsbewegung findet sich in den energischen, schöpferischen Elementen aller sozialen Schichten und Bereiche. Allerdings

besteht das Problem darin, daß diese Schichten und Bereiche, schon bedingt durch den für unsere Verhältnisse charakteristischen Mechanismus der sozialen Differenzierung im Entwicklungs- und Erziehungsprozeß der Individuen, nicht den gleichen Anteil solcher aktiven Elemente aufweisen. Lenin warf einmal ein, »ob wir die ›gesamte‹ unterdrückte ›Menschheit‹ befreien werden, das weiß ich noch nicht: z. B. die Unterdrükkung der Charakterschwachen durch diejenigen, die einen recht festen Charakter haben« (LW 6/40). Die Auslese bedient sich bei uns unvermittelter als in anderen Formationen psychischer Mechanismen, die sich im Sinne eindeutiger Präferenzen für die gebildeteren Schichten auswirken. Heute weiß man, daß selbst die charakterliche Differenzierung mit den sozialen Ungleichheiten zu tun hat. Insbesondere korrespondiert die motivationale Atmosphäre in der immer noch für die spätere Entwicklung weitgehend maßgeblichen Herkunftsfamilie mehr oder weniger mit den »objektiven Anforderungen« der Bildungsinstitutionen und des bei ihnen approbierten pädagogischen Stils – je nachdem, welche Ausbildung und Tätigkeit den Erwachsenen zuteil geworden ist.

Das hat Konsequenzen für die Verteilung des emanzipatorischen Potentials zuungunsten der unmittelbaren Produzenten, und zwar sind diese Konsequenzen um so größer, je stärker in unserer Schule das Leistungsprinzip durchgesetzt wird. Es ist zwar richtig: »Ihre unterprivilegierte Stellung in der arbeitsteiligen Produktion und ihr Platz in der Pyramide des ›demokratischen Zentralismus‹ sind es, die nach Veränderung drängen und das Bewußtsein der Notwendigkeiten produzieren werden«, wie Volker Braun schon 1968 notierte (publiziert 1975). Jedoch fragt sich, bei wem bzw. bei wem zuerst dieser Effekt eintreten kann. Braun fuhr damals fort: »Die Arbeiter als *Klasse* sind am stärksten an Veränderungen interessiert, und das *wird zu etwas führen.*« Es gibt aber bisher keine Anzeichen, übrigens auch in Polen nicht, daß »die Arbeiter« unter unseren Verhältnissen »Klasse für sich« sein könnten

und daß ihre »objektiven Interessen« den nächsten Schritt der allgemeinen Emanzipation bewirken würden. Das Maß an Hoffnungen, das sich an gesellschaftliche Veränderungen knüpft und das Engagement für sie motiviert, hängt – sofern nicht ganz extreme Pressionen zur Erhebung zwingen – von den angestauten Kräften ab, die sich entfalten wollen. Dieser wesentlich psychische Mechanismus der Aktivitätsdifferenzierung spielte in Umbruchsituationen von jeher eine wichtige Rolle. Solange sich noch Klassen gegenüberstehen, kann er freilich nur die Verteilung der Initiative *innerhalb* dieser verschiedenen Klassen erklären. Anders in den Übergangsperioden am Anfang und am Ende der Klassengesellschaft, in denen die soziale Differenzierung nach den Funktionsniveaus der gesellschaftlichen Arbeit viel unvermittelter an die natürlichen und quasi-natürlichen psychischen Unterschiede anknüpft. Weniger denn je werden die Letzten die Ersten sein. Diese ganze Denkweise greift nicht mehr. Die Perspektive ist anders: Die Veränderungen werden ausgehen auch von den objektiven *Widersprüchen,* von den Belastungen, die *für die ganze Gesellschaft und ihren Reproduktionsprozeß mit der Existenz subaltern gehaltener Schichten* gegeben sind. Aber die *Initiative dazu* kann nur von den mit den *Entwicklungs*funktionen und -tendenzen der Produktivkräfte und Produktionsverhältnisse verbundensten Elementen ausgehen. Dies ist nicht Forderung, sondern Realität. Fordern kann man, und muß man, daß sich diese Elemente nicht in ihren Sonderinteressen abschließen, sondern alle veränderungswilligen Kräfte anziehen und um sich formieren.
Hier mag man die Frage aufwerfen, ob bei einem solchen Aktivierungsmuster etwas anderes herauskommen kann, als bloß eine neue Machtverteilung zugunsten der Intellektuellen, der Wissenschaftler und der Wirtschaftsleiter. Das ist eine viel breitere Schicht als die Politbürokratie, die gegenwärtig immerhin deren Appetit in Schranken hält. Die Politbürokratie braucht das Wohlverhalten der werktätigen Massen und ist

daher zu sozialpolitischen Kompromissen bereit; sie ist da auch an einen ideologischen Restbestand aus der Vergangenheit der Arbeiterbewegung gebunden. Was wird geschehen, wenn die Technokraten, aller Kontrolle ledig, nur noch für ihren technisch-ökonomischen Erfolg arbeiten werden? – Das ist die Stimme der inoffiziellen politbürokratischen Apologetik, die den bestehenden Zustand als kleineres Übel für »die Arbeiter« ausgibt. Ganz ähnlich ließ vor 200 Jahren der patriarchalische Ausbeuter vor dem kapitalistischen warnen. Abgesehen davon, daß der gerade noch gezügelte selbstherrliche Technokrat bei uns die Züchtung des Politbürokraten ist, daß der also mit dem Knüppel droht, den er zuvor geschnitzt hat (ich erinnere noch einmal an Lipatows »Mär vom Direktor P.«), wäre die Emanzipation der Gesellschaft von der politischen Vormundschaft nach aller historischen Logik selbst dann ein Fortschritt, wenn sich die schlimmsten Unkenrufe der Novotnys zunächst bewahrheiten sollten. Wir hätten dann wenigstens die ungehemmte Entfaltung der sozialen Widersprüche. Die werktätigen Massen würden sehr schnell lernen, daß auch noch eine andere Kontrolle der Direktoren möglich ist als die politbürokratische.

In Wirklichkeit geben die von der Politbürokratie präsentierten Exemplare des »verantwortungslosen Journalisten«, »egoistischen Wissenschaftlers«, »unsozialen Technokraten« usw. natürlich ein tendenziöses Zerrbild von den Perspektiven einer Gesellschaft, in der die intellektualisierten Schichten des Gesamtarbeiters einstweilen zwangsläufig den Ton angeben werden. Die Apologeten des bestehenden Zustands können freilich die emanzipatorischen Interessen und deren künftige politische Organisation bei ihrer präventiven Kritik nicht in Rechnung stellen! Die teils offene, teils unterschwellige Stimmungsmache gegen die Intellektuellen im weitesten Sinne geht von einer engen Korporation aus, die *selbst aus reaktionär gewordenen, bürokratisierten Intellektuellen* besteht, welche die ganze soziale Macht für sich usurpiert haben. Der

Machtapparat versucht, während er sein Personal von der Intelligenz ausnimmt und zur Avantgarde der Arbeiterklasse erklärt, die begreiflichen Ressentiments der traditionellen Arbeiterschichten gegen die Träger vorwiegend geistiger Arbeit auszunutzen und appelliert dabei speziell an den volkstümlichen Haß auf die von ihm selbst organisierte Korruption der Intellektuellen, Wissenschaftler, Ärzte, Künstler usw.
Dabei kann er die erzwungene bürokratische Integration der oppositionellen Elemente ausnutzen. Vor dem Sturz der Novotnys können sich diese Elemente (deren Kern typischerweise innerhalb der Partei heranreift und selbstverständlich auch Funktionäre des Apparats einschließt) nur intern artikulieren, also nicht allgemeinverständlich von der Apparatherrschaft abgrenzen. Man hat in der ČSSR gesehen, daß es gerade in der jüngeren bis mittleren Generation kaum einen Funktionär gibt, den man vor einer Offenlegung der politischen Kräfte ohne persönliche Bekanntschaft zuverlässig eingruppieren könnte. Die profiliertesten Kader müssen sich, wenn sie oppositionell eingestellt sind, besonders undurchsichtig tarnen und oft den Advokaten des Teufels spielen. Die meisten Oppositionellen agieren zwangsläufig in irgendeiner Weise als Diener des Apparats. Indem der Apparat den Schein der Einheit aufrechterhält und so gut er vermag die Integration der gesamten intellektuellen Arbeit in die Leitungshierarchie betreibt, behält er die für sich lebenswichtige Möglichkeit, die beiden Flügel des Gesamtarbeiters unter seinen Fittichen gegeneinander auszuspielen.
Aber diese Möglichkeit existiert eben nur so lange, wie sie polizeilich und militärisch abgesichert ist. Die ČSSR hat gezeigt, daß unsere soziale Struktur, jedenfalls in den westlichen Ländern des sowjetischen Blocks einschließlich Ungarn und Polen, reif für eine Umkristallisation ist. Sobald die Politbürokratie »nicht aufpaßt« (wie sie es selbst sieht), sobald sie eine schwache Stunde hat, funktioniert sofort die faktische Hegemonie der intellektuellen Elemente über den gesamten sozia-

len Block, der sich in seinem überschüssigen Bewußtsein von ihnen angesprochen fühlt. Die werktätigen Massen akzeptieren dann sehr schnell die neue, entscheidende Frontbildung zwischen »Progressiven« und »Konservativen«, eine Scheidung nach negativer oder positiver Einstellung zum bisherigen herrschenden Apparat, der dann jählings in der vollkommenen Isolierung dasteht, die sonst sein unsichtbares Stigma ist. Die auf den Apparat festgelegte Gruppierung fürchtet mit Recht, die ganze Hand zu verlieren, wenn sie den kleinen Finger gibt, um den Erwartungen der Gesellschaft entgegenzukommen. Sie schätzt ihre eigene politisch-ideologische Stärke und die des unter der Oberfläche gegen sie bereitstehenden Potentials durchaus richtig ein. Sie muß ihre speziellen politischen und damit ökonomischen Machtpositionen als verloren betrachten, sobald sie ins Rutschen geraten. Gerade das hat das tschechoslowakische Beispiel sichtbar gemacht. Daher trifft eine ernsthafte Opposition der Intellektuellen, wenn sie einige Breite erlangt, bei uns so schnell den Nerv des Machtapparates.
Nun bedeutet das Vorhandensein eines revolutionären Potentials an sich noch keine revolutionäre Situation, sondern nur ihre Möglichkeit. Ihr Eintreten setzt eine spezifische Zuspitzung der inneren Krisenmomente und ihre Ausnutzung darüber hinaus eine günstige internationale Konstellation voraus. Es gibt eine Frage, in der die offizielle Apologie immer noch einigermaßen massenwirksam ist. Nach den Erfahrungen der beiden Weltkriege reagieren besonders die Angehörigen der älteren Generation spontan angstvoll auf *jede* scheinbare oder tatsächliche Störung des Gleichgewichts zwischen den Machtblöcken, ja auf die bloße Möglichkeit einer solchen Störung. Zweifellos nimmt die Erbitterung über die erpresserische Manier zu, in der das Verfügungsmonopol über alle Ressourcen, die der real existierende Sozialismus der NATO entgegenstellen kann, zur Herrschaftssicherung nach innen ausgenutzt wird. Aber zahlreichen durchaus unzufriedenen Men-

schen, nicht zuletzt unter den Parteimitgliedern, wird der tägliche Kompromiß durch die Befürchtung erleichtert, eine Schwächung der Machtstruktur, die unsere Wirtschaft wie unsere Kriegsmaschine kontrolliert, könnte das momentane Vakuum schaffen, in das die NATO hineinstößt. Konsequent verfolgt, verbietet dieser Gedanke *jede* Aktivität, *jede* Initiative, die in irgendeiner Weise die politbürokratische Diktatur schwächen könnte. Dazu ist zunächst zu sagen, daß die tschechoslowakische Entwicklung derartige Befürchtungen nicht bestätigt hat. Nach den Lehren von 1968 besteht die unmittelbare militärpolitische Aufgabe der Reformkräfte einfach darin, die Armeeführung für eine zumindest neutrale, tolerierende Haltung zu den Veränderungen zu gewinnen und dadurch zu sichern, daß die Streitkräfte während des Machtwechsels nach außen uneingeschränkt funktionsfähig bleiben. Genau dies ist in der ČSSR erfolgreich exerziert worden.

Eine ausführliche Analyse der militärpolitischen Situation ist nicht die Aufgabe dieses Buches. Festzuhalten ist jedoch, daß es nicht das geringste Anzeichen für eine Einstellung des Rüstungswettstreits gibt und daß die bestehende politische Verfassung der Warschauer-Vertrags-Staaten nicht die Möglichkeit bietet, in der Frage der Abrüstung effektiv in die Offensive zu gehen. Die Apparate können solche Entwicklungen wie Truppenabbau und Truppenrückzug schon wegen ihres spezifischen innenpolitischen Risikos nicht sehr weit vorantreiben. Eine wirkliche Abrüstungsinitiative setzt die Schaffung einer Einheitsfront der progressiven Kräfte in beiden Blöcken voraus, um die politisch-militärischen Komplexe koordiniert unter Druck zu setzen. Anders ist von Verhandlungen dieser Komplexe untereinander keinerlei tiefgreifender Fortschritt zu erwarten. Gesellschaftliche Veränderungen sowohl in den kapitalistischen als auch in den nichtkapitalistischen Ländern Europas sind also die *Vorbedingung,* um das unfruchtbare Universum der Rüstungsplaner und Abrüstungsdiplomaten zu sprengen und eine Eskalation beiderseitiger Abrüstung in Gang zu setzen. Ein gewisses Risiko, das mit der kaum völlig auszuschließenden Ungleichmäßigkeit der innenpolitischen Entwicklungen hüben und drüben verbunden sein wird, muß in Kauf genommen werden, um der totalen Gefährdung zu entgehen, die in der sonst unaufhaltsamen Fortsetzung des Wettrüstens liegt. Der Sänger Wolf Biermann hat eine Formel gefunden, die die Dialektik dieser Situation vom Standpunkt der revolutionären Kräfte präzise zum Ausdruck bringt: »Wer sich nicht in Gefahr begibt, der kommt drin um.«

Auch noch in anderer Hinsicht gehen die Entmutigungsreaktionen der progressiven Elemente, die dem gewaltsamen Abbruch des 1968er Aufschwungs folgten und noch nicht hinreichend überwunden sind, darauf zurück, daß viele den Blick noch nicht über die vordergründig imponierenden machtpolitischen und speziell militärischen Realitäten zu erheben vermögen. Die unzufriedenen Geister scheiden sich an der Frage der *Möglichkeit* und des *Sinnes* einer kommunistischen Opposition, zumal in den osteuropäischen Ländern außerhalb der Sowjetunion. Die Überlegungen der denkenden Menschen tendieren, was die *Beschreibung* unserer Verhältnisse betrifft, alle in die Richtung meiner Analyse. Aber man scheut sich, zu Ende zu denken, weil man sich vor den Konsequenzen fürchtet. Echte Sorge um das politisch-militärische Gleichgewicht in Europa springt da dem individuellen Bedürfnis nach sozialer Sicherheit bei. Jedenfalls ist es – abgesehen von mancher diskussionswerten Argumentation im einzelnen – zunächst einmal das Bequemste, den Gedanken einer konsequenten Opposition als illusorisch oder sogar provokatorisch abzutun. »Können wir uns denn bewegen? Und sollen wir uns bewegen? Ist es nicht besser, die Entwicklung abzuwarten? Womit sonst könnte die Bewegung gerade in dem unwahrscheinlichen Falle eines Anfangserfolges enden als mit dem Aufmarsch der überall und jederzeit präsenten sowjetischen Panzer? Sieh die ČSSR heute an, das kommt bei solchen Versuchen heraus!« Man hätte also, wie Lenin nach 1905 zu hören bekam, wieder einmal »nicht zu den Waffen greifen«, 1968 den politischen Kampf gar nicht erst aufnehmen sollen . . . Diese historische Erinnerung ist vor allem deshalb berechtigt, weil hinter der heutigen Resignation ebensowenig Verständnis für das strategische Kräfteverhältnis steckt wie damals bei den russischen Menschewiki und Liquidatoren. Der sowjetischen Führung würde der analoge Entschluß ein weiteres Mal noch bedeutend schwerer fallen als 1968, und sie dürfte inzwischen bereit sein, einen wesentlich höheren Preis als damals dafür zu zahlen, daß sie gar nicht erst vor eine solche Alternative gestellt wird. Obwohl das Trauma von1968 noch psychologisch nachwirkt, haben die übrigen Länder des sowjetischen Machtbereichs heute einen größeren innenpolitischen Spielraum. Die Möglichkeiten oppositioneller Aktivität haben in jüngster Zeit (Helsinki, Berliner Konferenz der europäischen kommunistischen Parteien) erheblich zugenommen.

Die Fähigkeit, militärisch gegen Volksbewegungen in anderen Ländern vorzugehen, kann überhaupt nur sehr bedingt von einem technologischen Standpunkt aus beurteilt werden. Sie ist – wie das Militär überhaupt – nach aller bisherigen Erfahrung eine von vielem abhängige Variable. Man verzichtet auf den historischen Materialismus, wenn man vergißt, daß Truppen auf die Dauer nicht neue, höhere Produktivkräfte in Schach halten können, von denen überdies ihre Ausrüstung abhängt. Und die internationale Situation macht es selbst für kürzere Fristen nicht wahrscheinlich, daß die Sowjetführung ihre Rolle als regionaler Gendarm aufrechterhalten kann, während die USA als Weltpolizist gescheitert sind. Eine erneute Intervention wie 1968 würde ihre gesamte Außenpolitik einschließlich des Kompromisses mit den westeuropäischen kommunistischen Parteien zerstören. Nicht zuletzt wird die innere bürokratische Stabilität durch jede weitere politische Polizeiaktion großen Stils tiefer erschüttert als durch die vorige. Der Mißbrauch der jungen Sowjetsoldaten geht nicht spurlos an der Moral der Armee und besonders ihres Offizierskorps vorüber. Bekanntlich war der Sieg über Novotny nicht ohne die Mitwirkung solcher Offiziere wie General Prchlík möglich. Ohne Zweifel besteht die sowjetische Generalität nicht aus lauter Reaktionären. Auch in Moskau wird sich neben einem sowjetischen Dubček ein sowjetischer Prchlík finden.

Worin liegt eigentlich – wenn man das Psychologische beiseite läßt – der neuralgische Punkt, aus dem die Entmutigungsreaktion erwächst, d. h. der Fehler der politischen Einschätzung? Liegt er nicht in der nationalistischen Beschränktheit der oppositionellen Konzeptionen? Das nationale Phänomen ist eine sehr bedeutende Tatsache. Die Wurzel liegt in den historischen und aktuellen Entwicklungsungleichheiten der Völker, die das Gegeneinander der nationalen Interessen bewirken. Die sowjetische Führung ruft innerhalb und außerhalb ihres Landes den gegen sie gerichteten Nationalismus nach genau denjenigen Rezepten an, die Lenin 1922, als er über den Konflikt in Georgien sprach, so entschieden verworfen hatte (LW 36/590 ff.). Sie kann offenbar nicht anders, noch nicht zumindest. Der Nationalismus spielt objektiv eine notwendige Rolle bei der Zersetzung der Heiligen Allianz der Parteiapparate, insofern er zeigt, daß sie nicht produktiv mit der nationalen Frage fertig werden; sie sind sich dabei, wie in so vielen Dingen, einfach selbst im Wege. Doch wer fortwährend die sowjetischen Panzer beschwört, überläßt es den Apparaten, der Welt ihren »Internationalismus« vorzuführen, stellt sich selbst auf einen Standpunkt, der bloß die Kehrseite der großmachtpolitischen Komponente in der sowjetischen Außenpolitik ist. Die Opposition wird es lernen, über ihre jeweiligen nationalen Bedingungen hinaus die gesamte osteuropäische Szene als ihren Kampfboden anzusehen und sich dabei von jeder Art nationalistischer Vorurteile und Stereotype freizuhalten. Nicht zuletzt wird sie sich auf aktive Solidari-

tät mit den progressiven Kräften in der Sowjetunion einstellen, die je nach der politischen Entwicklung in Osteuropa Behinderung oder Förderung erfahren. Die sowjetische Opposition braucht Unterstützung durch ermutigende Beispiele. Maßgebend sind nicht die nationalen Unterschiede und Animositäten, maßgebend ist der fundamentale Widerspruch zwischen den sozialen Interessen *aller* Völker Osteuropas und den Interessen ihrer politischen Bürokratien. Die Völker der Sowjetunion brauchen ebenso wie die Völker der Tschechoslowakei, Polens, Ungarns usw. eine neue politische Lebensordnung.
Sicherlich kann heute auch in Moskau, Leningrad oder Kiew niemand sagen, »wie spät es ist« und wie schnell die Uhr läuft. Bei dem Charakter unseres Überbaus ist es die Regel, daß lange angehäufter Zündstoff »plötzlich« aufflammt, weil die sich zuspitzenden Widersprüche keine Organe haben, in denen sie sich rechtzeitig äußern können. Sogar in der ČSSR, wo man 1966/67 vieles erahnen konnte, überraschten dann Tempo, Breite und Tiefe der Umgestaltung. Jedenfalls hat sich die Situation für den Interventionismus, für die Doktrin der beschränkten Souveränität außen- wie innenpolitisch verschlechtert, und der Apparat muß neue Wege suchen, auch gewisse neue Risiken eingehen, um Zuspitzungen vorzubeugen. Mehr als früher läßt er sich innerhalb der bestehenden Verhältnisse durch Bevölkerungsstimmungen beeinflussen, vorantreiben oder auch zurückdrängen, wie jetzt wieder in Polen. Die Erfahrung zeigt, daß er gern über bloß negative, restriktive Maßnahmen hinauskommen möchte. Es ist nicht auszuschließen, daß es zu wenigstens teilweisen Regenerationen kommt, etwa auf der Linie der Versöhnungsstrategie, die die ungarische Parteiführung nicht ohne Erfolg nach 1956 versuchte. Es gibt mehr als einen möglichen Ablauf historischer Ereignisse. Der Standpunkt »Je schlimmer, desto besser« liegt jedenfalls nicht im Interesse der Massen. Es fragt sich nur, ob die traditionellen Mächte Aufschübe noch nutzen

können. Bürokratien, die ihren Zenit überschritten hatten, haben selten anders reformiert als nach dem Rezept »zu wenig und zu spät«. Aber besonders die sowjetische Bürokratie steht heute unter dem Druck immer bedrohlicherer innerer und äußerer Widersprüche, für die es im Rahmen der bisherigen Antwortmuster keine Lösungen mehr gibt. Das Politbüro, das Zentralkomitee, der ganze verzweigte Apparat können auf die Dauer nicht bei den alten Standpunkten einig bleiben, die sich als zunehmend uneffektiv erweisen, im praktischen Leben und im ideologischen Kampf versagen. Der aufgeklärtere Teil des politbürokratischen Personals wird zwangsläufig danach streben, sich von dem Ballast der starrsten, reaktionärsten Elemente zu befreien.

Auf jeden Fall wird die in letzter Instanz alternativlose Entscheidung der Sowjetführung für die ausgedehnte industrielle und wissenschaftliche Kooperation mit Nordamerika, Westeuropa und Japan genau diejenigen Kräfte im eigenen Lande stärken, die in der ČSSR die Hauptrolle im Kampf gegen das Novotny-Regime gespielt haben. Die sowjetischen Wissenschaftler, Techniker, Ökonomen werden nachhaltiger denn je und mit immer kürzerer Frequenz auf die prinzipielle Unangemessenheit des alten Überbaus zu den neuen Produktivkräften stoßen. Andererseits sind die fortschrittlichen Künstler, Gesellschaftswissenschaftler und Journalisten längst dabei, das offizielle apologetische Selbstbild der Sowjetgesellschaft zu zersetzen und die grundsätzlich davon abweichende Wirklichkeit des Lebens zur Sprache zu bringen. Auch diesen Prozeß kann der Vergleich mit der Außenwelt nur beschleunigen. Das Klima der friedlichen Koexistenz, das offenbare Zurücktreten des unmittelbaren Überlebensproblems, wird sich in einer unaufhaltsamen Hinwendung zu den herausfordernden inneren Widersprüchen der neuen Gesellschaft auswirken. Zeitweilig mag die »große Kooperation« die herrschenden Gruppierungen beider Systeme etwas entlasten; insbesondere in der Sowjetunion kann sie einige überschüssige

Kräfte durch relativ sinnvolle Beschäftigung zufriedenstellen. Auf die Dauer wird die damit eingeleitete Evolution das große Bündnis der kulturrevolutionären Kräfte gegen beide Staatsmonopolismen auf den Plan rufen. Das unvermeidliche Pendeln der Führer zwischen Lockerlassen und Anziehen der Schrauben, die das geistige und kulturelle Leben der nichtkapitalistischen Industriegesellschaft unter Druck halten, wird das Seine dazu beitragen, die notwendige kritische Masse von Unzufriedenheit und Empörung aufzuladen. Der Apparat kann da seinem Wesen und seiner Lage nach nichts mehr »richtig« machen.

Alles in allem genommen sind die tschechoslowakischen Erfahrungen hoffnungsvoll gerade dann, wenn man bei ihrer Bewertung den nationalen Rahmen überschreitet. Sie verweisen die Opposition nicht nur darauf, sie ermutigen sie dazu, die politische Hegemonie im Rahmen des ganzen sowjetischen Blocks anzustreben. Die echte große Chance unserer nichtkapitalistischen Basis kann auf diesem größeren Terrain viel wirksamer zum Tragen kommen. Mindestens wäre zu erreichen, daß es bei der nächsten nationalen Konfrontation eine grenzüberschreitende Solidarität gibt, die sich nicht nur stimmungsmäßig bemerkbar macht, sondern die Handlungsfreiheit der repressiven Kräfte einschränkt. Die revolutionäre Bewegung hat seit dem I. Weltkrieg immer wieder ihre bitteren Erfahrungen mit der Tiefe des kapitalistischen Verteidigungssystems gemacht, zuletzt erst 1968 in Frankreich und neuerdings in Portugal. Dagegen hat unsere Politbürokratie nur einen einzigen Graben, wie die ČSSR wieder eindeutig erkennen ließ. Wird sie von den polizeilichen und militärischen Machtmitteln abgeschnitten, wird dieser Repressionsapparat auch nur neutralisiert, so ist der Weg innen frei für die sozialistische Neugestaltung des gesellschaftlichen Systems. Es war schon Substanz in der »Anfrage an den Sender Jerewan« nach dem 21. August, woher denn die Truppen gegen einen sowjetischen Dubček kommen würden.

Man kann dem sowjetischen Volk nur wünschen, daß es in Moskau rechtzeitig zu einer Führung kommt, die fähig ist, einen gesteuerten, gebremsten Reformprozeß einzuleiten, um ihm eine spontane, zerstörerische Rebellion zu ersparen, und dies nicht zuletzt aus Gründen der internationalen Situation. Die Berliner Konferenz der europäischen kommunistischen Parteien hat die Sowjetunion und ihre Bündnispartner auf eine Herausforderung aufmerksam gemacht, die im allgemeinen Interesse eine positive, konstruktive Antwort verlangt, eine Antwort, wie sie nur die progressiven Kräfte in den Ländern des Warschauer Pakts gemeinsam finden können.

Wie jeder weiß, ist die *Form* des politischen Überbaus, mit dem die antikapitalistischen Umgestaltungen in Osteuropa nach 1945 durchgesetzt wurden, den Völkern dieser Region oktroyiert worden. Sie ist weder nach Substanz noch nach Gestalt noch nach dem Zeitpunkt die Konsequenz ihrer eigenen, nationalen Entwicklung, sondern das Ergebnis des überragenden sowjetischen Anteils am Sieg der Anti-Hitler-Koalition und der schon vorher durch die Komintern verwirklichten Unterordnung der übrigen kommunistischen Parteien unter die sowjetischen Staatsinteressen. Der Export des sowjetischen »Modells« hatte ursprünglich eine revolutionäre und progressive Bedeutung. Auch in seiner inadäquaten Gestalt hat dieser Überbau zunächst vornehmlich seine Rolle als Instrument des sozialen und industriellen Fortschritts in Osteuropa gespielt, relativ am wenigsten begreiflicherweise in den ökonomisch entwickeltsten Ländern. Im Falle der DDR tritt der Grad des ökonomischen Funktionierens in seiner Bedeutung ohnehin hinter die Tatsache zurück, daß der deutsche Imperialismus ein Drittel seines Einflußbereichs verloren hat. Jedenfalls hielt die geschichtliche Situation nicht etwa eine bessere Lösung für Osteuropa bereit. Die Sowjetunion gab hier, was sie nach der Logik ihrer eigenen inneren Bedingungen geben konnte, und zwar durchaus bis an die Grenze ihrer Möglichkeiten. Hätte sie auf ihre Initiative verzichtet, wäre der industrielle Aufbruch Osteuropas verzögert, der halbkoloniale Status der meisten dieser Länder verlängert, die bürgerliche Struktur wiederhergestellt worden. Jedoch ist der so geschaffene neue Staat in keinem Falle (Jugoslawien natürlich ausgenommen) über die Konstellation einer den immanenten Bestrebungen der nationalen Gesellschaft äußerlichen Macht hinausgekommen. In der Sowjetunion ist die despotische innere Form und sittliche Verfassung des Staatswesens nicht aufgepfropft, sondern im Rahmen eines ganz bestimmten Maßverhältnisses von »Revolution–Restauration« (Gramsci) organisch durch die halbasiatische ökonomische und politische Tradition bedingt. Die despotische Apparatherrschaft ist dort drückend wie jemals und inzwischen deutlich entwicklungshemmend, aber sie ist nicht fremd. Darum ist die Aufgabe der progressiven Kräfte viel schwerer.

Anders liegen die Dinge in Osteuropa, zumindest in der Tschechoslowakei, in Polen und Ungarn. Anders – ungeachtet der preußischen militaristisch-bürokratischen Tradition, die hier tatsächlich die Diskrepanzen mildert – auch in der DDR. Diese Länder gehören ganz oder vorwiegend der westeuropäischen Zivilisation an. Ihre ökonomischen, sozialen und kulturellen Verhältnisse verlangen für den vollen Durchbruch zum Sozialismus einen institutionellen Überbau, in dem diese sehr von der russischen verschiedene Tradition ihre Aufhebung findet. Sie brauchen jetzt nicht nur – wie die Sowjetunion auch – schlechthin eine Neuanpassung des Überbaus an die weitaus entwickelteren Produktivkräfte, sondern zugleich eine »nationale Restauration«, d. h. die Wiederherstellung der nationalen Kontinuität hinsichtlich der Art der gesellschaftlichen Institutionen. Letzten Endes geht es darum, die Institutionen der durch eine bestimmte geschichtliche Entwicklung geprägten allgemeinen *Individualitätsform* anzumessen, die ja die eigentliche Substanz des sogenannten Nationalcharakters ist. In diesem Sinne hatten die tschechoslowakischen Massen

recht, die gesuchte neue nationale Verfassung als »Sozialismus mit menschlichem Antlitz« aufzufassen und zu bejahen; d. h. der Humanitätsbegriff hat hier einen ganz bestimmten westeuropäisch-nationalen Inhalt, natürlich auch mit den entsprechenden Schranken und Vorurteilen.
Die gesellschaftspolitische Rolle der nachstalinschen Apparatherrschaft in der Sowjetunion gegenüber Osteuropa besteht heute, wie seit dem 21. August geschichtsnotorisch ist, darin, die Völker dieser Region am Voranschreiten zum Sozialismus in der ihnen gemäßen Form zu hindern und sie dadurch in der ferneren Konsequenz einer *politischen* Restauration in die Arme zu treiben. Sie ist in dieser doppelten Hinsicht in der Tat konterrevolutionär. Der zunehmende Nationalismus – und das heißt konkret »Antisowjetismus« – in den osteuropäischen Ländern hat *soweit* eine progressive Funktion, wie er sich *gegen die Fesseln richtet, die die Hegemonie des sowjetischen Apparats ihrer inneren gesellschaftlichen Entwicklung anlegt.* Das Wesen des Souveränitätsproblems, sein springender Punkt besteht für die osteuropäischen Völker in der Notwendigkeit, den eigenen sozialistischen Fortschritt weitestgehend von der andersgearteten und für sie zu langsam sich wandelnden inneren sozialen Situation in der Sowjetunion unabhängig zu machen. Genau darum ging es 1968 in der ČSSR. Genau darauf hat die Moskauer Führung, wie der Zarismus in seiner Einflußsphäre im XIX. Jahrhundert in analogen Fällen, mit einer militärischen Polizeiaktion geantwortet; und charakteristischerweise haben das die aktivsten kommunistischen Parteien Westeuropas aufgrund ihrer eigenen existentiellen Interessen nicht akzeptiert.
Im Lichte der Berliner Konferenz drängt sich die Überlegung auf: Sobald es *praktisch* einen westeuropäischen Weg zum Sozialismus gibt, wird der politische Prozeß in den osteuropäischen Ländern nicht nur verstärkt auf eine unabhängigere Außenpolitik, sondern vor allem auf die bisher unterdrückte institutionelle Reform zusteuern. Eine Reaktion gegen den

bestehenden Zustand ist unvermeidlich. Die Kontinuität der Revolution und die Stabilität des europäischen Friedens erfordern, daß sich die Kommunisten rechtzeitig darauf einstellen, ihr eine konstruktive und allmähliche Form zu geben. Die osteuropäischen Völker wollen mit Sicherheit politische Verfassungen jenes Typs, wie sie Berlinguer, Marchais und Carillo auf der Berliner Konferenz entworfen haben. Wenn bis dahin nicht von beiden Seiten des 1968er »innerkommunistischen« Konflikts reale Lehren gezogen sind, muß es über der dann unvermeidlichen Loslösungsbewegung in Osteuropa und den entsprechenden Pressionen aus Moskau zum offenen Bruch zwischen den beiden Strömungen kommen, der nur den ungünstigsten Einfluß auf die europäische Situation im allgemeinen und auf die innersowjetische Situation im besonderen ausüben könnte.
Die osteuropäischen Kommunisten haben dringend darüber nachzudenken, ob sie der Notwendigkeit innenpolitischer Änderungen strategisch defensiv nachgeben oder offensiv gegenübertreten wollen. Defensiv hieße, langfristig der Loslösung aus dem sowjetischen Bündnissystem entgegenzusehen, einer Stunde sowjetischer Schwäche, auf die dann eine nationale Befreiungsbewegung reagieren würde – mit unabsehbaren Gefahren für den europäischen Frieden. Offensiv hieße, auf eine Umkehr des Einflußgefälles hinzuarbeiten, d. h. der sowjetischen Führungsschicht von der entwickelteren, fortgeschritteneren Peripherie außerhalb und innerhalb ihrer Grenzen her aktiv solche Probleme zu stellen, die sie zwingen, grundlegende innenpolitische Umgestaltungen im eigenen Lande vorzunehmen. Mir scheint die zweite Strategie nicht nur produktiver, auch für die sowjetische Entwicklung, sondern auch aussichtsreicher, und zwar besonders im Lichte der neuen sozialistischen Offensive im romanischen Westeuropa. Sobald die nichtkapitalistischen Länder Osteuropas in ihrem Streben nach einem adäquaten Überbau des weiteren sozialistischen Fortschritts reale demokratische Übergangsprozesse

in Frankreich, Italien, Spanien im Rücken haben werden, wird der sowjetische Überbau nicht mehr umhin können, sich neu anzupassen. Die sowjetische Intelligenz wird dabei eine ausschlaggebende Rolle spielen, weil sie auf einem qualitativ neuen Niveau erneut die Funktion der aktiven, »westlerischen« Anpassung an die fortgeschritteneren westeuropäischen Verhältnisse übernehmen muß.

Andernfalls würde die Sowjetunion höchstwahrscheinlich ihre westliche Peripherie verlieren, ich meine *völlig* verlieren, denn in ihrem heutigen Status minderer Souveränität ist sie auf keinen Fall zu halten. Aus der Sicht der wohlverstandenen sowjetischen Zukunftsinteressen, die sich die dortige Opposition zu eigen machen wird, geht es gerade darum, die osteuropäischen Länder rechtzeitig präventiv zu entlasten und sie so in ihrer Funktion als zuverlässige Partner der ökonomischen Kooperation und freiwilligen Integration zu bestärken. Die sowjetische Führung sollte nicht zu spät begreifen, daß ein solcher »proletarischer Internationalismus«, wie er von den Tribünen der letzten SED-Parteitage zu vernehmen war, wegen der antisowjetischen Stimmungen, die er provoziert, die langfristigen Bündnisinteressen viel mehr gefährdet als ein zeitweilig etwas überkompensierender »Nationalkommunismus« wie in Rumänien. Die Sowjetunion könnte den osteuropäischen *Völkern* Gelegenheit geben, die wirklichen Vorteile des Bündnisses, insbesondere seine äußerst weitreichenden ökonomischen Perspektiven zu erkennen, die gegenwärtig wegen des tief eingewurzelten Mißtrauens und wegen kurzsichtiger sowjetischer Entscheidungen (Ölpreise) zu wenig wahrgenommen werden. Eine planmäßige Evolution in Osteuropa wäre das sicherste Mittel, einer späteren europäischen Kollision um diese Zone vorzubeugen, die sonst nicht auszuschließen ist.

Eines der wesentlichsten Momente einer sinnvollen Evolution ist der aktive Kampf um die offene und öffentliche Präsenz einer alternativen kommunistischen Position und Diskussion in unseren Ländern. Im Ergebnis der Berliner Konferenz, die man als einen Meilenstein ansehen kann, wird diese Orientierung an Boden gewinnen. Nach der Reaktion der italienischen Parteiführung auf den jüngsten Zusammenstoß in Polen und auf die Bitte des Genossen Jacek Kuron um politische Hilfe kann offenbar auf eine wirksamere Solidarität der westeuropäischen Kommunisten mit einer ernsthaften und verantwortungsbewußten Opposition in den Ländern des real existierenden Sozialismus gerechnet werden. Wenn sich jetzt größere Gruppen oppositionell eingestellter Genossen und andere Sympathisierende *ohne viel Konspiration,* vielmehr mit Wissen einer bestimmten, interessierten Öffentlichkeit zu Diskussionen, beispielsweise über die Materialien der Berliner Konferenz, versammeln und ihre Ergebnisse in verschiedenen Formen verbreiten würden, stünden die herrschenden Apparate vor einem schwierigen Problem. Die wichtigsten Reden auf der Berliner Konferenz sind z. B. in der DDR, obwohl sie im Zentralorgan der Partei veröffentlicht wurden, de facto illegal; aber das soll nicht eklatant werden. Die Apparate möchten nicht gezwungen werden, hierin Farbe zu bekennen. Nachdem sie anerkannt haben, daß es *zwischen* den Parteien unterschiedliche Standpunkte zu ganz entscheidenden Problemen geben kann, werden sie sich mit der Forderung konfrontiert sehen, das gleiche für das *innerparteiliche* und innergesellschaftliche Leben anzuerkennen. Die Vertreter der neuen Standpunkte in der europäischen kommunistischen Bewegung sind daran interessiert, daß die Ergebnisse der Berliner Konferenz nicht als eine Art Augsburger Religionsfrieden ausgelegt werden können: cuius regio, eius religio – wessen Land, dessen Religion. Die Apparate bemühen sich deutlich darum, nun die Abgrenzung von den avancierten westeuropäischen kommunistischen Parteien einzuleiten, in der klügsten Variante mit dem Argument der »ganz anderen Bedingungen«. Diese Abgrenzung kann auf lange Sicht nicht gelingen.

Absolut notwendig ist es, eine die Nichteinmischungsmentali-

tät in ideologischen Angelegenheiten beiseite lassende Diskussion in der internationalen kommunistischen Presse zu führen. Es könnte versucht werden, die Zeitschrift »Probleme des Friedens und des Sozialismus« aus einem Organ der vorsichtigen Monologe nach dem Augsburger Rezept in eine Tribüne zu verwandeln, auf der außer den offiziellen Standpunkten der beteiligten Parteien die Ansichten einzelner Genossen und kommunistischer Gruppen zur Diskussion gestellt werden. Andernfalls müßte eine neue internationale kommunistische Revue geschaffen werden, deren Spalten selbstverständlich auch für den Dialog mit anderen progressiven Strömungen offenzuhalten wären. Interessant ist in diesem Zusammenhang die Initiative dreier jugoslawischer theoretischer Zeitschriften zur Gründung einer »Internationalen Tribüne des Sozialismus in der Welt«. Nach Angaben der Belgrader Internationalen Politik (Heft 628, 5. 6. 1976) versammelt sie marxistische und sonstige sozialistische Theoretiker, Kämpfer für den Sozialismus aus verschiedenen Ländern, Bewegungen und Orientierungen zwecks gemeinsamer theoretischer Diskussion, wobei ausdrücklich Einzelpersonen, also nicht offizielle Repräsentanten von Bewegungen, Parteien oder Ländern, eingeladen sind. Die Beiträge und die Diskussion der jährlichen Treffen werden publiziert.
In den zurückliegenden Jahren haben sich auch die inneren subjektiven Bedingungen für eine effektivere Formierung der oppositionellen Elemente verbessert. Noch ist es mehr eine sozialpsychische als eine politische Realität, mehr der Ausdruck einer politischen Forderung, wenn von einer kommunistischen Opposition bei uns gesprochen wird. Darüber braucht sich niemand hinwegzutäuschen. Jedoch bewegt sich die ideologische Entwicklung auf einen qualitativen Umschlag zu. Bis gegen Ende der sechziger Jahre war das Auftreten einzelner, voneinander isolierter Persönlichkeiten typisch, die aber auch schon nicht mehr völlig außerhalb der Legalität gestellt werden konnten, so viele Schikanen es auch gab und gibt. In den

letzten Jahren halten nun, soweit man sehen kann, beispielsweise in Ungarn und in Polen bereits größere Gruppen Sympathisierender halboffen Kontakt miteinander und sind vor allem ideologisch keineswegs isoliert, gewinnen Einfluß auf die kritischen Individuen wesentlicher Zweige des Funktionärsapparats. In der ČSSR hat der energische Kern der Bewegung für die sozialistische Erneuerung seit 1968 nicht kapituliert; in dieser Hinsicht ist es symptomatisch, daß Alexander Dubček nichts von seiner Nachjanuarposition preisgegeben hat – die moralische Autorität der Reformpolitik ist ungebrochen. Auch in der Sowjetunion kann es sich – da z. B. das bekannte Buch von Roy Medwedjew verschiedene Standpunkte zitiert und diskutiert – nicht mehr um Einzelgänger handeln. (Von Bulgarien und Rumänien muß ich aus Mangel an Informationen schweigen).

In der DDR geschieht bisher – neuerdings hat der Fall Biermann die Szene anders beleuchtet – am wenigsten, aus einer ganzen Reihe von Gründen, die ich hier nur stichwortartig andeuten will: ihre exponierte Stellung gegenüber der BRD, ihr verhältnismäßig gutes ökonomisches Funktionieren, die preußisch-deutsche Tradition des Staatsgehorsams, die Dichte, Wachsamkeit und relative Effizienz des ganzen sozialen Kontrollsystems. Aber auch hier nimmt spürbar die Zahl der engagierten Menschen zu, die in der Gesamtanlage der bestehenden Verhältnisse, in ihrer bloß allmählichen, an den Symptomen kurierenden Ausgestaltung keine lohnende Perspektive mehr sehen. Das Bedürfnis nach Loslösung vom Apparat, nach persönlicher Distanzierung von den bürokratischen Rollen greift um sich, ein subjektiver Drang, der Öffentlichkeit, wenigstens der jeweils nahen, das wirkliche Gesicht zu zeigen. Dieses auf den ersten Blick bloß psychologische Phänomen hat einen durchaus faßbaren soziologischen Boden: Jetzt steht in der DDR diejenige Generation am Scheideweg, die als erste das Glück hatte, weitgehend unberührt von Faschismus und Schützengraben zu bleiben und deshalb – in ihrem psychosozial dafür disponierten Teil – eine ungebrochene »idealistische« Jugendentscheidung für die kommunistische Idee treffen konnte. Man mag da etwa an die Subjektivität denken, die sich in der Dichtung Volker Brauns äußert.

Die Aktivisten dieser Generation leiden nach ihren fünfzehn bis zwanzig Jahren Dienst am Apparat und im Apparat, der ihre Initiative hemmt, kanalisiert und standardisiert, an einem Stau nach innen abgelenkter Energie. Bei dem Grad an Verbundenheit mit der Sache der Partei, der für diese Menschen kennzeichnend war, konnte der Prozeß der Ablösung natürlich nicht auf erborgten Einsichten, sondern nur auf schubweise vertiefter Erfahrung beruhen. Er brauchte also seine Zeit. Wem die Sache des Kommunismus, das heißt der realen Gleichheit und der allgemeinen Emanzipation, jemals wirklich ernst war, wer also den »realpolitischen« Ausflüchten, die zum Stillhalten nötig sind, von vornherein mißtraut, der kann gar nicht umhin, sich nun die Sinnfrage neu zu stellen. Wozu, wofür weitere zwanzig, dreißig Jahre ohne Inspiration in einem System funktionieren, das den eigenen Hoffnungen und Idealen keine Nahrung mehr gibt?

So lebt in einer Gruppe, die gewichtiger ist als ihre Zahl, die latente Bereitschaft, ja, die moralische Nötigung, »auszusteigen«, wie man sagt, aufzubrechen, etwas zu unternehmen. Woran es noch mangelt, ist die Initiative zur Sammlung, zum Zusammenschluß für den bewußten, zielstrebigen Dialog. Gewiß wird es sich zunächst um vorwiegend theoretisch-ideologische und propagandistische Zirkel handeln, noch nicht um eine Massenbewegung. Die Aufgabe besteht erst einmal darin, die Mehrheit der politisch am Sozialismus interessierten Menschen innerhalb und außerhalb der Partei mit dem Gedanken an die Möglichkeit einer Alternative vertraut zu machen. Schon die Präsenz entsprechender Gruppen wäre ein wichtiger Beweis. Die Zeit ist reif, um die Menschen zusammenzuführen – natürlich nicht nur aus dieser einen Generation – , die die neuen subjektiven Produktivkräfte mit dem höchsten Grad an Bewußtheit repräsentieren, Geduld und Mut für das Eindringen in die Probleme mitbringen, welche eine tiefgreifende Umgestaltung der nichtkapitalistischen Industriegesellschaft aufwirft. Zu Ende gedacht, ist das, was da beginnen soll und in Ansätzen bereits begonnen hat, eine andere Kommunistische Partei. Ich werde von einem *Bund der Kommunisten* sprechen, schon um für jene Fälle die Unterscheidung zu erleichtern, in denen sich die herrschenden Parteien kommunistisch nennen. *Wie* dieser Kommunistische Bund aus solchen Anfängen hervorgehen soll, muß der Entwicklung der Bewegung selbst überlassen bleiben, um so mehr, als hier – nicht nur wegen der nationalen Unterschiede – verschiedene Abläufe denkbar sind. Insbesondere wird die oppositionelle Gruppierung in statu nascendi keineswegs sogleich die Aufgabe haben, selbständige Parteiorganisation im strengen Sinne zu werden, was nur der Gefahr sektiererischer Abkapselung und Dogmenstreiterei Vorschub leisten würde. Die herrschenden Parteien sind ideologisch hohl genug, als daß man von vornherein die Möglichkeit der Machteroberung »von innen« ausklammern müßte. Sie *sind* längst von den sprengenden emanzipatorischen Interessen her »angesteckt« und »unterwandert«, die die große Mehrheit ihrer denkenden Mitglieder einschließlich vieler Funktionäre bewegen. Es ist nur der scheinbaren Alternativlosigkeit für das reale Verhalten geschuldet, daß sie sich bloß in privaten Unwillenskundgebungen äußern können. Wenn es aber heute in allen osteuropäischen Ländern mehr und mehr Menschen gibt, die trotz der sicheren Aussicht auf jahrelange Unannehmlichkeiten Ausreiseanträge stellen, dann ist es für die kommunistische Minderheit an der Zeit, sich dafür zu exponieren, daß sich *hier* das Leben ändert. (Das könnte übrigens einen qualitativ wesentlichen Teil der Ausreiseentschlossenen dazu veranlassen, sich für einen anderen, fruchtbareren Weg der Selbstverwirklichung zu entscheiden.)

Die Perspektive einer innerparteilichen Machtverschiebung, für die die jugoslawischen, ungarischen, tschechoslowakischen und auch die polnischen Erfahrungen sprechen, darf eben nicht länger in dem opportunistischen Sinne des langen Schleich- und Schweigemarsches durch die Institutionen verstanden werden, jener täglichen Anpassungskleinkunst, nur nicht aufzufallen, um nicht hinausgeworfen zu werden – bis das Zentralorgan einen Nachruf für treue Dienste druckt. Die Anfänge der neuen Vereinigung können nur außerhalb der bestehenden Parteistruktur liegen – formell, weil man die offenbaren Oppositionellen sofort aus den Parteien und von Fall zu Fall für gewisse Zeit auch aus der Gesellschaft ausschließen wird, und essentiell, weil die Brennpunkte einer neuen, veränderten Bewußtheit ihren Ort objektiv nicht im Bannkreis des parteioffiziellen »Wissens« haben.
Die herrschenden Verhältnisse schreiben den Weg direkt vor. Die geltenden Parteistatuten belegen die »Fraktionsmacherei«, d. h. in der Praxis jegliche Artikulation von Strömungen, jegliche Gruppenbildung zu Diskussionszwecken mit Sanktionen. Jeder denkende Kommunist, der sich mit zwei weiteren denkenden Kommunisten zum Gedankenaustausch trifft, muß sich als parteirechtlich Ausgeschlossenen betrachten. Dagegen garantieren die Verfassungstexte den Bürgern immerhin die Versammlungsfreiheit. Da keine öffentlichen Räume verfügbar sein werden, müssen also zunächst die Wohnungen als Versammlungslokale dienen. Die Politbürokratie wird zweifellos mehr als eine Methode der Unterdrückung dagegen probieren. Aber die Umstände werden ihr nicht erlauben, zu den äußersten Mitteln zu greifen. Sobald sie auf den Entschluß einer auch nur kleinen Gruppe von Menschen trifft, eher auf Familienleben, Wohlstand und Wohlgelittensein als auf einen übergeordneten Daseinszweck zu verzichten, muß ihre ganze Abwehrmaschinerie kläglich versagen. Die Opposition wird sich diesem Goliath als unbesiegbare Hydra erweisen, der immer drei Köpfe nachwachsen, wo es ihr einen ins

Gefängnis oder außer Landes verschlagen hat. Gerade in dem Augenblick, da ich dies schreibe, sind es Hunderte, wenn nicht Tausende in der DDR, die das Beispiel des einen Sängers nicht ruhig schlafen läßt. Es geht eine Ahnung um, daß der Zug der Geschichte sich zur nächsten Station in Bewegung setzt und daß es an der Zeit sein könnte, aufzusteigen.

Noch hat der Apparat einigen Erfolg mit seiner erprobten Taktik, jeder grundsätzlichen Kritik die öffentliche Artikulation in der eigenen Gesellschaft unmöglich zu machen und zugleich ihr Lautwerden außerhalb der ideologischen Bannmeile als Beweis ihres Außenstehens auszugeben. Warschau z. B. erklärt in solchen Fällen gleich ganz Polen für verloren. Die Opposition soll die Alternative haben, entweder zu schweigen – und das heißt politisch inexistent zu sein – oder »dem Feind zu dienen«. Wie leicht zu erkennen ist, handelt es sich hier um einen Effekt, den die Diktatur selbst macht, weil sie zutiefst daran interessiert ist, die inneren Widersprüche zu äußeren zu verfremden. Wir haben es in diesem Punkt mit der *letzten* ideologischen Sicherung der politbürokratischen Vormundschaft über die Gesellschaft zu tun. Im Hinblick darauf ist es an der Zeit, rücksichtslos den Trennstrich zwischen der Loyalität zur nichtkapitalistischen Basis und der Loyalität zu ihrem überholten Überbau zu ziehen. Es ist außerordentlich wichtig, alle Möglichkeiten der Kommunikation im eigenen Lande zu nutzen und möglichst ein eigenes Netz dafür aufzubauen. Aber man darf sich auch nicht scheuen, im politischen Kampf die Technik des anderen Machtblocks zu gebrauchen. Wem gehörte der plombierte Waggon, der Lenin aus der Schweiz nach Rußland brachte, und wer gab das grüne Licht für diese Fahrt? Entscheidend blieb, was der »deutsche Spion« in Petrograd aus der Tasche zog. Damals waren das die berühmten Aprilthesen.

Aufgrund ihrer Autonomie werden schon die ersten konsistenten Kerne des neuen Bundes ihren Auftrag erfüllen, alle individuell kommunistischen Elemente geistig und emotional an sich heran- und von der offiziellen Struktur abzuziehen. Der Parteiapparat kann sie nicht halten, denn er steht seinem Wesen als starre Pyramide nach still, während die denkenden Elemente, von den Widersprüchen des Lebens angetrieben, dahin tendieren, immer »ex-zentrischere« Positionen einzunehmen. Das bedeutet zunächst Zerstreuung, aber nur solange es keinen Sammelpunkt gibt, auf den sie sich orientieren können. Es geht gar nicht darum, diesen Ablösungsprozeß der Individuen künstlich zu forcieren, Brüche zu erzwingen, die Genossen, die in ihre Krise eintreten, unter politisch-moralischen Entscheidungsdruck zu setzen. Das besorgt, wenn die Widersprüche reif sind, die Situation selbst. Die Funktion des Katalysators kann vorläufig hinreichend effektiv von einer entschiedenen Minderheit ausgefüllt werden. Außerdem nimmt eine solche, im Apparatverstande unorganisierte, Form des Drucks und der Einflußnahme, die sich ideologischer Mittel bedient, viel von der späteren, entfalteten Wirkungsweise des Kommunistischen Bundes vorweg. Ob sich dieser Kommunistische Bund im Ergebnis der ideologischen Kräfteverschiebung als eine neue Partei neben der alten formieren oder ob er in die Gestalt einer erneuerten alten schlüpfen wird, ist der Geschichte nicht vorzuschreiben.

Allerdings könnte gefragt werden, wie weit sich die Kontinuität der Parteiidee als solcher von selbst versteht. Folgt aus der Existenz und dem Niedergang der alten Partei, daß es einer neuen oder erneuerten bedarf, um das progressive Potential zusammenzufassen? Wie ich gezeigt habe, ist die vorgefundene Ordnung quasi-kirchlich formiert, so daß es naheliegt, für die Perspektive der Partei das Muster der *Reformation* in Anspruch zu nehmen. Das Wort drängt sich ja auch immer wieder auf. Man muß wissen, was man damit sagt. Reformation erreicht vielleicht nicht unbedingt, aber sie beabsichtigt immer Rekonstruktion, Wiederherstellung und Regeneration, Wiedergeburt, ist also wesentlich »positiv«, nicht selten jedoch mit letztlich konservativer Konsequenz wie beim Luthertum. Es ist eine Konstante jeglicher Kirchenorganisation, daß ihre Reformation von ihren gläubigsten Ketzern ausgeht: Den Tempel zerstören, um ihn schöner wieder aufzubauen; die Wechsler austreiben, damit sich wieder die Gläubigen einfinden können. Ohne Zweifel spielt dieses psychostrukturelle Muster in der gegenwärtigen Situation des rapiden ideologischen Machtverfalls der »katholischen« Partei eine Rolle. Wie Kirchenreformation die christliche, so setzt Parteireformation die kommunistische Gesinnung voraus. Um so wichtiger ist es für ihre Aktivisten, sich dieser ihrer historisch und pragmatisch durchaus notwendigen »Glaubensverhaftung« *kritisch* bewußt zu sein, damit nicht nur eine neue, protestantisch verinnerlichtere Orthodoxie zustande kommt.

Die Partei hat keinerlei metaphysische Notwendigkeit. Ihre Existenzerneuerung ist an eine – wenngleich verhältnismäßig langfristige – bestimmte historische Situation gebunden, zu deren Veränderung und Überwindung sie das noch immer unersetzliche *Werkzeug* darstellt, das also mit dieser Situation selbst vergeht und bis dahin stets neu an seiner Zweckmäßigkeit gemessen werden muß, dem nächsten Fortschritt der allgemeinen Emanzipation zu dienen. Die Ungleichheit der menschlichen Entwicklungsbedingungen auf den verschiedenen Funktionsniveaus der Arbeit macht einstweilen noch eine soziale Autorität unerläßlich, die relativ souverän über allen speziellen, partikularen Interessen steht. Ohne eine *organisierte* ideologische Hegemonie der emanzipatorischen Interessen kann man keine Umwälzung einer Gesellschaft haben, die noch durch die erst zu überwindende ungleiche Verteilung der Arbeit und des Wissens charakterisiert ist. Falls sich die Interessen der privilegierten Schichten allzusehr durchsetzen sollten, würden sich viele Menschen von ihren subalternen Verhaltenstendenzen her sogar nach dem alten Despotismus zurücksehnen. Es darf also sowohl aus prinzipiellen als auch aus politischen Erwägungen nicht zugelassen werden, daß sich die ohnehin mit Präferenzen versehenen Gruppen anarchisch en masse anschicken, den Staat unter sich zu verteilen. Der »Schutz der Schwachen« wäre übrigens nicht zu einer der ersten und hartnäckigsten Rechtfertigungen des frühen despotischen Staates geworden ohne einen ursprünglich rationalen Kern, auf dem die Herrschaft wuchern konnte. Im real existierenden Sozialismus spielen die »Interessen der Arbeiterklasse« dieselbe Rolle. Und sie müssen dadurch in der Kulturrevolution aufgehoben werden, daß die Gesellschaft ihre größten Anstrengungen dem Aufholen ihrer weniger entwickelten, benachteiligten Schichten und Gruppen widmet. Dies zu sichern ist eine, wenn auch die traditionellste der Aufgaben, für die es weiterhin einer führenden Kommunistischen Partei bedarf.

Das nachfolgende Kapitel soll die objektive Funktion eines Bundes der Kommunisten in der protosozialistischen Gesellschaft breiter, d. h. aus dem ganzen Zusammenhang der bisher dargelegten Analyse begründen. Und es soll die Schlüsselprobleme hervorheben, auf die es bei seiner Konstituierung ankommt. Es soll klar werden, daß sich dieses Werkzeug tiefer von dem überlieferten Parteityp, gerade auch von dem bolschewistischen, unterscheiden muß als jede reformierte Kirche von ihrer Vorgängerin. Wie die Kommunisten ihre heutige Aufgabe in den Ländern des real existierenden Sozialismus begreifen, das wird darüber entscheiden, welche Gestalt sie ihrer Organisation geben. Natürlich werden »Programm« und »Statuten« ihrer kulturrevolutionären Tätigkeit auch von den Bedingungen abhängen, unter denen sie den Kampf aufnehmen, nicht allein von »letzten« Zielen und Werten. Eben wegen dieser Bedingungen – die sich nach meiner Überzeugung bald als temporär erweisen werden – liegt gegenwärtig der konkrete Weg zur Formierung des Kommunistischen Bundes noch etwas im Dunkeln, sobald man über die ersten, experimentellen Schritte hinausdenkt, die ich angedeutet habe. Aber dafür gibt es Präzedenzfälle, die nur unterstreichen, daß es um so dringlicher ist, Gestalt und Auftrag einer von grundauf veränderten Avantgardeorganisation zu antizipieren.

12

Die Organisation der Kommunisten

Die Partei ist das Zentrum der politischen Struktur in der protosozialistischen Industriegesellschaft. Das Parteiproblem kann aber konkret erst richtig gestellt werden, nachdem man sich die soziale Interessenstruktur klargemacht hat, die es politisch zusammenzufassen und zu artikulieren gilt.

Bei Parteien bestimmter, gegenüber dem gesellschaftlichen Ganzen jeweils partikularer Klassen oder ähnlicher Gruppierungen ist es in der Regel verhältnismäßig einfach, die Funktion zu erkennen, da es um relativ eng umschriebene Interessen geht. Komplizierter wird es, und zwar auch in Gesellschaften mit unverhüllten Klassenwidersprüchen, die Partei(en) der herrschenden Klasse(n) theoretisch zu rekonstruieren, weil sie stets mehr als bloß deren unmittelbare Interessen vertritt (vertreten), nämlich – in wie gebrochener Form auch immer – einen Kompromiß aller für ein geordnetes Funktionieren maßgebenden Interessen. Es ist dies ein Tribut an ihre Assoziation mit dem Staat. Wie Engels sagt (MEW 20/167), hat politische Herrschaft nur dann auf die Dauer bestanden, wenn sie die vermittelnde gesellschaftliche Amtstätigkeit vollzog, die ihre ursprünglichste Existenzbegründung darstellt. Analog liegt der Fall bei Parteien solcher Klassen, die erst auf die Rolle des Hegemons prätendieren und sich daher darauf vorbereiten, zumindest für den Zeitpunkt des Umbruchs als allgemeiner Repräsentant eines Mehrheitsblocks aufzutreten. Noch schwieriger wird es – wenngleich vielleicht hauptsächlich aus Gründen der ungewohnten Optik – in den Übergangsperioden jenseits der voll ausgeprägten Klassengesellschaft, wo es in der Regel nicht *Parteien,* sondern nur *die Partei* gibt. *Die Partei* stellt, zumindest in einigen ihrer Wesenszüge, etwas ganz anderes dar als die üblichen Parteien der bürgerlichen Gesellschaft, und zwar, infolge der historischen »Rückkehr«-Perspektive, von der ich mehrmals sprach, etwas sowohl Moderneres als auch Archaischeres.

Ich will damit beginnen, daß die in allen Varianten des nichtkapitalistischen Weges zu beobachtende Tendenz zur Einheitspartei kaum als wahlfrei anzusehen sein dürfte; die *parteien*-pluralistische Konzeption erscheint mir als anachronistische Gedankenlosigkeit, die den konkreten historischen Stoff in unseren Ländern ganz verfehlt. Eine Vielheit politischer Parteien beruht auf einer Klassenstruktur, die aus deutlich verschiedenen, ja konträren sozialen Elementen besteht. Parteien, die auf Klassen*fraktionen* zurückgehen, haben schon nicht denselben fundamentalen Status. Das Spektrum der Arbeiterparteien zum Beispiel setzt mehr als nur eine Differenzierung innerhalb der Arbeiterklasse voraus, nämlich den Bezug dieser inneren Unterschiede auf die von dem herrschenden Verhältnis sich ableitenden Möglichkeiten der Interessenrealisierung. Genau genommen wird die innere Differenzierung, soweit sie politisch umgesetzt wird, erst von dorther fixiert. Fehlt dieser Bezug, so konstituieren sich die verschiedenen Schichten oder Fraktionen innerhalb der Klassen nicht zu verschiedenen Parteien; die Unterschiede bleiben dann psychologisch, motivational, stimmungsmäßig. Eine starke politische Zersplitterung der Arbeiterbewegung ist ohnehin eher ein Phänomen der Intellektuellengruppen, ihrer Machtansprüche und Eitelkeiten.

In den ökonomisch entwickelten kapitalistischen Ländern kann die Transformation sicherlich nur von einem Block verschiedener Parteien eingeleitet werden, die die vorhandene Differenzierung innerhalb des revolutionären Lagers repräsentieren. Aber dieser Parteienkomplex liquidiert nach dem Sieg, *indem* er die Umgestaltung vorwärtsführt, die Sozialstruktur, die ihn hervorgebracht hat, und schafft eine neue. Man kann auch sagen, er schmilzt die Sozialstruktur um. Dann veraltet die politische Struktur. In den größtenteils zurückgebliebenen Ländern des nichtkapitalistischen Weges war die moderne Klassenstruktur insgesamt noch zu schwach, um überhaupt ein relativ dauerhaftes Parteienspektrum zu hinterlassen. Ist dann die nach- bzw. nichtkapitalistische Struktur einmal ökonomisch vorherrschend geworden, die gesamtgesellschaftliche Organisation durchgängig als *ein* staatsmonopolistisches System verwirklicht, so bleibt einfach kein Ansatz für eine Parteienvielfalt mehr (immer vorausgesetzt den tradierten Typus der politischen Partei), es wäre denn der zu schmale und beschränkte der besonderen Interessen in ihrem Unterschied und Gegensatz zu den allgemeinen. Auch die eine herrschende Partei ist höchstens noch formalhistorisch ein Residuum des ursprünglichen Parteienspektrums.
Unter diesen Verhältnissen beispielsweise die Sozialdemokratie wiederbeleben zu wollen, wäre ein reiner Anachronismus. Die Existenz dieser Partei ist an das kritische Loyalitätsverhältnis bestimmter Arbeiter-, Angestellten- und Intelligenzschichten zur Bourgeoisie gebunden. Was könnten nach der Liquidierung der Bourgeoisie als Klasse ihre spezifischen Aufgaben sein? Ihre staatsmonopolistische Option ist in den einstmals kommunistischen Parteien an der Macht nur allzu gut aufgehoben. Für die Verteidigung des der Bourgeoisie abgerungenen Terrains ist sie unwiderruflich disqualifiziert. Ihr Eintreten für demokratische Formen des politischen Lebens – soweit es nicht in zugespitzten Situationen sowieso bloß den konterrevolutionären Klassenkompromiß zugunsten der

Bourgeoisie bedeutet – hat zwar insofern ein gewisses historisches Recht, als die Kommunisten bisher noch nirgends endgültig ihre Fähigkeit zur positiven Aufhebung der Demokratie bewiesen haben. Aber sobald es überhaupt realpolitisch relevant sein könnte, von der Neubegründung sozialdemokratischer Parteien in unseren Ländern zu reden, wären sie gerade in diesem Belang auch schon überflüssig. Denn dann würde bereits jene sozialistische Demokratie herrschen, wie sie einst die Sozialdemokratin Rosa Luxemburg den neu zu gründenden westeuropäischen kommunistischen Parteien mit auf den Weg gab.
Man kann generell feststellen: In unserer Gesellschaft erlangen die unterschiedlichen Interessen, die mit der im Zweiten Teil analysierten Sozialstruktur gegeben sind, keine für Parteienbildung ausreichende Selbständigkeit und Unabhängigkeit gegeneinander. Die nach wie vor am Gesamtkörper der Gesellschaft ablesbare Polarisierungstendenz setzt sich mehr statistisch als real gruppenbildend um. Die durch Tätigkeitscharaktere und Bildungsstufen gegebenen Schichten und Gruppen gehen relativ kontinuierlich ineinander über, mit großen Überschneidungen einmal dieser, einmal jener Verhaltensbereiche. Einzig die hierarchische Rangordnung, die mehr oder weniger direkt mit dem politischen Einfluß korreliert, setzt schärfere Abgrenzungen, nach den Gradationen der Verfügungsgewalt über Menschen und Mittel. Aber gerade das ist kein Sozialstruktureffekt im engeren Sinne mehr, betrifft bereits eine andere Fragestellung.
Der nichtantagonistische Charakter dieser Unterschiede gibt der Gesellschaft auch die Möglichkeit, auf andere Weise als durch den bisher praktizierten administrativen Interessenausgleich von oben zu sichern, daß sich die vielen verschiedenen, noch um manches absolut, vieles relativ Notwendige konkurrierenden Interessen nicht wechselseitig aufreiben. Allerdings zeigte die Analyse unserer Sozialstruktur, daß die in den höheren Funktionsniveaus der Arbeit verankerten und höher

gebildeten Schichten bei einer Demokratisierung des Entscheidungsprozesses größere Chancen haben werden, ihre besonderen Ansprüche zu Gehör zu bringen und durchzusetzen. So werden etwa die Natur- und Ingenieurwissenschaftler ihre besonderen Interessen an einer umfangreichen, hochmodernen und also teuren technischen Ausrüstung nicht nur subjektiv (infolge ihres hochentwickelten Artikulationsvermögens), sondern auch objektiv leicht in ihrer absoluten gesellschaftlichen Notwendigkeit darstellen können. Die bestehende Arbeitsteilung bewirkt, daß viele Wissenschaftler dazu neigen, ihre menschlichen Interessen allzu weitgehend in ihren scientifischen Interessen bzw. in ihrer Konkurrenz um die Anerkennung der Fachwelt aufgehen zu lassen. Das ist ein ebensolcher Partikularismus wie der der anderen Interessengruppen auch, aber gerade in den besonderen Ambitionen der durch die Arbeitsteilung privilegierten Gruppen haben wir es zwangsläufig mit dem exponiertesten Rest der alten Klassenherrschaft zu tun.

Ich sagte schon, daß der Partei unbedingt auch die Aufgabe zukommt, das Überschießen solcher Ansprüche, alle überproportionale Aneignung von Einfluß, Mitteln, Konsumgütern möglichst zu blockieren. Fände die reale Sozialstruktur ganz ungebrochen im Überbau ihren Ausdruck, dann würden die Sonderinteressen einfach nach Maßgabe ihrer relativen sozialen Mächtigkeit avancieren. Doch die fruchtbaren politischen Frontbildungen setzen gerade nicht bei diesen Schicht- und Ranggrenzen an, solange der herrschende Apparat als ganzer nicht gar zu sehr disfunktioniert und den allgemeinen Reproduktionsprozeß unter sich leiden läßt. Diese Konkurrenz um den Anteil an den Tätigkeiten, Qualifikationen und Genüssen, um die Optimierung der jeweiligen Aneignungs- und Realisierungssituation ist vielmehr das normale Leben, von dem ebensowenig Sprengendes für den real existierenden Sozialismus ausgeht wie von der Konkurrenz der Kapitalisten für die bürgerliche Gesellschaft. Hier ist das Feld für die verschiedenen korporativen Interessenvertretungen nach Berufsgruppen, Geschlechtern, Altersgruppen, Bildungsstufen, Freizeitbeschäftigungen usw., die ihre Ansprüche um so eher nichtantagonistisch zum Vergleich bringen können, je offener sie ausgetragen, erkennbar gemacht und vor der gesamten Öffentlichkeit gegeneinander abgewogen werden. *Deren* Pluralität und Mannigfaltigkeit muß voll zur Geltung kommen, gerade damit sie nicht anachronistisch dazu getrieben werden, sich allgemein setzen, d. h. als politische Parteien konstituieren zu wollen. Die größte Bedeutung werden in dieser Beziehung nach wie vor die Gewerkschaften haben.

Ganz anders jedoch liegen die Dinge auf jener Schnittebene, wo die Spielregeln dieses normalen Lebens selbst zur Debatte stehen, wo es also um die Veränderung der Produktionsverhältnisse und Überbaustrukturen geht. Das institutionelle System spiegelt zunächst die Forderungen des eigentlichen revolutionären Augenblicks, die politischen Notwendigkeiten jener Etappe wider, in der die Macht der alten herrschenden Klassen gebrochen wurde. Insoweit ist die revolutionäre Partei erst einmal ganz gesetzmäßig mit dem neuen Staat, mit den neuen Institutionen identifiziert, die unter ihrer Führung geschaffen wurden und mit deren Hilfe sie sich nun selbst gegen die Schläge des Gegners schützt. Das Verhängnis beginnt, wenn sie die Nöte der ersten Tage, Monate und Jahre zu Tugenden für Jahrzehnte zu machen sucht und vergißt, daß es der Überbau einer einstweilen noch nicht oder kaum veränderten Gesellschaft ist, in dem sie nun sitzt, ein Überbau, der unbedingt als provisorische Larve der neuen Ordnung begriffen werden muß. In dem Maße, wie sich die Gesellschaft an ihrer Basis, in ihren Produktivkräften verändert und entwikkelt, wie ihre neue Qualität materielle Gestalt annimmt, vor allem die Gestalt eines höheren subjektiven Potentials, wird diese Larve ganz natürlich zum Entwicklungshindernis.

Es gibt zu dieser Problematik einen außerordentlich aufschlußreichen Kommentar Gramscis (Philosophie der Praxis,

Frankfurt 1967/306 f.): »Es ist schwer vorstellbar, daß irgendeine politische Partei (der herrschenden wie der subalternen Klassen) nicht auch Polizeifunktionen ausübt, das heißt, den Schutz über eine gewisse politische und gesetzliche Ordnung übernimmt. Wäre das jedoch unumstößlich bewiesen, so müßte die Frage anders gestellt werden: wie und mit welchen Zielvorstellungen wird eine solche Funktion ausgeübt? Ist die Richtung repressiv oder diffusiv, ist sie reaktionär oder progressiv? Übt die in Frage kommende Partei ihre Polizeifunktion aus, um eine äußerliche Ordnung, einen Hemmschuh für die lebendigen geschichtlichen Kräfte beizubehalten, oder hat sie die Tendenz, das Volk auf eine neue Stufe der Zivilisation zu heben, deren politische und gesetzliche Ordnung ihr programmatischer Ausdruck ist? In der Tat wird ein Gesetz übertreten: 1. durch die vom Gesetz entmachteten reaktionären gesellschaftlichen Elemente; 2. durch die fortschrittlichen Elemente, die das Gesetz unterdrückt; 3. durch die Elemente, die noch nicht die Höhe der Kulturstufe erreicht haben, die das Gesetz repräsentiert. Die Polizeifunktion kann also progressiv oder regressiv sein: sie ist progressiv, wenn sie sich bemüht, die entmachteten reaktionären Kräfte im Rahmen der Gesetzlichkeit zu halten und die zurückgebliebenen Massen auf die Stufe der neuen Gesetzlichkeit zu heben. Sie ist regressiv, wenn sie dahin tendiert, die lebendigen Kräfte der Geschichte zu unterdrücken und eine überholte, antihistorische, äußerlich gewordene Gesetzlichkeit aufrechtzuerhalten. Schließlich liefert das Funktionieren der betreffenden Partei diskriminierende Faktoren: ist die Partei progressiv, so fungiert sie ›demokratisch‹ (im Sinne eines demokratischen Zentralismus), ist die Partei regressiv, funktioniert sie ›bürokratisch‹ (im Sinne eines bürokratischen Zentralismus). Im zweiten Fall ist die Partei bloß ausführendes, kein beschließendes Organ: sie ist dann in technischer Hinsicht ein Polizeiorgan, und ihr Name ›politische Partei‹ ist eine rein mythologische Metapher.«

So naht also unvermeidlich der kritische Moment, wo sich entscheiden muß, ob die Partei die Initiative zu der Operation ergreifen wird, die Gesellschaft von ihrer institutionellen Larve zu befreien, oder ob sie konservativ und apologetisch darauf beharren wird, sich nach wie vor mit dieser Larve zu identifizieren. Beharrt sie auf dem Korsett von gestern, so *kann* sie nicht einig bleiben, so *muß* sie gespalten werden. Diese Spaltung wird – stellvertretend für die ganze von ihr repräsentierte Gesellschaft – vertikal durch alle Schichten und Gruppen ihrer Mitgliedschaft, einschließlich des Apparats, hindurchgehen. Solange sie latent bleibt, wird es sich nur um Strömungen handeln, die sich nach psychologischen Präferenzen, Charakterunterschieden der Individuen bilden. Die Menschen werden je nach ihrer psychischen Gleichgewichtslage zwischen Hoffnung und Furcht, Anspruch und Resignation, Selbstvertrauen und Fügsamkeit ihre Wahl vorbereiten und den Zeitpunkt des Abspringens bestimmen. Die Sozialstruktur wird sicherlich die Proportionen einer solchen Division beeinflussen, die von Schicht zu Schicht, von Gruppe zu Gruppe anders sein mögen, aber die Substanz der Scheidung bestimmt sie nicht. Vielmehr verweist die Art und Weise der Spaltung, verweist ihr gesamtgesellschaftlicher, vertikaler Charakter auf den im vorigen Kapitel festgestellten Hauptwiderspruch zwischen den emanzipatorischen und den Apparatinteressen, die beide einen tiefen ökonomischen Inhalt haben, da sie ja letztlich auf alternative Prinzipien von gesellschaftlicher Arbeitsorganisation und -leitung, auf einen Unterschied der Gesellschaftsformation gerichtet sind.
Der Widerspruch zwischen emanzipatorischen und Apparatinteressen als solcher ist unentrinnbar gegeben, solange die alte Arbeitsteilung nicht überwunden ist, solange also die Gesellschaft den Staat als einen besonderen repressiven Apparat erzeugt. Aus nichts anderem als aus der Existenz dieses Widerspruchs begründet sich die historische Notwendigkeit einer Kommunistischen Partei in der protosozialistischen und

überhaupt in jeder nichtkapitalistischen Industriegesellschaft. Die Partei hat da kein grundsätzlicheres Thema als die Beziehung von Gesellschaft und Staat, als die Perspektive der Zurücknahme des Staats in die Gesellschaft. Der Bürokratismus als politische Herrschaftsform ist die ausschlaggebende Herausforderung jeder nicht- und auch jeder nachkapitalistischen Gesellschaft, die ihre Geburtswehen hinter sich hat und über die notwendigsten ökonomischen Fundamente verfügt. Deshalb hängt die tendenziell, »idealtypisch« von den Verhältnissen vorgeschriebene Einheit (Ein-heit) der Partei in der Wirklichkeit davon ab, wie sie diese Herausforderung bewältigt. Gelingt es ihr, sich so zu organisieren, daß sie die rechtzeitige und sukzessive Neuanpassung der Institutionen mit den notwendigen radikalen Konsequenzen auslösen und führen kann, dann bleibt die Dialektik von Einheit-Spaltung-Einheit latent, dann bleibt die Kontinuität der einen Partei gewahrt, wenn auch gewiß nie die völlige Kontinuität ihres maßgeblichen Personals. Aber dazu muß klar sein, daß es wirklich um die Ablösung einer politischen Verfassung durch eine andere als Hebel der weiteren ökonomischen Umwälzung geht, nicht um Reförmchen und »Strukturveränderungen« an der einen oder anderen einzelnen Institution. Die Gesellschaft kann nicht allzu lange auf diese Entscheidung warten. Eben weil es vom Standpunkt der fortschreitenden allgemeinen Emanzipation unter den Bedingungen gesamtgesellschaftlicher Organisation *eine* Partei sein soll, muß die bestehende Partei gesprengt, gespalten werden, sobald sie vor ihrer Hauptaufgabe versagt, die soziale Homogenität in dieser Richtung voranzubringen, d. h. vor allem die alte Arbeitsteilung und damit die Voraussetzungen des Staats, des etatistisch-bürokratischen Syndroms abzubauen. Verharren im Etatismus oder vorwärts zur allgemeinen Emanzipation, vorwärts in die Kulturrevolution – das ist die Alternative.
Wenn sich unsere nichtkapitalistische Gesellschaft politisch gegen den herrschenden Parteitypus formiert, so formiert sie

sich, wie die Dinge jetzt liegen, gegen den ältesten, charakteristischsten und schärfsten Ausdruck der alten Arbeitsteilung, gegen die Verselbständigung und Monopolisierung der allgemeinen Angelegenheiten in den Händen einer autoritären Oligarchie, die sich hinter der Staatsmaschine verschanzt hat und gar nicht daran denkt, mit dem Volk an ihrer Liquidierung zu arbeiten. Die oppositionelle Gruppierung, die sich unter diesen Umständen schon spontan herausbilden muß, strebt nicht etwa danach, zweite Partei neben der alten zu werden oder, genauer gesagt, zu bleiben. Vielmehr kann sie subjektiv und objektiv gar keine andere Intention haben, als die Einheit auf der Stufe des aufgehobenen Widerspruchs, der negierten Negation wiederherzustellen und der Partei für die nächste Etappe einen solche interne Verfassung zu geben, mit der sie möglichst gegen einen erneuten Verlust ihrer revolutionären Potenz gesichert ist. Die Spaltung ist vorübergehendes Moment des historischen Prozesses. Sie richtet sich nicht gegen die Idee der Partei, sondern gegen ihren Apparat, gegen ihre Verfallenheit an den Staat, die im Parteiapparat verkörpert ist. Die Gesellschaft soll wieder eine Führung haben, die nicht im Apparat steht, keine aus Politbüromitgliedern, die hauptsächlich Vorsteher bestimmter Zweige der Partei- und Staatsmaschine sind und an deren spezifische Interessen wie an deren Trägheit gebunden bleiben. Die Führer müssen in der Gesellschaft leben und ihren Arbeitsalltag teilen, so daß sie nicht anders können, als die realen Bedürfnisse und Nöte der Massen unmittelbar zur Kenntnis zu nehmen.

Die Opposition tritt von vornherein mit der Behauptung auf, daß die herrschende Parteioligarchie die Position der emanzipatorischen Interessen verlassen hat, so daß diese keine politische Vertretung mehr besitzen. Die Stelle ist vakant! In dem Maße, wie sich die Partei an den Staat, an den Apparat verliert und dazu übergeht, die Geschäfte zu verwechseln, ist sie auch nicht mehr in der Lage, die verschiedenen partikularen und korporativen Interessen, die es in der Gesellschaft gibt, organisch zu integrieren und die natürliche Autorität aufrechtzuerhalten, die aus der Wahrnehmung notwendiger Leitungsfunktionen fließen kann. Denn diese Integration hat die revolutionäre Perspektive zur Voraussetzung. Ihre Politik funktioniert nun nicht mehr integral, sondern – und das ist hier ein entscheidender Unterschied – bloß noch universalistisch: sie muß der Gesellschaft von außen und oben einen Konsens aufzwingen, der dann nichts als der alte besondere Staats- und Kirchengeist ist, der sich im Zustand der Macht und Gnade halten möchte. Damit befindet sich die Partei genau in der Verfassung, in der ihr Gebäude niedergerissen und neu geschaffen werden muß. Die kommunistische Bewegung existiert nur, wo sie in ihrer täglichen Praxis etwas von dem bestehenden Zustand aufhebt, die allgemeine Emanzipation, die reale Gleichheit und Freiheit spürbar näherbringt. Jene, die nur das Bestehende reproduzieren und terroristisch gegen jede progressive Kritik verteidigen, sind weder objektiv noch subjektiv Kommunisten, welche Doktrin sie auch im Munde führen mögen. Die herrschenden Parteiapparate haben so mit dem Kommunismus zu tun wie der Großinquisitor mit Jesus Christus.

Nun ist dies für sich genommen im Hinblick auf eine Aktion noch eine abstrakte prinzipielle Überlegung, die man als dogmatisch und voluntaristisch abtun könnte, um sie als Aktionsforderung zu disqualifizieren; schließlich befinden sich Kirchen, als Analogfall, die längste Zeit ihres Daseins in solcher Verfassung, zumindest in solcher Gefahr, und überleben dennoch. Aber die Situation der Partei in der gegenwärtigen nichtkapitalistischen Industriegesellschaft ist in zwei entscheidenden Punkten, auf die ich bereits ausführlicher eingegangen bin, ganz anders bestimmt: Erstens durch die Tatsache des überschüssigen Bewußtseins – das Potential für einen Bund der Kommunisten, der die bisherige Partei ablöst, und für seinen sozialen Resonanzboden ist da, seine Formierbar-

keit seit 1968 keine bloße Hypothese mehr. Zweitens durch die *Notwendigkeit* der Kulturrevolution – die im Rahmen der bestehenden Produktionsweise unlösbaren Widersprüche des materiellen Lebens und insbesondere der technischen Basis, d. h. der sachlichen Produktivkräfte selbst, verlangen immer drängender nach einer radikalen ökonomischen Alternative und also nach dem Organ ihrer geistigen Vorbereitung. Die Kulturrevolution ist völlig undenkbar als die Aktion einer Partei- und Staatsbürokratie, sei sie auch dreimal »aufgeklärter« als die vorhandene. Der Apparat denkt nicht, er repetiert, was seine Initiatoren hineinprogrammiert haben, als sie ihn begründeten und was ihm seither die Umstände an oberflächlichen Anpassungsreaktionen aufgezwungen haben. Man kann die Idee und Strategie einer sozialen Umwälzung nicht einmal sinnvoll diskutieren, geschweige denn durchführen mit Leuten, die hauptsächlich darauf zu achten haben, was ihre Vorgesetzten und Bürokollegen dazu sagen werden.
Die regierenden Parteien gehen an der Spitze gänzlich in ihrer Rolle als Überstaatsapparate auf, während sie an der Mitgliederbasis auf Erfüllungshilfe bei der stockenden Realisierung der Leitungsfunktionen, bei den Zeremonien des künstlichen öffentlichen Lebens reduziert sind und die disziplinarische Unterwerfung der aktivsten, bewußtesten Elemente unter die abstrakten hierarchischen Erfordernisse besorgen. In ihrem Bürokratismus und Überbürokratismus ist die Partei tot. Die »Kader«, ihre tragenden Individuen, sind nahezu vollständig auf die bürokratischen Funktionen in Partei, Staat, Wirtschaft, Wissenschaft, Kultur usw. verteilt. Wenn zum Beispiel das Zentralkomitee der SED zusammentritt, dann handelt es sich um die Versammlung der höchsten Partei-, Staats-, Verbands- und Wirtschaftsbeamten. Es fehlt kaum ein Minister (abgesehen von denen der »Blockparteien«). Heute sind sie Zentralkomitee und bestimmen angeblich die Parteipolitik. Aber morgen kann sie der Generalsekretär genausogut alle, beinahe ohne Ausnahme, zur »Anleitung«, zum Rapport zusam-

menrufen, weil sie sämtlich seine Untergebenen oder die Untergebenen seiner Untergebenen sind. Dieser ganze Apparat ist – selbst wenn man die polizeigeschützte Lebensweise außer acht läßt – eine total vom Volk, von den Massen isolierte Maschine, von der unmöglich eine Inspiration ausgehen kann. Entweder Anleitung und Befehlsempfang für die Beamten oder Inspiration für das Volk, für die Jugend. So steht die Frage. Und wer theoretisch monieren möchte, es sei falsch, dieses Entweder-Oder zu verabsolutieren, den muß man darauf hinweisen, daß es nicht die Erklärungen kritischer Ideologen waren, die diese Alternative auf ihre heutige, wahrhaft metaphysische Ausschließlichkeit gebracht haben.
Mit dieser Parteimaschine kann man keine neuen Wege gehen. Es liegt noch nicht einmal an ihrer Existenz als solcher, es liegt daran, daß die Maschine *alles* ist, daß die Partei *außer ihr nichts* ist. Parteimitglieder sind gar nicht aus sich selbst Kommunisten, nämlich: sie gelten als nicht kompetent dazu. Werden sie als Kommunisten angesprochen, so appelliert der Apparat fast immer nur an ihre soldatische Disziplin. Es gibt auch keine kommunistische *Führung*. Der Schein trügt. Der Generalsekretär ist der oberste Subalterne der Gesellschaft, das abgeschliffene Produkt der bürokratischen Hierarchie – falls deren Kontinuität nicht durch innere Erschütterungen wie 1956 in Ungarn und 1968 in der ČSSR oder durch spontane Massenaktionen wie 1970 in Polen unterbrochen wird. Hier gibt es nichts zu hoffen. Das ganze System der politischen Institutionen ist aufgrund seiner monolithischen Konstruktion und mechanistischen Arbeitsweise unfähig zu aktiver Selbstveränderung. Gewöhnlich stoßen bereits die bescheidensten Änderungsvorschläge auf jenen aufschlußreichen Begriff der »Machbarkeit«, der gar nicht auf die objektiven gesellschaftlichen und ökonomischen Bedingungen im allgemeinen, sondern auf die Objektivität des bürokratischen Funktionierens bezogen ist. Als »machbar« gilt, was das Politbüro vermutlich zulassen wird. Vieles »geht« tatsächlich nicht,

wenn man es aus der Position einer hoffnungslos in ihren Gegensatz zu den Massen verstrickten Regierungspartei betrachtet, die nichts von ihnen verlangen kann. Die Kulturrevolution ist überhaupt nur möglich als eine *Bewegung,* die es versteht, die verwaltenden Institutionen und speziell die politischen Sekretariate in die Mitte, in vieler Hinsicht sogar in die Zange zu nehmen.

Um politischen Einfluß auf den historischen Prozeß auszuüben, müssen die emanzipatorischen Interessen verbindlich und ernsthaft im gesellschaftlichen Maßstab organisiert werden. Die an der Macht befindlichen Kräfte werden ihre Position mit systematischer Unterdrückung aller oppositionellen Aktivitäten verteidigen und ihren ganzen schwerfälligen Mechanismus darauf einstellen, sie zu zerschlagen, ihre Protagonisten zu isolieren. Ohne eine gewisse Konzentration der Kräfte kann man schon in der jetzigen Phase – der ideologischen Vorbereitung – nicht effektiv gegen den Apparat kämpfen, der die Mittel der Massenkommunikation monopolisiert hat und gegen alle emanzipatorischen Zwecke unter Polizeiverschluß hält. Es ist nötig, die Taktik des Vorgehens abzustimmen und die Verbindungen im Apparat selbst zu pflegen. Man sieht in den entwickelten kapitalistischen Ländern, wie die experimentellen Initiativen der verschiedensten kleinen Gruppen in ihrer Vereinzelung verlorengehen, obwohl dort wenigstens der Spielraum der bürgerlichen politischen Freiheiten gegeben ist. Bei uns unterliegt das individuelle Denken, Fühlen und Verhalten für sich allein einem unwiderstehlichen Sog der Subalternität und Entfremdung. In den Unterfunktionen gleich welcher Arbeit absorbiert und mit der Befriedigung ihrer natürlichen und kompensatorischen Bedürfnisse beschäftigt, finden die Menschen nur in dem einen offiziell approbierten Rollensystem eine Stütze und Bestätigung für ihr öffentliches Verhalten. Wer seine emanzipatorischen Bedürfnisse dennoch zur Sprache bringt, »spinnt«, »weicht von der Tagesordnung ab«, »hält den Betrieb auf«, »hat noch

nicht begriffen« – und wird so entweder flach entmutigt oder ins Exzentrische abgedrängt. Sucht er die Konsequenz abweichenden Handelns, stößt er auf eine programmierte Eskalation von Sanktionen. Das absorbierte Bewußtsein *ist* eben lückenlos unter der Ägide des Apparats organisiert. Dagegen braucht das revolutionäre Potential eine eigene mächtige Operationsbasis, die den Menschen in ihren emanzipatorischen Bedürfnissen solidarischen Rückhalt bietet und eine höhere moralisch-politische Autorität als der Apparat verbürgt, indem sie das Vordringen integraler, ein neues Ganzes vorwegnehmender Verhaltensweisen ermöglicht und schützt. Diese Basis muß auch für die Zukunft unbedingt unabhängig von den sonst unweigerlich dominierenden Unterordnungsverhältnissen im Reich des hierarchischen Funktionierens und der notwendigen Arbeit bleiben. Sonst bleibt revolutionäres Verhalten vereinzelt und von den Zufällen der Individualität bedingt. Die Menschen brauchen einen festen Punkt außerhalb der bestehenden Herrschaftsverhältnisse, um sie durch unablässige, immer wieder neu am Ziel orientierte praktisch-kritische Tätigkeit überwinden zu können.
Diese Basis für revolutionäres, transzendierendes Handeln und Verhalten zu bieten, ist der Auftrag einer wirklich kommunistischen Partei, eines um die Idee der allgemeinen Emanzipation vereinigten Bundes der Kommunisten. Er muß das System der gesellschaftlichen Kräfte und Organisationen im Sinne einer konstruktiven, aber substantiell umwälzenden Gegenmacht inspirieren, die die staatliche Hierarchie in ihre Schranken weist. Im Prinzip bedeutet dies – und nun nicht nur temporär wie innerhalb des Parteiprozesses selbst, sondern für die ganze Dauer des Übergangs – eine Spaltung der gesellschaftlichen Macht, die Installierung einer progressiven Dialektik von Staat und gesellschaftlichen Kräften. Das Ergebnis wird eine Situation der Doppelherrschaft sein, in der die etatistische Seite allmählich an Gewicht verliert. Nicht mehr herkömmliche Regierungspartei zu sein, ist die Voraussetzung

zung, daß sich die Kommunisten überhaupt wieder *als* Kommunisten an der Regierungsarbeit beteiligen können, wie es im höchsten Grade notwendig ist. Denn natürlich geht es keineswegs an, dem staatlichen Apparat die emanzipatorischen Interessen nur äußerlich als abstrakte Negation bestehender Verhältnisse und unmittelbarer Notwendigkeiten gegenüberzustellen. Es handelt sich vielmehr darum, ihnen die Tätigkeiten für den Reproduktionsprozeß – einschließlich der Funktionen hierarchischer Informationsverarbeitung, die sich nur schrittweise auf Verwaltung werden zurückführen lassen – unterzuordnen.

Nur so wird der Bund der Kommunisten beweisen, daß er die Gesellschaft auf seine neue Weise auch effektiv führen, ihr normales Funktionieren gewährleisten kann. Soweit sie noch nicht aufhebbar sind, wird das den Staatsfunktionen sogar einen höheren Grad von Autorität verleihen, ihnen den freiwilligen Respekt der Öffentlichkeit sichern und so darauf hinwirken, daß die Sanktionen gegen gesellschaftsschädigendes Verhalten allmählich auf sittliche Zwänge zurückgeführt werden können.

Diese Perspektive klingt freilich illusorisch vom Standpunkt einer Partei, die völlig in und hinter der Staatsmaschine steckt und deshalb die ideologische Hegemonie unmöglich erringen kann, die die Bedingung einer kulturrevolutionären Praxis ist. Die Menschen mißtrauen ihr und sind nicht zur Diskussion bereit, in der allein sich eine gemeinschaftliche Überzeugung herausbilden könnte, solange die Wahrheit eine Frage der Machtposition und die jeweilige Entscheidung längst gefallen ist. Die ideologische Hegemonie zu erringen, heißt in allen Schichten und Gruppen der Gesellschaft die Vorherrschaft einer integralen Verhaltenstendenz in der Perspektive der allgemeinen Emanzipation zu erreichen. Dazu muß sich die Partei statt als Überstaatsapparat als der *kollektive Intellektuelle* organisieren, der die Reflexion der ganzen Gesellschaft, ihre Bewußtheit über alle sozialen Entwicklungsprobleme vermittelt und der in sich selbst etwas von dem humanen Fortschritt vorwegnimmt, für den er arbeitet.

Der Begriff des kollektiven Intellektuellen ist die Quintessenz aller Ideen über die politische Führungsfunktion und innere Verfassung der Kommunistischen Partei, wie sie von Marx und Engels über den jungen Lenin, über Rosa Luxemburg und Antonio Gramsci bis zu den heutigen marxistischen Denkansätzen herausgearbeitet wurden. In den Ländern des real existierenden Sozialismus hat die Partei diese Rolle des kollektiven Intellektuellen jedoch nicht mehr nur in bezug auf die emanzipatorischen Interessen einer einzelnen Klasse, sondern aller Schichten und Gruppen der gesamten Gesellschaft auszufüllen. Es ist von größter aktueller Bedeutung, sich vorzustellen, *wie* sie in diesem Sinne funktionieren kann. Alle Fragen des Parteiaufbaus, des Parteistatuts, der Stellung der Partei in der Staatsverfassung, die ich hier nur andeutend behandeln will, werden dann in einem neuen Licht erscheinen. Die vielen repressiven Sicherungen, die gegenwärtig den offenbaren Mangel an ideologischer Autorität zu kompensieren haben, müssen aufgegeben werden, und zwar bereits bevor sie positiv überflüssig werden. Die Partei muß ihre alte institutionelle Existenz an ihre geistige Erneuerung wagen.

Die ideologische Autorität der Partei ist direkt abhängig von der Qualität ihrer intellektuellen Produktion: von der Fassungs- und Mobilisierungskraft des Modells, in dem sie die soziale Wirklichkeit widerspiegelt und die Richtung ihrer Veränderung bezeichnet. In die Dimension des historischen Prozesses übertragen, unterliegt ihre Leistung genau denselben Kriterien und hat auch dieselben allgemeinen Bedingungen wie die Arbeit einer Wissenschaftlergruppe etwa an dem Modell bestimmter Naturzusammenhänge. Denn ihre Arbeit ist Erkenntnistätigkeit – natürlich in dem komplexen marxistischen Sinne, in dem Erkenntnis als Gesamtprozeß das Experiment und den Durchgang durch die Praxis einschließt, und darüber hinaus bezogen auf ein Objekt, das vor allem Subjekt ist und aus der gewonnenen Einsicht seinen Willen und seine Tatkraft speist.

Das eigentliche Problem der Partei besteht darin, wie die emanzipatorischen Interessen, die den Standpunkt ihrer Analyse und Synthese bestimmen, mit der Vielfalt der bestehenden Verhältnisse, also der darauf beruhenden unmittelbaren Interessen, praktisch vermittelt werden können. Sie ist die Instanz, die die verschiedenen Schicht- und Gruppeninteressen an den Stellen ihrer Differenzen verklammert, indem sie stets den Gesichtspunkt der höheren Synthese zur Geltung bringt. Alle bloß unmittelbare Tätigkeit und Interessiertheit reproduziert den Status quo, erzeugt insbesondere an der Basis den überwuchernden Ökonomismus der Jagd nach Produktivität und Effizienz, den Geist der ökonomischen Spontaneität. Aber zugleich muß jeder Fortschritt zur Freiheit durch die bestehenden Strukturen hindurch, muß dem Reich der Notwendigkeit gegen den institutionellen Ausdruck, den es sich gestern gegeben hat, abgerungen werden. Daher ist ständige Kritik bzw. Selbstkritik des real existierenden Sozialismus die Voraussetzung kulturrevolutionärer Praxis, für die die Mehrheit der Individuen die Schranken ihrer bisherigen Existenzform begriffen haben muß, und zwar durchaus auch in ihrer Objektivität, ihrer gestrigen Vernünftigkeit. Ohne die Anstrengung der Reflexion, ohne die Anwendung der dialektischen Denkstrukturen, die den widersprüchlichen Gang der Geschichte widerspiegeln, ist Fortschritt nicht mehr wahrscheinlich. Die gesamtgesellschaftliche Organisation der Arbeit erfordert mehr als jede andere einen kollektiven Erkenntnisprozeß auf der hohen Abstraktionsstufe, die der Komplexität der Verhältnisse entspricht. (Selbstverständlich erfordert dies das Ringen um eine verständliche Sprache. Ich bin davon überzeugt, daß es möglich sein wird, viele Inhalte dieses Buches zugänglicher zu formulieren, als es bisher gelungen ist.)

Das Konzept eines kollektiven Intellektuellen beabsichtigt

nicht etwa eine Vertretung für die Sonderinteressen der Intelligenz. Da alle Menschen emanzipatorische Interessen haben, die sich unter den Verhältnissen der alten Arbeitsteilung ungenügend realisieren können, muß prinzipiell auch das Bestreben allgemein sein, die Probleme ihrer Durchsetzung zu reflektieren. Deshalb muß der Bund der Kommunisten allen offenstehen, die das Bedürfnis haben, über die Verfolgung ihrer unmittelbaren Interessen hinauszugehen, weil sie erkannt haben, daß die Schranken ihrer Selbstverwirklichung gesellschaftlichen Charakter tragen. In diesem Augenblick verhalten sie sich als Intellektuelle. Das ist natürlich eine Begriffsbestimmung jenseits der überkommenen Sozialstrukturmodelle. Sie geht davon aus, daß alle denkenden Menschen zumindest potentielle Intellektuelle sind, die die Fähigkeit erwerben können, dialektisch über die Hierarchie der gesellschaftlichen Zusammenhänge nachzudenken und als aktive Experimentatoren und Konstrukteure in sie einzugreifen. Gramsci schrieb: »Daß alle Mitglieder einer politischen Partei als Intellektuelle angesehen werden müßten, ist eine Feststellung, die zu Karikaturen Anlaß geben könnte; dennoch, genaugenommen, ist nichts exakter als dies« (Philosophie der Praxis/415). Er sah das Problem darin, »die in jedem Menschen bis zu einem gewissen Grad vorhandene intellektuelle Tätigkeit *kritisch* auszubilden« (ebenda/409).
Soweit die Intellektuellen noch eine traditionelle Schicht bzw. Gruppe bilden, müssen sie sich ihrer Sonderinteressen zu dem Zweck bewußt werden, sie weitestgehend zu zügeln. Dieser Asketismus in bezug auf die Befriedigung der eigenen unmittelbaren Bedürfnisse ist geradezu die Bedingung der Zugehörigkeit zur Partei der allgemeinen Emanzipation, der Prüfstein der Fähigkeit, kommunistisch zu denken. Die soziale Situation der nichtkapitalistischen Industriegesellschaft ist nicht zuletzt durch die Tatsache charakterisiert, daß der für die emanzipatorische Aktion mobilisierbare Überschuß dort am größten ist, wo andererseits auch das Potential für egoistische Aneig-

nung am größten ist. Hier liegt der Angelpunkt der geistigen und politischen Auseinandersetzung um die Intelligenz und in der Intelligenz. Wer in dem Bund der Kommunisten nur die günstigsten Voraussetzungen sucht, die eigene Individualität zu produzieren, wird heute sozial unproduktiv bleiben. Im alten China, zur Tang-Zeit, gipfelte der Buddhismus in einer Gestalt, die man als Schwester des Prometheus verstehen mag. Schon im Begriff, in die Buddhaschaft einzugehen, wendet sich Kuan Yin, »Die den Schrei der Welt hört«, zurück und gelobt, solange auf ihre eigene Vergöttlichung zu verzichten, bis mit ihrer Hilfe alles Leid der Welt getilgt ist und alle Wesen dieselbe höchste Stufe der Vergeistigung erreicht haben. Diese Metapher kann gut für jenen Typ von Solidarität stehen, der in der Gesellschaft herrschend werden muß, wenn sich der Schwerpunkt der sozialen Ungleichheit auf die Verteilung von Arbeit und Bildung verschiebt.

Die Bedingungen dafür sind günstig. Eben weil das Wesen der Ungleichheit in unserer Gesellschaft nicht mehr mit der privaten Aneignung materieller Güter (obwohl es die noch gibt), sondern mit der durch die Arbeitsteilung bedingten privilegierten Aneignung der Kultur zusammenhängt, deren Quellen heute an sich nicht mehr knapp sind, muß die Kulturrevolution im großen und ganzen den einen nicht wegnehmen, was sie den anderen gibt. Und dem überschüssigen Bewußtsein kann sie sich selbst als die ungeheure schöpferische Aufgabe anbieten, die seine emanzipatorischen Bedürfnisse befriedigt und seine kompensatorischen Bedürfnisse stillegt. Selbst in den Zeiten vollentfalteter Klassenherrschaft hat sich freiwerdender Intellekt, obwohl durch seine Existenzbedingungen an die Ausbeuterinteressen gebunden, immer wieder mit seiner ihm objektiv innewohnenden emanzipatorischen Tendenz über alle unmittelbaren Interessen hinweggesetzt. Wie sollte man sonst den Übergang so vieler Intellektueller zu den Unterdrückten erklären. Auch die marxistischen Revolutionäre aus der Intelligenz handelten nicht nur aus dem »theore-

tischen Verständnis der ganzen geschichtlichen Bewegung« (MEW 4/472), das sie allerdings auszeichnete. Zugrunde lag da immer auch noch ein elementares Solidaritätsgefühl des Menschen mit dem Menschen, das seit den frühesten Lehrern der Gerechtigkeit stets das gleiche war. Jetzt, da es Millionen und aber Millionen intellektualisierter Menschen gibt, die andererseits durch keine zwingenden Interessenschranken an der Solidarität gehindert und schließlich selbst umfassenderer sozialer Kommunikation bedürftig sind, muß es bereits möglich sein, den notwendigen Interessenkompromiß *auszudiskutieren,* ihn primär mit der »sanften Gewalt der Vernunft« durchzusetzen. Das heißt, der Bund der Kommunisten wird und muß als der kollektive Intellektuelle in der Lage sein, das besondere Problem der Intelligenz schon in sich selbst zu lösen. Dies natürlich um so eher, je mehr es ihm gelingt, das *gesamte* emanzipatorische Potential aus allen Gruppen und Schichten der Gesellschaft auf sich zu vereinen.
Um der kollektive Intellektuelle zu sein, der alle Energien zusammenfaßt, die auf die allgemeine Emanzipation gerichtet sind, und ihr Einmünden in ein fortlaufend zu aktualisierendes Aktionsprogramm vermitteln zu können, muß der Bund der Kommunisten auch anders organisiert sein als die Partei bisher. Die organisatorische Struktur muß sich nach dem Charakter der hauptsächlichen Tätigkeit richten, die er zu leisten hat. Erfolgreiche Erkenntnisarbeit erfordert den Zugang aller Beteiligten zur Gesamtheit der bedeutsamen Informationen, die »horizontale«, nichthierarchische Koordination der Untersuchungen aufgrund der Eigenaktivität der Interessierten, die Zulassung von Hypothesen, die den gewohnten Vorstellungsrahmen sprengen, die rückhaltlose Diskussion der verschiedenen Interpretationen ohne Bewertung durch irgendwelche beamteten Instanzen, die »bestätigen und nicht bestätigen« können usw. Es ist davon auszugehen, daß forschendes Denken verschiedenster Individuen und Gruppen, übereinstimmende Grundrichtung der Interessen vorausgesetzt, aus

der Logik der wirklichen Zusammenhänge selbst, auf die es konzentriert ist, zu übereinstimmenden Ergebnissen, zur Annäherung an die Wahrheit, d. h. zum adäquaten Ausdruck der emanzipatorischen Interessen angesichts gegebener und zu verändernder Verhältnisse führt. Die Verzerrungen resultieren viel weniger aus individuellen als aus institutionell verwurzelten Vorurteilen und Rücksichten. Die Konvergenz der Vorschläge stellt sich her, und es bedarf keiner besonderen und zusätzlichen Konformation dazu, wenn die sozialen Tatsachen vorbehaltlos zur Kenntnis genommen, durchdacht und die Meinungsverschiedenheiten auf regelmäßigen Diskussionskongressen o. ä., bei denen die besseren Argumente zählen, vor der gesamten Öffentlichkeit ausgetragen werden. Dies ist der Königsweg der Gesellschaftswissenschaft, so sehr sich die professionellen Gesellschaftswissenschaftler darüber hinaus mit der Methodologie, mit dem Beibringen von Einzelheiten befassen müssen. Dieser sowohl freie als auch konvergente Dialog der Kommunisten, aus dem ihr allgemeiner Wille in Gestalt eines immer konkreteren Modells der gesellschaftlichen Veränderungen hervorgeht, ist der Weg, auf dem das Parteiprogramm festgelegt und korrigiert wird, von den Fernzielen bis zu den Maßnahmen des heutigen Tages.
Es versteht sich, daß Standpunkte, die auf den Kongressen in der Minderheit bleiben und daher nicht in die Beschlüsse eingehen, theoretisch weiter verfolgt werden können. Der Bund der Kommunisten wird erkenntlich unterschiedliche Strömungen, Flügel haben, zeitweilig bis zu Fraktionen – dann nämlich, wenn die Vermittlung nicht gelingt, also als Krisenzeichen, die dann nicht in ihrem Erscheinen zu verdammen, sondern in ihren Ursachen zu überwinden sind, durch gemeinsames Erarbeiten und Ausfechten eines besseren, integraleren politischen Modells. Das setzt natürlich voraus, daß der Staat bzw. die Verwaltung unmittelbar unabhängig von dem Bund und seinen inneren Auseinandersetzungen ist. Die allgemeinen sozialen Institutionen müssen der Kontrolle der *Gesell-*

schaft unterliegen, so daß *diese* in ihrer Mehrheit überzeugt sein muß, ehe sich eine neue Parteimeinung, die gestern noch der besondere Standpunkt eines Flügels oder einer Fraktion gewesen sein mag, staatlich umsetzen kann. Sicher wird sich die Spitze des revolutionären Prozesses heute um diese, morgen um jene Individuen gruppieren, nach Maßgabe der Überzeugungskraft, die sie durch die Schärfe und den Weitblick ihrer Gedanken entwickeln. Wenn die politische Kommunikation frei ist, kann nichts die Gesellschaft daran hindern, ihre Praxis an einer neuen Konzeption zu orientieren, sobald die vorige ihren Impuls verausgabt hat. Jedesmal, wenn die Gesellschaft vor einer Wahl steht, werden sich die Alternativen in der Diskussion so sehr auf ihre letzte menschliche Bedeutung, auf ihre Einordnung in die Perspektive der Emanzipation hin vereinfachen, daß ein allgemeines Votum jenseits der paternalistischen Plebiszite möglich wird, auf die der Despotismus allenfalls stolz ist.
Soll der Bund der Kommunisten auf diese Weise das Organ der Vergesellschaftung der politischen Einsicht und Entscheidungsfähigkeit sein, so ist die erste Bedingung hierzu eine für alle authentischen gesellschaftlichen Kräfte *offene* Parteiverfassung, die es ermöglicht, ohne jedes ausschließende Sektierertum, jede Machtgeheimniskrämerei hinter verschlossenen Polstertüren alle lebendigen, produktiven Elemente der Arbeit und der Kultur zur Mitwirkung einzuladen und heranzuziehen. Die Partei mochte sich abschließen und intolerant auf ihrer Reinheit bestehen, solange sie ihr Prinzip und die Interessen ihres Mandanten in einer überwiegend feindlichen gesellschaftlichen Umwelt zu behaupten hatte, in der die Gedanken der herrschenden Klasse unausgesetzt die politische Autonomie der Bewegung bedrohten. In der entfalteten Sozialstruktur des real existierenden Sozialismus gibt es keine wegen ihres Einflusses nennenswerten Schichten und Gruppen mehr (ein Problem wie die Bauernschaft in Polen will ich hier nicht diskutieren), die von der originären politischen Mei-

nungsbildung ausgeschlossen werden müßten. Die Wirkung des Druckes von außen, die gegenwärtig so unverhältnismäßig groß erscheint und in vieler Beziehung auch ist, würde rapide abnehmen, wenn die Gesellschaft den ihrer Problematik gemäßen Überbau hätte. Die Gefahr verzerrter Widerspiegelung der gesellschaftlichen Interessen geht bei uns, wie gesagt, in erster Linie von Kräften aus, die dem Zentrum der sozialen Macht von vornherein sehr nahe stehen und dringend der Kontrolle durch Konfrontation mit autonomen, nicht von ihnen abhängigen Partnern bedürfen. Sobald die Mitgliedschaft in der Partei kein Mittel mehr ist, besonders begehrte Plätze im System der gesellschaftlichen Arbeitsteilung zu ergattern, setzt zudem ein Prozeß quasi-natürlicher Selbstreinigung ein. Als Kriterium der Zugehörigkeit, das dann in geeigneter Form auch von der öffentlichen Meinung mitgehandhabt werden kann, wird wieder das politisch-moralische Profil der Parteimitglieder in seine Rechte treten. Die Umgebung weiß im allgemeinen sehr gut, nicht nur, wer sich praktisch wie ein Kommunist verhält, sondern auch, wer das aus Überzeugung tut, wer »der Mensch dazu ist«.
Mit ihren Konsequenzen wird die Konstituierung der Partei als kollektiver Intellektueller zugleich der Weg ihrer Selbstbefreiung aus der Gefangenschaft des eigenen Apparatunwesens, aus ihrer vornehmlichen Existenz »in einem Haus mit Telefonen« sein. Schon in der alten Sozialdemokratischen Partei, nicht erst in der bolschewistischen Partei neuen Typus, war die Bürokratisierung der Parteistruktur in ihren Organisationsgrundlagen vorprogrammiert. Man kann darüber nachdenken, inwieweit die Organisationsform ihrerseits unvermeidlicher Ausdruck der soziologischen Verhältnisse an der Parteibasis gewesen ist. Jedenfalls ist sie weitgehend angelegt als Pendant zur Subalternität dieser Basis, die sie nicht nur widerspiegelt, sondern auch reproduzieren hilft. Es ist eine Organisation, die mit »Fußvolk« rechnet, die eine Armeestruktur und -disziplin dafür vorsieht, eine Disziplin, die preu-

ßisch war, wie Bakunin früh gesehen hatte. Rosa Luxemburg sah 1914/15 mit Entsetzen die Resultate. »Ohne Disziplin«, so argumentierte sie im Hinblick auf die parteioffizielle Kritik an Liebknechts Gegenstimme auf der Reichstagssitzung vom 2. Dezember, »wäre kein Fabrikbetrieb, kein Schulunterricht, kein Militär und kein Staat möglich. Ist es dieselbe Disziplin, die der Sozialdemokratischen Partei zugrundeliegt? Durchaus nicht! Zwischen unserer sozialdemokratischen Disziplin und der Fabrik- und Militärdisziplin besteht ein direkter Gegensatz im Wesen und in den Wurzeln« (GW 4/15, Berlin 1974). Sie meinte, es *sollte* zumindest ein Gegensatz sein, denn was Rosa tatsächlich feststellen mußte, war dies (ebenda/23 f.): »Gerade die mächtige Organisation, gerade die vielgepriesene Disziplin der deutschen Sozialdemokratie bewährten sich darin, daß der vier Millionen starke Körper sich auf Kommando einer Handvoll Parlamentarier in vierundzwanzig Stunden wenden und vor einen Wagen spannen ließ, gegen den Sturm zu laufen sein Lebensziel war . . . Marx, Engels und Lassalle, Liebknecht, Bebel und Singer schulten das deutsche Proletariat, damit Hindenburg es führen kann.«
Wenn die Aufgabe, die Subalternität zu liquidieren, ihre Reproduktionsquellen zu beseitigen, richtig gestellt ist, dann muß man sich innerhalb der Partei unbedingt von der Glorifizierung der proletarischen Disziplin lösen, die Lenin von Kautsky übernahm, weil sie auf die russischen Verhältnisse paßte. Was Lenin seinerzeit hervorhob, war die militärische Organisierbarkeit, die Bereitschaft der Arbeitermassen, sich einem Kommando zu fügen, sich der überlegenen Denkkraft und Übersicht eines politischen Generalstabs unterzuordnen. Wenn die Truppen im Feld stehen, brauchen sie natürlich Befehle – da darf man seine Zeit nicht mit allzu ausgedehnten Diskussionen verlieren. Die Einschätzung der Intellektuellen, die Kautsky und Lenin in diesem Zusammenhang gaben, ist stark von solchen Stabsbedürfnissen diktiert. Sie hat ihren Platz in der Geschichte. Unter den gegenwärtigen Bedingun-

gen im real existierenden Sozialismus haben die intellektuellen Elemente der verschiedenen sozialen Schichten und Gruppen allen Grund, sich nicht unter Zeitdruck setzen zu lassen.

Selbstverständlich erfordert eine effektive Organisation auch heute einen Apparat und eine Disziplin, nicht nur in der Verwaltung usw., sondern auch in der Partei. Aber die Kommunisten müssen in ihrer Organisation das Kräfteverhältnis zwischen der Ebene der Diskussion und Entscheidung über Werte und Ziele, Wege und Mittel ihrer Politik einerseits und der Sphäre des Apparats für die Durchführung andererseits umstürzen. Die Disziplin muß sich in erster Linie auf das Parteiprogramm beziehen, das aus umfassenden und uneingeschränkten Diskussionen der gesamten Basis hervorgeht – und nicht auf das Schalten und Walten einer Parteibürokratie, die das Programm vorschreibt und überdies in der Praxis der Durchführung beliebig auf den Kopf stellen kann. Der gesamtgesellschaftliche Prozeß, in dem die Staatsmaschine in ein dienendes, verwaltendes Werkzeug verwandelt, ihre Herrschaft also gebrochen wird, kann überhaupt nur in Gang kommen, wenn er *innerhalb der Partei seinen Anfang nimmt,* wenn die Herrschaft der Sekretäre und Sekretariate über die Partei gebrochen wird.

Der Parteiapparat in seiner gegenwärtigen Stellung und Rolle ist das Zentrum der Apparatherrschaft, des Apparatstaates. Da »kommt die Staatsgewalt her« und dahin kehrt sie aus allen Emanationen in die verschiedensten Leitungsfunktionen auch wieder zurück. Die Neudefinition seiner Rolle und Funktion, die rigorose Verminderung seines Umfangs, seine Unterordnung unter das politische und ideologische Leben des Kommunistischen Bundes wird daher einer der ersten Gegenstände der Auseinandersetzung um das Eintreten in den kulturrevolutionären Prozeß sein. Notwendig ist unter anderem die absolute personelle Trennung zwischen den gewählten politischen Leitungen und dem Organ, das die technischen Bedingungen ihrer Arbeit sichert. Ohne Vernichtung der Apparatherrschaft innerhalb der Partei wird es niemals die für die Erkenntnisarbeit des kollektiven Intellektuellen unerläßliche innerparteiliche Demokratie geben, was auch immer in den Statuten stehen mag.

Der Apparat ist das verkörperte Mißtrauen gegen die gesamte Masse von Intelligenz, die die Gesellschaft in allen ihren verschiedenen Schichten und Gruppen freisetzt. Die papstkirchliche Struktur, der durch und durch kuriale Geist der Parteihierarchie muß restlos ausgerottet werden. Die Kommunisten müssen ihre Politik von jeglichem bestimmenden Einfluß eines Parteiapparats befreien und ihre kollektive Souveränität über ihn herstellen. Die Menschen, die heute im Parteiapparat tätig sind, müssen – bis auf die politisch interesselosen, unverbesserlichen Bürokraten unter ihnen – selbst aufs höchste an einer solchen Lösung interessiert sein, da sie nur auf diese Weise ihre eigene Souveränität als selbst denkende Kommunisten wiederherstellen können, die ihre persönliche Meinung in die Politik einbringen möchten. Jeder Kommunist muß die Möglichkeit haben, notfalls aus seiner Rolle als diszipliniertes Mitglied herauszutreten und eine Gewissensentscheidung zu treffen.

Wenn sich der Bund der Kommunisten, während er sich von seinen internen Fesseln befreit, zugleich außerhalb der Kontinuität des Staatsapparats stellt, so gewinnt er die Möglichkeit, den Widerspruch auch in den Regierungsapparat hineinzutragen, ihn gründlich, d. h. sozial statt bürokratisch zu erneuern. Hat die Partei in der ersten Phase des real existierenden Sozialismus – bis zu einem gewissen Punkt erfolgreich – mit Hilfe des Staates, des Apparats, die Gesellschaft revolutioniert, so kommt es jetzt darauf an, mit der Gesellschaft, gestützt auf das in ihr angesammelte überschüssige Bewußtsein, den Staat, den Apparat neu einzuordnen. Das ist eine alles andere als administrative Aufgabe. Der Apparat ist die Arbeitssphäre einer großen Zahl von Menschen, deren pro-

fessioneller Interessenkomplex eine mächtige Eigengesetzlichkeit entwickelt. Dieser Komplex muß aufgelöst, d. h. die Blockbildung des Personals um seine Sonderinteressen verhindert werden.
Die Unterwerfung des Staatsapparats unter die Gesellschaft ist die Quintessenz des lange angekündigten Übergangs von der Herrschaft über Menschen zur Verwaltung von Sachen. Wenn die von unten unkontrollierte Bürokratie die Ursache dafür ist, daß die Partei bisher die Rolle der kontrollierenden Bürokratie, des Überstaatsapparates spielen muß, dann gibt es nur eine einzige Lösung: Die Partei selbst muß die Kontrolle der gesellschaftlichen Kräfte über die Bürokratie, über die Staatsmaschine in den Mittelpunkt ihrer Politik stellen. Sie muß die Menschen zu dieser Aufgabe anstacheln, muß sie dazu inspirieren, indem die Kommunisten mit allen verkehren und alle an sich binden, die sich bei ihrer Arbeit und bei ihrem Leben »etwas denken«. Sie muß die gesellschaftlichen Kräfte so organisieren, daß sie dem Apparat massiv als autonome Mächte gegenübertreten und ihn zu progressiven Kompromissen zwingen können. Dies bedeutet, den Kommunismus als Massenbewegung zu organisieren. Nur aus einer solchen kommunistischen Massenbewegung heraus handelnd, wird der Bund der Kommunisten nicht mehr gezwungen sein, sich wie die alte Partei in der apparativen Kontrolle der Staatsmaschine zu verschleißen. Dann wächst die politische Konstellation über den Bedeutungsumkreis der Begriffe »Oben« und »Unten« hinaus, die für das hierarchische Verhältnis der Funktionäre untereinander und ihrer ganzen Korporation zum Volk stehen. Es wird möglich, die von Marx und Engels in den Kommuneschriften antizipierten Maßregeln zur demokratischen Auswahl des Personals zu ergreifen. Statt durch Einsetzung bzw. Vorwahl von oben wird man die Besetzung der Positionen aufgrund der erprobten Fähigkeit der Kandidaten entscheiden, in der kulturrevolutionären Praxis dialogisch mit den Massen, mit den autonomen gesellschaftlichen Kräften

zusammenzuarbeiten, aus deren Mitte heraus der Bund der Kommunisten selber wirkt.

Die politische Struktur der kulturrevolutionären Praxis ist an sich kein Novum, neu ist die Notwendigkeit, sie permanent zu halten. In allen historischen Augenblicken, in denen der Kommunismus – wie Marx wollte – die wirkliche *Bewegung* ist, die den bestehenden Zustand aufhebt, ist das Verhältnis seiner Tendenz nach nicht dreigliedrig: Partei – Staatsmaschine – Volk; sondern die Kommunisten und das Volk bilden zusammen den einen umfassenden Block, der den Staat in die Mitte nimmt, einen Block, dessen innere Struktur nicht in Begriffen von Subordinationsverhältnissen beschrieben werden kann. Es hat historische Augenblicke gegeben, die etwas über die mögliche *Form* des Übergangs auszusagen haben. Wir können uns diese Augenblicke vergegenwärtigen in manchen Büchern des Alten Testaments, im Neuen Testament, in den Chorälen der Reformationszeit, in den Liedern und Hymnen der jungen Arbeiterbewegung. Es waren immer Zeiten, in denen die Menschen über bestehende Ordnungen hinausdrängten, noch nicht (bisher hieß es immer: *noch* nicht) festsaßen unter dem Reglement einer Priesterkaste, Zeiten der Bewegung, Zeiten des von einer *Prophetie* geführten Volks. Nur in solchen Bewegungen vermochten sich sonst zwangsläufig subalterne Massen und Klassen zur Höhe eines geschichtlichen Bewußtseins, der unmittelbaren Kommunikation mit dem Allgemeinen zu erheben. In solchen Bewegungen konnten Fischer aus Galiläa und Arbeiter aus Paris jäh zur höchsten überhaupt möglichen Würde des Menschen aufsteigen. Das Wesen der Bewußtseinskoordination, die in solchen Bewegungen vorherrscht, besteht eben in der Konvergenz der ideellen Substanz. Die Hoffnung führt das Volk, und seine Propheten sind nichts als die Dolmetscher, die seine tiefsten emanzipatorischen Bedürfnisse in ein konkretes, artikuliertes und historisches Bewußtsein heben, in dem aber die Totalität des Versprochenen nicht verlorengeht.

Man erinnert sich der Vision des alten Arbeiterliedes: »Seht, wie der Zug von Millionen endlos aus Nächtigem quillt, bis eurer Sehnsucht Verlangen Himmel und Nacht überschwillt.« Im Staat verdunkelt sich das Bewußtsein der Individuen, das kann nicht anders sein. In der kommunistischen Bewegung hellt es sich auf. Das Licht war immer das Symbol des Selbstbewußtseins und der Freiheit. Das Licht ist vorn, es wird nicht von allen zugleich erreicht und durchdringt nicht alle Reihen gleich intensiv. Aber es ist für alle das gleiche Licht, es handelt sich um Gradationen desselben allgemeinen Bewußtseins. Und die Geschichte ist kein schmaler Tunnel: die Massen können ausschwärmen, die vorderen Reihen brauchen den hinteren nicht im Licht zu sein. Und vorn kann der Geist jener prometheischen Solidarität herrschen, der von jeher die authentischen Revolutionäre erfüllte. Die Kommunisten werden sich ihren Platz an der Spitze einer Gesellschaft in kommunistischer Bewegung nur dadurch verdienen, daß sie als erste jede neue Chance erkennen, die Gleichheit aller Menschen näherzubringen, und daß sie nach den Prinzipien, für die sie eintreten, auch leben.
Ob es eine reale Chance gibt, den Kommunismus in den industrialisierten nichtkapitalistischen Ländern so als Bewegung zu organisieren, wird einzig davon abhängen, ob die Reformation der Partei gelingt. Man muß sich vorstellen, wie sehr unsere vom Kapitalismus gereinigte Gesellschaft auf eine erneuerte Kommunistische Partei wartet! Das gilt selbst für den größten Teil jener Elemente, die angesichts der bestehenden Zustände in antikommunistischen Vorurteilen befangen sind. Wieviel Hoffnung hatte 1968 schon zu Beginn ihres Erneuerungsprozesses die KPČ auf sich vereint, obgleich ihre Ziele noch nicht völlig klar hervortraten. Was Menschen an eine Bewegung bindet (anders als an eine Firma, die »Arbeit gibt«), das ist das Versprechen, die Verbindung der Einzelnen mit einem sinntragenden Ganzen zu vermitteln, ihnen den Raum für Selbstverwirklichung in überpersönlichen, histori-

schen Dimensionen zu eröffnen. Um ihre partikularen Interessen *sind* die Individuen organisiert (und die Mitgliedschaft in den herrschenden Parteien ist ja zu einem der bevorzugten Vehikel hierfür geworden). Kompensatorisch kommen sie letztlich auf ihre Kosten, wenn auch auf unterschiedlichem Niveau. Wo aber finden sie die Vereinigung, in der sie sich mit ihren emanzipatorischen Hoffnungen engagieren können?! Wo kann in der kollektiven Kommunikation ihr Bewußtsein wachsen, statt bloß für die verschiedensten beschränkten Zwecke – mögen sie noch so wichtig sein – ihre spezielle Qualifikation?!

Die bisherigen Parteien sind, wie alle wissen, in einer lange zurückliegenden Epoche für ganz andere Aufgaben formiert worden. Ihre Mitgliedschaft ist heute unter dem Mantel der offiziellen Einigkeit überall so gespalten wie in den sechziger Jahren in der ČSSR. Sie ist ideologisch und moralisch so heterogen, wie es in Parteien, die das Monopol auf die Staatsgewalt haben, gar nicht anders sein kann. Die Führer denken manchmal selbst mit Entsetzen daran. Dennoch ist in den bestehenden Parteien noch immer das Gros der energischen Elemente registriert, die für den Anfang einer sozialen Erneuerung prädestiniert sind. Um sie für den Aufbruch zu gewinnen, gilt es an die alten kommunistischen Verheißungen anzuknüpfen. Sie sind so notwendig wie eh und je. Sie werden die Erkennungszeichen sein, um die Kommunisten unter den Parteimitgliedern zu sammeln, um sie im Kampf für die Kulturrevolution auf neuer Grundlage zu vereinigen, selbstverständlich unter Heranziehung vieler frischer Kräfte aus der Jugend und aus allen Schichten der Gesellschaft, die die Parteien in ihrer jetzigen Verfassung niemals gewinnen werden. Der neue Bund der Kommunisten wird in seiner Zusammensetzung, in seiner Organisation, in seinem Stil die gegenwärtigen Strukturen und Ansprüche der protosozialistischen Gesellschaft widerspiegeln und ihre Perspektive antizipieren. Er wird vor allem auf der geistigen Teilnahme und auf dem

praktischen Einsatz der Kommunisten an allen Fronten der Arbeit und des Lebens beruhen. Er wird die Gesellschaft durch den Einfluß seiner Entwürfe für die sozialen Umgestaltungsprozesse führen. Er wird ihr für das Ethos der Brüderlichkeit im inneren wie im internationalen Leben der werktätigen Menschen stehen.
Vorbereitet werden muß diese Sammlung von einer geduldigen Propaganda der kulturrevolutionären Problemstellungen, Aufgaben und Ziele, ihrer Dringlichkeit und ihrer lebenswichtigen und daseinsverändernden Bedeutung für die Individuen. Diese Propaganda kann den heute bereits weitgehend störungsfreien Rahmen der informellen kleinen Gruppen zum Ausgangspunkt nehmen, die sich allenthalben um die verschiedensten Zwecke organisiert haben und der ideologischen Kontrolle nicht mehr zugänglich sind. Gerade auch in der Diskussion mit den zahlreichen Menschen, die zwar zutiefst interessiert, aber skeptisch und pessimistisch hinsichtlich der Perspektiven sind oder andere Prioritäten sehen, kann das konkrete Herangehen, das künftige Aktionsprogramm präzisiert werden. Wenn sich die Kommunisten persönlich den Problemen der Entfremdung, der Subalternität, der Ungleichheit der Entwicklungschancen, der unabweisbaren Glücksansprüche aller Gesellschaftsmitglieder stellen, können sie sich rückhaltlos auf den partnerschaftlichen Dialog mit anderen Strömungen einlassen. Dies gilt nicht zuletzt auch für die christlich tradierten Bestrebungen, die in genau denselben Problemen konvergieren. Im Kampf gegen die Herrschaft der Verdinglichung ist die Tradition, die sich auf die Bergpredigt Christi beruft, ein unverzichtbarer Verbündeter, sofern sie sich nicht ihrerseits in Kirche einschließt. Eine echte, nicht durch machtpolitische Vorgaben verdorbene Konkurrenz um den geistigen Einfluß auf die Gesellschaft kann dem Marxismus nur die Lebensgeister wecken, ihm helfen, aus der primitiven Katechese herauszufinden. Alle zwangsgestützte Indoktrination muß natürlich fortfallen.

Wenn die einzelnen Maßnahmen einer politisch-ökonomischen Alternative, über deren Grundrichtung abschließend zu sprechen sein wird, irgend etwas Wesentliches bewirken sollen, wenn vermieden werden soll, daß die Macht des Alltags dennoch alles wieder in die Reproduktion subalterner Verhaltensweisen münden läßt, dann muß ein psychischer Aufschwung im Gange sein, der insbesondere die Mehrheit der Jugend unmittelbar auf die Ebene des politisch-philosophischen Ideals emporreißt. Es muß aus der kollektiven Bewegung selbst ein so unwiderstehliches Versprechen der Emanzipation für alle hervorgehen, daß Millionen junger Menschen der Durchbruch zu gesamtgesellschaftlicher, ja menschheitlicher Bewußtheit gelingt. Ohne die Komponente der emotionalen Erhebung, die der kurze Weg vom Einzelnen zum Allgemeinen bzw. vom Individuum zur Gemeinschaft ist, gibt es keine revolutionäre Massenbewegung. Die Weisheit der Resignierten nützt niemandem etwas. Gerade das in der Subalternität niedergehaltene Bewußtsein, das seine Bestrebungen in den Abstraktionen der theoretischen Idee nicht von vornherein wiedererkennen kann, braucht eine Vision der totalen menschlichen Möglichkeiten von gefühlsmäßiger Evidenz. Nur so wird die Kulturrevolution mit ihrer grenzüberschreitenden dialektischen Vernunft den auf den Status quo verpflichteten bürokratischen Verstand besiegen und aus seinen sozialen Verankerungen herausreißen. Nur so kann sie die trägen materiellen und informationellen Strukturen, die mit soviel Detailrationalität imponieren, unter den notwendigen Transformationsdruck setzen. Die gefühlsmäßigen Überzeugungen haben recht, die das Bestehende in seiner Gesamtverfassung für unvernünftig halten. Die theoretische Aufklärung der Massen setzt ihre gleichzeitige revolutionäre Praxis voraus. Hier ist entscheidend, daß der Prozeß der Kulturrevolution nicht nur an einem fernen Horizont in die Aufhebung aller Regierung, in die Aufhebung der alten Arbeitsteilung und des Staats *mündet*, sondern selbst schon als *Weg* zur größtmöglichen Emanzipation der größtmöglichen Menschenzahl empfunden werden kann.

Ich will, ehe ich zur Frage des Aktionsprogramms übergehe, in ein paar Antithesen zusammenfassen, was der Bund der Kommunisten jenseits des Kapitalismus sein muß:

Keine Arbeiterpartei im alten, längst zu engen Sinne, sondern die Organisation der emanzipatorischen Interessen, die für Menschen aller Gesellschaftsschichten charakteristisch sind.

Keine Massenpartei der Art, in der eine selbsternannte Führungselite nach dem Gesetz der großen Zahlen die numerierten Mitglieder manipuliert, sondern die Vereinigung gleichgesinnter, d. h. an der Lösung der gleichen Probleme in der gleichen Richtung interessierter Individuen von gleicher allgemeiner Kompetenz.

Keine sektiererisch gegen die Gesellschaft abgeschlossene Korporation der Besserwissenden, sondern eine revolutionäre Gemeinschaft mit offener Peripherie, die die Gesellschaft zu sich einläßt.

Kein Überstaat, der den eigentlichen Staats- und Verwaltungsapparat von außen und oben steuert und kontrolliert, sondern der ideologische Inspirator eines integralen Verhaltens aller Basisgruppen, der die Gesellschaftsmehrheit zur Kontrolle aller Entscheidungsprozesse von innen befähigt.

Keine gehorsame Armee, die den politbürokratischen Konsens über die Ausdehnung und Fortsetzung des Status quo ausführt, sondern der kollektive Intellektuelle, der in demokratischer Kommunikation den Konsens über die Veränderungen schafft und praktiziert.

Seine Hauptfunktion, die er in allen diesen Eigenschaften wahrnimmt, wird die Vereinigung, Koordinierung und Zielrichtung der intellektuellen und moralischen Anstrengungen zur Ausarbeitung einer Strategie und Taktik der Kulturrevolution sein.

13

Über die Ökonomik der Kulturrevolution I

Hier soll nicht wiederholt, sondern vorausgesetzt werden, was im 10. Kapitel an Begründendem über die Kulturrevolution
– gegen die alte Arbeitsteilung,
– gegen den Ausschluß der Vielen von der zur Mitbestimmung der Synthesis befähigenden Bildung,
– gegen die patriarchalischen, entwicklungsbeschränkenden Kindheitsmuster,
– gegen die Gemeinschaftslosigkeit und
– gegen den Bürokratismus
gesagt wurde. Vielmehr soll gefragt werden, wo die kulturrevolutionäre, die kommunistische Bewegung den Hebel ansetzen, an welchen Punkten der bestehenden Produktions- und Lebensweise zuerst ihre Idee zur umwälzenden materiellen Gewalt werden kann. Das ist das Problem der Heranführung der Massen an die Kulturrevolution, der Verwirklichung des mehrheitlichen Konsensus in einer anwachsenden Aktion, die immer tiefer in die Widersprüche der modernen Menschheitssituation vordringt. Von ihrem sozialen Potential und von ihren politischen Vorbedingungen (der Erneuerung der Partei, der Erkämpfung der Demokratie) sowie von ihrer Einleitung durch einen antibürokratischen, antietatistischen Auf-

bruch haben die beiden vorigen Kapitel gehandelt. Dies unterstellt, läßt sich der ganze Komplex der kulturrevolutionären Praxis, also positiv formuliert des Kampfes

– um die Umverteilung der Arbeit,
– um einen einheitlichen Bildungsweg für voll sozialisierte Menschen,
– um die Bildungsfähigkeit und Lernmotivation der Kinder,
– um die Bedingungen für ein neues Gemeinschaftsleben und
– um die Vergesellschaftung (Demokratisierung) des allgemeinen Erkenntnis- und Entscheidungsprozesses

zusammenfassen unter der Fragestellung nach der Ökonomik der Kulturrevolution, nach der *radikalen politökonomischen Alternative,* die sie dem bestehenden ökonomischen System entgegengesetzt. Diese Alternative muß entworfen werden in Gestalt eines Stufenprogramms, das auf die Dynamisierung der sozialen Beziehungen im Reproduktionsprozeß gerichtet ist, das den Status quo, in dem sich die sozialen Faktoren gegenwärtig im ökonomischen Prozeß wechselseitig pattsetzen, konstruktiv aufbricht und die *politische* Auseinandersetzung um die neue Ökonomik in die Arbeitsstätten hineinträgt.

Ich kann mir für dieses letzte Kapitel nicht vornehmen, eine »Politische Ökonomie der Übergangsperiode« auszuführen, abgesehen davon, daß schon mit der Formulierung vereinfachend unterstellt wäre, es handele sich um einen Vorgang auf der Linie *Kapitalismus*-Kommunismus. Vielmehr kommt es mir auf eine Übersicht der möglichen praktischen Maßnahmen, wenigstens ihrer Hauptrichtungen an. Dennoch sind einige summarische Vorbemerkungen nötig, um den Platz solcher Schritte im Bezugssystem der ökonomischen Theorie anzudeuten.

Da Subalternität und Entfremdung in den ökonomischen Verhältnissen wurzeln, müssen sie letzten Endes auch dort angegriffen werden, welches auch immer die Taktik des Vorgehens sei. So weit wird man sich unter Marxisten einig sein. Es ist aber außerordentlich wichtig, das ökonomische Kernproblem, das Wesen der ökonomischen Schranken richtig zu fassen. Meiner Ansicht nach – das geht gewiß aus der ganzen vorangegangenen Analyse hervor – steckt dieses Kernproblem in der vertikalen Arbeitsteilung, die sich allgemein als Hierarchie der Arbeitsfunktionen (bzw. der damit gegebenen Niveaus von Bewußtseinskoordination) und speziell als Pyramide der Leitungsfunktionen darstellt. Das bedeutet nun, daß mir alle jene theoretischen Ansätze prinzipiell unzureichend erscheinen, die die politökonomische Problematik des real existierenden Sozialismus von den Vorzugskategorien der kapitalistischen Ökonomik her zu erklären suchen. Für meine Begriffe reichen solche Probleme wie das Verhältnis von Plan und Markt, wie die wichtigere Frage der Dominanz von Gebrauchs- oder von Tauschwert in der Regulation und selbst wie die überaus wesentliche Dialektik von Zentralisation und Dezentralisation der Verfügung nur in die eine, die andere und die dritte Oberflächenschicht der nichtkapitalistischen Ökonomik hinein.

Zum Beispiel ist eben nicht wahr, daß die Herrschaft des Plans im Gegensatz zu der des Marktes die Durchsetzung der gesellschaftlichen oder gar der »proletarischen« Interessen verbürge, ja auch nur zwingend impliziere (eher im Gegenteil). Und umgekehrt ist auch nicht wahr, daß die Rolle, die Wertgesetz und Warenproduktion in unserer Wirtschaft spielen, etwa zur Folge hätten, daß der Plan material nur eine Fiktion, daß er ein Vehikel des Marktes sei, während er doch den Markt erst setzt, indem er (zumindest jenseits der einfachen Reproduktion) *bestimmt,* was die Gesellschaft bedarf (bzw. nicht bedarf – womit der Plan zugleich auch den Schwarzmarkt setzt). Selbstverständlich erscheint der Bedarf z. T. nicht direkt um seiner materialen (Gebrauchswert-)Qualität willen im Plan, da zum Beispiel auf den weitestgehend von ihm unabhängigen Weltmarkt exportiert werden muß; aber auch hier vermitteln die Tauschwerte den konkreten Importzweck. Man darf das

Haupt*instrument* der bürokratischen Kontrolle über die Wirtschaft, die freilich mit Recht so vielumstrittene Kennziffer Warenproduktion, nicht mit dem eigentlichen Prozeßgehalt der Staatsplanung verwechseln. Für mich steht außer Zweifel, daß dies die materielle Bilanzierung ist.

Was das Dilemma (man muß inzwischen eher Dilemma als Dialektik sagen) von Zentralisation und Dezentralisation als Thema von »Wirtschaftsreform« betrifft, so wird es solange ein unergiebiges *inner*bürokratisches Aktivitätsmuster, ein Tauziehen zwischen der *Spitze* und der *Mitte* der *Leitungs*pyramide bleiben, wie es keine Autonomie der außeradministrativen, der gesellschaftlichen Kräfte an der Basis gibt. Übrigens behält bis dahin die Zentrale auch immer das Übergewicht. *Sie* hat im Konfliktfall das – wenn auch entfremdete – gesamtgesellschaftliche Interesse hinter sich. Die Funktionäre in der Mitte und an der Basis haben hinter sich die unüberbrückbare Kluft zwischen dem Apparat als ganzes und den Massen, genauer gesagt, der einstweilen unorganisierten Summe der emanzipatorischen und kompensatorischen Interessen.

Das Bild ändert sich natürlich mit einem Schlage, wenn »Wirtschaftsreform« durch »Gesellschaftsreform« »ergänzt«, d. h. in Wirklichkeit von der Entfesselung der gesellschaftlichen Kräfte aus in Angriff genommen wird. Was dann die Pyramide hinandrängt, das sind nicht mehr die schwachen, mausgrauen partikularen Interessen der Leiter, die ihre Arbeits-, Lebens- und Überlebensbedingungen in den Unterfunktionen aufbessern möchten. Nein, dann überspringen die *allgemeinen*, die menschlichen Interessen (sicherlich zunächst mit großem kompensatorischem Anteil) den trennenden und schützenden Graben, dann durchstoßen sie den korporativen Panzer, dann zerbricht die bürokratische Solidarität, und das menschliche Potential im Apparat beginnt auf die andere Seite überzulaufen. Das ist der Sturm der gesellschaftlichen Kräfte auf die Pyramide der Macht. Man braucht sich dies nur vor Augen zu führen, braucht nur darüber nachzudenken, wie sich dann die ökonomischen Probleme stellen, um schon intuitiv zu erkennen, daß es nicht um Plan oder Markt, Gebrauchs- oder Tauschwert, nicht einmal um Zentralisation oder Dezentralisierung geht. Womit keineswegs gesagt sein soll, daß diese Probleme verschwänden; es wird nur ihre sekundäre Bedeutung sichtbar. Bei gesamtgesellschaftlicher Arbeitsorganisation wird die *politische* Demokratie zu dem maßgeblichen konstitutiven Moment, von dem es abhängt, ob die Zielsetzung des ökonomischen Prozesses, der qualitative Inhalt des Plans im Austrag der authentischen gesellschaftlichen Interessen oder durch die beschränkten innerbürokratischen Machtverhältnisse und Wissensstrukturen entschieden wird. Übrigens ist dieser Gedanke, jedenfalls der Absicht nach, in Gestalt des sogenannten Delegiertensystems in die jüngste jugoslawische Verfassung eingegangen.

Doch die politische Demokratie ihrerseits kommt nicht durch den abstrakten guten Willen einer Führung zustande, ist letzten Endes keine politisch-juristische Verfassungsfrage. Ich konnte, während ich daran ging, diese letzten Kapitel zu schreiben, noch einige neuere politökonomische Schriften zur Kritik des real existierenden Sozialismus lesen: Mandel, Bettelheim (nur referiert), besonders aufmerksam die Arbeiten von Renate Damus aus den letzten Jahren, die eine der meinen verwandte theoretische Konzeption verraten. Dabei fiel mir ein gewisses Auseinanderklaffen der politischen und der politökonomischen Analyse auf, das ich hier nur en passant anmerken möchte. Ernest Mandel, so scheint mir, läßt sich als *Politökonom* von zu wenig überprüften Vorurteilen jener *politischen* Einschätzung leiten, die Trotzki seinerzeit vom Standpunkt einer doch recht unmittelbar sozialistischen Perspektive für die russische Revolution gab. Ich kann nicht recht begreifen, wie man beispielsweise bis in die 70er Jahre hinein darauf bestehen kann, unsere Bürokratie sei »lediglich ein parasitärer Auswuchs des Proletariats«, verfüge »über keinen politischen, sozialen oder ökonomischen Mechanis-

mus, um ihre besonderen materiellen Interessen« – die sich freilich nicht einfach im Konsumbereich abspielen – »mit der Entwicklung der Produktionsweise zu vereinen, aus der sie ihre Privilegien bezieht« (Sondernummer 3 der »Internationale«/96). Bei Renate Damus demgegenüber bleibt der weit gemäßere politökonomische Ansatz deshalb etwas abstrakt und ungewollt funktionalistisch, auch »ökonomistisch«, weil sie für die politischen Konsequenzen beim indirekten Appell an die Einsicht mehr oder weniger »hochgestellter« DDR-Leser verharrt. Die Ökonomik des real existierenden Sozialismus hat ein anderes Verhältnis zur Politik als die des Kapitalismus. Sie muß von der »Politik«, nämlich von ihrem Quellfluß in den Macht-, den Herrschaftsverhältnissen im Arbeitsprozeß her entwickelt werden. Eigentlich geht diese Folgerung bereits aus den Analysen von Renate Damus hervor.
Für die praktische ökonomische Politik eines kommunistischen Bundes stellt sich als erstes das Problem der Initialzündung, um die Gesellschaft gründlich, von ihrer Basis her, in Bewegung zu setzen und die Psychologie der politischen Ungleichberechtigung zu zerschlagen, nach der man von unten bescheiden zu fragen und von oben autoritär zu antworten hat. Wir wissen, daß die tschechoslowakische Ökonomie 1968 zumindest nicht schlechter funktioniert hat als zuvor. Ausstoß und Produktivität stiegen an, obwohl sich die Reform äußerst unentschlossen zeigte, in den ökonomischen Prozeß vorzustoßen. Allem Anschein nach gab es ungeachtet kohärenterer Ansätze in einzelnen Köpfen ein ziemlich eklektisches Durcheinander von Bestrebungen teils tradeunionistischer, teils managerial-»wirtschaftsreformerischer«, teils rätedemokratischer Art. Eine richtungweisende Synthese durch die Partei zeichnete sich noch nicht ab, jedenfalls nicht auf annähernd verbindliche Weise (ich denke, daß auch der Bericht »Politische Ökonomie des 20. Jahrhunderts«, den Richta und seine Gruppe 1968 in Prag vorlegten, keine geeignete programmatische Grundlage war, weil er zu sehr die besonderen Interes-

sen der privilegierten Schichten des Gesamtarbeiters widerspiegelte). Die Folge war die insgesamt zu langsame und vor allem viel zu oberflächliche, vornehmlich im Allgemeinpolitischen verharrende Aktivierung in den Betrieben. Letzten Endes dürfte darauf das nicht zu leugnende Ungleichgewicht der reformatorischen Errungenschaften zugunsten der Intellektuellen- und Managerinteressen zurückzuführen sein, das die als Möglichkeit in der Situation enthaltene kulturrevolutionäre Perspektive gefährdete. So langsam der Prozeß der zivilisatorischen Umwälzung in die Tiefe dringen wird, so rasch müssen doch in den ersten Augenblicken einige Tatsachen geschaffen werden, um seine Dynamik in Gang zu setzen. Speziell darf das Gefühl der Unentrinnbarkeit der industriellen »Sachzwänge«, der hierarchischen Sozialstruktur des Arbeitsprozesses, der absoluten Schranken der innerbetrieblichen Arbeitsteilung nicht unangefochten die Phase des ersten politischen Aufschwungs überdauern. Die notwendigen Eingriffe en bloc erneut auf eine spätere Konsolidierungsperiode zu vertagen, würde bedeuten, die bestehenden industriellen Zustände nochmals und mit neuem Nachdruck in ihrer scheinbaren Selbstverständlichkeit und Unantastbarkeit zu bestätigen.

Es gibt eine Reihe von Sofortmaßnahmen, bestimmten »Abschaffungen« zunächst, die aber durch ihre politisch-moralische Wirkung sogleich eine konstruktive, positive Tendenz in sich tragen. Ich will sie vorweg nennen, um kurz ihre revolutionierende Funktion anzudeuten, ehe ich etwas ausführlicher auf sie eingehe. Die wichtigsten Initialmaßnahmen sind:

– die Liquidierung der bürokratischen Korruption von oben in ausnahmslos allen ihren offenen und verdeckten, geheiligten und ungeheiligten Formen;

– die Abschaffung der Arbeitsnormung und des Stücklohns;

– die planmäßige periodische Beteiligung des gesamten leitenden und intellektuellen Personals der Gesellschaft an der einfachen ausführenden Arbeit;

– die durch eine sofort einzuleitende, aber etwas längerfristige konsultative Diskussion an der Basis vorzubereitende rigorose Berichtigung des Lohngefüges nach einfachen, übersichtlichen Kriterien, mit dem Ziel eines entscheidenden Fortschritts zur Lohngerechtigkeit innerhalb des Gesamtarbeiters.

Sobald diese Maßnahmen auch nur ernsthaft in Angriff genommen werden, sind sie geeignet, die soziale Atmosphäre zu reinigen, die Kluft der Sprachlosigkeit zwischen dem politischen Überbau und den Massen, den Interessengegensatz zwischen der wissenschaftlich-technisch-ökonomischen Intelligenz und den Produktionsarbeitern in den Betrieben erst einmal zu überbrücken, mindestens die Fronten fließend zu machen. Sie werden insbesondere – und zwar, wie ich vorweg behaupte, kostenlos, wenn nicht sogar kostensparend – einige überflüssige Provokationen beseitigen, die eine Masse von kindauf mehr oder weniger in ihren Entwicklungschancen verkürzter Menschen zu unproduktiven Protesthaltungen treiben und partielle Rechtfertigungen für undisziplinierte, destruktive und asoziale Verhaltensweisen liefern. Aber sie verleihen nicht nur der sehr aktuellen Forderung nach Solidarität in der Kooperation die dringend notwendige unanfechtbare moralische Autorität. Sie haben eine positive mobilisierende Bedeutung, indem sie der Gesellschaft überzeugend die *Aufrichtigkeit der revolutionären Führung zeigen, ihren Willen zur Gerechtigkeit und ihre Entschlossenheit, sich selbst jeder Art von Bereicherung und zusätzlicher Privilegienaneignung zu enthalten.*
Rudolf Herrnstadt hat in seinem Buch über die Entdeckung der Klassen (Berlin 1965/183 ff.) an einem historischen Beispiel, an dem Aufschwung der Volksinitiative zu Beginn der Jacobinerdiktatur, hervorgehoben, welche ungeheure Bedeutung dies für die Funktionsfähigkeit der neuen Verhältnisse, für ihren Charakter als neue *Ordnung* hat. Er stellte sich vor

allem die Frage, wie die Jacobiner erreicht haben, daß *gearbeitet* wurde, und zwar mit »nie gewesener Hingabe, . . . auch von Menschen, die nie zu arbeiten geneigt waren« (Subbotniks sind gar nichts spezifisch Sozialistisches oder Kommunistisches, es sei denn in sehr weitem Sinne)! »Mögen einige aus Furcht mitgegangen sein, andere aus Neugier, die weitaus meisten arbeiteten enthusiastisch, weil sie sich – endlich, endlich – eins fühlten mit dem Verlauf der Weltgeschichte.« Herrnstadt konstatiert den plötzlichen Überfluß an Talenten auf allen Gebieten – und daß die Jacobinerdiktatur das Problem der Jugend nicht kannte: »Sie hatte sie. Sie kannte nicht das Problem des positiven Helden: Es galt als verächtlich, keiner zu sein.« Die Form des nationalen Lebens war bestimmt durch eine wirkliche Dialektik von revolutionärer Regierung und Volksorganisationen, vor allem den Kommunen. Die Sektionen von Paris hatten das De-facto-Veto: sie marschierten nicht, wenn sie nicht mit dem Wohlfahrtsausschuß einverstanden waren. Dazwischen als vermittelndes Glied die revolutionären Klubs, als quasi-Fraktionen der revolutionären Partei, die formell noch nicht existierte. Aber nicht dieses Schema als solches entschied, sondern: »Der ganze vielgliedrige, oft widerspruchsvolle Organismus der revolutionär-demokratischen Diktatur konnte aus zwei Gründen funktionieren: 1. weil er tiefgreifende ökonomische Veränderungen« – damals vornehmlich Boden für die Bauern und Höchstpreise für Lebensmittel und Rohstoffe – »vornahm, die längst herangereift waren und von den Massen gebraucht wurden; 2. weil diese Veränderungen unter dem Diktat einer hohen Moral erfolgten.« Ohne das Zweite gewinnt kein Regime das Volk, es mag mit Sozialmaßnahmen werben, soviel es will und vermag. Da war der Maßstab der Bürgertugend: »ehrliches, aufopferndes Verhalten im Interesse der Revolution«: »Was hast du getan, um im Falle einer Konterrevolution gehängt zu werden?« »Welches war dein Vermögen vor 1793, welches Vermögen besitzt du heute? Wenn sich dein

Vermögen vermehrt hat, wodurch?« Und da die Jacobiner in der Verfolgung der Revolutionsprofiteure bis ans Ende gingen, auch in den eigenen Reihen, errangen sie das Vertrauen des Volkes und entfesselten seine Initiative. Es ist nicht wahr, daß die große Zahl der Individuen *nie* »selbstlos« handeln könnte und daß sie den Führer, wenn er ihnen den Bruder statt den Herrn zeigt, *immer* in ihren Suppentopf stieße. Die Jacobiner – und nach ihnen die Bolschewiki – bewiesen eine Zeitlang das Gegenteil: »sie hatten vor den durch Jahrtausende ausgebeuteten, mißtrauischen Massen den unwiderleglichen Beweis der Ehrlichkeit erbracht.« Nicht zuletzt darum geht es bei den Sofortmaßnahmen, um eine Atmosphäre also auch, in der das demoralisierte, verlumpte Element gar nicht aufkommt. Nur an diesen Zusammenhang soll das historische Beispiel erinnern.

Vor einem weiteren Horizont ist damit bereits das umfassendere Problem der Einstellung zu den kompensatorischen Interessen in der kulturrevolutionären Praxis berührt. Doch will ich darauf erst nach den Bemerkungen zu dem unmittelbaren ökonomischen Aktionsplan zurückkommen.

Erstens – Liquidierung der bürokratischen Korruption von oben. Wer die politische Macht innehat, besitzt automatisch die Verfügungsgewalt über mehr oder weniger große Teile des Mehrprodukts. Nichts löst unfehlbarer das Mißtrauen der Menschen aus, und nichts bestätigt ihnen sinnfälliger, daß mit dem Oben und Unten »wie immer alles beim alten bleibt«, als der Mißbrauch der Macht für die vorzugsweise Absättigung der kompensatorischen Bedürfnisse bei den politischen Aktivisten und ihrem Anhang sowie für die Bestechung eines breiteren nachrückenden Personals. Die korrupten Elemente, die ein solches Verfahren anzieht, sorgen schnell dafür, daß der Geist der Korruption allgemein und obligatorisch wird. Sie schaffen in kürzester Frist ein Klima, in dem der ehrenhafte Funktionär, der bewußt auf die Vorteile verzichten will, verdächtig wird, nicht nur ein Dummkopf zu sein, sondern das Korps nicht zu mögen und aus undurchsichtigen Motiven nach den Positionen zu streben, die die Schakale bereits erobert haben.

Bei der bürokratischen Korruption von oben gibt es keine unschädliche Dosierung. Man muß den Anfängen wehren und an die Wurzeln gehen. Insbesondere ist es völlig unzulässig, ihre Beträge gegen irgendwelche zusätzlichen Einkünfte aufzurechnen, die beispielsweise traditionellen sozialen Schichten wie dem Handwerk spontan aus dem ökonomischen Prozeß zufließen. Der Chauffeur, der den Bürokraten von der Haustür abholt, obwohl dort eine Straßenbahn verkehrt, ist unvergleichlich schlimmer als das luxuriöse Wochenendgrundstück des Autoreparateurs, der mit seiner Dienstleistung auf dem Schwarzen Markt hausiert. Analoges gilt für die zumindest vordergründig immateriellen Vorteile, die die Intelligenz aus ihren Verbindungen zu den Repräsentanten des höheren Bildungswesens zieht, im Vergleich zu der systematischen Heranzüchtung von Spezialisten für die repressivsten Zweige der Bürokratie mit Hilfe von Vorzugsstipendien. Wenn es so weit gekommen ist, daß die zentralen Partei- und Staatsinstanzen sich selbst Residenzen, Luxuslimousinen, Ferienschlösser und Spezialkliniken genehmigen, dann hilft nur noch die Entmachtung des ganzen Klüngels, der die entsprechenden Positionen besetzt hält. Die politische Revolution wird unbedingt die Unterstützung der Bevölkerungsmehrheit haben, wenn sie noch aus der Bewegung heraus folgendes dekretiert und durchführt:

– Reduzierung aller Gehälter, die die obere Grenze des normalen Gehaltskatalogs übersteigen. Wie alle Kommunisten wissen, hielt Lenin, und nicht nur er, »die demoralisierende Wirkung hoher Gehälter sowohl auf die Sowjetmacht . . . als auch auf die Arbeiterklasse« für unbestreitbar (LW 27/240 f.). Die Bedingungen, die ihn seinerzeit dazu veranlaßten, das Prinzip des Facharbeiterlohns für leitende Tätigkeit fallenzulassen, existieren längst nicht mehr. Was hindert also diejenigen, die sich unentwegt auf Lenin berufen, an der Durchführung dieses Prinzips? Die für den Reproduktionsprozeß in seiner gegenwärtigen Form massenwirksame Einkommensdifferenzierung bewegt sich beispielsweise in der DDR zwischen 500 und 1500 Mark. Was darüber ist, fließt in die Taschen von Leuten, die ohnehin auf andere Weise verpflichtet sind und so nur zusätzlich für ihren bürokratischen Gehorsam bzw. für spezielle Dienstleistungen an die Macht honoriert werden sollen. Gehälter bzw. Einnahmen von 3000 Mark und mehr können bei unseren Durchschnittseinkommen nur auf Ausbeutung fremder Arbeit basieren. (Dieser Schnitt wird natürlich auch andere Privilegierte treffen, etwa bestimmte Monopolisten im Kunstbetrieb u. ä., die vielleicht selbst hart arbeiten, aber mit ihren Konten um sich herum ein halbparasitäres Milieu erzeugen.)

– Beseitigung aller besonderen materiellen, sozialen, medizinischen, kulturellen und sonstigen Versorgungseinrichtungen des Funktionärsapparats, soweit sie nicht entweder nachweisbar öffentlichen Zwecken dienen oder sich im Rahmen der üblichen Sozialeinrichtungen von Betrieben halten; Reduzierung des Repräsentationsaufwandes im weitesten Sinne (Bauten, Wagen, Empfänge u. v. m.); Aufhebung der Regierungsghettos; Reduzierung des Personals für persönliche Sicherheit der Repräsentanten; Abriegelung des speziellen bürokratischen Einflusses auf die Hochschulzulassungen, der u. a. dahin tendiert, die Besetzung bestimmter Zweige des Apparats, wie etwa des inneren und des äußeren Ressorts, der Familientradition und anderen persönlichen Beziehungen anheimzugeben.

– Schluß mit dem kleinbürgerlichen Pomp der Orden und Ehrenzeichen, insbesondere Streichung sämtlicher damit zusammenhängender Bezüge mit sofortiger Wirkung. Das gesamte Auszeichnungs- und Prämienunwesen, das großenteils

eine ständige Farce darstellt, bedarf dringend der Überprüfung und mindestens einer rigorosen Schlankheitskur. Notwendig ist u. a. auch die Beschränkung der Renten und anderer Kompensationen für Widerstandskämpfer und Opfer des Faschismus auf die betreffenden Personen selbst. Die »Würdigung« menschlicher Heldentaten in der revolutionären Vergangenheit durch materielle Privilegien verschiedenster Art in der Gegenwart und für die Nachkommen kann eigentlich nur eine Beleidigung aller aufrichtigen Kämpfer für den Sozialismus sein: sie setzt sie mit den Rebellen jenes Typus gleich, deren Traum die Villen und Fleischtöpfe der alten herrschenden Klassen waren. Ohnehin werden die Besten der alten Kommunisten und Sozialisten damit nur für alles das entschädigt, was sie als Verrat der nachrevolutionären Gesellschaft an ihren einstigen Idealen empfinden müssen. »Wofür haben wir gekämpft?«
Die Führer, die Aktivisten und Funktionäre müssen die durchschnittlichen materiellen Lebensbedingungen des Volkes teilen. Wo Mangel nicht überwunden ist, müssen sie mit auf der Warteliste stehen. Sie müssen privat in der Mitte der Bevölkerung leben und durch ihre Bewegungsformen und Umgangsgepflogenheiten dokumentieren, daß sie sich in ihren Ämtern (das hat nichts mit dem Wert der Person zu tun) ersetzbar wissen und nach der dahingehend zu verändernden Verfassung des Staates und der Verbände morgen wieder Werktätige wie alle anderen sein werden. Eine organisierte öffentliche Meinung muß kontrollieren, daß das Regierungswesen nicht wieder zur Selbstdarstellung einer über die Gesellschaft erhabenen Korporation entarten kann. Mindestens wird die Liquidierung der bürokratischen Korruption von oben den Dienst in den Apparaten unattraktiv für die ordinärsten Spezies von Karrieristen und Bürokraten machen.

Zweitens – Abschaffung der Arbeitsnormung und des Stücklohns. Nichts erinnert die unmittelbaren Produzenten im real existierenden Sozialismus so unmißverständlich an die spezifisch kapitalistische Vergangenheit wie der »Akkord«. Was spiegeln Arbeitsnormung und Stücklohn letzten Endes wider? Unter welchen Umständen muß man die Arbeitsleistung *des Einzelnen* (jenseits überschlägiger Kapazitätsberechnungen) verbindlich fixieren? Normierung und finanzielle Stimulierung der individuellen Arbeitsleistung haben nur Sinn, wenn »die Gesellschaft« dadurch ein höheres Mehrprodukt erhält, wenn also die Individuen ohne solche Vorkehrungen ihre Kräfte und Fähigkeiten sparen würden. Die Norm in Verbindung mit dem Stücklohn unterstellt, sofern sie den Arbeiter nicht über das physiologisch vertretbare Maß der Intensität hinaustreiben will, Leistungszurückhaltung als Durchschnittsreaktion auf den real gegebenen Charakter der Arbeit. Das heißt, sie unterstellt entfremdete Arbeit in der doppelten Bedeutung, daß sie unter Herrschaftsverhältnissen stattfindet und daß die dafür aufgewendete Zeit konkret für die Entwicklung und für den Selbstgenuß des Individuums weitgehend verloren ist. In einer solidarischen Gemeinschaft würde sich jeder sittlich veranlaßt fühlen, nach vorhandenen Kräften und Fähigkeiten sein Bestes beizutragen, so daß Vergleichsmarken und zusätzliche Stimuli höchstens moralische Bedeutung im Wettbewerb der bei der jeweiligen Aktivität erfolgreichsten Individuen haben könnten. Ungleich begabte und entwickelte Individuen den gleichen Anforderungen unterwerfen zu wollen, würde als die eigentliche Ungerechtigkeit gelten.

Es dürfte von niemandem zu bestreiten sein, daß der »Akkord« die Produktionsarbeiter sowohl untereinander als auch hinsichtlich ihrer Einordnung in den industriellen Gesamtarbeiter desolidarisiert. Er setzt sowohl für diejenigen, die er betrifft, als auch für diejenigen, die ihn festlegen, vertreten und durchsetzen müssen, ein unwürdiges und ungerechtes soziales Verhältnis fort und reproduziert die Bedingungen, die es begründen. Schon der Akt des Zeitnehmens als solcher stellt ein moralisch schlechtes, böses, nämlich die Beziehung der Solidarität und Gegenseitigkeit zwischen gleichgestellten Werktätigen negierendes Verhältnis dar.

Der Arbeiter wird zum *Objekt* eines Verfahrens, das er nur scheinbar – in seiner vordergründigen Unmittelbarkeit – kontrollieren kann, während es von seinem nicht ohne spezielle Fachkenntnisse nachvollziehbaren Systemzusammenhang her vielmehr ihn kontrolliert. Die Zeitnahme als solche qualifiziert ihn als »dressierte Naturkraft«, und die Zumutung wird um so größer, je schwerer, monotoner, primitiver die Bewegungsfolge ist, die normiert werden soll. Zudem macht die Norm schon unter den Arbeitern selbst, vor allem aber an jener Grenze, die die Produktionsarbeiter von den Angestellten im allgemeinen und von den technischen und ökonomischen Spezialisten sowie von der Leitung im besonderen trennt, einen ungerechten Unterschied zwischen den einen, die ihr unterworfen sind, und den anderen, die ihr entgehen. Während jedermann weiß, daß in den Büros effektiv mehr Arbeitszeit als in den Werkhallen vertan wird, geht doch gerade von den Schreibtischen der Kampf um die möglichst vollständige Ausnutzung der Arbeitszeit in der Produktion aus. Und nicht zufällig taucht gerade an solchen Arbeitsplätzen, wo die Technologie den Menschen ohnehin schon am meisten entwürdigt, wo sie z. B. unendliches Repetieren von Operationen verlangt, am ehesten der Arbeitsnormer mit der Stoppuhr auf.

Selbstverständlich ist auch dieser Gegenspieler des Arbeiters von seiner Rolle entstellt. Seine Leistung wird nach der Zeiteinsparung bewertet, die er herauszumessen und -zurechnen versteht. Kein anderer Angestellter, kein Meister, kein Ingenieur repräsentiert dem Arbeiter eindeutiger die Herrschaft der vergegenständlichten Arbeit, in der die Herrschaft des Menschen über den Menschen erscheint. Seine hierarchisch völlig einflußlose Funktion symbolisiert genau den Riß, der

die technisch-ökonomische Intelligenz und das übrige Verwaltungspersonal in den Betrieben von den Produktionsarbeitern scheidet. Er vor allen anderen sieht sich fortgesetzt mit der schlichten und vom Standpunkt der klassischen Unterscheidung zwischen Arbeit und Nichtarbeit nach wie vor berechtigten Frage »Warum arbeitest Du nicht?« konfrontiert.
Und in der Tat, warum arbeitet er nicht? Rechtfertigt der Aufwand für die Normierung überhaupt das Ergebnis? Für die Chemische Industrie der DDR gibt es beispielsweise ein Besetzungsnormativ, nach dem 1980 auf 30 bis 60 Produktionsarbeiter (je nach dem Charakter der Fertigung) ein Arbeitsnormer beschäftigt werden soll. Um überhaupt einen Effekt zu machen, muß dieser Normer erst einmal die ca. 1750 Stunden effektiver Arbeitszeit pro Jahr einsparen, die er selbst in der Produktion leisten könnte. Ein großer Teil der Arbeitszeiteinsparung ist nominell, da sie sich auf Normzeiten bezieht, die in der Praxis unterboten werden. Wenn etwa eine Norm, die bei 100prozentiger Erfüllung einen Ausstoß von 100 Stück in 8 Stunden bedeutet, um 20% überboten wird, und man rechnet diese Mehrleistung künftig in die Norm ein, so hat man zunächst vorher wie nachher dieselben 120 Stück, kann aber eine Arbeitszeiteinsparung von 80 Minuten ausrechnen. Das heißt, der wirkliche Kapazitätszuwachs liegt in der Regel viel niedriger als die errechnete Normzeiteinsparung vermuten läßt. Vielleicht steigt der Ausstoß faktisch auf 125 Stück . . . Außerdem bleibt dem Meister, der angesichts des Arbeitskräftemangels um die Besetzung seiner Schicht bangt, immer noch die Möglichkeit, eine Normerhöhung zu kompensieren, indem er einen größeren Zeitanteil im Durchschnittslohn schreibt.
Schließlich schränkt die moderne Technik selbst den Anwendungsbereich des Stücklohns und der Leistungsbewertung mit der Stoppuhr zunehmend ein, und zwar in zweifacher Hinsicht: zum einen, indem die technischen Taktzeiten immer häufiger zwangsläufig den Ausstoß während der effektiven

Maschinenlaufzeit bestimmen; zum anderen, indem der Arbeitsaufwand bei komplizierterer Produktion eine von mancherlei Störungen abhängige Größe ist, die sich nur über einen unvertretbar langen Meßzeitraum hinweg fixieren ließe. Wo der Arbeiter über eine Mehrzahl von Variablen die Erzeugnisqualität, den Materialverbrauch, das Funktionieren der Technologie, die Taktzeiten und die Maschinenlaufzeit insgesamt beeinflussen kann, gibt es nicht einmal dem Namen nach »technisch begründete Arbeitsnormen«. Der Versuch, sie anzuwenden, wirkt dann nur als ein weiterer, meist recht erheblicher Störfaktor gegen die Optimierung des Prozesses, gegen die ungehemmte Ausnutzung der geistigen Produktivkraft. Ja, in vielen Fällen sinkt sogar der durchschnittliche Ausstoß, weil sich der Arbeiter in der Norm eine generelle Reserve für Eventualfälle vorbehalten wird, die er dann in Zeiten geringer Störung nicht aufdecken kann.

Alles in allem kann der Normer in der Regel nicht einmal die Arbeitszeit wieder ersetzen, die er selbst verausgabt.

Was bleibt also übrig außer einem allgemeinen Disziplinierungseffekt, um die einmal erreichte Arbeitsintensität aufrechtzuerhalten? Braucht man die Arbeitsnormung dazu wirklich? Inzwischen beginnt man selbst in den hochentwikkelten kapitalistischen Ländern ihre Effektivität zu bezweifeln – wo sie auf jeden Fall größer ist als bei uns. Die Kapitalisten beginnen die auf Marx zurückgehende Feststellung zu beherzigen, daß die Produktion auf wissenschaftlich-technischer Basis allmählich aufhört, von der physischen bzw. psychophysischen Intensität der lebendigen Arbeit abzuhängen. Um 1970 haben streikende Bergarbeiter dem schwedischen Staatskapital das Experiment mit der Abschaffung der Arbeitsnormung aufgezwungen; sie werden seitdem nach Zeit entlohnt. Aufschlußreicherweise ist die Produktivität nicht zurückgegangen, zumal die Entlastung des Verhältnisses zu den Arbeitern das Klima für technische und organisatorische Rationalisierung verbessert. Anscheinend wird man in den

Ländern des real existierenden Sozialismus länger am Akkord hängen als in den Ländern des Kapitals, wo man sich allmählich über die Ambivalenz seines Einflusses auf die wirtschaftliche Leistung klar wird.
Die Situation des »Leistungsarbeiters« forciert Protest- und Abwehrhaltungen, verursacht Störmanöver (z. B. gegen das normale Funktionieren von Maschinerie und Technologie), kostet Qualität und Material, erzeugt Solidarisierung gegen leistungsstärkere Kollegen, erhöht den Krankenstand usw. Die ganze Summe psychischer Energie, die dafür aufgewandt bzw. abgeführt wird, geht der Entwicklung der Produktivkräfte verloren, mehr noch, sie wirkt ihr aktiv und passiv entgegen. Auf längere Sicht und im gesamtwirtschaftlichen Maßstab dürfte der Schaden, den die Arbeitsnormung und der Stücklohn anrichten, schon bei rein ökonomistischer Betrachtungsweise größer als der oberflächlich in Erscheinung tretende Nutzen sein.
Natürlich darf die Abschaffung der Arbeitsnormung nicht mit dem Verzicht auf die Fixierung von Kennzahlen für den betrieblichen wie für den gesellschaftlichen Durchschnittszeitaufwand pro Leistungseinheit verwechselt werden. Solche Kennzahlen, die den Charakter von Richtwerten für die Kostenrechnung und Kapazitätsbilanzierung tragen und auch für den individuellen Arbeiter eine bestimmte Leistungserwartung zum Ausdruck bringen, muß es selbstverständlich geben. Was fortfällt, ist nur die Kopplung zwischen diesen Erwartungswerten und der Lohnhöhe, die dann durch einen zeit- und, soweit sinnvoll, qualitätsbezogenen Tarif festgelegt wird. Die Arbeitsleistung hängt damit von der gesellschaftlich beeinflußbaren Situation im Arbeitskollektiv, von der Herausbildung einer bestimmten Bereitschaftshaltung in dessen Kern sowie von der moralischen Autorität des Leiters ab. Arbeiter mit undisziplinierten oder parasitären Neigungen können erzogen werden. Arbeiter, die die je spezifischen Fertigkeiten aus irgendwelchen Gründen trotz korrekter und kamerad-

schaftlicher Unterweisung nicht aufbringen, können entweder auf andere, für sie befriedigendere Tätigkeiten orientiert oder bewußt ohne Diskriminierung vom Kollektiv mitgetragen werden. Die allgemeine Produktivität reicht längst aus, um der humanen Solidarität, wie sie die primitivsten Gemeinwesen kannten, einen Spielraum in der Produktion zu eröffnen; es sind nur die von der alten Ökonomie genährten egoistischen Gewohnheiten, die dies einstweilen noch häufig verhindern.

Die Ermittlung der Leistungskennzahl selbst wird viel einfacher und exakter, wenn die Primärdaten nicht unter den von vornherein verzerrenden Bedingungen eines sozialen Interessenwiderspruchs am Arbeitsplatz erhoben und wenn Unterlagen, Berechnungen etc. nicht im Hinblick auf mögliche Konfliktfälle als potentielle Gegenstände der Arbeitsgerichtsbarkeit gehandhabt werden müssen. »Technisch begründete Arbeitsnormen« gibt es in der ökonomischen Wirklichkeit sowieso gerade nur dort, wo sie eigentlich überflüssig sind. Überall, wo die »Arbeitskraft« Einfluß auf die Produktionsmenge hat, können die Normen nur soziale Kompromisse darstellen; ihre numerische Genauigkeit ist fast immer fiktiv. In einer nichtkapitalistischen Gesellschaft gar, die insgesamt relativ viel soziale Sicherheit verbürgt und überdies ihre Wirtschaft mit einem ständigen Arbeitskräftedefizit programmiert, werden diese Kompromisse wahrscheinlich auf ein im Vergleich zum Kapitalismus mäßiges Intensitätsniveau hinauslaufen. Insofern kann man sich das ganze pseudowissenschaftliche Brimborium sparen. Sind die effektiven Arbeitszeiten bzw. Maschinenlaufzeiten pro Schicht bekannt (deren Erfassung freilich unter den gegenwärtigen Bedingungen den moralischen Status der Spionage gegen die Arbeiter hat), geben schon die Produktionsmeldungen, über einen etwas längeren Zeitraum ausgewertet, hinreichende Auskunft über die Durchschnittsleistung pro Zeiteinheit bzw. den Durchschnittszeitaufwand pro Arbeitsgang oder Fertigungsstufe bis hin zum vollendeten Erzeugnis. Man gewinnt auf diese Weise auch Aufschluß über die tatsächliche Kapazität, soweit sie vom verfügbaren Arbeitszeitfonds abhängt, und zwar mit weit geringerem Aufwand als beim Rechnen mit Normzeiten, die erst über eine besondere Statistik der durchschnittlichen Normerfüllung korrigiert werden müssen.

Drittens – Allgemeine Beteiligung an einfacher ausführender Arbeit. Diese Maßnahme ist gewiß kein Allheilmittel gegen den Riß, der durch den Gesamtarbeiter geht; sie kann nur äußerlich etwas von dem vorwegnehmen, was die Umverteilung der Arbeit leisten soll, und hat insbesondere keine direkte emanzipatorische Funktion für die unmittelbaren Produzenten. Dennoch hat sie nicht nur die symbolische Bedeutung, die Solidarität der privilegierten Elemente mit den weniger qualifizierten und entwickelten Schichten auszudrücken. Vielmehr wird sie für alle jene, die auf der Basis der alten Arbeitsteilung vornehmlich leitende bzw. schöpferische, also selbstentwicklungsgünstige Tätigkeiten ausüben, ein anders kaum zu erzielender Anstoß sein, sich unablässig und ohne selbstgerechte Idealisierung des eigenen Standortes in der Gesellschaft mit den Ursachen und Folgen der sozialen Ungleichheit im real existierenden Sozialismus auseinanderzusetzen.
Die Funktionäre aller Ebenen, die Intellektuellen aller Grade brauchen die Gelegenheit, sich erlebnisbetont in die Lage jener Mehrheit hineinzuversetzen, die bei der Verteilung von Arbeit und Bildung, zum großen Teil auch noch bei der Einkommensverteilung, benachteiligt wurde. Sie alle sollten zum Beispiel erfahren, was Schichtarbeit bedeutet. Man muß einen Modus regelmäßiger, relativ dauerhafter Verbindung zu bestimmten Arbeitskollektiven für sie schaffen, wobei natürlich ein Höchstmaß an Vernunft bei der Zuordnung nötig sein wird. Der Begriff des »Produktionseinsatzes« wäre sicherlich zu eng. Ich spreche absichtlich nicht nur von physischer Arbeit

in der unmittelbaren Produktion, obgleich die Diskriminierung der körperlichen Arbeit, und speziell der Fabrikarbeit schlechthin, immer noch der ideologische Springpunkt ist. Es gibt kreativitätsbetonte körperliche Arbeit, und es gibt heute außerhalb der materiellen Produktion, etwa im Dienstleistungssektor, in den Verwaltungen, in der Datenverarbeitung, eine ungeheure Masse anstrengender und oft geisttötender Routinearbeit. Auch würde die Beschränkung auf körperliche Arbeit allzuviele Ausnahmen aus tatsächlichen oder vorgeschobenen gesundheitlichen Gründen nach sich ziehen und so das Prinzip durchlöchern, das keine Ausnahmen verträgt, insbesondere keine Ausnahmen für die Spitzen.

Wenn die Funktionäre und Intellektuellen lange genug, vielleicht etwa 4–6 zusammenhängende Wochen pro Jahr, mit bestimmten Kollektiven zusammenarbeiten, dann entsteht eine anders gar nicht erreichbare Vertrautheit der Kommunikation. Sie könnte viel dazu beitragen, die erheblichen Informationslücken und begrifflichen Verständigungsschwierigkeiten zwischen den sozialen Schichten zu überbrücken, und insbesondere den offiziellen Desinformationsprozeß über die politische Stimmung an der Basis ausschalten.

Einen spezifischen Nutzen kann der systematische längerfristige Einsatz der betrieblichen Ingenieure und anderen Fachleute in den Fertigungsabteilungen des eigenen Werkes oder verwandter Produktionsstätten haben. Gegenwärtig leidet die Rationalisierung in den Betrieben unter der mangelnden Detailkenntnis und Interessiertheit der Fachleute hinsichtlich der verschiedenen Arbeitsgänge und -verrichtungen.

In letzter Instanz muß die massenhafte Konfrontation der Funktionäre und der Hochqualifizierten mit dem Arbeitsalltag in der Produktion und Distribution, im Dienstleistungswesen und in den Verwaltungen fruchtbare Folgen für die beschleunigte kritische Auseinandersetzung der ganzen Gesellschaft mit ihrem Produktions- und Verwaltungsapparat, mit ihrer Produktions- und Lebensweise überhaupt haben.

Viertens – Berichtigung des Lohngefüges. Das vorgefundene Lohngefüge in den osteuropäischen Ländern unterscheidet sich – abgesehen davon, daß die Extreme etwas geschleift sind – kaum von dem kapitalistischen, das es ohne wesentlichen Einschnitt tradiert. Zusätzliche Verzerrungen ergaben sich zunächst aus der Notwendigkeit, zu Beginn der antikapitalistischen Umgestaltungen bestimmte Spezialistengruppen zu bestechen, sowie aus dem Bedürfnis, die Arbeiter der für den Aufbau wichtigsten Zweige bevorzugt zufriedenzustellen. Hinzu kamen die Konsequenzen der Investitions- bzw. Strukturpolitik unter Verhältnissen eines permanenten Arbeitskräftemangels (in den entwickelteren Ländern ohne große agrarische Arbeitskraftreserve eines absoluten Defizits, aber der Mangel an qualifizierter Arbeitskraft kann auch ohne absolutes Defizit denselben Effekt auslösen). Die Führung unterlag überhaupt häufig der Versuchung, überkommenen oder neu verursachten Kapazitätsdisproportionen mit lohnpolitischen ad-hoc-Regelungen zu begegnen. Weiterhin hat das Interesse des Apparats am politischen Stillhalten der Produktionsarbeiter, an ihrer Funktion als Ballast des Staatsschiffes gegen Bewegungen in der Intelligenz, dauernd dazu gedrängt, in den Relationen der Nettolöhne bzw. -gehälter das theoretisch vertretene Leistungsprinzip zuungunsten der Masse der Hoch- und Fachschulkader zu verletzen.

Der sichtbarste Mangel des Lohngefüges besteht darin, daß infolge der historisch übereinander geschichteten Schwerpunktbildungen ein und dieselben Tätigkeiten, unter Umständen an ein und demselben Ort, nach verschiedenen Tarifen entlohnt werden. Besonders auffällig wird das an den funktionell identischen Arbeitsplätzen der industriellen Produktionsvorbereitung und Verwaltung. Ein Technologe im Textilbetrieb hat prinzipiell die gleiche Arbeitscharakteristik wie sein Kollege in der Metallurgie, »verdient« aber im Durchschnitt wesentlich weniger. Projekte zur Berichtigung werden in regelmäßigen Abständen von den zentralen Regierungs- und

Gewerkschaftsinstanzen ausgearbeitet, dann aber zugunsten weiteren ad-hoc-Laborierens an den jeweiligen Schwerpunkten liegengelassen, da die Partei mit einer Generallösung zuviel Bewegung in die Gesellschaft zu bringen fürchtet. Außerdem lohnt die Mühe – und das ist das eigentliche Problem – tatsächlich nicht, wenn man das Unternehmen 30 bzw. 60 Jahre nach der Initiierung der nichtkapitalistischen Verhältnisse nicht mit einer neuen sozialökonomischen Perspektive verbinden will.

Veränderungen im Lohngefüge greifen tiefer als die drei zuvor skizzierten Maßnahmen in die ökonomischen Verhältnisse ein, jedenfalls dann, wenn man die Herstellung der Lohngerechtigkeit als einen bewußten Vorstoß in Richtung auf Egalisierung der Einkommen konzipiert, wie es die Vorbereitung der Kulturrevolution erfordert. Für die große Mehrheit der Arbeitskräfte dringt zwar »halbspontan«, auf dem Wege über Regierungsbeschlüsse, auch gegenwärtig bereits die Tendenz zu dieser Egalisierung vor, jedoch auf eine emanzipatorisch folgenlose Weise, weil die objektive Intention unter den bestehenden Produktionsverhältnissen bloß in der Verkleisterung der fundamentaleren sozialen Widersprüche und Ungleichheiten besteht. Da überdies gleichzeitig weiterhin das Leistungsprinzip behauptet wird, nährt der Realverlauf konservative Unmutreaktionen der hochqualifizierten Elemente, speziell der technisch-ökonomischen Intelligenz in den Betrieben, die sich in dieser Frage fernerhin gegen die wirkliche Perspektive des historischen Fortschritts einordnen können. Kulturrevolutionär funktionieren entsprechende Eingriffe nur, wenn sie *offen die Geltung des Leistungsprinzips für die Einkommensverteilung und den Einsatz des sogenannten materiellen Anreizes als wichtigsten Regulator des Leistungsverhaltens in Frage stellen.*

Es versteht sich, daß diese Eingriffe nur in einem Kontext die gewünschte Wirkung haben können, der die motivationale Energie der anspruchsvollsten Sozialschichten mit sublimierteren Zielsetzungen beschäftigt. Ebenso versteht sich, daß die Umstellung eine gewisse Zeit braucht, sowohl für die – in einer revolutionären Situation sicherlich beschleunigte – öffentliche Meinungsbildung als auch vor allem zur Akkumulation der Mittel, um die Anpassung zumindest für die Masse der Werktätigen nach oben vornehmen zu können.

Die strategische Entscheidung gegen die Fortsetzung der bisher verfolgten Wachstumspolitik – das sei hier in Parenthese gesagt – kann selbstverständlich nicht unvermittelt praktiziert werden. Vielmehr wird der Zuwachs zunächst benötigt, um die Strukturveränderung des Reproduktionsprozesses – unter anderem gerade auch in der Einkommensfrage – ohne allzu schwerwiegende Reibungen vorantreiben zu können.

Vom theoretischen Standpunkt aus ist die Egalisierung der Einkommen der nächste mögliche und notwendige Schritt zur Überwindung der Lohnarbeit im strengen Sinne. Solange stark differenzierte Löhne gezahlt werden, bleibt die Bindung an die Reproduktionskosten der Arbeitskraft aller ideologischen Haarspalterei zum Trotz für die Masse der Werktätigen evident; die Zuteilung aus dem allgemeinen Konsumtionsfonds wird nicht real zum herrschenden Verhältnis. Betrachten wir das Problem wirklich unter dem Gesichtspunkt der Einkommens*zuteilung,* dann handelt es sich erst einmal um die Bestimmung der Quantität, die auf das Individuum fällt, d. h. um die pro Kopf für die Konsumtion verfügbare Menge geronnener abstrakter Arbeit. (Dieser Gesichtspunkt bleibt in komplexen Gesellschaften mit hochentwickelter technischer Arbeitsteilung, wo sich die Proportionalitätsfragen dem Augenmaß entziehen, generell relevant; und er zieht an und für sich keineswegs die Regulierung des Reproduktionsprozesses durch das Wertgesetz nach sich, auch dann nicht, wenn man sich für den Standpunkt entscheidet, daß Geld wegen seiner Eigenschaft als Meßinstrument unerläßlich bleiben wird und daß die Vorstellung einer sukzessiven Entlassung der eigentlichen Subsistenzmittel aus der Anteilsverteilung über das Geld unpraktisch ist.)

Nach den Abzügen vom Gesamtprodukt, über deren Notwendigkeit sich ja im Prinzip – d. h. abgesehen von der Bemessung ihres Umfangs, von ihrer konkreten Verwendung, von ihrem Zentralisierungsgrad usw. – alle Individuen im klaren sind, steht planmäßig das Produkt einer bestimmten Stundenzahl abstrakter Arbeit für die Verteilung zwecks individueller Konsumtion zur Verfügung. Daraus kann man leicht den Durchschnittsanteil errechnen, der auf die Individuen bzw. Familien, Haushalte etc. entfällt, und so wird ja zu statistischen Zwecken im nachhinein auch verfahren. Nur stellt sich dieser Durchschnitt gegenwärtig eben über eine faktisch noch mehr als theoretisch unübersichtliche und in sich selbst längst von allen guten Geistern interner Logik verlassene Differenzierung her, die überdies einen erheblichen direkten und indirekten Arbeitsaufwand bindet und ihre Rolle als Leistungsantrieb kaum mehr spielt.

Ich sagte bereits, daß die Egalisierung ohnehin avanciert; nur eine verhältnismäßig schmale Oberschicht, die großenteils gar nicht hauptsächlich über den finanziellen Anreiz stimuliert wird, den sie freilich gerne einstreicht, sprengt die Normalverteilung. Die soziale Differenzierung wirkt vornehmlich über andere Mechanismen. Man könnte das ganze System sehr vereinfachen und verbilligen, wenn man davon ausginge, daß alle Individuen in ihrer Eigenschaft als Mitglieder der Gesellschaft diesen Durchschnittsbetrag erhalten sollen. Wozu z. B. die millionenfache Errechnung und Buchverschiebung von Lohnsteuer- und Sozialversicherungsbeträgen? Der real existierende Sozialismus stellt sich buchstäblich ein Armutszeugnis aus, indem er praktisch davon ausgeht, daß man immer noch nur über den klassengesellschaftlich-primitiven »materiellen Hebel« die Einhaltung der Arbeitspflicht und einer dem Bedürfnisniveau entsprechenden Arbeitsintensität erreichen könne. In Wirklichkeit wird da nur die allerdings unleugbare Tatsache der Subalternität und Entfremdung der Individuen in ihrem Reproduktionsprozeß samt den dazugehörigen Folgen unkritisch reflektiert. Bei der bestehenden Ökonomik verstrickt sich die Gesellschaft tatsächlich immer tiefer in jenes Anreizsystem, bei dem erst die Prämie eine annähernde Intensität und Qualität der Arbeit sicherstellt und nicht nur bei der Feierabendarbeit das »Pfund fürs Erscheinen« Schule macht. Die Individuen müssen eben zusehen, wie sie außer der Arbeit privat auf ihre Kosten kommen und daher soviel wie möglich kassieren.

Selbstverständlich würde man das *Prinzip* des gleichgroßen Konsumschecks für alle ad absurdum führen, wollte man es mechanisch durchsetzen. Die jetzige Differenzierung, die, so weit sie noch durchschlägt, nach der Qualität, nach den Funktionsniveaus der Arbeit vorgeht und also der Regel »Wer hat (wer entwicklungsfördernde und damit bedürfnistreibende Arbeit hat), dem wird gegeben« folgt, kompensiert nicht, sondern verstärkt zusätzlich die Ungerechtigkeit in der Verteilung von Entwicklungschancen, Bildung und Arbeit. Die neue Differenzierung wird umgekehrt ansetzen: Kein Zuschlag für schöpferische, entwicklungsfördernde Arbeit; wenn die Gesellschaft die Bildungskosten trägt *und* auch während der Ausbildungszeit jedem seinen Anteil zukommen läßt (sicher nicht zwangsläufig von vornherein in der vollen Höhe), gibt es gar keinen Grund mehr dafür, zumal der Bildungserwerb schon in sich selbst Gewinn ist, Geist und Sinn für höheren, differenzierteren Genuß entwickelt. Einschränkungen nur gegen Individuen, die sich schuldhaft und über längere Fristen um ihren Beitrag zur Reproduktion der Lebensbedingungen drücken. Kompensationen jedoch für schwere Arbeit, für monotone Arbeit, für unangenehme Arbeit, für Nachtarbeit, kurz für alle Arbeit, die die Entfaltungsmöglichkeiten beeinträchtigt (solange sie nicht annähernd gleich unter alle verteilt ist). Diese Lösung drängt sich sowieso längst in der Praxis auf. (Hierin erscheint übrigens die preisregulatori-

sche Komponente, die der Lohn behält, solange keine direkte Verteilung der Arbeitskraft erfolgt. Die Gesellschaft muß Arbeitskraftangebot und -nachfrage für die verschiedenen mehr oder weniger attraktiven Zweige und Tätigkeiten zum proportionalen Ausgleich bringen. Wenn sich für lebenswichtige Tätigkeiten wegen ihrer Ungunst für das Individuum keine Ausführenden finden, ist es nicht ungerecht, soviel Mehreinkommen zuzuschlagen, bis die Plätze besetzt sind.)
Zu regeln bleiben dann außerdem nur noch zwei Dinge. Das ist zum einen die Dauer der Arbeitszeit, auf deren Differenzierung neben den verstärkt beizubringenden hygienischen und pädagogischen Kriterien dieselben Prinzipien anzuwenden sind. Und zum andern der Ausgleich für die Zahl der nicht über eine Arbeitsstelle oder andere gesellschaftliche Institution versorgten Familienmitglieder, d. h. vor allem der Kinder. Die Einbeziehung der Renten in die Egalisierung und ihre Annäherung an den Durchschnittsanteil versteht sich von selbst.
Es würden demnach alle Mitglieder der Gesellschaft über etwa das gleiche Limit an Anweisungen auf abstrakte Arbeit verfügen. Angesichts eines beträchtlichen Freiheitsspielraums über dem Existenzminimum würde dies der qualitativen Verschiedenheit ihrer Bedürfnisstruktur keinen Abbruch tun. Im Gegenteil, es könnten auch von dieser Seite her die schichtspezifischen Schranken der Genuß- und Erlebnisfähigkeit rascher abgebaut werden. Die Individuen können zwischen den in ihrem konkreten Gebrauchswert und -zweck sehr unterschiedlichen Genuß- und Entwicklungsmitteln wählen, auf die sie ihren individuellen Anteil am Mehrprodukt verwenden wollen. Ein den (wie auch immer zu verändernden) Bedürfnissen annähernd proportionales Angebot vorausgesetzt, kann ich ihn je nach meiner Neigung primär für komfortables Wohnen oder weites Reisen, für lukullische Küche oder ausgedehnte Bibliothek anlegen (wie es ja in den entwickelten Ländern, ungeachtet der ungleichen Beträge, längst der Fall

ist, wobei der ökonomische Zwang zum absoluten Verzicht auf bestimmte Standardgenüsse zugunsten anderer immer seltener wird). Die Gesamtheit der Individuen könnte sich z. B. in der DDR bereits heute tendenziell »alles leisten«, dessen sie zur reichen Entfaltung der Persönlichkeit bedarf.
Für den ganzen Zusammenhang der Verteilungsverhältnisse gilt mehr denn je der Sinn einer Stellungnahme des Kommunisten Jean-Jacques Pillot aus dem Jahre 1840: »... jeder schuldet es der Gesellschaft, für das, was er empfängt, seine gesamten Fähigkeiten zum Wohlergehen aller zu betätigen. Das Gleichheitsgesetz diktiert die Grundregel: Wer tut, was er kann, tut, was er soll.« »Die Eigenschaften des Körpers wie Gesundheit und Kraft und die Eigenschaften des Geistes wie Denkvermögen und Scharfsinn setzen keinen anderen Unterschied zwischen dem, der besonders viel, und dem, der besonders wenig davon besitzt, als den, daß der eine größere Aufgaben zu übernehmen hat als der andere. Die verschiedenen Funktionen, die die Verwaltung der Republik oder Kommune erfordert, sind allesamt nur Pflichten, wie sie jeder Bürger für das Wohlergehen der Gesellschaft erfüllt; sie können daher für den, der sie bekleidet, weder Grund noch Vorwand für Unterschiede in der Befriedigung der physischen oder intellektuellen Bedürfnisse sein« (Höppner/Seidel-Höppner: Von Babeuf bis Blanqui II, Leipzig 1975/462 f.).

*

Der gemeinsame Nenner aller dieser Initialmaßnahmen ist ihre Funktion als Bindeglied zwischen der Erkämpfung der politischen Demokratie und der grundlegenden Veränderung der sozialen Bedürfnisstruktur. Sie sind ja – das war vorausgesetzt – nur möglich, nachdem der politbürokratische Absolutismus gestürzt, also das bis dahin maßgebliche Kräfteverhältnis zwischen den *emanzipatorischen* und den *Apparat*interessen nachhaltig zugunsten der ersteren verschoben ist. Dann rückt aber sogleich ein *anderes* Kräfteverhältnis in den Mittelpunkt der Bewegung und wird entscheidend für ihr weiteres

Schicksal, für ihre Sicherung gegen eine direkte etatistische Konterrevolution wie gegen die schleichende bürokratische Restauration: das Kräfteverhältnis zwischen den *emanzipatorischen* und den *kompensatorischen* Interessen. Und eben darum geht es strategisch bei den Sofortmaßnahmen.

Es ist eine höchst wichtige Frage, wie sich die Kulturrevolution zu den kompensatorischen Bedürfnissen der Massen verhalten soll. Für sich genommen sind die kompensatorischen Interessen meist ein Reservoir des politischen Konservatismus. Um ihre Unterordnung bzw. Neutralisierung geht jenseits der unmittelbar politischen Aktion der Kampf zwischen den Tendenzen der politbürokratischen Reaktion und der kulturrevolutionären Bewegung weiter. Gegenüber den kompensatorischen Interessen ist eine ganz andere Einstellung erforderlich als gegenüber den Apparatinteressen, und nicht nur, weil es sich hier um einen Widerspruch innerhalb des überschüssigen Bewußtseins handelt. Die kompensatorischen Interessen sind viel tiefer im Lebensprozeß der Individuen verankert. Das Problem, das ihre Vorherrschaft in dem überschüssigen Bewußtsein aufwirft, kann auf keinen Fall mit einem von der Gunst des Augenblicks getragenen politischen Sturmangriff gelöst werden. Spontan, sich selbst überlassen, werden die kompensatorischen Interessen zu Forderungen nach kurzfristiger Entschädigung für erlittene Degradation und Beschränkung der Persönlichkeit und zu prophylaktischen Angstreaktionen auf jede vermutbare Veränderung sozialer Besitzstände an Privilegien, Gütern, Prestigepositionen, Bequemlichkeiten usw. tendieren.

Der Marxismus hat dadurch, daß er den Knäuel von seinem materiellen Ende aufzurollen begann, daß er an die erste Stelle die Frage nach den Entwicklungsbedingungen der unterprivilegierten Massen setzte, die größte Chance, das Problem in einer praktischen Bewegung zu lösen. Wenn die marxistische Analyse für die Gegenwart die besondere Rolle der intellektualisierten Schichten konstatiert, so tut sie es nicht, um dem traditionellen Hochmut der Intelligenz zu frönen, sondern um ihre Aufgaben im Gesamtprozeß der allgemeinen Emanzipation zu bestimmen. Sie wendet sich entschieden gegen jede politisch-liberale Fehlinterpretation des Freiheitsbegriffs. Die Werktätigen haben unmittelbar wenig gewonnen, wenn die Intellektuellen erreichen, daß sie in den Massenkommunikationsmitteln ungehindert mit ihrer Beredsamkeit glänzen können. Die Lehre von der führenden Rolle der Arbeiterklasse, mit deren Problematik ich mich auseinandergesetzt habe, kann in ihrer *politisch-moralischen Intention,* wo sie die Dienstverpflichtung der progressiven Intellektuellen an die Sache der allgemeinen Emanzipation ausspricht, erst veralten, wenn der kategorische Imperativ des jungen Marx erfüllt ist. Ihre ursprünglichste Bedeutung ist die aktive Solidarität mit den am meisten Unterdrückten, ohne deren Befreiung alle Emanzipation halb bleiben und alsbald unwahr werden muß. Es ist notwendig, die Intelligenz aus ihrer spontanen Klassenstimmung gegen die Unterentwickelten herauszureißen, ihr bewußtzumachen, daß und inwiefern sie privilegiert ist (dazu gehört Einsicht in die Mechanismen der Motivation, der Charakterbildung und deren soziale Vermittlung) und inwiefern ihre Frustrationen gerade damit zusammenhängen, daß andere frustriert sind und ebenso spontan den ungerechten Wettbewerbsbedingungen in Schule und Betrieb zu entkommen trachten, etwa durch Lernunlust in der Kindheit, später durch Leistungszurückhaltung, Verkommenlassen von Material und Maschinerie u. v. m.

Vor allem ist noch einmal daran zu erinnern, daß die Gesellschaft nicht in Klassen oder auch bloß Schichten von Individuen zerfällt, welche hier kompensatorische und dort emanzipatorische Bedürfnisse hätten. Gerade die intellektualisierten Schichten reagieren mit einer Fluchtbewegung in privaten »Lebensstil«, zu dem sehr viele Konsumgüter »absolut notwendig« sind, auf ihre durch den politischen Zustand verursachte Frustration. In unserer Gesellschaft ist es die Regel, daß die Arrivierten und Privilegierten ihre kompensatorischen Bedürfnisse gut befriedigen können und die Massen verhältnismäßig schlecht. Die solcherart Benachteiligten genießen da nicht etwa den Vorteil der Unschuld, sondern sie werden mit den minderwertigeren Produkten der materiellen und geistigen Kultur abgespeist. Auch in den kompensatorischen Bedürfnissen waltet natürlich eine Dialektik des Fortschritts. In den Konsumtionsmitteln sind die beiden in der Abstraktion unterschiedenen Bedürfnischaraktere nicht getrennt; da kommt es auf die Einordnung in den jeweiligen individuellen Lebensprozeß an, was der Genuß jeweils bedeutet. Es existiert eine Sozialstruktur ihres Gebrauchs und Verbrauchs. Man kann und darf den reproduktiven Zirkel von Produktion und Konsumtion der Bedürfnisse nicht durch eine Politik der Konsumreduktion durchbrechen wollen, die auf dem Rücken der ohnehin benachteiligten Schichten ausgetragen werden und die sozialen Widersprüche an der falschen Front zuspitzen würde. Im Gegenteil: um die Gesellschaft aus dem Teufelskreis herauszuführen, muß man für eine wirkliche Egalisierung in der Verteilung der standardbestimmenden Konsumgüter sorgen. Bisher maß sich der Aufstieg für die Unteren immer am *Verbrauch* der Oberen, d. h. an ihrer Aneignung materieller Güter, sinnlicher und kultureller Genüsse, nicht an der Verfügung über den sozialen Prozeß oder gar an der kulturellen Sublimation jenseits des Reichtums. Meiner Ansicht nach kann man den Schluß ziehen, daß *eine Nivellierung der Gesellschaft in bezug auf die Quantität des Verbrauchs die Bedingung dafür wäre, über das Prinzip der Quantität, über den kompensatorischen Verbrauch hinauszukommen.* Eine solche Politik hätte zugleich die Tendenz, die Entwicklung neuer Luxusbedürfnisse zu begrenzen und auf lange Sicht das Anwachsen des materiellen Bedarfs überhaupt abzubremsen, das primär durch die soziale Ungleichheit der Aneignungspotenzen angetrieben wird.

So verfolgt das kulturrevolutionäre Konzept den Zweck, den

Abfluß eines möglichst großen Betrages motivationaler Energie aus dem kompensatorischen Komplex zu erreichen. Neben der positiven Anziehung überschüssigen Bewußtseins durch die politische Aktivierung der Menschen muß daher etwas geschehen, um *bestimmte vordringliche, massenhafte kompensatorische Bedürfnisse zu neutralisieren, und zwar am besten durch ihre relative Absättigung.* Dabei steht zunächst der Ausgleich der elementarsten sozialen Ungerechtigkeiten in den Verteilungsverhältnissen des Einkommens, erst ansatzweise auch schon der Entscheidungsmacht, im Vordergrund. Dieser Ausgleich bezweckt vor allem Entlastung der kulturrevolutionären Bewegung für die tiefgreifende Transformation der Bedürfnisstruktur, für die Schwerpunktverlagerung des sozialen Interessenkampfes von der vornehmlich durch Verzehr charakterisierten Aneignung materieller Subsistenz- und Genußmittel auf die Aneignung der Kultur (d. h. natürlich auch auf eine andere Struktur des materiellen Verbrauchs). Die Gefahr einer »Explosion« der materiellen Bedürfnisse droht besonders für die Situation des Übergangs, und dagegen ist Egalisierung der Einkommen die wichtigste Abfangmaßregel, die zugleich der relativ ungestörten Einübung neuer Gewohnheiten Raum bietet.

Wenn bei der sozialistischen Losung »Jeder nach seinen Fähigkeiten, jedem nach seiner Leistung« der zweite Teil der Formel die meiste Aufmerksamkeit auf sich zieht, so gebührt sie bei der kommunistischen Losung »Jeder nach seinen Fähigkeiten, jedem nach seinen Bedürfnissen« dem ersten. Zugespitzt formuliert, lautet die Forderung: *Das Leistungsprinzip* (hinsichtlich der Einkommensverteilung) *abschaffen, um es* (hinsichtlich des Einsatzes der Fähigkeiten) *zu verwirklichen.* Die beiden Losungen aus der Kritik des Gothaer Programms sind viel weniger kommensurabel, als der Wortlaut erscheinen läßt. Das Herumrätseln über die Möglichkeit bzw. Unmöglichkeit schrankenloser Bedürfnisbefriedigung wird sich als gegenstandslos, als Reflex auf jetzt bestehende Verhältnisse erweisen, wenn der Reproduktionszyklus der kompensatorischen Interessen einmal durchbrochen ist. Denn dann wird die Erweiterung des materiellen Verbrauchs über eine gewisse Schwelle hinaus diejenigen benachteiligen, die sie betreiben. Sie wird als Hindernis für die Selbstverwirklichung der Individuen erkannt werden. Denn sie wird, wie Sève in seinem Buch über »Marxismus und Theorie der Persönlichkeit« gut gezeigt hat, die Proportionen des Zeitplans für die verschiedenen Aktivitäten, die die Persönlichkeit konstituieren, in Richtung auf ein Überhandnehmen der psychologisch unproduktiven Konsumtion (im Unterschied zur psychologisch produktiven) verschieben. Das bedeutet, die in dieser Richtung fixierten Individuen werden in der für ihre soziale Geltung und ihren Beziehungsgewinn aus der Kommunikation ausschlaggebenden »Akkumulationstätigkeit«, der Akkumulation von Fähigkeiten und Kenntnissen, beeinträchtigt. Man wird solche Menschen dann mit derselben Mischung aus Mitleid und gelinder Geringschätzung ansehen, mit der man in ausreichend versorgten Ländern heute bereits Leute betrachtet, die »fürs Fressen leben«.

Die weitgehende Ausschaltung des materiellen Anreizes liefert die Grundlage, um die neue Triebkraft des intersubjektiven Wettbewerbs, die ungleiche Verteilung der Fähigkeiten und Tätigkeiten, die zum zentralen Thema der Kulturrevolution werden soll, erst einmal klar in der massenhaften gesellschaftlichen Praxis herauszuarbeiten und dem allgemeinen Bewußtsein als Problem darzustellen. Denn so bedeutsam die Angleichung im Umfang des Verbrauchs auch ist, sie spielt noch immer im Vorfeld der Kulturrevolution, die die Bedürfnis*inhalte* betrifft, und bleibt an und für sich mehr Mittel als Zweck. Dennoch muß dieses Vorfeld erst einmal gewonnen werden, um die Kräfte für die Umwälzung der Zivilisation zu formieren, um sie ideologisch so weit aus den alten Strukturen herauszuführen, daß sie sich neu gruppieren können. Das heißt, hier geht es darum, die Bewegungsfreiheit für die

emanzipatorischen Interessen herzustellen, ein Terrain zu erobern, auf dem sie ausgreifen können. Die kommunistische Strategie besteht also darin, eine Situation herbeizuführen, in der die Menschen ihre unmittelbaren Interessen in Beziehung zu den allgemeinen Möglichkeiten und Herausforderungen der Epoche setzen und sich über alle jene Aneignungen erheben können, die ihre kulturelle Entwicklung beschränken. Zugleich werden die Kommunisten jedes bloß restriktive Verhalten zu diesen Kompensationen vermeiden, weil sie wissen, daß die entschiedene Angleichung der materiellen Existenzgrundlagen aller Gesellschaftsmitglieder die Voraussetzung für die allmähliche Überwindung der kompensatorischen Interessenorientierung und damit für die vollständige Ablösung der bisherigen Verteilungsverhältnisse ist.
Damit wird die Ausgangsposition für den Aufbruch in den eigentlichen kulturrevolutionären Prozeß gewonnen: für die Beseitigung der alten Arbeitsteilung als Quelle aller Subalternität und Entfremdung durch tiefe Eingriffe in die Verteilung der Arbeit, in die Bedingungen der Sozialisation und Ausbildung der Individuen sowie in die Regulationsformen des Reproduktionsprozesses. Man darf sich diese Abfolge nur nicht als mechanisches Nacheinander vorstellen. Schon der Kalkül zur Unterordnung bzw. Neutralisierung der kompensatorischen Interessen kann nur aufgehen, wenn der Abbau des finanziellen Anreizes für die Massen mit viel weitergehenden Hoffnungen und Perspektiven verbunden ist, so daß gleichzeitig die neuen Motivationen aufgebaut und die sonst vorübergehend unvermeidlichen desorganisatorischen Effekte vermieden werden.

14

Über die Ökonomik der Kulturrevolution II

Die positive ökonomische Aufgabe der Kulturrevolution kann unter einem einzigen Begriff zusammengefaßt werden: *jene neue Organisation der Arbeit und des gesellschaftlichen Lebens zu schaffen, auf die sich endlich ein Gemeinwesen gründen kann, das den lange vorgeprägten Namen der freien Assoziation solidarischer Individuen verdient.* Das ist eine Gesellschaft, in der es keine Herrschaft des Menschen über den Menschen mehr gibt, weil auch der auf Unterwerfung unter subalterne Arbeitsfunktionen beruhenden sozialen Ungleichheit der Boden entzogen ist. Die Arbeitsorganisation im gesamtgesellschaftlichen Maßstab ist der Kern des letzten ökonomischen Emanzipationsproblems, mit dessen Lösung bereits die Emanzipation *von* der Ökonomie, d. h. von ihrer Dominanz über den sozialen Zusammenhang beginnt. Ihre Umwälzung hat natürlich die Konsequenz, die *gesamte* Ökonomik, das ganze Verhältnis von Produktion und Bedürfnis wie auch die informationelle Regulation des Reproduktionsprozesses umzuprogrammieren. Es gilt die Selbstbefreiung des Menschen von der Herrschaft der Verdinglichung, von der gegen die Individualität gerichteten Fetischisierung der produzierten Sachenwelt. Sowohl das Wachstum der Produktion als auch das Wachstum der Arbeitsproduktivität, das einstweilen noch sehr selten kritisch befragt wird, werden *praktisch* ihres Heiligenscheins als unentrinnbare ökonomische Erfordernisse verlustig gehen, womit übrigens nicht umgekehrt »Nullwachstum« zum Gesetz erhoben, sondern *überhaupt das Kriterium der Quantität von der ersten Stelle verdrängt wird.* Wenn eine Gesellschaft so weit industrialisiert ist, daß sie ihren Mitgliedern die elementaren Bedürfnisse auf der erreichten Kulturstufe einigermaßen zuverlässig befriedigen kann, muß die Planung des ganzen Reproduktionsprozesses allmählich, aber bestimmt auf die *Priorität* der allseitigen Entwicklung der Menschen, auf die Vermehrung ihrer positiven Glücksmöglichkeiten umgestellt werden. Die nichtkapitalistische Industriegesellschaft ist im großen und ganzen reich genug dazu, zumindest steht sie an der Schwelle, während sie, wie schon gesagt, bei fortdauernder Herrschaft der bisherigen Ökonomie *immer* zu arm erscheinen wird. Diejenigen Ökonomen, die immer so schnell mit Rechenergebnissen darüber zur Hand sind, was alles wir uns »nicht leisten können«, nehmen stets die bestehende Struktur der materiellen Bedürfnisse zur stillschweigenden Voraussetzung. Die materielle Unersättlichkeit kostet uns die Freiheit der höheren Entwicklung, unterwirft uns psychischen Regulationen, die auf Zwang beruhen, erzeugt die Stiefmütterlichkeit der Gesellschaft. Dabei signalisiert das immer weiter um sich greifende Unbehagen der Individuen in der bestehenden Zivilisation längst einen solchen Widerspruch, der die bisherige Lebensweise auch dann unhaltbar dastehen ließe, wenn die Abnahme bzw. Verschlechterung der Ressourcen der materiellen Expansion keine Grenzen setzte. Übrigens zeigen historische Beispiele, daß gleiche oder ähnliche Resultate menschlicher Entwicklung und menschlichen Glücks bei verhältnismäßig großer Differenz in der Quantität des verfügbaren Produkts möglich sind. Auf keinen Fall lassen sich die Bedingungen der Freiheit in Dollar oder Rubel pro Kopf angeben. Die Menschen der entwickelten Länder brauchen nicht Ausdehnung ihrer heutigen Bedürfnisse, sondern Gelegenheit zum Selbstgenuß in ihrer eigenen individualisierten Aktivität: Tatengenuß, Beziehungsgenuß, konkretes Leben im weitesten Sinne. Die Neugestaltung des Sozialisationsprozesses in dieser Zielrichtung wird an der ökonomischen Basis zunächst durch eine systematische Umproportionierung und Umstrukturierung der lebendigen Arbeit und der Akkumulation zugunsten der Entfaltungsbedingungen für die menschliche Subjektivität gekennzeichnet sein.

Das ist das Maximalprogramm der Kulturrevolution, das nun in einer Reihe abgeleiteter Aspekte mehr im einzelnen zu verfolgen ist:

– Produktionsziel reiche Individualität: Umgestaltung der Planung und Organisation in allen Bereichen der Volkswirtschaft und Wissenschaft, Revision ihrer Effektivitätskriterien zwecks Verwirklichung der Einheit von Arbeits- und Bildungsprozeß (Einheit von Produktion und Aneignung der Kultur) – Eröffnung eines allgemeinen Freiheitsspielraums für Selbstverwirklichung und Wachstum der Persönlichkeit auch im Reich der Notwendigkeit;

– Neubestimmung des Bedarfs an materiellen Gütern und der verfügbaren Kapazität an lebendiger Arbeit vom Standpunkt der Optimierung der Entwicklungsbedingungen für voll sozialisierte Menschen (Priorität der Aufwendungen für das Bildungswesen) statt vom Standpunkt der tradierten Nachfrage nach Sachwerten – in solchen Formen der politischen Demokratie, die einen gesellschaftlichen Lern- und Erkenntnisprozeß unter breitester Teilnahme der Massen ermöglichen;

– Harmonisierung der Reproduktion: Verlagerung der Prioritäten von der Ausbeutung der Natur durch die Produktion zu deren Einordnung in den natürlichen Zyklus, von der erweiterten auf die einfache Reproduktion, von der Steigerung der Arbeitsproduktivität auf die Pflege der Arbeitsbedingungen und der Arbeitskultur – Entwicklung einer natur-

und menschengemäßen Technik und Technologie, Wiederherstellung der Proportionalität zwischen großer (industrieller) und kleiner (handwerklicher) Produktion;
– Wirtschaftsrechnung für eine neue Ökonomie der Zeit: Verschiebung der Präferenz in der Planung, Statistik, Produktivitätsmessung von der Preis- auf die Arbeitszeitbasis – Arbeitszeitrechnung als Instrument zur Durchsetzung einer ökonomischen Struktur nach dem Maß des Menschen;
– individuelle Initiative und reale Gemeinschaftlichkeit: Aufbau einer ökonomischen Regulationsform, die den Grundeinheiten der vereinigten Arbeit und des gesellschaftlichen Lebens die Eröffnung eines weiten Spielraums für die Voraussetzungen der Planrealisierung verfügbar macht und ihnen die proportionale Entwicklung ihrer eigenen Struktur sichert – Gesellschaft als Assoziation von Kommunen.

Letzten Endes müssen auch diese Forderungen in direkt eingreifende Maßnahmen umgesetzt werden. Eine bestimmte institutionelle Stabilität, vor allem eine auch bei kontroverser Diskussion über jeweils nächste Schritte aktuell handlungsfähige politische Organisation, war auch schon für die Sofortmaßnahmen vorausgesetzt. Sie muß erst recht immer wieder gesichert werden, wenn der Prozeß in sein Reifestadium tritt. Für die Führung wird sich die Frage erheben, womit zu beginnen ist, an welcher Stelle zuerst die Kräfte für den Durchbruch zu konzentrieren sind. Ich will hier den Grundgedanken vorwegnehmen, weil sich danach besser die operative Funktion der genannten Teilaspekte abzeichnet. Denn die Systematik impliziert keine zeitliche Abfolge, gibt noch keinen Aufschluß über das für die Aktion entscheidende Kettenglied des ganzen Netzes.

Dieses Hauptkettenglied ergibt sich aus der Analyse des Kräfteverhältnisses im gesellschaftlichen Bewußtsein: *Man muß die bereits spontan in Gang gesetzte Produktion überschüssigen Bewußtseins noch aktiv forcieren, muß mit voller Absicht einen Bildungsüberschuß erzeugen,* der nach Quantität und Qualität so groß ist, daß er unmöglich in den bestehenden Arbeits- und Freizeitstrukturen aufgefangen werden kann, daher ihre Widersprüche zuspitzt und ihre Umwälzung unausweichlich macht. Das emanzipatorische Potential, das sich auf diese Weise ansammelt und in der Enge der vorgefundenen Verhältnisse unter Überdruck gerät, findet gar keinen anderen Ausweg als den Angriff auf die alte Arbeitsteilung im Reproduktionsprozeß. Schon jetzt beginnen die Wirtschaftsführer – beider Systeme! – einen Überschuß an Hochqualifizierten zu beklagen, für den sie »keine Arbeit«, d.h. keine ressortierten Planstellen haben: Sind die Ressorts einmal besetzt, so mag sich die Gesellschaft danach richten und nicht mehr Wissen verbreiten, als das wissenschaftlich-technische Fabriksystem in seiner gegenwärtigen sozialen Verfassung verwerten kann. Allerdings, es wäre gefährlich, Menschen, die durch den Charakter ihrer Ausbildung für schöpferische Arbeit motiviert sind, jahraus-jahrein an jene stupiden Tätigkeiten fesseln zu wollen, die man Ungelernten und Angelernten (mit besonderer Vorliebe Frauen), nicht selten sogar Facharbeitern, fortgesetzt zumutet. Wenn es bei der bestehenden Arbeitsteilung bleiben soll, muß man also die Ausbildungsrate eher senken als steigern.

Die Kulturrevolution erfordert die entgegengesetzte Politik, wobei freilich nicht die zahlenmäßige Vermehrung der speziellen Qualifikationen die Hauptsache ist. Sie verfolgt den Bruch mit dem Prinzip der Ausbildungsregulierung nach den Anforderungen isolierter, ressortierter Arbeitsplätze und steuert die Gesamtheit der Entfaltungsbedingungen an, die die massenhafte Herausbildung voll sozialisierter, freier Menschen wahrscheinlich machen. Industrie- und Wissenschaftsorganisation werden dann den Bedürfnissen der umfassendsten polytechnischen und -wissenschaftlichen Ausbildung und überhaupt des Wachstums der Persönlichkeiten angepaßt. Alle wirklich entwickelten Individualitäten, die die Gesellschaft schon besitzt, werden ungeachtet ihrer sonstigen Funktionen zu unprofessionellen Lehrern der Jugend werden. Es steht keineswegs von vornherein fest, daß eine solche humanistische Wende auch nur über einen kürzeren Zeitraum das Gesamtprodukt und die Gesamtproduktivität schmälern würde. Marx hat bekanntlich für längere Sicht eindeutig das Gegenteil angenommen. Zumindest innerhalb der Bereiche, in denen jetzt spezialisierte geistige Arbeit betrieben wird, gibt es Anzeichen dafür, daß sich die alten Rationalisierungsprinzipien in der Zerstörung der Motivation für schöpferische Leistung totlaufen. In jedem Falle wird die Kulturrevolution die Gesellschaft über jenen Zustand hinausführen, in der der Ausstoß der Industrie pro Zeiteinheit als maßgebendes Kriterium des Fortschritts behandelt wird. Wenn die Gesellschaft sowohl das Bildungswesen als auch die Produktion so organisiert, daß alle Individuen in entsprechender theoretischer und praktischer Tätigkeit eine wissenschaftliche und künstlerische Allgemeinbildung höchster Stufe erwerben können, die ihnen die differenzierte Aneignung des sozialen Ganzen ermöglicht, so erzwingt dieses Potential in der Praxis die Umverteilung der Arbeit und die Selbstverwaltung aller gesellschaftlichen Angelegenheiten.

Allerdings darf dieser Angriff auf die Kernsubstanz der Herrschaftsverhältnisse nicht planlos vorgetragen werden. Die komplizierte Ökonomik hochindustrialisierter Gesellschaften verträgt keinen Desorganisationsschock. Die ökonomische Revolution muß bei aller Radikalität des Ziels die Form der geordneten Transformation haben, also von vornherein den systematischen Zusammenhang berücksichtigen, der in dem zuvor skizzierten Tableau der Aktionsaspekte – ohne Anspruch auf Vollständigkeit – umrissen ist, und die Proportionalität der verfügbaren Arbeitskraft wahren. Deshalb ist es dringend notwendig, den ganzen Komplex der Folgerungen vorausschauend zu durchdenken. Erforderlich wären kollektive Planspiele an möglichst realistischen Modellen. Man mag durchaus berechtigt einwerfen, daß Schlachtpläne in der Praxis selten oder nie so durchführbar sind, wie sie auf dem Reißbrett der Strategen entworfen wurden. Dennoch sind sie unerläßlich, um mindestens die Aktivisten vorab mit dem Terrain der Operationen und mit den zu erwartenden Momenten der Situation vertraut zu machen.

Erstens – Produktionsziel reiche Individualität. Noch sind die Menschen in der nichtkapitalistischen Produktion organisiert wie für einen Krieg ums Überleben, in dem jeden Tag von neuem die letzten Reserven an die Front geworfen werden. Es gibt in diesem Reich der Notwendigkeit keinen sicheren Freiheitsspielraum für die Selbstverwirklichung und das Wachstum der Persönlichkeit. Die emanzipatorischen Interessen sind weitgehend von ihm ausgesperrt. In diesem Sinne habe ich die Produktion im 11. Kapitel rein als eine Sphäre des absorbierten Bewußtseins behandelt. Man könnte sagen, daß dies eine vereinfachende Abstraktion ist. Gewiß, und sie war auch nur vom Standpunkt der dort interessierenden *politischen* Analyse so ohne jede Relativierung herausgearbeitet. Zweifellos gehen von der Produktion auch in ihrer heutigen mehr denn je auf a priori abstrakte Arbeit gegründeten Form nicht nur mittelbar, sondern auch unmittelbar für bestimmte Individuen und Gruppen Entwicklungsanstöße aus. Dies sind jedoch zufällige Effekte; sie füllen nur minimale Anteile der individuellen Zeitpläne aus und haben nur selten einen Bezug auf die zentralen Antriebe der Persönlichkeitsentwicklung. Gerade daraufhin aber ist die Produktion umzugestalten. Die strenge Grenze zwischen den Reichen der Freiheit und der Notwendigkeit muß von der Freiheit überschritten werden. Bei dieser Zielsetzung kommt man nicht an Maßstäben vorbei, die infolge des ideologischen Niederschlags der Entfremdung in der offiziellen Wissenschaft seit Beginn der industriellen Ära immer nachhaltiger unterschätzt wurden und erst in den letzten Jahrzehnten wieder voll ins Bewußtsein zu treten beginnen: an bestimmten anthropologischen Konstanten. Der heutige Marxismus-Leninismus hat aufgrund seiner Verhaftung an den nichtkapitalistischen Nachholweg der Industrialisierung ein tiefsitzendes Mißverhältnis zur Anthropologie; es gibt kaum einen Punkt, in dem er Marx gründlicher mißverstehen muß als in diesem. Wo Marx die Tatsache konstatierte, daß unter Entfremdungsverhältnissen im allgemeinen und unter kapitalistischen Verhältnissen im besonderen die menschliche Natur von dem gegenüber dem humanen Gesamtzusammenhang verselbständigten ökonomischen Prozeß überrollt wird und daher auch keinen festen Punkt zu ihrer Umwälzung bieten kann, vollzieht der Marxismus-Leninismus den Salto mortale, den ganzen anthropologisch gesicherten Fundus für prähistorisch, d. h. für historisch irrelevant zu erklären und aus der materialistischen Geschichtsauffassung auszuklammern. Da er ein System ideologisch zu rechtfertigen hat, in dem die Entfremdung blüht, umgibt er gerade ihre systemcharakteristischsten Erscheinungsformen mit dem Anschein der Ewigkeit. Wo er der Forderung nach Freiheit begegnet, stilisiert er sie eilfertig zur außergeschichtlichen Illusion absoluter Schrankenlosigkeit zurecht, um die aktuellen Schranken zu vernebeln, die der menschlichen Emanzipation entgegenstehen (es war nicht zufällig die »liberalste«, die ungarische Parteiführung, die sich gezwungen sah, diese letztere Eskamotage besonders exemplarisch einzuüben).

Der ursprüngliche Marxismus – daran will ich hier noch einmal erinnern – hält am Kommunismus als vollendetem Naturalismus fest und betrachtet in diesem Zusammenhang die Individualität nicht nur historisch-relativistisch, sondern auch als Schnittpunkt jener gattungsmäßigen Fundamentalbedürfnisse

– nach existentieller Sicherheit aufgrund sozialer Geborgenheit,

– nach Entwicklungsanreiz aus sozialer (bzw. sozial vermittelter) Kommunikation,

– nach sozialer Bestätigung und Anerkennung der Individualität als des höchsten selbstbezogenen Werts,
– nach Gebrauch aller entwickelten individuellen Kräfte im Sinne von Selbstverwirklichung durch autonomes Handeln im Bezugsrahmen einer Gemeinschaft.

Was jeweils *Reichtum* der Individualität konkret bedeutet, das ist völlig aktualhistorisch bedingt durch die gegebene Höhe und Mannigfaltigkeit der Kultur. Aber es ist eben nicht wahr, was Ranke sagte, es sei »jede Epoche gleich nahe zu Gott«, weil der objektive Reichtum zum einen seit Ausgang des Urkommunismus immer klassenmäßig ungleich aneigenbar war und weil er zum anderen epochenverschieden *mehr* oder *weniger* antagonistisch zu den anthropogenetisch ausgebildeten sozialen Grundbedürfnissen strukturiert sein konnte. Der Kapitalismus z. B. ist *das* »gottferne« Zeitalter. Mehr noch als die materiale Struktur der Kulturgüter ist es oft die Art und Weise ihrer Aneignung selbst, die dem natürlichen Maß des Menschen zuwiderläuft (denken wir etwa, für den Extremfall, an den abstrakten Hunger des Wucherers, den Balzac beschrieben hat). Eine gewisse Psychologie nährt mit ihren Laboratoriumsexperimenten das konforme Vorurteil, es sei nur eine Frage der »Konditionierung«, an was für Zustände man den Menschen gewöhnen könne. Aber man darf nicht vergessen, daß sie am Menschen jeweils nur ein isoliertes und präpariertes Anlagen-»Konstrukt« manipuliert und sich aus guten immanenten Gründen weigert, etwas über die menschliche Subjektivität als individuelle Gestalt und über die Bedingungen des menschlichen Glücks auszusagen. *Eine* der wesentlichen Voraussetzungen für eine kulturrevolutionäre ökonomische Politik ist eine Entwicklungstheorie der menschlichen Individualität, die sich weder von dem Fetischismus der »objektiven Anforderungen« noch von der eindrucksvollen Anpassungsfähigkeit der Psyche übermächtigen läßt und normative Aussagen wagt.

Die kommunistische Forderung lautet kurz, den ganzen Produktions- und Reproduktionsprozeß des materiellen Lebens so zu gestalten, daß der Mensch als Individualität dabei – wie es der die Entfremdung spiegelnde Ausdruck apostrophiert – auf seine Kosten kommt. Das zielt dann freilich auf eine ganz andere als die gewohnte Rechnung ab, auf eine Rechnung, die zwar niemals bis zu Ende aufgehen wird, aber um so geduldiger und hartnäckiger verfolgt werden muß. Bisher kann hier niemand von einem Scheitern reden, weil der Versuch noch niemals unternommen wurde. Erfahrungen aus kleinen Gruppen beweisen natürlich wenig, auch im Positiven – sonst wäre ja schon die Praxis bestimmter urkommunistischer Gemeinwesen Beweis genug. Wir haben es jetzt mit Gesellschaften zu tun, die als Ganzes nicht mehr im entferntesten von einem Netz primärer Gemeinschaftsbeziehungen überzogen und zusammengehalten sind und deren Praxis nicht unmittelbar zur sinnlichen Anschauung gebracht werden kann. Die Frage lautet, wie und nach welchen Kriterien die proportionale Entwicklung einer großen Volkswirtschaft geplant werden muß, wenn das Produktionsziel reiche Individualität praktisch vordringen soll. Denn im Selbstlauf des ökonomischen Wachstums – wie die offizielle ökonomische Doktrin glauben machen will – stellt es sich gewiß nicht her.

»Die wirkliche Ökonomie – Ersparung – besteht in der Ersparung von Arbeitszeit«, sagt Marx (Grundrisse/599), und unsere Wirtschaftsleitung spricht es ihm nach. Aber Marx fordert, »die Arbeitszeit für die ganze Gesellschaft auf ein fallendes Minimum zu reduzieren und so die Zeit aller frei für ihre eigene Entwicklung zu machen« (ebenda 596), weil »die *Surplusarbeit der Masse* ... aufgehört hat), Bedingung für die Entwicklung des allgemeinen Reichtums zu sein« (ebenda 593). Dagegen strebt sie genau wie das Kapital danach, »einerseits disposable time zu schaffen, andrerseits to convert it into surplus labour« (ebenda 596), setzt also unentwegt »den Reichtum selbst als auf der Armut begründet und die disposable time als *existierend im und durch den Gegensatz zur*

Surplusarbeitszeit« (ebenda). Die Partei- und Staatsbürokratie verhält sich insofern kapitalanalog, als sie sich von dem Bestreben leiten läßt, sich abstrakte Arbeit, Mehrarbeitszeit, Wertsubstanz anzueignen, um ihr geballtes Gewicht als Herrschaftsmittel zu benutzen. Der Zweck ist hier natürlich nicht Profit als solcher, sondern die Legitimation der Macht, immer noch vor demselben Hintergrund wie in dem biblischen Gleichnis von Josef dem Ernährer: Der Speicher muß voll sein, wenn Pharao in den sieben mageren Jahren vor dem Volk bestehen will.

Aber von daher durchzieht der Gegensatz von Arbeitszeit und Freizeit, von gesellschaftlicher Produktion und privater Konsumtion die ganze Lebensform des real existierenden Sozialismus, und die Grenze zwischen den Reichen der Freiheit und der Notwendigkeit wird unablässig von der Notwendigkeit überschritten: leben, lernen, verbrauchen, entspannen, genießen, um die Arbeitskraft für den nächsten Produktionszyklus wiederherzustellen. Es ist von A bis Z der Teufelskreis der alten Ökonomie. Ihn zu durchbrechen, das ist die wirkliche Hauptaufgabe, die die Existenz und die Führungsrolle einer Kommunistischen Partei rechtfertigt, hier wird der neue Bund der Kommunisten das Hauptfeld seiner Tätigkeit haben. Denn hiervon hängt der Spielraum ab, den der Gesamtzusammenhang des gesellschaftlichen Lebens der freien Entfaltung der Individuen, der Entwicklung der reichen Individualität eröffnet.

Verkürzung des Arbeitstages sei die Hauptbedingung, hatte Marx lakonisch resümiert. Das war zu einer Zeit, als 6 Arbeitstage pro Woche noch je 10 bis 12 Stunden hatten. Heute ist man in den entwickelten Ländern nicht allzu weit davon entfernt, diese Dauer halbiert zu haben. Die Produktivität in den USA, in Westeuropa und Japan ist so hoch, daß das staatsmonopolistisch dirigierte Kapital zum ersten Mal in seiner Geschichte von sich aus daran denken muß, die Arbeitszeit zu verkürzen, um der Arbeitslosigkeit in der Phase des

Konjunkturanstiegs Herr zu werden. Eine wöchentliche Durchschnittsarbeitszeit von, beispielsweise, 5 mal 6 Stunden würde, von relativ wenigen Härtefällen abgesehen, rein quantitativ betrachtet keine Entwicklungsschranke für die Individuen mehr setzen. Die »Nichtarbeit der Wenigen« (einschließlich ihrer verhüllteren Formen) hätte *endgültig* aufgehört, Bedingung »für die Entwicklung der allgemeinen Mächte des menschlichen Kopfes« zu sein (Marx, Grundrisse/593). Indessen zeigt die Erfahrung seit Marx, daß sich die wachsende Freizeit nur sehr bedingt in emanzipatorischen Effekten niederschlägt, weil die von der Gesellschaft vorkonfektionierten Betätigungsweisen in Arbeitszeit *und* Freizeit für die Masse der Individuen den subalternisierenden Charakter gemein haben, der überdies selbst noch den Bildungssektor dominiert. Verkürzung des Arbeitstages reicht also nicht hin.

Wie mir scheint, ist die Marxsche Perspektive in diesem Punkte etwas unscharf, da er, wie inzwischen öfter ausgesprochen wurde, die Frage des *Verhältnisses* zwischen Reich der Notwendigkeit und Reich der Freiheit zuletzt in der Schwebe ließ. Im wesentlichen dürfte es sich darum handeln, daß er nicht mehr dazu gekommen ist, hier auf dem Niveau des »Kapitals« (die berühmte Stelle im Dritten Band, MEW 25/828) jene Dialektik zwischen Fähigkeit und Tätigkeit wieder explizit herauszuarbeiten, die er in den Ökonomisch-Philosophischen Manuskripten so eindeutig bestimmt hatte. In den Grundrissen (595) lautet die Perspektive-Formel: »Die freie Entwicklung der Individualitäten, und daher nicht das Reduzieren der notwendigen Arbeitszeit, um Surplusarbeit zu setzen«, (soweit klar) »sondern überhaupt die Reduktion der notwendigen Arbeit der Gesellschaft zu einem Minimum, der dann die künstlerische, wissenschaftliche etc. Ausbildung der Individuen durch die für alle freigewordne Zeit und geschaffnen Mittel entspricht.« Auch dies ist klar, was die Intention angeht. Jedoch fragt sich, ob nicht die unvermittelte Dichoto-

mie zwischen »künstlerischer, wissenschaftlicher etc. Ausbildung« und »notwendiger Arbeit« – an und für sich innerhalb antagonistischer Horizonte angesiedelt – die reale Problematik etwas verwischt. Reduktion der notwendigen Arbeit zu einem Minimum – ja, sofern notwendige Arbeit entfremdete Arbeit bzw., umfassender, psychologisch unproduktive und selbst kurzzeitig für den physischen Ausgleich verlorene Tätigkeit ist. Aber es geht eigentlich darum, die scharfe Grenze zwischen notwendiger Arbeit (im allgemeineren Sinne) und freier Tätigkeit zwar nicht einzuebnen (das hieße sicherlich zuviel erhoffen), doch immerhin durchlässig zu machen. Teilnahme an allen funktionell charakteristischen Arten notwendiger Arbeit wird stärker denn je zu einem der wesentlichsten Medien der Aneignung von Kultur. Der Realitätssinn der meisten Intellektuellen leidet sehr darunter, daß sie von der nach wie vor zentralen Sphäre des allgemeinen Zusammenhangs keine nähere Vorstellung haben und nur allzu ungefähr wissen oder zu wissen glauben, wovon Ökonomie – und speziell unter den Bedingungen hochentwickelter Technik – eigentlich handelt, und über welche Mechanismen sie die Konsequenzen mitzutragen haben.
Ich schlage vor, der Forderung nach Reduzierung der notwendigen Arbeitszeit im Hinblick auf die gegenwärtige Situation präzisierend anzufügen: *vorrangig Verkürzung der psychologisch unproduktiven Arbeitszeit innerhalb der notwendigen Arbeitszeit.* Daraus ergibt sich eine Reihe wichtiger konkreter Folgerungen für die Planung und Organisation des Reproduktionsprozesses, die in letzter Instanz auf die sukzessive Umverteilung der Arbeit hinwirken, während sie primär darauf abzielen, innerhalb der Arbeitssphäre den Spielraum für die Aneignung übergeordneter Zusammenhänge durch psychologisch produktive Tätigkeiten zu erweitern. Generell muß die sozialistische Wirtschaftsplanung *von der lebendigen Arbeit ausgehen,* d. h. *direkt* von der gesellschaftlichen Arbeitszeitbilanz und ihrem Zusammenhang mit der Bedürfnisstruktur,

und nicht zuerst von der Bilanz der materiellen Fonds, also von der vergegenständlichten Arbeit. Mehr noch: vom Standpunkt des Produktionsziels reiche Individualität muß man sogar einen Schritt weitergehen, einen Schritt hinter die *Arbeitszeitbilanz* zurück, und den Anfang mit der gesellschaftlichen *Zeitbilanz, mit dem Zeitbudget der Individuen schlechthin* machen, um von hier aus, zunächst im Quantitativen, die Gleichheit der Entwicklungschancen in den Rahmenbedingungen für die individuellen Zeitpläne zu verankern. Insbesondere muß gesichert werden, daß den Bildungsaktivitäten in der *Jugend*phase *aller* Individuen der notwendige Zeitraum für das im 10. Kapitel skizzierte Bildungsziel reserviert wird (wobei man sich den Bildungs*weg* durchaus nicht zwangsläufig oder gar ausschließlich in Gestalt des multiplizierten jetzigen höheren Schulsystems vorstellen muß).
Was so in den Mittelpunkt der Planung rückt, das wird eine *neue Ökonomie der Zeit*. Das wird *die* Ökonomie der Zeit, an die Marx für das Reich der Freiheit gedacht hat: zweckmäßige Einteilung der Zeit für Allseitigkeit der Entwicklung und des Genusses im gesellschaftlichen wie im individuellen Maßstab (Grundrisse/90). Diese neue Ökonomie der Zeit wird auch Kosten *(abstrakte Arbeitszeit)* sparen, aber in erster Linie *konkrete Lebenszeit* gewinnen. Ihre »Zielfunktion« wird die Maximierung der »Zeit für Entwicklung«, der »Zeit für produktive Aneignung der Kultur« sein. Lebenszeit als Entwicklungsraum – das eben ist, als Prozeß in einer konkreten Kultur gesehen, die reiche Individualität. Die Wirtschaftsplanung legt – soweit ihre prägende Kraft reicht – wie schon angedeutet, die Rahmenbedingungen dafür fest, nämlich die Marken des individuellen Zeitplans, und sie beeinflußt dadurch indirekt ausschlaggebend die in ihm beschlossenen qualitativen Möglichkeiten, die Befindlichkeitsdispositionen für die individuelle Aktivität weit über die notwendige Arbeitszeit hinaus, unter Umständen negativ bis hin zur Einübung absoluter Konzentrationsunfähigkeit.

Das erste Problem, das im Zeichen des planerischen Primats der lebendigen Arbeit eine völlig neue Antwort verlangt, betrifft die volkswirtschaftlichen *Reserven im Verhältnis zum Plan,* jedoch nicht etwa beschränkt auf das Problem einer zentralisierten Staatsreserve. Soviel auch offiziell darüber räsoniert wurde, ist es weder praktisch noch theoretisch auch nur ausreichend, nämlich in seiner gesamt*gesellschaftlichen* Bedeutung verstanden worden. Praktisch dürfte dann die Planung nicht mehr mit der Festlegung der Wachstumsrate beginnen, bei der die Frage der Reserve nur in der entstellten Form auftaucht, von welcher Schwelle ab die Störungen *unerträglich* werden müßten. Die weitestgehenden theoretischen Ansätze wurden von ökonomisch-kybernetischer Seite gemacht. Konsequenterweise sollte man von der biokybernetischen Analogie ausgehen. Bekanntlich wird die Stabilität des organismischen Lebensprozesses dadurch gesichert, daß die Elemente insbesondere im fundamentalsten, zellularen Bereich multiplikativ vertreten sind, so daß dann auf den komplexeren Ebenen bis hin zur Organspezialisierung vorwiegend mit Reserven anderer (regulatorischer, man könnte übersetzen »organisatorischer« und »technologischer«) Art gearbeitet werden kann. Sozialtheoretisch unbewußt geblieben zu sein scheint aber weitgehend, wie nachhaltig das Moment der permanenten Mangelwirtschaft, als Phänomen nicht der Armut, sondern der ökonomischen Regulation, den ganzen Arbeits- und Lebensprozeß der protosozialistischen Industriegesellschaft vergiftet. Wenn es keinen qualitativen Unterschied zwischen dem Gesundheitszustand der Bevölkerung in den hochindustrialisierten kapitalistischen und nichtkapitalistischen Ländern Europas zugunsten der letzteren gibt, so dürfte eine der wesentlichsten Ursachen darin bestehen, daß hier der Streß der Profit- und Einkommensjagd einen psycho- und physiopathologisch »gleichwertigen« Ersatz gefunden hat.
In der offiziellen ökonomischen Theorie spielt das Problem der Reserven im allgemeinen im Hintergrund der Intensivie-

rungsdiskussion eine Rolle, jedenfalls bei den weiterblickenden Autoren, die bei dem Stichwort nicht nur an die letzten Kapazitätsprozente denken, die man noch in den Dienst des laufenden oder nächsten Jahresplans stellen könnte. Aber man wagt sich nicht einmal theoretisch zu den Maßnahmen zu entschließen, die der sogenannten Intensivierung an der Basis wirklichen Vorrang verschaffen würden. Was nützt es, dem wissenschaftlich-technischen Fortschritt Priorität zuzusprechen, wenn es – symptomatisch für die de-facto-Orientierung, die von dem wirtschaftsleitenden System ausgeht – am Jahres-, Quartals-, ja am Monatsende immer wieder in zahllosen Betrieben notwendig wird, die dafür vorgesehenen Kapazitäten »in die Produktion zu schicken«. Material- und Kapazitätsreserven, auch vom bürokratischen Kapazitätsfraß verschonte Kraftreserven im betrieblichen Vorbereitungssektor, Planungs- und Rechnungswesen, sind unerläßliche Bedingungen eines Durchbruchs zu effektivitätsbestimmtem Wirtschaften. Soweit ist das übrigens noch eine rein immanente Kritik. Entscheidend in diesem Kontext – und nach den Erfahrungen unserer Wirtschaftsplanung zweifellos utopisch anmutend – ist aber die Forderung nach einer *Arbeitskraftreserve*, nach einer bestimmten *planmäßigen Überkapazität an lebendiger Arbeit* gegenüber der vorhandenen Maschinerie (letzterer und der Material- bzw. Energiebereitstellung wiederum gegenüber dem Ausstoß). Eine gewisse Bewegungsfreiheit im betrieblichen Arbeitszeitfonds ist die elementare Bedingung, um der Phrase vom »Menschen im Mittelpunkt«, vom Menschen als dem »Herrn der Produktion«, ein Minimum an Realität zu verleihen.
Doch es gilt auch in der ferneren Perspektive: Freie Selbstentwicklung kann die Masse der Individuen nur in einer Gesellschaft haben, die mehr produzieren kann, als sie produzieren muß und tatsächlich produziert. Kommunistischer Überfluß – in jedem Falle eine Frage mehr der sozialen Struktur von Produktion und Bedürfnis als der absoluten Güter- und

Dienstleistungsmenge – ist in erster Linie Überfluß an Produktionskapazität, Überfluß an potentieller lebendiger Arbeit, »disposable time« im weitesten Sinne. Dieser Überfluß allein kann dem Individuum, *jedem* Individuum, *innerhalb* der allgemeinen Arbeitspflicht den Bewegungsspielraum sichern, eine auf seinen individuellen Lebensplan bezogene persönliche Ökonomie der Zeit aufzubauen. Bei wachsender Disponibilität der Menschen werden sich die temporären Abweichungen ihrer Zeitpläne vom Durchschnittsaufwand für notwendige Arbeit mit geringfügiger Steuerung ausgleichen lassen, soweit sich dies nicht automatisch regelt.

Gegenwärtig müssen die Betriebe ihre Arbeitskräfte so planen, daß deren Kapazität, über die Normzeiten des Sortiments und die durchschnittliche Normerfüllung sowie unter Einbeziehung erst noch zu realisierender Rationalisierungseffekte berechnet, gerade den Plan der Warenproduktion abdeckt. Mütter z. B. werden als volle Arbeitskräfte mitgeplant, obwohl ihre Ausfallquote weit über dem Durchschnitt liegt; selbst wenn sie statistisch in diesen Durchschnitt eingeht, betrifft sie doch die spezielle Abteilung und nährt dort überdies die psychologische Abwertung der Frauen als Arbeitskräfte. Gewiß werden die Primärdaten etwas manipuliert, um »Sicherungen einzubauen«. Es wäre verantwortungslos von jeder Betriebsleitung, dies nicht zu tun. Außerdem haben die Betriebe hypothetisch insofern eine bestimmte Arbeitskraftreserve, als sie z. B. überhöht geplante Krankenstände und verschiedenste Verlustzeiten, die auf innerorganisatorischen Mängeln beruhen, abbauen könnten. Aber diese Reserven sind aus den behandelten soziologischen und sozialpsychologischen Gründen nur sehr bedingt zu mobilisieren. Vielmehr ist das Klima der Improvisation und Desorganisation ja selbst die Folge der durch das Planungs- und Leitungssystem verursachten Disfunktionen, darunter nicht zuletzt des Arbeitskräftemangels, der die Demoralisierung der am wenigsten sozialisierten Menschen nachhaltig fördert.

Treten nun zu irgendeinem Zeitpunkt der Plandurchführung Störungen der Materialversorgung oder technische Havarien auf, verzögert sich ein Rekonstruktionsvorhaben, kann die Kaderabteilung aufgrund des allgemeinen Arbeitskräftedefizits die Planbesetzung nicht gewährleisten, klettert der Krankenstand über das geplante Maß usw., dann steigt für das gesamte Betriebskollektiv – und zwar unter Umständen ohne jegliches eigenes Verschulden – die psychische und physische Arbeitsintensität, wenn der Plan dennoch erfüllt werden soll (und Nichterfüllung, soweit sie das Sortiment und nicht bloß die Warenproduktion in Mark betrifft, ist natürlich volkswirtschaftlich unvertretbar). Für das leitende und Betreuungspersonal häuft sich der Ärger, nimmt die »operative Tätigkeit« zu, weil der normale Rhythmus gestört ist und übergeordnete Organe erscheinen, um nach dem Rechten zu sehen; außerdem wird ein Teil seiner Kapazität zusätzlich für die Produktion beansprucht. Für die Produktionsarbeiter nehmen die Sonderschichten überhand, die sozialpolitisch schädlich und betriebswirtschaftlich so uneffektiv wie möglich sind. Die technologische Disziplin sinkt ab, auf Sortimentstreue wird womöglich verzichtet, weil die Stückzahl der teuersten (materialintensivsten) Erzeugnisse zum alleinigen Gradmesser wird, um wenigstens die Jahresendprämie zu sichern. Es entsteht eine unwürdige und auch von allen verantwortungsbewußten Arbeitern, Ingenieuren und Ökonomen als unwürdig empfundene Situation, die um so frustrierender wirkt, als sie nicht mehr diskutiert wird, weil ihre Diskussion nach jahrzehntelanger Wiederholung desselben »volkseigenen Krisenzyklus« (wie es der Volksmund nennt) sinnlos erscheinen muß. Man ist hauptbetroffen, aber man kann nichts daran ändern. »Nichts entmutigt so sehr, als ein Spiel nicht zu überschauen, von dem das Leben abhängt«, erklärte einst Auguste Blanqui (Höppner/Seidel-Höppner: Von Babeuf bis Blanqui II, Leipzig 1975/529).

Eine Entlastung kann nur eintreten, wenn die Betriebskollektive mit einer personell realisierbaren Arbeitskräftereserve produzieren können, d. h. wenn der Gesamtplan der Gesellschaft so ausgelegt wird, daß er nicht mehr Arbeitskraft beansprucht, als – Störungen und Eventualitäten eingerechnet – überhaupt verfügbar ist. Mit anderen Worten erfordert dies, dem von der Zentrale ausgehenden unglücklichen Zusammenspiel von Wachstumsrate und Invest-Strukturpolitik ein Ende zu machen und der tatsächlichen Optimierung der bestehenden Kapazitäten eindeutig den Vorzug zu geben. Die Jagd nach der Quantität, nach dem Zuwachs der Warenproduktion, verursacht in vielen Einzelfällen und höchstwahrscheinlich auch unter dem Strich der Gesamtwirtschaft Kapazitäts*verluste.* Speziell die Investitionen binden für ihre Erstellung wie vor allem für ihr Betreiben eine ständig wachsende Zahl von Arbeitskräften. Deren Abzug von bestehenden Kapazitäten ist erstens nur summarisch planbar, da die betroffene Einzugzone meist zu komplex strukturiert ist, und wird zweitens bei den Grundsatzentscheidungen regelhaft zu niedrig ausgewiesen. Charakteristischerweise wird beispielsweise nur die Hauptproduktionsstufe mit der aufwandsintensivsten Ausrüstung korrekt für den Arbeitskräftebedarf durchgerechnet. Unter Umständen läßt man in den Vorbereitungsdokumenten sogar die Fiktion passieren, man brauchte für einen dreischichtig zu besetzenden Arbeitsplatz auch nur 3 statt in Wirklichkeit (Urlaub, Krankheit, Lehrgänge, andere Verlustzeiten) annähernd 4 Arbeitskräfte. Kurz, die Investitionen binden meist – sei die objektbezogene *relative* Produktivitätssteigerung noch so hoch – absolut eine höhere Anzahl von Arbeitskräften anstatt Arbeitskräfte freizusetzen. Die Folge sind eben verlustbringende Proportionalitätsstörungen in bereits vorhandenen Betrieben, die relative Entblößung und Vernachlässigung sämtlicher Produktionshilfs- und Nebenprozesse, besonders des Instandhaltungssektors und ein sowohl durch Mangel an Produktionsarbeitern als auch durch Mangel an Reparaturpersonal bedingter hoher Pegel der Maschinenausfälle. Letzterer wiederum verführt dazu, mehr Maschinerie aufzustellen, also erneut zu investieren, Mehraufwand im Maschinenbau zu binden usw. Es ist eine Schraube ohne Ende.

Man muß jedoch für die Produktionsarbeiter diese Forderung nach einer Arbeitskraftreserve gegenüber dem Plan noch konkretisieren, um ihnen *innerhalb* der Arbeitszeit die Möglichkeit zur aktiven Aneignung zunächst wenigstens des vollen Abteilungs- und Betriebszusammenhangs durch tatsächliche Mitwirkung an der Planung und Abrechnung der Produktion, durch handgreifliche Verbesserung der Arbeitsbedingungen und der Arbeitskultur, durch Qualifizierung an der Instandhaltung und Pflege der bedienten Maschinerie, durch Rationalisierung der Technologie und der Arbeitsorganisation zu geben. Wieso darf sich derselbe Arbeiter, der sein privates Auto selbst repariert, nicht an der Reparatur seiner Produktionsmaschine üben? Erforderlichenfalls muß er systematisch dazu angeleitet werden. Oder – bei anderer Perspektive: Kann man Produktionsverhältnisse hinnehmen, die so funktionieren, daß die Ingenieure vordergründig in ihrer Meinung bestätigt werden, man müsse die Schaltschränke tunlichst vor den Arbeitern verschließen? Und wieso muß der Arbeiter, zumindest nominell, Freizeit einsetzen, wenn er als Neuerer Ingenieurarbeit leisten will, die bei anderen Werktätigen den regulären Arbeitstag ausfüllt? Ohne Arbeitskraftreserve gegenüber dem Plan ist innerbetriebliche Demokratie für die Produktionsarbeiter nahezu unmöglich. Die Angestellten, voran die Hoch- und Fachschulkader unter ihnen, finden nicht nur vom Charakter ihrer Tätigkeit, sondern auch von den Toleranzen ihres täglichen Zeitplans her verhältnismäßig ausreichend Gelegenheit, betriebliche Informationen und Probleme zur Kenntnis zu nehmen und wenigstens an der inoffiziellen Meinungsbildung darüber teilzunehmen. Ein Teil der in den Büros »verquatschten« Zeit ist durchaus notwendig für kollektive Selbstverständigung. Die Arbeiter in der unmittelbaren Produktion haben diese Gelegenheit im allgemeinen nicht. Die – relativ seltene – Versammlung bei Schichtwechsel steht immer unter Zeitdruck. Die eine Schicht will nach Hause, die andere muß an die Maschinen. Da können in der Regel nur die jeweils aktuellsten Symptome der Faktoren moniert werden, die die Produktion und das Arbeitsklima stören. Wenn die Arbeiter »quatschen«, geht das entweder über die Norm auf ihre Kosten oder es erscheint (bei »guter« Norm) zu Lasten des für die Planerfüllung verantwortlichen Leitungspersonals als Produktionsausfall. Zwar sieht der Plan für solche Zwecke ein bestimmtes Zeitlimit im Durchschnittslohn vor, aber es wird meist schon für den Ausgleich der verschiedensten anderen Eventualfälle des Arbeitsjahres überzogen. Man erwartet von den Arbeitern, daß sie, während ihr eigentlicher Arbeitsprozeß nicht selten desinteressierend, dequalifizierend, demotivierend wirkt, Freizeit an derartige Diskussionen hängen. Da sie nicht in den Planungs- und Leitungsprozeß einbezogen sind, können sie jedoch gar nicht als souveräne Partner in ihn eingreifen, sondern nur unmittelbarste Interessen zu Protokoll geben. (Der sowjetische Film »Die Prämie« hat völlig zutreffend die Tatsache ausgesprochen, daß sie die Information zur Aufdeckung bürokratischer Sonderinteressen und Machinationen, die den Plan verzerren, nur durch »Verräter« aus den Reihen der technisch-ökonomischen Intelligenz erfahren können, die damit ihrerseits ein echtes Risiko eingehen.)

Um hier eine merkliche Änderung einzuleiten, wäre es zweckmäßig, unter Beibehaltung der 5-Tage-Woche zu etwa 40 Stunden planmäßig nur 5 × 6 = 30 besser vorbereitete und daher optimal ausnutzbare Produktionsstunden anzusetzen. Das hieße, nötigenfalls die 24 Stunden des Tages mit 4 Produktionsschichten abzudecken. Das verlorene Viertel der jetzt vorhandenen Kapazität wäre, global gerechnet, dadurch auszugleichen, daß eine Zahl von Angestellten und sonstigen Berufstätigen, die doppelt so groß zu sein hätte wie die Zahl der eingesetzten Produktionsgrundarbeiter, je 6 Wochen im Jahr an der Fertigung teilnimmt. Ein Blick ins Statistische Jahrbuch der DDR (Ausgabe 1976) zeigt, daß dies zahlenmäßig keineswegs undenkbar ist. Leider läßt sich die Zahl der direkt in der Fertigung eingesetzten Produktions*grund*arbeiter nur ungefähr daraus erschließen (die wirkliche Sozialstruktur wird in unserer Statistik buchstäblich versteckt hinter der fast alles zusammenfassenden Firmierung »Arbeiter und Angestellte«).

Die Zahl *aller* Produktionsarbeiter in den Industriebereichen wird für 1975 mit rund 2 Millionen angegeben (S. 128), hinzu kommen knapp 0,3 Millionen im Bauwesen (S. 154) und reichlich 0,4 Millionen im Verkehrs-, Post- und Fernmeldewesen (S. 240), wobei im letztgenannten Bereich viele de-facto-Angestellte mit eingerechnet werden, wie überhaupt die Tendenz besteht, die Produktionsarbeiterzahl bereits an der Basis hinaufzufrisieren. Eine indirekte Rechnung aus Angaben zum Neuererwesen (S. 67) führt auf rund 2,9 Millionen Produktionsarbeiter insgesamt. Da für 1975 knapp 8 Millionen Berufstätige bzw. knapp 7 Millionen Arbeiter und Angestellte insgesamt ausgewiesen werden (S. 15), stehen den rund 3 Millionen Arbeitern 5 Millionen übrige Berufstätige, darunter 4 Millionen Angestellte gegenüber (in der Differenzmillion ist das Gesamtpersonal der Landwirtschaft enthalten, dessen Struktur ich für diesen Überschlag vernachlässige). Auch befinden sich unter den 5 Millionen übrigen Berufstätigen nicht weniger als 1 Million Hoch- und Fachschulkader (S. 62). Weiterhin werden allein gegenüber den 2 Millionen Arbeitern der Industriebereiche 1 Million Angestellte (natürlich einschließlich eines Anteils Hoch- und Fachschulkader) genannt, eine Zahl, die gewiß nicht zu niedrig liegt. Da es sich zufällig immer um volle Millionen handelt, treten die Proportionen sehr klar zutage (beiläufig bis hin zu der Tatsache, daß in der DDR also auf den 8stündigen Durchschnittsarbeitstag 3 Stunden Produktionsarbeit entfallen). Es gilt nun noch, auf die Zahl der Produktions*grund*arbeiter zu schließen. Z. B. gehen von den 2 Millionen Industriearbeitern 22,2%, also nahezu 450 000 Reparatur- und Transportarbeiter ab (S. 129), die jedoch noch nicht die Gesamtheit der sogenannten Produktionshilfsarbeiter ausmachen. Letzten Endes geht es hier ja um die Zahl derjenigen Arbeiter, bei denen wirklich Produktionskapazität verlorenginge (viele nicht direkt in der Fertigung tätige Arbeiter haben schon gegenwärtig nicht mehr als 6 produktive Stunden, ohne daß die übrigen 2 deshalb für irgendeinen positiven Zweck gewonnen sein müßten). Alles in allem dürfte die interessierende Zahl 1,5 Millionen Arbeitskräfte nicht übersteigen, auch wenn man einen Teil des Gütekontrollpersonals zusätzlich einrechnen muß und berücksichtigt, daß der 4-Schichtbetrieb etwas mehr Reparaturkapazität beansprucht. Es müßten also 3 der 5 Millionen übrigen Berufstätigen bzw. der 4 Millionen Angestellten 6 Wochen Produktionsarbeit leisten. Die Lücke im Angestelltensektor wäre zu schließen durch Reduzierung des Bürokratismus (vor allem des Aufwands, den die Kontrollfunktionen im Rechenwerk verursachen) sowie durch dort teilweise angebrachte Intensivierung.

Was außerdem zu lösen bliebe, wäre dann die ernsthafte Einarbeitung dieses Personals aufgrund möglichst weitgehend selbstgewählter, aber auch möglichst stabiler Verbindung zu bestimmten Arbeitsplätzen. Würde dabei eine Durchschnittsleistung von auch nur 80% erreicht, wäre der Ausfall der Produktionsgrundarbeiter reichlich wettgemacht, da man annehmen darf, daß in Wirklichkeit nur die Hälfte des nominell verlorenen Viertels ihrer Arbeitszeit für die Fertigung aufgewandt wird. Bei der gedachten Lösung würde die effektive Maschinenlaufzeit sogar merklich steigen, so daß man – falls der Ausstoß nicht im gleichen Maße mitwachsen soll – überdies Maschinerie sparen könnte. Übrigens läßt dieser ganze Globalüberschlag den Faktor Produktivitätszuwachs völlig aus dem Spiele, gibt ihn also hypothetisch noch völlig für Mengen-

wachstum frei, anstatt eine wünschenswerte Verkleinerung der ganzen Produktionsmaschine zu unterstellen.
Die komplexeste ökonomische Lösung verlangt die Durchsetzung des einheitlichen Bildungsweges für alle. Sie ist deshalb schwieriger als die bisher betrachteten Schritte, weil die Produktivitätssteigerung, die sie sukzessiv ermöglicht, nur scheinbar das Hauptstück ihrer Realisierung ist. Nehmen wir an, daß der reine Qualifizierungsaufwand, also jene Zeit fürs Lernen, die nicht mit notwendiger Arbeit zusammenfällt, in der Jugendphase des Durchschnittsindividuums um 5 Jahre anwachsen und daß außerdem jeder Erwachsene weitere 5 Jahre für Lehren und Lernen verausgaben würde. Dann wäre auch hier wieder etwa ein Viertel der Arbeitszeit, diesmal aber bezogen auf die ca. 40 Arbeitsjahre einer Generation, in Ansatz zu bringen. Um die Zeit dafür zu ersparen, müßte dieselbe Generation also nur um ein Drittel ihre Produktivität steigern. Nach der derzeit üblichen, allerdings von der problematischen Basis Industrielle Bruttoproduktion in Mark konstanter Preise ausgehenden Berechnungsmethode verdoppelt sich die Produktivität in der DDR etwa alle 10 Jahre; z. B. stieg ihr Index von 1970 bis 1975 gerade um jenes Drittel (32% laut Statistischem Jahrbuch 1976/126) an. Selbstverständlich kann man nicht plötzlich den gesamten Produktivitätszuwachs für eine einzige Maßnahme in Anspruch nehmen. Aber die Zahlen lassen erkennen, daß die Größenordnung der Aufgabe die Leistungskraft einer einzigen Generation nicht übersteigt. Dies würde auch den unbedingt notwendigen Mehraufwand an Lehrpersonal einschließen, der für die Senkung der Klassenstärken im Normalschulwesen auf die Obergrenze der optimalen Gruppengröße für kollektive Prozesse (15 Schüler) aufzubringen ist.
Indessen liegen die größeren Schwierigkeiten in der sozialen Organisation sowohl des Arbeitsprozesses als auch des Bildungs- und Erziehungswesens, in ihrer kaum mehr als oberflächlich angegriffenen Isolierung voneinander sowie in ihrem

gleichermaßen bürokratischen Überbau (eine penetrantere Bürokratie als die pädagogische ist kaum vorstellbar, weil die Hierarchie hier noch auf die spezifisch moralistische Lehrermanier alles besser weiß). Die vorgeführte Rechnung kann schon deshalb falsch orientieren, weil sie unausgesprochen die bisherigen Strukturen im Bildungswesen und -prozeß als invariant und eine Veränderung als bloße Verschiebung von Quantitäten denkbar erscheinen läßt. Doch dürfte es, von allem anderen abgesehen, auch ökonomisch nicht die beste Lösung sein, das ganze Bildungswesen, in seinem Umfang vergrößert, als derart separierten, nur von Spezialisten betriebenen, vertikal von einer Zentrale durchgesteuerten Bereich anzulegen, wie es heute der Fall ist, wo Einheit des Bildungssystems vor allem Durchgängigkeit des Reglements bedeutet. Und einfach unmöglich würde es sein, den Reproduktionsprozeß in der hergebrachten, die Individuen subsumierenden Art fortzuführen, wenn nur noch Menschen mit universalen Ansprüchen ans Leben als Arbeitskräfte zur Verfügung stünden, die zugleich fähig sind, sich in spezielle Tätigkeiten auf allen Funktionsniveaus der Arbeit zu finden.
Wie sich die innerbetriebliche Arbeitsorganisation unter den Bedingungen solcher Disponibilität und Mobilität der Individuen im einzelnen gestalten wird, darf man getrost der späteren Praxis und einstweilen den Erkundungen der utopischen Literatur überlassen. Die Verwirklichung der Gleichheit in der Verteilung der Arbeit wird eine solche natürliche Solidarisierung und Disziplinierung der Individuen bei der bestmöglichen Ausführung der notwendigen Arbeit bewirken, daß repressive Kontrollen vollständig überflüssig sein werden und die in erster Linie an Qualität und Materialersparung orientierte Effektivität der Kollektive aus deren interner Regulation ein Optimum ansteuert. Absehbar ist bereits die Notwendigkeit der flexiblen, verbindlichen Vielfachzuordnung zwischen Individuen und Arbeitsplätzen (mehrere Individuen für jeden Arbeitsplatz, mehrere Arbeitsplätze für jedes Individu-

um). Auch wird die höhere Bildung – ohne dadurch erneut von der Spezialisierung erdrückt oder provinzialisiert zu werden – jedenfalls dichter an die Arbeits- wie an die Wohnstätten heranrücken. Weil sie kommun wird wie heute die 10-Klassenschule, kann sie kommunal werden. Möglicherweise wird dies mehr als ein Wortspiel sein. Der Kommunegedanke dürfte in der Perspektive praktische Bedeutung erlangen, sofern man sich darunter die Vereinigung der Bevölkerung in überschaubaren Gemeinwesen vorstellt, die hinsichtlich der reproduktiven Grundfunktionen des Arbeits-, Bildungs- und Lebensprozesses relativ autonom funktionieren, während sie mit einer Reihe spezialisierter Leistungen an dem allgemeinen Zusammenhang teilnehmen, der ihnen seinerseits die Versorgung mit einer Vielzahl spezieller Produktionen sichert (näher hierüber unter Fünftens).

Zweitens – Neubestimmung des Bedarfs. Wenn die reiche Individualität als Produktionsziel durchdringen soll, muß sich die materiale Struktur, die Matrix der Gebrauchswerte an Gütern, Diensten, Leistungen ändern, die durch die planmäßige proportionale Entwicklung der Volkswirtschaft anzustreben ist. Art und Tempo dieser Änderung sind allerdings nicht von vorgefaßten ideologischen Wertkonzepten – einschließlich des in diesem Buch dargelegten – zu dekretieren und der Gesellschaft nach dem Prinzip »Friß Vogel, oder stirb!« zu oktroyieren. Vielmehr können die neuen Präferenzen nur in einer umfassenden politischen Praxis demokratisch herausgearbeitet werden, deren Grundlagen in den Kapiteln 11 und 12 diskutiert wurden. Genau in diesem Punkte hat die Selbstbestimmung der Gesellschaft als der freien Assoziation der Individuen ihr entscheidendes Kriterium. Wenn sie sich hierin nicht herstellt, ist im Politischen der Ansatz verfehlt oder – solange sich die Kulturrevolution noch im Frühstadium befindet – zumindest unzureichend. Ich will noch einmal unterstreichen, daß mir das Hineinwachsen der Gesellschaft in diese reale Freiheit und bewußte Selbstbestimmung ihres Geschicks undenkbar erscheint ohne die Vereinigung der engagiertesten, problem- und verantwortungsbewußtesten Elemente zu einem gesellschaftsoffenen Bund der Kommunisten. Ohne einen wirksam organisierten ständigen Einfluß auf die erworbenen Denk- und Verhaltensstrukturen ist die Transformation der Zivilisation unmöglich. Und andererseits erfordert diese bestimmte, jetzt notwendige Transformation aus ihrem immanenten Zweck, daß dieser Druck emanzipatorisch funktioniert, d. h. Subjektivität ausweitet, ermutigt, vorwärtstreibt, ermächtigt, befreit. Das ist die politische Dialektik der Kulturrevolution, das diktiert dem Kommunistischen Bund die Form und die Mittel der Einflußnahme.

Was den Bedarf betrifft, so existiert in jeder Gesellschaft ein sogenanntes, auf das – ausgesprochene oder unausgesprochene – Produktionsziel gerichtetetes ökonomisches Grundgesetz. Es bedeutet weiter nichts, als daß die gegebene Gesellschaft jeweils ein ihr spezifisches Optimum zwischen der Produktion der Subsistenz-, Genuß- und Entwicklungsmittel und den Bedürfnissen des sozialen Ensembles anstrebt, wobei natürlich das Interesse der herrschenden Klassen oder Schichten an der Reproduktion ihrer eigenen Individualitätsform je nach deren relativem Einfluß bei der Bestimmung dominiert. Ich habe es mir erspart, explizit ein solches ökonomisches Grundgesetz für den real existierenden Sozialismus zu benennen; die Elemente der Definition sind im Zweiten Teil des Buches enthalten. Das ökonomische Grundgesetz der sozialistisch-kommunistischen Formation wird sich von dem aller Klassengesellschaft dadurch unterscheiden, daß das Subjekt der Bedarfsbestimmung keiner anderen Differenzierung mehr unterliegt als der natürlichen nach Alter, Geschlecht und Begabung, vielleicht noch der quasinatürlichen nach dem Charakter, daß also die Interessen bzw. Bedürfnisse aller Individuen in gleichem Maße eingehen. Und es wird sich von dem urgemeinschaftlichen unterscheiden durch den von der Höhe der Produktivität und des Reichtums ermöglichten *Vorrang,* den die Produktion der *Entwicklungsmittel* bei der Festlegung der Gesamtstruktur des Bedarfs, d. h. des Gebrauchswerts und demzufolge des Arbeitszeitaufwands, erhält.

Wenn man hiervon ausgeht, so erweist sich tatsächlich *die Ökonomie der individuellen Zeitpläne als entscheidender Durchgangspunkt der Planung.* Läßt sich die Gesellschaft ernstlich davon leiten, welche Zeitanteile in welcher Folge optimal für die verschiedenen Betätigungsweisen der Individuen verfügbar (man lese *nicht* »vorgeschrieben«) sein sollten, so daß sich ihr Zeitbudget nicht mehr nur nachträglich als ermittelter Durchschnittswert, sondern planmäßig entsprechend ihren allgemeinen Entwicklungserfordernissen ergibt, dann wird die Überwindung der Entfremdung wirklich ökonomisch fundamentiert, das Reich der Notwendigkeit unter das Reich der Freiheit subsumiert. Das ist der springende Punkt der kommunistischen Ökonomie, der sicherlich nur solange als Planungsgegenstand in Erscheinung treten wird, als er sich noch nicht fest in der Grundstruktur des ganzen Reproduktionsprozesses etabliert hat. Der Konsum der Subsistenzmittel verliert dann von selbst ganz, der der Genußmittel weitgehend seine kompensatorische Prestigeorientierung und wird weiterhin durch das Streben nach Zeitgewinn für psychologisch produktive Tätigkeit und Kommunikation auf ein der reichen Individualität natürliches Normalmaß gebracht. Ihre Produktion wird relativ uninteressant für den Plan, weil sie als Nahezu-Invariante eingeht. Überhaupt wird der Planungsumfang sehr zurückgehen können, wenn eine nicht mehr primär auf Wachstum, sondern auf Qualität abzielende Wirtschaft einmal ein Gleichgewicht zwischen Produktion und Verbrauch hergestellt hat.

Ein ökonomisches Problem, das sehr an Bedeutung zunehmen wird, ist das des *ausreichenden Objekts* für psychologisch produktive Tätigkeit aller Individuen. Hier wird der Bedarf einzig dadurch eingeschränkt, daß die Herstellung realer Gemeinschaftlichkeit aller Wahrscheinlichkeit nach einen viel größeren Anteil der individuellen Zeitpläne mit dem Genuß- und Entwicklungsmittel erfüllter partnerschaftlicher Kommunikation in verschiedensten Formen und zu vielfältigsten Zwecken belegen wird. Das Übrige, und allerdings für den vorausschauenden Ökonomen ein schwerer Rest, ist dann eine *Frage der materiellen Natur, d. h. eine Frage vor allem des Materialaufwands der Entwicklungsmittel.* Man mag sich, um sie, etwas unhistorisch, zuzuspitzen, überlegen, ob die reiche Individualität à la Goethe nicht doch einen beträchtlich größeren materiellen Aufwand voraussetzen würde als die heutige Durchschnittsindividualität samt Auto und Kellergarage. Der *Zeit*aufwand reguliert sich durch die Grenze, bis zu der er verfügbar ist, ohne daß die Produktion der Entwicklungsmittel wieder Entwicklung blockiert. Hier wird die optimale Einstellung des ökonomischen Prozesses teils berechnet (siehe das nachfolgende Viertens), teils in der Konfrontation betroffener Interessen ausgekämpft. Der *Material*aufwand dagegen reguliert sich zwar *letztlich* auf die gleiche Weise, aber über zu lange Rückkopplung. Hier kann die gerade lebende Generation auf Kredite leben, die sie nicht selbst zurückzahlen muß. Sie kann Zeit gewinnen durch Materialverschwendung, für die spätere Generationen mit dem hundertfachen Zeitaufwand aufkommen müssen. Augenscheinlich betrifft dies die Umweltproblematik insgesamt, die sich ja bei weitem nicht auf die Endlichkeit der mit vertretbarem (vor dem Produktionsziel vertretbarem!) Aufwand habhaften Materialressourcen reduziert. Die Kulturrevolution muß also, während sie Schritt um Schritt das Primat der Entwicklungsmittel bei der Bedarfs- und Aufwandsplanung (die natürlich nicht nur stoffliche Güter betrifft) zu verwirklichen trachtet, zugleich den Verzicht auf materialintensive Entwicklungsmittel anstreben. Aber das führt bereits auf den umfassenderen Zusammenhang ihres nächsten Aktionsaspekts.

Drittens – Harmonisierung der Reproduktion. Wenn die Störung des Naturgleichgewichts durch den Menschen zum Stillstand gebracht und wieder ausgeglichen werden soll, und wenn der Mensch seine eigene Existenz dort harmonisieren will, wo dies durchaus möglich ist, nämlich in ihren materiellen Grundlagen, dann *muß eine konsequente Umstellung in den Produktionsgewohnheiten erfolgen.* Der Durchschnittstypus der großen Industrie, auf den die heutige Zivilisation der entwickelten Länder gebaut ist und der auf die übrigen Regionen übergreift, ist natürlich weit entfernt, ein rein technisches Phänomen zu sein, das mit beliebigen Gesellschaftsformen verträglich wäre. Er ist von Herrschaft aus und auf Verwertung abstrakter Arbeit hin entstanden und konstruiert. Jetzt wird er von der einen Seite durch die ökologische Krise, von der anderen durch die psychologische Krise, speziell die Paralyse der Arbeitsmotivation, in Frage gestellt. Die übliche, »normale«, an einem verkürzt ermittelten Kostenminimum der vorgesehenen Produktion orientierte Investitionspolitik wird verhängnisvoll. Die notwendige Umstellung der Produktionsgewohnheiten erfordert, daß sich die Gesellschaft über etwa die folgenden Direktiven einigt:

– Primat der einfachen Reproduktion beim Einsatz der vorhandenen Kräfte und Mittel: vollwertige Reparatur bestehender und zu weiterem Gebrauch bestimmter Substanz geht vor Rekonstruktionen, vollwertige Rekonstruktion vorhandener und noch brauchbarer Substanz geht vor Neubauten, Neubau auf bereits industriell genutztem, erforderlichenfalls dafür zu regenerierendem Terrain geht vor Investitionen »auf grüner Wiese«; dementsprechend Unterhaltung eines Maschinenbaus, der auch die Neuausrüstung älterer und kleinerer Gebäude zuläßt;

– Pflege der Maschinerie statt innovatorischen Wettlaufs um jeden Preis (»Wissenschaft und Technik« im Sinne der Neuausrüstung ist nicht der erste, wenn auch ein wichtiger Faktor der Intensivierung), Reduzierung des technischen Verschleißes durch ausreichende Kapazität und Ersatzteilproduktion für die vorbeugende Instandhaltung, vorsichtigster Umgang mit der Kategorie des moralischen Verschleißes bei funktionstüchtigen Anlagen mit vertretbaren Arbeitsbedingungen;

– Rationalisierung geht immer vom Menschen, von dem Kriterium der seiner Natur würdigsten Bedingungen aus und ist mit effektiven Aufwendungen für die Arbeitserleichterung und -bereicherung sowie für eine Arbeitsumgebung und -kultur verbunden, in der Ordnung, Sauberkeit, Werterhaltung (die erwähnte Zeitreserve der Produktionsarbeiter hierfür mit vorausgesetzt) Selbstverständlichkeiten werden können; Produktivität, die mit Opfern an Lebenskraft erkauft wird, ist preiszugeben;

– weitestmögliche Reduzierung von Schadeinflüssen auf Mensch und Umwelt bei bestehenden, ihre absolute Vermeidung bei neuen Anlagen und Verfahren;

– verstärkte makro- und mikroökonomische Maßnahmen zur Senkung des Material- und Energieverbrauchs: Überprüfung der Wachstumsrate mit dem Ziel, den Anstieg des Material- und Energieverbrauchs entscheidend zu vermindern, Aufwertung von Materialeinsparung und Qualitätserhöhung gegenüber den Fertigungsstückzahlen;

– Kurs auf funktionelle Qualität, Solidität (höchste Nutzungsdauer) und Schönheit der Massenbedarfsgüter; Einstellung, Umstellung oder Ersatz jeglicher Wegwerfproduktion, Synchronisierung der Modealterung von Gebrauchsgütern mit dem Tempo des natürlichen Verschleißes, Abschaffung jeglicher »marktschaffenden« Verbrauchswerbung;

– lückenlose Rückgewinnung (Sortierung) und Regenerierung wiederverwendbarer Rohstoffe aus den Abfällen (die Gleichheit in der Verteilung der Arbeit wird den Einsatz von Handarbeit dort wieder möglich bzw. zumutbar machen, wo ihre Ablösung noch nicht gelingt oder einstweilen überproportionalen Aufwand verursacht);

– Bereitstellung einer ausreichenden handwerklichen Reparatur- und Dienstleistungskapazität für den kommunalen und individuellen Bedarf sowie der erforderlichen Materialien für die Pflege und Instandhaltungsarbeiten; Schluß mit der Aufsaugung der strukturell unersetzlichen kleinen durch die zentralgeleitete große Produktion.

Es ist mit solchen Direktiven natürlich der Punkt erreicht, wo die Frage wiederkehrt, ob sich die Länder des real existierenden Sozialismus diese ökonomische Strategie, die den Verzicht auf »technologische Führerschaft« im Geiste der kapitalistischen Effizienz einschließt, militärpolitisch leisten können – mag man sie sonst für vernünftig halten oder nicht. Die Rüstungsproduktion und die Armee sind das Muster aller Verschwendung von Material und menschlicher Arbeitskraft, aller Rücksichtslosigkeit gegenüber der Natur und dem Menschen, auch solange noch nicht gesprengt, verbrannt, entlaubt, erschossen wird. Aber die Blöcke sind sich einig, daß die Rüstung zu den wichtigsten Subsistenzmitteln zählt. Ich will die Bemerkungen über eine Eskalation der Abrüstung aus dem 11. Kapitel hier nicht wiederholen. Es war dort von einer durch das internationale Bündnis der »linken«, kulturrevolutionären Kräfte gegen beide Machtblöcke anzustrebenden Synchronisierung der politischen und sozialökonomischen Umwälzungen im Spätkapitalismus und im real existierenden Sozialismus die Rede. Die in jeder Hinsicht zu erwartenden Widerstände gegen die Kulturrevolution werden sich *deshalb* besonders systematisch auf diesen Punkt konzentrieren, *weil*

sie die aussichtsreichste Strategie darstellt, den Spielraum für den Ausbruch aus dem supermilitaristischen Hexenkessel zu erobern, in dem sich das Befreiungsstreben der Menschheit totläuft. Erfolgreich im Rahmen des ganzen sowjetischen Blocks unternommen, hätte schon ein Experiment wie das tschechoslowakische einen äußerst ernstzunehmenden Transformationsdruck auf die Struktur Westeuropas ausgelöst; kluge Reaktionäre vom Schlage Strauß' hatten das schnell erkannt.
Sicher darf – angesichts der wahrscheinlichen zeitlichen Diskrepanzen der Bewegungen in beiden Blöcken – antimilitaristische Konsequenz nicht mit kompromißloser Bedenken- und Gedankenlosigkeit gleichgesetzt werden. Das Problem der Sicherheit durch Gleichgewicht der Abschreckung gehört zu den Realien der verkehrten Welt. Jedoch ist der beiderseitige »Overkill« wahrhaft groß genug, um einschneidende, weltweit sichtbare Abrüstungsdemonstrationen zu unternehmen, deren Auswirkungen über die Volksbewegung im anderen Block einige Zeit politisch aktiv abgewartet werden können. In jedem Fall muß man aufs entschiedenste aller irrationalen und noch mehr der politisch bewußten Feindbildpflege entgegentreten. Jenen Angehörigen der älteren Generationen, die allzuviel von den Ängsten und Erfahrungen der beiden Weltkriegszeiten irrational verinnerlicht haben, muß man den stimmungsmäßigen Einfluß durch Aufklärung nicht über die Gefahrlosigkeit, sondern über die Verschiebung der Gefahrenmomente in der veränderten historischen Situation beschneiden; wer z. B. die ganze kapitalistische Welt von heute unmittelbar durch die Brille der Hitlerfaschismus-Erfahrung betrachtet, gefährdet selbst die Sicherheit. Jenen anderen Menschen, die durch ihre berufliche und statusmäßige Zugehörigkeit an der Militär- und Sicherheitsmaschine interessiert sind, muß man die ungeschmälerte Aufnahme und volle produktive Eingliederung in die zivile Gemeinschaft sichern. Den Dritten aber, die diese Maschine und die Stimmung der bela-

gerten Festung als Herrschaftsbedingung brauchen, muß man gerade auch in dieser spezifischen Frage einen rücksichtslosen politischen Kampf liefern, indem man die hinter ihrer systematischen Massendemagogie verborgenen Sonderinteressen aufdeckt.

Ein in dem skizzierten Sinne veränderter Reproduktionstyp ist auch aus einem anderen internationalen Aspekt, der engstens mit dem Weltfrieden auf der Nord-Süd-Achse zusammenhängt, hochnotwendig. Eine der wichtigsten Aufgaben der Kulturrevolution in den ökonomisch fortgeschrittenen Ländern beider Machtblöcke wird darin bestehen, *das Wertgesetz für den Verkehr mit den weniger entwickelten Ländern außer Kraft zu setzen.* Gegen das Wertgesetz, im nackten Äquivalentenaustausch, sind sie zum Pauperismus verurteilt, der durch den Abzug der Rohstoffe in eine ferne Zukunft fortprojiziert wird. Es geht nicht darum, ihnen eine parasitäre Existenz zu verschaffen, um sie auf diese Weise noch tiefer zu degradieren. *Die Lösung dürfte im Tausch nach gleichen nationalen Arbeitszeitaufwänden bestehen.* In den bisher kapitalistischen Ländern steht hierfür offensichtlich sogar überschüssige Kapazität zur Verfügung, die allerdings so profiliert werden muß, daß der Ausstoß in die ökonomische Entwicklung der Partnerländer hineinpaßt, anstatt sie zu stören und zu sprengen. Die technischen Lösungen müssen also von dorther inspiriert und akzeptiert sein. Die Ökonomisten werden es zwar schwer begreifen und noch eine Weile ihren banalen Spott darüber ausgießen, doch es würde höchstwahrscheinlich nicht nur für diese Völker selbst von Vorteil sein, wenn sie dahin gelangen könnten, »das Fahrrad zum zweiten Mal zu erfinden«, nämlich eine autonome, von einer nichtkapitalistischen Ökonomik hervorgebrachte Technik. Die entwickelten Länder können ihnen Menschen anbieten, solche, die dort weder in privilegierten europäischen Reservaten die fremden Götter spielen noch moralische Guthaben für ihr späteres Seelenheil sammeln, sondern die brüderlich mit ihnen arbeiten, leben und kämpfen wollen, weil darin eine tiefe gemeinsame Notwendigkeit und ein tiefer individueller Sinn liegen. Unsere Zivilisation hat immerhin vereinzelte Leitbilder solcher wahrhaft solidarischen und kontrakolonialen Mission hervorgebracht, Menschen wie Las Casas und Multatuli, wie Albert Schweitzer und Norman Bethune, wie Ernesto Guevara und Camilo Torres. Man muß sagen, daß die Sowjetunion gegenüber ihren am wenigsten entwickelten Völkerschaften im großen und ganzen eine Politik praktiziert hat, die im klaren Kontrast zu der bourgeoisen Ausrottung der nordamerikanischen und neuerdings der brasilianischen Indianer steht, obwohl nun auch im sowjetischen Asien die Frage noch einmal neu gestellt werden muß. Der sowjetische Block hat Kuba und Vietnam nicht bloß im Rahmen des Wertgesetzes unterstützt. Aber die Kulturrevolution muß über die Grenzen der staatlichen und Blockinteressen hinaus den breiten sozialen Boden schaffen, auf dem eine massenhafte und ökonomisch effektive Entwicklungshilfe gedeihen kann, die der Größe des Nord-Süd-Gegensatzes gerecht wird.

Viertens – Wirtschaftsrechnung für eine neue Ökonomie der Zeit. Man wird finden, daß die Orientierung, die in den Direktiven des vorigen Abschnitts enthalten ist, *dem Gebrauchswert, den qualitativen, materialen und naturalen Faktoren größeres Gewicht verleiht* als ein auf die maximale Verwertung abstrakter Arbeitskraft gerichtetes System. Genau darin besteht die erwünschte Umstellung der Produktionsgewohnheiten, wenn man sie vom Standpunkt der ökonomischen Theorie betrachtet. Sie befindet sich, wie man immer wieder an Menschen beobachten kann, die ihre Arbeit noch lieben, in voller Übereinstimmung mit den Bedürfnissen der *konkreten* Arbeitskraft, die sich als schöpferische mit dem geschaffenen Gegenstand identifizieren möchte, auch wenn sie ihn nicht als individuelle selbst geschaffen hat. Solche Menschen haben

z. B. stets den letztlich berechtigten Zweifel, ob die ökonomistische Devise, nach der Wegwerfen in vielen Fällen billiger als Reparieren ist, wirklich stimmt, obwohl der unmittelbare Anschein das oft bestätigt. In der Tat, wenn sie manchmal im Einzelfall zutrifft, so ist sie doch verhängnisvoll mit ihren Folgen im Gesamtzusammenhang der Kultur, der sich der kleinen Kostenrechnung entzieht.

Viele dieser ökonomistischen Begründungen sind aber selbst im Rahmen ihrer eigenen Voraussetzungen falsch, was sich nur deshalb schwer beweisen läßt, weil es gegen allen Anschein keine in ihren Prämissen und internen Kopplungen zuverlässige volkswirtschaftliche Kostenrechnung gibt. Denken wir nur an den angeblich so bedeutenden Produktivitätsanstieg durch die Industrialisierung des Bauwesens, der sich bei näherem Hinsehen großenteils als Selbsttäuschung erweist. Noch heute kann, z. B. in Thüringen, ein Stein-auf-Stein-Ziegelbau von erheblichen Ausmaßen billiger sein als dasselbe Gebäude in der geheiligten Fertigteilbauweise, und das ist aufschlußreich trotz der Tücken finanzieller Kostenrechnung, die ja im Makrobereich viel mehr als im Mikrobereich verzerrt. Was not tut, um die neue Ökonomie, die Herrschaft der lebendigen über die vergegenständlichte Arbeit regulatorisch zu bewältigen, ist der Übergang vom Messen nach Wert- oder vielmehr Preisgrößen zum direkten Messen nach Zeitäquivalenten auf der Primärebene der Wirtschaftsrechnung. Darin liegt eine große, auch von Marx (Grundrisse/71) als »nicht so leicht« angesehene, schwer vernachlässigte Aufgabe für die Ökonomen. Die Arbeitszeitrechnung durch alle Produktionsstufen hindurch bis zum Endprodukt aufzubauen, bei konsequenter Anwendung Erfahrungen damit zu sammeln und sie bis zum Ende, d. h. im gesamtwirtschaftlichen Maßstab durchzuführen, ist unabdingbare Voraussetzung, um den Produkten schließlich auch die Waren*form* abzustreifen. Man muß ganz entschieden darauf hinweisen, daß bisherige Versuche in dieser Richtung (die von

Behrens angeregte Zeitsummenmethode in der DDR) von der Wirtschaftsleitung nie so durchgängig angelegt und so geduldig praktiziert wurden, daß sich aus den Ergebnissen Schlüsse für oder gegen die Realisierbarkeit und Effizienz der Arbeitszeitrechnung ziehen ließen.

Die Arbeitszeitrechnung hat zwei hochbedeutsame sozialökonomische Vorteile gegenüber der Finanzrechnung. Erstens macht sie – und sie allein – die Anteile der individuellen, kollektiven und gesellschaftlichen *Gesamtzeitpläne über die Grenze von »notwendiger« und »freier« Tätigkeit hinweg kommensurabel.* Bisher nistet die Entfremdung schon in der Faktizität des Planungsverfahrens, das die »gesellschaftlichen Anforderungen«, den »gesellschaftlichen Bedarf« usw. absolut setzen muß, ohne wirklich fragen zu *können,* was für die Entwicklung der Individuen, für das erklärte Ziel der Produktion dabei herauskommt. Die lebendige Arbeit *kann* sich die vergegenständlichte nur unterwerfen, wenn sie die *Gesamtinteressen,* also den Gesamtzeitplan der gesellschaftlichen Individuen in der Ökonomie repräsentiert. Als bloßer isolierter Kostenfaktor einer bestimmten betrieblichen Produktion angesetzt, muß sie je länger je mehr gegen die Masse der eingesetzten vergegenständlichten Arbeit verschwinden. Die qualitative Proportionalität der Zeitausgabe vom Standpunkt des Produktionsziels herzustellen, ist schlechthin die Hauptaufgabe des Gesamtplans. Er kann nur demokratisch zustande kommen, wenn sich die Masse der Individuen ein Urteil über die Konsequenzen ihrer Bedürfnisse bilden kann, wenn sie, beispielsweise, weiß, daß die private Motorisierung mit ihren infrastrukturellen Konsequenzen – nehmen wir einmal an – den Arbeitstag jedes einzelnen für eine halbe Stunde in Anspruch nimmt, und das würde bedeuten, jeden werktätigen Menschen nahezu 3 Arbeitsjahre kostet.

Hieran wird schon der zweite Vorteil der Arbeitszeitrechnung sichtbar: im Unterschied zur Finanzrechnung macht sie die ökonomischen Proportionen und Probleme verständlicher und durchschaubarer, weil viel weniger Verzerrungen der realen Aufwände in sie eingehen (sicher werden die Ökonomen Verfahren finden, um z. B. Importe annähernd adäquat in die nationale Arbeitszeitrechnung einzugliedern) und die Beziehung zum individuellen Lebensprozeß ins Auge springt. Die auf Preise gestützte Finanzrechnung kann diese Durchschaubarkeit prinzipiell nicht gewährleisten, weil die Preise (in ihrer zumindest einstweilen weiterhin notwendigen Funktion) bewußt der Entwicklung von Angebot und Nachfrage, insbesondere der Knappheit bestimmter Ressourcen auf dem Weltmarkt oder im Naturhaushalt, Rechnung tragen müssen. Sie taugen daher von vornherein nicht zur Kostenrechnung und dürften konsequenterweise an keiner Stelle direkt, d. h. unter Verschwinden ihrer Abweichung vom Aufwand, in sie eingehen. Gerade die Effektivitätsmessung scheitert – jedenfalls für den Leistungsvergleich *zwischen* den Wirtschaftseinheiten – daran, daß die Aufwendungen an vergegenständlichter Arbeit nicht in durchschnittlich notwendiger, die Aufwendungen an lebendiger Arbeit nicht in effektiver Arbeitszeit eingehen. Kostenrechnung auf Arbeitszeitbasis würde erlauben, die als solche bereits propagierte, aber nur sporadisch und in begrenzten Horizonten angewandte Gebrauchswert-Kosten-Analyse zum maßgeblichsten Instrument ökonomischer Effizienzberechnungen zu entwickeln.

Fünftens – Strukturelle Bedingungen individueller Initiative und realer Gemeinschaftlichkeit: Gesellschaft als Assoziation von Kommunen. In der Frage der Regulationsform ist die anarchistische Strömung, speziell syndikalistischer Richtung, bisher die einzige, die das Interesse der *Individualität* und der von ihr aus kontrollierbaren, weil nicht zu großen, autonomen Gruppe nachdrücklich betont. Und wenn es ihr auch nicht gelingt, diesen ihren überaus wesentlichen Ansatz ausreichend mit dem Gesichtspunkt des Ensembles der gesellschaftlichen

Verhältnisse, d. h. mit dem übergreifenden Systemcharakter von Gesellschaft als ganzer zur Deckung zu bringen, so kann sie doch nicht aus dem Felde geschlagen werden, solange alle anderen revolutionären Strömungen für diesen synthetischen Gesichtspunkt in der Staatsperspektive steckenbleiben. Man muß jedoch über das Dilemma »genossenschaftlich-egalitäre oder hierarchisch-elitäre Struktur« hinaus, weil es illusorisch die Möglichkeit unterstellt, der Informations- und Entscheidungsfluß *könne* primär oder gar allein von unten nach oben erfolgen. Bleibt nicht der Syndikalismus in dem Trauma des unmittelbaren Produzenten befangen, der nicht zu hoffen wagt, jemals über seine Subalternität hinauszukommen, und für den Gleichheit deshalb instinktiv bedeutet, daß alle gleich subaltern sein müssen? Man muß sich den strukturellen Gesetzmäßigkeiten der Informationsverarbeitung in komplexen, »organismischen« Systemen stellen. Bis zur Entwicklungshöhe der biologischen Organismen erfolgt die Informationsverarbeitung auch auf konstitutionell immer ausgeprägter »hierarchisch-elitäre« Weise, insofern die auf den verschiedenen Ebenen beteiligten Zellen und Zellenverbände durchaus verschiedene Funktionsniveaus und Entscheidungsbefugnisse haben. Jedes komplexere lebendige System bildet ein Gehirn heraus, das über seine Gesamtfunktion wacht. Technisch und informationell sind auch die gesellschaftlichen Arbeitsfunktionen einander notwendig subordiniert. Wenn man nicht wahrhaben will, daß die Struktur der Regulation bei zusammengesetzter Produktion objektiv hierarchisch ist, kann man das ganze Problem der sozialistischen Demokratie nur agitatorisch aufwerfen. Der Sache nach verrennt man sich in die regressive Anregung, die historisch entstandenen Metastrukturen der ursprünglich bloß auf horizontaler Kopplung beruhenden Regulation auflösen zu wollen, um sie, auf dem Wege einer »Zentralisation von unten«, noch einmal zu machen. Kommt es nicht vielmehr darauf an, sie von unten *und* oben zugleich *gesellschaftlich* zu durchdringen? Das »genossenschaftlich-egalitäre« Konzept hält dagegen den Standpunkt der Subalternität theoretisch fest. Praktisch ist es, in Gestalt der nicht wenigen Versuche mit dem Rätesystem, immer dann auf seine Grenze gestoßen, sobald es darum ging, *wirklich* »die Nation zu organisieren«.

Meiner Ansicht nach handelt es sich für den Menschen, der an die Schwelle des Sozialismus-Kommunismus gelangt ist, darum, daß sich die für die Regulation des gesellschaftlichen Arbeits- und Lebensprozesses notwendige funktionelle Hierarchie (mit ausgewogenem Informations- und Entscheidungsfluß in beiden Richtungen) *nicht mehr in Sozialstruktur umsetzen* muß. Weil die Menschheit aus lauter universell veranlagten Individuen besteht, soll nun auf der dafür geschaffenen materiellen Grundlage der soziale Zusammenhang auch aufhören, der des informationsverarbeitenden Systems zu sein, dessen er sich regulatorisch bedient und weiterhin bedienen wird. Eben deshalb steht die Aufhebung der alten Arbeitsteilung im Mittelpunkt dieses Buches. Der letzte »Klassenkampf« dreht sich gerade um die Organisation des Informations-, des Erkenntnis- und Entscheidungsprozesses, um seine Subsumtion unter die assoziierten Individuen, *nämlich unter ihr gesamtes Ensemble.* Die Aufgabe besteht darin, die Menschen nicht in ihrer Funktion innerhalb pyramidaler Systeme aufgehen zu lassen, das Planungs- und Leitungssystem selbst zu objektivieren, es als ein solches Reich der Notwendigkeit zu konstituieren, *über* das sich die Individuen assoziiert erheben, während sie sich in die Unterfunktionen, die auf den verschiedenen Ebenen anfallen, auf gerechte Weise teilen. »Genossenschaftlich«, wie weit man den Gehalt dieses Prinzips auch nach oben hin aufbaut, ist nie völlig mit »gesellschaftlich« zur Deckung zu bringen. Die historische Erfahrung veranlaßt eher zu der Frage, ob sich die Alternative von genossenschaftlicher oder hierarchischer Organisation nicht in Wirklichkeit auf die Entscheidung bezieht, ob der gesellschaftliche Zusammenhang jenseits des Kapitalismus zunächst der Konkurrenz kollektiver Kapitalisten oder dem Diktat eines allgemeinen Kapitalisten anheimgegeben sein soll. Vielleicht sollte man begreifen, daß »Genossenschaftssozialismus« bestenfalls eine historische Embryonalform des Sozialismus sein kann, die idealiter dann entsteht, wenn sich die Werktätigen bereits die vom Kapitalismus der freien Konkurrenz vereinzelten Produktionsstätten *in* dieser Vereinzelung aneignen. Es erscheint mir sehr fraglich, ob die Idee der allgemeinen Assoziation weiter nichts erfordert als die Koordination solcher Produktivgenossenschaften. *Wie ist die »Versammlung« der ganzen Gesellschaft, aller Individuen über ihrem Reproduktionsprozeß möglich? Das ist die Kardinalfrage der sozialistischen Demokratie.* Es gilt zu begreifen, daß die Frage der Selbstverwaltung in einer hochkomplexen Gesellschaft nicht allein aus der Perspektive der partikularen kommunalen und schon gar nicht der betrieblichen Einheiten aufzuwerfen und zu beantworten ist, sondern immer zugleich angesichts des *Gesamt*prozesses der Reproduktion.

Ist diese Intention einmal festgehalten, dann freilich wird die *Aneigenbarkeit* des allgemeinen Zusammenhangs, und zwar verstanden als massenhafter *sozialpsychischer, sozialpädagogischer Prozeß,* zum entscheidenden Maßstab für die Wahl der ökonomischen Regulations*form,* und die *Garantie für die reale Beeinflußbarkeit* der gesellschaftlichen Synthesis, des allgemeinen Plans *von unten nach oben* wird zur wichtigsten, nun erst praktikabel beantwortbaren Frage. Dabei kann diese Wahl nicht getroffen, diese Antwort nicht gegeben werden unabhängig von dem konkreten historisch-kulturellen Entwicklungsstand der Produzenten und der Produktion. Es macht eben einen Unterschied, ob am Anfang Fabriken zu enteignen sind oder nationale bzw. sogar supranationale Konzerne. Die Geschichte hat nachhaltig erwiesen – und man hätte es sich auch ohnedies ausrechnen können –, daß die Individuen sich nicht in einem einzigen Sprung über alle Zwischenstufen der Interessenkonzentration hinweg von der

Ebene ihrer subalternen Teilfunktion auf die des gesamtgesellschaftlichen bzw. gesamtwirtschaftlichen Zusammenhangs erheben können. Sofortige Zentralisation der Verfügungsgewalt ist nicht nur nicht identisch mit Vergesellschaftung, sondern stellt unfehlbar einen Riegel gegen sie dar. Und totale Zentralisation ohne organische Abstufung wird immer eine theoretische Vorstellung phantasieloser Zwangscharaktere bleiben. Zentral im Sinne von gesamtgesellschaftlich wird letztlich nur die Entscheidung über das (ethische) Wertkonzept fallen, an dem die Assoziation ihre Entwicklung orientieren will.

Gewiß hat der jugoslawische Kommunismus seinerzeit nicht den »einzig möglichen« Weg des Heranführens an die Vergesellschaftung gefunden (den es ja auch gar nicht gibt); aber der Grundgedanke, zunächst quasi-genossenschaftliche Betriebskollektive relativ autonom wirtschaften zu lassen, ist vom Standpunkt der Erlernbarkeit des Verfügens jedenfalls aussichtsreicher als die Steuerung durch ein »Papsttum der Produktion« (Marx, Grundrisse/73, über die saint-simonistische Bank, die sich in etwa als Einheit von Staatlicher Plankommission und Statistischer Zentralverwaltung darstellt). Diesen Punkt hat die trotzkistische Richtung nicht hinreichend zu würdigen gewußt, wie die dogmatische Art ihrer Kritik an den jugoslawischen Zuständen zeigt. Dezentralisierung bleibt selbst in Ländern mit höherem wirtschaftsorganisatorischem und kulturellem Ausgangsniveau lange Zeit Entwicklungsbedingung der Selbstverwaltung. Die Frage ihres genauen Inhalts und der Regulierungsinstrumente hat davon abgeleitete Bedeutung. Speziell in bezug auf die Rolle der Wertkategorien, deren Fortdauern oder Verschwinden in der Ökonomik, nicht im Politischen entschieden wird, kann sie »gewissenlos« vom Standpunkt des optimalen Funktionierens einer auf das Hineinwachsen in die volle Vergesellschaftung orientierten politökonomischen Strategie gestellt werden.

Natürlich wäre es Unfug, *jetzt* mit der DDR- oder ČSSR-

Wirtschaft, die stets zentralistisch gesteuert wurden, dorthin zurückspringen zu wollen, wo die Jugoslawen 1950 mit ihrer unterentwickelten Ökonomik neu ansetzten, und ihre Fehler zu wiederholen, anstatt aus ihnen zu lernen. Dennoch ist ein bestimmter Typ von Dezentralisierung auch hier hochaktuell, und zwar unter unseren Verhältnissen mehr noch unter dem Aspekt der Entfesselung qualifizierter individueller Initiative und der Kollektivbildung um relativ autonom zu realisierende Planaufgaben als unter dem des Erwerbs von ökonomischem Abstraktions- und Verallgemeinerungsvermögen. Es bedarf offenbar einer bestimmten *Kombination* zwischen – informationstheoretisch unvermeidlich hierarchischer – Systemregulation von oben (wobei Hierarchie keineswegs unter allen Umständen die Gestalt eines unkontrollierbaren herrschaftlichen Apparats haben muß) und ökonomischer Initiative aus relativ autonomen Grundeinheiten der vereinigten Arbeit und des gesellschaftlichen Lebens heraus (die ja nun ihrerseits nicht unter allen Umständen emanzipatorisch funktionieren). Das Vermitteln des *gesamtgesellschaftlichen* Zusammenhangs kann nur dann das gemeinschaftliche Werk der freien Individuen werden, wenn es nicht eine abgesonderte Tätigkeit ist, die aller übrigen Vermittlungsnotwendigkeit abstrakt kommandierend gegenübersteht. Die Individuen hätten sonst den Widerspruch zwischen abstrakter Freiheit im Ganzen und konkreter Unfreiheit in allem Einzelnen, der sich stets wieder in der letzteren Richtung auflösen müßte. *Deshalb muß der allgemeine Zusammenhang in autonome Kollektivsubjektive verschiedener Stufe untergliedert sein, die ihre Einordnung ins Ganze selbst vermitteln.* Ich will eine vielleicht seltsam anmutende, m. E. dennoch anregende Analogie heranziehen: die Beziehungen *innerhalb* der herrschenden Klasse in der Aufstiegsphase der europäischen Feudalgesellschaft. Die Lehnsordnung war hierarchisch, aber es kamen – idealtypisch betrachtet – die Subjekte aller Ebenen zu eigener Geltung. Man setze diese Subjekte als Kollektive assoziierter Individuen

statt als patriarchalische Feudalgewalten. Diese Kollektive würden dann kraft ihrer inneren egalitären Struktur natürlich eine ganz andere objektive Autorität von »unten« in den ganzen Vermittlungsprozeß einbringen, so daß im Unterschied zur Lehnspyramide, wo ja immer noch die Delegation von oben nach unten die Legalität (nicht immer die Realität) bestimmte, die Legalität tatsächlich überwiegend von der Basis ausginge, die Delegation also von unten nach oben erfolgte ... In einer entwickelten kommunistischen Gesellschaft sind die Individuen auf allen Ebenen der Interessensubjektivität gleicherweise und zugleich präsent. Es gibt »unten« und es gibt »oben«, aber in einem System, das die Menschen in diesem Punkte nicht mehr bestimmt. Dadurch wird dann jede Eifersucht von und für »unten« sinnlos.
Hier offenbart sich der tiefe Gehalt des von Marx gewählten Wortes *Assoziation,* das sich wie kein anderes eignet, das aktive Sich-vereinigen je autonomer Subjekte, das koordinative, das föderale Prinzip ihrer gesellschaftlichen Organisation auszudrücken, das allein den Individuen in ihrem notwendigen Zusammenhang zugleich die Freiheit wahrt. Assoziation der Individuen zu den Verbänden, in denen sie die je spezifischen Zwecke verfolgen, die ihren sozialen Lebensprozeß ausmachen; Assoziation dieser unterfunktionellen Verbände zu den Kommunen als den komplexen territorialen Einheiten, die diesen Lebensprozeß in seiner Allseitigkeit umfassen; schließlich Assoziation der – natürlich an gewissen Punkten im Rahmen planmäßiger Arbeitsteilung spezialisierten – Kommunen zur Gesellschaft: das ist der Kommunismus unter dem Blickwinkel der *Organisation* des sozialen Zusammenhangs. Das Assoziationsprinzip ersetzt die konstitutiv individualitäts- und initiativefeindliche zentralistische Superorganisation, die die Klassenherrschaft von der asiatischen bis zur kapitalistischen Formation der Menschheit hinterlassen hat. Einzig und allein assoziativ kann man sich auch den künftigen Menschheitszusammenhang vorstellen – diametral

gegen den Alptraum einer bürokratischen Weltregierung. Mag die moderne Superorganisation das *Entstehungs*gesetz sein, das den Aufbau der Noosphäre im weltgeschichtlichen Prozeß regiert hat, mag diese entfremdete Totalität ihre Eierschale gewesen sein. Das Reich des Menschen als Bewußtseins-, als Selbstbewußtseinswesen wird, einmal seiner Existenzgrundlagen gewiß, durch jene assoziative Kommunikation gekennzeichnet sein, die dem freien Austausch der Individualitäten ebenso gemäß ist wie dem freien Austausch der Gedanken.

Was wird eine kommunistische Gesellschaft »zentral«, d. h. auf der gesamtgesellschaftlichen Ebene entscheiden? In erster Linie muß sie Inhalt und Umfang ihrer Bedürfnisse ratifizieren, eben vom Standpunkt des erwähnten und sicherlich stets in gewissem Grade umstrittenen Wertkonzepts. Auf diese Weise wird die Gebrauchswertstruktur des Plans festgelegt, die dann in Größenordnungen des Bedarfs an bestimmten Gütern und Diensten, entsprechend proportionierten Kapazitäten erscheint. So weit wird wahrscheinlich stets auch zentrale, d. h. vom Gesamtinteresse geleitete Kontrolle reichen müssen. Gerade das Sortiment des Angebots – ganz im Unterschied zu den Produktions*bedingungen* – kann und darf für den einzelnen Zweig und Betrieb nicht nach – gleichgültig welchen – internen Nutzenskriterien frei wählbar sein. Die Festlegung der Produktionsstruktur und ihrer Veränderungen ist kein Akt der Produktionskollektive, sondern ein *gesellschaftlicher* Akt. Dieser Punkt wird von den Vertretern der Räteidee meist am wenigsten verstanden. Die assoziierten Individuen bestimmen den Plan *nicht* in ihrer (immer noch beschränkten!) Eigenschaft als spezifisch interessierte *Produzenten,* sondern als gesellschaftliche Menschen schlechthin, die auf einem hohen Niveau der Einsicht in die allgemeinen, in vielerlei besondere und in ihre individuellen Interessen nach deren optimaler Vermittlung in den Planzielen streben. *Die Produzenteninteressen sind besondere unter anderen,* und

deshalb kann aus wie demokratisch auch immer von unten nach oben zusammengefaßten Interessen, die in *Produzenten*-Genossenschaften ihren Angelpunkt haben, prinzipiell kein gesamtgesellschaftlich befriedigender Plan hervorgehen. Wenn das »genossenschaftlich-egalitäre« Konzept den *Subalternitäts*aspekt der unterdrückten proletarischen Existenz nicht sprengt, so bleibt der Gedanke der Rätedemokratie auf der Basis von Produzentenselbstverwaltung theoretisch einem Grundbestand der spezifisch kapitalistischen *Entfremdung,* der Verselbständigung des ökonomischen Prozesses, seiner abstrakten Dominanz über den gesellschaftlichen Gesamtprozeß verhaftet (siehe hierzu Goldmanns Dialektische Untersuchungen, Neuwied und Berlin 1966/71 ff.).
Hier erweist die *Kommuneidee* ihre große spezifische Überlegenheit. Wir erinnern uns: »Die Kommunalverfassung würde . . . dem gesellschaftlichen Körper alle die Kräfte zurückgegeben haben, die bisher der Schmarotzerauswuchs ›Staat‹, der von der Gesellschaft sich nährt und ihre freie Bewegung hemmt, aufgezehrt hat«, hieß es in den Marxschen Analysen zur Pariser Kommune (MEW 17/341). Ich muß gestehen, daß ich vor vier Jahren, als ich jene großen Texte für das 1. Kapitel dieses Buches referierte, noch nicht so wie jetzt von ihrer uneingeschränkten Aktualität für die ökonomisch-politischen Verfassungsfragen der kulturrevolutionären Praxis überzeugt war. In der Organisationsform der Kommune lassen sich *alle* Seiten des Reproduktionsprozesses auf das Ziel der reichen Individualität hin integrieren und die entsprechenden Interessen sowohl nach innen als auch nach außen vermitteln und durchsetzen. Man mag sich vorstellen, wie sich eine Bevölkerung, gestützt auf von ihr eingesetzte Organe, in die verschiedenen Tätigkeiten von der Planung und Statistik bis zur Raumpflege und Abfallbeseitigung, von der angewandten Forschung bis zum Versand der Erzeugnisse, vom Unterricht verschiedenster Art und Stufe bis zur Reparatur der Maschinerie, von der Errichtung neuer Gebäude bis zur Verteilung

der Gebrauchsgegenstände und der Ausführung von Dienstleistungen teilt, während die allgemeinen Künste und Wissenschaften ebenso jedermanns Beschäftigungen sind wie der mehr als bisher in schönes Spiel übergehende Austausch der Geschlechter, der Generationen, überhaupt der individuelle oder gruppenweise Genuß der verschiedensten Partnerschaften.

Eine solche kommunale Organisation könnte auch der Rahmen sein, um die vereinsamende Dissoziation der Arbeits-, Wohn- und Bildungssphäre abzubauen, ohne dabei alte Beschränktheiten, Abgeschlossenheiten, Zwänge wiederzugebären, wie sie für einseitig introvertierte soziale Milieus, etwa der mittelalterlichen Kommunen, einigermaßen typisch waren. Sozialistische Kommunen könnten beispielsweise das in der antiken Polisarchitektur und in der mittelalterlichen Stadt einmal gewonnene Maß des Menschen in den Bauten auf höherem Niveau wiederherstellen, anstatt Isolierzellen zu ästhetisch formlosen Aggregaten übereinanderzuschichten, vor deren Hintergrund die Menschengestalt auf Ameisengröße schrumpft. Der jetzt praktizierte Wohnungsbau würde es im Verein mit der bürokratischen, das Individuum im wesentlichen als Zufallsgröße behandelnden Wohnungszuweisung selbst dann materiell unmöglich machen, Wohngemeinschaftsformen zu erproben und zu entwickeln, wenn die politische Macht aufhörte, entsprechende Experimente mit Mißtrauen zu verfolgen oder vielmehr bereits im Keim zu verhindern.

Von der formellen Seite betrachtet, müßte die kommunale (territoriale) Organisation, die der zentral gesteuerten industriellen Zweigorganisation und den übrigen durchgängigen Bürokratien jetzt nur verfassungskünstlich die Waage hält, *die* mittlere planende und leitende Instanz sein, an der vorbei insbesondere keinerlei zentrale Kontrollen einen Weg in die Grundeinheiten der verschiedenen Primäraktivitäten des Reproduktionsprozesses finden dürften. Dieses Prinzip konnte in

der Pariser Erfahrung von 1871 noch nicht herausdifferenziert werden, *weil* es nur *Pariser* Erfahrung war. Durch Dekret wurden die Produktivgenossenschaften der Werktätigen zu ihrer Vereinigung im nationalen Maßstab verpflichtet – eine Machtkonzentration, die unweigerlich über die territorialen Kommunen hinweggeht und die Macht über die *Gesellschaft* zentralisiert, selbst falls der *eine* Strang demokratisch reguliert werden sollte. Zusammenfassungen auf territorialer Basis haben sich die ganze Geschichte hindurch im Vergleich zu landesweiten Zweignetzen immer als weitaus überschaubarer, menschennäher erwiesen. Die Kommune hätte die Eigenschaften des sozialen Mikrokosmos, insbesondere wenn man sich in der ferneren Perspektive die anorganischen Stadtagglomerate, die sich vielerorts bereits selbst ad absurdum führen, aufgelöst vorstellt. Selbstverständlich würde es exterritoriale Gebilde der Energiewirtschaft, des Verkehrs- und Verbindungswesens geben, die die Kommunen queren. Das gleiche beträfe sicherlich einige (nicht viele) Institutionen des Überbaus. Generell würde zweigorientierter fachlicher Informationsfluß erhalten bleiben, für den relativ unabhängige, auch von den Kommunen konsultierbare wissenschaftliche Zweiginstitute sorgen könnten.
Verbindlich bliebe für die Kommunen der Output ihrer Industrie für die Gesellschaft, nach Sortiment und Qualität festgelegt, in Relation zum Input an (mit der erwähnten Reserve gedachten) Ressourcen. Damit wären die Kommunen auch die ökonomischen Einheiten, um die sich die wirtschaftliche Rechnungsführung in ihrer vollen Komplexität kristallisieren könnte. Ihre Räte aus gewählten Delegierten hätten, mit einiger Einschränkung, dieselben Dispositionen zu treffen wie die gleichfalls auf dem Delegiertensystem fußende Regierung des ganzen Landes. Damit könnten die Kommunen ebenso Gegenstände weitestgehenden Interesses werden, wie sie jetzt Gegenstände ausgebreitetsten Desinteresses und besonders politisch völlig belanglos sind (so daß man bei Kommunalwah-

len schlechterdings nur über Dachreparaturen und Ladenöffnungszeiten reden kann). Vor allem würde von den Kommunen her über die Frage der Steuerabführung für gesamtgesellschaftliche Zwecke (denn fast nur über die Kommunen wäre der Landeshaushalt zu finanzieren) die Ökonomik des gesamten Gemeinwesens durchsichtig und beeinflußbar werden. Und zugleich hätten die kommunalen Delegierten in der Nationalversammlung infolge des mikrokosmischen Charakters der von ihnen vertretenen Gemeinwesen von vornherein die soziale Potenz und Kompetenz, auch den allgemeinen Plan der assoziierten Kommunen zu entscheiden.
Neben den Vereinigungen zu Arbeits- und Bildungszwecken wird die Gliederung der Bevölkerung in Wohngemeinschaften eines der wichtigsten Anliegen kulturrevolutionärer Praxis sein. Denn es spricht alles dafür, daß das Aufgehen der jetzigen Kleinfamilie in größeren, keinesfalls aber staatlich zu organisierenden Verbänden der Schlüssel zu den nächsten wesentlichen Fortschritten auf zwei eng miteinander zusammenhängenden Gebieten ist, deren Zurückbleiben den Gesamtprozeß der zivilisatorischen Umwälzung stark behindern müßte: der Befreiung der Frau und der Befreiung der Kinder, genauer gesagt der Sicherung der psychosozialen Bedingungen für einen Erziehungsprozeß, der keine Entwicklungsschranken setzt. (Darüber hinaus würden solche Kommunen wahrscheinlich auch dem Ausschluß der alten Menschen aus der sozialen Kommunikation ein Ende machen.) Die Kleinfamilie war die Folge des Schrumpfens der Familienfunktion auf die Reproduktion der Arbeitskraft (unter weitgehender Ausklammerung des materialen Bildungsprozesses). Der Frau fällt in dieser nun endgültig nicht mehr mikrokosmischen Einheit, die also von vornherein einen sehr begrenzten Horizont erschließt, mit viel Wahrscheinlichkeit die *Leitungs*funktion, die *Hauptverantwortung* für das Funktionieren zu.
Diese Wahrscheinlichkeit ist nur teilweise sittentraditionell bedingt. In einer Arbeits-Leistungs-Gesellschaft, die überdies

mit materiellem Anreiz arbeitet, ist der Mann wichtiger in der gesellschaftlichen Produktion (selbst wenn mehr Frauen als Männer berufstätig sind), wichtiger für den Standard der familiären Reproduktion (insofern ist die Egalisierung der Einkommen eine überaus wichtige Bedingung der Frauenemanzipation). Und in der Familie hat die Frau von dorther, wo deren reproduktive Funktion *ansetzt,* in dem vorgeburtlichen und frühkindlichen Entwicklungsabschnitt des Menschen, naturbedingt einen Vorlauf in der Übernahme von Aufgaben: sie *ist* das natürliche Zentrum der Kleinfamilie (wie sie einst in den ursprünglichen Gemeinwesen das natürliche Zentrum des gesamten sozialen Lebensprozesses war). Daraus ergibt sich ein Maß der *Absorption durch notwendige Arbeit* (aus der die Hausarbeit ja nur vom allgegenwärtigen »kapitalistischen« Standpunkt herausfällt) *und ständiger Sorge,* das selbst bei absolut gleichem sichtlichem Zeitaufwand aller Familienmitglieder weitaus größer wäre: Die Frau »kommt nicht zur Ruhe«. Sie erlebt die Rolle des familiaren Wirtschaftsleiters und -planers etwa ebenso wie, vergleichsweise, ein Schlosser, der nach absolviertem Ingenieurstudium die Funktion des technischen Leiters übernimmt und nun die Erfahrung macht, daß er den Betrieb, sei er noch so klein, ganz im Gegensatz zu früher allabendlich »mit nach Hause nimmt«. Da das gesamte Versorgungs- und Dienstleistungswesen im real existierenden Sozialismus durch seine Unterentwicklung, sein indirekt vorprogrammiertes Nachhinken hinter den Erfordernissen objektiv die familiäre Reproduktion erschwert, lastet die herrschende Ökonomik auf niemandem drückender als auf den Frauen, deren berufliche und immer noch weitgehend damit identische gesellschaftliche Entwicklungsmöglichkeiten sie geradezu radikal beschneidet: Sie läßt die *Konzentration* der menschlichen Wesenskräfte auf etwas anderes als auf die Familienfunktion bei Müttern mit mehreren Kindern nur im Ausnahmefall zu.

Soweit das offizielle gesellschaftliche Bewußtsein die *quantita-*

tive Belastung der Frauen und die Folgen für ihre Gesundheit und ihre Kinder zur Kenntnis nimmt, neigt es zu typisch kompensatorischen Regelungen. Durch Sozialmaßnahmen wie weitgehend bezahlte Freistellungen bei mehrmaliger Mutterschaft wird das Problem auf eine unmittelbar für die Frauen vorteilhafte, aber gesellschaftspolitisch restaurative Weise gelöst, die die Unabänderlichkeit der sozialen Subalternität der Frau suggeriert und ihre Emanzipation völlig dahinstellt. Bei den von der gesunden Frau »gesellschaftlich erwarteten« zwei bis drei Kindern bedeutet diese »Lösung« einen durchschnittlich fünfjährigen Entwicklungsverlust gerade zu dem entscheidenden Zeitpunkt des Beginns der beruflichen Tätigkeit, oft schon des Ausbildungsabschlusses. Damit wird bereits über die Tendenz der nachfolgenden zehn bis fünfzehn Jahre bis zum Schulabschluß der Kinder entschieden. Für die vierzig- bis fünfundvierzigjährige Frau kommen die äußeren Bedingungen der Emanzipation zu spät.

Genau dies ist die Stelle im sozialen Zusammenhang, an der der Prozeß der Frauenemanzipation seit Herstellung der formalen politischen und juristischen Gleichberechtigung prinzipiell stagniert und die Subalternität der Hälfte der Gesellschaft festgeschrieben ist. Sie kann nur überwunden werden, wenn die Entfunktionalisierung der Familie bewußt vollendet, die Kleinfamilie als Reproduktionseinheit des »menschlichen Faktors« aufgegeben wird. Der millionenfache Einzelkampf um eine Lastenteilung in der bestehenden Familienform kann von den Frauen zwar durch politische Vereinigung und mit Unterstützung durch den Kommunistischen Bund zu gewissen Teilerfolgen geführt werden, insgesamt gewonnen werden kann er nicht. Die Kommuneorganisation der Wohnbevölkerung bietet ihnen demgegenüber drei entscheidende Vorteile: erstens die Vergesellschaftung (hier mit Recht genauer: Vergenossenschaftung, ebenso unter zweitens) der Hausarbeit und insbesondere ihrer Planungs- und Leitungsfunktion (verbunden mit deren jeweils temporärer spezialisierter Wahrnehmung); zweitens die Vergesellschaftung der Kinderbetreuung und -erziehung, des ganzen Anteils am primären Sozialisationsprozeß, den bisher die Kleinfamilie wahrnimmt (ohne daß die Kinder deshalb dem besonderen Einfluß der natürlichen Eltern entzogen sein müßten); drittens die Möglichkeit der unmittelbaren vereinigten Interessenvertretung gegen die patriarchalische Tradition, die den Emanzipationsanspruch der Frauen aus einer aussichtslosen und verkrampften ideologischen Rebellion in eine praktische ökonomische Angelegenheit verwandelt.

In dem zweiten der genannten Vorteile liegt zugleich die wesentlichste Voraussetzung für eine tiefgreifende Sicherung voller Bildungsfähigkeit und Lernmotivation der Kinder, deren psychologische Problematik ich im 10. Kapitel gestreift habe. Die Kleinfamilie ist seit fünfzig Jahren als »psychologische Strukturfabrik« der Gesellschaft, als der Ort erkannt, an dem die Herrschaftsverhältnisse psychisch reproduziert werden. Wegen der Unausweichlichkeit der Beziehung zu allzu wenigen anderen Personen, die überdies in offenem oder latentem Streit miteinander liegen und sich dabei auf die Kinder beziehen, erfolgt hier zudem jene primäre Neurotisierung, der der Einzelne nur zufällig entgehen kann und die dafür verantwortlich ist, daß Individualisierung in modernen Gesellschaften viel eher zum bizarren als zum harmonischen Charakter treibt. Ich will auf diesen Punkt nicht ausführlicher eingehen, da mir scheint, daß die diesbezüglichen Vorzüge von Großfamilien gleich welcher einzelnen Form ausreichend durch ethnographisches und historisches Material belegt sind.

Nun muß ich, vor dem entwickelten Hintergrund der Kommuneidee, noch einmal darauf zurückkommen, daß diese gesamte assoziative Struktur, die ihre Zielübereinstimmung auf der Basis allseitig eingesehener Solidarität erreicht, evolutionär gesehen nicht an der hierarchischen Organisation vorbei, sondern auf dem Wege durch sie hindurch und darüber hinaus zustande kommt. Wie die Kommune selbst eine spezielle Überbaustruktur ist, speziell nämlich neben den anderen speziellen Funktionen, deren zusammenfassendes Element sie darstellt, so ist auch die Gesellschaft mehr als ein Netz etwa bloß horizontal gekoppelter Kommunen. Das ist schon allein informationell undenkbar; man stelle sich das Gewirr der alle Kommunen mit allen Kommunen verbindenden Kanäle und das ständige Auseinander- und Wiederzusammensteuern der einzelnen Informationsstränge vor, die die Mannigfaltigkeit des Reproduktionsprozesses repräsentieren. Die Assoziation entwickelt notwendig eine verbindliche vertikale Dimension. Die Kommunen einer modernen Gesellschaft werden gewiß nie so selbstversorgerisch (»selfsustaining«, wie Marx das vorkoloniale asiatische – indische – Dorf nannte) sein, daß auch nur z. B. ihre Lebensmittelproduktion strukturell und zeitlich exakt mit dem eigenen Bedarf bilanzierte. Der regelmäßige Bezug wird in seinen konkreten Modalitäten zwischen den kommunalen Organen bzw. den verbrauchenden Arbeitsorganisationen und den Herstellern direktvertraglich geregelt sein. Aber die Versorgung insgesamt muß gesamtgesellschaftlich vorausschauend gesichert sein. Das erfordert zum einen zentrale materielle Bilanzen und deren Deckung durch Planvorgaben entsprechend dem Produktionsprofil der verschiedenen Kommunen nach Maßgabe der Durchschnittsproduktivität, und zum anderen die Anlage eines Assekuranzfonds, wie er nur bei zentralisierter Verfügung ökonomisch ist. Weiterhin werden große Investitionen, sofern sie nämlich Auswirkungen auf das Produktionsziel und die Produktionsbedingungen im überkommunalen Rahmen haben, gesamtgesellschaftlich zu verfügen und den Kommunen zuzuordnen sein, denen die Mittel voll überschrieben werden. (Gegen hypothetische Erpressung durch bestimmte lokale Interessen, die z. B. eine ihnen zugeordnete Schwerpunktproduktion usurpatorisch ausnutzen könnten, würde sich die Gesellschaft, gestützt auf die beinahe universelle wechselseitige Abhängigkeit aller ihrer Glieder, diese eigentliche ökonomische Grundlage der Solidarität, wohl zu schützen wissen.)

Damit soll nur angedeutet sein, inwiefern der Assoziation zentrale Funktionen entstehen, zu deren Handhabung die Delegierten der einzelnen Kommunen über ihre Rolle als deren Interessenvertreter hinausgehen *müssen.* Schlicht zusammenfallen können die kommunalen (lokalen) Interessen mit denen der ganzen Assoziation nie, sonst wären sie keine autonomen, damit dem Gesetz ungleichmäßiger Entwicklung unterliegenden Subjekte mehr, die insofern auch um die Qualität des in ihnen ablaufenden Lebensprozesses und um die Proportionalität der materiellen Voraussetzungen dafür konkurrieren. Das gleiche gilt für die Grundeinheiten der vereinigten Arbeit und für die sonstigen unterfunktionellen Interessengruppen innerhalb der Kommunen, die ihre Bedingungen natürlich sowohl untereinander als auch mit denen analoger Verbände in anderen Kommunen vergleichen werden. In einem bestimmten Sinne sind die Interessen jedes sozialen Verbandes, der nicht die Gesamtgesellschaft ist, ihr gegenüber beschränkter als die Interessen der einzelnen Individuen. Das hängt mit der abstrahierend auf je spezifische Funktionen und Zwecke gerichteten Organisationsstruktur jeder solchen Vereinigung zusammen. Allein der Bund der Kommunisten kann und muß sich über alle diese partikularen Beschränktheiten erheben, und nicht zuletzt sogar über die zeitliche Partikularität, d. h. über die puren Gegenwartsinteressen der Assoziation. Der Bund der Kommunisten ist gerade jene Organisation, die mit der universalen Tendenz der individuellen Interessen korrespondiert.

Die *Kontrolle über die Nationalversammlung,* über den Rat der allgemeinen Assoziation, wird dann zu einer Frage der faktischen allgemeinen Kompetenz aller Individuen, die ihr Medium in einer sowohl hinsichtlich ihres Inhalts wie auch der Verfügbarkeit der technischen Mittel absolut freien, ungehinderten öffentlichen Meinung findet. Der Modus der Delegiertenwahl- bzw. -abberufung wird danach zu einer Angelegenheit zweiten Ranges, so wichtig er für eine Übergangsperiode ist, die ihrer Regeln noch nicht sicher sein kann. *Die Kontrolle über den Apparat, über die Verwaltung* wird derart zum gemeinsamen Geschäft der Delegierten und ihrer allgemein kompetenten Wähler, daß die speziell kompetenten Fachleute selbst in ihrer allgemeinen Eigenschaft als gesellschaftliche Menschen daran mitwirken werden. Sie können dies um so eher tun, als ihr Lebensprozeß gar nicht mehr einseitig dadurch bestimmt sein kann, daß sie zu einem gegebenen Zeitpunkt unter anderem auch Verwaltungsfunktionen bis hin zur nationalen und internationalen Ebene wahrnehmen.

Am schwierigsten bleibt die *Kontrolle über die lokalen und partikularen Sonderinteressen, also über die der Kommunen und der um die verschiedenen Unterfunktionen assoziierten Verbände innerhalb der Kommunen* – wenn diese Kontrolle gesellschaftlichen Charakters und wirksam genug sein soll, damit ihr Versagen nicht die Wiedergeburt repressiver staatlicher Instanzen mit dem ganzen Rattenschwanz zugehöriger bürokratischer Planungs-, Abrechnungs- und Berichterstattungsaufwände heraufbeschwört. Das Prinzip der Solidarität erfordert ganz entschieden, daß jede Kommune, jedes organisierte Interesse ein normales Maß eigener Anstrengungen nachweist, und dies nicht nur in etwaigen kritischen Situationen. Andernfalls wäre nicht auszuschließen, daß insbesondere der *Weg* zum Kommunismus tendenziell in einen kulturellen Abbauprozeß umschlagen könnte.

Neben der vom Gesamtplan ausgehenden und dann über die Kommunen vermittelten Kontrolle der bedarfs- und qualitätsgerechten Produktion muß es ein gesamtgesellschaftlich anerkanntes, aber von jedermann handhabbares System kommunizierender Kennzahlen geben, um die Effektivität, also das Verhältnis zwischen Aufwand und Ergebnis zu messen, und zwar auf der Basis der Arbeitszeitrechnung. Dieses System wird zwei Schwerpunkte haben. Der erste betrifft die Eigen-

leistung, d. h. die verausgabte lebendige Arbeit. Die derzeit übliche volkswirtschaftliche Produktivitätsrechnung bezieht bekanntlich alles weiterverkaufte Material und Halbfertigprodukt mehr als einmal ein. Auf diese Weise kann man sogar innerhalb ein und desselben Kombinats die ausgewiesene Warenproduktion steigern. Jede Vertiefung der Arbeitsteilung längs der zu einem Finalprodukt hinführenden Kette kann in der Statistik als Anstieg der Produktivität erscheinen.
Der zweite betrifft den Umgang mit den Ressourcen, also die verausgabte vergangene Arbeit, bei der ergänzend auch die finanzielle Seite zu berücksichtigen sein wird. Diese Kennzahlen müssen nicht, ja sollen nicht den Charakter von Planauflagen tragen, sondern Meßinstrumente für die eigene Wirtschaftstätigkeit der jeweiligen Einheit sowie für die Abschätzung gesamtwirtschaftlicher Entwicklungen sein. Die Ergebnisse sind nicht nur für die kommunale und zentrale Statistik bestimmt, sondern müssen generell veröffentlicht werden, mit Trenddarstellung für einen aufschlußreichen Zeitraum und mit Vergleichsbasis in Gestalt von Best- und Durchschnittswerten.
Sicher wird eine komplexe Überschreitung gewisser Toleranzgrenzen – sollte es so weit kommen – Anlaß zur Ursachenabfrage und -analyse sowie zu entsprechender Abhilfe geben. Aber das wird die Ausnahme bleiben. Einengende Planvorgaben für die Kennzahlen sind schon dadurch verhängnisvoll, daß sie zur Manipulation der Primärdaten verführen, häufig sogar zwingen. Zusammen mit dem Ausplanen der letzten Kapazitätsreserven tragen sie die Verantwortung für die beträchtliche Grauzone im betrieblichen Zahlenwerk der realsozialistischen Länder. Da die Betriebe eine doppelte Buchführung weder aufwandsseitig noch nach oben »aushalten« können, sieht eigentlich außer den direkt an der Manipulation beteiligten Leuten betriebswirtschaftlich »niemand durch«, und selbst diese Wenigen verlieren leicht den Gesamtüberblick. Man hat damit zu tun, die Schwindelzahlen konsistent

zu halten. Dieser ausgesprochen schädliche Zustand kann nur ein Ende finden, wenn das Planungs- und Leitungssystem die Motivation dafür nicht mehr erzeugt. Die Assoziation ist im höchsten Grade daran interessiert, ihren Planungen gültige Daten zugrunde zu legen. Die Kommunen und Betriebe brauchen diese gültigen Daten ebenso nötig, um vernünftig wirtschaften und – hinreichender Ersatz für den vielen künstlichen Wettbewerb – ihre Leistungen vergleichen zu können. Gegenwärtig wird jede Bestleistung sofort verdächtigt, sei es unter Vorzugsbedingungen, sei es mit verdeckten Reserven, sei es »mit dem Bleistift« vollbracht worden zu sein. Es ist dies eine der schlimmsten und teuersten Disfunktionen bürokratischer Kontrolle, die auf dem Wege zur kommunistischen Assoziation unbedingt eliminiert werden muß, auch aus politisch-moralischen Gründen, weil sie überall eine desolidarisierende Rolle spielt.
Faßt man diese Überlegungen zur ökonomischen Regulation im Hinblick auf die Betriebe zusammen, so ergibt sich folgendes Schema: Die ökonomischen Subjekte haben von der Assoziation als ganzer bzw. von der Kommune bestätigte Produktionsaufträge, die den Planaufwand an Arbeitszeit für ein bestimmtes Sortiment Gebrauchswerte angeben. Sie selbst spezifizieren diesen Aufwand verbindlich mit den Bedarfsträgern aus. Von der anderen Seite, als Bedarfsträger, erhalten die Betriebe Bilanzlimits der benötigten Arbeitskräfte, Maschinen, Leistungen, die sie ihrerseits vertraglich binden müssen. Man wird sagen, dies sei genau das gegenwärtige System in der DDR. Bis hierher stimmt das, abgesehen von der Rolle der Kommunen und von der Planungsbasis Arbeitszeit statt Warenproduktion in Mark. Es wäre eine optische Täuschung, anzunehmen, daß *hierin* und speziell in der materiellen Bilanzierung die vielbeklagte Reglementierung wurzele. Nach seiner technischen Seite ist das System gar nicht schlecht. Wenn die Bilanzierung nicht fortwährend auf Rationierung hinausliefe, weil der Partei- und Staatsapparat die Wirtschaft darauf

programmiert, jede Produktivitätssteigerung in Produktionswachstum umzusetzen, könnte es auch sozial befriedigen, soweit dies in dieser Sphäre entschieden wird. Der zentrale Produktionsplan, gerade er muß aufhören, die normale Fondsreproduktion und -pflege, die Erzeugnisqualität und den Arbeitsrhythmus, die Verbesserung der materiellen und psychologischen Arbeitsbedingungen sowie den ganzen Sektor der Kleinproduktion und Dienstleistung zu stören. Wenn man auf die Wachstumsrate *als Planungspriorität* verzichtete und die inzwischen nachgerade komische staatliche (nicht gesellschaftliche) Eifersucht gegen genossenschaftliche und private Initiative fallenließe, die sich in den Poren der zentralisierten Großproduktion – dort, wo sie die »Marktlücken« läßt – festsetzen möchte, würden in der DDR von der wirtschaftsregulatorischen Seite her die Bedingungen für eine harmonische Prosperität gegeben sein. (Die ärgerlichen »Extraprofite« der Handwerker etc. werden von selbst verschwinden, wenn die Nachfrage nach ihren Leistungen gedeckt wird.)

Der größte Teil der reglementierend wirkenden Kontrolle gegen die Betriebe (ihre Leitungen) kann entfallen, wenn die Ressourcen so weit sicher sind, daß man anfangen kann, rationell damit zu wirtschaften. *Welches* Kriterium dann den unvermeidlichen Rest an Kontrolle regiert, ist für den ökonomischen Ehrgeiz gar nicht entscheidend; man kann das Hauptgewicht ebensogut aufs Haushalten legen wie auf den Gewinn, wenn nur gewährleistet ist, daß es einen echten Spielraum gibt, um den Betrieb zu gestalten, zu verbessern, zu verschönern, und bei Auftreten ungünstiger Entwicklungsbedingungen Hilfe aus den gesellschaftlichen Reserven in Anspruch zu nehmen. Dann kann man ein Kollektiv zusammenschweißen – falls die Grundeinheit nicht so groß und über verschiedene Territorien verstreut ist, daß die Menschen einander nicht mehr persönlich kennen. Auf keinen Fall darf die Kontrolle »vorlaufen« und auf diese Weise unkenntlich ma-

chen, für wen die betrieblichen Funktionäre eigentlich da sind, für das Betriebskollektiv oder für die zahlreichen anonymen übergeordneten Instanzen und gesetzlichen Restriktionen, die alle echte Handlungsfreiheit beschneiden können. Das ökonomische System *muß* so gestaltet werden, daß das Abgreifen von Informationen zu Kontrollzwecken auf die Ein- und Ausgänge des betrieblichen Systems beschränkt bleibt. Anders geht die funktionelle Autonomie und mit ihr das kollektive und individuelle Interesse verloren. Großbetriebe sollten in teilautonome Funktionaleinheiten gegliedert werden, um auch hier Kollektivsubjekte zu schaffen, die sich assoziativ statt subordinativ verhalten und einordnen können.
Die ökonomische und soziale Qualität des *innerbetrieblichen* Funktionierens muß die Gesellschaft nicht durch irgendwelche äußeren Instanzen, sondern durch die dazu assoziierten Individuen selbst sichern. Neben der Zelle des Kommunistischen Bundes wird hier die gewerkschaftliche Vereinigung, als Organ der Gesamtbelegschaft gegenüber dem Leitungssystem, eine weitaus eigenständigere Rolle als bisher zu spielen haben. In ihrem Rahmen können auch Frauen-, Jugend- und Veteranenausschüsse tätig sein. Das Streikrecht muß allerdings, obgleich transitorisch herzustellen, im Verlauf der Kulturrevolution alle Bedeutung verlieren. Es setzt ja voraus, daß sich Leitungsorgane gegenüber dem Kollektiv verselbständigen *können,* das sie bestellt und – zweckmäßigerweise – die einzelnen Funktionäre durch Wahl hineindelegiert hat. Die Macht der organisierten öffentlichen Meinung, erforderlichenfalls durch geheime Abstimmung zu bekräftigen, muß dann genügen, um Konflikte befriedigend zum Austrag zu bringen.

Es ist im Grunde unnötig, sich allzu sehr über Einzelheiten der kommunistischen Ökonomik zu verbreiten, obwohl ich denke, daß es sich dabei nicht um Musik einer ferneren Zukunft handelt. Denn wenn ihre *Prinzipien* einmal herrschend sind, wird eine kurze Praxis klüger machen als die ausgedehnteste Spekulation. Vielleicht bin ich darin schon zu weit gegangen, allerdings in der Überzeugung, daß die kommunistische Propaganda heute mehr denn je mit *konkreten Denkbarkeiten* werben muß. Was hauptsächlich gegeben werden sollte, war eine Skizze des ökonomischen Systemzusammenhangs, den die Kulturrevolution begründen soll, und zwar unter der Voraussetzung, daß die Bedingungen dafür bereits in das Stadium der Reife treten.

In diesem Sinne habe ich das kommunistische Produktionsziel, seit Marx unbestritten die reiche Individualität, auf seine Konsequenzen für die Struktur der materiellen Bedürfnisse, also für den Planbedarf der Gesellschaft, sowie für den Typus von Proportionalität befragt, der planmäßig in dem gesamten Reproduktionsprozeß durchdringen muß. Als der gemeinsame Nenner, der das ökonomische Grundgesetz und das Proportionalitätsgesetz der kommunistischen Formation zusammenfaßt, erweist sich eine neue Ökonomie der Zeit, die ihren Maßstab in den Entwicklungserfordernissen zur sozialen Universalität bestimmter Menschen, in ihren »Zeitplänen« für die umfassende Aneignung der Kultur sowie ihr Instrument in einer auf Zeiteinheiten basierenden Wirtschaftsrechnung besitzt. Und schließlich habe ich das Problem verfolgt, wie die kommunistischen Individuen ihren gesellschaftlichen Gesamtprozeß rationell regeln können, um sich über das Reich der Notwendigkeit zu erheben, in ihrer Gemeinschaftlichkeit zugleich ihre Freiheit, ein unbegrenztes Feld ihrer Selbstverwirklichung im Handeln, im Denken, im Genuß ihrer persönlichen Beziehungen zu finden.

Die Antwort liegt in der Aufdeckung des *föderativen* Prinzips, das der Idee der freien Assoziation eingeschrieben ist: Unterordnung des hierarchisch geordneten informationellen Zusammenhangs; Assoziation statt Subordination der Individuen zu ihren verschiedenen subjektiven und objektiven Zwecken; Assoziation ihrer Verbände (nicht zuletzt natürlich der

Grundeinheiten ihres Arbeitsprozesses) zu wesentlich territorial gruppierten Kommunen als den entscheidenden vermittelnden Gliedern des Ganzen; Assoziation der Kommunen zur nationalen Gesellschaft; Assoziation der Nationen in einer befriedet kooperierenden Welt; Vermittlung zur jeweils höheren Einheit durch von der Basis gewählte Delegierte.
So kann man sich die Ordnung vorstellen, in der die Bedingungen realer Freiheit zusammenfallen mit denen realer Gleichheit und Brüderlichkeit. Der Kommunismus ist nicht nur notwendig, er ist auch möglich. Ob er wirklich wird, das muß im Kampf um seine Bedingungen entschieden werden.

1973–1976

Nachwort 1989/90

Zuerst will ich jene Menschen nennen, die mit mir waren, als dieses Buch entstand. So anachronistisch das nach dem Modewechsel klingen mag, muß ich vorausschicken, daß die allermeisten, selbst die Parteilosen, so oder so Kommunisten waren, sich auch so verstanden. Schließlich hat das Buch seinen Titel von dem ausgedehnten Schlußteil »Zur Strategie einer kommunistischen Alternative«. Mehrere waren antifaschistische Widerstandskämpfer. Manche sind heute nicht mehr unter den Lebenden. Hier also sind die Namen:

Ursula Beneke, damals in der Bibliothek der Biologen an der Humboldt-Universität; dort im Keller haben wir die 70 Exemplare fotokopiert, mit denen das Buch zuerst in der DDR erschienen ist. Für diese meine Gefährtin von damals ging bis heute alles am schwersten, das alte Regime blieb bis zuletzt kleinlich und erbärmlich dabei, sogar noch ihren Kindern Schwierigkeiten zu machen.

Zusammen mit ihr haben meine Freunde *Werner Busold* und *Werner Naujok* die Verteilung realisiert; natürlich kannten auch sie das Ganze und haben es mitdiskutiert.

Rudi Wetzel, der einmal die »Wochenpost« gegründet hat und bald aufs Abstellgleis geschoben wurde, war vom ersten

bis zum letzten Kapitel der Lektor des Buches, unersetzlich auch durch seine Kontakte für den Weg zum Verleger.
Meine Freunde *Marianne und Dieter Lorf* hatten mich mit ihm in Verbindung gebracht. Sie waren jahrelang dabei.
Fritz Behrens hat das Buch beim Bund-Verlag des DGB untergebracht, nachdem es der Schweizer DDR-Musikwissenschaftler Harry Goldschmidt durch die Mauer befördert hatte.
Harry Goldschmidt hat mich im solidarischen Gespräch und ebensosehr durch seine tiefsinnige Schubert- und Beethovenforschung durch die ganzen 10 Jahre der Entstehung von 1968 bis 1977 begleitet.
Als Freund begleitet hat mich auch *Volker Braun,* der manches von mir in seine Gedichte, in seine Stücke – den Großen Frieden etwa und den Che Guevara – aufnahm.
Der erste Anstoß aber kam Mitte der 60er Jahre von *Walter Besenbruch,* der mir politisch ein Vater war. 11 Jahre hatten ihn die Nazis drangsaliert. Ihn im Sinne, schrieb ich 1958 einmal den Text für ein Kampfgruppenlied. Wenn *der* mich zur Opposition beauftragt! empfand ich. Seine Liebe, sein Zorn, seine vernichtende Kritik an meinem Opportunismus, oder was er dafür hielt, haben mich wieder und immer wieder neu zur Arbeit angetrieben.
Wie ein älterer Bruder ist durch dieselben langen Zeiten *Werner Tzschoppe* zu mir gewesen, seit seinem Absturz als Parteisekretär an der Humboldt-Universität wegen »Inkonsequenz« gegen Robert Havemann.
Ermutigt durch ihr Mitdenken und Mitfühlen, aus einer ganz anderen Psychologie als meiner reformkommunistischen, hat mich *Rosemarie Zeplin.*
Auch *Ingrid und Günter Mayer,* alte Studiengefährten, haben mitgetragen, wissend den Kontakt gewagt. Das letzte Jahr vor dem Auftritt saß ich oft mit *Guntolf Herzberg* zusammen.
Hoffentlich habe ich niemanden vergessen, verdrängt.
Unvergeßlich jedenfalls bleibt mir derjenige, der mir die

Qualität des Entwurfes abverlangt hat, ganz besonders die Rationalität der Vision in dem anfangs noch windigen Schlußteil, mein skeptischer Lehrer über mehr als zwanzig Jahre: *Wolfgang Heise.*

Schließlich will ich *Gundula Bahro* danken. Sie hat der Kinder wegen und meiner Ich-Besessenheit wegen die Sache nicht gewollt. Aber sie hat den zunehmenden Alpdruck ertragen und mich alles an ihrer Seite vollenden lassen, sogar noch dafür gesorgt, daß eine erste Fassung sicher in die Schweiz gelangte.

Bei einigen dieser Menschen stehe ich in einer Schuld, weil ich in einer bestimmten Situation der Untersuchungshaft den Hergang aufgedeckt habe, ohne daß es wirklich gerechtfertigt und notwendig war. (Damit habe ich auch einer ganzen Reihe von Kollegen Schwierigkeiten verursacht, die ich im Industriezweig Plast- und Elastverarbeitung für meine Dissertation interviewt hatte. Anders als die zuvor Genannten konnten sie nicht wissen, in welchen Kontext unsere Gespräche später rücken würden; um so mehr muß ich sie um Verzeihung bitten.)

Während der Haftzeit ist *Gregor Gysi* mein Anwalt gewesen. Untadelig hat er voll seinen nur zu begrenzten Spielraum zu meiner Verteidigung ausgeschöpft.

Wie gesagt, die meisten dieser Menschen, und ich mit ihnen, gehörten über Jahre und Jahrzehnte derselben Partei wie die Politbürokraten an, die jetzt für ihre kleinkarierten Mißbräuche zur Rechenschaft gezogen werden. Wer die wahre Dimension ihrer Verantwortung wissen will, mag sich erinnern, was der Prager Frühling war! Die Kommunistische Partei der Tschechoslowakei an der Spitze der Erneuerungsbewegung für einen Sozialismus mit menschlichem Antlitz – vom Volk geliebt. Diese Chance haben sie in ihrer selbstischen Stupidität, Eitelkeit und Feigheit zerschlagen. Dafür ist eine Zelle zugleich zu wenig und zuviel. Sie *sind* gerichtet. Im Neuen Testament gibt es zwei grundverschiedene Vorstellungen vom Weltgericht, einerseits die Rache- und Bestrafungsphantasie der Johannes-Apokalypse, andererseits das soviel gründlichere und humanere Wort aus dem Johannes-Evangelium: »Das ist aber das Gericht, daß das Licht in die Welt gekommen ist, und Ihr habt es nicht erkannt.«

Dieses Buch ist entstanden auf dem Weg von meinem Haßausbruch am frühen Morgen des 21. August 1968 zu dem Aufstieg Michail Gorbatschows in der Sowjetunion. Politisch betrachtet ist es die Theorie der Perestroika von oben. Hieß es damals bei Freund und Feind, meine Analyse sei gut, der Schlußteil aber rein utopisch, dann hat inzwischen die Utopie einen Einbruch in die Wirklichkeit erzielt. Mag auch die sowjetische Perestroika noch in ganz anderen Farben schillern, als mir damals vorschwebte, die Russische Revolution ist nicht in dem Sumpf asiatischer Restauration steckengeblieben. Es war in der Larve, der man den oberflächlichen Namen Stalinismus zu geben pflegt, ein Schmetterling verborgen, und der hat sich selbst aus dem starren Korsett befreit. Andererseits ist klar, daß die Perestroika von oben ihre Schranke hat, in der Wirklichkeit und natürlich auch in meinem Buch. Nun ist die Geschichte der DDR über diese Schranke hinweggegangen – und es ist zu früh, schon zu entscheiden, ob wir darüber lachen oder weinen sollen.

Wahrscheinlich liege ich jetzt mit diesem Buche hier ebenso quer wie vor 15 Jahren, als es entstand. Wenn ich daran denke, wie sozialistisch sich die DDR-Opposition darstellte, als das alte Regime noch da war und wie sozialdemokratisch sich jetzt selbst die gewendete SED gibt, kann ich natürlich sagen, es sei mit meinem Kommunismus von 1968–77 halt bloß gerade ebenso weit her gewesen. Ist doch Kommunismus offenbar das, was wegen Pol Pot und Ceausescu verboten werden muß. Vielleicht ist auch Gorbatschow nur noch nicht aus der KPdSU ausgetreten. Allgemeine Verwirrung.

Was wir gerade erleben, ist eine Sternstunde – falschen Bewußtseins, das aus der Angst geboren ist. Konformismus und Opportunismus, in Jahrzehnten gezüchtet, schlagen jetzt gegen alles zurück, was jemals an der kommunistischen Sache substanziell gewesen ist. Abgesehen von der Abrechnung mit dem Krebsgeschwür der Repression, und sobald es um Perspektiven geht, ist nachgerade alles platt, was als Meinung Konjunktur hat. Es fängt mit der angeblichen Armut und Hilfsbedürftigkeit an und endet mit der offiziellen Anbetung der Kapitallogik. Die DDR will umstandslos in die Front der reichen gegen die armen Völker einrücken. Der Kern des geistigen Bankrotts, der moralischen Kapitulation ist die Unwissenheit, die Geschichts- und Theorielosigkeit. Wer aus Bequemlichkeit, Geschäftigkeit, Trägheit, Feigheit nie ernstlich Kontakt zur Sphäre der Wahrheit aufgenommen hat, wie sollte der jetzt nicht mit den Wölfen heulen?

Die von Humanismus, Liberalismus, von den Menschenrechten und vom Rechtsstaat her motivierte Kritik am Stalinismus betrifft die augenscheinlich unerträglichste Schicht des Problems. Aber wenn sich jetzt auch die dafür Verantwortlichen – und welches Parteimitglied wäre das nicht? – auf diese Oberflächenkritik *beschränken,* dann ist es eine bequeme Ausflucht, und es wird die Substanz des Themas verdeckt und verfehlt. Was der Westen seit Jahrzehnten als »Totalitarismus« verteufelt, darauf hat ja nicht nur der Stalinismus das Abonnement. Vielmehr ist das nur eine, allerdings besonders ausgeprägte Variante von *Entwicklungsdiktatur.* Oder in welchen Zusammenhang gehört etwa die iranische Variante, zuerst mit dem Schah, jetzt mit Chomeini bzw. dessen Nachfolgern?

Nach meiner Analyse ist »Stalinismus« der Name für das Larvenstadium einer neuen Gesellschaftsformation bzw. für die neueste Phase einer älteren, nämlich der »asiatischen« Gesellschaftsformation. In nichtkapitalistischen Ländern vollzieht sich die nachholende Industrialisierung in der *Form* einer »asiatischen Restauration«.* Es kommt eine »Ökonomische Despotie« zustande. Das heißt ein Apparatstaat, der alle geistige, politische und ökonomische Macht zentralisiert, praktiziert den Fabrikdespotismus im Maßstab der ganzen Gesellschaft.

Daß sich diese Form ganz besonders ausprägt, wo es eine alte Staats- und Reichstradition »asiatischen« Typs gibt, wie in China, Persien, Rußland, ist kein Wunder. Heute erscheint mir die Evolution, die sich unter dem Druck des westlichen Industrialismus in den »Reichssozialismen« Rußlands und Chinas äußert, noch zwingender als vor 15 bis 20 Jahren. Weder Rechtfertigung noch Verurteilung werden ihr gerecht. Die Unvermeidlichkeit des Ablaufs, wie ich sie am sowjetischen Beispiel dargestellt habe, deutet auf ein noch tieferes Motiv hin.

Die Prinzipien, die mit den Revolutionen dieses Typs an die Tür der modernen Welt klopfen, lassen sich nur deshalb (noch) abweisen, weil sie im Kontext einer weltgeschichtlich überholten formativen Struktur auftreten. Eben feiert die Weltregierung durch das Geld ihren scheinbar endgültigen Triumph. Aber *daß* der Mensch sein Geschick nicht auf eine neue Weise »den Göttern« anvertraut, sondern auf die alte Weise dem »Götterdreck«, wie die Andenvölker das Gold nennen, ist das Geheimnis der Selbst- und Weltzerstörung,

* Die Bezeichnung »asiatisch« für die Produktionsweise etwa der alten Ägypter, Inder, Chinesen, auch der Inkas, stammt aus den Grundrissen zur Kritik der Politischen Ökonomie von Marx. Ich habe Siegfried Wollgast dafür zu danken, daß er mir irgendwann um die Mitte der 60er Jahre beiläufig den Hinweis gab, dies könnte ein Zugang zum Verständnis unserer realsozialistischen Zustände sein. Wahrscheinlich hat er mich auch auf Karl August Wittfogels »Orientalische Despotie« hingewiesen. Ich habe diese Quelle in dem vorliegenden Text nicht aufgedeckt, weil ich ihn nicht mit einer zusätzlichen Auseinandersetzung belasten wollte. Wittfogel hatte den Fortgang der Russischen Revolution so traumatisiert erfahren, daß er angesichts der asiatischen Restauration zum hemmungslosen Lobredner des westlichen kapitalistischen Weges geworden war.

das am Grunde der westlichen Zivilisation waltet. Die Wiederkehr der asiatischen Formation ist überhaupt nur als Reaktion auf die materielle Überlegenheit und das spirituelle Vakuum des Westens begreiflich.
Der Westen hat den Bankrott von Kirche und Kaiser zum Anlaß genommen, die *Prinzipien* abzuschaffen, die in diesen Instanzen zum Ausdruck kommen, Jahrhunderte bevor die meisterliche und die kaiserliche Instanz in hinreichend Vielen sich innen vorbereiten konnte. Der kategorische Imperativ des Citoyen war bloß ein frommer Wunsch, dem freigelassenen Besitzindividualismus als Feigenblatt angeheftet. Die Psychodynamik des Geldverdienens ist ihrem Wesen nach expansionistisch. Im Kapitalismus sind aus diesem Grunde Freiheit und Weltzerstörung elementar miteinander verkuppelt. Der Kampf um die menschliche Emanzipation wird von der Logik der Selbstausrottung regiert. Mehr denn je herrscht Krieg aller gegen alle, auf allen Gebieten des menschlichen Lebens, menschlicher Selbstbestätigung und -bewährung. Napoleonisch müssen wir jeder eine Welt erraffen, milliardenmal auf dieser endlichen Erde.
Es ist offensichtlich, daß der Mensch mit dieser Verfassung keine hundert Jahre mehr überleben wird. Die ökologische Krise macht offenbar, er muß den Staat wiederfinden, der als Korrektiv zu seiner Natur gehört. Er muß ihn wieder aufbauen von der Sitte her, und die Sitte muß er wieder aufbauen von dem »Königlichen«, dem »Gottköniglichen« her, das in jedem Individuum an- und aufgerufen werden kann.
Das akute Grundproblem, das in Gestalt der »Reichssozialismen« eine erste Antwort erfuhr, ist nur aus der Tiefe des historischen Raumes faßbar, in welchem Klassengesellschaft als Kastengesellschaft begann. Die Kastengesellschaft der Arya in Indien, idealtypisch genommen, baute sich um folgende Funktionen auf, die an sich zu jeder menschlichen Existenz gehören (hier von unten nach oben zu lesen):

Brahmanen (Priester):	Spirituelle Vermittlung (Kirchlichkeit)
Ksatryas (Krieger/Beamte):	Politische Vermittlung (Staatlichkeit)
Vaisyas (Kaufleute):	Ökonomische Vermittlung (Konkurrenz)
Sudras (Bauern/Handwerker):	Produktionsarbeit (Subalternität)

In der asiatischen Despotie, die deshalb leicht als »staatssozialistisch« aufgefaßt werden konnte, verharrt die überwältigende Mehrheit der Gesellschaft auf dem Niveau der Subalternität, und es stehen ihr alle übrigen, höheren Funktionen in Gestalt des einen Pharaos, Inkas oder dergleichen gegenüber. Die Arbeitsteilung zwischen Priestertum, Militär, Verwaltung und Handel findet gewissermaßen innerhalb seiner Person statt; er ist auch Erster Kaufmann. Das kam in der Sowjetunion erst einmal neozaristisch wieder.
Bei den indogermanischen Stämmen nun (tendenziell auch bei den Arya in Indien) hatten die politische (»feudale«) und die kaufmännische (»bürgerliche«) Kaste immer eine gewisse Selbständigkeit, einen Autonomie-Spielraum gegenüber der Königs- bzw. Kaiserebene, die sich hier nie ganz gottköniglich ausprägte. So war es in Europa (zuerst klassisch in Athen) möglich, daß die gesamtgesellschaftliche Macht, die nach Platon »eigentlich« dem Heiligen König gebührte, *absank* – zuerst zur Aristokratie, dann zur Kaufmannschaft, dann zu den Subalternen – bis das Scherbengericht über Sokrates möglich war.
Man kann aber den städtischen Marktplatz, das Forum, die athenische Agora auch als eine Stufe *von unten nach oben* betrachten. Was der Aristokratie und den großen Kaufleuten als Plebs und Pöbel erscheint, bedeutet dann in Wirklichkeit eine erste »allgemeine Emanzipation«, bedeutet, daß sich

die Mehrheit (wenigstens der städtischen Menschen) von der Stufe zur Arbeit gezwungener Subalternität auf die Stufe unternehmerischer Konkurrenz erhebt! Das ist Europas weltgeschichtlicher Beitrag gewesen. Kapitalismus als Formation bedeutet die Herrschaft des unternehmerischen Prinzips – und zwar in allen Dimensionen unserer Praxis, nicht zuletzt in Wissenschaft, Technik, Staat – *und* Spiritualität, Kunst, Philosophie.

Gegenwärtig schickt sich nun die Gesellschaft im bisher sowjetischen Machtbereich an, das unternehmerische Moment der menschlichen Existenz in seine Rechte einzusetzen. Das Drama besteht jedoch darin, daß bis heute nicht eindeutig kenntlich ist, wie sich der europäische Mensch von der unternehmerischen auf die *politische* Verantwortungsebene erheben wird. Der bürgerliche Mensch ist grundlegend von seiner Wirtschaft, von der Geldvermehrung besessen. Die »Reichssozialismen« asiatischen Charakters haben das von Marx als neue Tyrannis (»Diktatur des Proletariats«) für den Westen geforderte Primat der Politik über die Ökonomie auf anderem Wege in die industrielle Welt transportiert. Der »stalinistische« Mensch besitzt seine Wirtschaft, allerdings nicht individuell, sondern kollektiv, und das Prinzip irritiert so sehr, weil es despotisch verlarvt auftritt.

Es ist aber absurd, die darin enthaltene Notwendigkeit ausgerechnet in dem Moment zu ignorieren, da die DDR politisch volkseigen und damit die *demokratische* Verfügung über die Grundrichtung des ökonomischen Prozesses möglich wird.

Zumindest was die Mitglieder der SED betrifft, dürften bei diesem Salto mortale Schuldgefühle eine Rolle spielen, die nun allerdings kurzschlüssig abreagiert werden. Da ich Genosse war, als ich dieses Buch schrieb, auch danach nicht ausgetreten bin, sondern ausgeschlossen werden mußte, gehören ein paar Worte an diese Adresse hierher, und zwar vor allem an diejenigen gerichtet, die aus Überzeugung dabei waren oder gar noch dabei sind.

Das Versagen der SED ist in den Zusammenhang der allgemeinen Krise eingebettet, die den real existierenden Sozialismus asiatischer Formation schüttelt. Und da wir hier mitten in Europa sind, drängt sich nun um so stärker eine andere Restauration auf, die nur zu begründet ist, weil echte Errungenschaften der europäischen bürgerlichen Revolution gewaltsam verdrängt worden waren und unbedingt zu ihrem Recht kommen müssen.

Was aber weniger unvermeidlich war und weshalb der Ablauf der Ereignisse jetzt für die SED und ihre Menschen tragikomische Züge annimmt, ist das Verpassen der letzten 5 Jahre, in denen Michail Gorbatschow jene Reformation versucht, auf die so viele von uns jahrzehntelang gewartet haben. Verloren ist damit die Chance, die in der DDR größer gewesen wäre als in der Sowjetunion, autonom den Weg zu realisieren, den ich den ganzen Schlußteil lang die »Strategie einer kommunistischen Alternative« genannt habe. Die Stunde für die Idee eines »Bundes der Kommunisten« ist vorbei. Es hat ein anderer Weg begonnen, der einen anderen Typ von Führung verlangt.

Die Menschen jedoch, die hier einen Frühling wie den Prager hätten machen können, waren da und *sind* da, wenn auch der Impuls unter der Asche verschüttet und vergiftet ist. In der Tschechoslowakei hatten eine halbe Million Genossinnen und Genossen die Ehre, »Partei der Ausgeschlossenen« zu sein, nachdem sie 1968 Gelegenheit gehabt hatten, ihren Willen zum Bruch mit dem dumpfen Despotismus zu beweisen. Es liegt zwar nicht nur, aber auch an den verwandten Menschen hier, wenn sie jetzt 20 Jahre später viel unglücklicher dastehn.

Wie gesagt, auch ich war SED, im Guten wie im Bösen, Kandidat seit 1952, Mitglied seit 1954. Ich bin mitverantwortlich für ihren ganzen Weg. Da wir so steckengeblieben sind, frage ich mich auch jetzt noch einmal, wodurch ich daran beteiligt war. Ich war beispielsweise beteiligt an unserer gegenseitigen Inquisition am Philosophischen Institut der Humboldt-Universität Ende der 50er Jahre. Ich habe mich damals nicht klar zu Robert Havemann bekannt und mich hinter kleinen politischen Meinungsverschiedenheiten zu ihm versteckt. 1959 habe ich, der ich 1956 diese Art Kritik an meiner Ungarn-»Abweichung« gar nicht liebte, in einer Dorfzeitung im Kreise Seelow einen schwungvollen Hetzartikel gegen einen Bauern, SED-Mitglied, losgelassen, der nicht in die LPG wollte. Zum Glück hat mir der alte Jan Petersen dann auf einer Tagung scharf den Kopf dafür gewaschen. Später, 1965, habe ich in der Zeitschrift Forum mit dem Dichter Günter Kunert gestritten, als wüßte ich nicht, daß hinter meiner Schreibmaschine noch andere Mächte mitwirken. Das war allerdings eine der Selbsterfahrungen, die mich aufgeweckt haben.

Ich bin auch mitverantwortlich für den Weg der SED in den letzten zehn Jahren. Ohne eine Verbundenheit mit der sozusagen überwirklichen Idee der Partei wäre ich jetzt nicht hier. 1979 habe ich die DDR verlassen, ohne es unbedingt zu müssen. Ich hatte gute Gründe, und doch sind sie nicht alle selbstlos gewesen. Manche Motive ließ ich gar nicht bewußt werden. Und ich habe Anfang 1987, als ich endgültig sah, was Michail Gorbatschow versuchen will, nicht energisch und vernehmlich wieder an die Tür geklopft. Ich habe die Unruhe nicht vermehrt. Auch mich traf so der Spruch: »Wer zu spät kommt, den bestraft das Leben.«

Nach dem »Sieg« des Überdauerns, der den reaktionärsten Apparatleuten gelassen wurde, ist die SED zu nichts mehr gut, muß sie als Partei verschwinden. Sie *ohne* Kontinuitätsbruch – samt Apparat und samt halb feudal, halb asiatisch erworbenem Eigentum – reformieren zu wollen, gehört zum Krankheitsbild. Jede »Plattform«, die sich im Augenblick der äußersten ideologischen Beliebigkeit noch auf die Partei bezieht, zeugt den Krebs mit fort. Was wir heute als SED-PDS sehen, ist nur die um ein weiteres Stadium fortgeschrit-

tene Agonie. Das Namenskürzel steht für Stalinismus-Sozialdemokratismus, zwei scheinbar weit voneinander entfernte Phänomene, die aber in puncto Prinzipienlosigkeit und Opportunismus von jeher ebenbürtig sind.
Es ist für niemand wichtiger, diesen Verein aufzulösen, als für die Hauptbetroffenen, die sich gegenseitig darin gefangen halten. Zur SED gehörte sicherlich gut die Hälfte der Menschen, die für eine gesellschaftliche Erneuerung aktivierbar sind. Ich wüßte nicht, wie es zu einer bei der eigenen Bevölkerung aussichtsreichen Konzeption kommen soll, wenn sich nicht die Reformkräfte innerhalb mit denen außerhalb der bisherigen SED zusammenfinden. Aber das kann nur auf dem Terrain der neuen politischen Kräfte geschehen. Toleranz dafür, daß Leute, die bei was Neuem mitwirken wollen, immer »noch« nicht ausgetreten sind, »Probleme« mit dem Schlußstrich haben, kann nur verderblich für die Zukunft sein. Wenn die SED nicht en bloc aus dem Wege geht – das tut sie offensichtlich nicht –, dann müssen ihr die Menschen aus dem Wege gehen, die dieser Gesellschaft noch etwas geben wollen. Man kann nicht auf einer Müllkippe biologisches Gemüse anbauen.
Soweit sich die Gesellschaft darüber klar ist, daß das Versagen der SED zugleich ein Spiegel der Volksseele ist, kann ihr Schicksal – was auch immer da die fernere Perspektive sei – eine allgemeine Erfahrung der »Reinigung durch Furcht und Mitleid« sein. Denn natürlich ist die Partei in ihrer gesamten Geschichte psychologisch gesehen auch ein *zugehöriger* Schatten der DDR-Bevölkerung und des ganzen deutschen Volkes, wie Honeckers Politbüro noch einmal der Schatten der ganzen SED war. Der Menschentypus, der in München eher in die CSU, in Bremen eher in die SPD ging, war halt in Leipzig eher in der SED.
Der Leipziger Delegierte Karl Heinz Klein hat auf dem Dezember-Parteitag treffend von dem kleinen Josef Wissarionowitsch gesprochen, der in uns allen steckt. Dieses Männ-

lein stammt eben nicht einfach aus Moskau oder aus Gori im Kaukasus, sondern ist in dem einen Augenblick die Ausgeburt unserer eigenen Angst, im anderen die Ausgeburt unseres eigenen Mißtrauens, im dritten die Ausgeburt unseres Willens zur Macht. Und diese drei zusammen – Angst, Mißtrauen, Wille zur Macht – setzen ein beklemmtes Herz voraus.

Der ganze historische Mummenschanz hat mit unserer inneren Bühne zu tun. Warteten dort nicht alle die Puppen und Requisiten in den Kulissen, Hitler und Stalin wären verkrachter Maler und entlaufener Seminarist geblieben. Anders als nach 1945 sollte es diesmal eine Vergangenheitsbewältigung *in den Seelen* geben, auch in den subalternen, die im Grunde ein Regime brauchen, auf das sie schimpfen und die Verantwortung abschieben können.

Wer immer dieses Buch durchgelesen hat, wird spüren, daß es unmöglich wäre, ihm durch eine aktuelle Redaktion den Kommunismus auszutreiben. Ist es auch nicht orthodox und antwortet es auch auf die Gretchenfrage wie Goethes Faust »Name ist Schall und Rauch«, so besteht es dennoch um so mehr auf dem ausschlaggebenden Zusatz »umnebelnd *Himmelsglut*«. Es ist aus einem Glauben geschrieben, und der Berg ist nicht erloschen.

Die Grundmotive, die mich in den siebziger Jahren bei der Niederschrift geleitet haben, erscheinen mir unverbraucht. Besonders weit bin ich von der jetzt herrschenden Meinung entfernt, daß der »Stalinismus« – unter dieser Überschrift wird ja momentan der ganze historische Prozeß seit 1917, samt China, Kuba usw., abgeschrieben – nichts und der »moderne« Kapitalismus nur noch nicht genug gebracht hat, um die Menschheitsprobleme zu lösen. In meinen Augen gilt von der ökologischen Krise her mehr denn je, was mit der Alternative »Sozialismus oder Barbarei« gemeint war (obwohl Grün geistig-politisch völlig anders als Rot darauf reagiert).

Immerhin erkannte mich der westdeutsche Politökologe Carl Amery 1979 als heimlichen Grünen, ehe ich eintraf. In der Dynamik der westlichen Industriezivilisation ist eine Logik der Selbstausrottung am Werke. Dagegen habe ich eine »Logik der Rettung« entworfen, die sich mit den Grundlagen ökologischer Politik befaßt. Zum Beispiel habe ich darin in ausführlicher Debatte mit Kurt Biedenkopf gezeigt, daß der Marktmechanismus – wofür auch immer er gut sein mag – keine Handhabe bietet, um den Expansionismus unserer Produktiv- oder vielmehr Destruktivkräfte wenigstens zu begrenzen.

So habe ich denn Anfang November 1989, als ich bei Franz Alt im »Report« meine Rückkehr in die DDR ankündigte, auf die Frage nach meinem Thema hier drüben geantwortet: Kommunismus und Ökologie. Zur Kürze gezwungen, hatte ich keine Zeit, mich wortreich gegen die allfälligen Mißverständnisse abzuschirmen, und es war gut so, denn das *ist* das Thema der Epoche: Kommunismus und Ökologie, oder besser umgekehrt: Ökologie und Kommunismus. In dem Augenblick, wo sich der Zusammenbruch des »realsozialistischen« Industrialisierungsmodells vollendet, wird es im Westen nur um so dringlicher, eine politische Sphäre zu schaffen, mit der sich die von ihrer Wirtschaft besessene Gesellschaft Zügel anlegen kann.*

Für die *ökonomische* Dimension der menschlichen Existenz

* Leider habe ich seit 1979 aus Vorurteil versäumt, Wolfgang Harichs »Kommunismus ohne Wachstum« zu lesen. Wahrscheinlich steht da, konzentriert auf das grüne Paradigma, im wesentlichen dasselbe drin wie im vorliegenden Text, Kapitel 10, und wahrscheinlich noch ein bißchen mehr. Jedenfalls erschien Wolfgang Harich Anfang Dezember 1989 bei einer Veranstaltung unterm Berliner Fernsehturm, an der ich beteiligt war, und unterstützte meine Grundposition in einer Weise, wie ich selbst sie nicht noch zusätzlich hätte unterstreichen können. Ich muß annehmen, daß wir von weither übereinstimmen. Völlig unabhängig davon ist es höchste Zeit, ihm noch zu seinen Lebzeiten Gerechtigkeit widerfahren zu lassen – juristisch (er hat viermal so lange gesessen wie ich) und als Denker, dessen Schriften verlegt werden müssen, weil sie gebraucht werden.

bleibt Kommunismus die notwendige einfache Lösung, die vor allem dann schwer zu machen ist – wenn wir nicht Schüler jener Meister werden wollen, die sie immer lehrten (darunter laut Apostelgeschichte auch Jesus aus Galiläa). *Politisch* freilich geht das nicht kollektivistisch, sondern nur als Republik der Könige und Königinnen, wie sie unsere größten Aufklärer verlangt haben. *Geistig-geistlich* setzt das aber die innere Befreiung voraus, zu der uns jene Meister den Weg gewiesen haben: den Weg des Ich-Entwerdens, der Selbst-Vergessenheit.

Der idealistische Kommunismus des materialistischen XIX. Jahrhunderts, den wir von Marx gelernt haben, hat da nur den einen Fehler: bei weitem nicht hinreichend zu sein. Gegen den meist vulgären praktischen Materialismus des XX. Jahrhunderts, der uns träg ins Verderben reißt, hilft nur das innere *Erfahrungs*wissen, daß der lebendige Geist die Mauern jedes zum Gefängnis gewordenen Tempels niederzureißen vermag. Wenn sich der Sturm aus der Tiefe der menschlichen Wesenskräfte erhebt, vergeht die Anziehungskraft der Konsumtempel in einer Nacht.

Noch kann der Mensch sich retten. In den Zeiten tiefster Umbrüche und Krisen wird die Geschichte durch die konzeptionelle Initiative fortgeschrittener Minderheiten neu entschieden. Wir mögen jetzt in der DDR an einem Ende sein – vor allem sind wir an einem Anfang.